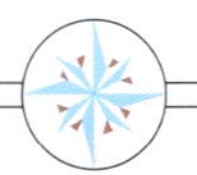

Vis-à-Vis

MÜNCHEN
& SÜDBAYERN

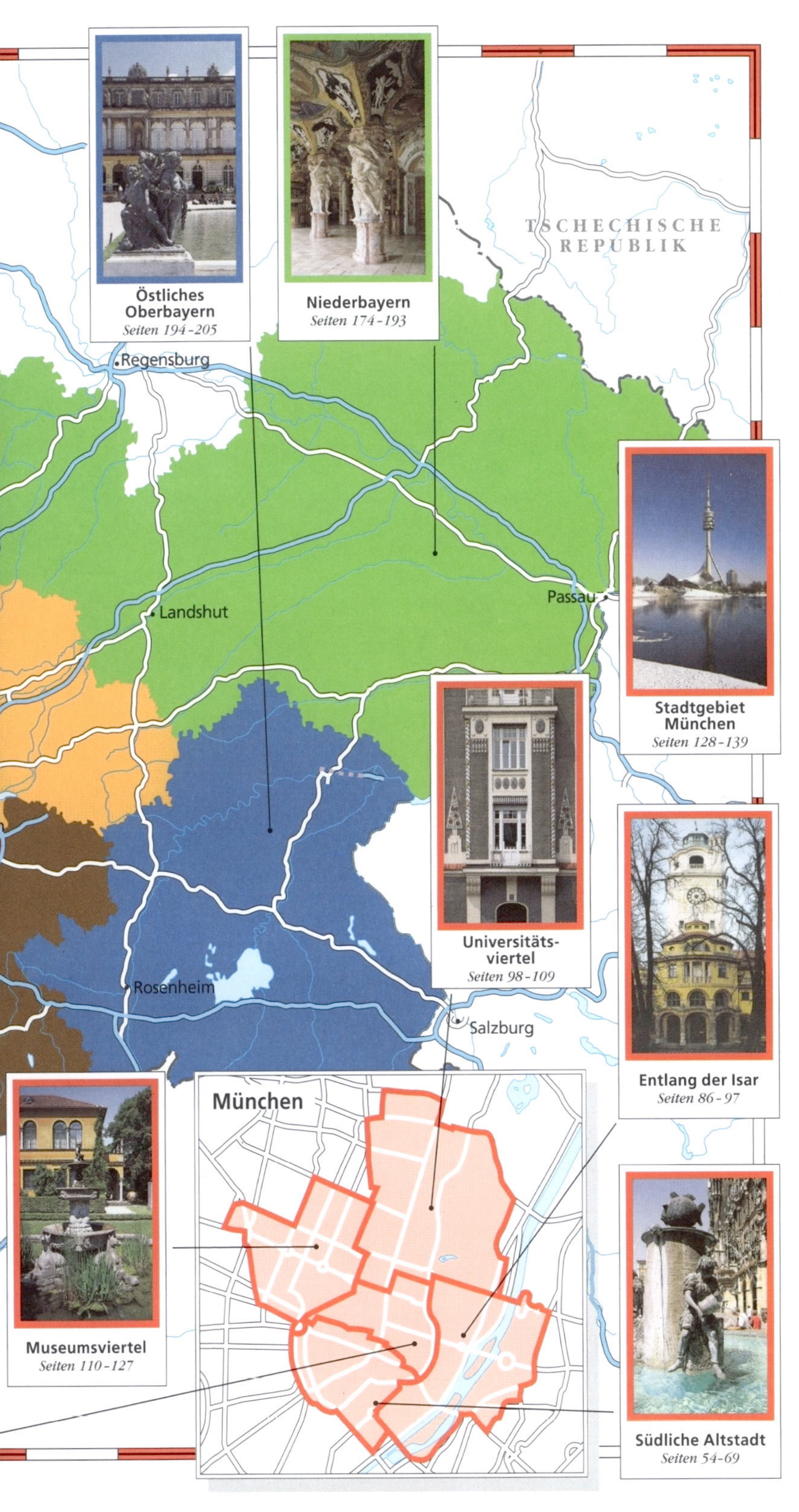

Östliches Oberbayern
Seiten 194-205
Niederbayern
Seiten 174-193
TSCHECHISCHE REPUBLIK
Regensburg
Landshut
Passau
Stadtgebiet München
Seiten 128-139
Universitäts-viertel
Seiten 98-109
Rosenheim
Salzburg
Entlang der Isar
Seiten 86-97
München
Museumsviertel
Seiten 110-127
Südliche Altstadt
Seiten 54-69

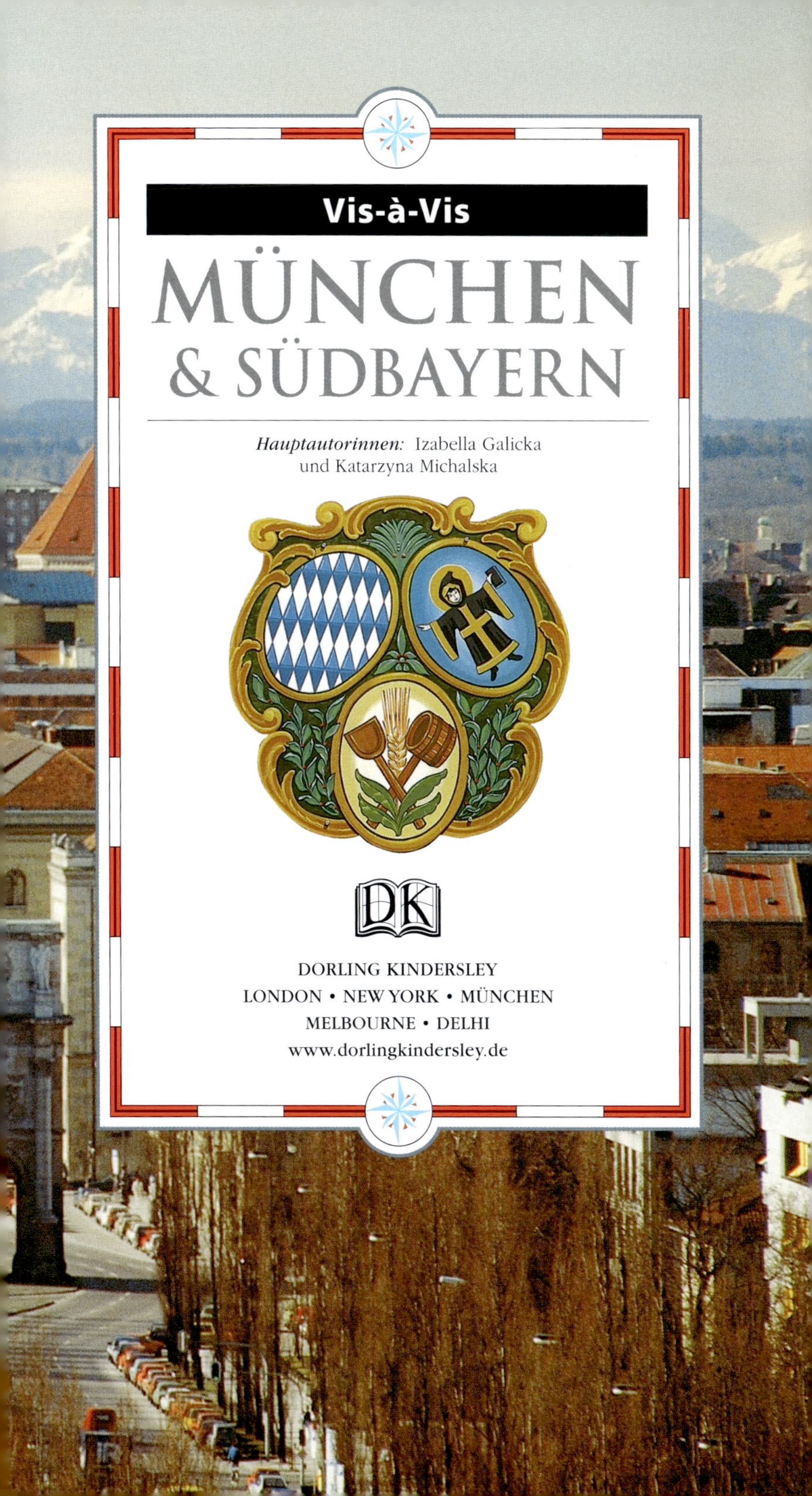

Vis-à-Vis

MÜNCHEN & SÜDBAYERN

Hauptautorinnen: Izabella Galicka
und Katarzyna Michalska

DK

DORLING KINDERSLEY
LONDON • NEW YORK • MÜNCHEN
MELBOURNE • DELHI
www.dorlingkindersley.de

Ein Dorling Kindersley Buch

www.dorlingkindersley.de

Produktion Hachette Livre Polska Wydawnictwo Wiedza i Życie S.A., Warschau

Texte Izabella Galicka, Katarzyna Michalska

Fotografien Dorota und Mariusz Jarymowiczowie

Illustrationen
Lena Maminajszwili, Bohdan Wróblewski, Piotr Zubrzycki

Kartografie
Magdalena Polak, Dariusz Romanowski, Kartographie Huber (München)

Redaktion und Gestaltung
Hachette Livre Polska: Ewa Szwagrzyk, Pawel Kamiński, Pawel Pasternak, Robert G. Pasieczny, Dorota Szatańska, Anna Kożurno-Królikowska, Ewa Roguska, Piotr Kiedrowski
Dorling Kindersley Ltd., London: Helen Townsend, Kate Poole, Lucilla Watson, Jason Little, Conrad Van Dyk, Sarah Dodd, Gerhard Bruschke, Barbara Sobeck, Gillian Allen

•

Titel der englischen Originalausgabe
Eyewitness Travel Guide *Munich & The Bavarian Alps*
Zuerst erschienen 2002 in Großbritannien
bei Dorling Kindersley Ltd., London
A Penguin Company

•

Aktualisierte Neuauflage 2013 / 2014

•

Programmleitung Dr. Jörg Theilacker, Dorling Kindersley Verlag
Projektleitung Stefanie Franz, Dorling Kindersley Verlag
Übersetzung Brigitte Maier, Konzept & Text, München; Barbara Sobeck, Lindau
Redaktion Dr. Elfi Ledig, München; Brigitte Maier, München
Schlussredaktion Harald Grätz, München
Satz und Produktion Dorling Kindersley Verlag
Lithografie Colourscan, Singapur
Druck L. Rex Printing Co. Ltd., China

ISBN 978-3-8310-2312-7
7 8 9 10 11 16 15 14 13 12

Dieser Reiseführer wird regelmäßig aktualisiert. Angaben wie Telefonnummern, Öffnungszeiten, Adressen, Preise und Fahrpläne können sich jedoch ändern. Der Verlag kann für fehlerhafte oder veraltete Angaben nicht haftbar gemacht werden. Für Hinweise, Verbesserungsvorschläge und Korrekturen ist der Verlag dankbar. Bitte richten Sie Ihr Schreiben an:

Dorling Kindersley Verlag GmbH
Redaktion Reiseführer
Arnulfstraße 124 • 80636 München
travel@dk-germany.de

◁ **Blick über die Münchner Silhouette – im Hintergrund die Alpen**
◁◁ **Umschlag: Bavaria vor der Ruhmeshalle, Theresienwiese** ***(siehe S. 139)***

Inhalt

Moriskentänzer im Münchner Stadtmuseum ***(siehe S. 65)***

München und Südbayern stellen sich vor

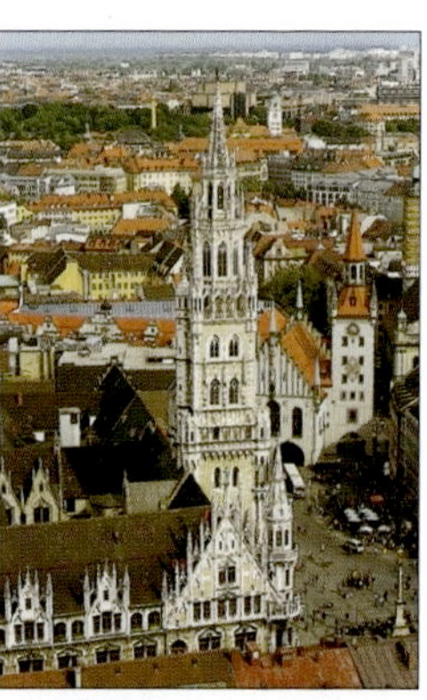

Neues Rathaus ***(siehe S. 59)*** **und Blick über München nach Osten**

Frühlingswiese bei Schwangau im Allgäu, im Hintergrund die Alpen

München

Die Propyläen *(siehe S. 115)*, entworfen von Leo von Klenze

Die Regionen Südbayerns

Die Frauenkirche *(siehe S. 60f)*, eines der bekanntesten Wahrzeichen

Zu Gast in Bayern

Grundinformationen

Bayerische Wurstwaren

Benutzerhinweise

Dieser Reiseführer hilft Ihnen, den Süden Deutschlands von seiner schönsten und interessantesten Seite zu erleben. Das Kapitel *München und Südbayern stellen sich vor* befasst sich mit der Geografie, Geschichte und Kultur von Stadt und Region. In den folgenden Kapiteln erfahren Sie alles über die wichtigsten Sehenswürdigkeiten und Freizeitmöglichkeiten. Zahlreiche Fotos, Karten und Illustrationen verschaffen Ihnen einen Überblick. Was Sie über Hotels, Restaurants, Shopping und Aktivurlaub wissen sollten, lesen Sie im Kapitel *Zu Gast in Bayern*. Viele nützliche Tipps in den *Grundinformationen* erleichtern den Urlaub.

Die Stadtteile Münchens
München ist in fünf für Besucher besonders interessante Stadtteile gegliedert. Die Sehenswürdigkeiten sind auf Stadtteilkarten mit Nummern gekennzeichnet und werden in dieser Reihenfolge detailliert vorgestellt und beschrieben.

Stadtplan *siehe S. 144–153.*
Karte *Extrakarte zum Herausnehmen.*

Seiten mit roten Griffmarken beziehen sich auf München.

Die Orientierungskarte zeigt, wo Sie sich gerade befinden.

1 Stadtteilkarte
Alle Sehenswürdigkeiten sind auf der Stadtteilkarte *eingezeichnet, im* Stadtplan *und auf der* Extrakarte *eingetragen.*

Sehenswürdigkeiten auf einen Blick listet Kirchen, Museen, Kunstsammlungen, historische Gebäude, Straßen und Plätze sowie sonstige Attraktionen in jedem Stadtgebiet auf.

2 Detailkarte
Aus der Vogelperspektive gewinnen Sie einen räumlichen Eindruck.

Sterne markieren alles, was Sie keinesfalls versäumen sollten.

Die Routenempfehlung führt Sie durch die interessantesten Straßen und Viertel.

3 Detaillierte Informationen
Die Sehenswürdigkeiten werden ausführlich beschrieben. Dabei sind auch Adresse, Telefonnummer, Öffnungszeiten, Verkehrsverbindungen sowie Zugang für Rollstuhlfahrer vermerkt.

1 Einleitung

Hier erfahren Sie etwas über Landschaft, Charakter und geschichtliche Entwicklung jeder Region sowie über ihre wichtigsten Sehenswürdigkeiten.

Die Regionen Südbayerns

In diesem Buch wird Südbayern in sechs Regionen unterteilt und jede Region ausführlich vorgestellt. Die interessantesten Ziele sind auf der *Regionalkarte* markiert.

2 Regionalkarte

Hier erhalten Sie einen Überblick über die Hauptverkehrsstraßen und die Lage der wichtigsten Sehenswürdigkeiten. Alle Attraktionen sind nummeriert.

Farbige Randmarkierungen für jede Region erleichtern Ihnen das Nachschlagen.

3 Detaillierte Informationen

Alle interessanten Städte und Ausflugsziele sind in der Reihenfolge ihrer Nummerierung auf der Regionalkarte *ausführlich beschrieben. Jeder Eintrag informiert Sie zudem über Öffnungszeiten, Anfahrt etc.*

Sterne kennzeichnen die Sehenswürdigkeiten, die kein Besucher versäumen sollte.

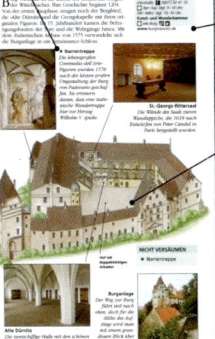

Die Infobox liefert für die Hauptsehenswürdigkeiten alle praktischen Einzelheiten und Hinweise.

4 Hauptsehenswürdigkeiten

Den Highlights Südbayerns sind ein oder zwei Seiten gewidmet. Grundrisse und Schnittzeichnungen erleichtern das räumliche Vorstellungsvermögen. Durch Museen und Schlösser führt ein farbcodierter Lageplan.

München und Südbayern stellen sich vor

München und Südbayern entdecken

München und Südbayern bergen einen einzigartigen Reichtum an grandioser Architektur und Kunstschätzen sowie an Naturschönheiten mit Flusstälern, alpinen Matten, Gipfeln und Naturschutzgebieten. Burgen und Schlösser der Region zeugen vom üppigen Leben und Reichtum der Wittelsbacher und des bayrischen Landadels. Barockkirchen und Klöster machen die einstige Macht der Kirche sichtbar. Die folgenden Seiten geben Ihnen einen Überblick über die Highlights Südbayerns.

Fresken am Alten Rathaus, Lindau

Wirtschaften und Cafés – in München genießt man das Leben

München

- **Kunstsammlungen von Weltklasse**
- **Café-Kultur**
- **Brauereien und Biergärten**

Die bayrische Metropole besitzt ein südliches, gleichwohl kosmopolitisches Flair – wobei jeder Stadtteil seinen eigenen Charakter bewahrt hat. Entdecken Sie die Altstadt, etwa um den **Marienplatz** *(siehe S. 56f)* mit seinen Shopping-Meilen, oder spazieren Sie entlang der **Isar** *(siehe S. 87)* und durch den **Englischen Garten** *(siehe S. 106)*. Die Münchner huldigen übrigens nicht nur dem Bier, sie haben auch eine Café-Kultur. Bei **Dallmayr** *(siehe S. 277)* oder in den Cafés am **Gärtnerplatz** *(siehe S. 64)* können Sie Kaffee und Kuchen genießen. Doch was wäre München ohne seine Biergärten und die Bierkeller der Brauereien, etwa das weltberühmte **Hofbräuhaus** *(siehe S. 84)*. Die grandiosen Museen in der Prinzregentenstraße und im Museumsviertel sind ein Muss.

Nördliches Oberbayern

- **Schloss Schleißheim**
- **Malerische Klöster und Barockkirchen**
- **Verwunschene Wälder und Flusslandschaften**

Der nördliche Teil Oberbayerns ist wald- und flussreich. Das Altmühltal, wo Hopfenanbau betrieben wird, ist ein Paradies für Radfahrer und Wanderer. **Schloss Schleißheim** *(siehe S. 172f)* muss man gesehen haben. Das barocke Meisterwerk besitzt eine schöne formale Gartenanlage mit Kanal. Barocke Prunkstücke sind auch die **Asamkirche Maria de Victoria** in Ingolstadt *(siehe S. 166)* und die Basilika **Mariä Himmelfahrt** *(siehe S. 165)* in Scheyern. Beeindruckend sind zudem die **Kapuzinerkirche** in Eichstätt *(siehe S. 163)* und **Kloster Indersdorf** *(siehe S. 171)*.

Niederbayern

- **Fahrt auf der Donau**
- **Burg Trausnitz – ein Renaissance-Schmuckstück**
- **Kristallmuseum**

Die Donau fließt durch einen großen Teil Niederbayerns – und durch Passau. In **Passau** *(siehe S. 188–191)* kann man die Altstadt vom Schiff aus bewundern. Imposant ist eine Fahrt beim Donaudurchbruch zwischen **Weltenburg** und **Kelheim** *(siehe S. 182)*. Das **Kristallmuseum** in Riedenburg *(siehe S. 183)* zeigt den größten Smaragd aus den Alpen und die weltgrößte Bergkristallformation aus den USA. **Burg Trausnitz** *(siehe S. 181)* mit ihren Fresken, Wandteppichen und schönem Dekor vermittelt einen Einblick ins Hofleben während der Renaissance.

Fahrt auf der Donau bei Kelheim, Niederbayern *(siehe S. 182)*

◁ *Der Pfalzgraf Otto von Wittelsbach als Gründer von Landshut*, Wandteppich (1604–11) im Residenzmuseum

Östliches Oberbayern

- Mysteriöser Königssee
- Ludwigs Schloss auf Herrenchiemsee
- Lüftlmalerei

Der geheimnisvolle **Königssee** *(siehe S. 200)* schimmert blaugrün. Zu seiner Wallfahrtskirche fahren Elektroboote. Sie halten an, damit man das phänomenale Echo der Schiffsglocke hören kann, das von den Bergwänden zurückgeworfen wird. **Schloss Herrenchiemsee** *(siehe S. 202)* war Ludwigs II. bayrische Variante eines »neuen Versailles«. Die 20 fertiggestellten Prunkräume und ein Ludwig-Museum können besichtigt werden. In vielen oberbayrischen Orten kann man Beispiele für **Lüftlmalerei** *(siehe S. 212)*, eine Fassadenmalerei in Freskentechnik, sehen – oft bäuerliche und religiöse Szenen. Die volkstümliche Variante der *Trompe-l'œil*-Malerei stammt aus dem 18. Jahrhundert.

St. Bartholomä am Westufer des Königssees *(siehe S. 200)*

Südliches Oberbayern

- Seenplatte und Deutsche Alpenstraße
- Historische Stadtzentren
- Franz-Marc-Museum

Der Maler Franz Marc fühlte sich von der Schönheit der bayrischen Landschaft angezogen. Das **Franz-Marc-Museum** in Kochel am See *(siehe S. 219)* zeigt mehr als 150 seiner Werke. Die Fünf-Seen-Platte besteht aus Starnberger See, Ammersee, Pilsensee, Wörthsee und Weßlinger See – den Münchner »Haus-Seen«. Die **Deutsche Alpenstraße** *(siehe S. 220f)* verläuft von der Insel Lindau im Bodensee bis zum Königssee. Die 450 Kilometer lange Panoramastrecke führt durchs Voralpenland und die grandiose Alpenlandschaft und passiert dabei 105 Brücken, zehn Viadukte und 15 Tunnels.

Neuschwanstein – König Ludwigs II. Märchenschloss *(siehe S. 230)*

Allgäu

- Märchenschloss Neuschwanstein
- Romantische Straße
- Land der Skispringer

Mittelalterliche Ritterburg und Wagner-Hommage zugleich: **Neuschwanstein** *(siehe S. 230)*, das ehrgeizigste Schlossprojekt Ludwigs II., ist eines der bekanntesten Wahrzeichen Deutschlands. Die **Romantische Straße** *(siehe S. 246)* ist bei Radfahrern und Busausflüglern beliebt. Deutschlands erste »Sightseeing«-Straße wurde in den 1950er Jahren gebaut. Sie führt entlang der römischen Via Claudia von Würzburg nach Füssen, vorbei an mittelalterlichen Städten und berühmten Kirchen. Der südlichste deutsche Kurort **Oberstdorf** *(siehe S. 232)* hat eine der größten Skiflugschanzen der Welt.

Bayerisches Schwaben

- Historisches Augsburg
- Burgen, Wälder, Flüsse und Täler
- Ruinen aus der Römerzeit

Die nordwestliche Region Bayerns bietet mittelalterliche Städtchen, architektonische Schätze und imposante Burgen. Von den westlichen Wäldern Augsburgs bis ins Donautal erstreckt sich eine sehr variantenreiche Landschaft – ein Wanderparadies. **Augsburg** *(siehe S. 248–253)* geht auf eine Gründung des römischen Kaisers Augustus zurück. Sehenswert sind u. a. die **Fuggerei** *(siehe S. 252)*, die größte, älteste Sozialsiedlung Europas, das **Römische Museum** *(siehe S. 251)* mit Römerfunden und die **Via Claudia**, heute eine Panoramastraße *(siehe S. 246)*.

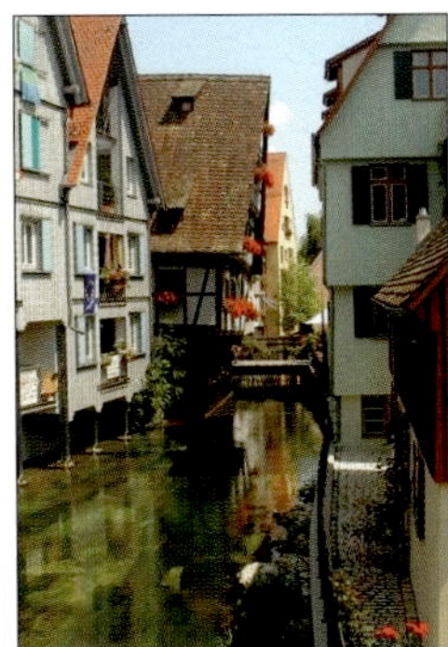

Das alte Ulm liegt in Baden-Württemberg, Neu-Ulm in Bayern

München auf der Karte

Die südbayerische Region, die dieser Führer behandelt, umfasst drei Regierungsbezirke: Oberbayern, Niederbayern und Schwaben. Bayern grenzt im Osten an die Tschechische Republik, im Süden an Österreich und, über den Bodensee hinweg, an die Schweiz. Die nördliche Grenze der beschriebenen Region ist die Donau. Im Süden ragen die Alpen auf. München (1,4 Mio Einwohner) ist die Landeshauptstadt.

Das Deutsche Museum in München auf einer Isarinsel

LEGENDE

- Internationaler Flughafen
- Fährhafen
- Autobahn
- Hauptstraße
- Eisenbahn
- Staatsgrenze

0 Kilometer 100

Luftansicht von Nördlingen im Nördlinger Ries

Münchner Innenstadt

München bietet eine Fülle von Baustilen, folglich herrscht in jedem der fünf beschriebenen Stadtteile eine andere Atmosphäre vor. Mit ihrer prägnanten Architektur ist die Altstadt rund um den Marienplatz das touristische Zentrum Münchens. Entlang der Isar werden Grünanlagen von Prachtstraßen aus dem 19. Jahrhundert gesäumt. Nach Norden bestimmen Ludwig- und Leopoldstraße das Gesicht der Landeshaupttadt. Hier findet man auch Schwabing und den Englischen Garten. Die Maxvorstadt ist für ihr Museumsviertel bekannt.

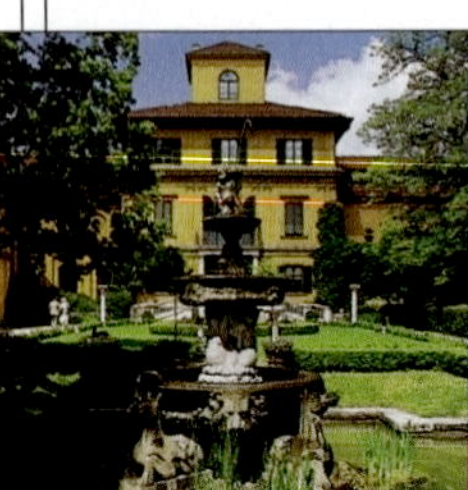

Lenbachhaus
Das Haus Franz von Lenbachs (siehe S. 115) *erinnert mit seinem Baustil und dem Garten an eine italienische Villa. Es wurde umfassend renoviert und öffnet 2013 wieder seine Pforten.*

Asamkirche
Eigentlich ist die Perle europäischer Barockarchitektur (siehe S. 66f) *dem heiligen Johann Nepomuk geweiht, doch in München nennt sie jeder Asamkirche – nach ihren Erbauern, den Asam-Brüdern.*

Neues Rathaus
Auf dem Wappen am Neuen Rathaus (siehe S. 59) *ist ein Mönch zu sehen – nicht zufällig, denn der Name München leitet sich von den Mönchen ab, die schon vor der Stadtgründung hier siedelten.*

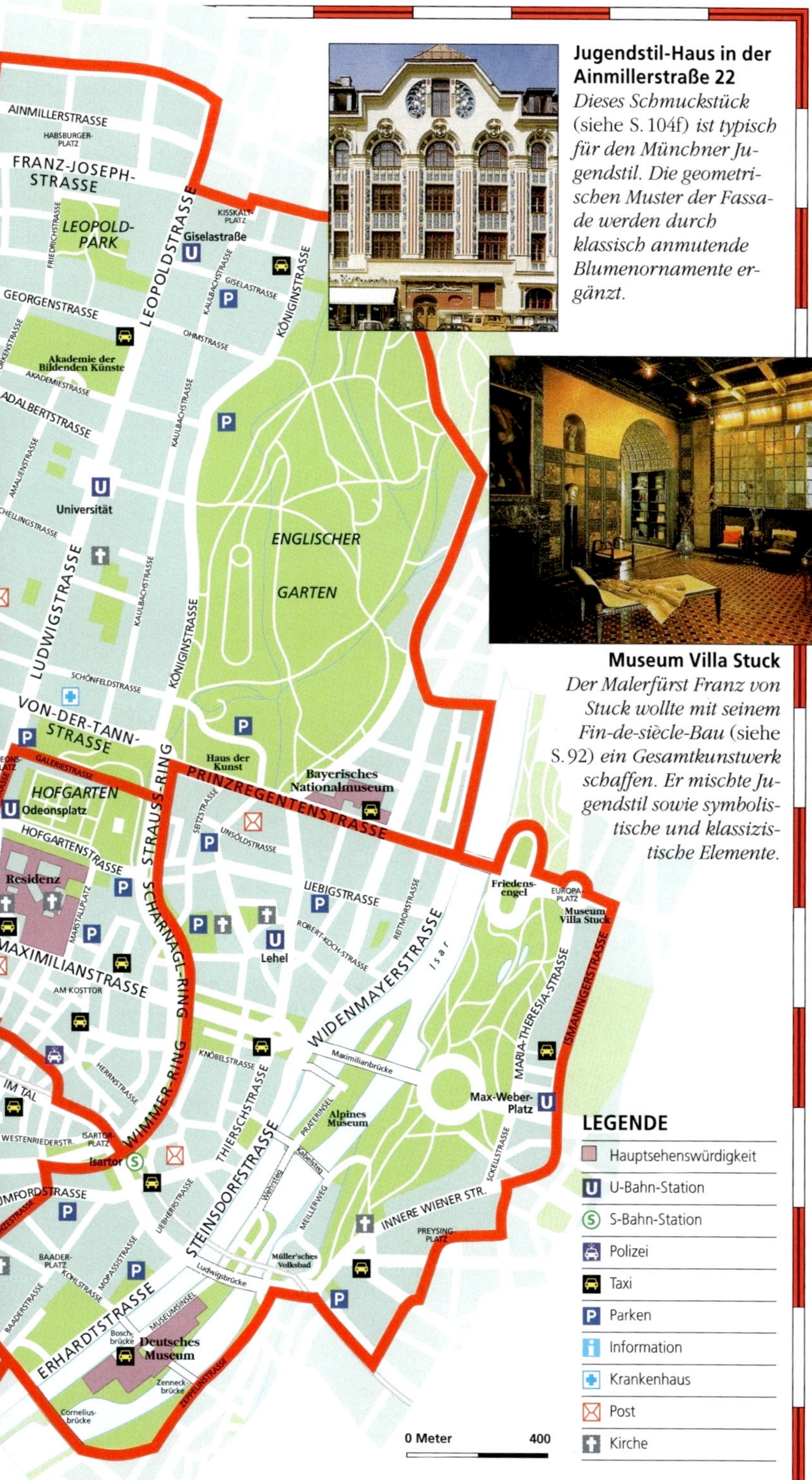

Jugendstil-Haus in der Ainmillerstraße 22
Dieses Schmuckstück (siehe S. 104f) *ist typisch für den Münchner Jugendstil. Die geometrischen Muster der Fassade werden durch klassisch anmutende Blumenornamente ergänzt.*

Museum Villa Stuck
Der Malerfürst Franz von Stuck wollte mit seinem Fin-de-siècle-Bau (siehe S. 92) *ein Gesamtkunstwerk schaffen. Er mischte Jugendstil sowie symbolistische und klassizistische Elemente.*

LÖWENBRÄU
SCHÄFFLER
räu. Ein R
Boxe
Löwe

Ein Porträt Südbayerns

Drei von vier Deutschen würden gern in Bayern leben, am liebsten in Südbayern. Das ist nicht erstaunlich, denn Südbayern gilt als eine der malerischsten und blühendsten Regionen Europas. Für viele ist Bayern sogar der Inbegriff Deutschlands. Doch das stimmt nicht ganz, denn Bayern hat politisch wie kulturell immer eine eigene Richtung eingeschlagen.

Über die Herkunft der Bayern gibt es mehrere Thesen. Falsch ist, dass sie als Stamm während der Völkerwanderung eingewandert sind. Diskutiert wird ihre Abstammung aus Böhmen, als Markomannen oder als Mix aus Kelten, Romanen und Germanen.

Bis heute zeigen sich in den bayrischen Dialekten, im Brauchtum, in der Küche und in der Mentalität Unterschiede. Gemeinsamkeiten findet man jedoch in der Liebe zur Tradition, in der mehr oder weniger konservativen, aber auch anarchistischen Grundhaltung sowie in der Verbundenheit mit dem Freistaat.

Weiß-Blau – die Farben des Himmels und des bayrischen Wappens

Bayrische Sitten und Bräuche entfalteten sich sowohl an den Fürstenhöfen als auch auf dem Land. Diese Entwicklung auf zwei unterschiedlichen sozialen Ebenen hat ihre Spuren im Charakter der Bayern und in ihren Traditionen hinterlassen. Typisch sind Bodenständigkeit, Halsstarrigkeit und auch Trotz, gepaart mit Großzügigkeit und Gastfreundlichkeit. Daraus entstand eine gewisse Toleranz, aber auch eine Vorliebe für starke Herrscher bzw. Politiker wie Maximilian I., Maximilian I. Joseph, den Ministerpräsidenten Franz Josef Strauß oder exzentrische Träumer wie Ludwig II.

Sommer in Lindau, dessen historisches Zentrum auf einer Insel im Bodensee liegt

◁ **Das Löwenbräu-Zelt – eines der großen Festzelte auf dem Oktoberfest** ***(siehe S. 139)***

Sanft ansteigende Berge, grüne Wiesen und weidende Kühe: Idylle pur im Voralpenland

Bayrische Landschaft

Wenn man zum Himmel blickt, sieht man die bayrischen Nationalfarben – Weiß und Blau. An klaren Tagen hat man den Eindruck von mediterranem Licht. Nicht umsonst gilt Bayern als Brücke zwischen Nordeuropa und den Mittelmeerländern. Und München hat tatsächlich mehr Gemeinsamkeiten mit Verona als mit Berlin.

Mild ist das Klima, abwechslungsreich die Landschaft: satte grüne Wiesen, auf denen Kühe weiden, dichte Waldgebiete, zahllose Bäche, Flüsse und Seen, Felsschluchten und das Alpenvorland, dessen sanfte Hügel zu den majestätischen Alpengipfeln ansteigen. Wenn die berühmt-berüchtigte Föhnwetterlage herrscht – der Föhn ist ein warmer Fallwind –, kann man oft über 100 Kilometer weit sehen.

Erkerfenster an einem Haus in Garmisch-Partenkirchen

Die Architektur passt sich perfekt der Landschaft an. Die Postkartenidylle der Städte und Dörfer, die großen Klöster, Burgen und Schlösser, die Dorfkirchen mit ihren Zwiebeltürmen – alles wirkt vollkommen harmonisch.

Typisch für die Region ist die Verquickung von Kunst und Kitsch. So sind etwa Barockkirchen und -klöster bisweilen mit stilistisch unpassenden Fresken ausgemalt. Daneben findet sich einfache, bäuerliche Kunst. Die strenge Architektur der Wittelsbacher steht in starkem Kontrast zu den fantastischen Märchenschlössern König Ludwigs II.

Lüftlmalerei an einem Haus in Bad Hindelang – auch im 21. Jahrhundert noch immer beliebt

Religion, Tradition und Kultur

Bayern ist ein katholisches Land, in dem Protestanten schon immer einen schweren Stand hatten. Es überrascht daher nicht, dass Bayern seine eigene politische Partei hat, die CSU, und dass man hier nicht mit

»Guten Tag«, sondern mit »Grüß Gott« empfangen wird. Die bayrische Nationalhymne beginnt mit den Worten »Gott mit dir, du Land der Bayern«.

Der Katholizismus ist omnipräsent – vor allem bei Sonntagsgottesdiensten, Prozessionen und Wallfahrten. Dabei sind die Bayern durchaus sinnenfroh dem Leben zugewandt. Nicht umsonst ist das Bild der Bayern mit entsprechenden Klischees behaftet: Dazu gehören der Trachtenhut mit Gamsbart, Lederhose (»Krachlederne«), »Wadlstrümpfe« und die unvermeidlichen Bierkrüge.

Traditionelle Bräuche haben sich hier erhalten. Wahrscheinlich gibt es nirgendwo so viele Volksfeste, Musik- und Trachtenvereine. Fast überall trägt man zu besonderen Anlässen Tracht: die echte, die sich von Region zu Region unterscheidet, oder das variantenreiche Dirndl mit weitem, langem oder auch sehr kurzem Rock und engem Mieder, das Frauen gern auf der »Wiesn« anhaben. Zur Männertracht gehört traditionell eine kurze Jacke mit Hirschhornknöpfen. Auch bayrische Politiker präsentieren sich im Trachtenanzug, zu offiziellen Anlässen trägt man eine elegantere Variante der landestypischen Kleidung.

Bayern und Bier gehören zusammen. Fast 1000 Brauereien bemühen sich, den Durst der Bierfreunde zu stillen. Im Freistaat stehen einige der ältesten Brauereien der Welt, darunter auch die in Weihenstephan, wo von herzöglicher Seite 1516 das erste Reinheitsgebot erlassen wurde. Damals wurde festgelegt, dass zum Brauen von Bier nur Malz, Hopfen, Hefe und Wasser verwendet werden dürfen. Richtig gut schmeckt das Bier aus einem Maßkrug – am besten im Biergarten im Schatten der Kastanienbäume, im Keller eines Klosterbräus oder im Festzelt bei Blasmusik.

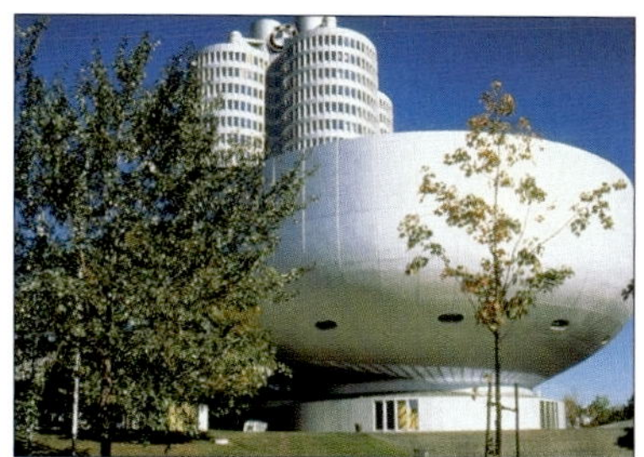

Das BMW-Gebäude mit Museum in München

Maibaumschmuck

Quellen des Wohlstands

Handel und Landwirtschaft bildeten jahrhundertelang die Haupterwerbsquellen in Bayern. Der Freistaat ist der bedeutendste deutsche Lieferant von Agrarprodukten und verfügt über die größten Hopfenanbaugebiete der Welt. Nach dem Zweiten Weltkrieg ließen sich Firmen wie Siemens und Audi in Bayern nieder, auch die Bayerischen Motoren Werke (BMW) blühten schnell wieder auf. Sechs DAX-Unternehmen haben ihren Sitz in München. Medien-, Computer- und Fahrzeugindustrie sind wirtschaftliche Schwerpunkte, ebenso der Tourismus mit knapp zwölf Millionen Übernachtungen jährlich.

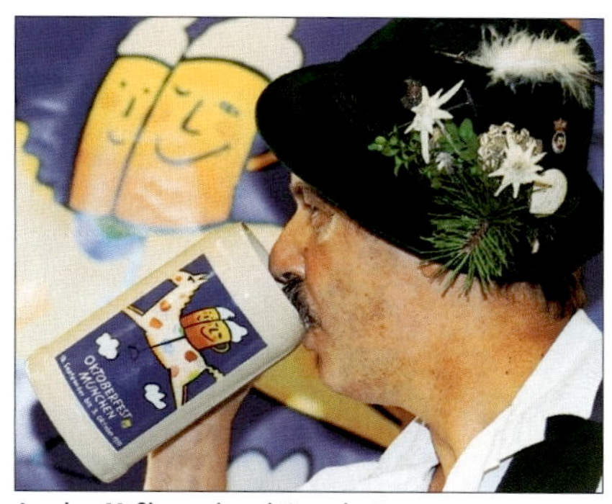

Aus dem Maßkrug schmeckt's am besten

Bayrische Landschaft

Südbayern ist eine der malerischsten und landschaftlich abwechslungsreichsten Gegenden Deutschlands. Im Süden grenzt die Region an die Alpen mit ihren kühnen Gipfeln und grünen Matten. Im Norden bestimmt die Donau mit feuchten Uferwiesen die Landschaft. Im Voralpenland winden sich Bäche und Flüsse durch Hügelketten und münden in Seen, deren Becken von den Gletschern der letzten Eiszeit geformt wurden. Noch heute wird Bayern – trotz der wirtschaftlichen Entwicklung – von Wäldern, Wiesen und Feldern geprägt.

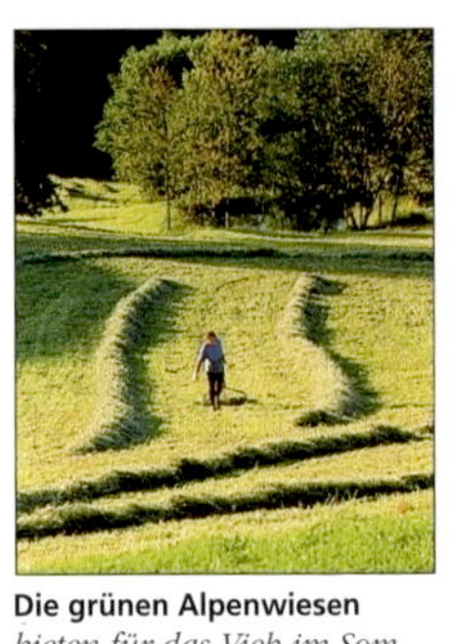

Die grünen Alpenwiesen *bieten für das Vieh im Sommer saftiges Weideland und liefern hochwertiges Heu für das Winterfutter.*

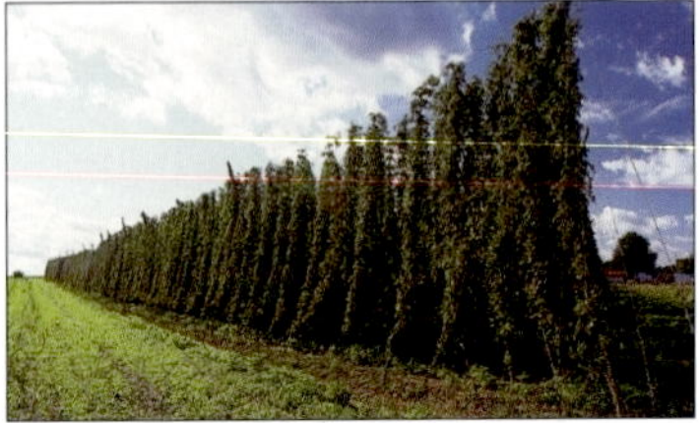

Hopfengärten *sind in der Hallertau, der größten Hopfenregion Bayerns, ein vertrauter Anblick. Sieben Meter winden sich die Pflanzen an Drähten hoch.*

Schroffe Felsen sind charakteristisch für die Alpen, einem »jungen« Gebirge.

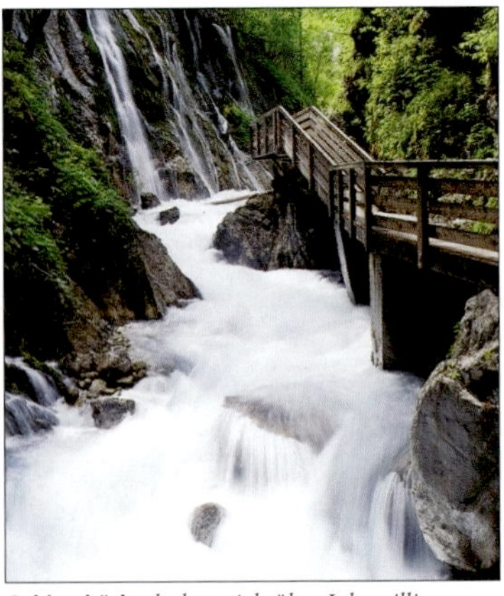

Gebirgsbäche *haben sich über Jahrmillionen einen Weg durch die Felsen gebahnt. Durch die malerische Wimbachklamm kann man sogar mit dem Fahrrad fahren.*

Traditionelle Bauernhöfe fügen sich harmonisch in die Landschaft ein.

Bayrische Seen

Die vielen bayrischen Seen sind Hinterlassenschaften einer Gletscherschmelze, die vor rund 10 000 Jahren stattfand. Das saubere Wasser zieht Segler, Schwimmer und sogar Taucher an. Die Umgebung der Seen eignet sich wunderbar zum Wandern.

Der Yachthafen *am Ufer des Chiemsees ist Ausgangspunkt für Törns, die im frischen Wind recht abenteuerlich ausfallen können.*

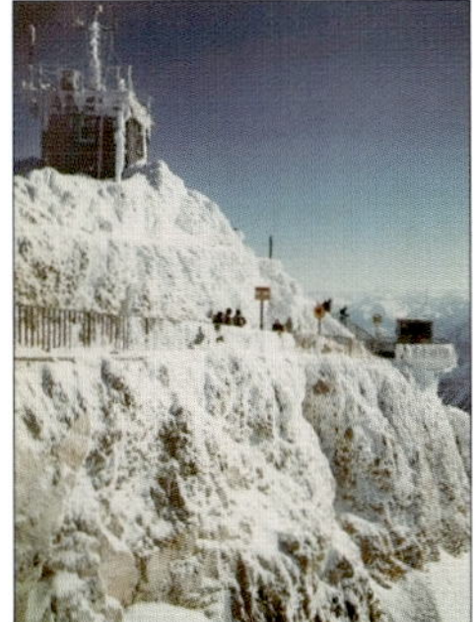

Die Zugspitze *erhebt sich auf 2962 Meter. Sie ist Deutschlands höchster Gipfel.*

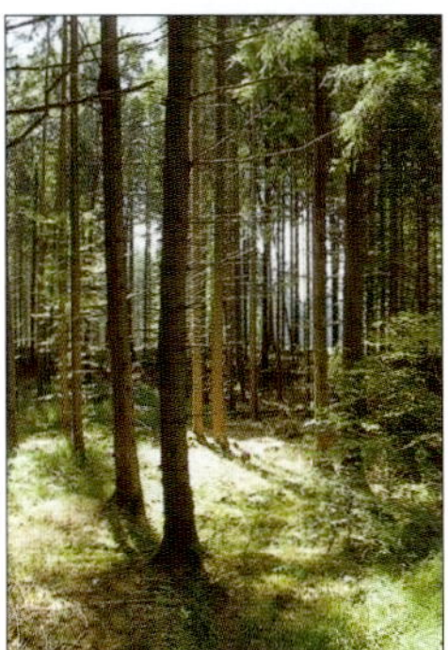

Nadel- und Mischwälder *sind noch weitverbreitet. An manchen Stellen wirken sie fast unberührt.*

Tier- und Pflanzenwelt Südbayerns

Die abwechslungsreiche Kulturlandschaft ist dank umsichtigen Naturschutzes und sauberer Luft noch weitgehend erhalten. In den unterschiedlichen Vegetationszonen findet man eigene Flora und Fauna. In den Alpen wachsen oberhalb der Baumgrenze nur noch Moose und Flechten, unterhalb von 1500 Metern gibt es jedoch eine Vielfalt an Pflanzen und Tieren. In dichten Wäldern leben Waldtiere und Vögel, Wiesen und Sumpfland sind reich an Kräutern, in den Flüssen und Seen tummeln sich verschiedene Fischarten. Viele Naturschutzgebiete sichern das Überleben bedrohter Arten.

Braunvieh *ist typisch für das Allgäu. Hier ist man auf die Erzeugnisse der Milchwirtschaft stolz.*

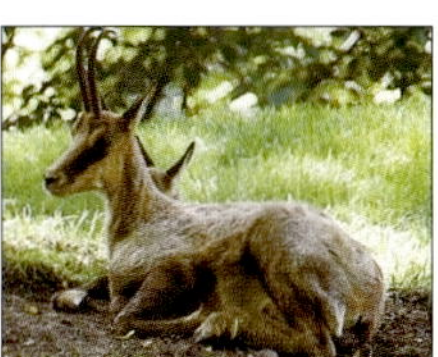

Gämsen *finden auch an steilen Abhängen etwas zu fressen. Für Bergwanderer sind sie ein vertrauter Anblick.*

Murmeltiere *hört man, wenn sie von Geröllhalden und aus Felsspalten ihren charakteristischen Pfiff ausstoßen.*

Raben *fallen auf der Suche nach Würmern und Getreide in Schwärmen über die abgeernteten Felder her.*

Die Bachforelle *kommt in Gebirgsbächen am häufigsten vor. Sie kann nur in klarem, sauerstoffreichem Wasser leben.*

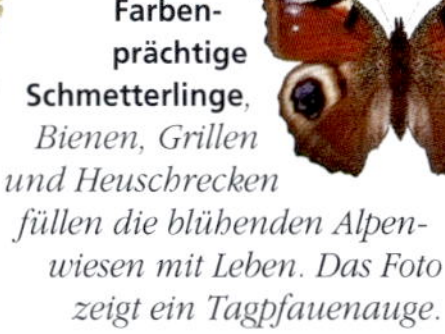

Farbenprächtige Schmetterlinge, *Bienen, Grillen und Heuschrecken füllen die blühenden Alpenwiesen mit Leben. Das Foto zeigt ein Tagpfauenauge.*

Das Edelweiß *ist in den Alpen inzwischen selten geworden. Die streng geschützte Alpenblume ist als beliebtes Motiv auf vielen bayrischen Trachten zu sehen.*

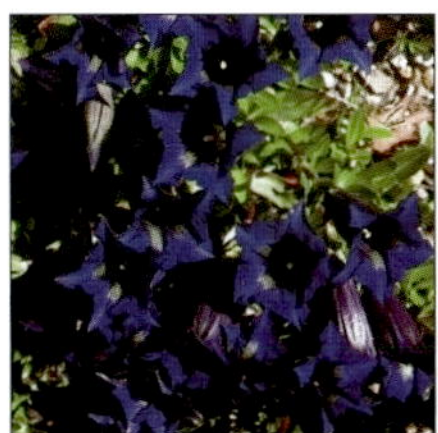

Der Enzian *ist Bayerns »Nationalblume«. Er wird in zahlreichen Liedern besungen. Seine Wurzel verwendet man zur Herstellung des beliebten Enzianschnapses.*

Architektur

Bayern kann erstaunlich viele Kirchen und Klöster vorweisen. Die prächtigen Kirchenbauten, die mit viel Fingerspitzengefühl in ihre Umgebung eingefügt wurden, besitzen oft charakteristische Zwiebeltürme. Jede Epoche brachte schöne Bauwerke hervor, doch in der Zeit des Barock, vom späten 16. bis zum frühen 18. Jahrhundert, erlebte Südbayern eine architektonische Blüte. Damals wurden nicht nur viele Kirchen gebaut, auch bestehende wurden umgebaut und prächtig verziert. Im 19. Jahrhundert kam es erneut zu einem bemerkenswerten Bauboom: Es entstanden die Märchenschlösser König Ludwigs II.

Statue in der Michaelskirche in München

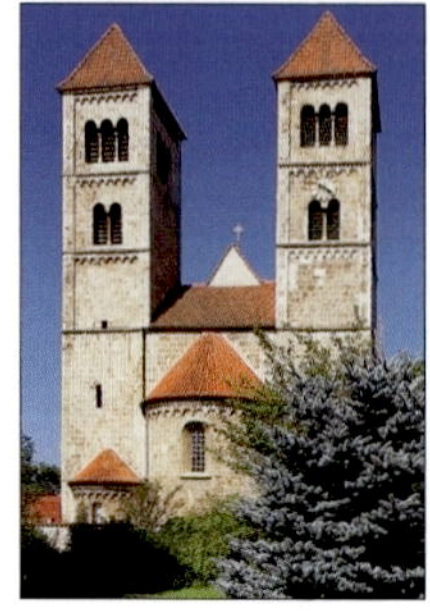

Basilika von Altenstadt – *ein romanisches Bauwerk aus Tuffsteinquadern.*

Gotik

Die gotische Bauweise war in Bayern weitverbreitet, obwohl das Land abseits der großen Zentren gotischer Architektur lag. Noch heute findet man Kirchen, Bürgerhäuser und befestigte Schlossanlagen in gotischem Stil. Ein regionales Charakteristikum der Kirchen ist ihr breites Schiff. Durch Spitzbogen und Kreuzrippengewölbe wurden lichterfüllte Räume geschaffen, die höher schienen, als sie waren. Die älteste gotische Kirche steht in Laufen, die größte ist die Münchner Frauenkirche, doch die prächtigste, die Martinskirche, findet man in Landshut. Ihren Höhepunkt erreichte die Gotik um die Mitte des 15. Jahrhunderts.

Die Kapelle von Schloss Blutenburg *ist ein schönes Beispiel für die gotische Architektur des späten Mittelalters.*

Eingang zur Basilika St. Ulrich und Afra in Augsburg

Renaissance und Manierismus

Die Renaissance gelangte von Italien über Augsburg nach Bayern. 1510 ließen die Fugger eine Renaissancekapelle bauen, die für die Bürgerhäuser in Augsburg, Landshut und Neuburg zum Vorbild wurde. Ende des Jahrhunderts wurde die Renaissance vom Manierismus überlagert. Ein bedeutender manieristischer Architekt war Elias Holl.

Der Erzengel Michael besiegt Satan – *dramatische Posen kennzeichnen den Manierismus.*

Die Fenster besitzen oft Ziergiebel.
Skulpturen und Reliefs kontrastieren mit der strengen Fassade.

Prunkfassade *des Zeughauses in Augsburg, 1607 von Joseph Heintz d.Ä. gestaltet. Das Paradebeispiel des Manierismus weist eine flache Fassade ohne die klassischen Proportionen auf.*

Barock und Rokoko

Der dynamisch-prachtvolle Barockstil fand seinen Ausdruck in kunstvoll gegliederten Räumen mit reicher Ornamentik. Keine andere Architekturepoche hat in Bayern so starke Spuren hinterlassen. Die ersten Gebäude stammten von italienischen Baumeistern, doch bald entstanden deutsche Schulen. Der bayerische Barock erreichte seinen Höhepunkt in den Bauwerken der Asam-Brüder. Auch der verspieltere Stil des Rokoko ist in Bayern vertreten.

Das Gewölbe *des Passauer Doms ist ein schönes Beispiel spätbarocker, italienisch beeinflusster Formgebung. Die tragenden architektonischen Elemente sind unter ausuferndem Stuck und prächtigen Fresken fast nicht sichtbar.*

Die Fassade *von Sankt Michael in Berg am Laim weist typische Elemente des bayerischen Rokoko auf, die durch Simse, Säulen und Pilaster betont werden.*

Die Fenster *des Neuen Schlosses in Schleißheim sind mit Rosetten und antikisierenden Masken verziert. Üppiger Schmuck an Eingängen und Fenstern ist charakteristisch für die barocke Architektur.*

Klassizismus

Der klassizistische Stil entwickelte sich im 18. Jahrhundert in Frankreich. 1806, als durch die napoleonische Umgestaltung das Kurfürstentum Bayern Königreich wurde, wurde der Baustil auch hier populär. Seinen Höhepunkt erlangte der bayerische Klassizismus nach 1816, er blieb jedoch auf München beschränkt. König Ludwig I. wollte aus München ein »Isar-Athen« machen. Sein Hofarchitekt Leo von Klenze schuf Bauwerke, die sich an die griechische Antike und die italienische Renaissance anlehnten.

Das Prinz-Carl-Palais, *erbaut von Karl von Fischer, ist ein Paradebeispiel des Münchner Frühklassizismus. Als Vorbau besitzt es einen imposanten Portikus mit ionischen Säulen und Tympanon (Giebelfeld der antiken Tempel).*

Dieses Säulenkapitell *am Eingang zur Glyptothek weist die typischen Voluten und den Eierstab ionischer Säulen auf.*

Das Akroterion ist ein Schmuckelement, das im Klassizismus häufig verwendet wurde.

Am Tympanon *der Propyläen sieht man die Skulptur von Otto I. inmitten griechischer Könige. Otto I. musste vor Fertigstellung des Gebäudes abdanken. Die Münchner spotteten daraufhin: »Man soll den Tag nicht vor dem Abend loben.«*

Die Skulpturen im Stil antiker Vorbilder schuf Ludwig Schwanthaler.

Klöster und Abteien

Zahlreiche Klöster und Abteien prägen das südliche Bayern. Das erste Benediktinerkloster wurde im frühen Mittelalter gegründet. Im 11. und 12. Jahrhundert entstanden im Voralpenland viele klösterliche Einrichtungen. Die nächste Phase reger Bautätigkeit erfolgte im Barock. In dieser Zeit wurden fast alle mittelalterlichen Klöster um- oder wiederaufgebaut und neue Anlagen errichtet, beispielsweise in Ottobeuren und Ettal. Im 18. Jahrhundert entstanden die schönen Bibliotheken mit ihren wertvollen Sammlungen. Der Säkularisierung von 1803 fielen über 160 Klöster zum Opfer, ein Einschnitt, von dem sich die klösterliche Kultur nicht mehr erholte.

Statue im Kaisersaal, Ottobeuren

Den Altar *krönt häufig die große Statue eines Heiligen oder des Gründers. Meist ist dies auch der Namenspatron der Kirche.*

Die Heilig-Kreuz-Kapelle *ist eine der wenigen Klosterkapellen, die nur Mönchen zugänglich ist. Kapellen dienten für Zusammenkünfte oder zum stillen Gebet. Dennoch steht ihre Ausgestaltung in keiner Weise hinter dem Prunk des restlichen Klosters zurück.*

Das Kircheninnere *besticht durch zahlreiche Altäre. Stuck, Gemälde und Mobiliar ergänzen sich zu einem einzigartigen Gesamtkunstwerk.*

Die Bibliothek *zeugt von den wissenschaftlichen und kulturellen Ambitionen in bayerischen Klöstern. Die in Leder gebundenen Schriften harmonieren mit den verzierten Regalen.*

In der Zeremonienhalle fanden offizielle Treffen statt.

Der Kaisersaal *war einer der repräsentativen Empfangsräume des Klosters. Er vermittelt die Vorstellung eines weltumspannenden christlichen Reichs.*

Benediktinerabtei Ottobeuren

Ottobeuren, der »Schwäbische Escorial«, ist eine der größten Klosteranlagen Europas. An die Kirche schließt sich ein großer Gebäudekomplex an. Die weitläufigen Zimmerfluchten umschließen drei Innenhöfe.

Die Benediktinerabtei Ottobeuren *fügt sich – wie viele andere bayerische Klöster – perfekt in die sanfte Landschaft des Voralpenlands ein. Die roten Dächer und hohen Kirchtürme bilden vor allem im Frühjahr und Sommer einen stimmungsvollen Kontrast zur grünen Umgebung.*

Der Treppenaufgang *zeigt prunkvolle Eleganz. Die Äbte der Benediktiner legten Wert auf das Aussehen der öffentlich zugänglichen Bereiche.*

Kunst

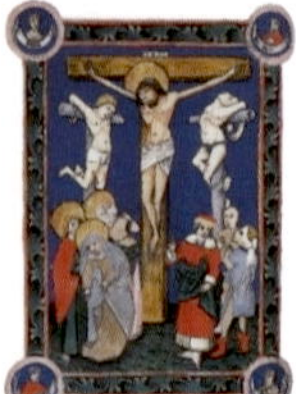
Spätgotische Miniatur im Passauer Museum

Kunst entwickelte sich in Bayern vor dem Hintergrund der wesentlichen europäischen Kunstströmungen. Kirchliche und fürstliche Auftraggeber sowie später die Freien Reichsstädte trugen dazu bei, dass sich München, Augsburg, Landshut und Passau zu bedeutenden Kunstzentren entwickelten. Schulen für Malerei, Bildhauerei und Kunsthandwerk entstanden bereits zu Zeiten der Gotik. Auch Renaissance und Manierismus hinterließen ihre Spuren. Doch erst im Barock erreichten Freskenmalerei, Stuckatur und Bildhauerei ihren Höhepunkt. Immer jedoch spielen volkstümliche Elemente mit hinein, ob als Votivmalerei, bei Marterln oder in der Fassadenmalerei.

Mann mit Schild – *eine spätgotische Figur aus dem Kloster Ottobeuren.*

Romanik und Gotik

Romanische Kunst lebt – wie auch ihr Vorbild, die byzantinische Kunst – von der Stilisierung. Neben Kunstgegenständen und Skulpturen sind aus dieser Zeit interessante Wandmalereien erhalten. Die Fenster im Augsburger Dom sind ausgesprochen kunstvoll. Die Gotik (bis etwa 1520) findet ihren Ausdruck vor allem in der neuen Darstellung menschlicher Figuren, die jetzt mit fließenden Gewändern und expressiver Gestik gezeigt werden. Um 1500 waren die bedeutendsten Vertreter gotischer Malerei und Bildhauerei Jan Polack und Erasmus Grasser.

Masken zieren die Schnittstellen der Kassettentür.

Flachreliefs erzählen Geschichten aus dem Alten und Neuen Testament.

Türknäufe haben die Form eines Löwenkopfs.

Das Bronzetor *des Augsburger Doms verdeutlicht den Einfluss der byzantinischen Kunst. Von den ursprünglich 224 auf vier Flügel verteilten Relieffeldern existieren heute nur noch 35.*

Dieser Moriskentänzer, *eine Schnitzarbeit von Erasmus Grasser, gehört zu zehn ausdrucksvollen Gestalten, die einen höfischen Tanz aufführen. Es war Sitte, dass sich die Männer beim Tanz raffiniert bewegten, um die Aufmerksamkeit der Damenwelt auf sich zu ziehen. Weltliche Figuren aus der Gotik sind äußerst selten.*

ZEITSKALA

1450–1518 Erasmus Grasser

um 1460/65–1524 Hans Holbein d. Ä.

um 1540–1599 Friedrich Sustris

um 1500–1562 Christoph Amberger

um 1570–1634 Hans Krumpper

1400 | 1450 | 1500 | 1550

um 1435–1519 Jan Polack

1473–1531 Hans Burgkmair

1516–1573 Hans Mielich

um 1548–1628 Peter Candid de Witte

um 1550–1620 Hubert Gerhard

um 1570–164[illegible] Hans Reich

Einer der Moriskentänzer von Erasmus Grasser

Renaissance und Manierismus

Die südbayerische Renaissance war zwar von Italien und den Niederlanden beeinflusst, entwickelte aber durchaus eigene Elemente. Das Kunsthandwerk blühte auf. In Bildhauerei und Malerei wurden neue Themen aktuell, darunter die Genremalerei, die klassische Mythologie und die Kunst des Porträts. Die bedeutendsten Künstler ihrer Zeit waren die Augsburger Maler Hans Holbein d.Ä., Hans Burgkmair und Christoph Amberger. Der Manierismus entwickelte sich Mitte des 16. Jahrhunderts, seine Vertreter waren u.a. Hans Krumpper und Hans Reichle.

Reich verzierter Pokal *(1570–80) aus einer der berühmten Augsburger Goldschmiede-Werkstätten. Kunstgegenstände dieser Goldschmiede zieren Kirchen und Herrschaftshäuser in ganz Europa.*

Porträt der Felicitas Welser *von Christoph Amberger. Das typische Renaissanceporträt zeigt eine etwas steife Pose, das Bemühen, die Eigenart der Person möglichst genau zu treffen, und ein detailgetreu gemaltes Gewand. Die Farbgebung zeugt von venezianischem Einfluss.*

Barock und Rokoko

Während der Barockzeit wurden Kirchen, Klöster und Schlösser verschwenderisch mit Stuck, Fresken und *Trompe-l'œil*-Malerei verziert. Bedeutendes Zentrum dieser Kunstrichtung war Wessobrunn. Im 18. Jahrhundert begannen die Asam-Brüder, in Bayern zu arbeiten *(siehe S. 66)*. Die Bemalung von Hausfassaden, die sogenannte Lüftlmalerei *(siehe S. 212)*, ist ein typisch bayerisches Phänomen. Ignaz Günther und Johann Baptist Straub schufen wundervolle Rokokoskulpturen. Der Baumeister François Cuvilliés perfektionierte die Rokokokunst.

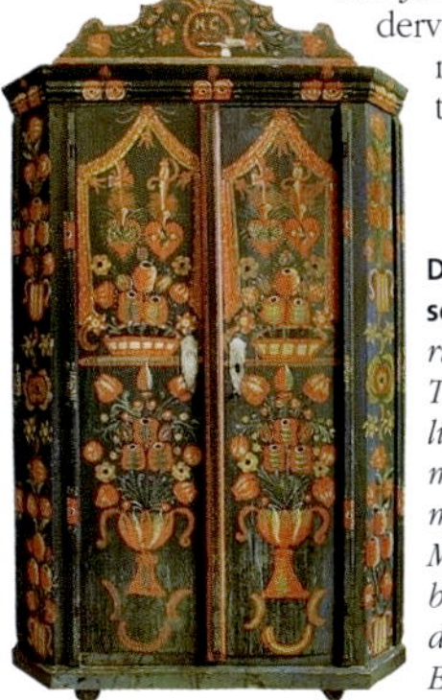

Der traditionelle Bauernschrank *wurde in den berühmten Werkstätten in Bad Tölz gefertigt und volkstümlich bemalt. Im Heimatmuseum von Bad Tölz kann man eine Vielzahl solcher Möbel sehen, aber auch die bemalten Wagen, die bei den Leonhardi-Fahrten zum Einsatz kommen.*

Diese Skulptur *von Ignaz Günther aus dem Bürgersaal in München verkörpert die Merkmale des Spätbarock: Pathos, Leichtigkeit und Dynamik.*

1601–1634 Georg Petel

1692–1750 Egid Quirin Asam

1680–1758 Johann Baptist Zimmermann

Schutzengel von Ignaz Günther

1600 | **1650** | **1700**

1609–1682 Johann Heinrich Schönfeld

Porträt von Cosmas Damian Asam

1686–1739 Cosmas Damian Asam

1695–1768 François Cuvilliés

1697–1776 George Desmarées

1704–1784 Johann Baptist Straub

1725–1775 Ignaz Günther

Bayrisches Brauchtum

Bei der Landshuter Hochzeit

Tradition und Bräuche werden in Bayern gepflegt und in Ehren gehalten. Fast jeder Ort hat seinen eigenen, ganz speziellen Feiertag. Dann spielen Musikkapellen, man trinkt Bier, und auf den Straßen geht es hoch her. Manchmal werden Volkstänze aufgeführt, bisweilen gibt es ein Feuerwerk. Der Katholizismus ist prägend für die Region. Während der kirchlichen Feiertage findet häufig auch ein Markt statt. In vielen Orten sind zudem historische Ereignisse Anlass für Feiern.

Passionsspiele

Alle zehn Jahre wird die kleine Gemeinde Oberammergau zum Schauplatz eines Großereignisses: Von Ende Mai bis Anfang Oktober werden die Passionsspiele aufgeführt. Diese Tradition geht auf das Jahr 1633 zurück. Damals legten die Einwohner ein Gelübde ab, dass sie die österliche Passion nachspielen würden, wenn sie von der Pest verschont blieben. Ursprünglich wurden die Spiele vor der Kirche aufgeführt, doch seit 1930 gibt es eine Freilichtbühne mit 4800 Sitzplätzen.

An fünf Tagen der Woche finden Aufführungen statt, die mit 2400 Mitwirkenden vom frühen Nachmittag bis in den späten Abend dauern. Gemäß der Tradition müssen die Darsteller in Oberammergau geboren sein. Für die Dekoration und die mehr als 1000 Kostüme sind die Einheimischen selbst zuständig. Die von Chor und Musik begleiteten Aufführungen mit dem überaus ausdrucksstarken Laienspiel wirken vor der Szenerie der Berggipfel absolut mitreißend.

Die Passionsspiele haben längst Weltruhm erlangt, sodass Plätze lange im Voraus gebucht werden müssen. In kleinerem Rahmen gibt es solche Spiele auch in anderen bayrischen Orten.

Maibaum

Jedes Jahr am 30. April sieht man allerorten Leute, die – meist mit einem Bier in der Hand – einen langen, geschälten Baumstamm bewachen. Denn wird der Stamm für den Maibaum in der Nacht gestohlen (etwa von Leuten aus dem Nachbardorf), kostet es jede Menge Bier, um ihn wieder auszulösen. Am nächsten Tag wird der geschmückte Stamm in einem Festakt auf dem Dorfplatz aufgestellt.

Laut Überlieferung soll der Maibaum, eine Art Lebensbaum und der Stolz jeder Gemeinde, das Jahr über Erfolg bringen. Der Brauch stammt aus dem Mittelalter. Fast immer ist der Maibaum in den bayrischen Farben Weiß und Blau bemalt und mit den Emblemen der Handwerke geschmückt. Oben hängt ein Kranz. Der Tanz um den Maibaum ist Tradition, ebenso ein Wettklettern den Stamm hoch, um die Preise am Kranz zu ergattern.

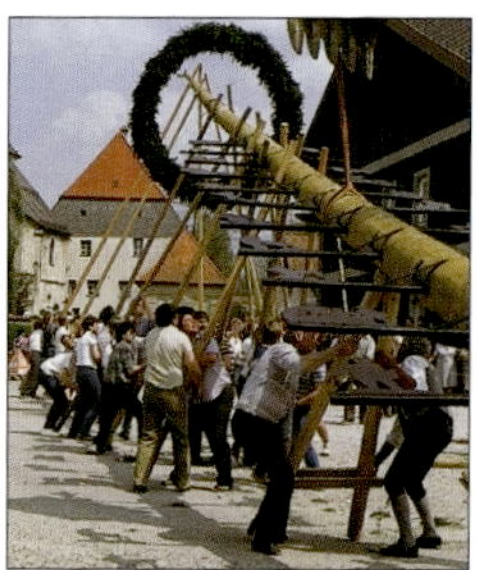
Mit vereinten Kräften wird der Maibaum aufgestellt

Landshuter Hochzeit

Im Jahr 1475 fand in Landshut die Hochzeit von Georg, dem Sohn Ludwigs des Reichen, und Prinzessin Jadwiga (Hedwig) von Polen, der Tochter von Casimir IV. Jagiellon, statt. Die acht Tage dauernden Festlichkeiten gingen als eines der prächtigsten Ereignisse des Mittelalters in die bayrische Geschichte ein. Seit 1903 wird die »Landshuter Hochzeit« alle vier Jahre an je drei Wochenenden im Juni und Juli nachgespielt, die nächsten Male 2013 und 2017 *(siehe S. 31)*. Am größten Kostümspektakel Europas nehmen etwa 2000 Darsteller teil. Nach dem Triumphzug des jungen Paars werden höfische Tänze und Turniere zwischen Rittern veranstaltet.

Oberammergauer Passionsspiele: Christus stürzt mit dem Kreuz

Oktoberfest

Auch das berühmteste und größte Volksfest der Welt geht auf eine Hochzeit zurück: 1810 heiratete Therese von Sachsen-Hildburghausen den Thronfolger und späteren König Ludwig I. Auf einer Wiese am Stadtrand von München, zu Ehren der Braut Theresienwiese getauft, veranstaltete man ein Pferderennen und beschloss, daraus eine regelmäßige Veranstaltung zu machen. Bald wurde es üblich, zudem auch eine Landwirtschaftsausstellung und ein Wettschießen zu veranstalten. Bierzelte und Karussells kamen dazu, und so entwickelte sich der gigantische Rummel, der inzwischen wegen des besseren Wetters schon im September beginnt und 16 oder 17 Tage lang nicht nur Münchner in Atem hält.

Fast sieben Millionen Besucher aus aller Welt strömen jährlich auf die »Wiesn«. Nach dem Einzug der Wiesnwirte sticht der Münchner Oberbürgermeister Schlag 12 Uhr das erste Fass an. Wenn es dann heißt »O'zapft is«, fließt das Bier in den 14 großen Festzelten mit ihren Blaskapellen reichlich. Neben hypermodernen Fahrgeschäften gibt es auch traditionsreiche Schaubuden. Auf keinen Fall versäumen sollte man einen Besuch beim »Schichtl« oder im Flohzirkus.

Der Weihnachtsbaum, Zentrum jedes Christkindlmarkts

Bier und gute Laune – beides ist beim Oktoberfest unabdingbar

Christkindlmarkt

Advent, die Zeit der »Ankunft« des Herrn, ist im katholischen Bayern mit vielen Adventsbräuchen verbunden.

Jeden Sonntag wird eine weitere Kerze auf dem Adventskranz angesteckt, man hört Weihnachtsmusik und isst Plätzchen. In Städten und größeren Ortschaften finden Weihnachtsmärkte, sogenannte Christkindlmärkte, statt. Auf dem Marktplatz steht dann ein großer Christbaum, alles ist festlich beleuchtet.

In den Buden findet man Holzschnitzereien, Krippenfiguren und so allerlei Gebasteltes und Gebackenes. Wenn es dann klirrend kalt ist oder der Schnee »leise rieselt«, haben die Glühweinstände Hochbetrieb. Der Duft von Maroni, gebrannten Mandeln und Würstchen liegt in der Luft. Der größte Christkindlmarkt findet in Nürnberg statt, doch die Christkindlmärkte in München, Augsburg und Landsberg sind nicht minder umtriebig.

In der Nacht zum 6. Dezember kommt der Nikolaus und verteilt traditionellerweise Äpfel und Nüsse an die Kinder. In Bayern wird er oft vom Knecht Ruprecht begleitet, der vor den »bösen Kindern« bedrohlich mit der Rute wedelt.

Trachten

Für viele Menschen gehören Bayern und Trachten einfach zusammen. Tatsächlich ist die bayrische Tracht in Europa am bekanntesten. Zur Bekleidung der Männer gehören traditionell die kurze oder die bis über die Knie reichende, mit Hosenträgern gehaltene Lederhose, der Janker mit Hirschhornknöpfen, der Hut mit Gamsbart sowie seitlich geschnürte Schuhe, die Haferlschuhe. Frauen tragen ein Dirndl mit engem, tailliertem Leibchen, weitem Rock und Schürze. Auch Schmuck gehört zur Tracht. Bei den Männern sind das die Uhrkette und das sogenannte Charivari, eine Bauchkette, an der Münzen und Glücksbringer hängen. Bei den Frauen sind es kunstvoll gearbeitete Halsketten, Kropfbänder und prächtige Brusttücher.

Ein Bayer wie aus dem Bilderbuch

Fast jede Gemeinde in Südbayern hat eine eigene Tracht entwickelt, die gern auf Trachtenumzügen und Festen gezeigt wird.

Das Jahr in München und Südbayern

Das ganze Jahr über findet man in Bayern Gründe zu feiern, seien es Volksfeste, Märkte oder historische Anlässe. Ansonsten richten sich die Aktivitäten nach der Jahreszeit. Der Winter ist die Zeit zum Ski- und Schlittenfahren sowie zum Wandern in der oft verschneiten Landschaft. Vom Frühjahr an sieht man Drachenflieger und Gleitschirmsegler von den Gipfeln herunterschweben, die Segelsaison auf den bayerischen Seen lässt auch nicht lang auf sich warten. Sommer und Frühherbst eignen sich besonders gut zum Wandern, Bergsteigen und Baden. Das im September beginnende Oktoberfest und die traditionellen Erntedankfeste runden das Jahr ab.

Turnfest-Maskottchen

Frühling

Der Frühling meldet sich in Bayern meist sehr früh. Schon an den ersten warmen Tagen im Februar oder März öffnen in München manche Biergärten. Anfang April beginnt die Obstblüte. Die Parks und Alpenwiesen sind dann mit einem Meer von Krokussen übersät, das viele Schmelzwasser lässt die Bäche anschwellen.

Krokus

Um das Osterfest ranken sich in Bayern zahlreiche Bräuche. Die Häuser sind mit Zweigen geschmückt, an denen Ostereier hängen. Die Kinder suchen nach versteckten Ostereiern. Im Mai schlagen die Kastanien aus – damit kann die Biergartensaison so richtig beginnen.

März

Starkbierzeit *(von Aschermittwoch bis Karfreitag)*, München. Die Salvatorprobe (Paulaner) auf dem Nockherberg geht auf die Mönche zurück, die während der Fastenzeit Starkbier tranken.

April

Internationale Jazzwoche *(2. Hälfte Apr)*, 14-tägiges internationales Festival in Burghausen.

Münchener Biennale *(alle 2 Jahre 2 Wochen im Apr/Mai; nächster Termin 2014)*, München. Deutschlands größtes internationales Festival für zeitgenössisches Musiktheater.

Augsburger Plärrer *(zweimal im Jahr, ca. 2 Wochen: nach Ostern sowie Ende Aug/Anfang Sep)*, Augsburg. Größtes schwäbisches Volksfest, Gegenstück zum Oktoberfest.

Mai

Auer Dult (Mai-Dult) *(9 Tage ab Ende Apr)*, München. Bekannter Jahrmarkt auf dem Mariahilfplatz.

Maibaumaufstellen *(1. Mai)*. Fast jede bayerische Gemeinde stellt ihren Maibaum auf *(siehe S. 28)*.

Trachten- und Schützenfestzug *(1. So im Mai)*, Passau. Prozession mit Trachtengruppen und Musikkapellen, Jahrmarkt.

Lange Nacht der Musik *(Sa im Mai)*, München.

Fronleichnamsprozession

Maibockausschank *(Ende Apr/Anfang Mai)*, München. Im Hofbräuhaus wird traditionell das erste Fass des Bockbiers zu den Klängen eines Kinderchors angestochen.

Fronleichnam *(Do nach Trinitatis)*. An dem hohen katholischen Feiertag finden in ganz Südbayern Prozessionen statt. Die größte zieht sich durch die Münchner Innenstadt. Besonders traditionelle Prozessionen kann man in Lenggries und Bad Tölz sehen.

Sechserzug auf dem Augsburger Plärrer, Schwabens größtem Volksfest

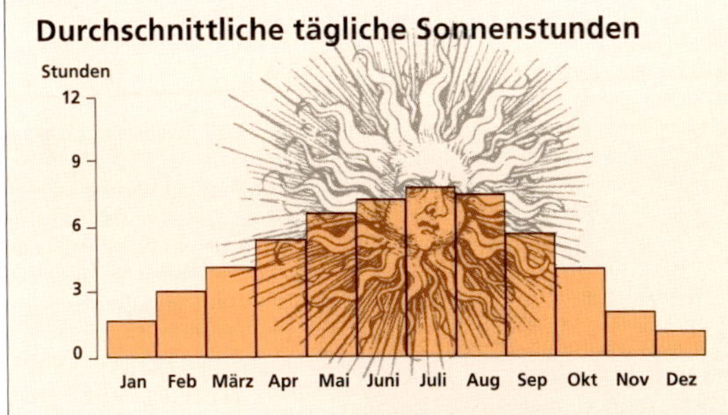

Sonnenschein
Auch wenn jede Jahreszeit ihren Reiz hat: Zwischen Mai und September hat man die besten Chancen auf schönes Wetter in München und Südbayern. Doch auch schon im März/April und noch im Oktober kann man in den Straßencafés oft die Sonne genießen.

Sommer

An klaren Sommertagen wirkt der Himmel über Bayern fast mediterran. Auf den Balkonen und vor den Fenstern blühen Blumen, Schwimmer und Wassersportler zieht es zu den bayerischen Seen und Flüssen. Überall werden Sommerfeste veranstaltet. Besonders schön sind die Feste, die an Seeufern oft anlässlich von Regatten oder Angelwettbewerben stattfinden. Oft erhellt zum Abschluss ein Feuerwerk den Himmel.

Agnes-Bernauer-Festspiele in Straubing *(Juli)*

Juni

Stadtgeburtstag *(Mitte Juni)*, München. Feier des Jahrestags der Stadtgründung 1158.

Filmfest München *(meist im Juni)*, München. Größtes deutsches Publikumsfestival für neue Filme.

Tollwood *(4 Wochen im Juni/Juli)*, München. Musik- und Theaterfestival mit Zelten, Buden und Ständen.

Juli

Kaltenberger Ritterturnier *(erste 3 Wochenenden im Juli)*, Schloss Kaltenberg bei Landsberg. Ritterspiele nach mittelalterlichem Vorbild.

Opernfestspiele *(4 Wochen im Juni/Juli)*, München. Festival für Oper, Ballett und klassische Musik.

Landshuter Hochzeit *(alle 4 Jahre; nächste Termine 2013, 2017)*, Landshut. Fest anlässlich der Hochzeit von Georg, Sohn Ludwigs des Reichen, mit Prinzessin Jadwiga *(siehe S. 28)*.

Schwäbischwerder Kindertag *(1. Mi und So im Juli)*, Donauwörth. Kinder in historischen Kostümen spielen Ereignisse der Stadtgeschichte nach.

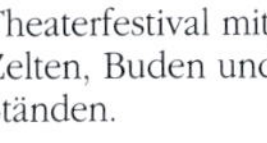

Plakat der Auer Dult

Agnes-Bernauer-Festspiele *(alle 4 Jahre; nächste Termine 2015, 2019)*, Straubing. Historisches Theaterfestival, das die Geschichte von Herzog Albrecht III. und der Augsburger Baderstochter Agnes Bernauer erzählt.

Memminger Fischertag *(Anfang Juli)*, Memmingen. Forellen-Wettfischen.

August

Auer Dult (Jakobi-Dult) *(9 Tage im Juli/Aug)*, München. Einer der drei großen Jahrmärkte pro Jahr auf dem Mariahilfplatz im Münchner Stadtteil Au.

Schleißheimer Schlosskonzerte *(Juli/Aug)*, Schleißheim. Klassische Konzerte in schönem Ambiente.

Gäubodenfest *(Mitte Aug)*, Straubing. Landwirtschafts- und Industriemesse, begleitet von einem großen Volksfest, dem zweitgrößten in Bayern nach dem Oktoberfest.

Allgäuer Festwoche *(Mitte Aug)*, Kempten. Messe der Allgäuer Wirtschaft und Kultur mit großem Volksfest sowie verschiedenen Veranstaltungen.

König-Ludwig-Feier *(24. Aug)*, Oberammergau. Das Fest mit Gesang, Tänzen und Reden wird zum Gedenken an König Ludwig II. veranstaltet, der im Starnberger See zu Tode kam.

Sonnenblumen – auf Feldern und in vielen Gärten zu sehen

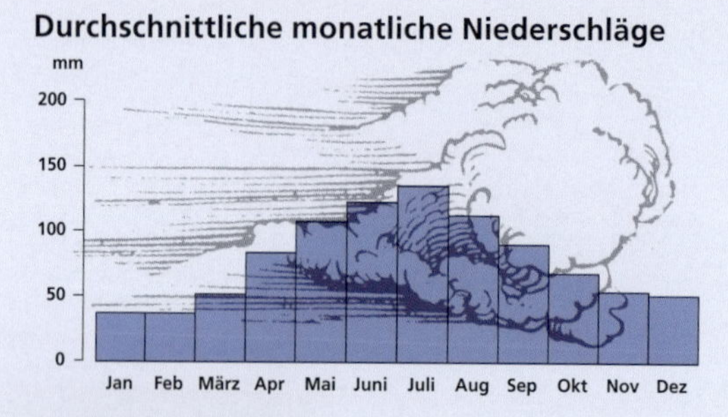

Niederschläge
Herbstliches Nieselwetter kann recht unangenehm sein. Der meiste Niederschlag fällt jedoch im Sommer – allerdings oft in Form eines Gewitters, das schnell vorüberzieht. In den Bayerischen Alpen und im Alpenvorland kann es im Winter zu heftigen Schneefällen kommen.

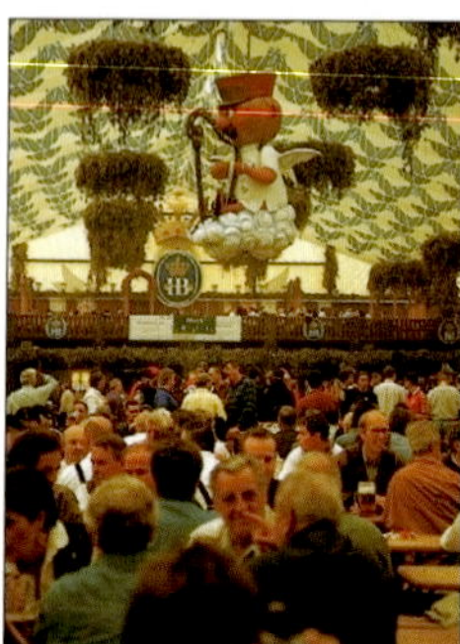

Mit dem Engel Aloysius im Bierzelt auf dem Oktoberfest

Herbst

Der Herbst ist in Bayern oft noch warm und sonnig. Die Laubwälder färben sich rotgolden. Pilzsucher kehren mit reicher Ausbeute nach Hause zurück. Jetzt ist die beste Zeit für Bergtouren und Wanderungen: Auf den Alpenwiesen bimmeln die Glocken weidender Kühe. Es riecht nach Laub und Kartoffelfeuer.

Später im Herbst ist der Himmel bisweilen trüb und bedeckt. Die kürzer werdenden Tage können kühl und feucht sein. Oft liegt morgens Nebel in den Niederungen. Plötzlich kommt der erste Frost – nicht ungefährlich im Straßenverkehr.

September

Oktoberfest *(16 oder 17 Tage, von Sep bis zum 1. Sonntag im Okt)*, München. Berühmtestes, größtes Volksfest der Welt *(siehe S. 29)*.

Viehscheid *(2. Hälfte im Sep)*, gebirgsnahe Orte im südlichen Bayern. Beim Almabtrieb kehrt das geschmückte Vieh von den Sommerweiden ins Tal zurück. Die wird oft mit einem Fest gefeiert, z. B. in Hindelang, Oberstdorf und am Königssee.

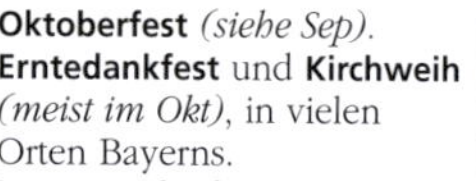

Oktober

Oktoberfest *(siehe Sep)*.
Erntedankfest und **Kirchweih** *(meist im Okt)*, in vielen Orten Bayerns.
Lange Nacht der Münchner Museen *(3. Sa im Okt)*, München.
Auer Dult (Kirchweih-Dult) *(9 Tage Ende Okt)*, München. Der dritte Jahrmarkt in der Au.
Medientage München *(zweite Hälfte Okt)*, München. Drei Tage Ausstellungen und Veranstaltungen.
Münchner Wissenschaftstage *(zweite Hälfte Okt)*, München. Drei Tage mit Experten aus Forschung und Unternehmen.

November

Leonhardi-Umzüge und **Leonhardi-Ritte** *(1. So im Nov)*. In vielen Städten und Ortschaften Bayerns, z. B. in Bad Tölz, Schliersee, Murnau und Benediktbeuern, finden Prozessionen mit Pferden und Wagen zu Ehren des heiligen Leonhard statt, der in Bayern als Schutzheiliger der Pferde verehrt wird. In Bad Tölz geht die Prozession den Leidensweg Jesu auf den Kalvarienberg nach.
Martinstag *(11. Nov)*, in ganz Bayern. Fast überall tragen an diesem Tag Scharen von Kindern ihre selbst gebastelten Laternen durch die Straßen.
Tollwood Winterfestival *(Ende Nov bis Silvester)*, München. Musik, Theater, beheizte Zelte, unzählige Verkaufsstände und Essen aus aller Welt sorgen auf der Theresienwiese fünf Wochen lang für bunte Unterhaltung.

Frauen in Tracht beim Leonhardi-Umzug Anfang November

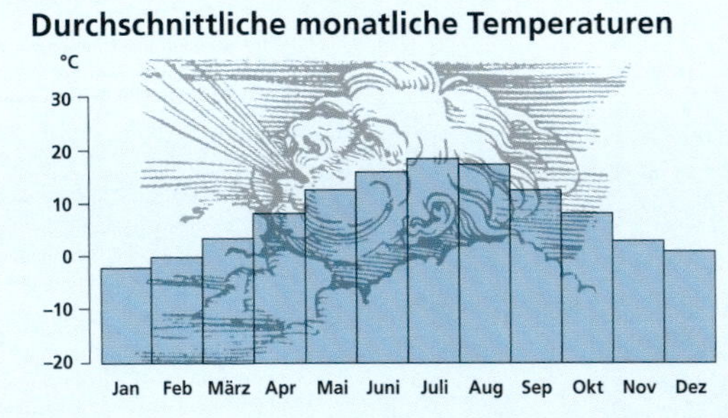

Temperaturen
Durchschnittswerte sagen wenig über das tatsächliche Wetter aus, denn das ist leider unvorhersehbar. Im Sommer kann das Thermometer wochenlang täglich auf 30 °C klettern. Im Winter können – vor allem in den Bergen – auch extreme Minustemperaturen herrschen.

Winter

Wenn der Herbst zu Ende geht, werden die Kerzen auf den Adventskränzen angezündet, jeden Sonntag eine mehr. Die Häuser duften nach frisch gebackenen Plätzchen. Anfang Dezember holt man die Skier hervor. Wenn die Seen zufrieren, gehen viele zum Schlittschuhlaufen oder Eisstockschießen. Leider kann man nie vorhersagen, wie der Winter wird. Er kann kalt und schneereich, aber auch mild und feucht sein. Im Winter ist auch Faschingszeit. Gegen Ende der kalten Jahreszeit wird der Winter »ausgetrieben«. Hierzu gibt es vielerlei Bräuche, seien es maskierte Umtriebe oder große Feuer, in denen Strohpuppen verbrannt werden.

Feiertage

Neujahr *(1. Jan)*
Dreikönig *(6. Jan)*
Karfreitag *(März/Apr)*
Ostern *(So und Mo im März/Apr)*
Maifeiertag/Tag der Arbeit *(1. Mai)*
Christi Himmelfahrt *(Do im Mai/Juni)*
Pfingsten *(So und Mo im Mai/Juni)*
Fronleichnam *(Do im Mai/Juni)*
Mariä Himmelfahrt *(15. Aug)*
Nationalfeiertag *(3. Okt)*
Allerheiligen *(1. Nov)*
Weihnachten *(25. und 26. Dez)*

Skifasching auf der Firstalm am Spitzingsee

Dezember

Christkindlmarkt *(Anfang Dez bis Heiligabend)*, in den meisten Städten Bayerns. Zum Christkindlmarkt mit Ständen gehört der große Christbaum, der auf dem Marktplatz aufgestellt wird. Glühwein und leckere Snacks aller Art sorgen für die richtige Stimmung.

Silvester *(31. Dez)*. Zahlreiche Partys, Feiern und Bälle. Das neue Jahr wird von vielen Menschen im Freien mit Feuerwerk und Knallerei begrüßt.

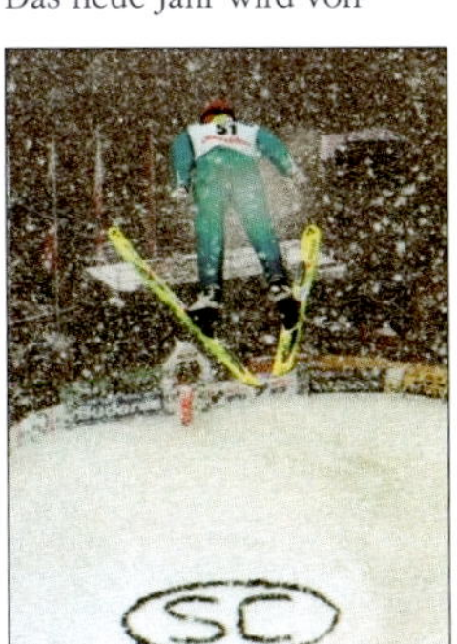

Bei der Vierschanzentournee in Oberstdorf

Vierschanzentournee *(29. Dez– 6. Jan)*, Oberstdorf, Garmisch-Partenkirchen sowie Innsbruck und Bischofshofen in Österreich. Berühmtes Skispringen mit Auftakt in Oberstdorf.

Januar

Schäfflertanz *(alle 7 Jahre von Dreikönig bis Faschingsdienstag; nächster Termin 2019)*, München. Der historische Tanz der Küfer (Fassmacher) soll an das Ende der Pest (15. Jh.) erinnern.

Februar

Skifasching *(Faschingssonntag)*, Firstalm. Skifasching mit Wettbewerb um das fantasievollste Kostüm. Auch in Garmisch-Partenkirchen.

Tanz der Marktfrauen *(Faschingsdienstag)*, München. Die Standlfrauen vom Viktualienmarkt verkleiden sich und führen einen Tanz auf.

Die Geschichte Bayerns

Mit seiner Lage im Herzen Europas hatte Bayern mit vielen Nachbarstaaten Kontakt und entwickelte doch oder gerade dadurch einen eigenen Charakter. Ab 1180 regierten die Wittelsbacher, das Herzogtum spielte allerdings nie eine führende Rolle im europäischen Mächtekonzert. 1806 entstand das Königreich Bayern, fast schon in seiner heutigen geografischen Ausdehnung. Die einzelnen Regionen wuchsen allmählich auch kulturell zusammen. 1918 rief der Sozialist Kurt Eisner den Freistaat Bayern aus.

Frühe Siedlungen

Die ersten Siedlungen auf bayrischem Gebiet lassen sich auf das 4. Jahrtausend v. Chr. datieren. Bei Kelheim wurden um 1960 Fundamente bäuerlicher Bauten entdeckt. Während der Phase der neolithischen Altheimer Kultur (etwa 3900–3500 v. Chr.) waren die Siedlungen oft mit Gräben geschützt. Von der Bronzezeit (1800–1200 v. Chr.) zeugen reiche Funde von Gebrauchs- und Kultgegenständen, die auf Bestattungsrituale schließen lassen. Während der Hallstattzeit löste Eisen den Werkstoff Bronze ab.

Löwenstatue vor der Residenz in München

Kelten

In der Hallstattzeit tauchten in Bayern keltische Stämme auf. Kennzeichnend für sie war ein loser Stammes- und Familienverbund. Der keltische Stamm der Vindelizier siedelte sich im Gebiet zwischen Inn und Lech an, ein Zentrum war Manching nahe Ingolstadt. Die Stämme waren von den Römern aus Norditalien vertrieben worden. Die in Bayern siedelnden Kelten standen in Verbindung zu den Mittelmeerkulturen, vor allem zu den Etruskern. Das erklärt die Funde griechischer und etruskischer Luxusgegenstände. Bereits ab etwa 500 v. Chr. wurden bayrische Städte wie Kempten, Straubing und Passau von den Kelten gegründet.

Römisches Reich

15 v. Chr. besiegten die Römer unter Drusus und Tiberius die Kelten (aus römischer Sicht: Germanen) und stießen bis zur Donau vor. Der Fluss wurde Außengrenze des Römischen Reichs. Die Römer errichteten einen Grenzwall, den Limes, und unterteilten Südbayern in die Provinzen Raetia und Noricum. Augusta Vindelicorum, das heutige Augsburg, wurde von Kaiser Augustus gegründet und entwickelte sich zum Verwaltungszentrum des Römischen Reichs in dieser Region.

ZEITSKALA

- **10 000 v. Chr.** Beginn der Jungsteinzeit
- **3900–3500 v. Chr.** Altheimer Kultur
- **1600 v. Chr.** Bronzezeit
- **700–500 v. Chr.** Hallstattzeit
- **15 v. Chr.** Römer besetzen das Gebiet zwischen Alpen und Donau
- **166–180 n. Chr.** Die Markomannen fallen in Südbayern ein

150 000 v. Chr. | 3000 v. Chr. | 1500 v. Chr. | 600 v. Chr. | 300 v. Chr. | 1 n. Chr. | 300 n. Chr.

- **150 000–100 000 v. Chr.** Erste Siedlungen im Donautal
- **2000–1800 v. Chr.** Erste Bronzewerkzeuge
- **800 v. Chr.** Erste keltische Siedlungen in Bayern
- **233–283 n. Chr.** Konflikte zwischen Römern und Germanen

Vergoldete Maske aus der Römerzeit

◁ **Ludwig I. (1786–1868), König von Bayern (reg. 1825–48)**

Ende des Römischen Reichs

Nach zwei friedlichen Jahrhunderten fielen die germanischen Stämme der Markomannen und Alemannen in Raetia und Noricum ein. Die ersten Angriffswellen konnten von Kaiser Marcus Aurelius (161–180) noch abgewehrt werden, doch im 3. Jahrhundert n. Chr. wurde die ganze Region durch Kämpfe verwüstet. Gegen Ende des 3. Jahrhunderts kehrte für rund 100 Jahre nochmals Ruhe ein. Ab 400 n. Chr. brachten weitere germanische Angriffe die römische Herrschaft endgültig zu Fall. Aus diesen kriegerischen Zeiten gibt es einige Belege in Bezug auf Vertreter des frühen Christentums: die heilige Afra, die in Augsburg als Märtyrerin verbrannt wurde, und den heiligen Severin, der als Missionar in die Gegend kam.

Römische Stele in Augsburg

Völkerwanderung und frühes Christentum

Woher die Bayern genau stammen, ist immer noch strittig. Nach Meinung der meisten Historiker tauchte ein von den Römern als Baiuwarii bezeichneter Stamm um 450–550 südlich der Donau, also im Gebiet des heutigen Bayern, auf. Man vermutet, dass die Einwanderer zu einem germanischen Stamm gehörten, der in Boiohaemum in der heutigen Tschechischen Republik zu Hause war. Diese Einwanderer verbanden sich mit anderen keltischen und germanischen Stämmen wie auch mit der romanisierten Bevölkerung zum Stamm der Bajuwaren. Gleichzeitig ließen sich Siedler westlich des Lechs nieder. So wurden die alemannischen Stämme zu Nachbarn der östlich des Lechs siedelnden Bajuwaren, während der Norden jenseits der Donau von den Franken erobert wurde. Diese Aufteilung hat sich im Prinzip bis heute erhalten. Allerdings kamen nach 1803 noch Gebiete jenseits des Lechs sowie fränkische Gebiete dazu.

Viele Bewohner der Region hielten noch lange Zeit am Heidentum fest, sodass die Christianisierung nur zögerlich vorankam. Im frühen 7. Jahrhundert zogen irische, angelsächsische und fränkische Missionare durch das Land.

An der Wende zum 8. Jahrhundert gab es zahlreiche Bischöfe in Bayern, darunter Emmeram in Regensburg, Korbinian in Freising und Rupert in Salzburg. Sie unterstanden dem angelsächsischen Missionar Erzbischof Bonifatius. Die damals gegründeten Bistümer waren mehr als 1000 Jahre lang von Bedeutung. Bei der Christianisierung im späten 7. und 8. Jahrhundert spielten Benediktinerklöster eine Schlüsselrolle, insbesondere die Klöster Weltenburg (an der Donau) und Benediktbeuern (im Alpenvorland).

Römisches Mosaik mit Jagdszenen in einer Villa bei Westerhofen

ZEITSKALA

450–550 Auftauchen bajuwarischer Stämme

476 Ende des Weströmischen Reichs

um 555 Garibald I. wird Herzog von Bayern

um 620 Erste Klostergründung in Weltenburg

400 | 450 | 500 | 550 | 600 | 650 | 700

400–476 Germanische Stämme bringen das Weströmische Reich zu Fall

482 Tod des Missionars Severin in Bayern

Fragment eines langobardischen Helms

um 630 *Lex Bajuvariorum*, das erste Gesetzeswerk der Bayern

Stammesherzogtum Bayern

Das Herzogtum Bayern entstand etwa Mitte des 6. Jahrhunderts. Das Herrschergeschlecht der Agilolfinger stammte wahrscheinlich aus dem Merowinger-Gebiet im Westen. Die Agilolfinger waren die ersten feudalen Grundherren des Lands, der erste bekannte bayrische Herzog war Garibald I. (ca. 555–591). Die *Lex Bajuvariorum*, das erste Gesetzeswerk, schrieb die Herrschaft der Agilolfinger für alle Zeit fest.

Tassilokreuz in einer Kirche in Polling

Ihre Position gegenüber den mächtigen Merowingern und den starken fränkischen Herzögen im Norden mussten die Agilolfinger immer wieder durch kriegerische Aktionen verteidigen. Allerdings waren sie auch bemüht, sich mit den Alemannen, Langobarden und Franken durch geschickte Heiratspolitik zu verbinden. Die wichtigste Aufgabe der Herrscher war die Kriegsführung, in Friedenszeiten oblag ihnen die Rechtsprechung. Doch die Agilolfinger spielten auch sonst eine wichtige Rolle bei der Entwicklung Bayerns. Sie legten nicht nur den Grundstein für das spätere Bayern, indem sie die territoriale Einheit sicherten, sie machten sich auch für das Christentum stark.

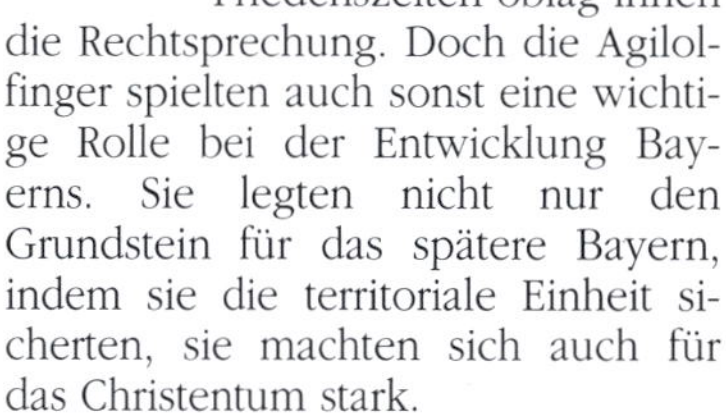

Kelch von Tassilo III.

Das wichtigste Zentrum fürstlicher und klerikaler Macht war damals Regensburg. Unter der Herrschaft des letzten Agilolfingers, Herzog Tassilo III. (748–788), dehnte sich das bayrische Stammesherzogtum bis Carinthia (das heutige österreichische Kärnten) aus. Der Gebietszuwachs und die Macht der Agilolfinger beunruhigten den fränkischen Herrscher Karl den Großen, der seinen Cousin Tassilo 788 wegen Fahnenflucht zunächst zum Tod verurteilte, später begnadigte und ins Kloster verbannte. Damit wurde dem ersten bayrischen Stammesherzogtum ein Ende gesetzt: Bayern war nun ein Teil Frankens.

Im Vertrag von Verdun (843) wurde das Karolingerreich auf die drei Enkel Karls des Großen aufgeteilt. Bayern kam zum Ostfränkischen Reich, der Keimzelle des späteren Heiligen Römischen Reichs. Gegen Ende des 9. Jahrhunderts residierte König Arnulf von Kärnten in Regensburg.

Initial einer bebilderten Handschrift, die den Märtyrertod des heiligen Emmeram darstellt

Spange mit geometrischem Muster

- **738** Bonifatius beginnt, Bayern zu christianisieren
- **739** Bischofssitze in Freising und Passau
- **788** Tassilo III. wird von Karl dem Großen besiegt
- **843** Teilung des Karolingerreichs
- **899** Der Tod Arnulfs von Kärnten führt zu einer Phase der Instabilität
- **907** Ungarische Stämme fallen in Bayern ein
- **938** Kaiser Otto der Große zieht gegen Herzog Eberhard von Bayern ins Feld
- **954** Ungarische Stämme dringen nach Schwaben vor

750 | 800 | 850 | 900 | 950 | 1000

Friedrich Barbarossa setzt 1180 den Wittelsbacher Otto I. als Herzog von Bayern ein

Frühes Mittelalter

Ende des 9. Jahrhunderts gründete Markgraf Luitpold von Kärnten das sogenannte Jüngere Stammesherzogtum Bayern. Das 10. Jahrhundert war bestimmt von den Auseinandersetzungen der bayrischen Herzöge mit den sächsischen Königen. Bayern verlor dabei große Gebiete. Das Land wurde daraufhin entweder von den deutschen Königen oder von deren Vasallen regiert.

Die Welfenherrschaft der nächsten Jahrzehnte brachte eine friedliche Phase. Heinrich der Löwe gründete 1158 München, doch seine allzu mächtige Position als Herzog von Sachsen und Bayern forderte Kaiser Friedrich Barbarossa heraus. 1180 wurden Heinrich seine Reichslehen aberkannt, er musste ins Exil nach England. Infolge dieser Streitigkeiten verlor Bayern die Gebiete östlich von Salzburg. Im selben Jahr setzte Friedrich Barbarossa den Wittelsbacher Otto I. als Herzog von Bayern ein – ein Erfolg für die Wittelsbacher, die Bayern von da an bis 1918 regierten.

Trotz der Anfeindungen durch rivalisierende Familien vergrößerten die Wittelsbacher allmählich ihren Machtbereich in Bayern. 1214 nahmen sie einen Teil der Pfalz in Besitz. 1253 war Bayern das größte Herzogtum im zersplitterten deutschen Reich.

Spätes Mittelalter

Unter dem Wittelsbacher Ludwig IV. kamen die Mark Brandenburg, Tirol und einige niederländische Provinzen zu Bayern. 1314 wurde Ludwig der Bayer deutscher König, 14 Jahre später wurde er zum Kaiser gekrönt. Doch Ludwig lag auch das Wohl Bayerns am Herzen. Mit dem »Landrecht« erhielt Bayern sein erstes in Deutsch geschriebenes Rechtsbuch.

Seit Ende des 14. Jahrhunderts war das Steuerbewilligungsrecht Sache der Stände, also des Adels, des Klerus und der Bürger. Seit dem 15. Jahrhundert formierten sich die Stände zu einem Landtag und gewannen politischen Einfluss. Nach dem Tod Ludwigs IV. wurde Bayern in endlosen Konflikten und Kleinkriegen zermürbt.

Die Söhne von Ludwig IV. wollten

Figurengruppe aus dem Kloster Ottobeuren

ZEITSKALA

1070 Bayern wird von den Welfen regiert

1180 Otto von Wittelsbach wird Herzog von Bayern

um 1200 Das mittelhochdeutsche *Nibelungenlied* entsteht im Donauraum um Passau

1328 Ludwig IV. (Ludwig der Bayer) wird Kaiser des Heiligen Römischen Reichs

1100 | 1150 | 1200 | 1250 | 1300

Prophet Hosea: romanische Glasmalerei im Augsburger Dom

1158 Gründung Münchens durch Herzog Heinrich den Löwen

1214 Ein Teil der Pfalz kommt zu Bayern

1255 München wird Hauptstadt des Herzogtums

1317 Ein Großbrand zerstört große Teile Münchens

Bayern unter sich in kleinere Herzogtümer aufteilen. Trotz der Verluste, die die Auseinandersetzungen mit sich brachten, hatten diese doch einen positiven Aspekt: Die Rivalität unter den verschiedenen Höfen förderte die Entwicklung der Künste.

Renaissance-Grabstein aus der Kirche in Oettingen

Landshut erlebte eine Blütezeit und wurde 1475 Schauplatz der berühmten Fürstenhochzeit, bei der der Sohn Ludwigs des Reichen Jadwiga (Hedwig), die Tochter des polnischen Königs, heiratete. Das schwäbische Gebiet war allerdings auch im

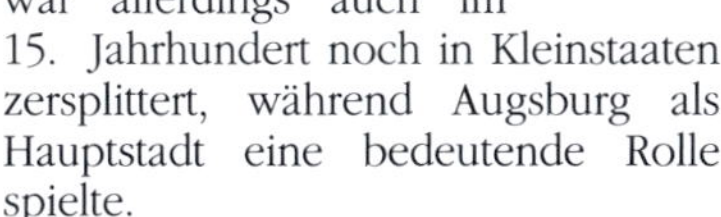

15. Jahrhundert noch in Kleinstaaten zersplittert, während Augsburg als Hauptstadt eine bedeutende Rolle spielte.

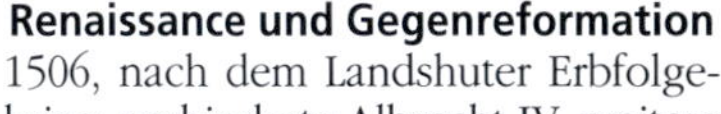

Renaissance und Gegenreformation

1506, nach dem Landshuter Erbfolgekrieg, verhinderte Albrecht IV. weitere Teilungen Bayerns: In Zukunft sollte die Herrschaft immer auf den ältesten Sohn übergehen. Die bayrischen Herzogtümer wurden auch dadurch gestärkt, dass sie von den Bauernkriegen 1524/25 verschont blieben.

Die bayrischen Herrscher waren erklärte Gegner des Protestantismus, der sich in den schwäbischen und fränkischen Territorien ausbreitete. 1530 legten die Protestanten auf dem Augsburger Reichstag ihr Bekenntnis, die *Confessio Augustana*, ab – dabei wollte Kaiser Karl V. hier die Glaubenseinheit um jeden Preis retten. Bayrische Protestanten mussten ihrem Glauben abschwören, 1571 wurden die letzten gezwungen, Bayern zu verlassen. Im Schmalkaldischen Krieg 1546/47 kämpfte Bayern auf der Seite Karls V. gegen die protestantischen Fürsten.

Auch die bayrischen Jesuiten machten sich gegen die Reformation stark. Im späten 16. Jahrhundert wurde in München die Michaelskirche als imposantes, trutziges Symbol des bayrischen Katholizismus erbaut. Für ihre Treue zu Rom bekamen die jüngeren Söhne der Wittelsbacher diverse Bistümer im Westen und Norden des Reichs zugesprochen, was die Macht dieses Herrschergeschlechts in der damaligen politischen Landschaft zusätzlich stärkte.

Überreichung des Augsburger Bekenntnisses an Kaiser Karl V.

1350 – **1400** – **1450** – **1500** – **1550**

1369 München hat mehr als 10 000 Einwohner

1385 Die erste Residenz in München wird von Herzog Stephan III. errichtet

Der Reformator Martin Luther

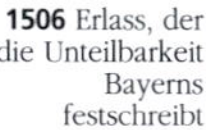

1506 Erlass, der die Unteilbarkeit Bayerns festschreibt

1516 Die bayrischen Herzöge erlassen das Reinheitsgebot, das für bayrisches Bier bis heute gilt

1517 Luthers 95 Thesen, Beginn der Reformation

1530 Protestanten übergeben Kaiser Karl V. das Augsburger Bekenntnis

1555 Augsburger Religionsfrieden

Zeitalter Maximilians I.

Wilhelm V., der 1579 den Thron bestieg, brachte Bayern an den Rand des Ruins und dankte deshalb 1597 ab. Thronfolger war sein Sohn Maximilian I., der während seiner langen Regentschaft (1597–1651) die Verwaltung und das Steuersystem erneuerte und die Macht der Fürsten gegenüber den Landtagen stärkte.

Büste von Maximilian I.

Als die zunehmenden religiösen und politischen Konflikte im ganzen Reich schließlich zum Dreißigjährigen Krieg führten, unterstützte Maximilian I. das katholische Lager. 1618 kämpfte er mit den Habsburgern gegen die protestantischen Böhmen, 1620 schlug die katholische Liga im Verbund mit kaiserlichen Truppen die Böhmen in der Schlacht am Weißen Berg.

Für seinen Beitrag zum Sieg wurde Maximilian 1623 mit der Pfälzer Kurwürde belehnt. So kam die Oberpfalz zu Bayern und wurde infolgedessen wieder katholisch.

In der zweiten Hälfte des Dreißigjährigen Kriegs verwüsteten französische und schwedische Truppen das Land. In der Folge begann Bayern zu verarmen.

Nicht zuletzt dank der Hilfe Frankreichs konnte Maximilian I. 1648 beim Westfälischen Frieden seine Kurwürde behalten und sogar Gebietsgewinne verzeichnen. Bis zum Krieg mit Frankreich und der Gründung des Deutschen Reichs 1871 war die bayrische Politik deshalb immer profranzösisch.

Dem maximilianischen Herrschaftsstil eiferten auch spätere Politiker nach, z. B. Maximilian Graf von Montgelas. Bertel Thorvaldsens Reiterstandbild am Wittelsbacherplatz in München erinnert an den Monarchen.

Machtträume

Maximilian II. Emanuel, eine der schillerndsten Persönlichkeiten der bayrischen Geschichte und Gatte der Tochter des polnischen Königs Johann III. Sobieski, besaß dynastischen Ehrgeiz und war auf Kriegsruhm aus. Er verbündete sich mit Österreich und nahm im Jahr 1683 an der Schlacht von Wien teil, in der die Türken geschlagen wurden. Dafür erhielt er die Niederlande.

Maximilian II. Emanuel empfängt nach seinem Sieg bei Wien einen türkischen Abgesandten

Im Spanischen Erbfolgekrieg wechselte Maximilian II. Emanuel die Fronten und kämpfte an der Seite von Louis XIV. 1704 schlugen die Habsburger die französisch-bayrischen Truppen. Maximilian II. Emanuel floh nach Frank-

ZEITSKALA

1609 Maximilian I., Herzog von Bayern, gründet die katholische Liga

1618 Beginn des Dreißigjährigen Kriegs

1623 Der Herzog von Bayern wird Pfälzer Kurfürst

1648 Der Westfälische Friede beendet den Dreißigjährigen Krieg; Bayern behält Teile der Oberpfalz

1600 | 1620 | 1640 | 1660 | 1680

1620 Maximilian I. besiegt die Böhmen in der Schlacht am Weißen Berg

1645–48 Schwedische und französische Truppen verwüsten Bayern

1683 Sieg gegen die Türken in der Schlacht von Wien

Patrona Bavariae *an der Residenz in München*

reich. Daraufhin stand Bayern zehn Jahre lang unter der Herrschaft Österreichs. Bayrische Bauern rebellierten, doch der Aufstand wurde blutig unterdrückt.

Rokoko-Fensterbogen an der Münchner Residenz

Max II. Emanuel kehrte erst nach dem Friedensvertrag von 1714 auf den Kurfürstenthron zurück. Trotz seiner Popularität und Bedeutung als Kunstmäzen war die Position Bayerns nach seiner langen, turbulenten Herrschaft geschwächt.

Reformen und Aufklärung

1740–45 erlangte Karl Albrecht, der Sohn von Maximilian II. Emanuel, trotz der antihabsburgischen Politik seines Vaters die Kaiserwürde. Aber auch als Kaiser Karl VII. konnte er die Truppen Maria Theresias nicht zurückschlagen. Im Vertrag von Füssen 1745 wurde sein Nachfolger, Maximilian III. Joseph, zum Verzicht auf den österreichischen Thron gezwungen.

Rokoko-Monstranz aus Passau

Die Regentschaft von Maximilian III. Joseph war friedvoll, klug und tolerant. Er setzte die Idee des aufgeklärten Absolutismus in die Tat um, führte wichtige Agrarreformen durch und gründete 1759 die Bayrische Akademie der Wissenschaften. Auch die Gründung der Porzellan Manufaktur Nymphenburg fällt in diese Zeit. Mit dem Tod von Maximilian III. Joseph im Jahr 1777 endete die direkte Linie des Hauses Wittelsbach.

Joseph II., Kaiser des Heiligen Römischen Reichs Deutscher Nation, versuchte, Bayern zu annektieren, doch Friedrich II. von Preußen setzte den Erbanspruch der pfälzischen Linie der Wittelsbacher durch. So erhielt Karl Theodor von der Pfalz die bayrische Kurfürstenwürde. Auch er regierte im Geist der Aufklärung, in zahlreichen bayrischen Klöstern wurde die geistige und kulturelle Entwicklung vorangetrieben. Bei Ausbruch der Napoleonischen Kriege (1792–1815) versuchte Bayern, Neutralität zu wahren, konnte aber seine pfälzischen Besitzungen nicht gegen Frankreich sichern.

Üppig geschmücktes barockes Kirchenschiff im Kloster Weltenburg

1714 Friede von Rastatt; Ende des Spanischen Erbfolgekriegs

1740 Österreichischer Erbfolgekrieg, Bayern stellt sich gegen Habsburg

1759 Gründung der Bayerischen Akademie der Wissenschaften

1789 Beginn der Französischen Revolution

1700 | **1720** | **1740** | **1760** | **1780**

1701/02 Kurfürst Maximilian II. Emanuel geht eine Allianz mit Frankreich gegen die Habsburger ein

Rokokofenster in Straubing

1745 Friede von Füssen zwischen Bayern und Österreich

1778/79 Bayerischer Erbfolgekrieg

Dynastie der Wittelsbacher

Dem Wittelsbacher Otto I. wurde 1180 Bayern als Lehen übertragen. Fortan sollte die Dynastie der Wittelsbacher das Land bis 1918 regieren. 1329 teilte sich die Familie in eine bayrische und eine pfälzische Linie sowie in weitere Verzweigungen. Zweimal wurde ein Wittelsbacher deutscher Kaiser (1328 und 1742). 1806 machte Napoléon Maximilian I. Joseph zum König. Der Abstieg des Hauses Wittelsbach begann mit dem regierungsunfähigen Ludwig II. und endete damit, dass Kurt Eisner 1918 Ludwig III. für abgesetzt erklärte und in München den Freistaat Bayern ausrief.

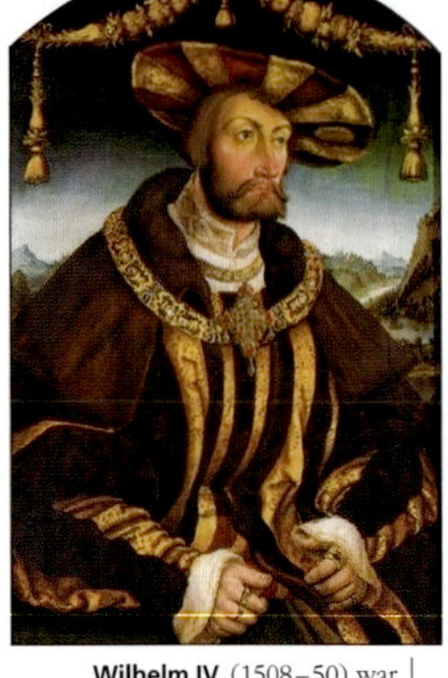

Wilhelm IV. (1508–50) war Vormund für seinen Bruder Albrecht IV., Herzog von Bayern.

Otto II. (1231–53) reformierte Verwaltung und Rechtssystem.

Otto I. (1180–83), Herzog von Bayern, begründete die Macht der Wittelsbacher.

Ludwig II. der Strenge (1253–94) teilte sich die Macht mit seinem Bruder Heinrich XIII. Er machte München zur Residenzstadt.

Stephan II. (1347–75) war einer der sechs Söhne von Ludwig IV., die nach dessen Tod die Macht in Bayern aufteilten.

Albrecht III. der Fromme (1438–60) heiratete heimlich die Bürgerliche Agnes Bernauer, die daraufhin im Auftrag seines Vaters in der Donau ertränkt wurde.

1150 | 1225 | 1300 | 1375 | 1450 | 152

1150 | 1225 | 1300 | 1375 | 1450 | 152

Ludwig I. d. Kelheimer (1183–1231) dehnte das bayrische Territorium in die Pfalz aus. Er wurde von einem Unbekannten erstochen.

Johann II. (1375–97), Sohn von Stephan II., erbaute mit seinen drei mitherrschenden Brüdern die neue Residenz in München.

Ernst von Bayern (1397–1438) herrschte über 40 Jahre lang in Bayern, indem er Kriege und Konflikte vermied.

Albrecht IV. der Weise (1467–1508) erließ eine Nachfolgeregelung, mit der er die Unteilbarkeit des Herzogtums festschrieb: Der Erstgeborene sollte die ungeteilte Regierung Bayerns übernehmen.

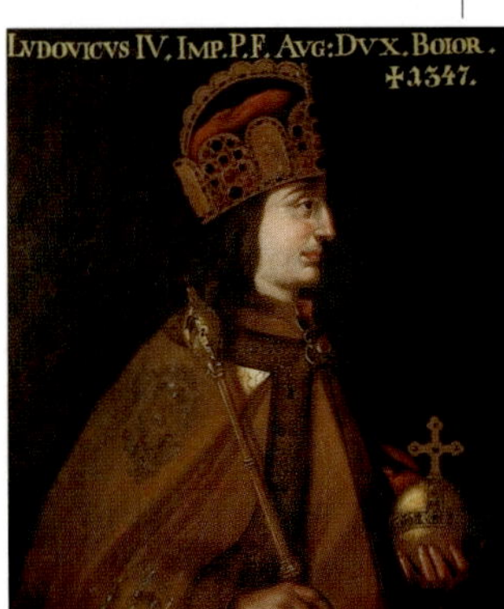

Ludwig IV. der Bayer (1294–1347) wurde 1314 zum König gewählt; 1328 wurde er Kaiser des Heiligen Römischen Reichs. Der Papst belegte ihn mit einem Bann.

Maximilian II. Emanuel (1679–1726) hatte ehrgeizige Pläne. Doch unter seiner Regentschaft fiel Bayern eine Zeit lang an Österreich.

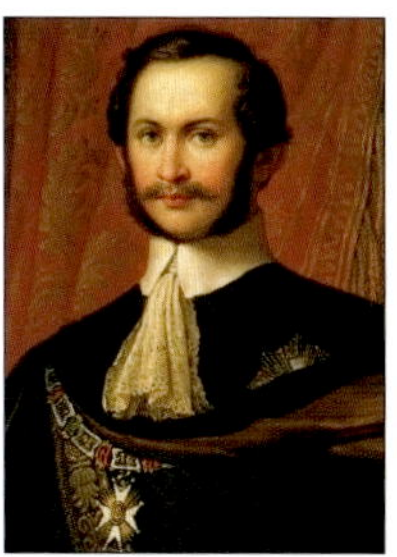

Maximilian II. Joseph (1848–64) förderte Wissenschaft und Kunst in München und ließ das Maximilianeum errichten.

Wilhelm V. der Fromme (1579–97) führte Bayern in den Bankrott und dankte zugunsten seines Sohns Maximilian ab.

Ferdinand Maria (1651–79) betrieb eine friedliebende Politik.

Karl Albrecht (1726–45) wurde zum König von Böhmen und als Karl VII. zum Kaiser des Heiligen Römischen Reichs gekrönt.

Karl Theodor (1777–99) entstammte der pfälzischen Linie der Wittelsbacher und vereinigte die bayrischen und oberpfälzischen Besitzungen. Er engagierte sich als Förderer von Wissenschaft und Kunst.

Ludwig II. (1864–86) ließ Märchenschlösser errichten und starb entmündigt eines ungeklärten Todes.

Ludwig III. (1913–18) war der letzte König Bayerns.

1600 | 1675 | 1750 | 1825 | 1900

1600 | 1675 | 1750 | 1825 | 1900

Maximilian I. (1597–1651) rief die katholische Liga ins Leben und war der Vorkämpfer der Katholiken im Dreißigjährigen Krieg.

Ludwig I. (1825–48) war Kunst- und Frauenliebhaber.

Maximilian I. Joseph (1799–1825) leitete die Zentralisierung Bayerns ein und verabschiedete 1818 eine Verfassung.

Luitpold (1886–1912) regierte als Prinzregent anstelle seines Neffen Ludwig II. und seines Bruders Otto I.

Albrecht V. (1550–79) stiftete die Hofbibliothek und die Kunstkammer in München.

Maximilian III. Joseph (1745–77) war Ästhet und religiös tolerant. Er ließ in München auch evangelische Gottesdienste zu. Mit seinem Tod erlosch die Hauptlinie des Hauses Wittelsbach.

Die Herrscher aus dem Hause Wittelsbach

Goldenes Zeitalter der Wittelsbacher

Als Folge der napoleonischen Siege über Preußen und Österreich bewirkte der Reichsdeputationshauptschluss 1803 eine Neuordnung des Deutschen Reichs. Bayern konnte zwischen 1803 und 1806 mit Billigung Frankreichs sein Territorium verdoppeln. 1806 wurde Max Joseph mit Unterstützung von Napoléon der erste bayrische König, Maximilian I. Joseph.

Der territorialen Expansion folgten Reformen im Inneren. 1803 leiteten der spätere bayrische König und sein Minister Maximilian Graf von Montgelas grundlegende Verwaltungsreformen ein. 1813 zerbrach das Bündnis mit Napoléon. Bayern schlug sich auf die Seite der Sieger, und auf dem Wiener Kongress 1814/15 erhielt es sämtliche Gebiete zugesprochen, zu denen es ursprünglich durch Napoléon gekommen war.

Maximilian I. Joseph, König von Bayern

Zwischen 1815 und 1866 lavierte Bayern zwischen den Großmächten Österreich und Preußen. Im Deutschen Krieg (1866) kämpfte es an der Seite Österreichs. Nach dem Sieg Preußens musste Bayern seine Truppen Preußen unterstellen und Kriegsentschädigungen zahlen. In der Folge stellte sich Bayern auf die Seite Preußens und trat – obwohl die konservative Patriotenpartei dies zu verhindern versuchte – 1870 dem Norddeutschen Bund bei.

Medaillon mit Wappen Bayerns

Im späten 19. Jahrhundert erlebte Bayern eine politisch-kulturelle Blüte. Die Münchner Ludwig-Maximilians-Universität wurde etabliert. Unter der Regentschaft von Ludwig I. entstanden klassizistische Prachtbauten und Parks. In Sachen Theater und Bildende Kunst wetteiferte München mit Wien und Berlin. Maximilian I. Joseph förderte die Wissenschaften. Es entstand ein eigener Baustil, der sogenannte Maximilianstil. Ludwig II. war wie sein Großvater Ludwig I. ein großer Kunstförderer.

ZEITSKALA

1803 Montgelas führt in Bayern tief greifende Reformen durch

1813 Bayern wechselt auf die Seite der Gegner Napoléons

1818 Bayern wird konstitutionelle Monarchie

1848 Die Märzrevolution führt zur Abdankung von Ludwig I.

1800 | 1815 | 1830 | 1845

1805 Allianz mit Napoléon

1806 Bayern wird Königreich

1814/15 Wiener Kongress; Bayern kann seine neuen Territorien behalten

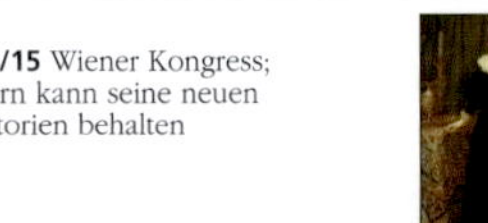

Lola Montez, die Geliebte König Ludwigs I.

Unter preußischer Herrschaft

Die Teilnahme am Deutsch-Französischen Krieg 1870/71 und der Sieg Bismarcks ließen die Begeisterung für eine geeinte Nation wachsen. So trat Bayern 1871 dem neu gegründeten Deutschen Reich bei. Ludwig II. (1864–86) zog sich in dieser Zeit zunehmend von der politischen Gestaltung zurück. Er verlor sich in einer Welt aus Wagner-Opern, Ritterepen und Märchenschlössern und überließ die Politik einer preußenfreundlichen Bürokratie.

Als Prinzregent Luitpold nach dem ominösen Tod Ludwigs II. die Herrschaft übernahm, änderte sich das ein wenig. Der populäre Luitpold versuchte, die politische Abhängigkeit von Berlin mit einer liberalen, dezidiert antipreußischen Kulturpolitik zu kompensieren. Unter seiner Regentschaft erlebte München eine kulturelle Blüte wie nie zuvor. Luitpolds preußenfreundlicher Sohn und Nachfolger Ludwig III. verlor hingegen schnell an Popularität.

Nach der deutschen Niederlage im Ersten Weltkrieg proklamierte Kurt Eisner am 7. November 1918 in München den Freistaat Bayern. Damit war die Monarchie gestürzt und die Herrschaft der Wittelsbacher beendet.

Zwischen Februar und März 1919 agierten Arbeiter- und Soldatenräte in München. Im April wurde die kommunistische Räterepublik ausgerufen. Die politischen Verhältnisse riefen konservative nationalistische Gruppierungen auf den Plan – ein Nährboden für Hitlers spätere Erfolge.

Ludwig II., wie er sich selbst gern inszenierte

Generell war Bayern in der Zeit der Weimarer Republik eine Bastion des rechtslastigen Konservativismus. Dass der Hitler-Putsch 1923 fehlschlug, gewährte den demokratischen Kräften zwar einen Aufschub, doch die Braunhemden wurden milde bestraft. Ihre Popularität stieg.

Karikatur aus einer Ausgabe des *Simplicissimus* von 1908

Zwischen 1923 und 1933 war die Bayerische Volkspartei die maßgebliche Kraft im Freistaat. Doch Staatsschulden, Arbeitslosigkeit, zerstrittene Parteien und die irreale Hoffnung auf eine neue, alles rettende Monarchie ließen eine Situation entstehen, in der auch in Bayern die Machtergreifung durch die Nationalsozialisten erfolgen konnte.

1866 Deutscher Krieg zwischen Preußen und Österreich; Bayern kämpft an der Seite Österreichs

1870/71 Deutsch-Französischer Krieg

1900 München hat über 500 000 Einwohner

Jugendstilornament an einem Haus in München

9. Nov. 1923 Hitler-Putsch in München

1875 | **1890** | **1905** | **1920**

Fries an den Propyläen in München

1886 Ludwig II. kommt im Starnberger See ums Leben

1. August 1914 Ausbruch des Ersten Weltkriegs

7. November 1918 Sturz der Monarchie; Kurt Eisner proklamiert den Freistaat Bayern

Schlösser Ludwigs II.

König Ludwig II. von Bayern, von seinen Verehrern liebevoll »Kini« genannt, ist nach wie vor eine Kultfigur und wurde Titelheld mehrerer Filme und sogar eines Musicals. Seine Qualitäten als Regent waren eher mangelhaft: Ludwig verlor zunehmend das Interesse an der Politik, zog sich zurück und lebte in einer Fantasiewelt. Seine Leidenschaft gehörte der Architektur und der Musik. Sein Freund Richard Wagner diente ihm als Ratgeber. Unter Ludwig II. entstanden die bayrischen Märchenschlösser, doch mit seiner Bautätigkeit brachte er das Land an den Rand des finanziellen Ruins. Schließlich wurde Ludwig II. entmündigt und ertrank auf mysteriöse Weise im Starnberger See.

Ins Türmchen führt eine Wendeltreppe von der Galerie aus.

Nächtliche Schlittenfahrt Ludwigs II.
Das Gemälde von Richard Wenig wie auch der vergoldete Schlitten befinden sich im Marstallmuseum in Nymphenburg. Der König liebte nächtliche Ausfahrten – einer seiner Versuche, der Realität zu entfliehen.

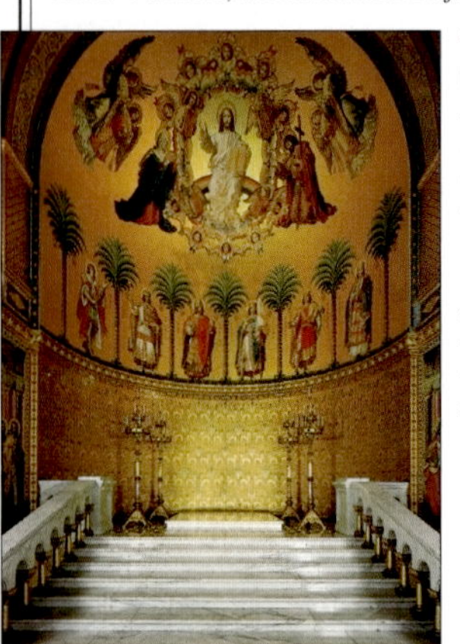

Thronsaal im Schloss Neuschwanstein
Der Saal erinnert an byzantinische Sakralbauten und ist mit golden glänzenden Wandgemälden, Mosaiken und einem riesigen Kronleuchter geschmückt. Der für Ludwig II. geplante goldene Thron wurde nie angefertigt.

Der Sängersaal ist dem Festsaal der Wartburg in Eisenach nachempfunden.

Neuschwanstein

Die Bauarbeiten dauerten 17 Jahre (1869–86). Mit dem Bühnenmaler Christoph Jank realisierte Ludwig II. den Traum einer Ritterburg – in der er nur 172 Tage verbrachte.

Linderhof-Grotte
In der künstlichen Grotte im Park von Schloss Linderhof (siehe S. 216f) *wurde ein drei Meter tiefer See angelegt. Ludwig ließ sich hier gern in einer goldenen Barke auf künstlich erzeugten Wellen schaukeln.*

Spiegelgalerie im Schloss Herrenchiemsee
Die Spiegelgalerie wurde 1879–81 an der Längsseite des Palasts zum Garten hin gebaut. Mit 98 Meter Länge übertrifft sie sogar ihr Vorbild, den Spiegelsaal in Versailles. Die Deckenfresken glorifizieren den französischen »Sonnenkönig« Louis XIV. Bei den nächtlichen Konzerten auf Herrenchiemsee (siehe S. 202) *erleuchteten 1848 Kerzen die Szenerie.*

Maurischer Saal im Königshaus am Schachen
Mit Brunnen, Teppichen, Ottomanen und Vasen erinnert der Saal an die Erzählungen aus Tausendundeiner Nacht (siehe S. 217).

Der obere Hof führt in den Hauptteil des Schlosses. Eigentlich waren hier ein 90 Meter hoher Turm und eine gotische Schlosskapelle geplant.

Das Torhaus mit seinen Zinnen und dem königlichen Wappen wird von Türmen flankiert.

Ludwigs Schlösser

Ludwig II. wollte das perfekte Schloss erbauen. Mit Neuschwanstein *(siehe S. 230)* ließ er sich quasi eine Ritterburg errichten. Seine Bewunderung für die Bourbonen zeigte sich in den »französischen« Schlössern Linderhof *(siehe S. 216f)* und Herrenchiemsee *(siehe S. 202)*.

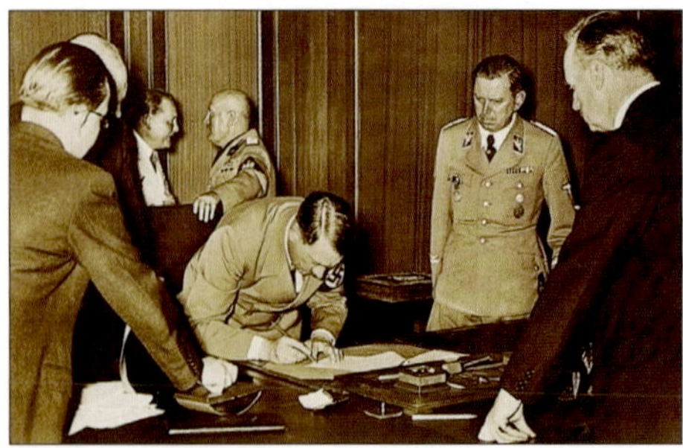

Adolf Hitler bei der Unterzeichnung des Münchner Abkommens

Nationalsozialismus

Die bayrische Regierung hatte die von der nationalsozialistischen Bewegung ausgehende Gefahr unterschätzt. Die Teilnehmer am Hitler-Putsch von 1923 kamen mit leichten Strafen davon. Hitler selbst war nur acht Monate im Gefängnis von Landsberg am Lech. Bereits 1925 formierte sich die NSDAP neu. Ab 1926 durfte Hitler wieder öffentlich als Redner auftreten. Im Januar 1933 wurde er Reichskanzler. Die Machtergreifung der Nationalsozialisten und die Gleichschaltung der Länder setzten der Autonomie Bayerns ein Ende.

Jacke eines KZ-Häftlings

1935 erhielt München den Titel »Hauptstadt der Bewegung« und sollte nach Hitlers Vorstellung ideologisches und kulturelles Zentrum des Dritten Reichs werden. Schon 1933 wurde in Dachau, 25 Kilometer nordwestlich von München, das erste Konzentrationslager errichtet.

1936 waren die Nazis bei den Olympischen Winterspielen in Garmisch-Partenkirchen und den Sommerspielen in Berlin auf positive Selbstdarstellung bedacht. Doch 1937 fand mit der Ausstellung »Entartete Kunst«, die parallel zur »Großen Deutschen Kunstausstellung« in den Münchner Hofgartenarkaden gezeigt wurde, die nationalsozialistische Kulturpolitik offenen Ausdruck. Auf dem mit Granit gepflasterten Königsplatz fanden jetzt NS-Aufmärsche statt, um ihn herum standen »Führerbauten«.

1938 wurde das Münchner Abkommen von Deutschland, Italien, Frankreich und Großbritannien unterzeichnet. Am 9. November 1939 scheiterte Georg Elsers Attentat auf Hitler im Münchner Bürgerbräukeller. 1943 wurden die Mitglieder der Widerstandsgruppe Weiße Rose hingerichtet. Im April 1945 rückten amerikanische Truppen in ein zerbombtes München ein, dessen Einwohnerzahl fast um die Hälfte zurückgegangen war.

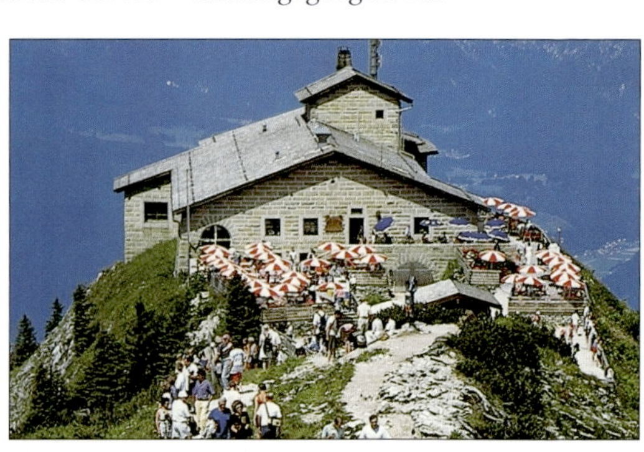

Kehlsteinhaus, einst der »Adlerhorst« Hitlers *(siehe S. 201)*

ZEITSKALA

9. März 1933 Hitler zwingt Bayerns Regierung zum Rücktritt

1934 »Gleichschaltung« der Länder; das Reich übernimmt Hoheitsrechte

29. September 1938 Münchner Abkommen

30. April 1945 Amerikanische Truppen marschieren in München ein

1. Oktober 1946 Die ersten Wahlen in Bayern gewinnt die CSU

14. Juni 1958 München feiert 800. Geburtstag

197 XX. Olymp sche Somme spiele Münche

1930 | 1935 | 1940 | 1945 | 1950 | 1955 | 1960 | 1965

30. Januar 1933 Machtergreifung; Hitler wird Reichskanzler

1936: IV. Olympische Winterspiele in Garmisch-Partenkirchen

1. September 1939 Deutscher Überfall auf Polen; Beginn des Zweiten Weltkriegs

14. September 1949 Wahl zum ersten Deutschen Bundestag

1957 München erreicht eine Million Einwohner

1966 Baubeginn für die Münchner U- und S-Bahn

Alle Oktoberfest-Blaskapellen treten beim Konzert zu Füßen der Bavaria an

Modernes Bayern

Die Zerstörungen durch den Krieg waren in Bayern weniger schlimm als in manchen anderen Teilen Deutschlands. Im April und Mai 1945 wurde das Land von den Amerikanern besetzt. Bis 1949 gehörte es zur amerikanischen Besatzungszone. Dank der landwirtschaftlichen Ausrichtung der Region blieb manchen Einwohnern die schlimmste Not erspart. Als 1949 die Bundesrepublik Deutschland gegründet wurde, bemühte sich Bayern mit dem Argument, ein geografisch und historisch gewachsenes Ganzes zu sein, um Unabhängigkeit und widersetzte sich der Zentralisierung. Eines der Ergebnisse dieses Widerstands war die Entstehung einer eigenen, von der deutschlandweiten CDU unabhängigen christdemokratischen Partei, der Christlich Sozialen Union (CSU). Sie ist in Bayern seit 1946 die stärkste Gruppierung, erhielt jedoch bei den Landtagswahlen 2008 erstmals seit 46 Jahren nicht die absolute Mehrheit. Der 1988 verstorbene Franz Josef Strauß, zehn Jahre lang bayrischer Ministerpräsident, war der mächtigste Vorsitzende der CSU.

Die CSU, die zur Rückbesinnung auf die regionalen Traditionen aufrief und bis zu einem gewissen Grad auch »antipreußische Animositäten« schürte, verfolgte nach 1960 geschickt eine Politik der Industrialisierung. Dies führte zur Ansiedlung von Elektronikindustrie. Die Autohersteller BMW und Audi wurden gefördert. Bei den Olympischen Spielen 1972 glänzte Bayern nicht nur mit seiner Architektur, sondern auch mit seiner Weltoffenheit. Tragischerweise wurden die völkerverbindenden Spiele durch ein von palästinensischen Terroristen verursachtes Blutbad überschattet. In den Jahren vor der Wiedervereinigung galt München als »heimliche Hauptstadt« Deutschlands.

Franz Josef Strauß

Meist recht erfolgreich – der FC Bayern München

1974 Endspiel der Fußball-weltmeisterschaft in München

1980 Papst Johannes Paul II. besucht Altötting

1992 Eröffnung des Franz-Josef-Strauß-Flughafens

BMW-Logo, Symbol des modernen Bayern

2007 Eröffnung des Jüdischen Zentrums mit der Synagoge Ohel Jakob, Museum und Gemeindehaus

1975	1980	1985	1990	2000	2005	2010	2015	2020

Plakat für die XX. Olympischen Sommerspiele in München

1988 Tod von Franz Josef Strauß

3. Oktober 1990 Deutsche Wiedervereinigung

2005 Eröffnung der Allianz Arena

2006 Fußball-WM in Deutschland, das Eröffnungsspiel findet in München statt

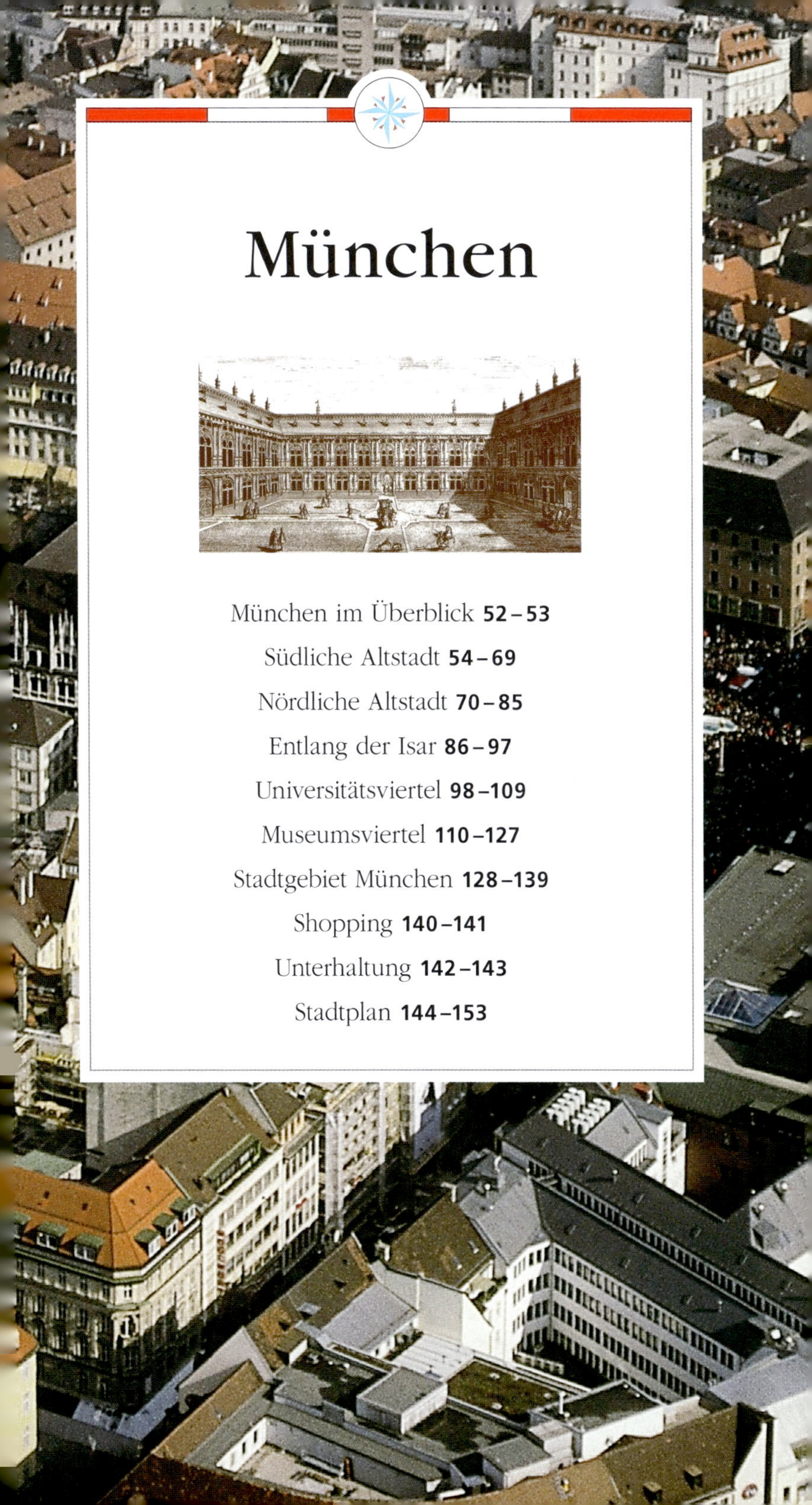

München

München im Überblick

München ist Deutschlands drittgrößte Stadt. Vor dem Fall der Berliner Mauer galt sie als »heimliche Hauptstadt«. Andererseits wird München auch als »Millionendorf« bezeichnet. Hier findet man neben großstädtischem Flair, Wohlstand und Hightech-Industrie auch noch ländlich-traditionelle Elemente und die Beschaulichkeit der alten Residenzstadt. Die vielen Grünflächen, vor allem der Englische Garten, die Isar, die mitten durch die Stadt fließt, und an klaren Tagen der Blick bis zu den Alpen – das alles schafft eine einzigartige Atmosphäre. Doch in München regieren auch Kunst und Kultur. Die historischen Bauwerke, Museen, Kunstsammlungen und Theater suchen ihresgleichen.

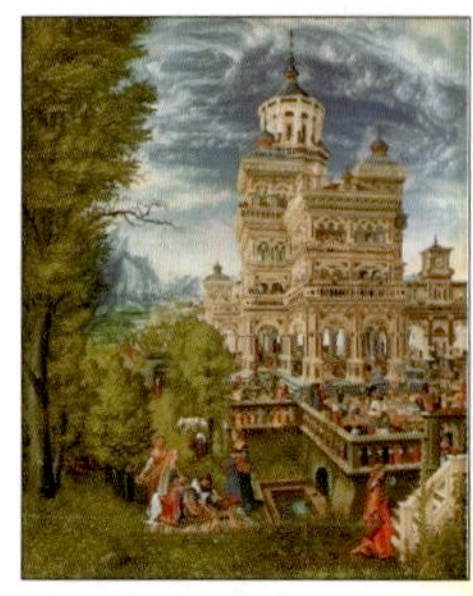

Alte Pinakothek
Susanna im Bade *(1526) von Albrecht Altdorfer ist eines der Meisterwerke der deutschen Renaissance* (siehe S. 118–121).

Glyptothek
Friede, *eine römische Kopie der Skulptur von Cephisodotus, ist eine der antiken Statuen der Glyptothek. Ludwig I. ließ das Bauwerk als Skulpturenmuseum errichten* (siehe S. 115).

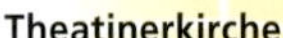

MUSEUMS-VIERTEL
Seiten 110–127

SÜDLICHE ALTSTADT
Seiten 54–69

Theatinerkirche
Die elegante Barockkirche mit den Türmen und der Kuppel prägt Münchens Silhouette (siehe S. 79).

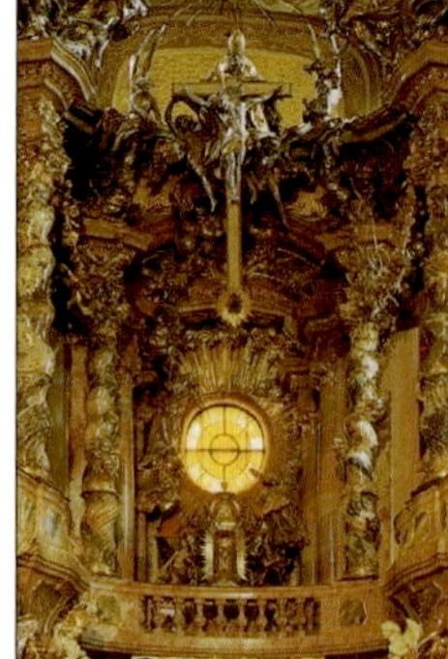

Asamkirche
Im Innenraum der Kirche wird deutlich, was mit barockem Illusionismus gemeint ist. Raum und Bauelemente, der viele Stuck und die Fresken, vor allem aber das Spiel von Licht und Schatten schaffen eine ganz eigene Welt (siehe S. 66f).

0 Meter 750

◁ Überblick über die Innenstadt mit Frauenkirche *(siehe S. 60f)*, im Hintergrund das Nationaltheater (Oper)

Siegestor
Das dem römischen Konstantinbogen nachempfundene Monument ist ein Ehrenmal für die bayerische Armee. Gekrönt wird es von einem Triumphwagen, der von vier Löwen gezogen wird (siehe S. 104).

Bayerisches Nationalmuseum
Hier findet man u. a. Zimmer, die aus den verschiedensten Orten Bayerns stammen, z. B. eine gotische Weberstube aus Augsburg (siehe S. 108f).

Friedensengel
Der Friedensengel am rechten Isarufer ist von Weitem sichtbar. Auf der Spitze der 18 Meter hohen Säule steht eine vergoldete Figur (siehe S. 92).

Maximilianeum
Das Gebäude hoch über der Maximilianbrücke ist Sitz des Bayerischen Landtags (siehe S. 91).

Residenz
Einer der sieben Innenhöfe der Residenz heißt Brunnenhof. Der Wittelsbacher Brunnen ist ein Paradebeispiel für den Manierismus (siehe S. 74–77).

Südliche Altstadt

Drei Tore begrenzen die südliche Altstadt: das Karlstor, das Sendlinger Tor und das Isartor. Fast in der Mitte liegt der bekannteste Platz Münchens, der Marienplatz, im Mittelalter ein bedeutender Korn- und Salzmarkt.

Die südliche Altstadt bildet das Zentrum. Einheimische kommen vor allem wegen der vielen Einkaufsmöglichkeiten her, Besucher eher wegen des historischen Flairs. Neben der Peterskirche, der ältesten Kirche Münchens, findet man hier die spätgotische Frauenkirche, eines der bekanntesten Wahrzeichen der Stadt. Südlich des Marienplatzes – einem Gebiet, das vor Überschwemmungen sicher war – ließen sich einst Mönche nieder, nach ihnen ist München benannt. Ein Muss für Besucher ist der Viktualienmarkt, der schon seit über 200 Jahren Hauptmarkt der Stadt ist.

Putto am Sockel der Mariensäule

Sehenswürdigkeiten auf einen Blick

Gebäude und Plätze
Altes Rathaus 11
Asamhaus 21
Gärtnerplatz 16
Ignaz-Günther-Haus 17
Isartor 13
Jüdisches Zentrum 19
Karlstor 1
Marienplatz 8
Neues Rathaus 7
Sendlinger Tor 22
Viktualienmarkt 15

Kirchen
Allerheiligenkirche am Kreuz 23
Asamkirche S. 66f 20
Bürgersaal 2
Damenstift St. Anna 24
Frauenkirche S. 60f 6
Heiliggeistkirche 12
Michaelskirche 4
Peterskirche 9

Museen und Sammlungen
Deutsches Jagd- und Fischereimuseum 5
Bier- und Oktoberfestmuseum 14
Stadtmuseum 18

Restaurants
Augustinerbräu 3
Ehemalige Stadtschreiberei 10

Anfahrt

Den Marienplatz erreicht man mit den S-Bahnen 1 bis 8, den U-Bahnen 3 und 6 oder mit Bus 52. Man kann auch am Karlsplatz (Stachus) aussteigen: S-Bahnen 1 bis 8, U-Bahnen 4 und 5 sowie Trams 16, 17, 18, 19, 20, 21, 27.

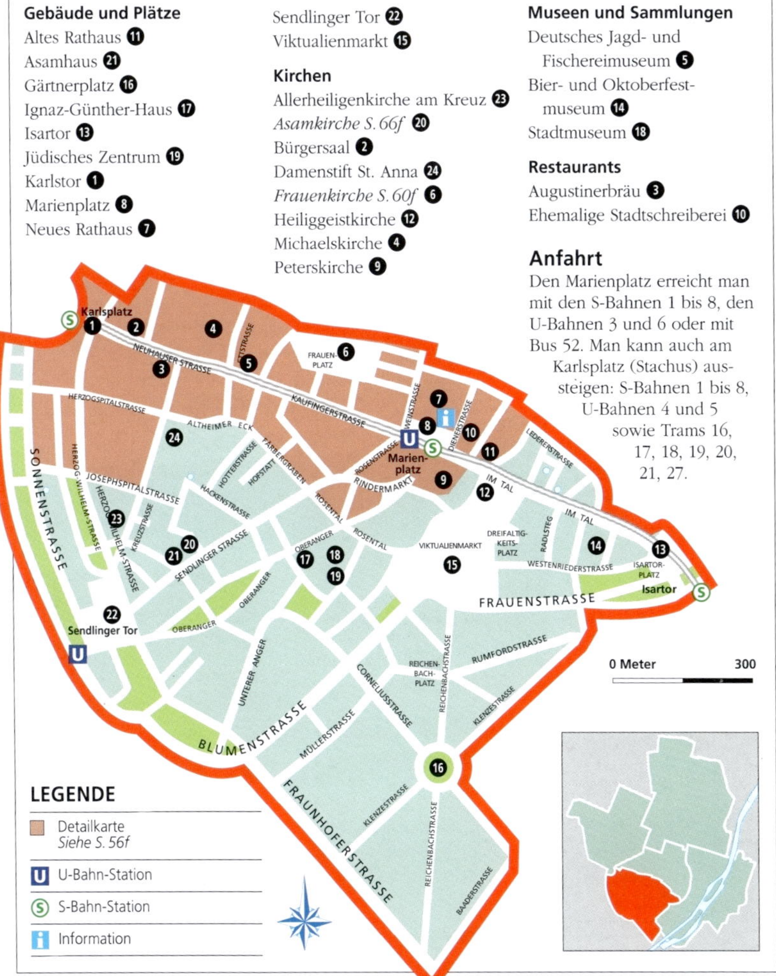

◁ **Der Fischbrunnen am Marienplatz** ***(siehe S. 62)*****, der im 19. Jahrhundert umgestaltet wurde**

Im Detail: Vom Stachus zum Marienplatz

Schon immer war der Marienplatz architektonisches und merkantiles Zentrum Münchens. Geografischer Mittelpunkt der Stadt ist die Mariensäule: Von hier aus werden alle innerstädtischen Entfernungen gemessen. Der Platz und die umliegenden Straßen, seit den Olympischen Spielen 1972 Fußgängerzone, sind immer stark frequentiert. Unter der Woche passieren etwa 20 000 Personen pro Stunde den Marienplatz und die Fußgängerzone.

Die Jungfrau auf der Mariensäule

Karlstor
Das Tor überlebte den Abriss der Stadtmauern 1791. ❶

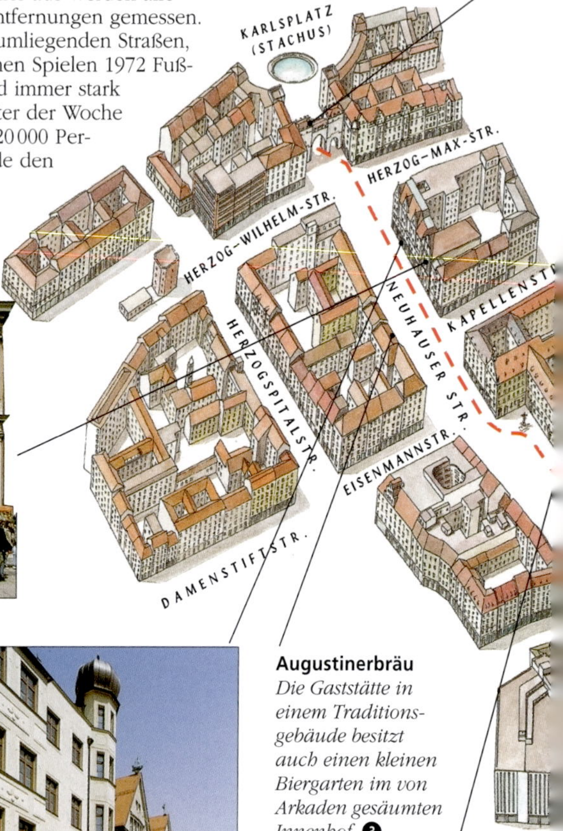

KARLSPLATZ (STACHUS)
HERZOG-MAX-STR.
HERZOG-WILHELM-STR.
NEUHAUSER STR.
KAPELLENSTR.
HERZOGSPITALSTR.
EISENMANNSTR.
DAMENSTIFTSTR.

Bürgersaal
Über dem Portal der Fassade von 1709/10 ist eine Madonna mit Kind von Franz Ableitner zu sehen. ❷

Die Fußgängerzone mit ihren typischen Häusern aus dem 19. Jahrhundert sowie den modernen Geschäften und Kaufhäusern (auf dem Foto in der Mitte das Oberpollinger-Haus) ist Münchens größte Einkaufsstraße. Hier wird deutschlandweit der höchste Umsatz gemacht.

Augustinerbräu
Die Gaststätte in einem Traditionsgebäude besitzt auch einen kleinen Biergarten im von Arkaden gesäumten Innenhof. ❸

NICHT VERSÄUMEN

- ★ Frauenkirche
- ★ Michaelskirche
- ★ Neues Rathaus

LEGENDE

– – – Routenempfehlung

0 Meter 100

★ Michaelskirche
Das Innere der Renaissancekirche beeindruckt durch seine Größe. Das Tonnengewölbe ist nach dem Petersdom in Rom das zweitgrößte der Welt. ❹

Hotels und Restaurants in München *siehe Seiten 262–265 und 276–279*

Deutsches Jagd- und Fischereimuseum
Der ehemalige Kirchenbau der Augustiner beherbergt eine Kunstsammlung sowie Exponate zum Thema Jagd und Fischerei. ❺

Zur Orientierung
Stadtplan 3, 5 und 6

★ Frauenkirche
Der spätgotische Backsteinbau mit den »welschen Hauben« wurde 1944 zum Teil zerstört. Die Barockportale stammen von Ignaz Günther. ❻

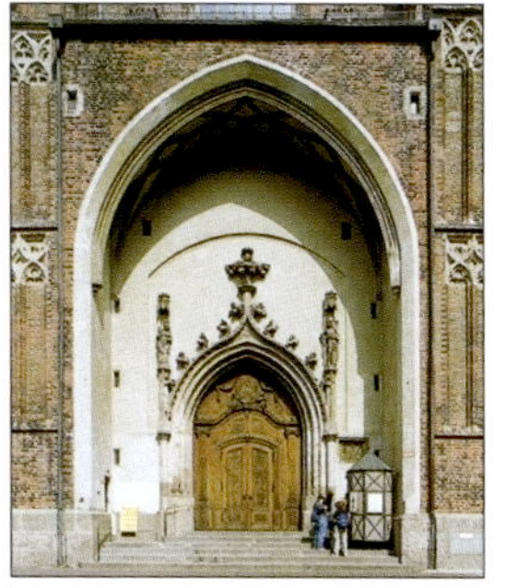

★ Neues Rathaus
Dreimal täglich führen die Figuren des Glockenspiels am Neuen Rathaus den Schäfflertanz auf. ❼

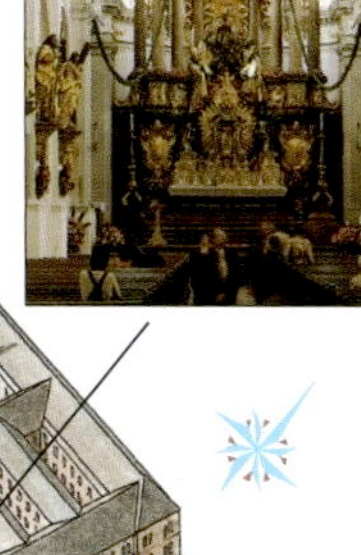

Peterskirche
Der Hochaltar der ältesten Kirche Münchens ist mit Heiligenfiguren von Erasmus Grasser und den vier Kirchenvätern von Egid Quirin Asam geschmückt. ❾

Altes Rathaus
Das Alte Rathaus (1493) wurde nach dem Zweiten Weltkrieg wieder in den Originalzustand versetzt. ⓫

Stadtplan München *siehe Seiten 144–153*

Karlstor ❶

Karlsplatz 5. **Stadtplan** 3 A2 (5 A2), **Karte** G7 (P3). U *oder* S *Karlsplatz-Stachus.* *16, 17, 18, 19, 20, 21, 27.*

Der nordwestliche Zugang zur Innenstadt ist das Karlstor, ein Überbleibsel der mittelalterlichen Stadtbefestigung. Ursprünglich hieß es Neuhauser Tor, doch 1791 wurde es Kurfürst Karl Theodor zu Ehren umbenannt. Auf dessen Anweisung riss man die Stadtmauer wegen der geplanten Stadterweiterung ab.

Ursprünglich hatte das Karlstor drei Türme. Der mittlere, größte Turm, in dem Schießpulver gelagert war, wurde 1857 bei einer Explosion zerstört. Der Entwurf für den neogotischen Wiederaufbau stammt vom Italiener Arnold Zenetti. Die Bronzefiguren in den Torbogen zierten bis 1865 den alten Brunnen auf dem Marienplatz.

Das mittelalterliche Karlstor, von der Fußgängerzone aus gesehen

Innenraum des Bürgersaals mit Fresken aus dem 19. Jahrhundert

Bürgersaal ❷

Neuhauser Str. 14. **Stadtplan** 3 A2 (5 B3), **Karte** G/H7 (P3). *21 99 720.* U *oder* S *Karlsplatz-Stachus.* *16, 17, 18, 19, 20, 21, 27.* **Unterkirche** *tägl. 8–19 Uhr.* **Oberkirche** *zu Gottesdiensten tägl.* **Museum** *tägl. 10–12, 16– 18.30 Uhr.* **www**.mmkbuergersaal.de

Der Name der Kirche verweist auf ihre einstige Funktion als Treffpunkt der ordensähnlichen Marianischen Männerkongregation. Der Bau wurde von Giovanni Antonio Viscardi entworfen und 1778 geweiht. Hinter der Fassade verbergen sich zwei Geschosse. In der Unterkirche befindet sich das Grab des seliggesprochenen Rupert Mayer, eines Widerstandskämpfers im Dritten Reich. Die prunkvolle obere Kirche zieren Rokoko-Stuckaturen von Joseph Georg Bader und Gemälde von Anton von Gumpp. Der im Zweiten Weltkrieg zerstörte Innenraum wurde großteils restauriert. Zu den Originalen gehören noch Andreas Faistenbergers Relief am Hochaltar (1710) und die *Schutzengelgruppe* (1770) von Ignaz Günther. Seit 2008 gibt es ein Museum mit Erinnerungsstücken an Pater Rupert Mayer.

Augustinerbräu ❸

Neuhauser Str. 27. **Stadtplan** 3 A2 (5 B3), **Karte** H7 (P4). *23 18 32 57.* U *oder* S *Karlsplatz-Stachus.* *16, 17, 18, 19, 20, 21, 27.* *tägl. 9–24 Uhr.* **www**.augustiner-restaurant.com

Zwei nebeneinanderliegende Gebäude mit Fassaden aus dem 19. Jahrhundert gehören zum Augustinerbräu, einer der ältesten Brauereien Münchens. Das Bräu wurde von Augustinermönchen gegründet und schon vor 1328 erwähnt. Der schöne historische Gastraum ist typisch für die Münchner Restaurants vor dem Ersten Weltkrieg. Sehenswert ist der Muschelsaal. In ihm sind die Wände mit Muscheln, Steinen, Büsten und Geweihen geschmückt.

Zum Augustinerbräu gehören Restaurant, Bierstube und ein von Arkaden gesäumter Biergarten im Innenhof.

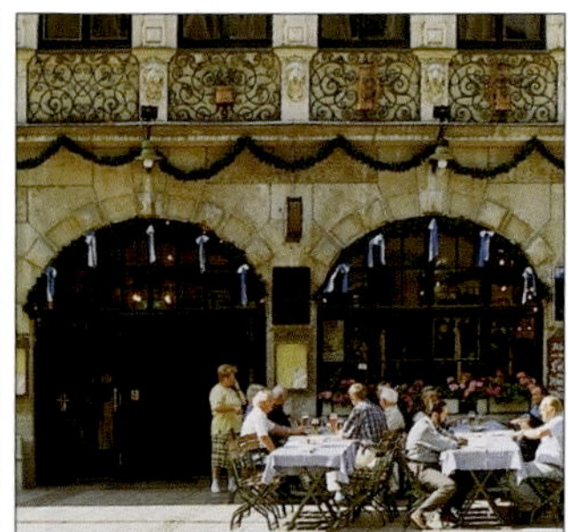

Tische vor dem Augustinerbräu

Michaelskirche ❹

Neuhauser Str. 6. **Stadtplan** 3 B2 (5 B3), **Karte** H7 (P3). U *oder* S *Karlsplatz-Stachus.* *16, 17, 18, 19, 20, 21, 27.* *Mo, Do 10–19, Di, Mi, Fr, Sa 8–19, So 7–22 Uhr.* **www**.st-michael-muenchen.de

Herzog Wilhelm V. ließ die Kirche für die Jesuiten errichten, die 1559 nach München kamen. 1585 wurde mit dem Bau begonnen, doch als der Turm 1590 einstürzte, beschloss man, das Querschiff zu vergrößern und einen Chor nach Entwürfen von Friedrich Sustris anzubauen.

Die Kirche, ein imposantes Wahrzeichen der Gegenreformation und der jesuitischen Präsenz in Bayern, ist das größte Gotteshaus der Spätrenaissance nördlich der Alpen (Vorbild war Il Gesù in Rom). Die dreigegliederte Fassade mit den beiden Portalen ist ein Para-

Hotels und Restaurants in München *siehe Seiten 262–265 und 276–279*

destück der Renaissance-Architektur. Zwischen den Säulen gibt es Fenster und Nischen mit Skulpturen der bayerischen Herrscher, die sich um die Verbreitung und Verteidigung des Christentums verdient gemacht hatten. Der heilige Michael im Kampf mit dem Drachen, eine überdimensionale Bronzefigur, ist ein Werk von Hubert Gerhard (1585).

Die beiden Portale von Friedrich Sustris führen in den Ehrfurcht gebietenden Innenraum. Die Gewölbespannweite ist fast so groß wie die des Petersdoms in Rom. In dem langen Chorraum steht ein mächtiger Hochaltar mit einem Gemälde von Christoph Schwarz, das den Engelssturz zeigt.

In der Krypta neben dem Chor sind Mitglieder aus dem Haus Wittelsbach beigesetzt, u.a. kann man hier die Grabmäler von Maximilian I., Ludwig II. und der Kirchengründer besichtigen. Neben der Kirche befinden sich ein Kloster und ein Kolleg. Das 1585–97 von Sustris erbaute Kolleg trägt heute den Namen Alte Akademie.

Statue an der Michaelskirche

Deutsches Jagd- und Fischereimuseum ❺

Neuhauser Str. 2. **Stadtplan** 3 B2 (5 B3), **Karte** H7 (P4). *22 05 22.* *oder Marienplatz bzw. Karlsplatz-Stachus.* *16, 17, 18, 19, 20, 21, 27.* *tägl. 9.30–17 Uhr (Do bis 21 Uhr).*
www.jagd-fischerei-museum.de

In der ehemaligen Augustinerkirche findet man die weltweit größte Sammlung von Jagd- und Fischerei-Utensilien. Zumindest im Eingangsbereich erinnert nicht mehr viel daran, dass dies einmal eine Kirche war, hier reiht sich heute Laden an Laden. Die ursprünglich gotische Basilika stammt aus dem späten 13. Jahrhundert, wurde aber häufig umgebaut und gilt heute als erster Barockbau Münchens. Ab 1911 wurde er als Konzerthalle genutzt, 1966 verlegte die Stadt die Sammlung des 1938 gegründeten Museums von Schloss Nymphenburg hierher.

Zu sehen sind Jagdgewehre und -taschen, Schlitten, Trophäen, 100 ausgestopfte einheimische Wildtiere, Vögel und vieles mehr – z.B. fantasievoll gestaltete Exemplare des »Wolpertingers«, aber auch Werke namhafter Künstler wie Rubens oder Pisanello. Die Fischerei-Abteilung zeigt die Entwicklung des Angelsports und präsentiert zahlreiche Fischarten.

Frauenkirche ❻

Siehe S. 60f.

Neues Rathaus ❼

Marienplatz 8. **Stadtplan** 3 B2 (6 D3), **Karte** H7 (Q4). *23 300.* *oder Marienplatz.*
Turmbesteigung *Mai–Okt: tägl. 10–19 Uhr; Nov–Apr: Mo–Fr 10–17 Uhr.* **Glockenspiel** *tägl. 11 und 12 Uhr; März–Okt: auch 17 Uhr.*
www.muenchen.de

In der zweiten Hälfte des 19. Jahrhunderts beschlossen die Münchner Stadtoberhäupter, ein neues Rathaus zu erbauen. Es sollte zur Südseite des Marienplatzes hin stehen, deshalb wurden auf dem künftigen Bauplatz 24 Häuser abgerissen. Der Bau zog sich von 1867 bis 1909 hin.

Das monumentale Bauwerk mit sechs Innenhöfen ist das erste Beispiel einer historisierenden neogotischen Architektur. Die überladene Fassade ist mit einer Vielzahl von Statuen geschmückt. Bayerische Könige, Kurfürsten und Grafen sind zu sehen, aber auch Heilige, mythische und allegorische Figuren sowie Wasserspeier, die direkt aus mittelalterlichen Fabelbüchern zu kommen scheinen.

Der Spitzturm wird von einem bronzenen Münchner Kindl gekrönt. Das Glockenspiel im Turm ist das viertgrößte Europas. Jeden Mittag tanzen hier bunte Kupferfiguren nach dem Klang von 43 Glocken. Zur Aufführung kommen zwei Szenen: einmal ein Ritterturnier zu Ehren der Hochzeit von Herzog Wilhelm V. und Renata von Lothringen, zum anderen der Schäfflertanz *(siehe S. 33)*, der in Erinnerung an das Ende der Pest 1517 auch heute noch alle sieben Jahre real aufgeführt wird. Abends tauchen in den Turmfenstern des siebten Stocks zwei weitere Figuren auf, die das Münchner Kindl schützen sollen: ein Nachtwächter, der ins Horn bläst, und ein Schutzengel. Die Aussicht vom 85 Meter hohen Turm ist wunderbar, vor allem an Föhntagen.

Das Neue Rathaus mit seiner Prachtfassade sieht älter aus, als es ist

Frauenkirche ❻

Medaillon an der Fassade

Die Frauenkirche heißt offiziell Dom zu Unserer Lieben Frau und ist die größte gotische Kirche Süddeutschlands. Sie wurde 1468–88 in der Rekordzeit von nur 20 Jahren erbaut und steht an der Stelle der früheren romanischen Stadtkirche. Der beeindruckende dreischiffige Ziegelbau wurde von Jörg von Halspach begonnen und nach seinem Tod von Lucas Rottaler fortgeführt. Die beiden mit je einer »welschen Haube« gekrönten Westtürme, die erst 1525 fertiggestellt wurden, erreichen eine Höhe von fast 100 Metern. Seit 1821 ist die Frauenkirche der Dom des Erzbistums München und Freising.

Wahrzeichen

Mit den 99,5 Meter hohen Zwillingstürmen ist die Frauenkirche Münchens bekanntestes Wahrzeichen. Eine Verordnung besagt, dass Gebäude innerhalb des Mittleren Rings nicht höher als diese Türme sein dürfen.

NICHT VERSÄUMEN

- ★ Chor
- ★ Christophorus-Statue
- ★ Kaisergrab

Die zwiebelförmigen Hauben sind typisch für die Renaissance.

Die Fassade wirkt recht streng. Die Türme haben an den Seiten Blindfenster, ihre bogenförmigen Durchbrüche entsprechen der Form des Hauptportals.

Eingang

★ Kaisergrab

Ein Kenotaph aus schwarzem Marmor überspannt das Scheingrab von Kaiser Ludwig IV. dem Bayern. Das Gehäuse ist umgeben von vier knienden Rittern. Die beiden sitzenden Genien personifizieren Krieg und Frieden.

Chorhauptkapelle
Das Gemälde des Krakauer Künstlers Jan Polack (um 1510) zeigt Maria, wie sie die Patrizierfamilie Sänftl unter ihren Schutz nimmt.

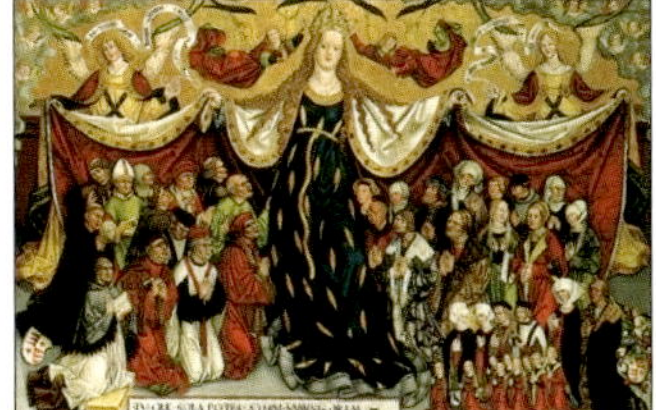

INFOBOX

Frauenplatz 1. **Stadtplan** 3 B2 (5 C3), **Karte** H7 (Q3). U *oder* S *Marienplatz.* 52. 19.
tägl. 7–19 (Do bis 20.30, Fr bis 18 Uhr). Mai–Sep: Di, Do, So 14 Uhr. **Turm** *Apr–Okt: Mo–Sa 10–17 Uhr.*
www.muenchner-dom.de

★ Christophorus-Statue
Die Skulptur wurde um 1525 von Hans Leinberger aus Landshut gefertigt. Sie ist ein Beispiel für die grandiose Gewanddarstellung der Spätgotik.

★ Chor
Die Büste des heiligen Jakobus ist, wie auch die anderen Figuren des Chorgestühls, ein Werk von Erasmus Grasser.

Innenraum
Der Sage nach schlossen die Erbauer des Doms mit dem Teufel eine Wette ab, dass man im Inneren kein Fenster sehen könne. Wo der Teufel seinen »Fußabdruck« hinterließ, kann man nur Säulen sehen.

Memminger Altar
Der Altar wurde aus Fragmenten des zerstörten Hauptaltars errichtet. Das spätgotische Altarbild stammt aus Memmingen.

Stadtplan München *siehe Seiten 144–153*

Der Marienplatz, Münchens »gute Stube«

Marienplatz ❽

Stadtplan 3 B2 (6 D3), **Karte** H7 (Q4). U *oder* S *Marienplatz.* *Dez.*

Als Heinrich der Löwe die Stadt plante, bestimmte er den Marienplatz zum Mittelpunkt. Nach wie vor ist der Platz das lebendige Zentrum Münchens. Bis 1807 wurde hier Markt abgehalten. Seinen Namen erhielt der Marienplatz in der Zeit, als die Münchner zu Maria beteten und sie um Schutz vor der Cholera baten. Über Jahrhunderte hinweg fanden hier die wichtigsten öffentlichen Ereignisse statt: Proklamationen, Turniere und Hinrichtungen, später dann Demonstrationen aller Art sowie Feiern. Hier präsentiert sich der FC Bayern München seinen Fans nach Titelgewinnen. In der Adventszeit stehen die Buden des Christkindlmarkts auf dem Platz.

Der Marienplatz wird vom **Neuen Rathaus** *(siehe S. 59)* dominiert. Scharen von Schaulustigen versammeln sich jeden Mittag vor dem neogotischen Bau, um sich den Schäfflertanz und das Turnier des Glockenspiels anzusehen.

Die Mariensäule wurde 1638 anlässlich des Endes der schwedischen Belagerung errichtet. Die goldene Marienfigur (1590) ist ein Werk Hubert Gerhards, die vier Putten am Sockel (1638) stammen von Ferdinand Murmann. Sie künden von der Befreiung von Hunger, Krieg, Ketzerei und Pest. Ein weiterer Blickfang ist der Fischbrunnen aus dem 19. Jahrhundert.

Peterskirche ❾

Rindermarkt 1. **Stadtplan** 3 C2 (6 D3), **Karte** H8 (Q4). U *oder* S *Marienplatz.* **Kirche** *tägl. 7–19 Uhr.* **Turm** *Sommer: Mo–Fr 9–18.30, Sa, So 10–18.30 Uhr; Winter: 9–17.30, Sa, So 10–17.30 Uhr (wetterbedingt Schließung möglich).*

Die Peterskirche, von den Münchnern liebevoll »Alter Peter« genannt, steht auf dem höchsten Punkt der Altstadt. Die älteste Pfarrkirche Münchens (12. Jh.) wurde hier von den Mönchen, denen die Stadt ihren Namen verdankt, erbaut – »München« leitet sich von »Munichen« (»bei den Mönchen«) ab. 1278–94 wurde an der Stelle der alten eine neue gotische Kirche errichtet. Im 14. Jahrhundert ersetzte man die zwei Westtürme durch einen einzelnen großen **Turm**.

Die Peterskirche – vom Turm genießt man einen fantastischen Blick

Im 17. Jahrhundert wurde die Kirche barockisiert und im 18. Jahrhundert nochmals im Stil des Rokoko umgebaut. Die Stuckarbeiten führte u. a. Johann Baptist Zimmermann aus. Der Innenraum ist prachtvoll: Der thronende Petrus (1492) auf dem Hochaltar ist ein Werk Erasmus Grassers, die vier lateinischen Kirchenväter (1732), die den Heiligen umgeben, stammen von Egid Quirin Asam. Erhalten sind auch fünf Tafelbilder (1517) von Jan Polack.

Der 91 Meter hohe Turm hat acht Uhren und sieben Glocken. Die Aussichtsgalerie bietet einen Panoramablick.

Der spätgotische Seiteneingang zur ehemaligen Stadtschreiberei

Ehemalige Stadtschreiberei ❿

Burgstraße 5. **Stadtplan** 3 C2 (6 D3), **Karte** H7 (Q4). U *oder* S *Marienplatz.* **Restaurant** *24 21 04 44.* **www**.hofer-der-stadtwirt.de

Einen Besuch im ältesten Bürgerhaus Münchens kann man gut damit verbinden, in den Gewölben oder im schönen Arkadenhof österreichisch-bayerische Küche kennenzulernen. Seit 2002 befindet sich in dem Gebäude der Gastronomiebetrieb »Hofer – Der Stadtwirt«.

Das Haus in der Burgstraße wurde 1551/52 erbaut und diente bis 1612 als Stadtschreiberei. Später wohnten hier wohlhabende »Bürgersleut«, nach 1951 wurden Keller und Erdgeschoss als Weinlokal genutzt. Interessant ist die Fassade mit dem großen zentralen Fenster. Der Seiteneingang rechts an der Front wird von einem für die Spätgotik typischen »Eselsrücken« überwölbt. Nach langen Restaurierungsarbeiten kamen 1964 die Renaissance-Elemente wieder zum Vorschein, mit denen Hans Mielich 1552 die Fassade verziert hatte. Im Innenhof steht der spätgotische Turm mit Wendeltreppe.

Altes Rathaus ⓫

Marienplatz 15. **Stadtplan** 3 C2 (6 D3), **Karte** H8 (Q4). U *oder* S *Marienplatz.* *öffentlich nur zugänglich im* **Spielzeugmuseum** 29 40 01. *tägl. 10–17.30 Uhr.* **www**.spielzeugmuseum-muenchen.de

Das erste Rathaus der Stadt wurde um 1480 durch ein neues, das heutige Alte Rathaus ersetzt. Baumeister war Jörg von Halspach, der auch die Frauenkirche errichtete. Das Rathaus wurde mehrmals umgebaut, zuletzt 1861–64. Aus dieser Zeit stammt sein neogotischer Charakter. 1877 und 1934 trug man mit zwei neuen Tordurchfahrten dem wachsenden Verkehr Rechnung.

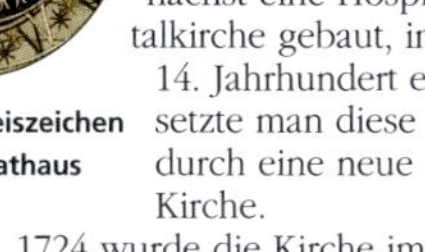

Uhr mit Tierkreiszeichen am Alten Rathaus

Der älteste originale Teil des Rathauses ist der Turm (1180–1200). Er gehörte ursprünglich zur Befestigungsanlage der Stadt.

Die gotische Innenausstattung ist noch erhalten. Der Festsaal im ersten Stock besitzt ein weit gespanntes hölzernes Tonnengewölbe. Eine Wandseite ist mit einem Fries aus 96 Wappen (1478) geschmückt. Die Kopien der berühmten Moriskentänzer (1480) von Erasmus Grasser stehen hier, die Originale sind im Stadtmuseum *(siehe S. 65)* zu sehen

Seit 1983 ist im Alten Rathausturm auf vier Geschossen das **Spielzeugmuseum** mit untergebracht. Hier findet man alte Puppenstuben, Blechautos, Zinnsoldaten und wird über die Erfolgsgeschichte der Barbie-Puppe informiert.

***Pfingsten*, Gemälde von Ulrich Loth in der Heiliggeistkirche**

Heiliggeistkirche ⓬

Im Tal 77. **Stadtplan** 3 C2 (6 D3), **Karte** H7 (Q4). U *oder* S *Marienplatz.* *tägl. 8.30–19 Uhr.* **www**.heilig-geist-muenchen.de

Die Heiliggeistkirche ist eines der ältesten Bauwerke Münchens. An diesem Ort standen früher eine Kapelle, ein Hospital und eine Pilgerherberge. Mitte des 13. Jahrhunderts wurde hier zunächst eine Hospitalkirche gebaut, im 14. Jahrhundert ersetzte man diese durch eine neue Kirche.

1724 wurde die Kirche im Barockstil umgebaut. Gewölbe und Stuckarbeiten sind das Werk der Asam-Brüder. 1729 kam ein Turm dazu, dessen Fassade 1895 spätbarock gestaltet wurde. Der Innenraum zeugt von dem gelungenen Versuch, gotische mit spätbarocken Elementen zu kombinieren. Die Deckenfresken stellen Szenen der Spitalgeschichte dar. Der Hochaltar (1728–30) stammt von Nikolaus Stuber und Antonio Matteo. Er wurde nach dem Zweiten Weltkrieg wiederaufgebaut. Original sind das Pfingstbild (1644) von Ulrich Loth und die Engel von Johann Georg Greiff. Hans Krumppers Bronzefiguren (1608) im Vorraum waren ursprünglich für das Grabmal Ferdinands von Bayern bestimmt.

Isartor ⓭

Im Tal 43. **Stadtplan** 3 C3 (6 E4), **Karte** J8 (R4). S *Isartor.* **Valentin-Karlstadt-Musäum** *22 32 66.* *Mo, Di, Do 11.01–17.29, Fr, Sa 11.01–17.59, So 10.01–17.59 Uhr.* **www**.valentin-musaeum.de

Nähert man sich dem Stadtzentrum von Südosten, kommt man durch das Isartor, das einzige Original der ursprünglichen Befestigungsanlagen. Der zentrale Turm wurde 1337 gebaut und 1429–33 mit zwei flankierenden achteckigen Türmen ergänzt. Seit dem 19. Jahrhundert führen Arkadengänge durch die Türme. Schmuckfriese zeigen den triumphalen Einzug Kaiser Ludwigs IV. nach seinem Sieg in der Schlacht von Mühldorf (1322).

Der südliche Turm beherbergt ein Museum, das dem Komödianten und Volkssänger Karl Valentin (1882–1948), einem Meister des Absurden, und seiner kongenialen Partnerin Liesl Karlstadt gewidmet ist. Im **Valentin-Karlstadt Musäum** stößt man auf viele anekdotische Details: die »alte Schachtel, die auch einmal jung war«, den »Vesuv, der nicht raucht, weil es im Museum verboten ist« oder den berühmten Nagel, an den Karl Valentin seinen Schreinerberuf hängte.

Das Isartor, einst Teil der Stadtbefestigung

Bier- und Oktoberfestmuseum ⓮

Sterneckerstr. 2. **Stadtplan** 3 C3 (6 E4), **Karte** J8 (R4). Ⓢ *Isartor.* *16, 18.* *24 23 16 07.* *Di–Sa 13–18 Uhr.* **Museumsstüberl** *Mo–Sa 18–24 Uhr.* **www**.bier-und-oktoberfestmuseum.de

In einem kurz nach 1327 erbauten und original erhaltenen Haus kann man Münchner (Bier-)Geschichte und allerlei zum Thema »Oktoberfest – einst und jetzt« *(siehe S. 29)* erfahren. Das gemütliche Museumsstüberl ist ideal für danach: Bier vom Holzfass und typische bayerische Schmankerl locken.

Stand auf dem Viktualienmarkt

Maßkrug im Bier- und Oktoberfestmuseum

Viktualienmarkt ⓯

Zwischen Petersplatz und Frauenstr. **Stadtplan** 3 C3 (6 D4), **Karte** H8 (Q4). Ⓤ *oder* Ⓢ *Marienplatz.* *52.* **www**.viktualienmarkt-muenchen.de

Auf Münchens ältestem und größtem Markt werden seit Anfang des 19. Jahrhunderts Lebensmittel angeboten: Gemüse, Obst, Milch, Käse, Fleisch, heute auch exklusive Weine, Seafood, exotische Delikatessen, Kräuter und Gewürze sowie Blumen – alles zu relativ hohen Preisen. Einen Bummel über den Markt sollte man sich dennoch nicht entgehen lassen. Es macht Spaß, hier Weißwürste oder eine Suppe zu essen und ein Bier zu trinken.

Auf dem Viktualienmarkt sind die »Standlfrauen« noch typisch münchnerisch. Am Faschingsdienstag führen sie den berühmten Tanz der Marktfrauen auf. Über den Markt verstreut stehen kleine Brunnen mit Münchner Originalen, z. B. Karl Valentin und Roider Jackl. Zum Markt gehört auch ein Biergarten mit Maibaum.

Am Südende des Viktualienmarkts wurde die Schrannenhalle, eine Getreidemarkthalle von 1853, wiederaufgebaut – mit Läden (u. a. die erste deutsche Milka Erlebniswelt), und Essensmöglichkeiten.

Gärtnerplatz ⓰

Stadtplan 3 C3 (6 D5), **Karte** H8 (Q5). Ⓤ *Fraunhoferstr.* *16, 18.* *52.* **Staatstheater am Gärtnerplatz** *21 85 19 60.* *wg. Sanierung bis 2015 (bis dahin Aufführungen in Ausweichspielstätten, siehe Website).* **www**.staatstheater-am-gaertnerplatz.de

Der sechseckige Platz ist nach dem Architekten Friedrich von Gärtner benannt. Wo sich Reichenbach-, Cornelius- und Klenzestraße kreuzen, ist der Mittelpunkt des Gärtnerplatzviertels, das in der zweiten Hälfte des 19. Jahrhunderts als erstes großes Mietshausviertel Münchens in einheitlichem Stil errichtet wurde.

1864/65 wurde an der Südseite des Platzes ein Theater nach Entwürfen von Franz Michael Reifenstuel erbaut, das heutige **Staatstheater am Gärtnerplatz**. Es war als volkstümlicher Gegenpol zur Oper im Nationaltheater gedacht. In der Folge wurden vor allem Operetten, Singspiele und Musicals aufgeführt.

Der Gärtnerplatz mit Blick auf das Gärtnerplatztheater

Bis 2015 wird das Haus generalsaniert.

Die Bestände des einstigen Jüdischen Museums in der Reichenbachstraße sind nun im neuen Jüdischen Museum *(siehe S. 65)* untergebracht.

Der 2006 umgestaltete Platz bietet viele Cafés, Restaurants und Läden, das Viertel ist bei der Münchner (Schwulen-)Szene angesagt.

Ignaz-Günther-Haus ⓱

St.-Jakobs-Platz 15. **Stadtplan** 3 B3 (5 C4), **Karte** H8 (Q4). Ⓤ *oder* Ⓢ *Marienplatz.* Ⓤ *Sendlinger Tor.* *nicht öffentlich zugänglich.*

Ignaz Günther (1725–1775) war einer der berühmtesten europäischen Rokoko-Bildhauer. Er arbeitete in ganz Süddeutschland, hauptsächlich wirkte er jedoch in München. Seine Werke sind in der Peterskirche und der Frauenkirche, im Bürgersaal, in Schloss Nymphenburg und Schloss Schleißheim zu finden, aber auch in den Kirchen und Klöstern Ober- und Niederbayerns. 1754 wurde Ignaz Günther Hofbildhauer der Wittelsbacher. 1761 zog er in das Haus am St.-Jakobs-Platz, in dem er auch sein Atelier hatte.

Das Ignaz-Günther-Haus ist ein typisches spätgotisches Wohnhaus, im ersten Stock ist noch eine Holzdecke aus dem 16. Jahrhundert erhalten. Im Hof steht ein Brunnen, an der Hauswand zum Oberanger ist eine Marienfigur Ignaz Günthers, die »Hausmadonna«, angebracht – eine Kopie, das Original steht im Bayerischen Nationalmuseum.

Stadtmuseum ⑱

St.-Jakobs-Platz 1. **Stadtplan** 3 B3 (5 C4), **Karte** H8 (Q4). U *oder* S *Marienplatz.* U *Sendlinger Tor.* ☎ *23 32 23 70.* ◷ *Di–So 10–18 Uhr.* *Jugendliche unter 18 Jahren frei.* **www**.stadtmuseum-online.de

Gleich sechs zusammenhängende Gebäude bilden das Münchner Stadtmuseum. Zwei davon, Marstall und Zeughaus, wurden im 15. Jahrhundert als Getreidespeicher erbaut. Später waren hier Stallungen und eine Rüstkammer untergebracht. Während der revolutionären Aufstände von 1848 stürmten die Einwohner Münchens den Zeughausturm, um an Waffen zu kommen. Die Geräte, die sie hier fanden, waren jedoch verrostet und nicht mehr zu gebrauchen.

Wohnhaus und Atelier des Bildhauers Ignaz Günther

Mit diesem alten Bestand diente das Zeughaus in der zweiten Hälfte des 19. Jahrhunderts, in den Anfängen des Museums für Stadtgeschichte, als Ausstellungsraum. In dieser Zeit wurden in großem Umfang Antiquitäten, Kunst- und Gebrauchsgegenstände aus Gasthöfen, Spitälern, Waisenhäusern, Kirchen und Leihhäusern sowie von privaten Dachböden zusammengetragen. Die Sammlung belief sich schließlich auf 1500 Objekte. Damit und mit der großen Sammlung Münchner Radierungen eröffnete 1888 das Historische Museum. Als die Sammlung wuchs, wurden an das Gebäude vier Flügel angebaut. Seit 1954 heißt das Museum Münchner Stadtmuseum.

Seit Juni 2008 ist die neue Dauerausstellung »Typisch München!« im sanierten Zeughaus zu sehen. Über 400 Exponate, viele davon zum ersten Mal gezeigt, illustrieren Geschichte und Geschicke der Stadt. Auch die zehn berühmten Moriskentänzer (1477) von Erasmus Grasser, die für den Sitzungssaal im Alten Rathaus angefertigt wurden, können im Rahmen dieser Ausstellung besichtigt werden. Des Weiteren gibt es eine Sammlung Puppentheater und Schaustellerei, eine Sammlung mit Musikinstrumenten, eine Sammlung Mode und Textilien und eine Sammlung Fotografie.

Das Filmmuseum im Stadtmuseum genießt internationales Renommee – vor allem wegen der Rekonstruktion von Stummfilmen. Im Kino werden selten zu sehende Filme und Filmreihen gezeigt.

Jüdisches Zentrum ⑲

St.-Jakobs-Platz 16. **Stadtplan** 3 B3 (5 C4), **Karte** H8 (P/Q5). U *oder* S *Marienplatz.* U *Sendlinger Tor.* ☎ *23 39 60 96.* **Museum** ◷ *Di–So 10–18 Uhr.* **www**.juedischeszentrumjakobsplatz.de **www**.juedisches-museum-muenchen.de

Mit der neuen Hauptsynagoge Ohel Jakob (»Zelt Jakobs«) und dem Gemeindehaus der Israelitischen Kultusgemeinde München und Oberbayern sowie dem Jüdischen Museum ist am St.-Jakobs-Platz ein neues repräsentatives Zentrum der jüdischen Gemeinde entstanden. Trotz unterschiedlicher Funktionen bilden die drei Einrichtungen eine Einheit. Diese wird dadurch hervorgehoben, dass für alle drei Gebäude das gleiche Fassadenmaterial (unterschiedlich strukturierte Travertin-Platten) gewählt wurde. Verantwortlich war das Architekturbüro Wandel, Hoefer, Lorch.

Als erste der drei Stätten wurde die Synagoge am 9. November 2006 feierlich eröffnet. Der kubusartige Bau – er erinnert an den ersten Jerusalemer Tempel – wird von einem lichtdurchfluteten Glasaufbau mit bronzefarbenem Metallnetz gekrönt. Das Gemeindezentrum umfasst die Verwaltung, das Rabbinat, Versammlungsräume, einen Kindergarten, eine öffentliche Ganztagsschule, ein Jugend- und Kulturzentrum sowie das koschere Restaurant Einstein. Das Zentrum soll den religiösen, kulturellen und sozialen Anforderungen der Zeit gerecht werden.

Das **Jüdische Museum**, das am 22. März 2007 eröffnet wurde, ist in einem frei stehenden kubusförmigen Gebäude untergebracht, dessen unterste Etage umlaufend verglast ist. So wird die Bedeutung des Museums als Ort der offenen Diskussion unterstrichen. Auf drei Ebenen bieten Ausstellungen und eine Studienbibliothek umfangreiche Informationen über die jüdische Geschichte und Kultur sowie die aktuelle Situation des jüdischen Lebens. Zudem gibt es eine Museumsbuchhandlung und eine Café-Bar.

Kaufladen mit Wachsfiguren im Stadtmuseum

Asamkirche 20

Putto am Beichtstuhl

Die Asamkirche, eigentlich St. Johann Nepomuk, wurde 1733–46 erbaut. Sie ist ein Werk der Asam-Brüder, der berühmtesten Baumeister und Künstler ihrer Zeit. Die Brüder entwarfen, finanzierten und bauten die Kirche gemeinsam und schufen so einen geheimnisvollen, illusionistischen Ort. Die zwischen Häusern eingezwängte Fassade scheint aus einem künstlichen Felsen emporzuwachsen. Ihre relative äußere Schlichtheit lässt nichts von der Pracht im Inneren ahnen – doch das Kirchenschiff quillt von Stuck und Fresken über.

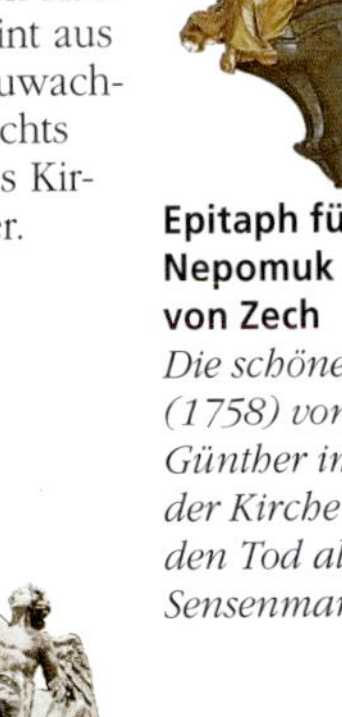

Epitaph für Johann Nepomuk Joseph von Zech
Die schöne Rokokotafel (1758) von Ignaz Günther im Vorraum der Kirche zeigt den Tod als Sensenmann.

Figurengruppe über dem Eingang
Auf dem Bogen über dem Eingang steht der heilige Johann Nepomuk, umgeben von Putten und zwei Engeln.

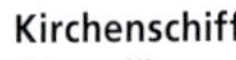

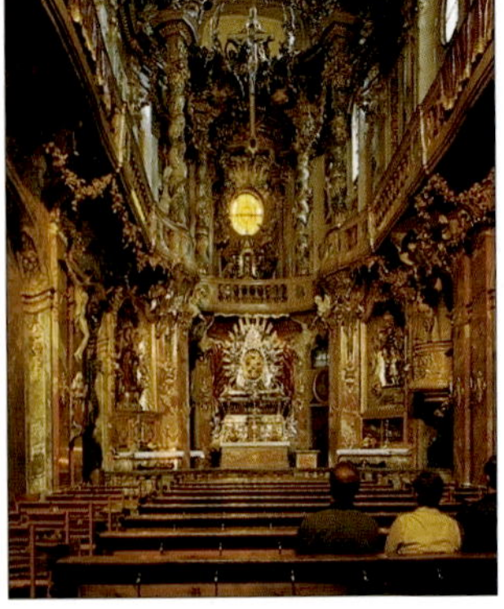

Kirchenschiff
Die vollkommene Harmonie von Architektur, Bemalung, Licht und Schatten lässt die Größenverhältnisse des Innenraums vergessen. Das Schiff ist 28 Meter lang und nur 8,8 Meter breit. Der Grundriss war durch das Grundstück festgelegt, das den Bauherren zur Verfügung stand.

Flachrelief am Portal
Die Schnitzerei rechts oben am Portal stellt dar, wie der heilige Nepomuk ins Gefängnis geworfen wird.

Eingang

NICHT VERSÄUMEN

- ★ Deckenfresko
- ★ Hochaltar

★ Deckenfresko
Die Decke wurde 1735 mit vollendet perspektivischen Malereien von Cosmas Damian Asam versehen. Sie stellen Szenen aus dem Märtyrerleben des Johann Nepomuk dar.

INFOBOX

Sendlinger Str. 32. **Stadtplan** 3 A3, **Karte** H8. U *Sendlinger Tor.* Tram *16, 17, 18, 27.* Bus *52, 152.* ◯ *tägl. 8–17.30 Uhr.* ✝ *Mo–Fr 17, So 10.30 Uhr.*

Galerie
Die geschwungene Galerie, die um den Innenraum verläuft, schafft über Kirchenschiff und Hochaltar eine zweite Ebene.

★ Hochaltar
Im Altarvorbau befindet sich ein gläserner Sarkophag. Die Wachsfigur in der Robe eines Prälaten stellt den heiligen Johann Nepomuk dar.

Kanzel
Die Kanzel ist über den östlichen Chorraum zu erreichen. Sie besitzt ein Relief mit Szenen aus dem Leben Johannes' des Täufers und Symbolen der Evangelisten.

Fassade des Asamhauses mit allegorischen Szenen

Asamhaus ㉑

Sendlinger Str. 34. **Stadtplan** 3 A3 (5 B4), **Karte** H8 (P4). U *Sendlinger Tor.* *16, 17, 18, 27.* *52, 152.* ● *nicht öffentlich zugänglich.*

Schwerlich wird man ein ungewöhnlicheres Künstlerwohnhaus finden. Während sich Cosmas Damian Asam außerhalb der Stadt im Palais Maria Einsiedel niederließ, das er auch renovierte, kaufte sein Bruder Egid Quirin Asam 1729–33 vier aneinandergrenzende Liegenschaften in der Sendlinger Straße. Hier baute er sein Wohnhaus und die Asamkirche.

Es war das erste Mal, dass ein Künstler sein eigenes Haus neben eine Kirche baute, die er noch dazu selbst entworfen hatte – vom Haus aus konnte man durch ein Fenster auf den Hochaltar blicken. Die mittelalterliche Fassade der beiden Häuser wurde von Egid Quirin Asam mit Stuckarbeiten nach christlichen und klassischen Motiven versehen: Personifikationen der Kunst, Poesie und Musik unter dem Schutz des heiligen Joseph, dem Schutzpatron des Handwerks, der wiederum von den Symbolen für Glaube, Hoffnung und Gnade umgeben ist. Ein Relief mit den Initialen IHS stellt die göttliche Vollkommenheit dar.

Auf der linken Seite vermittelt der Künstler seine Vorstellung von der antiken Welt, deren Ideale für die Künstler des Barock maßgeblich waren. Hier führt Pallas Athene, beschützt von Pegasus, eine kindliche Figur in die Welt der Kunst und Wissenschaften ein. Apollo wacht über alle. Vervollständigt wird dieser antike Kosmos durch Amor, Satyrn und Faune.

Die Asam-Brüder

Porträt des Egid Quirin Asam in der Sakristei der Asamkirche

Der Freskenmaler Cosmas Damian Asam (1686–1739) und der Bildhauer und Stuckateur Egid Quirin Asam (1692–1750) durchliefen die Schule ihres Vaters, des Malers Georg Asam. Für kurze Zeit studierten sie an der Accademia di San Luca in Rom. Cosmas Damian heiratete zweimal und hatte 13 Kinder, Egid Quirin blieb Junggeselle. Von 1714 an schufen sie Meisterwerke spätbarocker Kunst in Weltenburg, Rohr, Osterhofen und München. Sie verstanden es, architektonische, skulpturale und malerische Elemente zu einem harmonischen Ganzen zu verbinden, einem *theatrum sacrum*. Eine wesentliche Überlegung bei der Raumgestaltung war das Zusammenspiel von Licht und Schatten.

Sendlinger Tor ㉒

Sendlinger-Tor-Platz. **Stadtplan** 3 A3 (5 A4), **Karte** G8 (P5). U *Sendlinger Tor.* *16, 17, 18, 27.*

Das große, mit wildem Wein überwachsene gotische Stadttor steht am Südende der belebten Sendlinger Straße. Das Sendlinger Tor wird erstmals 1318 erwähnt. Zusammen mit Karlstor und Isartor ist es ein Überbleibsel der zweiten Befestigungsanlage der Stadt. Die Anlage war 1285–1347 unter Ludwig II. dem Strengen und Ludwig IV. dem Bayer errichtet worden. Einst führte die Handelsstraße nach Innsbruck und weiter nach Italien durch dieses Tor.

Das Pförtnerhaus, das mitten im Tordurchgang stand, wurde 1808 abgerissen. Der achteckige Turm, der dann als Pförtnerhaus diente, stammt aus dem späten 14. Jahrhundert. 1906 wurden wegen des wachsenden Verkehrsaufkommens die drei Bogen zu einem einzigen großen Bogen umgebaut. Die Fußgänger gingen durch die Seitentürme.

Jenseits des Tors befindet sich der Sendlinger-Tor-Platz, der nach dem Turm benannt wurde. Heute ist hier eine belebte Verkehrskreuzung mit Fußgängerunterführungen und einer stark frequentierten U-Bahn-Station.

Die Sonnenstraße, die am Tor beginnt, war im 19. Jahrhundert die erste große Straße, die um die Altstadt führte.

Sendlinger Tor, dekorativ mit wildem Wein überwachsen

Der Name »Sonnenstraße« verweist auf ihre lichte, offene Gestaltung im Gegensatz zu den engen und schattigen Gassen der Altstadt.

Westlich des Sendlinger-Tor-Platzes liegt eine Grünanlage. Hier steht die **Matthäuskirche**, die Nachfolgerin der ersten evangelisch-lutherischen Kirche Münchens. Der ursprüngliche Bau von 1833 wurde 1938 von den Nationalsozialisten abgebrochen – aus städtebaulichen Gründen, wie es offiziell hieß, nämlich um die Verbreiterung der Sonnenstraße »auf Berliner Maße« durchführen zu können.

Barocker Grabstein an der Fassade der Allerheiligenkirche

Der heutige moderne Bau mit dem 51 Meter hohen Glockenturm wurde 1955 geweiht. Die Matthäuskirche ist die Predigtstätte des evangelischen Landesbischofs.

Matthäuskirche
Nußbaumstr. 1. *545 41 680.* *Mo, Di, Fr 10–12, Di, Do 14–16, Mi 13–14 Uhr.* *So 8.30, 10, 18 Uhr.* **www**.stmatthaeus.de

Allerheiligenkirche am Kreuz ㉓

Kreuzstr. 10. **Stadtplan** 3 A3 (5 B4), **Karte** G7 (P4). U *Sendlinger Tor.* U *oder* S *Karlsplatz-Stachus.* *tägl. 8–20 Uhr.*

Die Kirche wurde 1478 von Jörg von Halspach erbaut und war die erste Friedhofskirche in der Pfarrei St. Peter. Früher liefen hier vier Straßen zusammen, daher der Beiname »am Kreuz«. Die Backsteinmauern, die Stützpfeiler und der hohe Turm machen die Kirche zum Blickfang. Der Innenraum wurde während der Barockzeit renoviert, sodass die einzigen gotischen Spuren das Netzgratgewölbe über dem Schiff und die Reste eines Freskos (1520) von Hans Leinberger sind. Typisch barock-manieristisch sind das 1627 von Hans Krumpper geschaffene Grabmal des Bankiers Gietz und das 1614 von Hans Rottenhammer vollendete Bildnis der heiligen Augustina, der Maria erscheint, am Hochaltar.

Da 1980 die ehemalige Allerseelenkirche in der Ungererstraße der griechisch-orthodoxen Gemeinde überlassen und seither in Allerheiligenkirche umbenannt wurde, wird die Allerheiligenkirche am Kreuz auch als Kreuzkirche bezeichnet.

Barockes Eingangsportal des Damenstifts St. Anna

Damenstift St. Anna ㉔

Damenstiftstr. 1. **Stadtplan** 3 A2 (5 B3), **Karte** H7 (P4). U *oder* S *Karlsplatz-Stachus, Marienplatz.* *tägl. 8–20 Uhr.*

Prinzessin Henrietta von Savoyen, die Stifterin der Theatinerkirche, holte 1667 den Orden der Salesianerinnen nach München. Aus dem Kloster wurde ein Orden aristokratischer Damen, daher der Name »Damenstift«. Heute beherbergt das Gebäude eine Mädchenrealschule.

Im 18. Jahrhundert erhielt der Orden eine Kirche, die von den Brüdern Gunetzrhainer entworfen wurde. Fassade und Innenraum, den die Asam-Brüder ausgestalteten, sind in spätbarockem Stil gehalten. Die Malereien im Inneren wurden nach dem Zweiten Weltkrieg mit Sepia restauriert, da man von den Malereien nur Schwarz-Weiß-Fotografien besaß.

Typisch spätbarockes Schiff der Damenstiftskirche

Nördliche Altstadt

Früher führten Befestigungsmauern um die nördliche Altstadt, heute ist es der Altstadtring. Zwei Straßen queren diesen Stadtteil: die Theatinerstraße und die Residenzstraße. Westlich der Theatinerstraße liegt das Kreuzviertel mit dem Promenadeplatz als Zentrum.

Reichsapfel

In der nördlichen Altstadt findet man die exklusivsten Geschäfte (vor allem in der Theatiner-, Residenz- und Maximilianstraße), aber auch viele Prachtbauten aus dem 17. und 18. Jahrhundert. Die schönsten Kirchen sind Theatinerkirche und Dreifaltigkeitskirche. Östlich vom Alten Hof, dem ersten Wohnsitz der Wittelsbacher, taucht man in ein Gewirr mittelalterlich wirkender Straßen. Früher hieß das Areal Graggenau, heute ist hier wohl das weltbekannte Hofbräuhaus der meistbesuchte Anziehungspunkt. Die Residenz grenzt an den schön angelegten Hofgarten.

Am Max-Joseph-Platz mit Residenz und klassizistischen Gebäuden beginnt die Maximilianstraße, ein Paradebeispiel für stadtplanerisches Denken im 19. Jahrhundert.

Sehenswürdigkeiten auf einen Blick

Kirchen
Dreifaltigkeitskirche 13
Salvatorkirche 7
Theatinerkirche (St. Kajetan) 6

Museum
Literaturhaus 11

Garten
Hofgarten 23

Restaurant
Hofbräuhaus 18

Theater
Münchner Kammerspiele im Schauspielhaus 20

Historische Gebäude
Alter Hof 17
Bayerische Staatskanzlei 22
Eilles-Hof und Fünf Höfe 3
Erzbischöfliches Palais 8
Feldherrnhalle 5
Künstlerhaus 12
Marstall 21
Münzhof 16
Palais Neuhaus-Preysing 10
Palais Portia 9
Palais Toerring-Jettenbach 15
Preysing-Palais 4
Residenz S. 74–77 1

Straßen und Plätze
Max-Joseph-Platz 2
Maximilianstraße 19
Promenadeplatz 14

Anfahrt

Erreichbar ist dieser Stadtteil mit den U-Bahnen 3, 4, 5, 6 (Odeonsplatz), mit dem Bus 100 (Odeonsplatz) oder mit der Straßenbahn 19 (Nationaltheater). Man kann mit der Besichtigung aber auch am Karlsplatz beginnen: S-Bahn 1 bis 8, U-Bahn 4 und 5, Tram 16, 17, 18, 19, 20, 21 und 27.

◁ **Die Theatinerkirche *(siehe S. 79)*, gestaltet nach dem Vorbild von Sant'Andrea della Valle in Rom**

Im Detail: Um die Residenz

Gemälde am Palais Toerring-Jettenbach

Die Residenz liegt im elegantesten Viertel Münchens. Hier stehen die Bauten der Wittelsbacher, die Barockpalais, die Theatinerkirche und das Nationaltheater. Cafés und Luxusgeschäfte zeugen vom Lebensstil der wohlhabenden Münchner. Zugleich ist das Areal kulturelles Zentrum: Neben der Oper findet man die zwei großen Sprechtheater Münchens und auch den Herkulessaal, den bekannten Konzertsaal für klassische Musik in der Residenz.

Salvatorkirche
Bis Ende des 18. Jahrhunderts war die Kapelle vom Stadtfriedhof umgeben. Seit 1829 ist sie griechisch-orthodox. 7

★ Theatinerkirche
Das Barockwappen an der Fassade der Theatinerkirche, eine Arbeit Ignaz Günthers, vereinigt die Wappen Bayerns, Sachsens, Polens und Litauens. 6

KARD.-FAULHABER-STR.

SALVATORSTR.

THEATINERSTR.

PERUSASTR.

MAX-JOSEPH-PLATZ

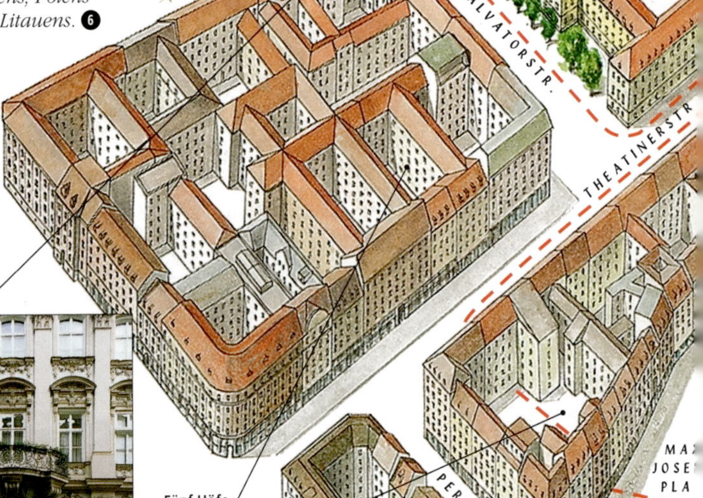

Fünf Höfe

Eilles-Hof
Der Arkadengang im spätgotischen Innenhof hinter der Residenzstraße ist eine Oase der Ruhe. 3

Erzbischöfliches Palais
Die Stuckarbeiten an der Fassade des Erzbischöflichen Palais sind das Werk Johann Baptist Zimmermanns. 8

Max-Joseph-Platz
Das Ehrenmal für Maximilian I. Joseph wurde erst zehn Jahre nach seinem Tod aufgestellt. Der König hatte die Statue abgelehnt, weil er die Haltung nicht majestätisch genug fand. 2

LEGENDE

– – – Routenempfehlung

Hotels und Restaurants in München *siehe Seiten 262–265 und 276–279*

Feldherrnhalle
Die Anlage wurde 1841–44 zu Ehren der bayerischen Feldherren Johann Tilly und Karl Philipp von Wrede errichtet. Nach ihnen ist sie auch benannt. In der Loggia stehen ihre Statuen. ❺

Zur Orientierung
Stadtplan 3, 5 und 6

Preysing-Palais
Das schönste Münchner Palais des Spätrokoko mit seinem reichen Fassadenstuck war das Erstlingswerk des Oberhofbaumeisters Joseph Effner. ❹

★ Cuvilliés-Theater in der Residenz
Eines der schönsten Rokokotheater in Europa: das Alte Residenztheater oder Cuvilliés-Theater, benannt nach seinem Architekten François Cuvilliés d. Ä. ❶

NICHT VERSÄUMEN

★ Residenz

★ Theatinerkirche

0 Meter 50

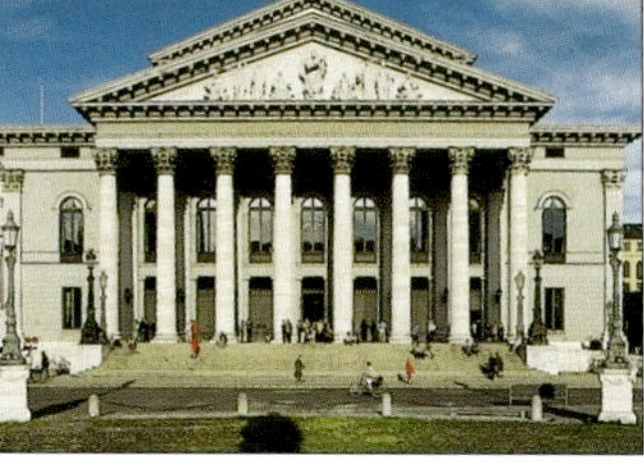

Im Nationaltheater, dem schön restaurierten Opernhaus, wurden einst für Ludwig II. Opern von Wagner uraufgeführt.

Stadtplan München *siehe Seiten 144–153*

Residenz ❶

Barockes Prunkgefäß in der Silberkammer

Die Geschichte der Residenz, bis 1918 Wohnsitz der Wittelsbacher, beginnt 1385 mit dem Bau der »Neufeste«. Im Lauf der Jahrhunderte wurde die damals von einem Wassergraben umgebene Fluchtburg erweitert. Im 16. Jahrhundert kamen das Antiquarium, ein Flügel und der Grottenhof hinzu. Im 17. Jahrhundert war der Kaiserhof fertig. Nach vielen Umbauten im Barock und Rokoko wurde der Komplex im 19. Jahrhundert mit Königs- und Festsaalbau abgeschlossen.

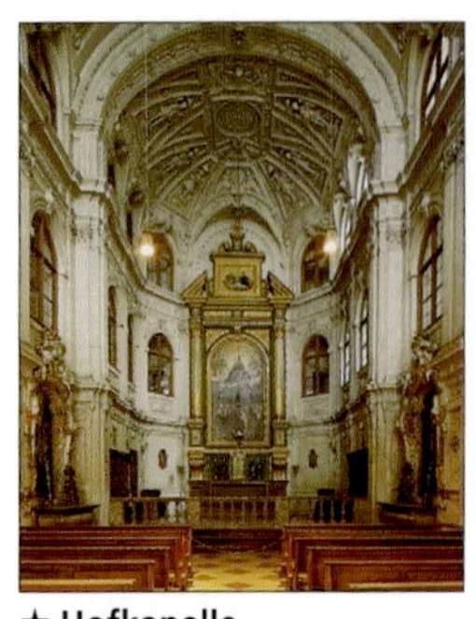

★ Hofkapelle
Die Kapelle mit ihrem erlesenen Deckenstuck wurde 1601–14 von Hans Krumpper erbaut.

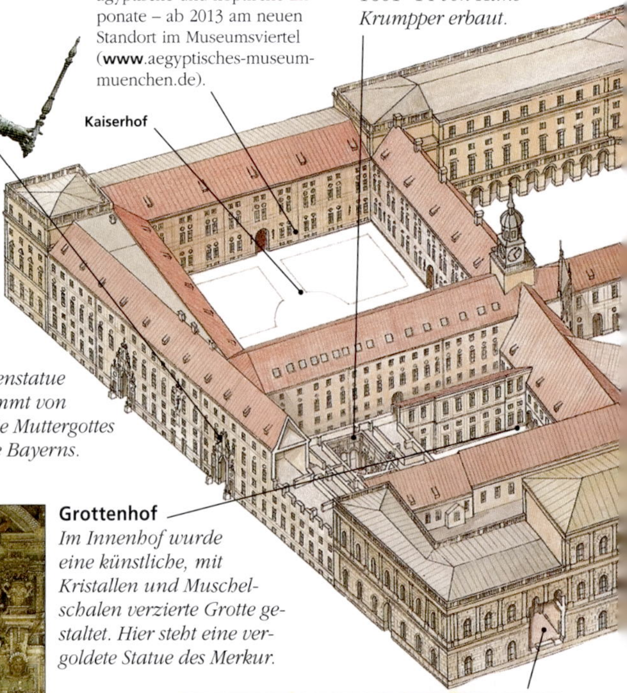

Das Staatliche Museum Ägyptischer Kunst beherbergt altägyptische und koptische Exponate – ab 2013 am neuen Standort im Museumsviertel (**www**.aegyptisches-museum-muenchen.de).

Kaiserhof

Patrona Bavariae
Die bronzene Marienstatue an der Fassade stammt von Hans Krumpper. Die Muttergottes ist die Schutzheilige Bayerns.

Grottenhof
Im Innenhof wurde eine künstliche, mit Kristallen und Muschelschalen verzierte Grotte gestaltet. Hier steht eine vergoldete Statue des Merkur.

Nibelungensäle
Das Wandbild von Julius Schnorr von Carolsfeld zeigt eine Szene aus dem Nibelungenlied*: Hagen ist im Begriff, Siegfried zu töten.*

NICHT VERSÄUMEN

- ★ Antiquarium
- ★ Hofkapelle
- ★ Schatzkammer

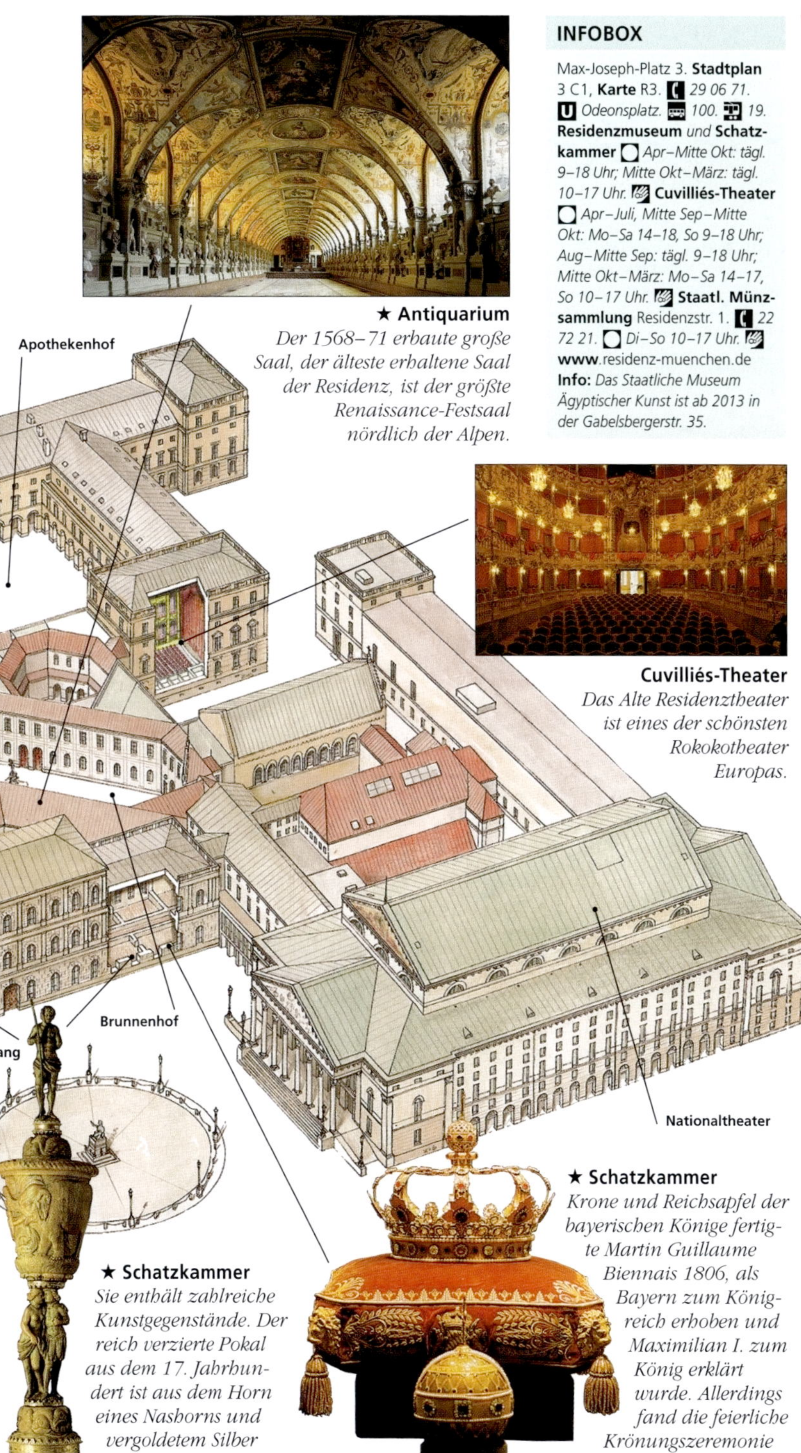

★ **Antiquarium**
Der 1568–71 erbaute große Saal, der älteste erhaltene Saal der Residenz, ist der größte Renaissance-Festsaal nördlich der Alpen.

Cuvilliés-Theater
Das Alte Residenztheater ist eines der schönsten Rokokotheater Europas.

★ **Schatzkammer**
Sie enthält zahlreiche Kunstgegenstände. Der reich verzierte Pokal aus dem 17. Jahrhundert ist aus dem Horn eines Nashorns und vergoldetem Silber gefertigt.

★ **Schatzkammer**
Krone und Reichsapfel der bayerischen Könige fertigte Martin Guillaume Biennais 1806, als Bayern zum Königreich erhoben und Maximilian I. zum König erklärt wurde. Allerdings fand die feierliche Krönungszeremonie niemals statt.

INFOBOX

Max-Joseph-Platz 3. **Stadtplan** 3 C1, **Karte** R3. *29 06 71.* *Odeonsplatz.* *100.* *19.* **Residenzmuseum** *und* **Schatzkammer** *Apr–Mitte Okt: tägl. 9–18 Uhr; Mitte Okt–März: tägl. 10–17 Uhr.* **Cuvilliés-Theater** *Apr–Juli, Mitte Sep–Mitte Okt: Mo–Sa 14–18, So 9–18 Uhr; Aug–Mitte Sep: tägl. 9–18 Uhr; Mitte Okt–März: Mo–Sa 14–17, So 10–17 Uhr.* **Staatl. Münzsammlung** Residenzstr. 1. *22 72 21.* *Di–So 10–17 Uhr.* **www**.residenz-muenchen.de
Info: *Das Staatliche Museum Ägyptischer Kunst ist ab 2013 in der Gabelsbergerstr. 35.*

Stadtplan München *siehe Seiten 144–153*

Residenz: Säle und Sammlungen

Barocke Spieluhr von H. Manlich

Für die Erkundung der Residenz benötigt man Zeit. Beeindruckend ist zunächst die monumentale Renaissancefassade mit schönen Portalen. Eine Besonderheit sind die unterschiedlichen Innenhöfe. Im weitläufigen Residenzmuseum gibt es eine Vormittags- und eine Nachmittagsführung. Für die Schatzkammer, das Cuvilliés-Theater, das Staatliche Museum Ägyptischer Kunst (ab 2013 im Museumsviertel) und die Staatliche Münzsammlung wird extra Eintritt erhoben.

Der Grottenhof im eleganten, kühlen Stil der Spätrenaissance

Innenhöfe

Die zwei Renaissance-Tore, die auf der Seite zur Residenzstraße liegen, sind geschmückt mit Allegorien der vier Kardinaltugenden: Gerechtigkeit, Klugheit, Tapferkeit und Mäßigung.

Der südliche Zugang führt in den Kapellenhof, über den der Turm der Residenz (1615) aufragt. Die rechte Pforte gewährt einen Blick in den von Friedrich Sustris gestalteten manieristischen Grottenhof mit dem Perseusbrunnen.

Der nördliche Zugang führt zum Kaiserhof. Er ist Zentrum des Gebäudekomplexes, der zu Beginn des 17. Jahrhunderts im typischen Stil der Zeit Maximilians I. erbaut wurde. Vom Kaiserhof gelangt man in den monumentalen Apothekenhof, der im Norden vom Festsaalbau (1835–42) begrenzt wird.

Beim Antiquarium liegt der achtseitige Brunnenhof mit dem Wittelsbacher Brunnen (1611–23) von Hans Krumpper und Hubert Gerhard. Im Zentrum steht Otto I., der erste Herzog Bayerns, umgeben von Göttern und Fabelwesen – ein Hinweis auf die Legitimität seiner Herrschaft.

Museen und Säle – Vormittagsrundgang

Vom Max-Joseph-Platz aus betritt man das Residenzmuseum durch den Königsbau (1826–35), ein Werk Leo von Klenzes. Der Rundgang beginnt im Vestibül. Durch zwei Wintergärten gelangt man zur Ahnengalerie mit ihrer reichhaltigen Stuckverzierung. Hier hängen 121 Porträts der Wittelsbacher.

Nach dem Porzellankabinett von François Cuvilliés kommt man zum Grottenhof, der mit seiner »kitschigen« Nische an italienische Renaissancegärten erinnert, und zum Antiquarium, dem ältesten Teil. Prinz Albrecht V. ließ das Antiquarium 1568–71 erbauen. Mit einer Länge von 69 Metern ist es der größte profane Renaissanceraum nördlich der Alpen. Im ersten Geschoss befanden sich einst eine Bibliothek und ein prächtiger Empfangssaal mit klassischen Skulpturen. Der letzte Raum auf diesem Geschoss ist der Schwarze Saal (1590) mit perspektivischen Deckengemälden.

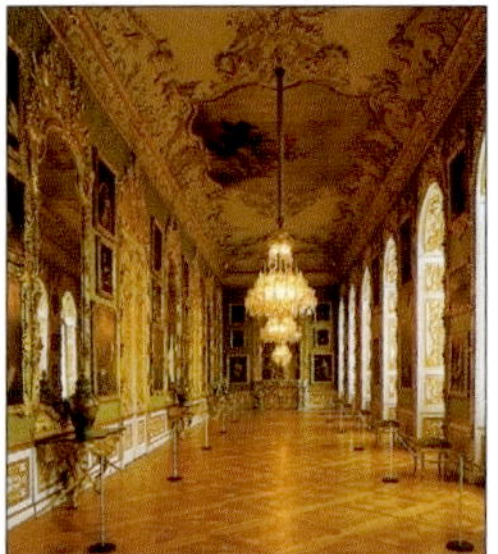

Die Grüne Galerie, eines der Reichen Zimmer

Über die Gelbe Treppe, vorbei an der *Venus Italica* von Antonio Canova, gelangt man zu Gemächern, in denen europäisches und orientalisches Porzellan sowie persische Diwane ausgestellt werden.

Neben dem von Cuvilliés 1763 entworfenen Schlafgemach von Maximilian III. Joseph und seiner Gemahlin liegt der Allerheiligengang. Hier hängen 18 Rottmann-Gemälde, die 1966 aus den Arkaden des Hofgartens hierhergebracht wurden. Der anschließende Charlottentrakt ist nach Prinzessin Karoline Charlotte Auguste von Bayern benannt, der Tochter von Maximilian I. Joseph, die hier lebte. Es folgt das im 17. Jahrhundert erbaute Trierzimmer mit Deckengemälden von Peter Candida und Wandteppichen (1604–15). Durch den Rittersaal gelangt man in die Reichen Zimmer mit Grüner Galerie (1729–37), ins Paradeschlafzimmer und Spiegelkabinett. Bei dem Trakt im frühen Rokokostil handelt es sich um Entwürfe von François Cuvilliés.

Terrine in der Silberkammer

Museen und Säle – Nachmittagsrundgang

Einige Räume sind den ganzen Tag für Besucher geöffnet. Dazu gehören Ahnengalerie, Porzellankabinett, Reiche Zimmer, Päpstliche Zimmer und Nibelungensäle. Die große Sammlung europäischen Porzellans, die in

Die Reiche Kapelle, die Privatkapelle Kurfürst Maximilians I.

den sieben Porzellankammern ausgestellt wird, ist nur am Nachmittag geöffnet. Die von Hans Krumpper 1601–14 erbaute Hofkapelle, ein üppiger Prachtbau, ist ebenfalls nur nachmittags zu besichtigen. Dasselbe gilt für die Paramentenkammern mit ihren liturgischen Wertgegenständen und für die Reliquienkammer, die über ein Prunktreppenhaus, die sogenannte Kaisertreppe, erreichbar ist. Die Objekte stammen aus den bekannten Augsburger Klosterwerkstätten.

Die Reiche Kapelle ist ein Prunkstück des religiösen Manierismus: Mit einem Altar aus schwarzem Ebenholz und silbergetriebenen Reliefs sowie Wänden mit Marmor und Stuck wurde sie 1607 von Hans Krumpper als Privatkapelle für Kurfürst Maximilian I. erbaut. In der Silberkammer und dem danebenliegenden Hartschiersaal sind 3500 Silberplatten aus dem 18. und 19. Jahrhundert ausgestellt, die alle zum Tafelservice der Wittelsbacher gehörten. Die anschließenden Steinzimmer, nach ihren Steinwänden benannt, waren dem Kaiser vorbehalten und versammeln Prunkmöbel des 17. Jahrhunderts. Der Rundgang in diesem alten Teil der Residenz endet mit dem Vierschimmelsaal und dem Kaisersaal, in dem Hubert Gerhards Statue *Tellus Bavarica* (1594) steht, die einst die Kuppel des Pavillons im Hofgarten zierte.

Schatzkammer

Herzog Albrecht V. verfügte 1565, dass besonders kostbare »erb- und hausclainoder« zu einem unveräußerlichen Schatzfonds vereinigt werden sollten. Daraufhin wurde eine Schatzkammer gebaut, in die Kurfürst Karl Theodor den pfälzischen Schatz aus Heidelberg, Düsseldorf und Mannheim verlegte. Während der Säkularisierung kamen konfiszierte religiöse Kunstwerke hinzu.

Halsschmuck aus dem Jahr 1575

Die wertvollsten Exponate sind das Ziborium des Arnulf von Kärnten (um 890), der Rappoltsteiner Pokal (1540), die Statue des heiligen Georg (1597), das Kreuzreliquiar Kaiser Heinrichs II. und die bayerischen Kroninsignien.

Figur des heiligen Georg (1597), reich mit Edelsteinen verziert

Cuvilliés-Theater (Altes Residenztheater)

François Cuvilliés erbaute 1751–55 zusammen mit Johann Baptist Straub und Johann Baptist Zimmermann Europas schönstes Rokokotheater. Erhalten sind die auffälligen rotgoldenen Schnitzereien an den Balkonen, die Königsloge und das Proszenium. Im Januar 1781 fand hier die Uraufführung von Mozarts *Idomeneo* statt. Das Theater wurde im Zweiten Weltkrieg zerbombt, später am Apothekenhof originalgetreu wiederaufgebaut und 2005–2008 aufwendig restauriert.

Ägyptische Sammlung

Die Anfänge des 1970 eröffneten Staatlichen Museums Ägyptischer Kunst liegen im 16. Jahrhundert, als Albrecht V. ägyptische Statuen erwarb. Im 19. Jahrhundert kauften die bayerischen Herrscher weitere ägyptische Kunst für die Bayerische Akademie der Wissenschaften und die Glyptothek. Im 20. Jahrhundert vergrößerte sich die Sammlung nochmals durch private Spenden.

Bronzestatuette

Heute beherbergt das Museum Exponate aus dem Alten, Mittleren und Neuen Reich sowie aus der ptolemäischen und der koptischen Periode. Das Museum wird ab Sommer 2013 in der Gabelsbergerstr. 35 sein (Tel. 289 27 630).

Münzsammlung

Die Residenz beherbergt die größte Münzsammlung der Welt. Die Anfänge wurden von Albrecht V. und König Ludwig I. gemacht. Man findet Münzen und Medaillen aus aller Welt und allen Epochen (die ältesten Exponate stammen aus dem 7. Jh. v. Chr.). Zu sehen sind auch Siegel und Gewichte.

Das klassizistische Nationaltheater am Max-Joseph-Platz

Max-Joseph-Platz ❷

Stadtplan 3 C2 (6 D2), **Karte** R3 (H/J7). U *oder* S *Marienplatz.* U *Odeonsplatz.* *19.* *21 85 19 20 (Oper), 21 85 19 40 (Bayer. Staatsschauspiel).* *Mo–Sa 10–19 Uhr (Kartenvorverkauf, Infos zu Führungen).* **www**.staatsoper.de

Nach 1820 legten Karl von Fischer und Leo von Klenze südlich der Residenz einen großen Platz an, der von klassizistischen Monumentalbauten begrenzt ist: im Norden vom Königsbau, im Osten vom Nationaltheater und im Süden von den Arkaden des Palais Toerring-Jettenbach *(siehe S. 83).*

Auf dem Platz steht die Statue des ersten bayerischen Königs Maximilian I. Joseph (von Leo von Klenze und Christian Daniel Rauch). Er entwarf 1818 die bayerische Verfassung, die erste Verfassung Deutschlands.

Das **Nationaltheater**, schön renoviert und bis heute Oper, ist im Stil eines griechischen Tempels erbaut. Auch der Innenraum folgt klassischen Idealen. Das große, kreisförmige Auditorium ist vorwiegend in Purpur, Gold, Elfenbein und Blau gehalten und besitzt fünf Ränge. Zentral liegt die königliche Loge. Zur Zeit Ludwigs II. wurden hier u.a. Opern von Richard Wagner uraufgeführt, darunter *Tristan und Isolde, Das Rheingold* und *Die Walküre.*

Gleich neben dem Nationaltheater findet man das **Residenztheater** (Bayerisches Staatsschauspiel; *siehe S. 142f*).

Eilles-Hof und Fünf Höfe ❸

Eilles-Hof: Residenzstr. 13 (auch Theatinerstr. 40–42); Fünf Höfe: Theatinerstr., Maffeistr., Kardinal-Faulhaber-Str., Residenzstr. **Stadtplan** 3 B–C2 (6 D2), **Karte** H7 (Q3). U *oder* S *Marienplatz.* U *Odeonsplatz.* *19.*

Zwischen Residenz-, Perusa- und Theatinerstraße gibt es viele exklusive Läden und Cafés. Zu den schönsten Innenhöfen zählt der Eilles-Hof, einst ein Klosterhof (Mitte 16. Jh.) mit verglastem Arkadengang und spätgotischen Balustraden – typisch für das mittelalterliche München.

Die preisgekrönten Fünf Höfe (von Herzog/de Meuron) verbinden historische Bauten und moderne Architektur. Mit ihnen sind neue Einkaufspassagen entstanden.

Preysing-Palais ❹

Residenzstr. 27. **Stadtplan** 3 C1 (6 D2), **Karte** H7 (Q3).

Auf dem Areal zwischen Theatinerstraße und Residenzstraße, kurz vor dem Odeonsplatz, baute Graf Maximilian von Preysing-Hohenaschau 1723–28 nach einem Entwurf des Oberhofbaumeisters Joseph Effner das erste Rokokopalais Münchens. Es war das Erstlingswerk des Architekten. Völlig neu war auch der Stil: Drei Seiten des Gebäudes entstanden in einer Form, die später Frührokoko genannt wurde, die vierte grenzt an die Feldherrnhalle. Erstmals wurde eine Fassade derart mit Gebäudestuck verziert, dass die architektonische Gliederung nur noch schwer erkennbar ist.

Frei zugänglich ist eines der schönsten Details, der große, zentrale Treppenaufgang des Nordflügels. Man erreicht ihn über eine innen liegende Einkaufspassage, vormals eine Halle. Die Treppenbalustraden werden von Karyatiden gestützt. Die Wände sind mit viel Stuck verziert. Keiner der Barockpaläste konnte diese Pracht erreichen.

Preysing-Palais, ein schönes Beispiel des frühen Rokoko

Feldherrnhalle ❺

Odeonsplatz. **Stadtplan** 3 C1 (6 D1), **Karte** H7 (Q/R2). U *Odeonsplatz.* *19.* *100.*

An der Stelle des Schwabinger Tors, eines mittelalterlichen Wachturms, entwarf der Architekt Friedrich von Gärtner ein Bauwerk, das sowohl mit der Altstadt als auch mit dem neueren Stadtteil (Schwabing) perfekt harmoniert. Sein Ziel war es, einen Blickfang zu schaffen, der die Ludwigstraße begrenzen und dem weiten Odeonsplatz ein Gesicht verschaffen sollte. Auf Wunsch Ludwigs I. wurde der 1844 fertiggestellte Bau nach dem Vorbild der berühmten Florentiner Loggia dei Lanzi ein Ehren-

Statue des Grafen von Tilly, Feldherrnhalle

Hitler und die Feldherrnhalle

Am Abend des 8. November 1923 kündigte Hitler im Bürgerbräukeller den Beginn der »nationalen Revolution« an und befahl, zentrale Bereiche Münchens zu stürmen. Ziel des Hitler-Putsches war eine rechtsgerichtete Diktatur. Hitler erhoffte sich dafür die Unterstützung der bayerischen Regierung. Am Morgen des 9. November wurden jedoch ca. 2000 Putschisten vor der Feldherrnhalle von der Staatsgewalt gestoppt. Dabei fanden vier Polizisten und 16 Hitler-Anhänger den Tod. Hitler floh an den Starnberger See, wurde aber gefasst und in einem Hochverratsprozess zu fünf Jahren Festungshaft verurteilt. Bereits 1924 entließ man ihn vorzeitig.

Die Angeklagten beim Prozess gegen die Verantwortlichen des Hitler-Putsches 1923

monument für die bayerischen Feldmarschälle.

Die Feldherrnhalle ist eine 20 Meter hohe, offene Halle, gegliedert durch drei Bogen, die über eine breite Freitreppe zugänglich ist. Die Löwenfiguren am Aufgang wurden 1905 aufgestellt. In den Nischen stehen zwei Statuen: Johann Tilly, der sich im Dreißigjährigen Krieg verdient gemacht hatte, und Karl Philipp von Wrede, ein General aus der bayerisch-napoleonischen Ära. Im dritten Bogen befindet sich ein Ehrenmal für das bayerische Heer (1892).

Theatinerkirche (St. Kajetan) ❻

Theatinerstr. 22. **Stadtplan** 3 C1 (6 D1), **Karte** H7 (Q2). **U** *Odeonsplatz.* *19.* *tägl. 8–20 Uhr.* **www**.theatinerkirche.de

Anlässlich der Geburt des lang ersehnten Thronfolgers veranlassten Kurfürst Ferdinand und seine Gemahlin Henrietta Adelaide von Savoyen 1662 den Bau einer Kirche und eines Klosters. Dank des Entwurfs von Antonio Barelli aus Bologna wurde daraus eine der schönsten Kirchen Münchens.

Baubeginn war 1663. Vorbild für die Kirche, die gleichzeitig Hofkapelle sein sollte, war Sant'Andrea della Valle in Rom. So entstand ein Kirchenbau im reinsten italienischen Barock. Über dem Langhaus mit Vierung erhebt sich eine Kuppel. Die Seitenkapellen sind durch Arkaden vom Haupthaus getrennt.

Ab 1675 unterstanden die Bauarbeiten Enrico Zuccalli. Er vollendete die Kuppel, entwarf den Innenraum und ließ noch zwei ursprünglich nicht geplante Türme errichten. Erst um einiges später übernahmen Cuvilliés und sein Sohn die Gestaltung der Fassade. 1768 wurde die Kirche schließlich fertiggestellt.

Die dem heiligen Kajetan geweihte Kirche brachte Abwechslung in Münchens architektonische Landschaft. Die Zwillingstürme sind 70 Meter hoch, die Voluten auf den Kuppeln ähneln denen von Santa Maria della Salute in Venedig. Die spätbarocke Fassade ist durch Pilaster und Simse gegliedert. In den Nischen stehen die Skulpturen von Ferdinand und Adelaide, Maximilian und Kajetan. Den Portikus schmückt eine Kartusche mit den Wappen Bayerns, Sachsens, Polens und Litauens.

Der weiße Innenraum, von dem sich schwarze Beichtstühle und die Kanzel abheben, ist mit Stuck, allegorischen Figuren und Putten verziert. Der Hauptaltar wird von Schlangensäulen flankiert. In der Krypta befinden sich die Gräber bayerischer Herzöge und Könige, darunter die der Kirchengründer und die ihres Sohnes Maximilian Emanuel mit Gemahlin.

Den besten Blick auf die Kirche hat man vom Eingang zum Hofgarten aus, vor allem wenn das Ockergelb der Fassade in der Sonne leuchtet.

Die barocke Theatinerkirche, einer der schönsten Sakralbauten Münchens

Stadtplan München *siehe Seiten 144–153*

Die Salvatorkirche, im Vordergrund das Literaturhaus

Salvatorkirche ❼

Salvatorplatz 17. **Stadtplan** 3 B1 (5 C1), **Karte** H7 (Q3). U *Odeonsplatz.* *19.* *100.* *tägl. 10–20 Uhr.*

Im späten 15. Jahrhundert erlebte München einen derartigen Bevölkerungszuwachs, dass die Friedhöfe der Frauenkirche und der Peterskirche zu klein wurden. Deshalb wurde an der Stadtmauer ein neuer Friedhof mit zwei Kapellen geschaffen, mit der zur Gemeinde St. Peter gehörigen Kreuzkirche und der zur Gemeinde St. Marien gehörigen Salvatorkirche.

Lukas Rottaler, der die Salvatorkirche in nur einem Jahr (1493/94) erbaute, brachte den gotischen Baustil nach München. Das Zusammenspiel von Ziegeln, Stein und Terrakotta, das Fächergewölbe, die Gliederung der Mauern sowie der schlanke, spitze Turm verleihen der Kirche Eleganz. Über dem Nordeingang findet man noch Reste von spätgotischen Fresken.

1829 übereignete Ludwig I. die Kirche der griechisch-orthodoxen Gemeinde. Die Kombination der romanischen Ikonostase im Presbyterium mit der griechisch-orthodoxen Einrichtung wirkt eigentümlich und originell. Eine Gedenktafel an der Außenmauer erinnert an diejenigen, die auf dem Friedhof begraben lagen. Dazu gehören der Münchner Maler Hans Mielich, der Komponist, Sänger und Kapellmeister Orlando di Lasso sowie die Baumeister, Bildhauer und Stuckateure François Cuvilliés und Johann Baptist Gunetzrhainer.

Erzbischöfliches Palais ❽

Kardinal-Faulhaber-Str. 7. **Stadtplan** 3 B1 (6 D2), **Karte** H7 (Q3). U *oder* S *Marienplatz,* U *Odeonsplatz.* *19.* *nicht öffentlich zugänglich.*

Das Palais wurde von Kurfürst Karl Albrecht in Auftrag gegeben und 1733–37 von François Cuvilliés erbaut. Es ist das letzte noch erhaltene Stadtpalais dieses Architekten. 1821 wurde es zum Sitz des Erzbischofs von München und Freising.

Die vier Flügel des Baus schließen einen Innenhof ein. Die Fassade ist mit verzierten Pilastern gegliedert, auf dem Tympanon findet man die Wahrzeichen des Grafen von Holnstein, des unehelichen Sohns von Karl Albrecht. Das geteilte Wappen zeugt von seinem illegitimen Status. Ein Relief über dem Eingang zeigt die Jungfrau Maria, von Engeln umgeben.

Die Innenräume, die 1735 von Johann Baptist Zimmermann nach einem Entwurf von Cuvilliés gestaltet wurden, gehören zum Schönsten, was München an spätbarockem Interieur zu bieten hat. Im Hof steht eine Venusstatue von Johann Baptist Straub.

Marienmedaillon über dem Eingang zum Erzbischöflichen Palais

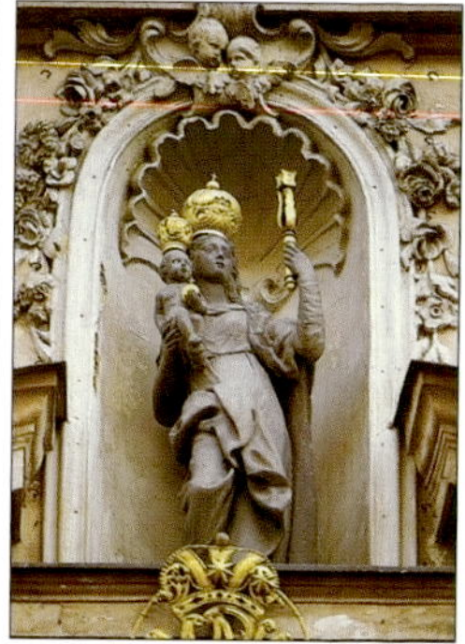

Skulptur an der Fassade des Palais Portia

Palais Portia ❾

Kardinal-Faulhaber-Str. 12. **Stadtplan** 3 B2 (5 C2), **Karte** H7 (Q3). U *oder* S *Marienplatz.* U *Odeonsplatz.* *19.* *nicht öffentlich zugänglich.*

Das Palais Portia war in München das erste vierflügelige, nach dem Vorbild italienischer Palazzi erbaute Barockpalais. Enrico Zuccalli errichtete es 1693/94 für die Fugger. Später versah François Cuvilliés die Innenräume und die Fassade mit Rokokodekorationen.

Die Fassade orientiert sich am römischen Palazzo Odescalchi. Über dem schlichten Erdgeschoss, dessen Portal von Säulen flankiert ist, erheben sich zwei Stockwerke, deren Fassade durch Pilaster gegliedert wird.

1733 übereignete Kurfürst Karl Albrecht das Palais seiner Geliebten, der späteren Fürstin Portia. Sofort wurde Cuvilliés beauftragt, die Innenräume umzugestalten und die Balustraden der Balkone durch Schmuckgitter zu er-

Hotels und Restaurants in München *siehe Seiten 262–265 und 276–279*

setzen. 1819 erwarb die Literarische Gesellschaft den Bau. 1820 wurde der rechte Flügel um einen Fest- und Konzertsaal nach einem Entwurf von Leo von Klenze erweitert. Das Gebäude war ein Zentrum des musikalischen Lebens.

1934 erwarb die Bayerische Vereinsbank (später Hypo-Vereinsbank, jetzt UniCredit Group) das Palais. 1944 wurde das Rokoko-Interieur bei Bombenangriffen zerstört. Bei den Restaurierungsarbeiten 1952 stellte man das Vestibül wieder her und platzierte hier die Bellony-Statue aus dem Erzbischöflichen Palais.

SiemensForum

Das SiemensForum ist das Münchner Zentrum des Elektronikkonzerns. Gedacht ist es als Diskussions- und Informationsforum moderner Technologie. Hier werden Kongresse, Veranstaltungen und Ausstellungen organisiert. Die Siemens Stiftung zeigt im SiemensForum aber auch eine Dauerausstellung: »Milestones – Highlights der Elektrotechnik« kann auf eine Tradition von fast 100 Jahren zurückblicken. Das Berliner Siemens-Museum wurde 1916 eröffnet und 1954 nach München verlegt. Die Ausstellung bietet einen Überblick über 160 Jahre Unternehmensentwicklung und eröffnet Ausblicke auf die zukünftigen Herausforderungen im Zeitalter von Klimawandel, Urbanisierung, Globalisierung und demografischem Wandel.

Siemens Stiftung Oskar-von-Miller-Ring 20. **Karte** H6. U *Odeonsplatz.* *wg. Renovierung bis 2015.* **www**.siemens-stiftung.org

SiemensForum – beeindruckende Ausstellung moderner Technologie

Palais Neuhaus-Preysing ⑩

Prannerstr. 2. **Stadtplan** 2 B1 (5 C2), **Karte** H7 (Q3). U *oder* S *Marienplatz.* U *Odeonsplatz.* *19.* *nicht öffentlich zugänglich.*

Ein Mitarbeiter von Cuvilliés errichtete das Palais 1737. Der Giebel kam in der klassizistischen Periode dazu. Das Palais wurde während des Zweiten Weltkriegs fast vollkommen zerstört. Glücklicherweise blieben Teile der Fassade erhalten, deshalb konnte es nach 1956 wiederhergestellt werden.

In derselben Straße findet man zwei weitere spätbarocke Stadtpalais, die wahrscheinlich vom Hofarchitekten Lespilliez stammen: das Palais Seinsheim (Nr. 7) und das Palais Gise (Nr. 9).

Literaturhaus ⑪

Salvatorplatz 1. **Stadtplan** 3 B1 (5 C1), **Karte** H7 (Q3). *29 19 340 oder 29 19 34 27 (Kartenreservierung für Lesungen).* **Ausstellungen** *Di–Fr 11–19 Uhr (Do bis 21 Uhr), Sa, So, Feiertage 10–18 Uhr.* **www**.literaturhaus-muenchen.de

Das 1997 eröffnete Literaturhaus zeugt einerseits von Münchens literarischer Tradition, andererseits von der wichtigen Stellung der Stadt in der europäischen Verlagslandschaft.

Das Gebäude harmoniert gut mit den angrenzenden Stadthäusern und der Salvatorkirche. Es dominiert den Salvatorplatz, auf dem noch bis zu Beginn des 20. Jahrhunderts der Stadtmarkt abgehalten wurde. Das offene Erdgeschoss des großen, 1887 von Friedrich Löbel errichteten Schulhauses diente bis 1906 als Markthalle.

1993 wurde das im Zweiten Weltkrieg teilweise zerstörte Gebäude restauriert. Das heutige Literaturhaus verbindet geschickt die baulich älteren unteren Geschosse mit einer modernen Stahl- und Glaskonstruktion. Von den oberen Etagen aus hat man einen schönen Blick auf die Theatinerkirche und die Dächerlandschaft der Umgebung.

Im Literaturhaus sind zahlreiche literarische Organisationen und Stiftungen vertreten. Sie organisieren Diskussionen, Seminare, Lesungen, Konzerte und Empfänge.

In einer Galerie im Erdgeschoss werden Literatur betreffende Ausstellungen veranstaltet. Im ersten Stock befindet sich eine Bibliothek. Beliebt für eine Pause beim Shopping-Bummel ist die Brasserie OskarMaria im Haus. Eine Installation der Amerikanerin Jenny Holzer ist dem bayerischen Schriftsteller Oskar Maria Graf gewidmet.

Fassade des Palais Neuhaus-Preysing im schönsten Rokoko

Stadtplan München *siehe Seiten 144–153*

Künstlerhaus im Stil der norddeutschen Renaissance

Künstlerhaus ⓬

Lenbachplatz 8. **Stadtplan** 3 A1 (5 B2), **Karte** G/H7 (P3). *U oder S Karlsplatz-Stachus. 19.* 59 91 840. *bei Veranstaltungen.* **www**.kuenstlerhaus-muc.de

Das Künstlerhaus an der Südseite des Lenbachplatzes wurde 1892–1900 nach einem Entwurf von Gabriel von Seidl erbaut. Das Gebäude, stilistisch eine Nachahmung norddeutscher Renaissance, hat einen schönen Innenhof, Stufengiebel und Bronzeverzierungen. Der Münchner Maler Franz von Lenbach sammelte Spenden und gestaltete die Räume im Stil der italienischen Renaissance und im Jugendstil. Trotz Schäden im Zweiten Weltkrieg blieben das Vestibül und der Venezianische Raum erhalten.

Vor dem Ersten Weltkrieg war das Künstlerhaus ein weit über München hinaus bekannter Künstlertreff, der vor allem für seine Kostümfeste berühmt war. Heute sind in einem Teil der Räume Restaurants untergebracht, in anderen finden Veranstaltungen (Konzerte, Theater, Vorträge) und Ausstellungen statt.

Dreifaltigkeitskirche ⓭

Pacellistr. 6. **Stadtplan** 3 B1 (5 B2), **Karte** H7 (P3). *U oder S Karlsplatz-Stachus. 19. tägl. 7–19 Uhr.*

Während des Spanischen Erbfolgekriegs (1701–14) hatte die Bürgersfrau Anna Maria Lindmayr einen Traum: Die ganze Stadt ginge in Flammen auf. Daraufhin gelobten die Bürger, eine Kirche zu bauen, um das Unheil abzuwenden. Der Entwurf für den Bau stammt von Giovanni Antonio Viscardi, der sich dabei am römischen Architekten Francesco Morrominiego orientierte. Baubeginn war 1711, die Arbeiten unterstanden Enrico Zuccalli und Johann Georg Ettenhofer. Geweiht wurde die Kirche 1718.

Die kühne Fassade ist durch Säulen, Pilaster und Simse gegliedert, die unterschiedlich geformten Fenster wurden an ungewöhnlichen Stellen angebracht. In einer Nische des Obergeschosses steht Joseph Fichtls Statue des heiligen Michael. Im Innenraum vereinen sich bayrische und italienische Elemente. Die Kuppelfresken im Zentralraum stammen von Cosmas Damian Asam. Über dem Hochaltar prunkt Andreas Wolffs und Johann Deglers Bild der Heiligen Dreifaltigkeit (1717). Das Rokoko-Tabernakel (1760) schuf Johann Baptist Straub.

Hochaltar der Dreifaltigkeitskirche

Promenadeplatz ⓮

Stadtplan 3 B2 (5 C2), **Karte** H7 (Q3). *19.*

Auf dem langen, rechteckigen Platz wurde im Mittelalter der Salzmarkt abgehalten. Hier standen Lagerhallen für Salz und andere Waren. Ende des 18. Jahrhunderts wurden sie abgerissen, man pflanzte Lindenbäume. Um den Platz entstanden schöne Palais und Stadtvillen.

Die Statuen auf dem Platz, der seit 1805 Promenadeplatz heißt, stammen aus dem 19. Jahrhundert und zeigen bekannte Persönlichkeiten. Seit 2005 steht hier auch eine Aluminiumplastik des Grafen von Montgelas. Das Denkmal von Orlando di Lasso gestalteten Fans 2009 zu einer Gedenkstätte für Michael Jackson um, der in München immer im Hotel Bayerischer Hof an der Nordseite des Platzes übernachtet hatte.

Zum Hotel Bayerischer Hof gehört auch das Palais Montgelas. Das von Joseph Emanuel von Herigoyen 1811–13 erbaute Palais war ursprünglich Versammlungsort der Bayerischen Deputiertenkammer. Der Innenausbau ist ein Werk des Franzosen Baptiste Métivier. Erhalten sind die große Empfangshalle, das Königs- und das Montgelas-Zimmer sowie die Bibliothek.

Ganz in der Nähe des Palais, in der Kardinal-Faulhaber-Straße, wurde 1919 der Sozialist Kurt Eisner, der erste Präsident der bayerischen Republik, erschossen. Auf der anderen Seite des Platzes (Nr. 15) steht das Haus des Hofbaumeisters Johann Baptist Gunetzrhainer.

Hotels und Restaurants in München *siehe Seiten 262–265 und 276–279*

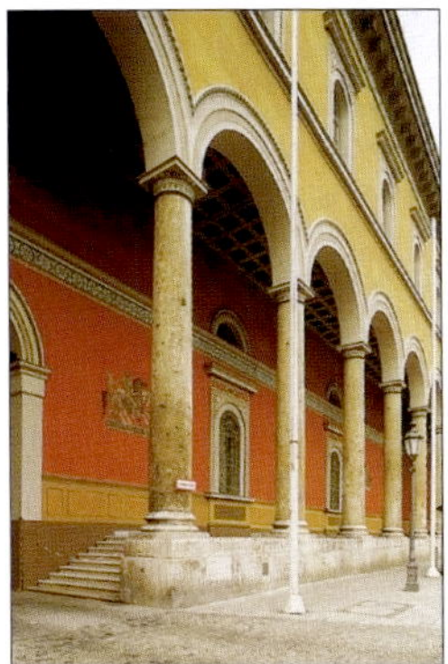

Original erhaltener Arkadengang des Palais Toerring-Jettenbach

Palais Toerring-Jettenbach ⑮

Residenzstr. 2. **Stadtplan** 3 C2 (6 D2), **Karte** H7 (Q3). U *oder* S *Marienplatz.* U *Odeonsplatz.* 🚋 *19.*

Das ursprüngliche Rokokopalais, 1747–54 von den Brüdern Gunetzrhainer erbaut, passte nicht in die Gestaltungsvorstellungen der Planer des Max-Joseph-Platzes. Vor allem störte es im Zusammenspiel mit dem klassizistischen Flügel des Königsbaus und dem Opernhaus.

So beauftragte Ludwig I. Leo von Klenze mit dem Umbau und einer neuen Fassade nach dem Vorbild des Ospedale degli Innocenti in Florenz. Der Bau sollte die Hauptpost beherbergen.

Der Barockeingang wurde mit zwei der neun Skulpturen von Johann Baptist Straub nach innen verlegt (die restlichen sieben Figuren stehen im Bayerischen Nationalmuseum). Den florentinischen Arkadengang strich man – im Kontrast zu den roten Wänden dahinter – ockerfarben.

Derzeit wird das Palais zu Büros, Läden und Lokalen umgebaut, nur der Arkadengang bleibt original erhalten.

Münzhof ⑯

Hofgraben 4. **Stadtplan** 3 C2 (6 E3), **Karte** J7 (R3). U *oder* S *Marienplatz.* 🚋 *19.* ◯ *Mo–Do 8–16.15, Fr 8–14 Uhr (nur Innenhof).*

Zwischen den beiden fürstlichen Wohnsitzen Albrechts V., dem Alten Hof und der heute zerstörten Neufeste (Mitte 14. Jh.), findet man den Münzhof, entworfen von Bernhard Zwitzel. Ausgeführt wurde der Bau 1567 von Wilhelm Egkl.

Im dreigeschossigen Arkadenhof befanden sich die Pferdeställe und Remisen Albrechts V., aber auch seine Bibliothek und die Kunstkammer, eine der frühesten europäischen Kunstsammlungen. Der Marstall hat Anklänge an die italienische Renaissance, zeugt aber auch von Albrechts persönlichem Geschmack.

Im 19. Jahrhundert wurde das Gebäude zum staatlichen Hauptmünzamt, bis 1983 prägte man hier Münzen. Heute ist der Marstall Sitz des Bayerischen Landesamts für Denkmalpflege.

Affenturm im Alten Hof

Alter Hof ⑰

Burgstr. 8. **Stadtplan** 3 C2 (6 D3), **Karte** H7 (R2). U *oder* S *Marienplatz.* 🚋 *19.*

Die erste, festungsähnliche Residenz der Wittelsbacher innerhalb der Stadtmauern wurde 1253–55 erbaut. Die bayerischen Herrscher wollten sich damit nicht nur vor äußeren Feinden, sondern auch vor revoltierenden Bürgern schützen. 1328–47 war der Alte Hof Regierungssitz Kaiser Ludwigs IV. des Bayern. Mitte des 14. Jahrhunderts begann man mit dem Bau der größeren Neufeste, die bald die eigentliche Residenz wurde.

Mittelalterliche Profanbauten wie der Alte Hof, der ab dem 14. Jahrhundert nur noch Sitz der herzöglichen Verwaltung war, sind in München selten. Der unversehrt erhaltene gotische Westflügel wird von einem Pförtnerhäuschen begrenzt, das mit dem Wappen der Wittelsbacher verziert ist.

Ein anderes Originaldetail ist das Erkerfenster, der sogenannte Affenturm. Der Sage nach wurde Ludwig IV. als Kleinkind von einem Affen aus der königlichen Menagerie entführt. Der Affe kletterte mit dem Kind auf die Spitze des Türmchens, man musste ihm lange gut zureden, bis er den späteren Kaiser wieder zurückbrachte.

Der Münzhof mit dreistöckigem Renaissance-Arkadengang

Hofbräuhaus – vielleicht die bekannteste Adresse in München

Hofbräuhaus ⓲

Am Platzl 9. **Stadtplan** 3 C2 (6 E3), **Karte** J7 (R4). U *oder* S *Marienplatz.* ☎ *29 01 36 100.* ◯ *tägl. 9–23.30 Uhr.* ♿ **www**.hofbraeuhaus.de

Das Hofbräuhaus gilt als Inbegriff bayerischer Gemütlichkeit und ist wohl die weltweit bekannteste Attraktion Münchens. Die Gaststätte gehört zur königlichen Hofbrauerei, die 1589 von Wilhelm V. gegründet wurde. Sie war zuerst im Alten Hof und zog 1654 zum Platzl um. 1830 erhielt sie die Erlaubnis, eine Gaststätte zu eröffnen, König Ludwig I. war 1830 bei der Eröffnung anwesend.

Die heutige Gaststätte von 1896, ein Bau im Stil der Neorenaissance, wurde mehrmals umgestaltet und vergrößert. Jeden Tag werden hier ca. 10 000 Liter Hofbräu ausgeschenkt. Die »Schwemme« im Erdgeschoss fasst 1000 Gäste, der Festsaal mit Tonnengewölbe im ersten Stock bietet gut 1300 Besuchern Platz. Im Sommer kann man sein Bier draußen in einem schönen Biergarten unter Kastanien trinken.

Maximilianstraße ⓳

Stadtplan 3 C2 (6 D–E2), **Karte** J7 (R3). U *Odeonsplatz.* U *oder* S *Marienplatz.* 🚋 *19.*

Als Maximilian II. an die Macht kam, entwickelte er die gleiche Bauleidenschaft wie sein Vater Ludwig I. Er wollte München seinen eigenen architektonischen Stempel aufdrücken. Die 1852–55 neu angelegte Maximilianstraße war nicht zuletzt eine Antwort auf die klassizistische Ludwigstraße. Sie sollte Residenz und Altstadt mit den Grünanlagen am Isarufer verbinden.

Heute wird die Maximilianstraße vom Altstadtring durchschnitten. Der Straßenabschnitt mit den großen Prunkbauten verläuft vom Ring bis zum Maximilianeum. Zwischen Ring und Altstadt geht es lebendiger zu. Hier liegen Cafés und Läden. Dieser Teil der Maximilianstraße zählt zu den exklusivsten (und teuersten) Einkaufsmeilen der Welt.

Friedrich Bürklein, der für den gestalterischen Part zuständig war, konstruierte die Häuser in einer neuen Skelettbauweise und kopierte stilistisch englische Gotik und italienische Arkaden. Das bekannte Hotel Vier Jahreszeiten und das Museum für Völkerkunde sind die einzigen Bauten, die nicht von Bürklein stammen. Unter den Arkaden des vorderen Straßenteils herrscht großstädtisches Flair. Hier findet man z. B. Flagship-Stores von Bulgari, Jil Sander, Hermès, aber auch die Kammerspiele.

Eine Attraktion seit 2003 sind die Maximilianhöfe. Sie umfassen einen rekonstruierten Bürklein-Bau, einen Komplex mit Büros und Luxusläden und die Säulenhalle der einstigen Hofreitschule im Restaurant Brenner.

Münchner Kammerspiele im Schauspielhaus ⓴

Maximilianstr. 26-28. **Stadtplan** 4 D2 (6 F3), **Karte** J7 (R4). ☎ *23 39 66 00.* U *Lehel.* 🚋 *19.* **Tickets** ◯ *Mo–Fr 10–18, Sa 10–13 Uhr und an der Abendkasse.* **www**.muenchner-kammerspiele.de

Das Schauspielhaus ist eines der wenigen erhaltenen deutschen Jugendstiltheater. Es wurde 1900/01 zwischen zwei Wohnhäusern im Maximilianstil errichtet. Architekten waren Richard Riemerschmid und Max Littmann.

Auch der Innenraum ist purer Jugendstil. Die Wände des Zuschauerraums sind leuchtend rot und mit Ornamenten geschmückt, die Decke ist grün. Der Raum wird nicht von Kronleuchtern, sondern von Lämpchen in Form von Blütenknospen erleuchtet. Überhaupt findet man überall, selbst an den Türgriffen, die typischen Blütenornamente des Jugendstils. Der Bühnenvorhang wurde 1971 stilvoll ergänzt. Fantasievoll und bunt sind selbst die Foyers und das Kartenhäuschen. Zwischen 2000 und 2003 wurde das Haus aufwendig restauriert.

Die Münchner Kammerspiele (gegründet 1911) zogen 1926 ins Schauspielhaus und wurden bald durch Avantgarde-Inszenierungen berühmt. Für Furore sorgte z. B. die Aufführung von Frank Wedekinds *Frühlings Erwachen.* Die avantgardistische Tradition pflegt das Theater bis heute.

Jugendstil pur: Zuschauerraum der Münchner Kammerspiele

Hotels und Restaurants in München *siehe Seiten 262–265 und 276–279*

Die Bayerische Staatskanzlei, eine Kombination alter und moderner Architektur

Marstall ㉑

Marstallplatz 4. **Stadtplan** 3 C1 (6 E2), **Karte** J7 (R3). U *Odeonsplatz.* *19.* **www**.bayerischesstaatsschauspiel.de

Leo von Klenzes erster größerer Beitrag zur Residenz war der Marstall (1817–22), der die königlichen Stallungen und zugleich die Hofreitschule beherbergen sollte. Obwohl die Zeit der höfischen Reit- und Kutschenrepräsentation eigentlich schon vorbei war, orientiert sich das hallenartige Gebäude an Bauten der Renaissance und des Barock.

Medaillon am Marstall

Über den Bogenfenstern sieht man Medaillons mit Pferdeköpfen, auf den Säulen am Eingang Büsten von Castor und Pollux. Die Reliefs am Eingang stammen von Johann Martin von Wagner und zeigen den Kampf des Zentauren mit den Lapithen (1821). Heute ist im Marstall eine Spielstätte des Bayerischen Staatsschauspiels (Residenztheater, *siehe S. 143*).

Bayerische Staatskanzlei ㉒

Stadtplan 4 D1 (6 F1), **Karte** J7 (R2). U *Odeonsplatz.* **www**.bayern.de

Nach einem fast 30 Jahre langen Streit zwischen Stadtrat und Regierung wurde die Staatskanzlei 1992 fertiggestellt. Ein Entwurf aus den 1980er Jahren sah vor, die Ruine des ehemaligen Armeemuseums am Hofgarten in den neuen Gebäudekomplex zu integrieren, wobei eine Gartenanlage samt Mauer aus dem 16. Jahrhundert zerstört worden wäre. Unterstützt von Denkmalschützern klagte der Stadtrat vor Gericht, die Regierung musste die Pläne entsprechend ändern.

Heute präsentiert sich die Bayerische Staatskanzlei als Mix aus Alt und Neu. Die Glasarchitektur integriert alle historischen Reste.

Hofgarten ㉓

Zugang von der Ludwigstr. **Stadtplan** 3 C1 (6 E1), **Karte** J7 (R2). U *Odeonsplatz.* **Deutsches Theatermuseum** *Di–So 10–16 Uhr.*

Der Hofgarten, 1613–17 hinter der Residenz angelegt, orientiert sich an italienischen Vorbildern und ist einer der größten Renaissancegärten nördlich der Alpen. Der geometrische Grundriss wird von Kieswegen in kleine Grünflächen mit Blumenrabatten unterteilt. In der Mitte laufen alle Wege zusammen.

Am Dianatempel kreuzen sich die Wege des Hofgartens

Hier steht der 1615 von Heinrich Schön erbaute Hofgartentempel (Dianatempel). Die heutige Dianafigur von Hubert Gerhard auf seiner Kuppel ist jedoch eine Kopie, denn Hans Krumpper hatte 1623 die Figur durch eine Statue der Bavaria ersetzt und mit Putten ergänzt, die die fürstlichen Insignien trugen.

Der Hofgarten ist an zwei Seiten von schönen, endlos langen Arkaden umgeben. Früher befanden sich in den 1781 errichteten angrenzenden Gebäuden die Galerieräume des Kunstvereins mit wertvollen Sammlungen, die nicht zuletzt ausschlaggebend waren für den Bau der Alten und Neuen Pinakothek. Heute findet man im westlichen Arkadenbau Münchens ältestes Café, das Tambosi, und einige Läden. In den nördlichen Arkaden liegt das **Deutsche Theatermuseum**, das älteste seiner Art in Europa.

Der Tordurchgang von der Ludwigstraße her war Leo von Klenzes erste Arbeit in München. Die Skulpturen am Tor stammen von Ludwig Schwanthaler, die Fresken von Peter Cornelius. Sie zeigen Themen aus der Geschichte Bayerns und der Wittelsbacher. Dahinter kann man im Sommer an den Freitischen des Tambosi sitzen.

ARL MUELLER'SCHES VOLKSBAD

Entlang der Isar

Die Isar trägt viel zum Flair Münchens bei. Besonders interessant ist der Flussabschnitt zwischen Prinzregentenbrücke und Corneliusbrücke. Hier liegen zwei Inseln, die Museumsinsel mit dem Deutschen Museum und die Praterinsel mit dem Alpinen Museum, beide über Fußgängerbrücken erreichbar.

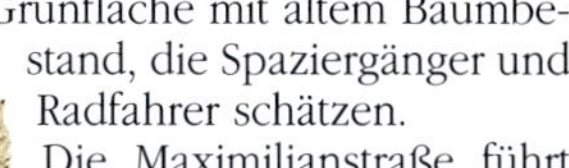

Büste an der Fassade des Maximilianeums

Für Einheimische wie für Besucher attraktiv ist die Gegend um die Luitpold-, Maximilians- und Ludwigsbrücke. Das steile rechte Isarufer geht über in die Maximiliananlagen, eine Grünfläche mit altem Baumbestand, die Spaziergänger und Radfahrer schätzen.

Die Maximilianstraße führt direkt auf das Maximilianeum zu, einst als Bildungsanstalt erbaut, heute Sitz des Bayerischen Landtags. Majestätisch thront der Bau über dem östlichen Isarhochufer. Links der Isar befinden sich die Regierung von Oberbayern, das Staatliche Museum für Völkerkunde und das Maxmonument. An diesen Teil der Maximilianstraße grenzt das Lehel, eines der attraktivsten Wohnviertel Münchens.

Sehenswürdigkeiten auf einen Blick

Kirchen

Annakirche 1
Klosterkirche St. Anna 2
Nikolaikirche 10

Museen und Sammlungen

Alpines Museum 6
Deutsches Museum S. 94–97 14
Museum Villa Stuck 8
Staatliches Museum für Völkerkunde 4

Historische Gebäude und Monumente

Denkmal für Maximilian II. (Maxmonument) 5
Friedensengel 9
Ludwigsbrücke 13
Maximilianeum 7
Müller'sches Volksbad 12
Regierung von Oberbayern 3

Kulturzentrum

Gasteig 11

Anfahrt

Am besten erreichen Sie das Gebiet mit den Trams 16, 18 und 19 oder mit den U-Bahnen 4 und 5 (Haltestelle Lehel oder Max-Weber-Platz). Auch Bus 100 oder die S-Bahnen 1 bis 8 bringen Sie in die Nähe.

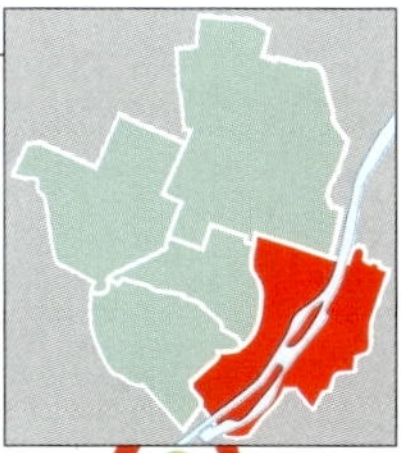

LEGENDE

- Detailkarte *Siehe S. 88f*
- U-Bahn-Station
- S-Bahn-Station
- Tramhaltestelle

0 Meter 100

◁ **Eingang zum Müller'schen Volksbad, dem schönsten Schwimmbad der Stadt *(siehe S. 93)***

Im Detail: Maximilianstraße

Figur an der Annakirche

Maximilian II. und sein Hofarchitekt Friedrich Bürklein setzten mit der Maximilianstraße eine städteplanerische Vision in die Tat um. Die Straße verbreitert sich am westlichen Isarufer, außerhalb der Altstadt, zu einer Art Forum, das flankiert ist von Prachtbauten im Maximilianstil. In der Mitte eines Rondells steht das Denkmal für Maximilian II., der seine Schöpfung zu betrachten scheint. Die Straße endet am gegenüberliegenden Isarufer vor dem Maximilianeum, dem Sitz des Bayerischen Landtags.

Haus der Kunst

St.-Anna-Str.

Bürkleinstr.

Pfarrstr.

Maximilianstr.

Steinsdorf

Residenz

Regierung von Oberbayern
Hinter der lang gestreckten neogotischen Fassade liegen Büros. ❸

★ Klosterkirche St. Anna
In einer Nische ganz oben steht die Statue der Schutzheiligen der Kirche. ❷

Denkmal für Maximilian II.
Das Maxmonument mit der 13 Meter hohen Statue Maximilians II. wurde 1875 von Ferdinand von Miller (Entwurf Kaspar von Zumbusch) geschaffen. Der König, der der Wissenschaft näherstand als der Politik, wird von allegorischen Figuren (Friede, Freiheit, Gerechtigkeit und Stärke) begleitet. ❺

Staatliches Museum für Völkerkunde
Die reichhaltigen Sammlungen zeugen von der Kultur und dem Alltagsleben nichteuropäischer Völker. ❹

Die Isar hat, auch an eingedämmten Stellen, noch ihren wilden Charme bewahrt.

0 Meter 100

NICHT VERSÄUMEN

★ Klosterkirche St. Anna

★ Maximilianeum

LEGENDE

Routenempfehlung

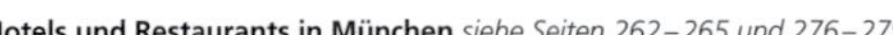

Hotels und Restaurants in München *siehe Seiten 262–265 und 276–279*

Annakirche
Die monumentale Apsis der neoromanischen Annakirche wurde 1892 von Rudolf von Seitz ausgemalt. Das Gemälde zeigt die Heilige Dreifaltigkeit, umgeben von der Muttergottes, der heiligen Anna und den Aposteln. ❶

Zur Orientierung
Stadtplan 4 und 6

Maximiliansbrücke
Die Bogenbrücke wurde 1904–06 nach einem Entwurf von Friedrich Thiersch erbaut. Die Skulptur der Athene zeugt von der Idee, aus München ein Isar-Athen zu machen.

★ Maximilianeum
Das Tympanon an der Fassade zeigt die Gründung des Klosters Ettal im Jahr 1330 durch Ludwig IV. den Bayern. ❼

Alpines Museum
Das Museum des Deutschen Alpenvereins ist der Bergsteigerei gewidmet. Abgebildet ist Ausrüstung von 1900. ❻

Stadtplan München *siehe Seiten 144–153*

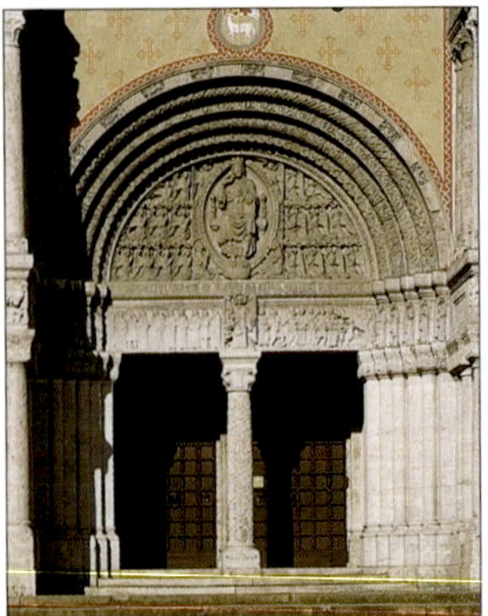

Neuromanisches Portal der Annakirche

Annakirche ❶

St.-Anna-Platz 5. **Stadtplan** 4 D2 (6 F3), **Karte** J7 (S3). **U** *Lehel.* *18.* *tägl. 8–18 Uhr.*

Der Stadtteil Lehel schrieb 1885 einen Wettbewerb für den Bau der neuen Pfarrkirche aus. Gewinner war Gabriel von Seidl. 1887 war Baubeginn, die Kirche konnte 1892 geweiht werden. Ihre neuromanische Bauweise nach rheinischem und französischem Vorbild galt seit 1871 im ganzen Deutschen Reich als modern.

Die monumentale dreischiffige Basilika aus rotem Backstein hat einen rechteckigen Grundriss. An Querschiff und Apsis schließt sich eine Kapelle an. Turm und neoromanisches Portal befinden sich an der Westseite.

Das Innere besitzt Wandmalereien aus dem späten 18. und frühen 19. Jahrhundert. Interessant ist die Gestaltung einer Christusfigur an der Westseite von 1910: Sie zeigt Christus zu Pferd mit Bogen und Olivenzweig.

Klosterkirche St. Anna ❷

St.-Anna-Platz 21. **Stadtplan** 4 D2 (6 F2), **Karte** J7 (S3). **U** *Lehel.* *18.* *tägl. 6–19 Uhr.*

Im Jahr 1725, als das Lehel noch ein Vorort von München war, siedelten sich hier Mönche der Hieronymiten-Kongregation an und ließen 1727–33 eine Klosterkirche erbauen, Münchens erste Rokokokirche. Johann Michael Fischer schuf mit dem Bau ein architektonisches Juwel. Um den ovalen Innenraum reihen sich Nischen, die durch Säulen und Bogen vom Hauptraum getrennt sind. Die Innengestaltung ist ein Werk der Asam-Brüder. Die Deckenbemalung (1730) von Cosmas Damian Asam huldigt der heiligen Anna. 1737 stellten die beiden Brüder den Hochaltar und die meisten Seitenaltäre fertig. Stuck und Bemalung harmonieren mit den fließenden Formen des Innenraums. Kanzel und Tabernakel, Schöpfungen von Johann Baptist Straub, stammen von 1756.

Kartusche an der Klosterkirche St. Anna

1944 brannte die Kirche aus. Innenraum und Fassade konnten aber anhand alter Fotografien wiederhergestellt werden.

Regierung von Oberbayern ❸

Maximilianstr. 39. **Stadtplan** 4 D2 (6 F3), **Karte** J7 (S3). **U** *Lehel.* *19.*

Das monumentale Gebäude, Sitz der Regierung von Oberbayern, ist ein typisches Beispiel für den sogenannten Maximilianstil. König Maximilian II., nach dem er benannt ist, präferierte einen neuen Baustil, um sich vom strengen Klassizismus seines Vaters Ludwig I. zu unterscheiden. Aus verschiedenen Elementen, etwa aus englischer Gotik und maurischer Architektur, wurde ein ganz eigener Mix kreiert.

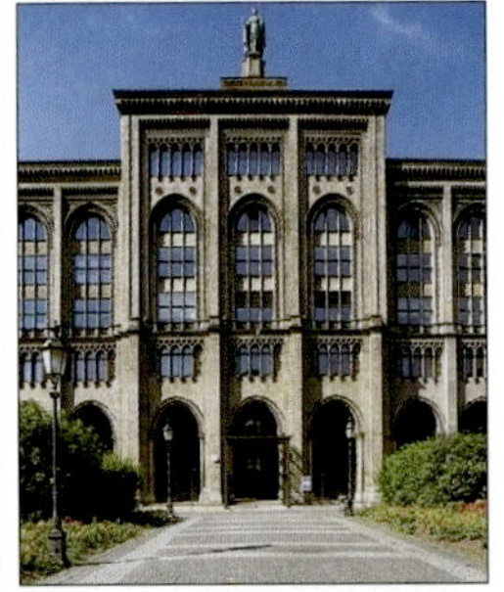

Fassade des Gebäudes der Regierung von Oberbayern

Das Regierungsgebäude wurde 1856–64 von Friedrich Bürklein errichtet – nach ihm wird der Maximilianstil auch Bürkleinstil genannt. Die 170 Meter lange Fassade war integrativer Bestandteil des neuen städtebaulichen Konzepts. Die Gliederung in vertikale Felder wurde durch hohe Bogenfenster erreicht, die die Arkaden des Erdgeschosses optisch weiterführen. Die lang gestreckte Horizontale erinnert an englische gotische Kathedralen. Insgesamt unterstreicht der ans Sakrale anklingende Charakter des Gebäudes seine Bedeutung und Würde. Verstärkt wird dieser Eindruck durch die Figur der Justitia, die auf dem Gebäude thront.

Staatliches Museum für Völkerkunde ❹

Maximilianstr. 42. **Stadtplan** 4 D2 (6 F3), **Karte** J7 (S4). *21 01 36 100.* **U** *Lehel.* *19.* *Di–So 9.30–17.30 Uhr.* **www**.voelkerkundemuseum-muenchen.de

Das Gebäude, das heute das Völkerkundemuseum beherbergt, wurde 1859–65 nach einem Entwurf von Eduard Riedel im Maximilianstil erbaut. Die acht Figuren an der Fassade sollten die bayerischen Tugenden Vaterlandsliebe, Fleiß, Großherzigkeit, Frömmigkeit, Treue, Gerechtigkeit, Mut und Weisheit personifizieren.

Bis 1894 waren hier die Bestände des Bayerischen Nationalmuseums (heute Prinzregentenstraße, *siehe S. 108f*) untergebracht, 1900–23 war der Bau Sitz des Deutschen Museums *(siehe S. 94–97)*,

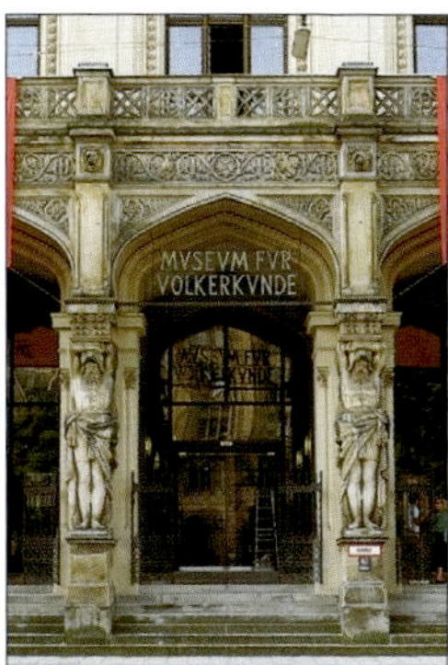

Karyatiden flankieren den Eingang zum Museum für Völkerkunde

1926 zog das Völkerkundemuseum ein, nach demjenigen in Berlin das zweitgrößte in Deutschland.

Der Bestand des Museums basiert auf einer Kuriositätensammlung der bayerischen Herrscher, die 1782 in der Residenz ausgestellt wurde. Heute verfügt das Museum über rund 150 000 Exponate zum Alltagsleben und zur Kultur außereuropäischer Völker. Besonders gut vertreten sind China und Japan, Peru sowie Ost- und Zentralafrika.

Aufgrund der Größe der Sammlung können nicht alle Exponate gleichzeitig ausgestellt werden, sie wechseln regelmäßig.

Denkmal für Maximilian II. (Maxmonument) 5

Maximilianstr. **Stadtplan** 4 D2, **Karte** S4. *18, 19.*

Mitten auf der Maximilianstraße liegt ein Rondell, in dessen Mitte die Statue Maximilians II. steht. Der König förderte die Industrie, war zudem Kunstmäzen und regte einen neuen Baustil an, den sogenannten Maximilianstil. Auch das städtebauliche Konzept im Bereich der Maximilianstraße geht auf ihn zurück. Das Maxmonument, von den Münchnern »Max Zwo« genannt, wurde 1875, elf Jahre nach dem Tod des Königs, von der Münchner Bürgerschaft errichtet.

Die Statue, ein Entwurf Kaspar Zumbuschs, steht auf einem roten Marmorsockel und ist umgeben von den vier personifizierten königlichen Tugenden. Putten tragen das Wappen der vier bayrischen Stämme: Franken, Bayern, Schwaben und Pfälzer.

Alpines Museum 6

Praterinsel 5. **Stadtplan** 4 E3, **Karte** K8 (S4). *21 12 240.* U *Lehel.* *18, 19.* *Di–Fr 13–18, Sa, So 11–18 Uhr.* **www**.alpenverein.de

Das Museum steht in idyllischer Umgebung mitten in der Isar, am Südende der Praterinsel. Der Bau aus dem 19. Jahrhundert beherbergt seit 1938 das Museum des Deutschen Alpenvereins, mit über 890 000 Mitgliedern der größte Bergsportverband der Welt.

Das Museum befasst sich mit den wissenschaftlichen und künstlerischen Aspekten der Alpen. In der geologischen Abteilung findet man Gestein und Mineralien, Wissenswertes von der Erforschung der Alpen sowie Zeichnungen und Gemälde zum Thema. Das Museum besitzt die weltgrößte alpine Bibliothek. Im Infozentrum des Deutschen Alpenvereins erhält man Karten, Broschüren und Infos für Ausflüge in die Alpen.

Buch über die Zugspitze (1897), Alpines Museum

Maximilianeum 7

Max-Planck-Str. 1. **Stadtplan** 4 E2, **Karte** K8 (T4). U *Max-Weber-Platz.* *19.* *nur soweit Besucherplätze bei Plenarsitzungen.* **www**.bayern.landtag.de

Der Prachtbau thront weit sichtbar über der Isar und ist mit seiner Kulissenarchitektur das beeindruckendste Gebäude der Maximilianstraße. Friedrich Bürklein erbaute es 1857–74 im Auftrag von Maximilian II. Das Gebäude beherbergt die königliche Stiftung »Maximilianeum«, die hochbegabten Studenten das Studium ermöglicht. Seit 1949 tagt im vorderen Teil des Gebäudes auch der Bayerische Landtag. Bis 1999 war es zugleich Sitz des Senats.

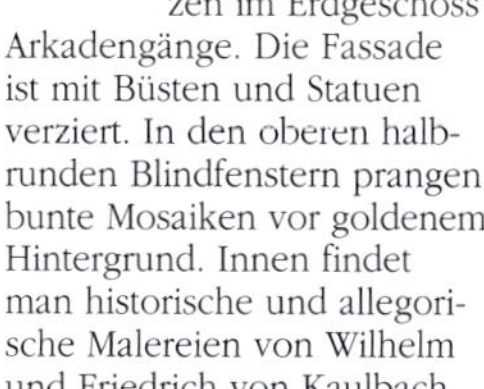

Am Maximilianeum wurde 17 Jahre lang gebaut, denn das abschüssige Ufergelände war ein schwieriger Baugrund. Das Zentrum der leicht geschwungenen Fassade ist der vorspringende Eingang mit drei Bogen. Auf dem Mittelbau steht eine Engelsfigur. Die symmetrischen Seitenflügel besitzen im Erdgeschoss Arkadengänge. Die Fassade ist mit Büsten und Statuen verziert. In den oberen halbrunden Blindfenstern prangen bunte Mosaiken vor goldenem Hintergrund. Innen findet man historische und allegorische Malereien von Wilhelm und Friedrich von Kaulbach.

Maximilianeum, Sitz des Bayerischen Landtags

***Die Sünde*, ein Gemälde von Franz von Stuck in der Villa Stuck**

Museum Villa Stuck 8

Prinzregentenstr. 60. **Stadtplan** 4 F1, **Karte** K7. *45 55 510.* *Prinzregentenplatz.* *16.* *100.* *Di–So 11–18 Uhr.* **www**.villastuck.de

Franz von Stuck (1863–1928), ein Müllersohn aus Niederbayern, machte in München eine schwindelerregende Karriere. Er feierte als Maler, Bildhauer und Illustrator große Erfolge, war Professor an der Akademie der Bildenden Künste, wurde in den Adelsstand erhoben und erhielt den Beinamen »Malerfürst«.

1897/98 ließ sich Stuck eine grandiose Villa erbauen, die 1913/14 um ein großes Atelier erweitert wurde. Die Konzeption des klassizistisch geprägten Jugendstil-Bauwerks stammt von Stuck selbst, der ein Gesamtkunstwerk verwirklichen wollte.

Die reich geschmückten Räume wurden nach seinem Tod zum Treffpunkt der Münchner High Society und sind seit 1968 Museum. Die Wände der Ateliers sind im pompejanischen Stil bemalt. Neben erlesenem Mobiliar findet man hier auch einige Skulpturen Stucks. Neben der ständigen Jugendstil-Ausstellung im historischen Wohntrakt finden im Ateliertrakt (oft thematisch verwandte) Wechselausstellungen statt.

Friedensengel 9

Prinzregentenstr. **Stadtplan** 4 F1, **Karte** K7. *16.* *100.*

Hoch über dem rechten Isarufer erhebt sich der Friedensengel und erinnert an den 25. Jahrestag des Friedens nach dem Deutsch-Französischen Krieg von 1870/71.

Die Stadt gab das Friedensdenkmal 1891 beim Architekten Jacob Möhl in Auftrag. 1896–99 wurde es von Heinrich Düll, Max Heilmeier und Georg Pezold errichtet. Am Isarhochufer legte man als Fundament eine befestigte Terrasse mit drei dekorativen Nischen an. Vor der mittleren, höhlenartigen Nische sprudelt ein Brunnen. Auf die Terrasse führen zwei große Freitreppen.

Der Sockel des Monuments ist ein kleiner, offener Tempel mit Porträts von Reichskanzler Bismarck und preußischen Generälen. Der Tempel erinnert an das Erechtheum der Athener Akropolis. Die Goldmosaiken in der Halle zeigen allegorische Darstellungen von Krieg und Frieden, Sieg und Kunst.

Friedensengel

Über dem Tempel erhebt sich weithin sichtbar eine 25 Meter hohe Säule, auf deren Spitze ein sechs Meter hoher, vergoldeter Engel zu schweben scheint. Die Figur ist der griechischen Göttin Nike nachempfunden.

Rechts und links des Friedensengels laden am rechten Isarhochufer schöne Parkanlagen zum Spazierengehen ein.

Die Prinzregentenstraße hoch kommt man zum Museum Villa Stuck und dann zum Prinzregententheater.

Nikolaikirche 10

Innere Wiener Str. 1. **Stadtplan** 4 E3, **Karte** K8 (T5). *Rosenheimer Platz.* *Max-Weber-Platz.* *16.* *tägl.*

Gegenüber dem Kulturzentrum Gasteig steht in einer Parkanlage die kleine Nikolaikirche. Mit ihren weißen Mauern und dem Zwiebeltürmchen wirkt sie wie eine bayrische Dorfkirche.

Das 1313 erstmals erwähnte Gotteshaus gehörte einst zu einem Leprahospital. In der Renaissance- und Barockzeit wurde es mehrfach umgebaut, im Zweiten Weltkrieg zerstört. Beim Wiederaufbau bekam es einen spätbarocken Altar aus Garmisch-Partenkirchen.

Zur Kirche gehört die Altöttinger Kapelle mit Wandelgang, ein Nachbau des berühmten Wandelgangs von Altötting. Die Kreuzigungsgruppe war einst Teil einer Golgathagruppe. Das moderne Kreuz inmitten der alten Figuren ersetzt ein im Krieg zerstörtes Kruzifix (18. Jh.).

Die dörflich anmutende Nikolaikirche

»Ziegelbunker« mit viel Glas: Kulturzentrum Gasteig

Gasteig ⓫

Rosenheimer Str. 5. **Stadtplan** 4 E4, **Karte** K8 (T5). ☎ *48 09 80.* Ⓢ *Rosenheimer Platz.* 🚊 *16.* ◯ *tägl. 8–ca. 23 Uhr.* **Stadtbibliothek** ◯ *Mo–Fr 10–19, Sa 11–16 Uhr.* **www**.gasteig.de

Das Kulturzentrum Gasteig ist eines der größten seiner Art in Europa. Der 1978–85 erbaute, 23 000 Quadratmeter große Komplex steht fast genau dort, wo sich bis 1970 der Bürgerbräukeller befand, in dem 1939 Georg Elser ein Bombenattentat auf Hitler verübte. Der moderne Bau aus rotem Backstein, Glas und Stahl steht am Hang (Gasteig kommt von »gacher Steig«) und wirkt von unten wie eine Festung.

Der Gasteig beherbergt Philharmonie, Stadtbibliothek und Volkshochschule. Die 2500 Besucher fassende, halbrunde Philharmonie, Heimstatt der Münchner Philharmoniker, ist aus Akustikgründen ganz mit Holz vertäfelt. Neben den drei großen Sälen – Philharmonie, Carl-Orff-Saal und Kleiner Konzertsaal – stehen die Black Box und eine Reihe kleinerer Räume für Veranstaltungen und Kongresse zur Verfügung.

Der Gasteig bietet Raum für unterschiedliche kulturelle Events – vom klassischen Konzert bis zum Filmfest München – und hat sich so zu einem Zentrum des kulturellen Lebens in München entwickelt. Läden und Cafés im Erdgeschoss machen den Aufenthalt kurzweilig.

Müller'sches Volksbad ⓬

Rosenheimer Str. 1. **Stadtplan** 4 E3, **Karte** J8 (S5). ☎ *0180 179 62 23.* Ⓢ *Rosenheimer Platz oder Isartor.* 🚊 *16.* ◯ *Mo 7.30–17, Di–So 7.30–23 Uhr.*

Nicht allein zum Schwimmen, auch wegen des Jugendstil-Interieurs lohnt sich ein Besuch des Müller'schen Volksbads. Nach dem Entwurf von Carl Hocheder wurde es 1897–1901 erbaut – finanziert vom Münchner Bürger Karl Müller. Das erste öffentliche Bad Münchens galt damals als das modernste Bad Deutschlands, das schönste ist es bis heute geblieben.

Ursprünglich gab es für Männer und Frauen getrennte Schwimmbecken. Das Männerbecken besitzt ein Tonnengewölbe, das Frauenbecken eine Kuppel. Zusätzlich zu den Schwimmbecken findet man Ruheräume, Wannenbäder, Solarien und ein römisch-irisches Schwitzbad. Der Bau zeugt damit vom neuen Körper- und Hygienebewusstsein des späten 19. Jahrhunderts.

Im Bad befindet sich ein bezauberndes Jugendstil-Café mit Glasdach. Im Sommer kann man auf dem Platz vor dem Volksbad unter Kastanien sitzen und Kaffee trinken.

Turm des Müller'schen Volksbads

Ludwigsbrücke ⓭

Zweibrückenstr./Rosenheimer Str. **Stadtplan** 4 D3 (6 F5), **Karte** J8 (S5). Ⓢ *Rosenheimer Platz oder Isartor.* 🚊 *16.*

Münchens Geschichte beginnt mit der Ludwigsbrücke. Herzog Heinrich der Löwe zerstörte 1158 eine Isarbrücke, die dem Bischof von Freising Brückenzölle einbrachte, und verlegte die Brücke isarabwärts zur Stelle der heutigen Ludwigsbrücke, wo sich Benediktinermönche niedergelassen hatten. Mit dem Brückenbau leitete Heinrich auch die Salzstraße um. Die neue Siedlung »bei den Mönchen« kassierte Zölle, entwickelte sich zum Handelsplatz und erhielt bald darauf das Markt- und Münzrecht.

Die gegenwärtige Ludwigsbrücke wurde 1935 erbaut. Ihre Skulpturen verkörpern Industrie, Flussschifffahrt (die beiden Figuren wurden 1892 noch für die alte Brücke gefertigt) und Kunst (1979).

Auf der Kalkinsel, die man von der Brücke über eine Treppe erreicht, findet man den »Vater Rhein«-Brunnen (1897–1902) von Adolf von Hildebrand. »Vater Rhein«, die Bronzefigur in der Mitte, gehörte ursprünglich zu einem Brunnen in Straßburg. In München wurde »Vater Rhein« dann mit bayerischen Putten umgeben.

Stadtplan München *siehe Seiten 144–153*

Deutsches Museum ⓮

Das Deutsche Museum genießt den Ruf, das älteste und größte Wissenschafts- und Technikmuseum der Welt zu sein. Gegründet wurde es 1903 vom Ingenieur Oskar von Miller. Die Grundsteinlegung für Gabriel von Seidls Bau auf der Museumsinsel erfolgte 1906. Seit der Eröffnung 1925 macht das Museum naturwissenschaftliche Phänomene anschaulich. Das Museum wird bis 2025 Schritt für Schritt umfassend renoviert. Es bleibt geöffnet, doch einzelne Abteilungen können geschlossen sein (aktuelle Infos auf der Website).

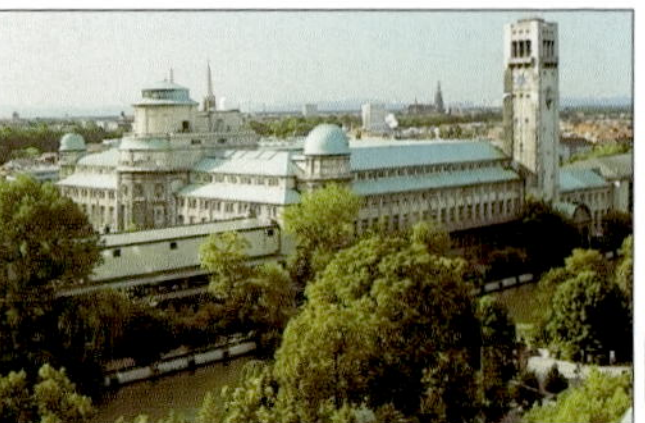

Gebäude
Der Museumsbau vereinigt neobarocke, klassizistische und moderne Stilelemente.

Kunsthandwerk
Der Teller mit dem Frauenporträt aus der Schönheitsgalerie Ludwigs I. zeugt von der Kunst der Porzellanmalerei. Die Keramikabteilung befasst sich mit der Entwicklung von Fayencen, Steingut und Porzellan.

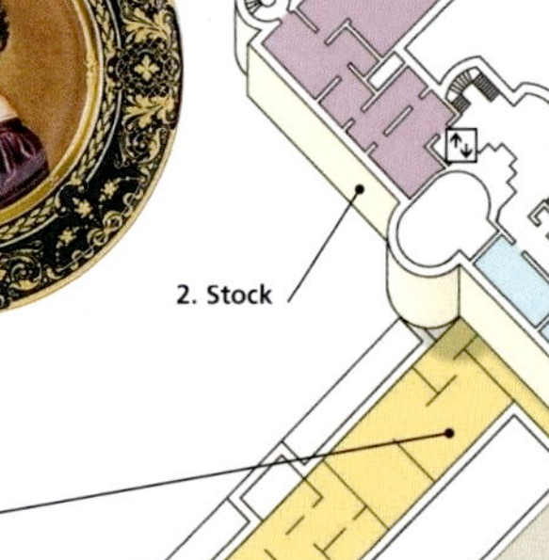

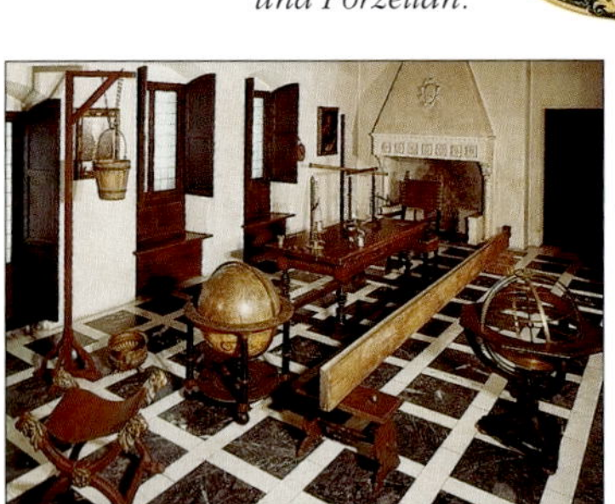

★ Physik
In der nachgebildeten Werkstatt Galileo Galileis findet man Geräte des großen Astronomen und Physikers, mit deren Hilfe er die Gesetze der Mechanik erforschte.

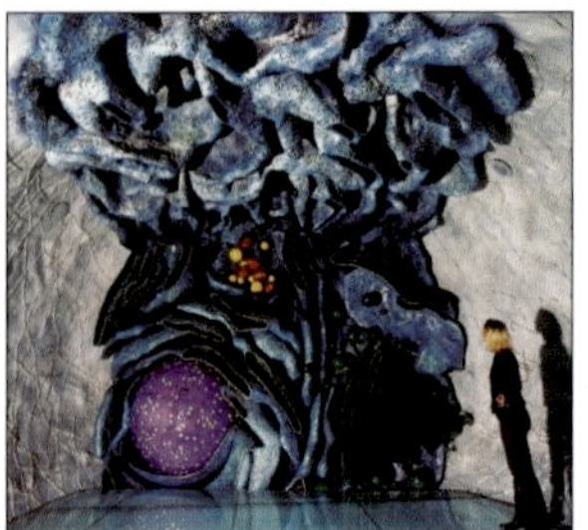

★ Pharmazie
Unter den Exponaten dieser Abteilung gibt es eine 350 000-fach vergrößerte menschliche Zelle. Schautafeln erläutern, wie sie funktioniert.

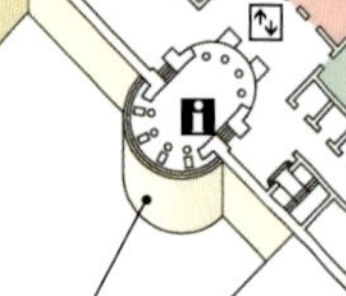

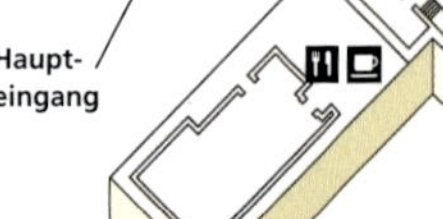

Kurzführer
Rund 20 000 Exponate werden auf sechs Geschossen präsentiert. Untere Etagen: Chemie, Physik, wissenschaftliche Instrumente; mittlere Etagen: Kunsthandwerk; obere Etagen: Astronomie, Informatik, Mikroelektronik. Zum Deutschen Museum gehören das Verkehrsmuseum und die Flugwerft Schleißheim.

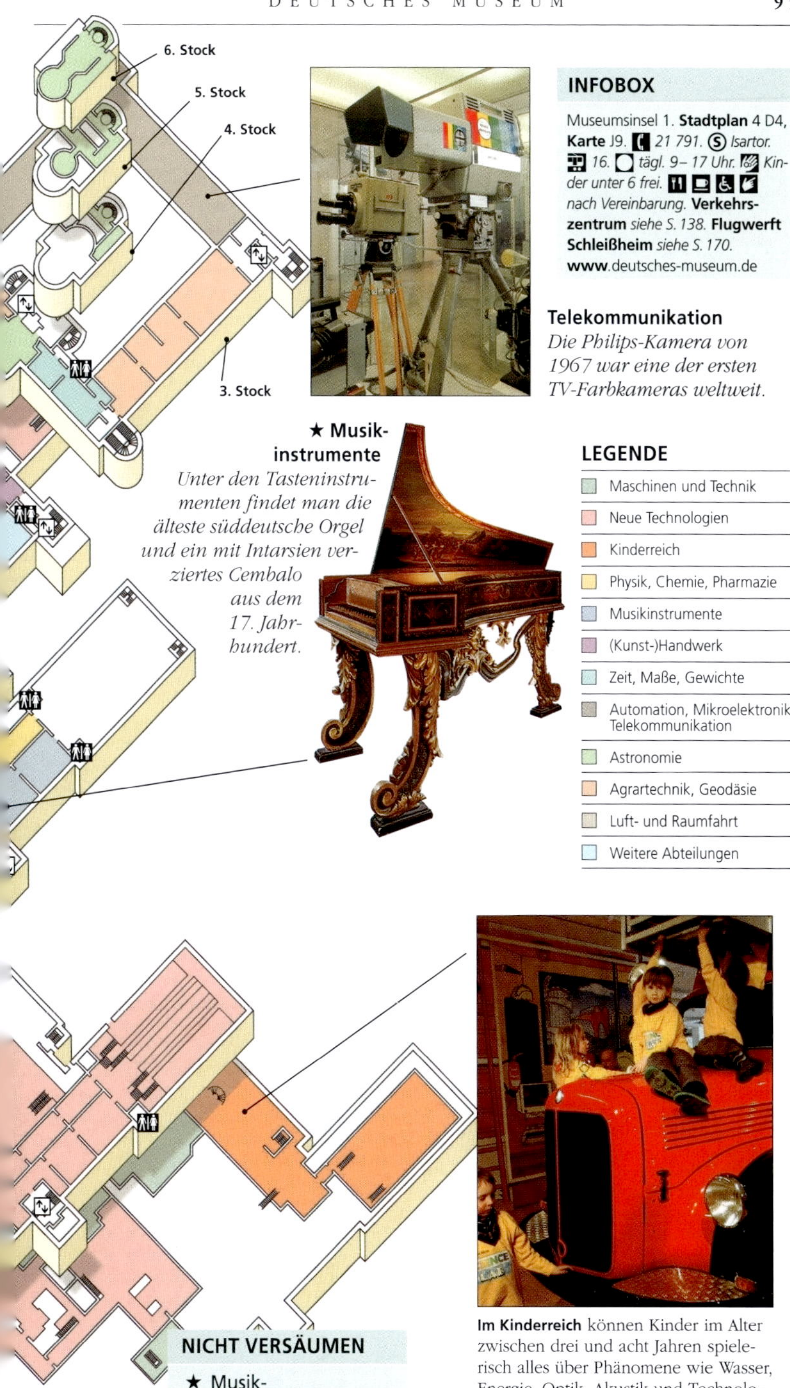

INFOBOX

Museumsinsel 1. **Stadtplan** 4 D4, **Karte** J9. *21 791.* *Isartor.* *16.* *tägl. 9–17 Uhr.* *Kinder unter 6 frei.* *nach Vereinbarung.* **Verkehrszentrum** *siehe S. 138.* **Flugwerft Schleißheim** *siehe S. 170.* **www**.deutsches-museum.de

Telekommunikation
Die Philips-Kamera von 1967 war eine der ersten TV-Farbkameras weltweit.

★ Musikinstrumente
Unter den Tasteninstrumenten findet man die älteste süddeutsche Orgel und ein mit Intarsien verziertes Cembalo aus dem 17. Jahrhundert.

LEGENDE

- Maschinen und Technik
- Neue Technologien
- Kinderreich
- Physik, Chemie, Pharmazie
- Musikinstrumente
- (Kunst-)Handwerk
- Zeit, Maße, Gewichte
- Automation, Mikroelektronik, Telekommunikation
- Astronomie
- Agrartechnik, Geodäsie
- Luft- und Raumfahrt
- Weitere Abteilungen

Im Kinderreich können Kinder im Alter zwischen drei und acht Jahren spielerisch alles über Phänomene wie Wasser, Energie, Optik, Akustik und Technologie erfahren. Unter den aufregenden, teils interaktiven Exponaten finden sich auch eine Riesengitarre, ein Feuerwehrauto und ein Kino. Hier gibt es keinen Zutritt für Erwachsene – ohne die Erlaubnis der Kinder.

NICHT VERSÄUMEN

- ★ Musikinstrumente
- ★ Pharmazie
- ★ Physik

Deutsches Museum: Sammlungen

Man bräuchte einen ganzen Monat, wenn man alle Sammlungen des Museums gründlich besichtigen wollte. Immerhin beträgt die Strecke durch alle Abteilungen 17 Kilometer. Beschränken Sie sich lieber auf ein paar wenige der über 50 Abteilungen. Alles ist bestens ausgeschildert. Es gibt so viele Möglichkeiten, selbst aktiv zu werden, dass der Museumsbesuch auch für Kinder zum Erlebnis wird. Filmvorführungen und interaktive Displays runden das Ganze ab.

Maschinen und Technik

Das Museum befasst sich in verschiedensten Ausstellungen mit den traditionellen Aspekten der Technik, etwa mit Kraftmaschinen, Hydraulik oder Bergbau. Unter den Maschinen und Turbinen findet man viele Prototypen, u.a. die erste Dieselmaschine. Besonders interessant sind die Modelle, die zeigen, wie Starkstrom funktioniert, oder das spektakuläre Bergwerk.

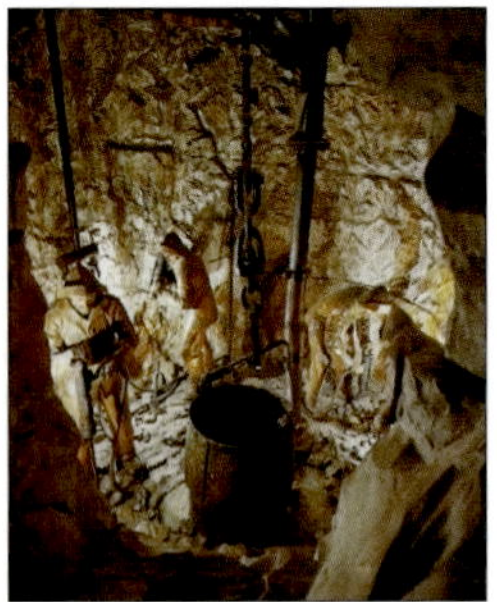

Rekonstruktion einer Kohlenmine von ca. 1925

Physik, Chemie, Pharmazie

In nachgebauten Laboratorien großer Wissenschaftler werden die Fachgebiete anschaulich präsentiert. Man findet hier Originalinstrumente, die bei großen Entdeckungen zum Einsatz kamen, und viele Prototypen von Apparaten. Der Besucher wird auch über die neuesten Entwicklungen in Optik, Nuklearphysik und Chemie informiert.

Relativ neu ist die Abteilung Pharmazie, in deren Mittelpunkt sich eine begehbare menschliche Zelle befindet. Interaktive Multimedia-Systeme machen komplizierte Sachverhalte auch für Laien verständlich.

Musikkinstrumente

Die über 1800 Musikinstrumente werden chronologisch präsentiert. Eines der Prunkstücke unter den Tasteninstrumenten ist ein Cembalo aus dem Jahr 1561.

Im ersten Stock befindet sich die Abteilung für Blas-, Saiten- und Perkussionsinstrumente. Im zweiten Stock stößt man auf mechanische Musikinstrumente, aber auch moderne elektronische Keyboards. Es gibt regelmäßig Führungen, ebenso Konzerte zu speziellen musikalischen Themen.

(Kunst-)Handwerk

Handwerk und Kunsthandwerk sind in verschiedenen Abteilungen zu besichtigen. Man kann sich über die Glasherstellung von den Anfängen bis heute informieren und erfährt alles über Keramik – von den ersten Tongefäßen bis zu feinsten Porzellanprodukten.

Eine Abteilung befasst sich mit Papierherstellung, eine andere mit Drucktechnik. Imposant ist auch die große Webmaschine in der Abteilung Textiltechnik.

Die Abteilung Film und Fotografie zeigt Daguerres Originalausrüstung von 1839, geht aber u.a. auch auf moderne Digitaltechnik ein.

In der Abteilung für technisches Spielzeug ist vom alten Baukasten bis zum modernsten, ausgeklügelten Technikbausatz alles vorhanden.

Azimutal-Quadrant (Navigationsinstrument) von 1760

Zeit, Maße, Gewichte

Vielerlei Uhren zeugen von den verschiedensten Versuchen, die Zeit zu messen. Hier findet man die einfachen Modelle wie Sonnenuhr und Sanduhr, aufwendig gearbeitete mechanische Uhren, Spieluhren, Taschenuhren, moderne Armbanduhren und darüber hinaus auch ein gigantisch großes Uhrwerk aus einem Glockenturm.

Die verschiedensten Maße und Gewichte veranschaulichen den langen Weg zur Vereinheitlichung der Messgrößen. Zudem werden die wichtigsten modernen Verfahren der Längen-, Volumen- und Massenmessung vorgestellt.

In Augsburg hergestellte Spieluhr mit Tanzbär, 1580–90

Astronomie

An über 180 Ausstellungsstücken kann man sich astronomisches Grundwissen aneignen und erfährt etwas über die Versuche des Menschen, das Universum zu erforschen. Es gibt Modelle von Sonnensystemen und Galaxien, aber auch Modelle von Raumschiffen und verschiedenste Messinstrumente. Thematisiert werden auch Probleme und Rätsel, z. B. Schwarze Löcher. Von der Sternwarte des Museums kann man die Himmelsbewegungen durch ein großes Fernrohr direkt beobachten.

Schön verzierte Rechenmaschine aus Kupfer, um 1735

Automation, Mikroelektronik, Telekommunikation

Diese Abteilungen haben Anfänge und Entwicklung der modernen Technologie zum Thema. So sieht man hier die ersten mechanischen Rechenmaschinen, die von Blaise Pascal (1642), Gottfried Wilhelm Leibniz (1700) und Anton Braun (1724) entwickelt wurden, aber auch frühe Computermodelle – der erste sogenannte Universalrechner stammt von Konrad Zuse (1941). Viele Ideen, die heute zum Grundbestand der Informatik gehören, werden so nachvollziehbar gemacht.

Modelle einfacher Dioden, Transistoren, Widerstände, Kondensatoren und Halbleiter demonstrieren die Entwicklung der Mikroelektronik.

Erklärt werden auch andere Aspekte moderner Elektronik, z. B. die Bedeutung des Kristalls in Halbleitern. Für Nichttechniker ist es interessant, inwieweit die neue Technik Eingang ins Alltagsleben gefunden hat.

Zeiss-Planetarium

Im sechsten Stock des Museums findet man eines der interessantesten Planetarien der Welt. In eine Kuppel mit 15 Metern Durchmesser wird mittels eines computergesteuerten Zeiss-Projektors ein künstlicher Himmel projiziert: Sonne, Mond und Planeten sowie 8900 Sterne. Der Besucher »erlebt«, wie die Himmelskörper während des Jahrs ihre Bahnen ziehen und wie der Himmel aussieht, wenn man ihn von anderen Kontinenten aus betrachtet. Es gibt drei unterschiedliche wechselnde Programme (Termine für Vorführungen: 10, 12, 14 und 16 Uhr). Karten für das Zeiss-Planetarium müssen extra gelöst werden.

Agrartechnik, Geodäsie

Die Entwicklung landwirtschaftlicher Gerätschaften, vom einfachen Werkzeug über den Pflug bis zum modernen Maschinenpark, wird in dieser Abteilung veranschaulicht. Bei der Geodäsie geht es um verschiedene Methoden der Erdvermessung und der kartografischen Darstellung – bis hin zum Satellitenbild.

Neue Technologien und Verkehr

Das Zentrum Neue Technologien stellt jüngste Ergebnisse aus der Forschung vor – von Klimaforschung und Nanotechnologie bis zur Medizintechnik (Infos auf www.deutsches-museum.de/dmznt).

Beliebt sind die Abteilungen zu Verkehrsmitteln, wobei viele Exponate in den beiden Zweigmuseen zu sehen sind: Im Verkehrszentrum *(siehe S. 138)* gibt es historische Lokomotiven, etwa die erste Dampflokomotive *Puffing Billy* (1814), Kraftfahrzeuge, u. a. das erste Automobil von Carl Benz (1886), Kutschen und Räder, etwa ein Hochrad.

In der Flugwerft Schleißheim *(siehe S. 170)* werden in den Hallen und auf dem historischen Flugplatz mehr als 50 Flugzeuge, Hubschrauber und Hängegleiter ausgestellt.

Im Deutschen Museum verblieben sind Luftfahrt, Raumfahrt und Schifffahrt. Zu sehen sind u. a. eine Kopie des Weltraumlabors Spacelab und ein U-Boot von 1906. Im Freigelände südlich des Museums steht der Seenotrettungskreuzer *Theodor Heuss*.

Labor im Zentrum Neue Technologien

77

Universitätsviertel

Das Viertel nördlich der Altstadt hat viele Gesichter. Man findet hier monumentale Pracht neben der lockeren Lebensart Schwabings.

Die Ludwigstraße, eine klassizistische Prachtstraße, ist eine der großartigen Straßenschöpfungen des 19. Jahrhunderts. Hier stehen meist Regierungs- und Verwaltungsgebäude, außerdem die Ludwigskirche, die Ludwig-Maximilians-Universität und die Bayerische Staatsbibliothek.

Westlich und nördlich der Ludwigstraße sieht es ganz anders aus. Hier gibt es keinen einheitlichen Baustil, dafür pulsiert auf den Straßen das Leben: kleine Geschäfte, Buchläden, Kneipen – Schwabing ist das Studentenviertel. Zwar bewegt man sich auch hier zwischen historischen Bauten, dennoch verströmt Schwabings größte Straße, die Leopoldstraße, ein ganz anderes Flair als die strenge Ludwigstraße. Östlich erstreckt sich der Englische Garten, eine grüne Oase für alle, die sich eine Pause gönnen wollen. Hier kann man nach einem Museumsbesuch spazieren gehen oder den Durst im Biergarten am Chinesischen Turm löschen.

Jugendstil-Ornament

Sehenswürdigkeiten auf einen Blick

Kirche
Ludwigskirche 5

Museen und Sammlungen
Archäologische Staatssammlung 11
Bayerisches Nationalmuseum S. 108f 13
Haus der Kunst 14
Sammlung Schack 12

Historische Gebäude
Akademie der Bildenden Künste 8
Bayerische Staatsbibliothek 4
Jugendstil-Haus Ainmillerstraße 10
Ludwig-Maximilians-Universität 6
Pacelli-Palais 9
Siegestor 7

Straßen und Plätze
Ludwigstraße 3
Odeonsplatz 2
Wittelsbacherplatz 1

LEGENDE
Detailkarte *Siehe S. 100f*
U-Bahn-Station
Tramhaltestelle
Bushaltestelle

Anfahrt
Die U-Bahn-Linien 3 und 6 mit den Haltestellen Universität, Giselastraße oder Münchner Freiheit bringen Sie ins Herz von Schwabing. Die Museen an der Prinzregentenstraße sind am besten mit Tram 18 oder Bus 100 zu erreichen.

Leopoldstraße 77, ein Haus im Münchner Jugendstil

Im Detail: Ludwigstraße

Unter architektonischen und städteplanerischen Gesichtspunkten ist die Ludwigstraße interessant – wer allerdings etwas erleben will, ist hier falsch. Die monumentalen strengen Gebäude der Straße bilden ein Ensemble, doch es gibt wenig Läden oder Cafés. Die Prachtstraße Ludwigs I. im Stil der italienischen Renaissance wird durch große Plätze unterbrochen. Es ist hier schwer vorstellbar, dass gleich hinter dem Siegestor, wo die Ludwigstraße in die Leopoldstraße übergeht, bereits Schwabing beginnt.

Ludwig-Maximilians-Universität
Das Universitätsgebäude weist in Richtung Amalienstraße eine eklektizistische Fassade mit Arkadengang auf. ❻

★ Wittelsbacherplatz
Das Ludwig-Ferdinand-Palais (1825) von Leo von Klenze ist heute Hauptsitz der Siemens AG. ❶

Monument Maximilians I.
Der Entwurf des Dänen Bertel Thorvaldsen (1770–1844) ähnelt den Reiterstatuen der italienischen Renaissance.

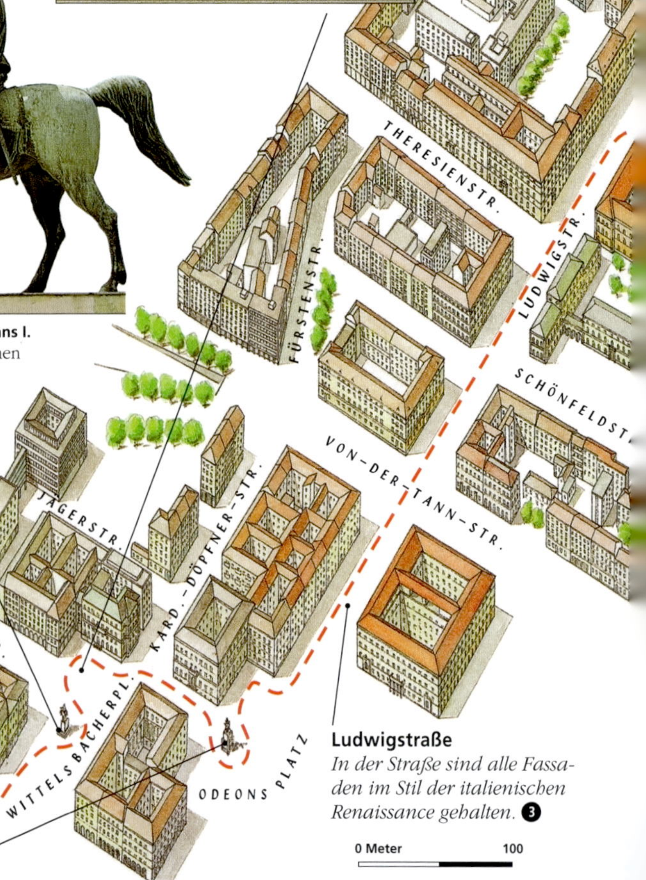

Odeonsplatz
Zentrum ist das Denkmal Ludwigs I. ❷

Ludwigstraße
In der Straße sind alle Fassaden im Stil der italienischen Renaissance gehalten. ❸

0 Meter 100

Hotels und Restaurants in München *siehe Seiten 262–265 und 276–279*

Die Architektur des 19. Jahrhunderts zwischen Ludwigstraße und Englischem Garten ist ähnlich bunt wie diejenige von Schwabing.

Zur Orientierung
Stadtplan 2 und 6

Siegestor
Der Triumphbogen ist mit Reliefs des Künstlers Johann Martin von Wagner geschmückt. Dargestellt sind Kampfszenen, in denen die bayrischen Truppen in Gewändern und mit Waffen der klassischen Antike kämpfen. 7

★ Ludwigskirche
Die Ludwigskirche wurde im Stil der italienischen Romanik erbaut. Über dem dreibogigen Eingang stehen Christus und die vier Evangelisten. Die Figuren schuf Ludwig Schwanthaler. 5

Bayerische Staatsbibliothek
Von zwei Seiten führen Treppen zum Eingang der Bayerischen Staatsbibliothek. Auf der Balustrade befinden sich Ludwig Schwanthalers Statuen von Thukydides, Homer, Aristoteles und Hippokrates. 4

LEGENDE

– – – Routenempfehlung

NICHT VERSÄUMEN

★ Ludwigskirche

★ Wittelsbacherplatz

Stadtplan München *siehe Seiten 144–153*

Das klassizistische Palais Arco-Zinneberg am Wittelsbacherplatz

Wittelsbacherplatz ❶

Stadtplan 3 C1 (6 D1), **Karte** H6 (Q2). U *Odeonsplatz.*

Der architektonisch schöne Platz liegt an der Brienner Straße, einer Straße mit eleganten Geschäften, die zum Odeonsplatz führt. In den 1820er Jahren wurde das gesamte Areal einheitlich nach dem Entwurf Leo von Klenzes angelegt. Der Platz ist an drei Seiten von klassizistischen Bauten umgeben und so mit Steinen und Platten gepflastert, dass sich verschiedene Muster ergeben.

Klenze lebte damals im Ludwig-Ferdinand-Palais, einem rosa Gebäude, das den Platz dominiert. Ab 1878 gehörte das Palais den Prinzen Alfons und Ludwig Ferdinand, die sich außerhalb der Residenz ansiedelten. Heute ist hier der Verwaltungshauptsitz der Siemens AG.

An der Westseite steht das Palais Arco-Zinneberg, ein Klenze-Bau, heute Büro- und Geschäftshaus. Richtung Odeonsplatz liegt das im Krieg zerstörte, später wiederaufgebaute Palais Méjean.

Mitten auf dem Platz steht das 1839 enthüllte klassizistische Reiterstandbild Maximilians I., ein Werk des berühmten dänischen Bildhauers Bertel Thorvaldsen.

Odeonsplatz ❷

Stadtplan 3 C1 (6 D1), **Karte** H7 (Q2). U *Odeonsplatz.* Bus *100.*

Im frühen 19. Jahrhundert veranlassten Maximilian I. Joseph und Ludwig I. eine nördliche Erweiterung der Stadt. Den Plänen stand ein Teil der Stadtbefestigung mit dem Schwabinger Tor im Weg. Es wurde geschleift, man brachte Ordnung in das Häusergewirr nördlich der Residenz und der Theatinerkirche. 1817 stimmte Maximilian I. Joseph den Plänen Leo von Klenzes zu, wusste allerdings nicht, dass sein Sohn Ludwig I. dahinterstand. Der Thronfolger wollte mit dem Odeonsplatz einen triumphalen Eingang zur Stadt schaffen.

Denkmal Ludwigs I. am Odeonsplatz

Der Platz wurde nach dem Odeon benannt, einem Konzertsaal Leo von Klenzes, den er 1826–28 als Gegenstück zum Leuchtenbergpalais (1816–21) errichtet hatte. Die beiden zurückgesetzten Gebäude sollten den Platz optisch vergrößern.

Die Reiterstatue Ludwigs I. (1862) in der Mitte des Platzes ist ein Werk Max Widmanns. Die Figuren, die um den König gruppiert sind, verkörpern Kunst, Poesie, Religion und Fleiß. Das Denkmal ist auf das Eingangstor zum Hofgarten ausgerichtet. In Richtung Altstadt bekam der Platz durch die Feldherrnhalle die richtige »Einfassung«.

Ludwigstraße ❸

Stadtplan 2 D5–E5, **Karte** J6 (R1–2). U *Odeonsplatz oder Universität.*

Die Ludwigstraße, eine der prächtigsten architektonisch geschlossenen Straßen Europas, wurde 1815–52 angelegt. Der Plan und die ersten Häusergruppen stammen noch von Leo von Klenze. Die im Stil der italienischen Renaissance konzipierten Gebäude am Odeonsplatz harmonieren perfekt mit den Häusern am Beginn der Ludwigstraße. 1827 übernahm Friedrich von Gärtner das Projekt. Er ist verantwortlich für die Häuser südlich der Theresienstraße mit ihren romanischen und byzantinischen Elementen.

Die wichtigsten Gebäude in diesem Abschnitt sind die Bayerische Staatsbibliothek, die Ludwigskirche und die Universität. Mitte des 19. Jahrhunderts wurde die Straße im Süden durch die Feldherrnhalle und im Norden durch das Siegestor begrenzt. Bei der Realisierung der Ludwigstraße stellte König Ludwig I. ästhetische und politische Idealvorstellungen über stadtplanerische Überlegungen.

Der Konzertsaal Odeon vor seiner Zerstörung im Jahr 1944

Brunnen auf dem Geschwister-Scholl-Platz vor der Ludwig-Maximilians-Universität

Bayerische Staatsbibliothek ❹

Ludwigstr. 16. **Stadtplan** 2 E5, **Karte** J6 (R1). U *Universität.* ☎ *28 63 80.* ◯ *Ausleihe: Mo–Fr 9–19 Uhr; Allgem. Lesesaal: tägl. 8–24 Uhr.* ♿ *bitte tel. anmelden.* **www**.bsb-muenchen.de

Die Bayerische Staatsbibliothek, eine der bedeutendsten europäischen Bibliotheken, basiert auf der Sammlung, die Albrecht V. und Wilhelm V. im 16. Jahrhundert angelegt hatten. Sie wurde ab 1663 ständig erweitert. Damals ordnete Kurfürst Friedrich Maria an, dass ein Exemplar jedes Buchs, das in Bayern oder von einem im Ausland lebenden Bayern publiziert wurde, gesammelt werden sollte. Die Bestände vergrößerten sich enorm, als 1773 der Jesuitenorden und 1803 die Klöster aufgelöst wurden. Bei den »säkularisierten« Büchern handelte es sich oft um wertvolle Erstausgaben.

Hippokrates vor der Staatsbibliothek

Heute besitzt die Bayerische Staatsbibliothek knapp zehn Millionen Bücher, darunter wichtige Handschriften und wertvolle Inkunabeln.

Die Bibliothek war der erste Bau Friedrich von Gärtners. Baubeginn war 1832, Eröffnung 1843. Der Stil orientiert sich an italienischen Renaissance-Palazzi.

Die große Treppe, die in die eigentlichen Bibliotheksräume und Lesesäle hinaufführt, wird von Ludwig Schwanthalers Figuren aus der Mythologie des klassischen Altertums flankiert. Von oben blicken die Figuren der Bibliotheksgründer Albrecht V. und Ludwig I. herab.

Ludwigskirche ❺

Ludwigstr. 20. **Stadtplan** 2 E5, **Karte** J6 (R1). U *Universität.* ◯ *tägl. 8–20 Uhr (während der Messen keine Besichtigung möglich).* **www**.st-ludwig-muenchen.de

Die Ludwigskirche steht in Kontrast zur angrenzenden Staatsbibliothek. Der von zwei Spitztürmen flankierte Bau wurde 1829–43 von Friedrich von Gärtner im Stil der italienischen Romanik errichtet. In den Nischen stehen Skulpturen von Christus und den Evangelisten. Arkaden verbinden die Kirche mit dem Pfarramt und dem früheren Wohnhaus Gärtners.

Wand- und Deckengemälde stammen von Peter von Cornelius. Das *Jüngste Gericht* ist nach Michelangelos Fresko in der Sixtinischen Kapelle das zweitgrößte Kirchenfresko der Welt.

Die neoromanische Fassade der Ludwigskirche

Ludwig-Maximilians-Universität ❻

Geschwister-Scholl-Platz/Professor-Huber-Platz. **Stadtplan** 2 E4, **Karte** J5. U *Universität.* 🚌 *154.* ☎ *21 800.* ◯ *Mo–Fr 7.30–21 Uhr.* ♿ **www**.uni-muenchen.de

Die nach ihren ersten Förderern benannte Universität, eine »Exzellenz-Uni«, hat eine lange Geschichte. 1472 gründete Ludwig der Reiche in Ingolstadt ein jesuitisches Studium Generale, das 1771 zur Universität wurde. Maximilian I. Joseph verlegte sie 1800 nach Landshut, Ludwig I. 1826 nach München. Seit 1840 ist die Universität an ihrem jetzigen Standort.

Heute studieren an der LMU etwa 50000 Studenten. Scharen junger Leute bevölkern während des Semesters die Straßen. Das Hauptgebäude der Universität und das gegenüberliegende Gebäude sind um zwei Plätze angeordnet: den Geschwister-Scholl-Platz auf Universitätsseite und den Professor-Huber-Platz gegenüber. Hans und Sophie Scholl sowie Kurt Huber waren Mitbegründer der Weißen Rose, einer Widerstandsgruppe, die 1943 mit Flugblättern gegen Hitler agitierte, u.a. in der Universität. Papierfetzen der Flugblätter, die im Lichthof des Hauptgebäudes in den Boden eingearbeitet wurden, erinnern daran. Die meisten Mitglieder der Gruppe wurden hingerichtet.

Siegestor, gekrönt von einer Bavaria mit Löwenquadriga

Siegestor ❼

Ludwigstr. **Stadtplan** 2 E4, **Karte** J5. **U** *Universität.*

Als Friedrich von Gärtner für Ludwig I. das Siegestor entwarf, folgte er der Vorliebe des frühen 19. Jahrhunderts für Triumphbogen. Von 1843 bis 1850 wurde am Siegestor gebaut. Seine drei Bogen finden ihre Entsprechung in den Bogen der Feldherrnhalle am anderen Ende der Ludwigstraße. Das Tor (1995–99 von Prof. Michael Pfanner restauriert) trennt Ludwig- und Leopoldstraße – Schwabings Hauptstraße und vielleicht der einzige richtige Münchner Boulevard.

Vorbild für das Siegestor war der Konstantinsbogen in Rom. Gewürdigt wird hier das bayerische Heer, das am Sieg über Napoléon maßgeblich beteiligt war. Das Tor zeigt Reliefs – Schlachtszenen, Medaillons und die personifizierten bayrischen Provinzen. Auf den Säulen stehen Siegesfiguren. Der Streitwagen der Bavaria oben auf dem Tor wird von vier Löwen gezogen. Die Inschrift »Dem Sieg geweiht, im Krieg zerstört, zum Frieden mahnend« wurde 1958 angebracht.

Geht man von der Ludwigstraße durch das Siegestor in die Leopoldstraße, ändert sich die Atmosphäre. Statt der strengen architektonischen Einheit der Ludwigstraße findet man hier eine stilistische Vielfalt. In den Häusern aus dem 19. und 20. Jahrhundert sind Cafés, Restaurants, Schnellimbisse, Buch- und Musikläden, Boutiquen, Kinos und Discos untergebracht. Bis in die frühen Morgenstunden herrscht reges Treiben – man ist im Herzen Schwabings.

Akademie der Bildenden Künste ❽

Akademiestr. 2. **Stadtplan** 2 E4, **Karte** J5. *38 520.* **U** *Universität.* *nicht öffentlich zugänglich.* **www**.adbk.de

Im 19. Jahrhundert war München – auch wenn es als konservativ galt – eines der bedeutendsten Zentren der Malerei. Die Künstlerzirkel der Stadt entwickelten sich im Umfeld der Akademie der Bildenden Künste, die 1808 gegründet worden war. Viele berühmte Maler studierten und lebten hier. Dazu zählen u.a. Wilhelm Leibl, Alfred Kubin, Franz Marc, der Deutsch-Schweizer Paul Klee, der in Russland geborene Wassily Kandinsky und der Italiener Giorgio de Chirico.

Die Akademie war ursprünglich im Jesuitenkolleg der Michaelskirche untergebracht. Erst 1886 bezog man die heutigen Räumlichkeiten. Entworfen wurde das dreigeschossige Gebäude von Gottfried Neureuther. Es erinnert an einen italienischen Renaissance-Palazzo. Die Fassade wird durch Bogenfenster aufgelockert. Über eine Rampenauffahrt gelangt man zu einer großen Freitreppe, die von den Reiterstatuen von Castor und Pollux gesäumt ist.

Pacelli-Palais ❾

Georgenstr. 8–10. **Stadtplan** 2 E3, **Karte** J5. **U** *Universität, Giselastraße.* *nicht öffentlich zugänglich.*

Das Stadtpalais lädt dazu ein, zwei verschiedene Architekturstile zu vergleichen, die in München um 1900 vorherrschend waren.

Die eine Hälfte des Gebäudes ist in einem späten historisierenden Stil gehalten, mit Säulen, einem Tympanon, Arkaden und vielen Skulpturen. Die andere Hälfte des Hauses weist keine besondere Fassadenstruktur auf, ist aber umso bunter und typisch für den Münchner Jugendstil.

Jugendstil am Pacelli-Palais

Jugendstil-Haus Ainmillerstraße ❿

Ainmillerstr. 22. **Stadtplan** 2 E2, **Karte** J4. *27.* *nicht öffentlich zugänglich.*

Das Haus in der Ainmillerstraße 22 war das erste Wohnhaus Münchens mit einer Jugendstilfassade. Es wurde 1899/1900 von Ernst Haiger und Henry Helbig entworfen. Bis heute haben die reiche Fassadengliederung sowie die Blumen- und Figurenornamente nichts von ihrer Faszination verloren.

Terrakottafries an einem Fenster der Akademie der Bildenden Künste

Hotels und Restaurants in München *siehe Seiten 262–265 und 276–279*

Schwabing

[illegible]f Schwabing wurde [illegible] Ende des 19. Jahr-[illegible] eingemeindet und [illegible] schnell zum Szeneviertel. Schriftsteller und avantgardistische Maler bevölkerten die Literatencafés. Berühmtheit erlangte der *Simplicissimus*, ein Satiremagazin, und das politische Kabarett *Die Elf Scharfrichter*. Vor dem Ersten Weltkrieg erlebte die Boheme ihre Blüte, als Thomas Mann und Frank Wedekind, Wassily Kandinsky und Paul Klee in Schwabing wohnten. Paradoxerweise hielt sich hier nach 1918 auch Hitler bevorzugt auf und gründete die Niederlassung der nationalsozialistischen Zeitung *Völkischer Beobachter*. In den 1960er und 1970er Jahren ließen Künstler und Studenten den legendären Ruf des Viertels noch einmal kurz aufleben.

Logo des Alten Simpl, einer Künstlerkneipe

Die Vorstädte Münchens *(1908) in der Sichtweise Wassily Kandinskys: Der in Russland geborene Maler lebte 1902–14 in Schwabing und wurde 1927 deutscher Staatsbürger.*

Das verzierte Fenster *am Haus Leopoldstraße 77 ist mit seinen geometrischen und floralen Mustern typisch für den Münchner Jugendstil.*

Künstler, *die nach 1900 nach Schwabing kamen, bildeten die Neue Künstlervereinigung, eine Gruppe avantgardistischer Maler. Das Foto, aufgenommen auf dem Balkon des Hauses von Wassily Kandinsky und seiner Lebensgefährtin Gabriele Münter in der Ainmillerstraße 36, zeigt von links nach rechts: Maria und Franz Marc, Bernhard Köhler, Kandinsky (sitzend), Heinrich Campendonk und Thomas von Hartmann.*

Die Tür *dieses Hauses in der Ainmillerstraße weist mit Asymmetrie und Symbolismus typische Merkmale des Jugendstils auf. Deutlich wird das Lebensgefühl der Münchner Boheme, zu deren Leitfiguren die Gräfin Reventlow mit ihrer Forderung nach freier Liebe gehörte.*

Englischer Garten

Der Englische Garten, einer der größten innerstädtischen Parks der Welt, verdankt seine Existenz dem amerikanischen Offizier Sir Benjamin Thompson (1753–1814), dem von Kurfürst Karl Theodor der Titel Graf von Rumford verliehen wurde. Als bayerischer Kriegsminister ordnete Rumford an, das sumpfige Isarufer als Militärgarten zu nutzen. Als Sozialreformer kam er später auf die Idee, dem Kurfürsten das Gelände als Volkspark anzupreisen. Die Anlage des Parks im Stil eines englischen Landschaftsgartens wurde 1808 unter Leitung des Hofgärtners Friedrich Ludwig von Sckell realisiert. Damals wie heute ist der Englische Garten ein beliebtes Erholungsareal.

Relief am Rumford-Denkmal

Der Eisbach *ist trotz seines kalten Wassers ein attraktives Übungsfeld für Surfer.*

Der Chinesische Turm, *eine fünfstöckige Pagode aus Holz, wurde 1789/90 erbaut. Heute findet man hier einen der beliebtesten Biergärten der Stadt.*

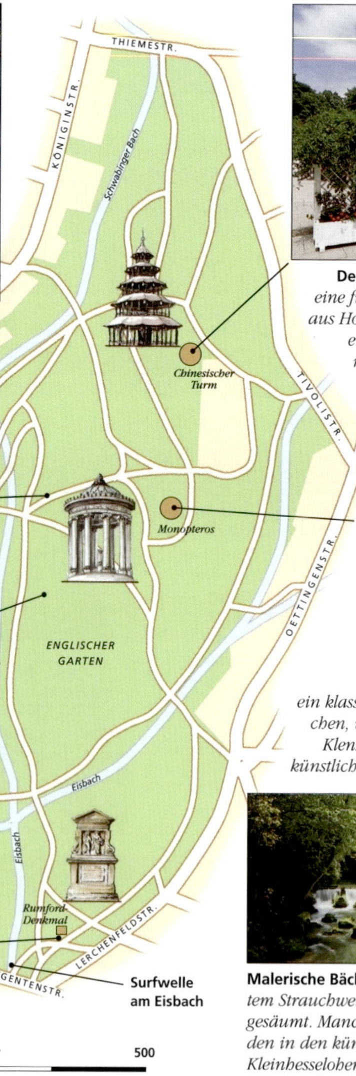

Die Wege sind immer voll mit Spaziergängern und Fahrradfahrern.

Auf den Wiesen kann man sich im Sommer auch nackt sonnen.

Der Monopteros, *ein klassizistisches Tempelchen, wurde von Leo von Klenze 1837 auf einem künstlichen Hügel errichtet.*

Das Rumford-Denkmal wurde 1795 von Ludwig Schwanthaler errichtet und zeigt das Porträt des Grafen sowie das vom Wohlstand verwöhnte Bayern.

Surfwelle am Eisbach

0 Meter 500

Malerische Bäche *sind von dichtem Strauchwerk und Bäumen gesäumt. Manche Bäche münden in den künstlich angelegten Kleinhesseloher See nördlich des Chinesischen Turms.*

…logische …ammlung ⓫

…tr. 2. **Stadtplan** 4 E1, … *Lehel.* *21 12 402.* … *Di–So 9.30–17 Uhr.* **www**.archaeologie-bayern.de

Das im Süden des Englischen Gartens gelegene Museum ist eine moderne Glas-Stahl-Konstruktion. Die sechs Blöcke sind im Schachbrettmuster angeordnet. Das vormalige Prähistorische Museum ist eines der größten archäologischen Landesmuseen Deutschlands.

Die Sammlung geht zurück auf die Gründung der Bayerischen Akademie der Wissenschaften 1795. Die Exponate (100 000 v. Chr. – 800 n. Chr.) sind prähistorischen, römischen oder frühmittelalterlichen Abteilungen zugeordnet.

Werkzeuge und Schmuck, Münzen und Kultgegenstände zeugen von der Geschichte der Besiedlung Bayerns. Die Sammlung aus der Römerzeit ist sehr reichhaltig. Man kann u. a. eine Bronzemaske aus Eining, den Straubinger Schatz sowie Mosaiken aus römischen Bädern besichtigen. Eine besondere Attraktion für viele Besucher ist die Mumie einer Frau (16. Jh.), die in einem Sumpf gefunden wurde.

Keltischer Stab, wahrscheinlich ein Ritualstab

Sammlung Schack ⓬

Prinzregentenstr. 9. **Stadtplan** 4 E1, **Karte** J6. *Lehel.* *23 80 52 24.* *100.* *Mi–So 10–18 Uhr (1. und 3. Mi im Monat bis 20 Uhr).* **www**.schack-galerie.de

Die Sammlung mit Gemälden des 19. Jahrhunderts wurde vom mecklenburgischen Grafen Friedrich von Schack (1815–1894) angelegt. 1857 kaufte Schack ein Haus in der Nähe der Propyläen, um seine ständig wachsende Kunstsammlung unterzubringen. Er war damals vor allem an zeitgenössischen Münchner Malern interessiert, unterstützte jedoch auch namen- und mittellose junge Künstler. Entsprechend Schacks Verfügung wurde die Sammlung Kaiser Wilhelm II. übereignet, der wiederum für die Sammlung ein Museumsgebäude errichten ließ.

Der von Max Littmann entworfene Bau wurde 1910 fertiggestellt. Mit seiner klassizistischen Fassade hat er Ähnlichkeit mit dem Berliner Palais des Sammlers.

Seit 1939 gehört die Galerie zu den Bayerischen Staatsgemäldesammlungen. In 17 Sälen werden 270 Gemälde der deutschen Spätromantik ausgestellt, u. a. Werke von Moritz von Schwind *(Rübezahl, Hochzeitsreise* und *Morgenstunde)*, Arnold Böcklin *(Villa am Meer* und *Triton und Nereide)* sowie Anselm Feuerbach *(Nana* und *Paolo und Francesca)*. Sehenswert sind auch die Bilder von Franz Carl Spitzweg, Franz von Lenbach und Hans von Marées sowie Kopien alter Meister.

Das klassizistische Haus der Kunst, von Wein überwachsen

Die Fassade der Sammlung Schack kopiert das Berliner Palais Schack

Bayerisches Nationalmuseum ⓭

Siehe S. 108f.

Haus der Kunst ⓮

Prinzregentenstr. 1. **Stadtplan** 4 D1, **Karte** J6. *Lehel.* *100.* *21 12 71 13.* *tägl. 10–20 Uhr (Do bis 22 Uhr).* **www**.hausderkunst.de

Als 1931 der Glaspalast im Botanischen Garten abbrannte – mit ihm ging die Sammlung deutscher Romantiker in Flammen auf –, wurde ein Architekturwettbewerb ausgeschrieben. 1933–37 entstand an der Prinzregentenstraße unter Paul Ludwig Troost das klassizistische Haus der Kunst, der erste große Repräsentationsbau Hitlers. Es war Ironie und Omen, dass der Hammer, den Hitler bei der Grundsteinlegung führte, beim ersten Schlag zerbrach.

Zum Englischen Garten begrenzt eine Terrasse den Bau. Entlang der Prinzregentenstraße steht eine lange Säulenhalle. Zur Eröffnung 1937 wurde das ausgestellt, was für die Nationalsozialisten »wahrhaftig deutsche Kunst« war. Zeitgleich war im Galeriegebäude am Hofgarten die Ausstellung »Entartete Kunst« zu sehen, die Meisterwerke moderner Kunst diffamierte.

Nach dem Zweiten Weltkrieg brachte man die Galerie der Moderne im Westflügel unter. Heute sind große Sonderausstellungen Highlights im Münchner Kulturleben. Das Haus der Kunst gilt als eine der weltweit renommiertesten Ausstellungsstätten. Neuer Direktor seit Oktober 2011 ist Okwui Enwezor.

Bayerisches Nationalmuseum ⓭

Ritterrüstung (16. Jh.)

Mit dem Bau des Bayerischen Nationalmuseums sollte ein »Kunsttempel« im Sinn des 19. Jahrhunderts verwirklicht werden. Das Gebäude (1894/95) von Gabriel von Seidl entspricht in seiner Stilvielfalt dem breiten Spektrum der Sammlungen. Die Ausstattung der Innenräume ist auf die jeweiligen Exponate abgestimmt. Grundstock des Museums war die Sammlung der Wittelsbacher, die Maximilian II. 1855 dem Land übereignete. Die heute fast unüberschaubar üppigen Sammlungen reichen von der Antike bis ins 19. Jahrhundert.

Modell von München
Das 1570 von Jakob Sandtner gefertigte Holzmodell der Stadt war eine Auftragsarbeit für Albrecht V.

Bauernstube
Die traditionellen Möbel (spätes 18. Jh.) stammen aus der Werkstatt Anton Perthalers aus Niederbayern.

Obergeschoss

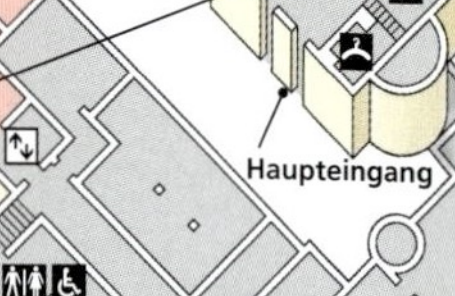

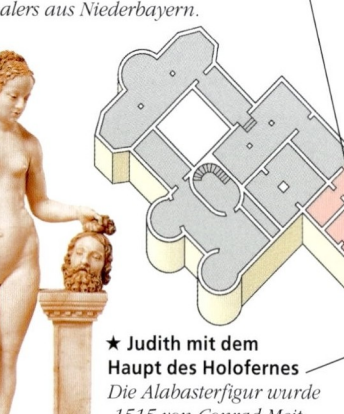

★ Judith mit dem Haupt des Holofernes
Die Alabasterfigur wurde 1515 von Conrad Meit geschaffen. Zum ersten Mal wird Judith nackt dargestellt.

★ Weihnachtskrippen
Die neapolitanische Krippe (18. Jh.) ist Bestandteil der weltweit größten und bedeutendsten Sammlung ihrer Art.

Untergeschoss

Cembalo
Dieses Cembalo im Musikinstrumentensaal wurde 1754 in Paris von Jean Henri Hemsch hergestellt.

INFOBOX

Prinzregentenstr. 3. **Stadtplan** 4 E1, **Karte** K7. U *Lehel.* 18. 100. 211 24 01. *Di–So 10–17 Uhr (Do bis 20 Uhr).* *bitte anmelden.* **www.** bayerisches-nationalmuseum.de

★ Maria Magdalena
Die von Engeln umgebene Heiligenstatue wurde 1490–92 von Tilman Riemenschneider für ein Altarbild geschnitzt.

Kurzführer

Die Sammlungen sind auf drei Stockwerke verteilt, die durch große Treppenhäuser miteinander verbunden sind. Im Untergeschoss sind neapolitanische und süddeutsche Weihnachtskrippen ausgestellt sowie Volkskunst. Malerei, Skulpturen und Kunsthandwerk bis zum 18. Jahrhundert sind in den Sälen im Erdgeschoss zu sehen. Im Obergeschoss findet man Musikinstrumente, Porzellan und Biedermeier.

NICHT VERSÄUMEN

★ Judith mit dem Haupt des Holofernes

★ Maria Magdalena

★ Weihnachtskrippen

Gotische Halle
Die Halle, die wie eine gotische Kirche wirkt, beherbergt sakrale Kunst und Grabsteine aus der Zeit um 1500.

Romanische Skulpturen
Im Skulpturensaal findet man Skulpturen und architektonische Elemente aus der ersten Hälfte des 13. Jahrhunderts. Die meisten stammen aus dem Benediktinerkloster Wessobrunn.

LEGENDE

- Volkskunst, Keramik und Möbel
- Krippen
- Gotik
- Renaissance
- Themenausstellungen (u. a. Musikinstrumente und Porzellan)
- 19. Jahrhundert und Jugendstil
- Barock und Rokoko
- Kein Ausstellungbereich

Stadtplan München *siehe Seiten 144–153*

Museumsviertel

Wappen an der Fassade des Paläontologischen Museums

Für den Bau eines »Königswegs« zwischen Schloss Nymphenburg und Residenz wurde 1807 ein Architekturwettbewerb ausgeschrieben. Die Preisträger waren Friedrich Ludwig von Sckell und Karl von Fischer (wobei Leo von Klenze deren Entwurf später abänderte). Es ging dabei um die Maxvorstadt, deren zentrale Achse die Brienner Straße ist. Maximilian I. Joseph und Ludwig I., die München in eine Stadt der Künste verwandeln wollten, gaben den Bau der Alten und Neuen Pinakothek in Auftrag. Der Maler Franz von Lenbach ließ beim Königsplatz eine »italienische« Villa errichten, die eine berühmte Sammlung von Expressionisten birgt. Zusammen mit dem Museum Brandhorst ist das ganze Areal ein einzigartiges Museumsviertel, in dem man auch eine Reihe privater Kunstgalerien findet.

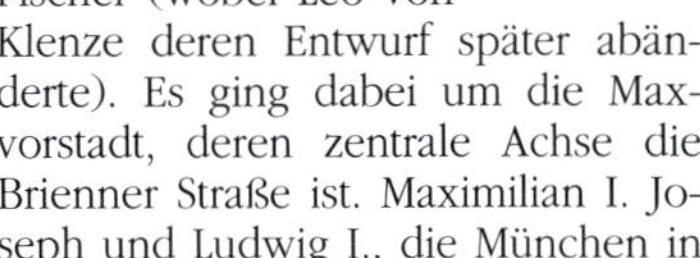

Sehenswürdigkeiten auf einen Blick

Historische Gebäude
Justizpalast 16
Palais Pinakothek 13
Propyläen 4

Kirche
Basilika St. Bonifaz 2

Museen und Sammlungen
Alte Pinakothek S. 118–121 8
Glyptothek 5
Museum Brandhorst 12
Museum Reich der Kristalle 10
Neue Pinakothek S. 122–125 9
Paläontologisches Museum 7
Pinakothek der Moderne 11
Staatliche Antikensammlungen 3
Staatliches Museum Ägyptischer Kunst 19
Städt. Galerie im Lenbachhaus 6

Park
Alter Botanischer Garten 17

Straßen und Plätze
Karlsplatz 15
Karolinenplatz 1
Lenbachplatz 14

Wirtshaus
Löwenbräukeller 18

Anfahrt

Zum Königsplatz fährt die U-Bahn-Linie 2. Die Tram 27 hält am Karolinenplatz und an den Pinakotheken. Die Pinakotheken erreichen Sie auch mit dem Bus 100.

LEGENDE

Detailkarte *Siehe S. 112f*
U-Bahn-Station
S-Bahn-Station
Tramhaltestelle

0 Meter 250

◁ **Brunnen im Garten des Lenbachhauses** ***(siehe S. 115)***

Im Detail: Um den Königsplatz

Cupido im Garten des Lenbachhauses

Wer alle Museen des Areals besichtigen möchte, sollte Zeit einplanen. Kunst gibt es hier von der Vorgeschichte bis zur Moderne. In der Glyptothek kann man antike Skulpturen bewundern, gegenüber locken die Antikensammlungen. Alte und Neue Pinakothek sowie Pinakothek der Moderne zeigen weltweit einmalige Sammlungen europäischer Kunst. Das Lenbachhaus besitzt viele Werke der Künstlergruppe *Der Blaue Reiter*. Naturgeschichtliches findet man im Paläontologischen Museum. Das Museum Brandhorst und das Museum Ägyptischer Kunst sind neuere Attraktionen.

Paläontologisches Museum
Zu den eindrucksvollsten Exponaten gehört der Abguss eines Mammutskeletts aus dem Pleistozän. ❼

Städtische Galerie im Lenbachhaus
Die Wohnräume des Malers Franz von Lenbach vermitteln einen Eindruck vom Lebensstil der Boheme im späten 19. Jahrhundert (bis Frühjahr 2013 geschlossen). ❻

Propyläen
Die Friese an den Seitentürmen der Propyläen zeigen von Ludwig Schwanthaler geschaffene klassische griechische Kampfszenen. ❹

Staatliche Antikensammlungen
Keramik, Bronzen und Schmuck aus der Antike sind einzigartig. ❸

Basilika St. Bonifaz
Hier ist der schlichte Sarkophag König Ludwigs I. zu finden. ❷

★ Glyptothek
Neben dem Eingang zur Glyptothek mit seiner ionischen Säulenkolonnade findet man in Nischen die Statuen antiker Helden: Hephaistos, Prometheus, Daedalus, Phidias, Perikles und Kaiser Hadrian. ❺

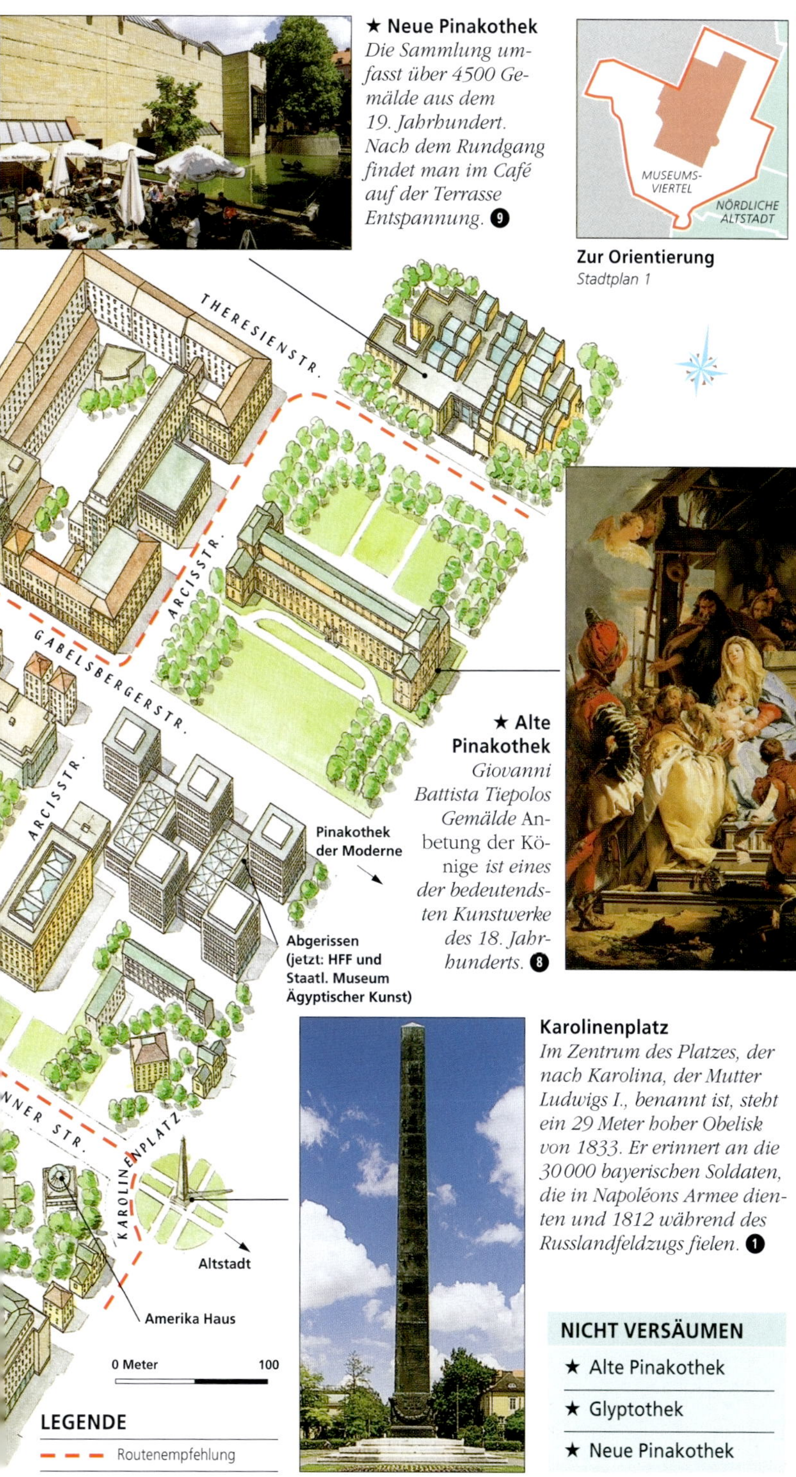

★ Neue Pinakothek
Die Sammlung umfasst über 4500 Gemälde aus dem 19. Jahrhundert. Nach dem Rundgang findet man im Café auf der Terrasse Entspannung. ❾

Zur Orientierung
Stadtplan 1

★ Alte Pinakothek
Giovanni Battista Tiepolos Gemälde Anbetung der Könige *ist eines der bedeutendsten Kunstwerke des 18. Jahrhunderts.* ❽

Karolinenplatz
Im Zentrum des Platzes, der nach Karolina, der Mutter Ludwigs I., benannt ist, steht ein 29 Meter hoher Obelisk von 1833. Er erinnert an die 30 000 bayerischen Soldaten, die in Napoléons Armee dienten und 1812 während des Russlandfeldzugs fielen. ❶

LEGENDE

– – – Routenempfehlung

NICHT VERSÄUMEN

- ★ Alte Pinakothek
- ★ Glyptothek
- ★ Neue Pinakothek

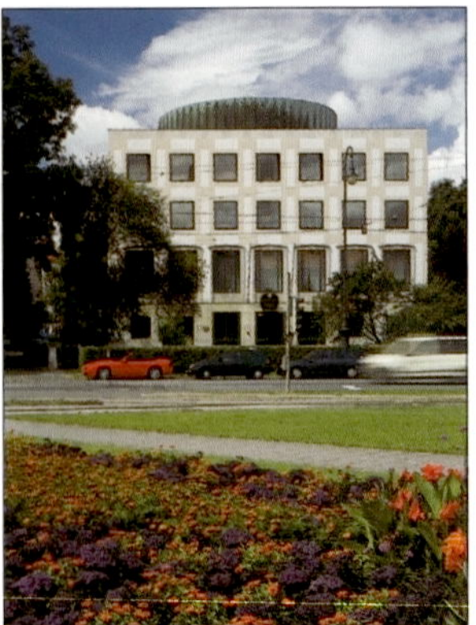

Amerika Haus am Karolinenplatz

Karolinenplatz ❶

Stadtplan 1 C5 (3 A1), **Karte** H6 (P2). *27.*

Maximilian I. Joseph, der mit der Entwicklung Münchens das Werk von Kurfürst Karl Theodor fortsetzte, konzentrierte seine Bautätigkeit auf die Gegend um die Brienner Straße. Damals wurde die königliche Straßenflucht geschaffen, die die Residenz mit Schloss Nymphenburg verbinden sollte – Voraussetzung für die Entwicklung des Stadtteils, der dem König zu Ehren Maxvorstadt genannt wurde.

1809–12 wurde an der Kreuzung von Brienner und Barer Straße der Karolinenplatz angelegt. Vorbild für Karl von Fischers Entwurf war die Place de l'Étoile in Paris. In der Mitte steht ein 29 Meter hoher bronzener Obelisk, der aus türkischen Kanonen gegossen wurde, die 1827 in der Schlacht von Navarino erbeutet worden waren. Der Obelisk wurde im Gedenken an die 30 000 bayerischen Soldaten errichtet, die in Napoléons Armee dienten und 1812 während des Russlandfeldzugs ihr Leben ließen.

Auf der nordwestlichen Seite des Platzes befindet sich die Anthropologische Staatssammlung, die einzige ihrer Art in Deutschland, mit einer kuriosen Schädelsammlung. Daneben steht das Amerika Haus, ein 1957 eröffnetes Kulturzentrum mit Ausstellungen und Veranstaltungen.

Basilika St. Bonifaz ❷

Karlstr. 34. **Stadtplan** 3 A1 (5 A1), **Karte** G6 (N2). *tägl. 7–19 Uhr.* *27.*

Ludwig I. ließ Kloster und Basilika St. Bonifaz errichten. Er wollte dem »heidnischen Tempel« der Glyptothek eine christliche Kirche gegenüberstellen. Auf klerikalen Einwand hin wurde die Kirche mit dem dazugehörenden Benediktinerkloster allerdings nicht direkt am Königsplatz, sondern etwas zurückgesetzt, hinter dem später erbauten Gebäude der heutigen Antikensammlungen, errichtet. Der Architekt Georg Friedrich Ziebland schuf die fünfschiffige Basilika 1835–50 nach italienischem Vorbild in frühchristlichem Schema.

Hinter dem Portikus, der von ionischen Säulen getragen wird, befinden sich drei überwölbte Zugänge. Der zentrale Eingang wird von Statuen des hl. Petrus und des hl. Bonifaz flankiert. Der Bogen ist gekrönt von einem Porträt des Architekten in mittelalterlicher Kleidung.

Von der ursprünglichen Kirche mit ihren farbenfrohen Gemälden und dem Balkendach, das von 66 Säulen getragen wurde, stand nach den Zerstörungen im Zweiten Weltkrieg nur noch ein Teil der Apsis. Die Kirche wurde verkleinert wiederaufgebaut. Im östlichen Seitenschiff ist König Ludwig I. in einem schlichten Marmorsarkophag beigesetzt. Seine Gemahlin Therese ruht in der Krypta.

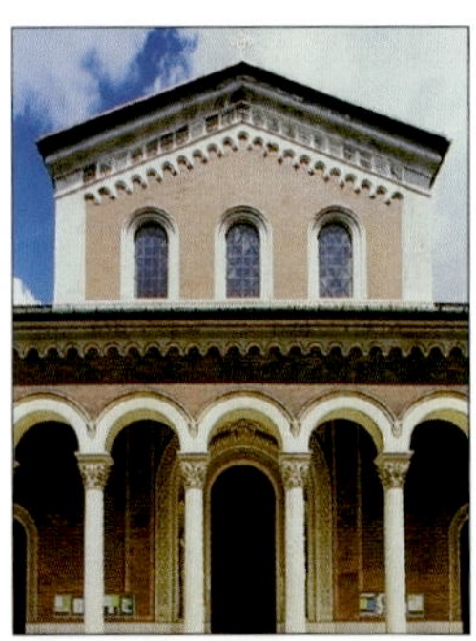

Die Fassade von St. Bonifaz im italienischen Stil

Staatliche Antikensammlungen ❸

Königsplatz 1. **Stadtplan**1 B5, **Karte** G6 (N2). *59 98 88 30.* *Königsplatz.* *27.* *Di–So 10– 17 Uhr (Mi bis 20 Uhr).* **www.** antike-am-koenigsplatz.mwn.de

Ludwig I. beauftragte 1838 Georg Friedrich Ziebland mit der Planung der Südseite des Königsplatzes (er hatte sich damals mit seinem Hofarchitekten Leo von Klenze zerstritten). Der König wünschte eine Ausstellungshalle, die an das Kloster und die Basilika St. Bonifaz angrenzen sollte. Das 1848 fertiggestellte Gebäude ist einem antiken griechischen Tempel nachempfunden. In seinen Proportionen unterscheidet es sich von der Glyptothek auf der gegenüberliegenden Seite des Königsplatzes.

Griechischer *kylix* (Trinkgefäß), Staatliche Antikensammlungen

Das Tympanon über dem großen Portikus zeigt Bavaria als Schutzpatronin der Kunst und des Handwerks. Von 1898 bis 1916 diente das Gebäude für Ausstellungen der Künstlergruppe Münchner Sezession, später als Ausstellungsfläche der Neuen Staatsgalerie. Seit 1967 befinden sich hier die Staatlichen Antikensammlungen.

Zum Bestand gehört die weltweit schönste Sammlung antiker Vasen aus dem 6. und 5. Jahrhundert v. Chr. – sie beansprucht allein fünf Säle. Hinzu kommen Sammlungen von Keramik- und Glasarbeiten, von Bronze- und Terrakottafiguren sowie Schmuck und anderer Zierrat. Grundstock des Museums war eine Schenkung Ludwigs I., der ein leidenschaftlicher Bewunderer der Antike war.

Propyläen ❹

Königsplatz. **Stadtplan** 1 B5, **Karte** G6 (N1). U *Königsplatz.*

Von 1815 an beschäftigten sich Ludwig I. und Leo von Klenze mit der Planung des Königsplatzes – mit der Glyptothek auf der einen und den Antikensammlungen auf der gegenüberliegenden Seite des Platzes. Um die Anlage zu vervollkommnen, errichtete Leo von Klenze 1854–62 die Propyläen.

Die Gebäude, die den Platz auf drei Seiten umgeben, repräsentieren jeweils einen anderen antiken Baustil. Die Propyläen sind dorisch, die Glyptothek ionisch und die Staatlichen Antikensammlungen korinthisch.

Vorbild für die Propyläen waren die Propyläen der Athener Akropolis. Wie sie bekam der Bau einen zentralen Eingang, der von einem Tympanon überspannt und von Tortürmen flankiert wird. Münchens Propyläen sollten eigentlich als westliches Stadttor – das klassizistische Äquivalent zum mittelalterlichen Isartor – dienen, doch die Entwicklung der Stadt, die sich längst über den Königsplatz ausgedehnt hatte, machte ein Stadttor überflüssig. Und so deklarierten Ludwig I. und Leo von Klenze die Propyläen als Monument des griechischen Freiheitskampfs gegen das Osmanische Reich (1821–29). Damit betonte man die dynastische Verbindung zwischen Bayern und dem neuen unabhängigen griechischen Staat, dessen erster Regent der Wittelsbacher Otto I. war. 1862 wurden die Propyläen eingeweiht.

Leo von Klenze (1784–1864)

Büste des Architekten, mit Lorbeer bekränzt

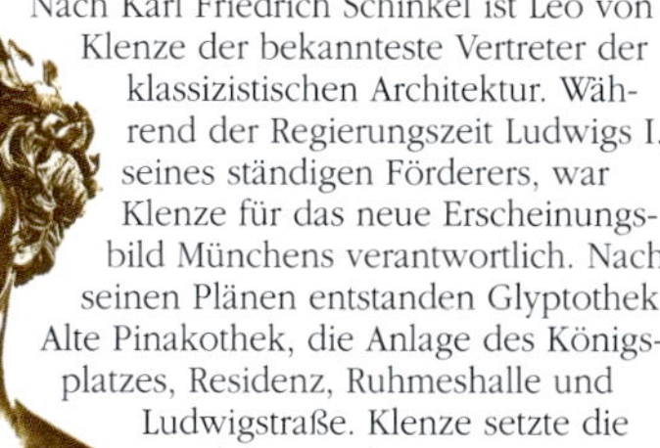

Nach Karl Friedrich Schinkel ist Leo von Klenze der bekannteste Vertreter der klassizistischen Architektur. Während der Regierungszeit Ludwigs I., seines ständigen Förderers, war Klenze für das neue Erscheinungsbild Münchens verantwortlich. Nach seinen Plänen entstanden Glyptothek, Alte Pinakothek, die Anlage des Königsplatzes, Residenz, Ruhmeshalle und Ludwigstraße. Klenze setzte die Idee, München zu einem »Isar-Athen« zu machen, in die Tat um. Als Architekt gestaltete er auch die Walhalla bei Regensburg, die Befreiungshalle in Kelheim und die neue Eremitage in Sankt Petersburg.

Glyptothek ❺

Königsplatz 3. **Stadtplan** 1 B5, **Karte** G6 (P1). *28 61 00.* U *Königsplatz.* *Di–So 10–17 Uhr (Do bis 20 Uhr).* **www**.antike-am-koenigsplatz.mwn.de

Den Plan, ein Skulpturenmuseum zu bauen, fasste Ludwig I. auf seiner ersten Italienreise. Er erwarb dort und in Griechenland antike Skulpturen und beauftragte 1816 Leo von Klenze damit, ein Museum für die Sammlung zu entwerfen. Es erhielt den Namen Glyptothek, nach dem griechischen Wort *glypte* (»geschnittener Stein«).

Die Glyptothek gilt als gelungenster klassizistischer Bau Klenzes. Sie enthält die weltweit schönste Sammlung antiker Skulpturen, u.a. die über 2500 Jahre alten, erst 1811 entdeckten Giebelfiguren vom Aphaia-Tempel, den *Rondanini-Alexander* (338 v. Chr.) und den *Barberinischen Faun* (220 v. Chr.).

Die dorischen Propyläen, das klassizistische Prunktor von Leo von Klenze

Städtische Galerie im Lenbachhaus ❻

Luisenstr. 33. **Stadtplan** 1 B5, **Karte** G6 (N1). *23 33 20 00.* U *Königsplatz.* *wegen Generalsanierung und Erweiterung bis Frühjahr 2013.* **Kunstbau** U-Bahnhof Königsplatz im Zwischengeschoss *Di–So 10–18 Uhr.* **www**.lenbachhaus.de

Der »Malerfürst« Franz von Lenbach (1836–1904) beauftragte Gabriel von Seidl mit dem Bau einer Villa beim Königsplatz. Haus und Garten von 1891 erinnern an eine italienische Villa. 1924 erwarb die Stadt das Anwesen. Um es als Kunstgalerie zu nutzen, wurde ein Nordflügel angebaut. Die Lenbachräume mit den Gemälden des Künstlers blieben erhalten.

Die Städtische Galerie besitzt Münchner Malerei des 19. und frühen 20. Jahrhunderts. Berühmt ist die Sammlung des *Blauen Reiters*. Die Gruppe war 1911–14 in München aktiv. 1957 bot Gabriele Münter, bis 1914 Lebensgefährtin Kandinskys, dem Museum die Bilder aus dessen Münchner und Murnauer Periode an. Ebenfalls zur Sammlung gehören Werke von Alexej von Jawlensky, August Macke, Paul Klee, Alfred Kubin, Andy Warhol, Anselm Kiefer und Joseph Beuys.

1994 wurde im U-Bahnhof Königsplatz der **Kunstbau** für Sonderausstellungen eröffnet.

Stadtplan München *siehe Seiten 144–153*

Paläontologisches Museum ❼

Richard-Wagner-Str. 10. **Stadtplan** 1 B5, **Karte** N1. *21 80 66 30. Königsplatz. Mo–Do 8–16, Fr 8–14 Uhr, 1. So im Monat 10–16 Uhr.* **www**.palmuc.de

Seit 1950 sind die Paläontologische Staatssammlung und das Paläontologische Institut in der ehemaligen Kunstgewerbeschule (1899–1902) von Leonhard Romeis untergebracht. Die Geschichte der Sammlung ist eng verknüpft mit der Gründung der Bayerischen Akademie der Wissenschaften (1759).

Schon im Lichthof sind Skelette von Sauriern und Co. zu sehen. Zu den Skelettfunden aus Bayern zählen Mastodon, Wollnashorn, Krokodil und Riesenschildkröte. Palmenfossilien lassen darauf schließen, dass es im prähistorischen Bayern tropisch warm war.

Alte Pinakothek ❽

Siehe S. 118–121.

Neue Pinakothek ❾

Siehe S. 122–125.

Museum Reich der Kristalle ❿

Theresienstr. 41 (Eingang von der Barer Str.). **Stadtplan** 1 C5, **Karte** Q1. *21 80 43 12. Theresienstr. 27. Di–So 13–17 Uhr.* **www**.lrz.de/~Mineralogische.Staatssammlung

Die Exponate gehören zur Mineralogischen Staatssammlung, deren Grundstock aus dem 18. Jahrhundert stammt. Herausragend war dabei die Sammlung von Herzog Maximilian von Leuchtenberg. Er hatte sich vor allem Mineralien aus dem Ural und aus Sibirien gewidmet. Nach seinem Tod ging die Sammlung 1858 an die Bayerische Akademie der Wissenschaften nach München.

Der moderne Bau präsentiert farbenprächtige Mineralien und Edelsteine aus Bayern und aus aller Welt.

Pinakothek der Moderne ⓫

Die Pinakothek der Moderne wurde 2002 als eines der weltweit größten Museen für Kunst des 20. und 21. Jahrhunderts eröffnet. Der rund 20 000 Quadratmeter große lichte Bau gruppiert alle Ausstellungsbereiche um eine zentrale Rotunde. Die Kunstsammlung teilt sich in »Klassische Moderne« mit Werken bis 1960, darunter Gemälden von Nolde, Picasso, Klee, Beckmann u. a., und in »Kunst der Gegenwart« mit Werken von u. a. Beuys, Baselitz, Warhol und Twombly. Zudem beherbergt die Pinakothek eine Grafik-Sammlung, eine Architektur-Sammlung und die Neue Sammlung – The International Design Museum Munich.

★ Stillleben mit Geranien (1910)
Das Gemälde des französischen Malers Henri Matisse (1869–1954) ist ein Paradebeispiel für den Stil des Fauvismus.

★ Der Gestürzte (1915/16)
Die Bronzeplastik von Wilhelm Lehmbruck ist ein Mahnmal gegen den sinnlosen Tod der Soldaten im Ersten Weltkrieg. Mit seiner Darstellung desavouierte der Künstler die Posen konventioneller Heldendenkmäler.

Erdgeschoss

Poltrona di Proust (1978)
Das Werk von Alessandro Mendini ist eines der 60 000 Exponate der Design-Sammlung.

INFOBOX

Barer Straße 40. **Stadtplan** 1 C3, **Karte** Q1. *23 80 53 60.* *Königsplatz.* *27.* *Di–So 10–18 Uhr (Do bis 20 Uhr).* *Feb–Sep 2013 wg. Renovierung, Ausstellungen im Ersatzbau.* *So 1 €.* **www**.pinakothek.de

Pinakothek der Moderne
Der Entwurf für den lichten Glas-Beton-Bau stammt vom Münchner Architekten Stephan Braunfels, der eine transparente Struktur schaffen wollte.

Kurzführer

Im Untergeschoss wird die Design-Sammlung präsentiert. Von dort führen Treppen zur Danner-Rotunde. Im Erdgeschoss sind – neben Wechselausstellungen – Exponate der Architektur-Sammlung und Grafiken zu sehen. Im Obergeschoss befinden sich Gemälde, Zeichnungen, Skulpturen und Installationen.

Danner-Rotunde
Die Rotunde im Untergeschoss zeigt Schmuckdesign, darunter die Kette Goldfinger *(1969) von Bruno Martinazzi.*

LEGENDE

- Gemälde und Skulpturen
- Design-Sammlung
- Grafik-Sammlung
- Architektur-Sammlung
- Kein Ausstellungsbereich

NICHT VERSÄUMEN

★ Der Gestürzte

★ Stillleben mit Geranien

Alte Pinakothek 8

Die Alte Pinakothek wurde 1836 eröffnet. Den Grundstock bildeten die Sammlungen bayerischer Herzöge ab dem 16. Jahrhundert. In der Napoleonischen Ära gingen die Bestände Mannheimer und Düsseldorfer Galerien in den Besitz des Museums über. Hinzu kamen die Sammlung italienischer Gemälde von Ludwig I. und die Kunstschätze der aufgelösten Klöster. Im 20. Jahrhundert erwarb das Museum eine große Sammlung französischer Gemälde.

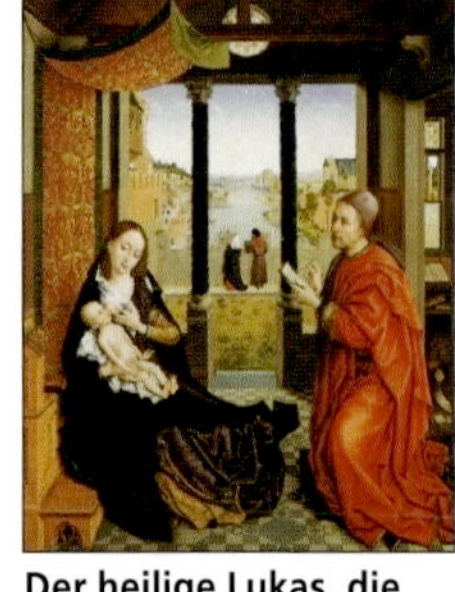

Der heilige Lukas, die Madonna zeichnend (um 1440)
Das Werk von Rogier van der Weyden gehört zu den meistkopierten Gemälden.

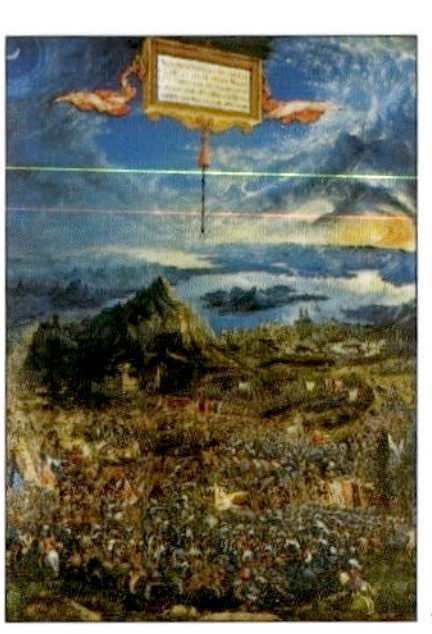

★ Alexanderschlacht (1529)
Das Gemälde von Albrecht Altdorfer zeigt den entscheidenden Sieg Alexanders des Großen über den Perserkönig Darius in der Schlacht bei Issos (333 v. Chr.).

★ Beweinung Christi (um 1490)
Reiche Farben, starke Kontraste von Licht und Schatten und der ornamentale Gleichklang des Gemäldes sind typisch für das Werk Sandro Botticellis.

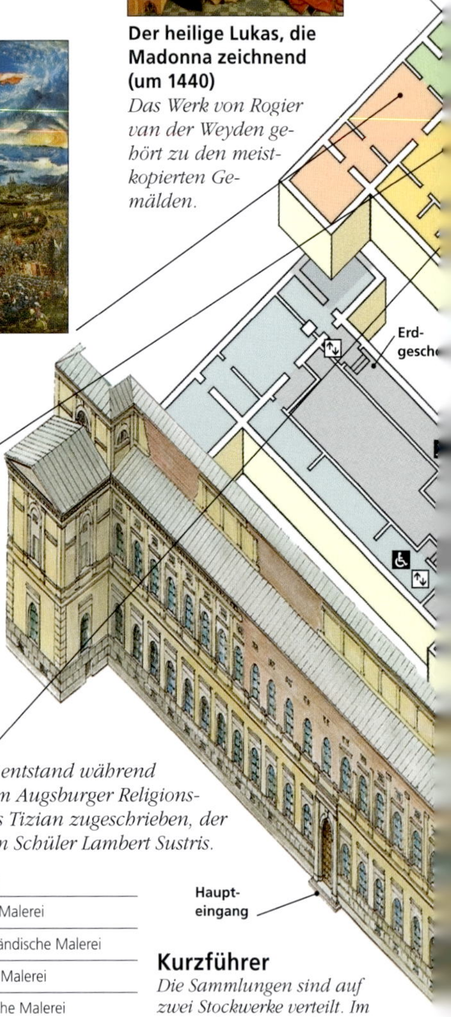

Kaiser Karl V. (1548)
Das Porträt des Kaisers entstand während der Verhandlungen zum Augsburger Religionsfrieden. Lange wurde es Tizian zugeschrieben, der Maler war jedoch dessen Schüler Lambert Sustris.

Erdgesch

Haupteingang

LEGENDE

- Deutsche Malerei
- Altniederländische Malerei
- Flämische Malerei
- Holländische Malerei
- Italienische Malerei
- Spanische Malerei
- Französische Malerei
- Kein Ausstellungsbereich
- Sonderausstellungen

Kurzführer

Die Sammlungen sind auf zwei Stockwerke verteilt. Im Erdgeschoss ist vor allem deutsche Malerei des 15./16. Jahrhunderts untergebracht. Im ersten Stock findet man deutsche, holländische, altniederländische, flämische, französische, italienische und spanische Künstler.

NICHT VERSÄUMEN

- ★ Alexanderschlacht
- ★ Beweinung Christi
- ★ Kreuzabnahme Christi

Karten spielende Bauern in einer Schenke (um 1630–40)
Das Gemälde von Adriaen Brouwer zeigt eine Szene aus dem flämischen Alltag.

INFOBOX

Barer Str. 27 (Eingang Theresienstr.). **Stadtplan** 1 C5, **Karte** P1. *23 80 52 16.* *Königsplatz.* *27.* *Di–So 10–18 Uhr (Di bis 20 Uhr).* *manche Feiertage.* *So 1 Euro.*
www.pinakothek.de

★ Kreuzabnahme Christi (1633)
Mit der dramatischen Szene von der Opferung des Heilands setzte Rembrandt einen Gegenpol zu Rubens' Werk.

Porträt der Madame Pompadour (1756)
François Bouchers Gemälde gilt als eines der schönsten des französischen Rokoko.

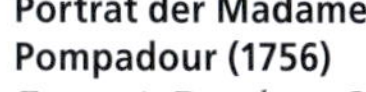

Italienische Barockmalerei ist durch so berühmte Maler wie Tiepolo und Guido Reni vertreten.

Obergeschoss

Anbetung der Könige (um 1502)
Die Darstellung der Huldigung ist Teil des Altarbilds Acht Szenen aus dem Marienleben *von Hans Holbein d.Ä.*

Schlaraffenland (1566)
Pieter Brueghel, der bekannteste Vertreter der flämischen Malerei, liefert hier eine Satire zum Traum von Völlerei und Faulheit.

Alte Pinakothek: Sammlungen

Nach dem Zweiten Weltkrieg wurde die Alte Pinakothek, ein Klenze-Bau, von Hans Döllgast wiedererrichtet. Im Erdgeschoss findet man deutsche alte Meister, den Brueghel-Saal, einen Raum für Wechselausstellungen sowie Café und Buchladen. Die Sammlungen im ersten Stock sind nach nationalen Schulen geordnet. Dabei hängen die großen Gemälde in den Haupträumen, die kleineren in den Seitenkabinetten.

Die vier Apostel (1526), zwei Tafelbilder von Albrecht Dürer

Deutsche Malerei

Die Alte Pinakothek ist berühmt für ihre Sammlung deutscher Kunst der Spätgotik und Renaissance. Die Abteilung beginnt mit Gemälden aus der Kölner Schule, vom Meister der heiligen Veronika (um 1420) bis zum Bartholomäus-Altar (1500–10), der bereits Renaissance-Elemente aufweist. Das späte 15. Jahrhundert wird durch Michael Pachers Kirchenväteraltar mit seiner kühnen Perspektivgebung repräsentiert.

Die Dürer-Sammlung dokumentiert die Entwicklung des Künstlers vom *Selbstbildnis im Pelzrock* (1500) bis zu den *Vier Aposteln* (1526). Zwei Gemälde Matthias Grünewalds wie auch die *Kreuzigung* (1503) von Lucas Cranach d. Ä. zeigen schon den Einfluss der Renaissance.

Albrecht Altdorfer aus Regensburg ist mit *Alexanderschlacht (Die Schlacht bei Issus)* und innovativer Landschaftsmalerei vertreten.

Für die Renaissance stehen die Allegorien Hans Baldung Griens und Hans von Aachens *Sieg der Wahrheit unter dem Schutze der Gerechtigkeit*. Aus dem 17. Jahrhundert stammen Werke von Adam Elsheimer und Johann Liss.

Altniederländische Malerei

Seit Ende des 16. Jahrhunderts unterscheidet man in der niederländischen Malerei eine flämische und eine holländische Schule. In der Sammlung findet man Gemälde von Rogier van der Weyden. Berühmt ist vor allem der Columba-Altar mit dem Mittelteil *Anbetung durch die Heiligen Drei Könige*. Hans Memlings *Sieben Freuden Mariens* zeigt Szenen aus dem Leben Jesu. Einen Eindruck von der Welt des Hieronymus Bosch erhält man durch das Fragment seines *Jüngsten Gerichts*. Im Gegensatz dazu steht Pieter Brueghels *Schlaraffenland*. Mit seiner *Danae* hat Jan Grossaert die italienische Renaissance assimiliert.

Raub der Töchter des Leukippos (1618) von Peter Paul Rubens

Flämische Malerei

Die Alte Pinakothek besitzt eine sehr große Rubens-Sammlung. Die Werkbreite reicht von dem sehr persönlichen Bild *Rubens mit Isabella Brandt in der Geißblattlaube* (1609), das er anlässlich seiner Hochzeit malte, bis zum *Raub der Töchter des Leukippos* und der *Amazonenschlacht*, beide bereits im Stil des Hochbarock gemalt. Auch seine großformatigen Bilder, darunter *Das Große Jüngste Gericht* und der *Höllensturz*, sowie der Zyklus mit Ereignissen aus dem Leben der Maria de Medici sind hier vertreten.

In der Abteilung findet man auch Gemälde der Rubens-Schüler Anthonis van Dyck und Jacob Jordaens sowie Bauernbilder von Adriaen Brouwer. Am berühmtesten sind die *Karten spielenden Bauern in einer Schenke*.

Anbetung durch die Heiligen Drei Könige (um 1455), Rogier van der Weyden

Holländische Malerei

Die große Sammlung holländischer Kunst aus dem 17. Jahrhundert zeigt wesentliche Arbeiten dieser künstlerischen Epoche. Allerdings weisen die Passionsbilder Rembrandts (ab 1630), darunter die *Kreuzabnahme*, bereits barocke Merkmale auf.

Bei den Porträts stechen vor allem das *Selbstporträt* von Carel Fabritius und Frans Hals' Bild des *Willem van Heythuysen* hervor.

Die Landschaftsmalerei ist vertreten durch Arbeiten von Jacob van Ruisdael und durch die Stadt- und Flusslandschaften des Jan van Goyen.

Besonders bekannt unter den Genremalern sind Jan Steen, Gabriel Metsu und Gerard Terborch.

***Willem van Heythuysen* (1625–30) von Frans Hals**

Italienische Malerei

Liebhaber der italienischen Malerei kommen im Museum auf ihre Kosten. Zu verdanken sind die meisten der hier vertretenen Frühwerke der Begeisterung Ludwigs I. für diese Kunstepoche.

Zu den Gemälden aus dem 14. Jahrhundert gehört Giottos *Das letzte Abendmahl*. Ein Jahrhundert später erlebt die Malerei einen Höhepunkt in der florentinischen Kunst, hier vertreten durch die religiösen Gemälde von Fra Filippo Lippi und Dominico Ghirlandaio. Weitere Höhepunkte

***Die Verkündigung* (um 1473) von Antonello da Messina**

sind Leonardo da Vincis *Maria mit dem Kind* (1473), Peruginos *Vision des heiligen Bernhard* sowie die Bilder Raffaels, hier vor allem die *Madonna dei Tempi* (1507).

Die venezianische Schule beeindruckt mit Tizians *Die Dornenkrönung* und Tintorettos Schlachtenszenen, in denen er die Familie Gonzaga verherrlicht. Zu den bedeutendsten Werken des 18. Jahrhunderts zählen die Ölbilder Tiepolos sowie die venezianischen Landschaften Canalettos und Francesco Guardis.

Spanische Malerei

Die spanische Sammlung ist zwar kleiner als die anderen, dafür allerdings exquisit. Die düstere *Entkleidung Christi* (um 1579) von El Greco ist eine von drei Varianten des Themas. Recht eigen sind auch Bilder von Diego Rodriguez de Silva y Velázquez, etwa *Der Infant Philipp Prosper* (1659), sowie eines der schönsten Werke Francisco de Zurbaráns, die *Grablegung der heiligen Katharina*. Einen starken Eindruck hinterlassen die Bilder von Bartolomé Esteban Murillo, vor allem seine Darstellungen der Straßenkinder in Sevilla *(Trauben- und Melonenesser* oder *Jungen beim Würfelspiel)*. Interessant sind auch die Arbeiten weniger bekannter Künstler.

Französische Malerei

Trotz ihrer politischen Verbindungen zu Frankreich haben die Wittelsbacher vergleichsweise wenig französische Kunst gesammelt. So sind die drei kleinen Bilder aus dem Frühwerk Nicolas Poussins nicht typisch für den Künstler. Besser repräsentiert ist Claude Lorrain mit seinem melancholischen Bild *Hagar und Ismael in der Wüste*.

Gut vertreten ist jedoch das 18. Jahrhundert. Die meisten Werke wurden mit Unterstützung der HypoVereinsbank beschafft. Bemerkenswert sind die Bilder von Jean-Baptiste Pater und Nicolas Lancret, beide in der Nachfolge Antoine Watteaus, sowie Jean-Marc Nattiers *Porträt der Marquise de Baglion als Flora*.

Groß ist der Bestand an Bildern von François Boucher. Hier findet man das *Porträt der Madame Pompadour* genauso wie das intime Bild von Louise O'Murphy, der Geliebten des französischen Königs Louis XV.

Für die erotische Rokokomalerei stehen die Szenen von Jean-Honoré Fragonard, während das moralische Werk *Die Klagen der Uhr* von Jean-Baptiste Greuze Einblick ins Lebensgefühl des Klassizismus vermittelt.

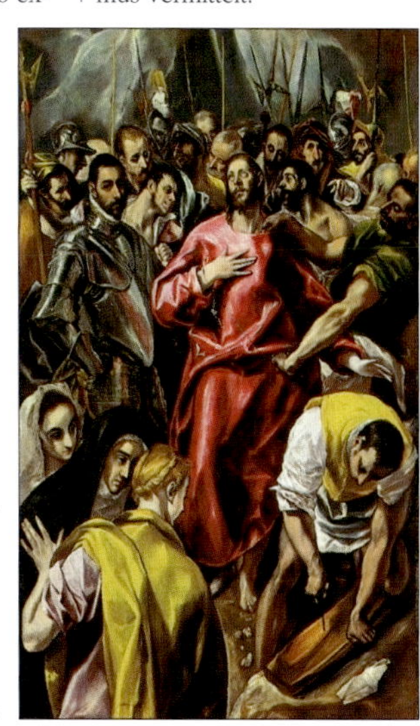

***Entkleidung Christi* von El Greco**

Neue Pinakothek ❾

Die Neue Pinakothek wurde 1853 eröffnet. Schwerpunkt war und ist die Kunst des 19. Jahrhunderts. Die Exponate sind großteils der Sammlertätigkeit Ludwigs I. zu verdanken. Unter dem Kurator und Kunsthistoriker Hugo von Tschudi (1909–11) kamen einige modernere Exponate dazu. Das Museum wurde im Zweiten Weltkrieg zerstört. Der helle postmoderne Neubau (1975–81) von Alexander von Branca zeigt die etwa 4500 Gemälde (rund 300 Skulpturen) des Museums (meist aus dem 18. und 19. Jahrhundert) in wechselnden Hängungen.

Junges Mädchen mit Strochhut (ca. 1835)
Das Porträt von Friedrich von Amerling ist typisch Biedermeier.

Heroische Landschaft mit Fischern (1818)
Das Gemälde des früh verstorbenen Théodore Géricault zeigt eine klassizistische Landschaft in romantischem Licht.

I Lock My Door Upon Myself (1891)
Das Gemälde von Fernand Khnopff, einem Mitbegründer der symbolistischen Brüsseler »Groupe des XX«, wurde u. a. durch die Werke der Präraffaeliten inspiriert.

NICHT VERSÄUMEN

- ★ Frühstück im Atelier
- ★ Italia und Germania
- ★ Seni vor der Leiche Wallensteins

Kurzführer

Die Sammlungen werden in 22 Sälen und elf Räumen präsentiert. Der empfohlene Rundgang ist chronologisch. Die Säle befinden sich auf verschiedenen Ebenen und gruppieren sich um zwei Innenhöfe.

★ Italia und Germania (1828)
Friedrich Overbecks Gemälde ist ein Rückblick auf die Renaissance.

INFOBOX

Barer Str. 29 (Eingang Theresienstr.). **Stadtplan** 1 C4, **Karte** H5.
23 80 51 95. **U** *Königsplatz.* *27.* *Mi–Mo 10–18 Uhr (Mi bis 20 Uhr).* *einige Feiertage.* *So 1 Euro.*
www.pinakothek.de

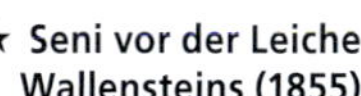

★ Seni vor der Leiche Wallensteins (1855)
Carl Theodor von Pilotys Illustration von Schillers berühmtem Drama war im 19. Jahrhundert ausgesprochen populär.

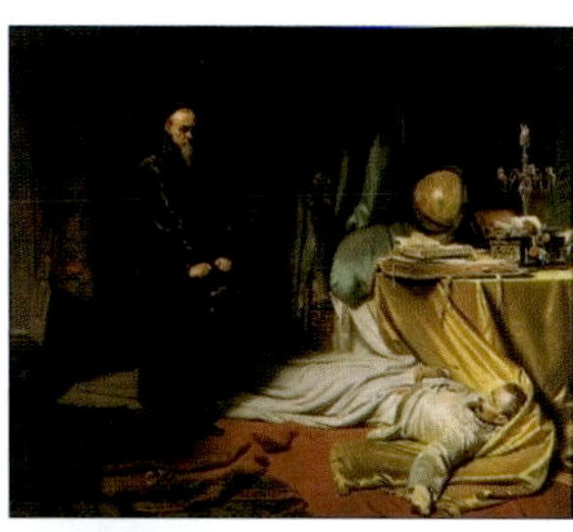

Stillleben mit Spargel und Weinglas (um 1885/90)
Der Künstler Carl Schuch wurde zu Lebzeiten unterschätzt. Dieses Stillleben ist beeinflusst vom Werk Édouard Manets.

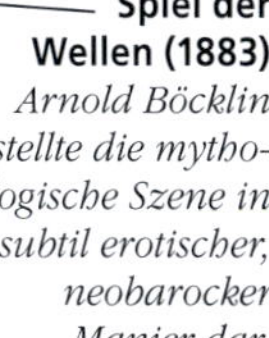

Spiel der Wellen (1883)
Arnold Böcklin stellte die mythologische Szene in subtil erotischer, neobarocker Manier dar.

★ Frühstück im Atelier (1868)
Das Gemälde Édouard Manets mit seinen ausgeprägten Lichtkontrasten stammt noch aus seiner vorimpressionistischen Periode.

LEGENDE

- Klassizismus
- Kunst am Hof von Ludwig I.
- Frühromantik
- Historismus
- Böcklin, Marées, Spätrealismus
- (Post-)Impressionismus
- Symbolismus und Sezession
- Kunst um 1800
- Realismus und Spätromantik
- Biedermeier und Frührealismus
- Wechselausstellungen
- Kein Ausstellungsbereich

Neue Pinakothek: Sammlungen

Die Neue Pinakothek ist sehr besucherfreundlich angelegt. Der empfohlene Rundgang beginnt und endet in einer großen Halle, er kann jederzeit ausgedehnt oder verkürzt werden. Verglaste Dächer sorgen für Tageslicht. Das Licht, die unterschiedlich großen und hohen Räume sowie die verschiedenen Ebenen tragen dazu bei, dass der Rundgang abwechslungsreich ist und die Augen nicht ermüden.

***Kirchenruinen im Wald* (1831) von Caspar David Friedrich**

Klassizismus und Frühromantik

Mit den Skulpturen des Paris von Antonio Canova und des Adonis von Bertel Thorvaldsen hat man zwei sehr verschiedene Werke des Klassizismus vor sich. Eine asketische Spielart des Klassizismus demonstriert Jacques-Louis David mit seinem Porträt der *Comtesse de Sorcy de Thélusson* (1790). Die Landschaftsmalerei wird durch deutsche Künstler abgedeckt, zu den bekannteren zählt Jacob Philipp Hackert.

Berühmt sind die melancholischen Landschaften Caspar David Friedrichs. Zu den Vertretern der Landschaftsmalerei der Dresdner Schule zählen Carl Gustav Carus und Johan Christian Dahl. Die *Heroische Landschaft mit Fischern* von Théodore Géricault zeigt eine klassizistische Landschaft in romantischem Licht. Die Gemälde von Eugène Delacroix, z. B. *Der sterbende Valentin* (1826) und *Der Tod der Ophelia* (1838), zeugen vom Shakespeare- und Faust-Bild der Romantik.

Biedermeier und Frührealismus

Als die Neue Pinakothek im Jahr 1853 eröffnet wurde, waren die Bilder der Nazarener Grundstock der Sammlung. Friedrich Overbecks Allegorie *Italia und Germania*, zwei Frauen, die sich schwesterlich umarmen, symbolisiert die Verbindung zwischen den beiden Ländern. Joseph Anton Kochs romantisch gefärbte, klassisch-heroische Landschaftsmalerei, z. B. *Heroische Landschaft mit Regenbogen* (1812) und *Blick auf Olevano* (1830), beeinflusste die Nazarener.

Obwohl künstlerisch sehr unterschiedlich, geben die Genrebilder des österreichischen Künstlers Ferdinand Waldmüller und die märchenhaften Bilder des Moritz von Schwind (z. B. *Eine Symphonie*) ein anschauliches Zeugnis von der Biedermeier-Gemütlichkeit und der Idealisierung des Landlebens aus Sicht des Stadtmenschen.

Realismus und Spätromantik

Im frühen 20. Jahrhundert begann man in der Neuen Pinakothek, französische Realisten zu sammeln. Die frühesten stammen von ca. 1850. Zu den Neuerwerbungen gehörten Studien von Camille Corot, darunter einige seiner italienischen Vignetten, sowie eine Reihe von Bildern von Gustave Courbet, vor allem seine Felslandschaften. Beeindruckend bei den Bildern des Karikaturisten Honoré Daumier ist nicht zuletzt die thematische Vielfalt: So zeigt er mit *Das Drama* (1860) die Welt des Pariser Theaters, mit seinem unvergleichlichen *Don Quijote* (1868) erfasst er den symbolischen Charakter des Ritters von la Mancha. Carl Spitzwegs ironisch-liebenswürdiges Werk *Der arme Poet* wurde in Deutschland zum Kultbild.

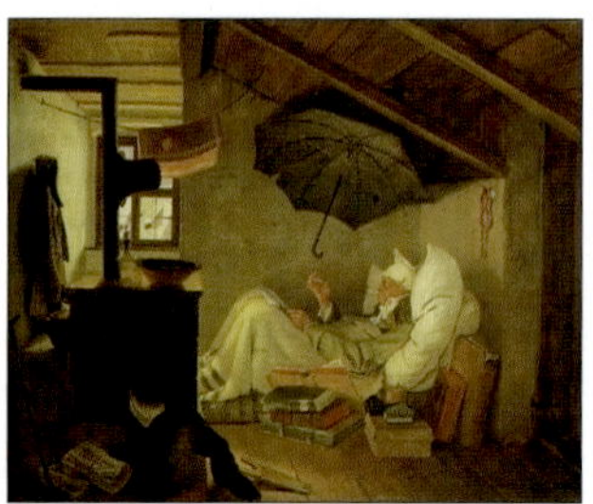

***Der arme Poet* (1839) von Carl Spitzweg**

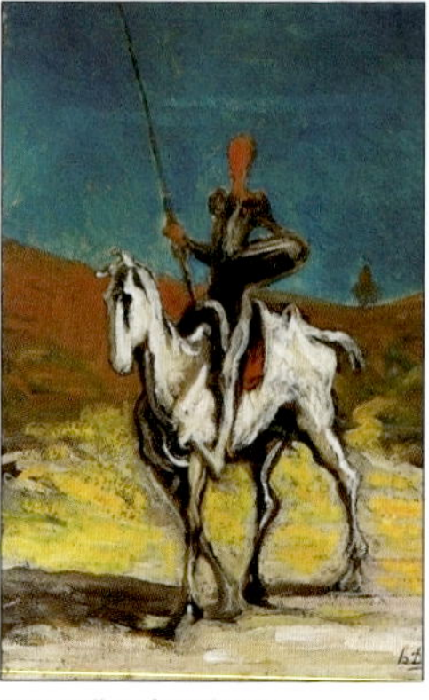

***Don Quijote* (1868) von Honoré Daumier**

Historismus

Historische Themen waren im Deutschland des 19. Jahrhunderts en vogue. Am Eingang der Abteilung steht man vor Wilhelm von Kaulbachs Ölgemälde *Die Zerstörung Jerusalems* (1846). Gezeigt wird die Plünderung der Stadt als göttliches Strafgericht. Bevorzugt malte Kaulbach auch seinen Gönner, den Kunstmäzen König Ludwig I. Auch Carl von Piloty ist bei den Historienmalereien vertreten. Berühmt ist sein Bild *Seni vor der Leiche Wallensteins* (1855), aber auch das spätere Ölgemälde

Thusnelda im Triumphzug des Germanicus (1873), eine neobarocke visionäre Darstellung des bevorstehenden Triumphs der deutschen Nation, erzählt viel von der Ideologie des 19. Jahrhunderts.

***Hesperiden II* (1884) von Hans von Marées**

Böcklin, Marées, Spätrealismus

Nach der Gründung des Deutschen Reichs (1871) entwickelte sich die Kunstszene in verschiedene Richtungen. Der Rheinländer Hans von Marées beschritt in seinem Bestreben nach klassischer Schönheit neue Wege. Seine wichtigsten Arbeiten, zu denen das Triptychon *Hesperiden* (1884) und *Die Drei Reiter* (1887) zählen, sind im Besitz des Museums.

Anselm Feuerbach bietet mit *Medea* (1870) durch expressive Farbgebung eine tragische Interpretation der klassischen Figur, während sich Arnold Böcklins Welt der klassischen Mythologie mit dem neubarocken Zeitgeist deckt (z.B. *Spiel der Wellen*). Gut vertreten sind auch der Münchner Porträtmaler Wilhelm Leibl sowie Carl Schuch und Wilhelm Trübner.

***Badende Knaben* (1898), Max Liebermann**

(Post-)Impressionismus

Die Impressionisten sind in der Neuen Pinakothek zahlenmäßig eher schwach vertreten, was aber durch die Qualität der Bilder wettgemacht wird. Besondere Aufmerksamkeit verdienen Édouard Manets *Die Barke* (1874), Claude Monets *Seine-Brücke von Argenteuil* (1874) sowie Paul Cézannes *Der Bahndurchstich* (um 1870). In seinen späteren Ölbildern zeigt sich Cézannes Tendenz, natürliche Formen auf ihre geometrischen Grundformen zu reduzieren. Neben Edgar Degas' entzückender *Büglerin* (1869) findet man auch etliche seiner Porträts und seiner tänzerischen Statuetten. Im Besitz der Pinakothek sind zudem Bilder von Auguste Renoir, Camille Pissarro und Alfred Sisley.

Auch die deutschen Impressionisten sind hier entsprechend vertreten. Man findet frühe Werke von Adolph von Menzel sowie Gemälde von Max Liebermann, Lovis Corinth (u.a. *Selbstbildnis*, 1925) und Max Slevogt. Mit dem Raum, in dem die Bilder Paul Signacs hängen, beginnt die spätimpressionistische Abteilung. Von Paul Gauguin findet man Werke aus seiner bretonischen Periode, aber auch das Bild *Die Geburt* (1896), das aus seiner Zeit auf Tahiti stammt.

Repräsentativ ist die Sammlung der Bilder Vincent van Goghs. Weltweit bekannt sind seine *Sonnenblumen* (1888). Berühmt sind auch zwei besonders schöne Landschaftsbilder: *Blick auf Arles* (1889) und *Die Ebene bei Auvers* (1890). Alle drei Bilder zeugen in ihrer Farbgebung und ihren Sujets von der Freude des Künstlers an der Schönheit der Welt.

Symbolismus und Sezession

Die Wechselwirkung zwischen Symbolismus und Sezession wird an Fernand Khnopffs *I Lock My Door Upon Myself* sehr deutlich. Ebenfalls zu sehen ist hier das ausdrucksstarke *Stillleben im Atelier* von James Ensor sowie Bilder von Edvard Munch und Maurice Denis.

Künstler wie Pierre Bonnard und Édouard Vuillard führten hingegen die impressionistische Tradition fort. Die für den Symbolismus typischen erotischen und eschatologischen Anklänge findet man etwa in Egon Schieles *Agonie* (1912). Das letzte Bild in der Neuen Pinakothek ist das Porträt der *Margaret Stonborough-Wittgenstein* (1905) von Gustav Klimt.

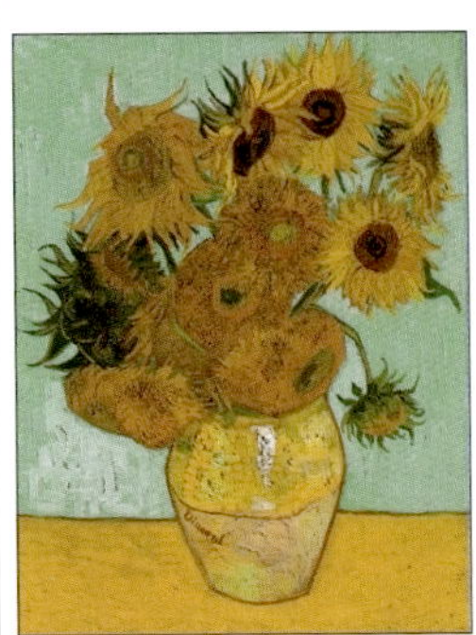

***Sonnenblumen* (1888) von Vincent van Gogh**

Farbenfroh – die Fassade des Museums Brandhorst

Museum Brandhorst ⓬

Theresienstr. 35a (Ecke Türkenstr.). **Stadtplan** 1 C5, **Karte** Q1. *23 805-22 86.* *Königsplatz.* *Di–So 10–18 Uhr (Do bis 20 Uhr).* **www**.museum-brandhorst.de

Kunstwerke des späten 20. und des 21. Jahrhunderts zeigt das 2009 eröffnete Museum Brandhorst. Seine Schätze stammen aus einer Schenkung des Ehepaars Udo und Anette Brandhorst. Das auffällige Gebäude liegt neben den drei Pinakotheken und erweitert damit das Kunstareal. Hier kann man Werke von Andy Warhol, Joseph Beuys, Georg Baselitz, Damien Hirst und Gerhard Richter sehen. Über 60 Arbeiten von Cy Twombly ermöglichen es, die Entwicklung des Künstlers nachzuvollziehen. Zudem werden interessante Wechselausstellungen gezeigt.

Palais Pinakothek ⓭

Türkenstr. 4. **Stadtplan** 3 B1, **Karte** P/Q2. *27.* *23 805-284.* *nach Anmeldung, 2. So im Monat »Offenes Palais«.*

Das frühere Palais Dürckheim wurde 1843/44 von Friedrich Jakob Kreuther für den obersten Hofmeister Graf Georg Friedrich von Dürckheim-Montmartin erbaut. Bis 1909 war hier die preußische Botschaft untergebracht. Heute nutzen die Pinakotheken den Bau zur Kunstvermittlung. Das moderne Bankgebäude nebenan steht in reizvollem Kontrast zu dem alten Gemäuer.

Die mit Ziegel- und Terrakottareliefs gestaltete Backsteinfassade erinnert an die Bauten der italienischen Frührenaissance. Das Palais ist ein Beispiel für den Architekturstil zwischen der Regentschaft Ludwigs I. (Architekt: Friedrich von Gärtner) und Maximilians II. (Architekt: Friedrich Bürklein).

Statue am Wittelsbacher Brunnen am Lenbachplatz

Lenbachplatz ⓮

Stadtplan 3 A1, **Karte** P3. *oder* *Karlsplatz-Stachus.* *19.*

Der lang gezogene Lenbachplatz erstreckt sich zwischen Maximiliansplatz, Altem Botanischem Garten und Karlsplatz. Der Bebauung lag kein einheitliches Konzept zugrunde. So findet man neben Repräsentationsbauten diverse Gruppierungen von Wohnhäusern (spätes 19. Jh.).

An der Westseite des Platzes steht der Justizpalast, an der Südseite das Künstlerhaus. Die **Börse** an der Nordseite wurde 1868–98 erbaut. Als pompöser neubarocker Bau zeugt sie von der Finanzkraft der Einrichtung. Das benachbarte **Bernheimer Haus** (Ottostr. 6) entstand 1889. Es galt als Krönung des Münchner Wohnstils. In den 1990er Jahren wurde es von Sir Terence Conran renoviert und beherbergt nun ein Gourmet-Restaurant.

An der Ostseite, am Maximiliansplatz, steht Münchens monumentalster Brunnen, der **Wittelsbacher Brunnen** Adolf von Hildebrands. 1893–95 wurde er anlässlich der Fertigstellung des neuen städtischen Bewässerungssystems errichtet. Aus einem zweistöckigen Becken ergießen sich Wasserkaskaden. Die zwei Statuen des Brunnens, ein Reiter und eine Frauenfigur, sind Allegorien der segensreichen und zerstörerischen Kräfte des Wassers.

Karlsplatz ⓯

Stadtplan 3 A1 (5 A2), **Karte** G7 (P3). *oder* *Karlsplatz-Stachus.* *16, 17, 18, 19, 20, 21, 27.*

Als die Stadtbefestigung 1791 auf Anweisung des Kurfürsten Karl Theodor abgerissen wurde, entstand in der westlichen Altstadt ein großer Platz. Karlsplatz und **Karlstor**, das man stehen ließ, wurden nach dem Herrscher benannt. Doch Karl Theodor war nicht sehr beliebt, deshalb hieß der Platz im Volksmund »Stachus« – wie die Schenke des Eustachius Föderl, die seit 1759 hier stand.

1899–1902 erweiterte der Architekt Gabriel von Seidl das Karlstor um zwei halb-

Karlsplatz (Stachus) – im Sommer Wasserspiele, im Winter eine Eisarena

Hotels und Restaurants in München *siehe Seiten 262–265 und 276–279*

kreisförmige Flügel. Unter den Arkaden der neubarocken Rondellbauten findet man zahlreiche Läden. Ein Blickfang ist der Justizpalast im Nordwesten.

Im östlichen Teil entstand in den 1960er Jahren eine Brunnenanlage – heute ein beliebter Treff. Seit 1972 beginnt hier dieFußgängerzone. Im Zwischengeschoss unter dem Platz gibt es viele Läden.

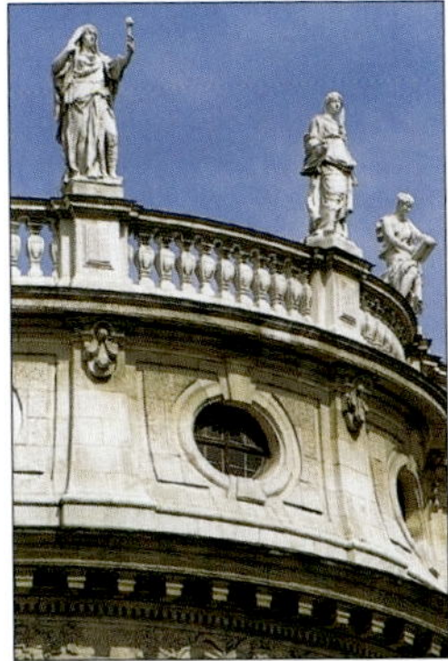

Dachbalustrade des Justizpalasts

Justizpalast ⑯

Elisenstr. 1a (Karlsplatz), Prielmayerstr. 7. **Stadtplan** 3 A1 (5 A2), **Karte** N3. *55 97 01.* Ⓢ *oder* Ⓤ *Karlsplatz-Stachus.* *16, 17, 18, 19, 20, 21, 27.*

Im Nordwesten des Karlsplatzes steht eines der bekanntesten, aufwendigsten und imposantesten Münchner Bauwerke aus dem späten 19. Jahrhundert. Der 1891–98 von Friedrich Thiersch erbaute Justizpalast ist ein Paradebeispiel neobarocker Architektur. Geschickt werden hier allerlei barocke Architekturzitate gesetzt.

Eine Neuheit war am Ende des 19. Jahrhunderts die große Lichtkuppel aus Glas und Eisen. Im Lichthof liegen das Haupttreppenhaus und die große Halle, beide prächtig verziert.

Das dahinterliegende Neue Justizgebäude (1906–08), ebenfalls ein Thiersch-Bau, ähnelt mit seiner unverputzten Backsteinfassade, den Uhrentürmen und den Stufengiebeln eher einem gotischen Rathaus.

Alter Botanischer Garten ⑰

Stadtplan 3 A1 (5 A1), **Karte** N/P 2–3. Zwischen Elisen- und Sophienstr. Ⓢ *oder* Ⓤ *Karlsplatz-Stachus.* *16, 17, 18, 19, 20, 21, 27.*

Wer sich vom Trubel der Innenstadt erholen will, findet im Alten Botanischen Garten Zuflucht. 1804– 14 wurde der Park nördlich des Justizpalasts von Friedrich Ludwig von Sckell (der auch den Englischen Garten schuf) in Form eines Halbrunds angelegt.

1854 riss man das alte Gewächshaus ab, um hier den Glaspalast zu errichten, in dem die erste Industrieausstellung stattfand. Der Glaspalast brannte 1931 nieder.

1914 wurde in Nymphenburg ein neuer Botanischer Garten angelegt, der alte wurde in einen öffentlichen Park umgewandelt. 1935–37 erbaute man im Park ein Restaurant, das heutige Park Café. Der Neptunbrunnen stammt von Josef Wackerle. Vorbild für die Brunnenfigur war Michelangelos *David*.

Löwenbräukeller ⑱

Stiglmaierplatz 2/Ecke Nymphenburger Str. **Stadtplan** 1 A5, **Karte** F6. *54 72 66 90.* Ⓤ *Stiglmaierplatz.* *tägl. 10–24 Uhr.* **www**.loewen braeukeller.com

Kommt man von Westen über die Nymphenburger Straße, sieht man schon von Weitem den Steinlöwen, das Wahrzeichen von Löwenbräu. In der historischen Gaststätte der Brauerei

Der berühmte Löwenbräukeller am Stiglmaierplatz

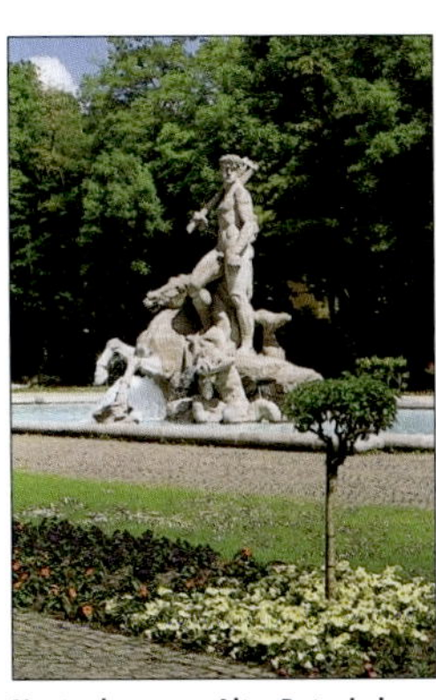

Neptunbrunnen, Alter Botanischer Garten

ist Platz für 4000 Gäste. Hier findet im März der Triumphator-Anstich statt. Das malerische Ensemble wurde 1883 von Albert Schmidt erbaut und später von Friedrich Thiersch erweitert. Der Turm erhebt sich über einem Arkadenvorbau mit Dachterrasse. Der Biergarten mit seinen Kastanien ist im Sommer auch bei Einheimischen beliebt.

Staatliches Museum Ägyptischer Kunst ⑲

Gabelsbergerstr. 35. **Stadtplan** 1 C5, **Karte** P1. *28 92 76 30.* Ⓤ *Königsplatz.* *27.* *Neueröffnung ab Frühjahr 2013 (Infos auf der Website).* **www**.aegyptisches-museum-muenchen.de

Das Museum für Kunst des Alten, Mittleren und Neuen Reichs zieht 2013 von der Residenz *(siehe S. 74 und 77)* in sein neues Quartier im Gebäude der HFF (Hochschule für Fernsehen und Film) im Museumsviertel um. Bis dahin bleibt der alte Standort geöffnet.

Stadtgebiet München

Einige Münchner Attraktionen befinden sich außerhalb des auf den Seiten 52–127 beschriebenen Zentrums, die meisten jedoch noch im Stadtgebiet. Alle sind dank guter Verkehrsverbindungen leicht zu erreichen. Im Norden Münchens liegen der Olympiapark und das BMW-Hochhaus, im Westen der Stadtteil Nymphenburg mit Schloss Nymphenburg, Park und Botanischem Garten. Fast noch im Zentrum erstreckt sich die Theresienwiese, auf der das Oktoberfest stattfindet. Im Süden stößt man auf den Tierpark Hellabrunn und auf die Bavaria Filmstadt. In den östlichen Stadtteilen findet man zwei berühmte Kirchen sowie, etwas außerhalb in Riem, die Neue Messe München.

Skulptur im Nymphenburger Park

Sehenswürdigkeiten auf einen Blick

Schlösser und historische Gebäude

Asam-Schlössl 12

Blutenburg 16 Grünwald 11

Nymphenburg S. 130–133 1

Viertel

Berg am Laim 7

Ramersdorf 8

Parks und Anlagen

Botanischer Garten 2

Olympiapark 3

Theresienwiese 14

Tierpark Hellabrunn 9

Museen

BMW-Museum 4

Deutsches Museum Verkehrszentrum 13

Verschiedenes

Allianz Arena 17

Au 6 Bavaria Filmstadt 10

Hypo-Hochhaus 5

Neue Messe München 15

LEGENDE

- München Zentrum
- Stadtgebiet und Umgebung
- Autobahn
- Bundesstraße
- Nebenstraße
- Eisenbahn
- Bahnhof

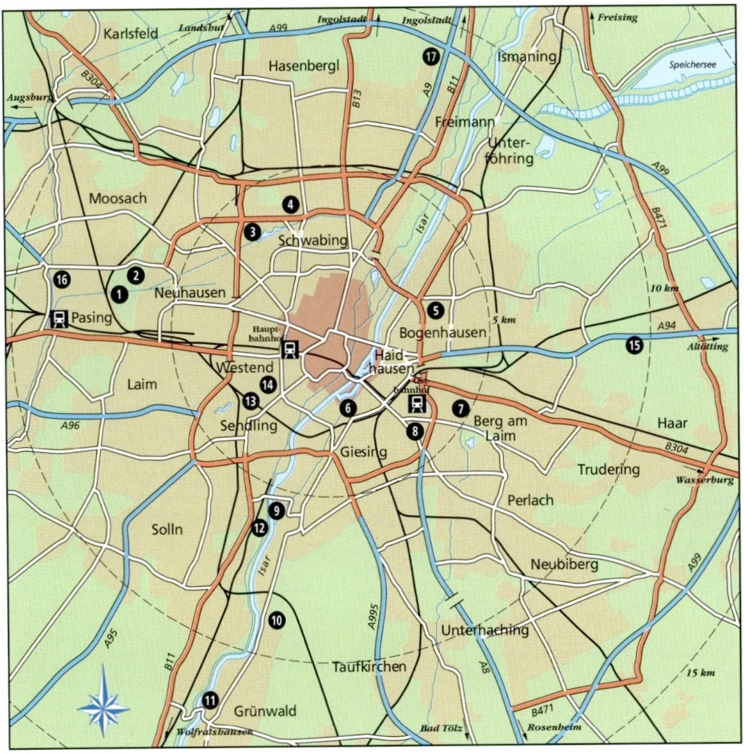

◁ **Olympiapark mit Olympiaturm (*siehe S. 134f*), im Hintergrund das »vierzylindrige« BMW-Hochhaus**

Nymphenburg ❶

Nach der Geburt des Thronfolgers Maximilian Emanuel ließ Kurfürst Ferdinand Maria seiner Gattin Adelaide 1664 ein Sommerschlösschen bauen. Die italienische Villa von Agostino Barelli wurde der Göttin Flora geweiht. Diverse Bauten von Enrico Zuccalli und Hofbaumeister Joseph Effner kamen über die Jahre hinzu. Die verbindenden Arkadengebäude verhalfen dem Ganzen zur harmonischen Einheit. So entstand eine der schönsten Schlossanlagen Europas. Im 19. Jahrhundert bekam der Park mit den Parkschlösschen sein heutiges Gesicht.

Papagei der Porzellan Manufaktur

★ Amalienburg
Das von François Cuvilliés erbaute Jagdschlösschen ist eine Perle des Rokoko. Die Spiegel in dem runden, mit Stuckarbeiten verzierten Saal machen den Raum optisch größer.

Ansicht von Schloss Nymphenburg
Der stattliche Palast mit der 600 Meter breiten, typischen Barockfassade findet in der geometrischen Anlage des Schlossgartens seine formale Entsprechung.

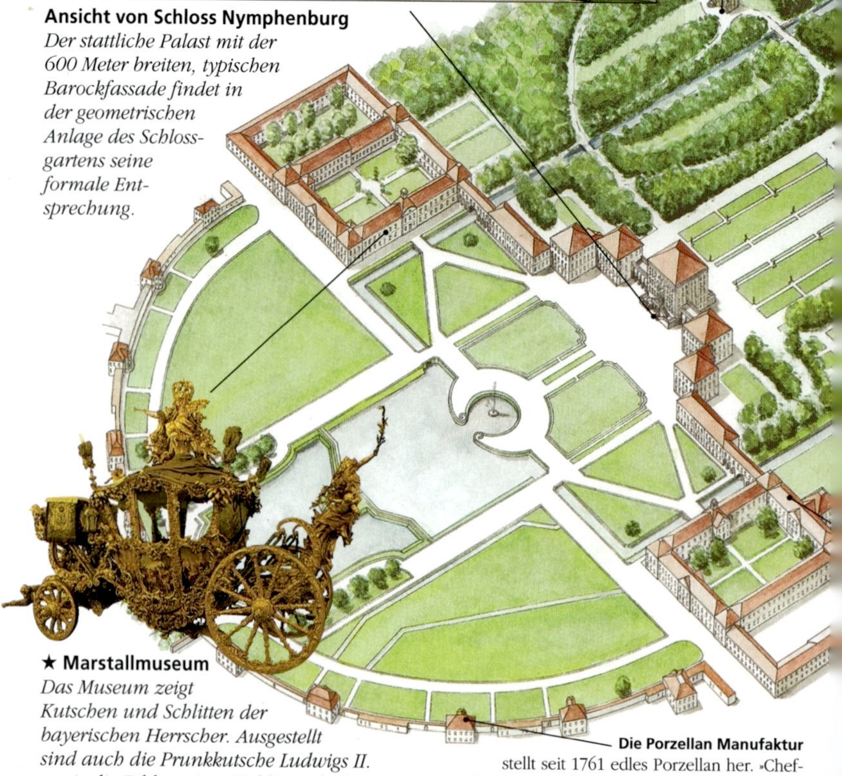

★ Marstallmuseum
Das Museum zeigt Kutschen und Schlitten der bayerischen Herrscher. Ausgestellt sind auch die Prunkkutsche Ludwigs II. sowie die Bilder seiner Lieblingspferde.

Die Porzellan Manufaktur
stellt seit 1761 edles Porzellan her. »Chefdesigner« war lange Zeit Franz Anton Bustelli.

Schlosspark
Die symmetrische französische Gartenanlage geht in einen englischen Landschaftspark über, in dem es viel zu entdecken gibt.

INFOBOX

Karte A4. U *Rotkreuzplatz, dann Tram 17.* 17. 51. **Schloss** *siehe S. 133.* **Amalienburg, Badenburg, Pagodenburg, Magdalenenklause** *Apr– 15. Okt: tägl. 9–18 Uhr.* **Park** *tägl. 6 bzw. 6.30 Uhr bis Dämmerung.* **www.**schloss-nymphenburg.de **Museum Mensch und Natur** *Di–Fr 9–17 (Do bis 20), Sa, So 10–18 Uhr.* **www.**musmn.de

Badenburg
Das Badeschlösschen verfügte über das erste beheizbare Badebecken. Die Heizanlage ist erhalten.

★ Pagodenburg
In dem Pavillon empfing man Gäste, nutzte ihn aber auch als Ruheraum. Im Erdgeschoss kann man noch rund 2000 bemalte Delfter Kacheln sehen.

Café

Die Orangerie war die erste in Deutschland, die beheizt werden konnte.

Das Museum Mensch und Natur erzählt viel über die Erdgeschichte, über Lebensformen und den Menschen als Gestalter der Natur – alles auf spannende Art und Weise.

NICHT VERSÄUMEN

- ★ Amalienburg
- ★ Marstallmuseum
- ★ Pagodenburg

Magdalenenklause
Maximilian II. Emanuel gab eine Klause in Ruinen-Architektur in Auftrag, in der er künftig ein klösterliches Leben führen wollte – Sehnsucht des Barockmenschen.

Schloss Nymphenburg

Laterne am Aufgang

Der Mittelbau ist der älteste Teil des Schlosses. Er wurde 1664 nach dem Vorbild italienischer Villen errichtet. 1701 gab Maximilian II. Emanuel die Seitenflügel in Auftrag, die dann durch Arkaden mit dem Haupthaus verbunden wurden. Nach 1714 entstanden unter der Regie Joseph Effners der Steinerne Saal und weitere Prachträume in den Seitenflügeln. Auch Stallungen, Orangerie sowie Pagodenburg, Badenburg und Magdalenenklause gehen auf Effner zurück. Sehenswert ist auch das Marstallmuseum mit dem Museum »Nymphenburger Porzellan«.

»Italienische« Villa
Der Mittelbau, der älteste Teil der Schlossanlage, wirkt wie eine italienische Villa. Davor sind zwei Treppenaufgänge.

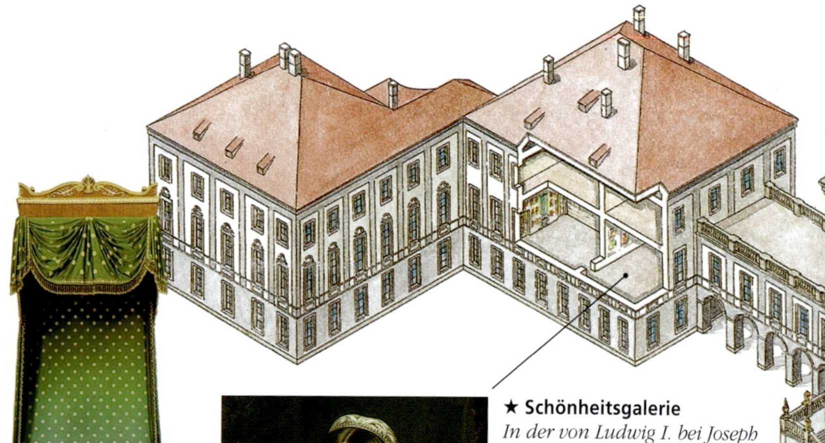

★ Königliches Bett
Das Schlafgemach im Südflügel ist mit schönen Gemälden und Mahagonimobiliar ausgestattet. Hier steht auch das Bett, in dem Ludwig II. geboren wurde.

★ Schönheitsgalerie
In der von Ludwig I. bei Joseph Stieler in Auftrag gegebenen Galerie hängen Porträts von adligen Damen neben denen von Bürgerinnen und Tänzerinnen. Das Bild zeigt die Schneidertochter Helene Sedlmayr.

Karl Albrecht als Kaiser Karl VII.
Das Porträt des bayerischen Kurfürsten und Kaisers des Heiligen Römischen Reichs entstand 1742 im Atelier des Hofmalers George Desmarées. Das Gegenstück, ein Bild der Kaiserin Maria Amalie, hängt im selben Raum.

NICHT VERSÄUMEN

- ★ Königliches Bett
- ★ Schönheitsgalerie
- ★ Steinerner Saal

Fresken
Wände und Decken der Prachträume sind mit Stuck und wundervollen Malereien verziert. Am schönsten ist die Deckenbemalung im Steinernen Saal. Sie zeigt mythologische Szenen vor einer Landschaftsidylle.

INFOBOX

Karte A4. **Schloss Nymphenburg und Marstallmuseum mit Museum »Nymphenburger Porzellan«** *Anfahrt siehe S. 131.* *17 90 80.* *Apr–15. Okt: tägl. 9–18 Uhr; 16. Okt–März: tägl. 10–16 Uhr.*
www.schloss-nymphenburg.de

Lackkabinett
Das chinesische Lackkabinett ist einer der besonderen Anziehungspunkte. Die Holztäfelung ist mit schwarzen Lackarbeiten verziert. Die Motive werden in der Rokoko-Deckenbemalung wieder aufgenommen.

Steinerne Balustraden mit Vasen umrahmen die Treppe, die zum Park führt.

Eingang

Vorzimmer
Das Vorzimmer im Nordflügel ist im französischen Louis-XV-Stil gehalten. Gemälde, aufwendige Stuckarbeiten und Schnitzereien zieren die Wände. Die Decke wurde mit klassischen Motiven bemalt.

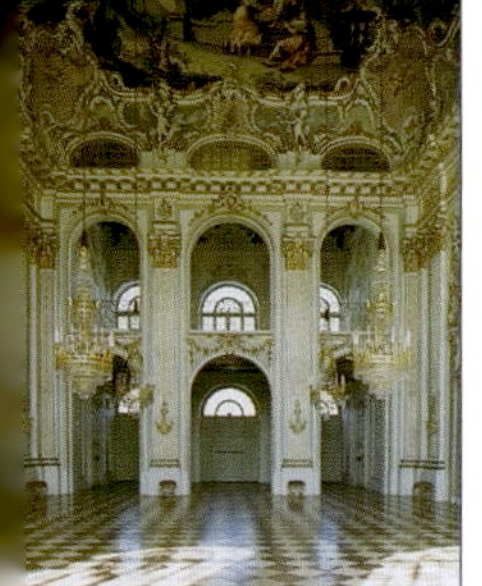

★ Steinerner Saal
Betritt man das Schloss, gelangt man in diese Prunkhalle. Die Fenster ringsum sind in üppiger Rokokomanier verziert.

Botanischer Garten ❷

Menzinger Str. 65. **Karte** A3. *17 86 13 16.* *17.* *Apr, Sep: 9–18 Uhr; Mai–Aug: 9–19 Uhr; Feb, März, Okt: 9–17 Uhr; Nov–Jan: 9–16.30 Uhr.* **Gewächshäuser** *tägl. ab 9 Uhr, Schließung 30 Min. früher als Freiland.* **www**.botmuc.de

Nördlich des Nymphenburger Parks wurde 1909–14 der neue Botanische Garten angelegt. Auf einer Fläche von 22 Hektar sind in einem der schönsten botanischen Gärten Europas über 14000 Pflanzenarten zu sehen.

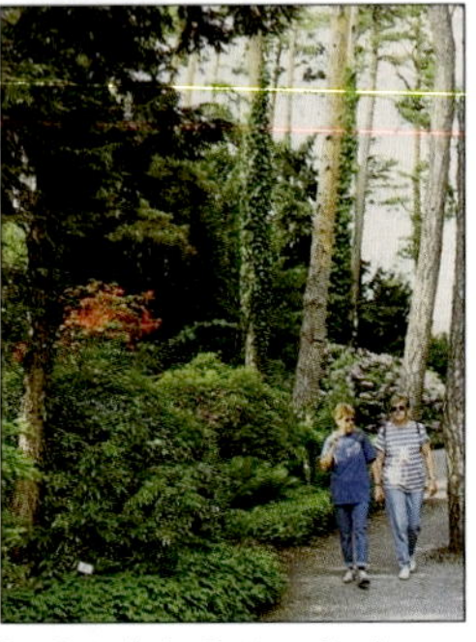

Der Botanische Garten mit seiner erstaunlichen Pflanzenvielfalt

Man betritt den Garten durch das Botanische Institut. Durch den Schmuckhof gelangt man zu einer ökologischen und genetischen Abteilung. Ein Rosengarten und ein Rhododendronhain führen zur Abteilung mit Nutz- und Arzneipflanzen. Im westlich gelegenen Arboretum findet man seltene Nadelhölzer. Zudem sehenswert: Alpinum und Farnschlucht.

Links vom Eingang stehen **Gewächshäuser** mit tropischen Pflanzen. Hier wachsen riesige Kakteen, Bambusse, Palmen, Orchideen, Seerosen und fleischfressende Pflanzen. Mitten im Garten gibt es ein schönes Café-Restaurant. Tipp: Im Frühling schlüpfen exotische Schmetterlinge.

Historische Fahrzeuge im BMW-Museum

BMW-Museum ❹

Am Olympiapark 2 (Petuelring 130) und Lerchenauer Str. (BMW Welt). **Karte** G1 und F1. *12 50 16 001.* *Olympiazentrum.* **Museum** *Di–So 10–18 Uhr.* *nach tel. Anmeldung.* **BMW Welt** *tägl. 9–18 Uhr.* **www**.bmw-welt.com

In den frühen 1970er Jahren ließ BMW zwei für München ungewöhnliche Gebäude bauen, die mit der Architektur des nahen Olympiaparks konkurrieren. Der Wiener Architekt Karl Schan-

Olympiapark ❸

Für die Olympischen Spiele 1972 wurde das Oberwiesenfeld, früher Exerzierplatz und Flughafen, zum Olympiagelände umgebaut. Ab 1966 entstanden für fast eine Milliarde Euro eine künstliche Landschaft mit See, der Olympiaturm und die Sportstätten. Seit 1988 steht das Gelände unter Denkmalschutz.

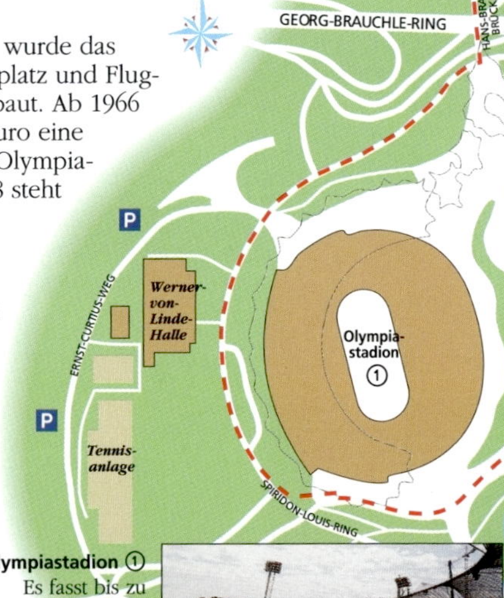

BMW-Museum, BMW Welt ⑥
Im BMW-Museum präsentiert der Konzern Autogeschichte. Die BMW Welt ist ein architektonisches Highlight.

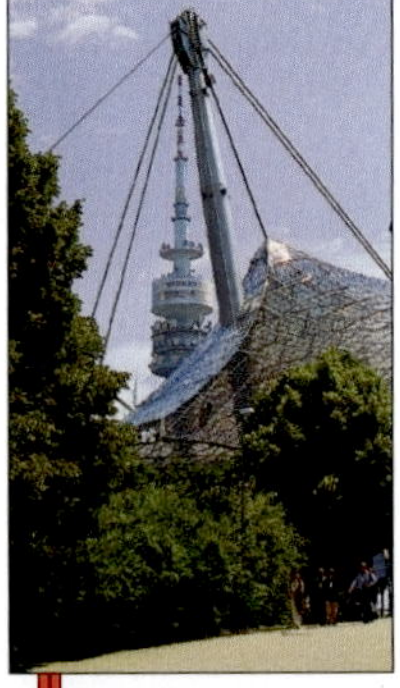

Olympiahalle ②
Das charakteristische Zeltdach (Architekt Günter Behnisch) wird von 58 Pylonen gestützt. Auf die Stahlseile wurden durchsichtige Acrylglasplatten geschraubt.

Olympiastadion ①
Es fasst bis zu 75000 Besucher und war bis zum Bau der Allianz Arena Heimstatt des FC Bayern und des TSV 1860 München.

zer verstand seine Kreationen symbolisch: Das 19-stöckige Hochhaus, das den Komplex prägt, erinnert an die vier Zylinder eines Automotors. Es ist mit silbern schimmerndem Aluminium verkleidet. Sein Grundriss gleicht einem Kleeblatt.

Als Kontrapunkt zum emporstrebenden »Vierzylinder« steht davor der markante, schalenförmige Bau des BMW-Museums. In dem silbernen, fensterlosen Gebäude mit 41 Metern Durchmesser ist die Geschichte der BMW-Werke aufbereitet. Auf fünf Plattformen, verbunden durch eine spiralförmige Rampe, werden Fahrzeuge ausgestellt – von den ersten Autos, über Motorräder, Rennwagen aus den 1950er und 1960er Jahren bis zu aktuellen Modellen und künftigen Prototypen.

Neues architektonisches Wahrzeichen ist seit 2007 die **BMW Welt**, ein Auslieferungszentrum mit Gastronomie und Läden, zugleich Forum für Tagungen und kulturelle Events.

Hypo-Hochhaus ❺

Arabellastr. 12. **Karte** M6.
U Richard-Strauss-Str.

Im Gegensatz zu anderen Weltstädten wird die Skyline Münchens kaum von Banken-, Firmen- und Hotelhochhäusern geprägt. Wenn überhaupt, fand die neuere Stadtentwicklung außerhalb des Mittleren Rings statt. Ein Beispiel dafür ist der Arabellapark, eine Gruppe multifunktionaler Wohngebäude, Hotels und Bürobauten. An seinem Rand entstand 1975–81 nach Entwürfen von Walter und Bea Betz der Bau des Hypo-Hochhauses.

Das Hypo-Hochhaus mit seiner silbrig glänzenden Fassade

Die Architekten schufen ein einzigartiges Ensemble. Der 114 Meter hohe Komplex besteht aus drei unterschiedlich hohen Blöcken, die mit gigantischen Ringen verbunden sind und von vier zylindrischen Türmen gestützt werden. Verglasung und silbrig glänzende Außenhaut des Baus vermitteln den Eindruck von Leichtigkeit und kühler Eleganz.

Es lohnt sich, den Komplex zu umrunden und die Perspektiven auf sich wirken zu lassen. Neben seiner architektonischen Bedeutung ist der Hauptsitz der HypoVereinsbank (jetzt UniCredit Group) auch ein Beispiel für den Repräsentationswillen der Banken. Bis 2017 soll die Anlage saniert und zu einem »Green Building« werden.

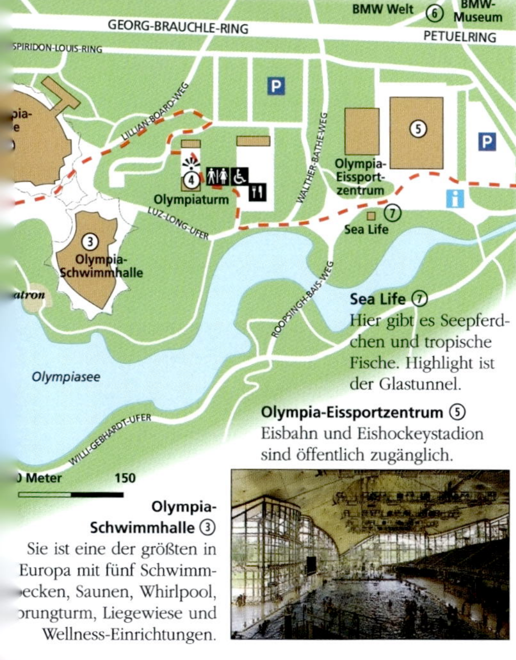

Sea Life ⑦
Hier gibt es Seepferdchen und tropische Fische. Highlight ist der Glastunnel.

Olympia-Eissportzentrum ⑤
Eisbahn und Eishockeystadion sind öffentlich zugänglich.

Olympia-Schwimmhalle ③
Sie ist eine der größten in Europa mit fünf Schwimmbecken, Saunen, Whirlpool, Sprungturm, Liegewiese und Wellness-Einrichtungen.

ROUTENINFOS

Anfahrt: *U Olympiazentrum.*
Start: *Hans-Braun-Brücke.*
Länge des Spaziergangs: *2 km.*
Lohnend: *Das Drehrestaurant im Olympiaturm bietet einen Blick über München bis zu den Alpen.*

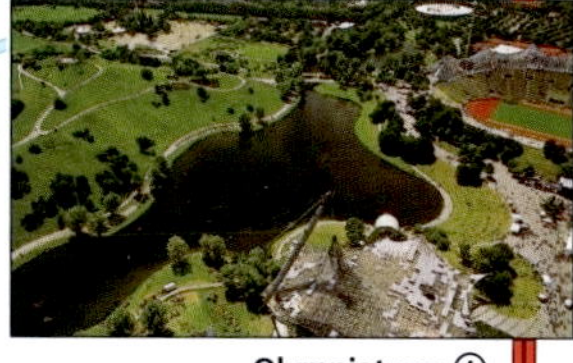

Olympiaturm ④
Der 290 Meter hohe Fernsehturm und das 182 Meter hohe Drehrestaurant bieten eine prächtige Aussicht auf Olympiapark und Stadt – oft bis zu den Alpen.

LEGENDE

- Routenempfehlung
- Aussichtspunkt
- P Parken

Marionettenbühne in der Au

Au 6

Stadtplan 4 D5, **Karte** J9–10. 17. 52. *Auer Dult: Mariahilfplatz. Frühjahrsdult: Beginn um den 1. Mai; Jakobidult: Beginn Sa nach dem 25. Juli; Kirchweihdult: Beginn 3. Sa im Okt.* **www**.auerdult.de

Bis ins 15. Jahrhundert gehörte die Au zum Überflutungsgebiet der Isar. Erst nach der Regulierung des Flusses wurde die Gegend Siedlungsgebiet und schließlich 1854 eingemeindet. Bis ins frühe 20. Jahrhundert lebten in der Au sozial schwächere Schichten. Noch heute stehen hier einige der malerischen kleinen Häuser, wie sie für das alte München typisch waren.

Dreimal im Jahr verwandelt sich die Au jeweils neun Tage lang in ein turbulentes Vergnügungsviertel. Während der Auer Dult sind auf dem Mariahilfplatz Verkaufsstände, Essbuden und Karussells aufgebaut. Das lokale Ereignis hat seit 1312 Tradition. Damals kaufte man hier vieles, was zum Leben notwendig war, heute findet man alles zwischen Ramsch und Antiquitäten.

Der Platz wird von der Mariahilfkirche geprägt. Sie wurde 1831–39 erbaut und war die erste neogotische Kirche Süddeutschlands.

Berg am Laim 7

U *Josephsburg.* **Sankt Michael** Clemens-August-Str. 9a. *tägl. 8–18 Uhr.*

Der Name »Berg am Laim« hängt mit der Lage des Stadtteils zusammen, denn an dem Hügel entlang dem Harlbacher Bach wurde früher Lehm (Laim) abgebaut.

Zu Beginn des 18. Jahrhunderts gründete der Kölner Bischof Clemens Joseph hier die Bruderschaft vom heiligen Michael. Unter seinem Nachfolger, Kurfürst Clemens August, wurde die Kirche **Sankt Michael** errichtet. Für den Bau konnte er die bekanntesten Fachleute seiner Zeit gewinnen: den Baumeister Johann Michael Fischer, den Maler und Stuckateur Johann Baptist Zimmermann und den Bildhauer Johann Baptist Straub. In 14-jähriger Bauzeit (1737–51) entstand eine der schönsten Rokokokirchen Deutschlands.

Während die von Zwillingstürmen flankierte Fassade noch genial gefügter Spätbarock ist, sind Ausstattung und Bemalung pures Rokoko. Das Gemälde am Hochaltar (1694), das zeigt, wie der heilige Michael den Satan besiegt, stammt von Johann Andreas Wolff. Die Putten und Engelsfiguren werden Ignaz Günther zugeschrieben. Die Kanzel mit der Statue des heiligen Michael, der eine bayerische Fahne trägt, ist ein Werk Benedikt Haßlers. Die Deckengemälde zeigen Szenen aus dem Leben des Heiligen.

Kanzel in Sankt Michael in Berg am Laim

1941–43 waren nahe der Kirche und dem Kloster über 300 Juden interniert, bevor sie in ein Konzentrationslager deportiert wurden. Ein Mahnmal erinnert daran.

Ramersdorf 8

U *Karl-Preis-Platz und Innsbrucker Ring.* **St. Maria Ramersdorf** Ramersdorfer Str. 9. *tägl. 8–18 Uhr.*

Ramersdorf ist eines der weniger schönen Münchner Gewerbegebiete. Doch zwischen Fabriken und Werkstätten stößt man auf einen Ort der Ruhe, auf die Kirche **St. Maria Ramersdorf**, eine der ältesten bayerischen Wallfahrtskirchen. Seit dem 14. Jahrhundert zieht sie Pilger an, die hier eine Reliquie des heiligen Kreuzes, die in einer kostbaren Monstranz aufbewahrt wird, verehren. Ein weiteres Objekt der Verehrung ist die hölzerne Madonna von Erasmus Grasser. Außen hat die Kirche gotischen Charakter, der Innenraum wurde barockisiert.

Die gotischen Kreuzgänge weisen Stuckarbeiten auf. Die Altäre stammen aus dem 17. Jahrhundert. Auch der Friedhof ist sehenswert. Ebenso lohnt die Gaststätte Alter Wirt (1663), wo schon die Reisenden auf der Handelsstraße zwischen Salzburg und Augsburg einkehrten, einen Besuch.

Barocker Innenraum der Pilgerkirche St. Maria Ramersdorf

Hotels und Restaurants in München *siehe Seiten 262–265 und 276–279*

Tierpark Hellabrunn ⑨

Der städtische Zoo wurde 1911 als erster Geo-Zoo der Welt gegründet. In der 3,6 Quadratkilometer großen Anlage an den Isarauen leben über 1000 Säugetiere, über 1000 Vögel, dazu Reptilien, Amphibien, Fische, Insekten und Spinnentiere. In den artgerechten Lebensräumen können Besucher die Tiere fast wie in freier Wildbahn beobachten. Dies macht den Tierpark Hellabrunn zu einem der schönsten Zoos weltweit.

INFOBOX

Tierparkstr. 30. 62 50 80. U Thalkirchen. 52. Apr–Sep: tägl. 9–18 Uhr; Okt–März: tägl. 9–17 Uhr.
www.tierpark-hellabrunn.de

★ Elefanten
Die Dickhäuter wohnen im historischen Elefantenhaus.

Alpensteinbock
Das geschützte Tier ist in freier Wildbahn selten zu sehen. Hier lebt es in einem felsigen Gehege, das der Alpenlandschaft nachempfunden wurde.

Der Kiang ist ein Wildesel aus Tibet, der in Herden lebt.

Die Mhorr-Gazelle kommt in Freiheit nicht mehr vor.

Parkanlage
Die Tiere sind nicht die einzige Attraktion. In den Parkanlagen kann man wunderbar spazieren gehen und sich erholen.

0 Meter 150

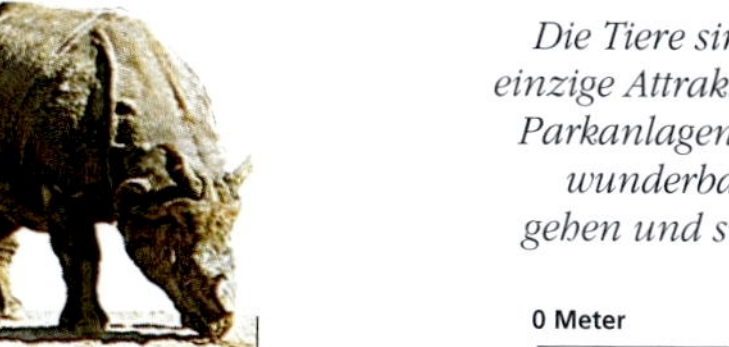

★ Panzernashorn
Nashörner faszinieren allein durch ihre Größe und archaische Gestalt. Hier leben sie in einer Umgebung, die ihrem natürlichen Lebensraum ähnelt.

LEGENDE

Alpensteinböcke ④
Aquarium/
Urwaldhaus ⑤
Asiatische Wildtiere ⑬
Dschungelzelt ⑧
Elefanten ⑦
Gazellen ⑩
Kiangs ⑭
Kindertierpark ⑮
Löwen ⑨
Panzernashörner ⑫
Pelikane ②
Polarwelt ⑯
Przewalski-
Urwildpferde ③
Orang-Utan-Paradies ⑥
Sibirische Tiger ⑪
Streichelgehege ①

NICHT VERSÄUMEN

★ Elefanten

★ Panzernashorn

U-Boot aus Wolfgang Petersens Film *Das Boot*

Bavaria Filmstadt ⑩

Geiselgasteig. Bavariafilmplatz 7. *Silberhornstr., Wettersteinplatz, dann Tram 25. Rosenheimer Platz, dann Tram 25. 25. 64 99 20 00. Apr–Nov: tägl. 9–15 bzw. 16.30 Uhr (letzter Einlass für Führung bzw. Filmstadt Komplett); Nov–März: tägl. 9–14 bzw. 15.30 Uhr.*
www.bavaria-filmstadt.de

Die Bavaria Filmstadt, das »Hollywood an der Isar«, ist eines der bedeutendsten Filmstudios Europas. Hier wurden schon in den 1910er Jahren Filme produziert. Später arbeiteten Regisseure wie Alfred Hitchcock, Billy Wilder, Orson Welles, Ingmar Bergman und Rainer Werner Fassbinder in Geiselgasteig. Jedes Jahr werden hier Dutzende von Kino- und Fernsehfilmen sowie Serien produziert.

Seit 1981 steht die Filmstadt Besuchern offen. Während der Führung durch das Produktionsgelände trifft man auf die Kulissen der *Unendlichen Geschichte*, von *Asterix und Obelix gegen Caesar* oder von *Die wilden Kerle*. Der Tour-Guide erläutert, wie große Filmklassiker oder Fernsehserien entstehen, etwa die Serie *Marienhof*, die 16 Jahre lang hier gedreht wurde.

Im **4D-Erlebnis-Kino** bewegen sich die Sitze zur Handlung mit (Kinder müssen dafür über 120 Zentimeter groß sein). Seit Frühjahr 2011 kann man im Bullyversum interaktiven Spaß haben. In der Bavaria werden auch TV-Shows aufgezeichnet, bei denen man als Zuschauer teilnehmen kann.

Grünwald ⑪

Burg Grünwald. Grünwald, Zeillerstr. 3. *25 (Endstation). 64 13 218.* **Burg** *Mitte März–Nov: Mi–So 10–16.30 Uhr.*

Grünwald am südlichen Stadtrand Münchens ist ein exklusiver Villenvorort. Von hier aus kann man schöne Wanderungen und Fahrradtouren unternehmen.

Die größte Attraktion ist die Burg Grünwald, eine sehr gut erhaltene mittelalterliche

Gotisches Torhaus mit Wappen der Burg Grünwald

Burg, deren Ursprünge im 12. Jahrhundert liegen. Früher befand sich hier eine römische Festungsanlage. 1270 kam die Burg in den Besitz der Wittelsbacher. Im 15. Jahrhundert wurde ein Torhaus mit Stufengiebel angebaut. Dort sind elf Wappen angebracht, oben im First sieht man das bayerische Wappen. 1602–1857 war die Burg Gefängnis und Munitionsdepot.

Die archäologische Sammlung informiert über die Geschichte der Burg und über die Römer in Bayern. Zu sehen sind u.a. ein Lapidarium sowie Nachbauten einer römischen Küche und eines römischen Heizungssystems.

Asam-Schlössl ⑫

Thalkirchen. Maria-Einsiedel-Str. 45. *Thalkirchen. Nur zugänglich.*

Cosmas Damian Asam erwarb 1724 im Isartal eine Liegenschaft (17. Jh.), die er als Wohnsitz und Atelier nutzen wollte. Asam, der zweimal verheiratet war und 13 Kinder hatte, empfand seinen alten Wohnsitz in der Theatinerstraße als zu beengt.

Mit seinem Bruder Egid Quirin baute er den Landsitz um. Aus dem zweiten Stock wurde ein geräumiges Atelier, das durch ein großes, halbkreisförmiges Fenster Licht erhielt. Dem Gebäude gaben die Brüder den Namen Maria Einsiedel, nach der Schweizer Wallfahrtskirche, die sie ausgestaltet hatten. Die Fassade bemalte der Künstler selbst – eines der seltenen noch erhaltenen Beispiele der in München einst weitverbreiteten Fassadenmalerei. Heute ist hier ein Restaurant mit einem hübschen Garten.

Deutsches Museum Verkehrszentrum ⑬

Am Bavariapark 5. **Karte** E8. *50 08 06 762. Schwanthalerhöhe. tägl. 9–17 Uhr.*
www.deutsches-museum.de/verkehrszentrum

In drei denkmalgeschützten Hallen, die bis 1998 als Messehallen genutzt wurden, ist dieses Zweigmuseum des Deutschen Museums untergebracht. Unter den Themen »Stadtverkehr«, »Reisen« und »Mobilität und Technik« werden u.a. Kraftfahrzeuge, Kutschen, Züge und Lokomotiven, aber auch alte Fahrräder ausgestellt. Sonderausstellungen ergänzen das Angebot.

Hotels und Restaurants in München *siehe Seiten 262–265 und 276–279*

Theresienwiese ⓮

Theresienhöhe 16. **Karte** E/F8–9. *Theresienwiese.* *29 06 71.* **Ruhmeshalle, Bavaria** *Apr–Mitte Okt: tägl. 9–18 Uhr (Oktoberfest bis 20 Uhr).* *Oktoberfest (16 oder 17 Tage, Sep bis 1. Wochenende im Okt).* **www**.oktoberfest.de

Am 17. Oktober 1810 fand die Hochzeit des künftigen Königs Ludwig I. mit Therese von Sachsen-Hildenburghausen statt. Zur Feier wurde auf der Wiese vor der Stadt (zu Ehren der Braut Theresienwiese genannt) ein Pferderennen veranstaltet. Man wiederholte das Fest mit Schießständen. Mit der Zeit entwickelte sich daraus das weltgrößte Volksfest – das Oktoberfest, das 2010 sein 200-jähriges Bestehen feierte.

Auf der Theresienhöhe steht die von Leo von Klenze 1848–53 erbaute **Ruhmeshalle**. Hier sind weit mehr als 100 Büsten berühmter Personen zu sehen. Davor steht die 18,5 Meter hohe **Bavaria**, mit Schwert und Eichenkranz sowie dem bayerischen Wappentier, dem Löwen, zu ihren Füßen. Von der (engen) Plattform im Kopf hat man einen schönen Blick auf die Stadt. Das Werk Ludwig Schwanthalers war die erste monumentale Gusseisenfigur.

Neue Messe München ⓯

Am Messesee 2. *Messestadt-West bzw. -Ost.* **www**.messe-muenchen.de

Auf dem Gelände des 1992 geschlossenen Flughafens Riem wurde 1995–98 die Neue Messe München erbaut.

Haupteingang der Neuen Messe München in Riem

Die Anlage gilt als beispielhaft für moderne, funktionale Architektur (Architekturbüro Bystrup, Bregenhoj & Partner).

17 Hallen sind symmetrisch entlang dem Atrium, einer 600 Meter langen, begrünten Hauptachse und Ruhezone, angeordnet. Die Neue Messe hat 160 000 Quadratmeter Hallenfläche und 280 000 Quadratmeter Freigelände. Auf dem Gelände steht auch das Internationale Congress Center München. Zu den größeren internationalen Messen zählen Bauma, ISPO und Heim & Handwerk. 2005 wurde das Areal nahe der Messestadt für die Bundesgartenschau als Park mit See angelegt.

Blutenburg ⓰

Blutenburg. *56, 143, 160.* **Internationale Jugendbibliothek** *89 12 110.* *Mo–Fr 14–18 Uhr.* **Kapelle** *Apr–Sep: tägl. 9–17 Uhr; Okt–März: tägl. 10–16 Uhr.* **www**.blutenburg.de

Auf einem künstlichen Inselchen in der Würm steht das Jagdschlösschen Blutenburg. Ab 1425 gehörte es den Wittelsbachern. Der Bau beherbergt heute die Erich Kästner Gesellschaft und die **Internationale Jugendbibliothek**. Mit über 500 000 Bänden in 110 Sprachen ist sie die weltgrößte Sammlung von Kinder- und Jugendliteratur.

Der einzige original erhaltene Teil ist die Kapelle St. Sigismund, die von den Baumeistern der Frauenkirche errichtet und 1488 geweiht wurde. Die Fresken an den Außenmauern sind spätgotisch. Der Innenraum der Kapelle besticht mit seinem Rippengewölbe, einem Altarbild von Jan Polack und spätgotischen Skulpturen. Essen kann man in der Schlossschänke

Portal der Kapelle der Blutenburg

Allianz Arena ⓱

Werner-Heisenberg-Allee 25. *Fröttmaning.* *35 09 48-350.* *tägl. ab 11 Uhr, außer an Spieltagen; Dauer der Führung ca. 1:15 Std.* **www**.allianz-arena.de

Spielstätte des FC Bayern München und des TSV 1860 München ist seit Mai 2005 die Allianz Arena in München-Fröttmaning. Das von den Schweizer Architekten Jacques Herzog und Pierre de Meuron konzipierte Stadion ist für 69 900 Menschen ausgelegt. Die Arena bietet auf 6000 Quadratmetern verschiedenste gastronomische Einrichtungen und Fanshops. Ihr Äußeres besteht aus 2760 rautenförmigen Luftkissen. Sie können in Rot, Blau und Weiß leuchten – je nachdem, ob die »Bayern« (rot), die »Sechz'ger« (blau) oder z. B. die deutsche Nationalmannschaft (weiß) spielen.

Die Bavaria vor der Ruhmeshalle blickt über die Theresienwiese

Shopping

München ist ein teures Pflaster – dafür gibt es hier alles, was das Herz begehrt. Die Shopping-Meilen Fußgängerzone, Theatinerstraße, Maximilianstraße liegen im Zentrum. In der Neuhauser und Kaufingerstraße reihen sich Kaufhäuser und preiswerte Läden internationaler Ketten, in den nach Norden abzweigenden Straßen geht es exklusiver zu. Daneben kann man etwa um den Gärtnerplatz und in Schwabing (hinter der Universität, in der Leopoldstraße und den Seitenstraßen, vor allem in der Hohenzollernstraße) hübsch einkaufen. Ein Muss ist der Bummel über den Viktualienmarkt, um den auch Fachgeschäfte liegen.

Accessoires von Slips

Shopping-Meilen

Münchens luxuriöseste Meile ist die Maximilianstraße mit den Maximilianhöfen. Es folgen Theatinerstraße mit den Fünf Höfen, Brienner Straße und Residenzstraße. Hier findet man internationale Marken und Juweliere. Preiswerter kauft man in der Fußgängerzone (Kaufingerstraße, Neuhauser Straße) ein. Hier reihen sich familiengerechte Läden, Filialen großer Ketten, Modeboutiquen des mittleren Preissegments, Souvenirläden und Kaufhäuser aneinander.

Boutiquen für freche Mode der hiesigen Designer findet man im angesagten Glockenbachviertel, etwa in der Hans-Sachs-Straße und in den Straßen, die vom Gärtnerplatz abgehen. Das Viertel ist durchsetzt mit hübschen Cafés. In Schwabing kann man gut Jeans und Casuals einkaufen. Auch hier gibt es viele Mode- und Schuhläden sowie viele Bistros und Cafés, um beim Shoppen zu relaxen.

Kaufhäuser und Einkaufspassagen

Für Mode berühmt ist das Münchner Kaufhaus **Ludwig Beck** am Marienplatz. **Galeria Kaufhof** ist mit mehrere Filialen in der Stadt vertreten, elegant ist die Karstadt-Filiale **Oberpollinger**. Hier herrscht das Prinzip Shops-in-Shop mit internationalen Designern.

Es gibt mehrere Einkaufspassagen. Am teuersten sind die Läden der **Maximilianhöfe** an der Maximilianstraße. Die **Fünf Höfe** zwischen Theatiner-, Maffei-, Kardinal-Faulhaber- und Salvatorstraße bieten einen Mix aus exklusivem Shopping, Kunst und Kultur.

Das **Olympia-Einkaufszentrum** (OEZ) umfasst etwa 135 Läden und Lokale auf zwei Ebenen. Die **Pasing Arcaden** warten mit über 100 Geschäften und Lokalen auf, die **Riem Arcaden** beherbergen u.a. die größte Filiale von H&M, einen riesigen Lego-Laden und den Ludwig Beck Fashion Store.

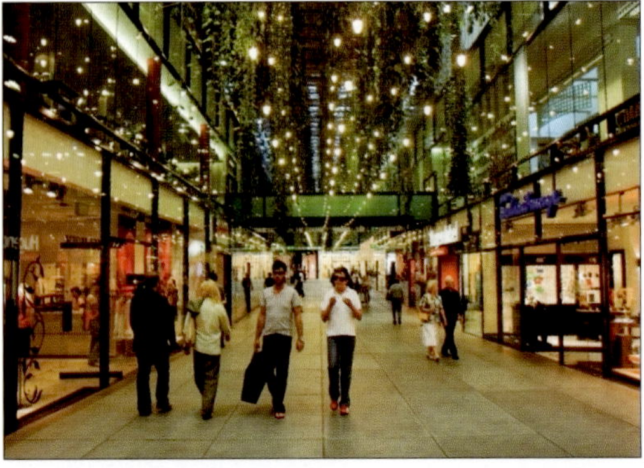

Fünf Höfe – exklusive Einkaufspassagen

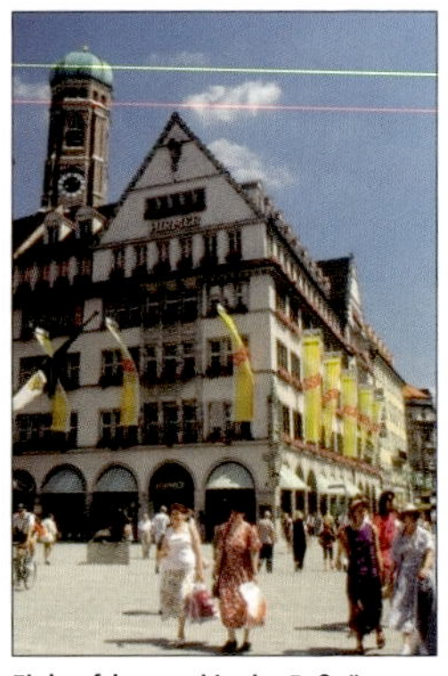

Einkaufsbummel in der Fußgängerzone in der Innenstadt

Münchner Mode

Die Stadt bietet eine große Vielfalt an Läden für Mode und modisches Zubehör. Exklusive Designer-Shops finden Sie in der Maximilianstraße, in der Dienerstraße und in der Weinstraße. In der Fußgängerzone (Neuhauser/Kaufingerstraße) reihen sich vor allem internationale Ketten mit preiswerter Mode. Schwabing (Leopold- und Hohenzollernstraße) ist ideal für junge, individuelle Mode. Edle Trachtenmode und alles aus Loden führt der Traditionsladen **Lodenfrey**, die größte »bayerische« Auswahl der Stadt (speziell Dirndl) haben Sie bei **Trachten Angermaier**.

Kinderkleidung

München ist eine schicke Stadt – und auch Eltern wollen hier ihre Kinder adrett einkleiden. Deshalb gibt es einige gute Angebote, was Kinderkleidung und Spielsachen betrifft (oft auch in

Floh- und Antikmärkte – beliebt, um am Wochenende zu stöbern

den Kaufhäusern). Ein großes, zentral gelegenes Geschäft für Mutter und Kind ist **Schlichting**. Zu **Thierchen – Atelier für Kindermoden** sollte man für edle Kinderkleidung gehen. Hochwertige und klassische Kindermöbel, Kinderbekleidung und Accessoires gibt es bei **Engel & Bengel**.

Flohmärkte

Große regelmäßige Trödelmärkte sind der **Flohmarkt Messegelände Riem** (Sa) und der **Zenith Flohmarkt** bei der Zenithhalle (Do–Sa). in München-Freimann. In der Zenithhalle betreiben rund 40 Händler freitags und samstags Stände mit Antiquitäten und Raritäten im **AntikPalast**. Einmal im Jahr am Samstag Mitte April findet der **Riesenflohmarkt auf der Theresienwiese** statt.

Delikatessen

Der **Viktualienmarkt** *(siehe S. 64)* ist der große zentrale Markt mit Obst, Gemüse, Gewürzen, Fleisch aller Art, Fisch und Blumen – ein Fest für die Sinne. Die Stände sind von Montag bis Samstag geöffnet. Auch in München sind biologische Produkte angesagt. **Basic Bio** ist ein Bio-Supermarkt in der Innenstadt. Gourmets dürfte es zu **Dallmayr** oder **Käfer** ziehen, den beiden Top-Feinkostanbietern Münchens. Noch ein Muss sind die Münchner Weißwürste von einem der Metzger am Viktualienmarkt oder vom Großmarkt.

Christkindlmärkte

Der große Christkindlmarkt findet von der ersten Adventswoche bis zum Heiligabend auf dem Marienplatz statt. Busladungen mit Besuchern aus ganz Europa treffen hier ein. An den Ständen gibt es Kunsthandwerk und Weihnachtsschmuck. Der Duft von gebratenen Kastanien und Glühwein liegt in der Luft *(siehe S. 33)*. Kleiner, aber stimmungsvoller sind die Weihnachtsmärkte in Schwabing und Haidhausen.

Christkindlmarkt am Marienplatz

AUF EINEN BLICK

Kaufhäuser und Einkaufspassagen

Fünf Höfe
Theatinerstraße. **Stadtplan** 3 B1–2 (6 D2).
www.fuenfhoefe.de

Galeria Kaufhof
Kaufingerstraße 1–5.
Stadtplan 3 B2 (6 D3).
23 18 51.
www.galeria-kaufhof.de

Ludwig Beck
Marienplatz 11.
Stadtplan 3 C2 (6 D3).
23 69 10.
www.ludwigbeck.de

Oberpollinger
Neuhauser Straße 18.
Stadtplan 3 A2 (5 B3).
29 02 30.
www.oberpollinger.de

Olympia-Einkaufszentrum (OEZ)
Hanauer Straße 68.
www.olympia-einkaufszentrum.de

Pasing Arcaden
Pasinger Bahnhofsplatz 5.
www.pasing-arcaden.de

Riem Arcaden
Willy-Brandt-Platz 5.
www.riem-arcaden.de

Münchner Mode

Lodenfrey
Maffeistr. 7.
Stadtplan 3 B2.
www.loden-frey.com

Trachten Angermaier
Rosental 10, am Viktualienmarkt. **Stadtplan** 3 B3.
23 00 01 99.
www.trachten-angermaier.de

Kinderkleidung

Engel & Bengel
Innere Wiener Str. 61.
Stadtplan 4 F3
44 21 85 36.

Schlichting
Weinstraße 8. **Stadtplan** 3 B2. **www**.schlichting.de

Thierchen – Atelier für Kindermoden
Hans-Sachs-Straße 15.
Stadtplan 3 B4.

Flohmärkte

AntikPalast
Lilienthalallee 29. **www**.antikpalast-muenchen.de

Flohmarkt Messegelände Riem
Am Messeturm.
96 05 16 32. **www**.flohmarkt-riem.com

Zenith Flohmarkt
Lilienthalallee 29. **www**.flohmarkt-freimann.de

Delikatessen

Basic Bio
Westenriederstraße 35.
Stadtplan 3 C3.
www.basic-ag.de

Dallmayr
Dienerstraße 14/15.
Stadtplan 3 C2 (6 D3).
www.dallmayr.de

Käfer
Prinzregentenstraße 73.
www.feinkost-kaefer.de

Viktualienmarkt
Stadtplan 3 B–C3 (6 D4).

Unterhaltung

Münchens bekannteste Attraktionen sind das Oktoberfest, der Olympiapark und das Hofbräuhaus – doch München bietet auch kulturelle Highlights mit über 50 Theatern, drei großen Orchestern und einer Oper. Die Stadt verdankt ihrer glanzvollen Vergangenheit viele imposante Aufführungsorte. Die Kulturmetropole an der Isar bietet für jeden etwas, ob traditionell oder modern, ob Theater, Musik oder Film. In München finden mehrere Top-Festivals statt, u.a. die Opernfestspiele, die Münchener Biennale, SpielArt und Filmfest. Zudem gibt es zahlreiche Sportevents.

Bewohner des Münchner Zoos

Information und Tickets

Das **Tourismusamt München** liefert Informationsmaterial zu Veranstaltungen und Events. Die Donnerstagsbeilage der *Süddeutschen Zeitung*, *SZ-Extra* genannt, enthält jede Menge Veranstaltungstipps. Daneben gibt es 14-tägig erscheinende kostenlose Stadtmagazine wie *In München*.

Online bestellt man Karten bei **München Ticket** oder beim **Zentralen Kartenvorverkauf ZKV**, der im S-Bahnhof-Zwischengeschoss Marienplatz und Stachus Verkaufsstellen betreibt. Natürlich bekommt man Tickets auch direkt an den Vorverkaufs- oder Abendkassen der Veranstalter.

Theater, Oper und klassische Musik

Im **Nationaltheater**, dem Opernhaus, kann man Opern- und Ballettaufführungen auf allerhöchstem Niveau sehen. Das **Bayerische Staatsschauspiel** und die **Münchner Kammerspiele** sind die beiden herausragenden Theater. Im **Prinzregententheater** finden Opern sowie Konzerte statt. Das **Staatstheater am Gärtnerplatz** zeigt Opern, Operetten und Musicals. Das **Deutsche Theater** bietet Musicals. Die Philharmonie im **Gasteig** ist Heimstatt der Münchner Philharmoniker. Berühmte Opern-Events sind das Opernfestival und die Biennale.

Musik und Tanz

Die **Pasinger Fabrik** ist ein Kulturzentrum und bietet neben Theater auch Tanz- und Musikveranstaltungen, ebenso wie die **Muffathalle**. **Dance** ist ein internationales Festival für modernen Tanz. Die bekanntesten Bands treten im **Circus Krone**, in der Tonhalle und **Zenith Kulturhalle**, der **Olympiahalle** oder im **Olympiastadion** auf.

Film

Als Standort der Filmindustrie hat München nicht nur die Hochschule für Fernsehen und Film, sondern auch eine Vielzahl von Kinos. Die **Bavaria Filmstadt** offeriert Touren durch die Studios.

Nationaltheater (Oper) am Max-Joseph-Platz

Beim **Filmfest München** im Juli kann man im Gasteig und in mehreren Kinos Filmneuheiten sehen. Open-Air-Aufführungen gibt es im Sommer im Westpark und auf dem Königsplatz.

Feste und Festivals

Münchens bekanntestes Fest ist das **Oktoberfest**

Auf der Wiesn – Münchens weltberühmtes Oktoberfest

auf der Theresienwiese mit Bierzelten, Blasmusik, Fahrgeschäften und Superstimmung. Das Frühlingsfest in der zweiten Aprilhälfte ist die kleine Schwester des Oktoberfests. Im August findet vier Wochen lang der Musiksommer im Theatron im Olympiapark statt – mit kostenloser Musik. **Tollwood** bietet im Juni/Juli und im Dezember Musik, Tanz und Theater in Zelten mit Rahmenprogramm. Dreimal pro Jahr findet die Auer Dult statt. Die Dulten waren einst Kirchweihfeste (seit dem 14. Jh.), später wurden sie zu Jahrmärkten. Obwohl München keine Karnevalshochburg ist, wird auch hier Fasching gefeiert *(siehe S. 30–33)*.

Bei Heimspielen des FC Bayern ausverkauft: Münchens Allianz Arena

Sport

Die meisten Münchner lieben Sport – und treiben selbst Sport. Die Alpen und die Seen liegen ja nicht weit. Jogging, Skifahren, Rollerbladen, Radfahren, Nordic Walking und Fußball sind wohl am beliebtesten. Der Englische Garten ist die grüne Lunge der Stadt – hier trifft man Jogger, Radfahrer etc., aber auch Spaziergänger und Sonnenanbeter an.

München besitzt zwei traditionsreiche Fußballvereine: den FC Bayern München und den TSV 1860 München (die »Löwen«). Die **Allianz Arena** *(siehe S. 139)* ist nun beider neue Heimstatt – sie hat ihre Feuerprobe bei der Fußball-WM 2006 bestanden. Hier gibt es Fanshops beider Vereine (ebenso im Hauptbahnhof und beim Hofbräuhaus).

Sportevents sind die internationalen Tennismeisterschaften (ATP Tournament) und die BMW International Open, ein Golfturnier (alternativ mit Köln im August). Bei den Blade Nights (Mai bis September: montags, Start 21 Uhr beim Verkehrszentrum des Deutschen Museums; *siehe S. 138*) übernehmen Skater die Straßen. Eingefleischte Läufer strömen zum München Marathon, zum Münchner Stadtlauf und zum Münchner Winterlauf im Olympiapark. Einzigartig sind die Surfer auf den Wellen des Eisbachs und der Isar.

Spaß für Kinder

Kleine Forscher lieben das **Kinderreich** im Deutschen Museum *(siehe S. 94–97)*. Die interaktiven Exponate machen physikalische Phänomene spielerisch erfahrbar. Erwachsene haben nur mit Kindern Zutritt. Entlang der Isar gibt es verschiedene hübsche Spielplätze. Auch einige Biergärten bieten Spielareale. Das **Sea Life** im Olympiapark fasziniert mit seinen Aquarien. Überhaupt ist der Olympiapark ideal für sportliche Kinder (u.a. Klettertouren auf dem Zeltdach). Immer beliebt ist der **Tierpark Hellabrunn**.

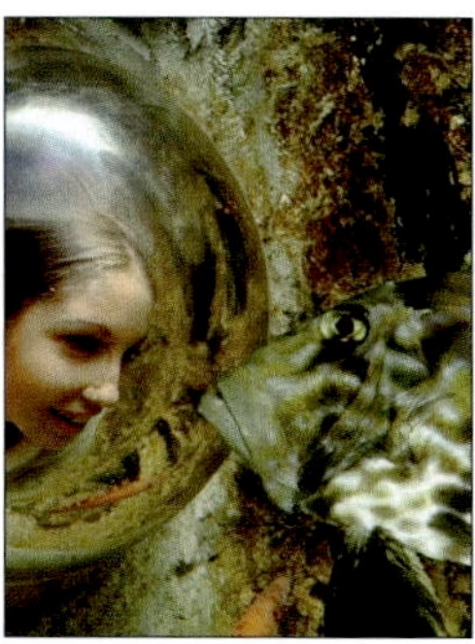

Aquarium der anderen Art: Sea Life im Olympiapark

AUF EINEN BLICK

Information und Tickets

München Ticket
☎ *0180 54 81 81 81.*
www.muenchenticket.de

Tourismusamt
Marienplatz (im Rathaus). **Stadtplan** 3 B2 (6 D3).
www.muenchen.de

ZKV
Marienplatz Untergeschoss. Stachus 2. Untergeschoss.
www.zkv-muenchen.de

Theater, Oper, klassische Musik

Bayerisches Staatsschauspiel
Residenztheater, Marstall, Cuvilliés-Theater
Max-Joseph-Platz 1. **Stadtplan** 2 B4 (6 D2).
☎ *21 85 19 40.*
www.residenztheater.de

Dance
Festivalbüro Spielmotor.
☎ *280 56 07.*

Deutsches Theater
www.deutsches-theater.de

Gasteig
Rosenheimer Str. 5. ☎ *48 09 80.* **www**.gasteig.de

Kammerspiele
siehe S. 84.

Nationaltheater
Max-Joseph-Platz 2. **Stadtplan** 2 B4. ☎ *21 85 19 20.* **www**.bayerische.staatsoper.de

Prinzregententheater
Prinzregentenstr. 12. **Stadtplan** 3 D3.
☎ *21 85 28 99.* **www**.prinzregententheater.de

Gärtnerplatz
Gärtnerplatz 3.
☎ *21 85 19 60.* **www**.staatstheater-am-gaertnerplatz.de

Musik und Tanz

Circus Krone
Marsstraße 43. **Stadtplan** 1 E3. **www**.circus-krone.de

Muffathalle
Zellstr. 4. ☎ *54 87 50 10.*
www.muffathalle.de

Olympiapark
Spiridon-Louis-Ring 21.
☎ *54 81 81 81.* **www**.olympiapark-muenchen.de

Pasinger Fabrik
August-Exter-Str. 1.
www.pasinger-fabrik.com

Zenith Kulturhalle
Lilienthalallee 29. **www**.zenith-die-kulturhalle.de

Film

Bavaria Filmstadt
www.filmstadt.de

Filmfest München
www.filmfest-muenchen.de

Sport

Allianz Arena
www.allianz-arena.de

Feste, Festivals

Oktoberfest
www.oktoberfest.de

Tollwood
www.tollwood.de

Spaß für Kinder

Kinderreich
Deutsches Museum, Museumsinsel 1.
☎ *21 791.* **www**.deutsches-museum.de

Sea Life
Willi-Daume-Platz 1.
www.sealifeeurope.com

Tierpark Hellabrunn
Tierparkstr. 30.
☎ *62 50 80.* **www**.tierpark-hellabrunn.de

Stadtplan

Die Kartenverweise bei den Sehenswürdigkeiten, Läden und Veranstaltungsorten im Kapitel München und bei den Münchner Hotels *(siehe S. 262–265)* und Restaurants *(siehe S. 276–279)* beziehen sich auf den folgenden Kartenteil.

Der Übersichtskarte unten auf dieser Seite können Sie entnehmen, welche Areale im *Stadtplan* abgedeckt und auf welcher Karte sie zu finden sind. Im *Stadtplan* sind alle wichtigen Sehenswürdigkeiten wie historische Bauwerke, Museen und Kirchen eingetragen, Sie finden aber auch die Bahnhöfe, U- und S-Bahn-Stationen, Taxistände, größere Parkplätze und Parkhäuser sowie andere nützliche Institutionen wie Krankenhäuser, Polizeireviere und Postämter.

Bavaria über der Theresienwiese

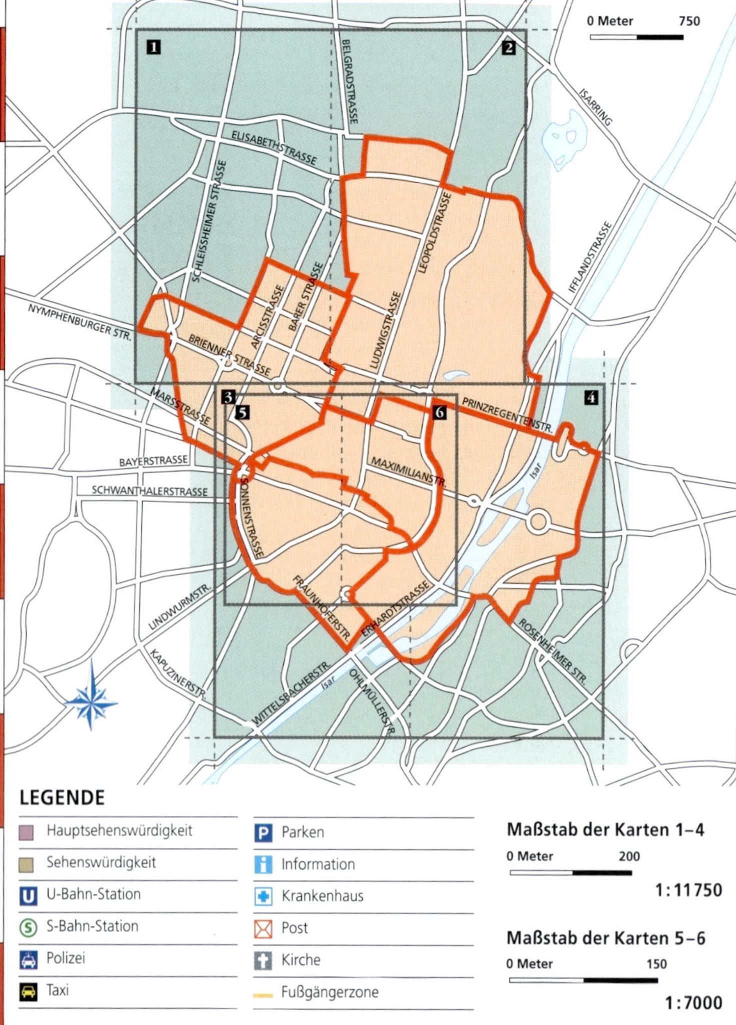

Kartenregister

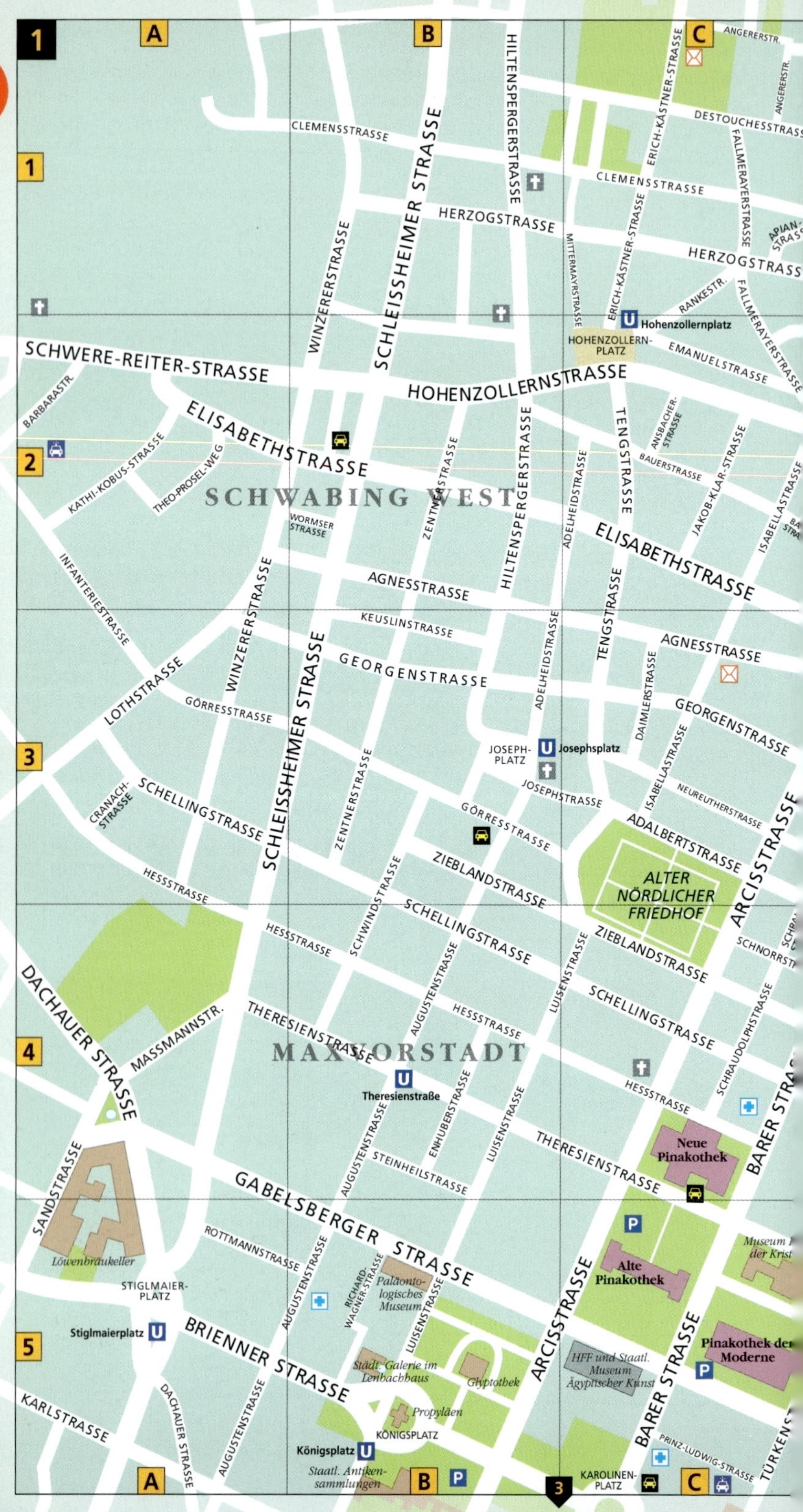

1
A
B
C
SCHWABING WEST
MAXVORSTADT
Hohenzollernplatz
Josephsplatz
Theresienstraße
Stiglmaierplatz
Königsplatz
Neue Pinakothek
Alte Pinakothek
Pinakothek der Moderne
ALTER NÖRDLICHER FRIEDHOF
Löwenbräukeller
Paläontologisches Museum
Städt. Galerie im Lenbachhaus
Glyptothek
Propyläen
Staatl. Antikensammlungen
HFF und Staatl. Museum Ägyptischer Kunst
SCHWERE-REITER-STRASSE
HOHENZOLLERNSTRASSE
ELISABETHSTRASSE
SCHLEISSHEIMER STRASSE
GABELSBERGER STRASSE
BRIENNER STRASSE
THERESIENSTRASSE
ARCISSTRASSE
BARER STRASSE
DACHAUER STRASSE

2
SCHWABING
ENGLISCHER GARTEN
LEOPOLDSTRASSE
LUDWIGSTRASSE
KÖNIGINSTRASSE
FRANZ-JOSEPH-STRASSE
HOHENZOLLERNSTRASSE
Kunst und Spiel

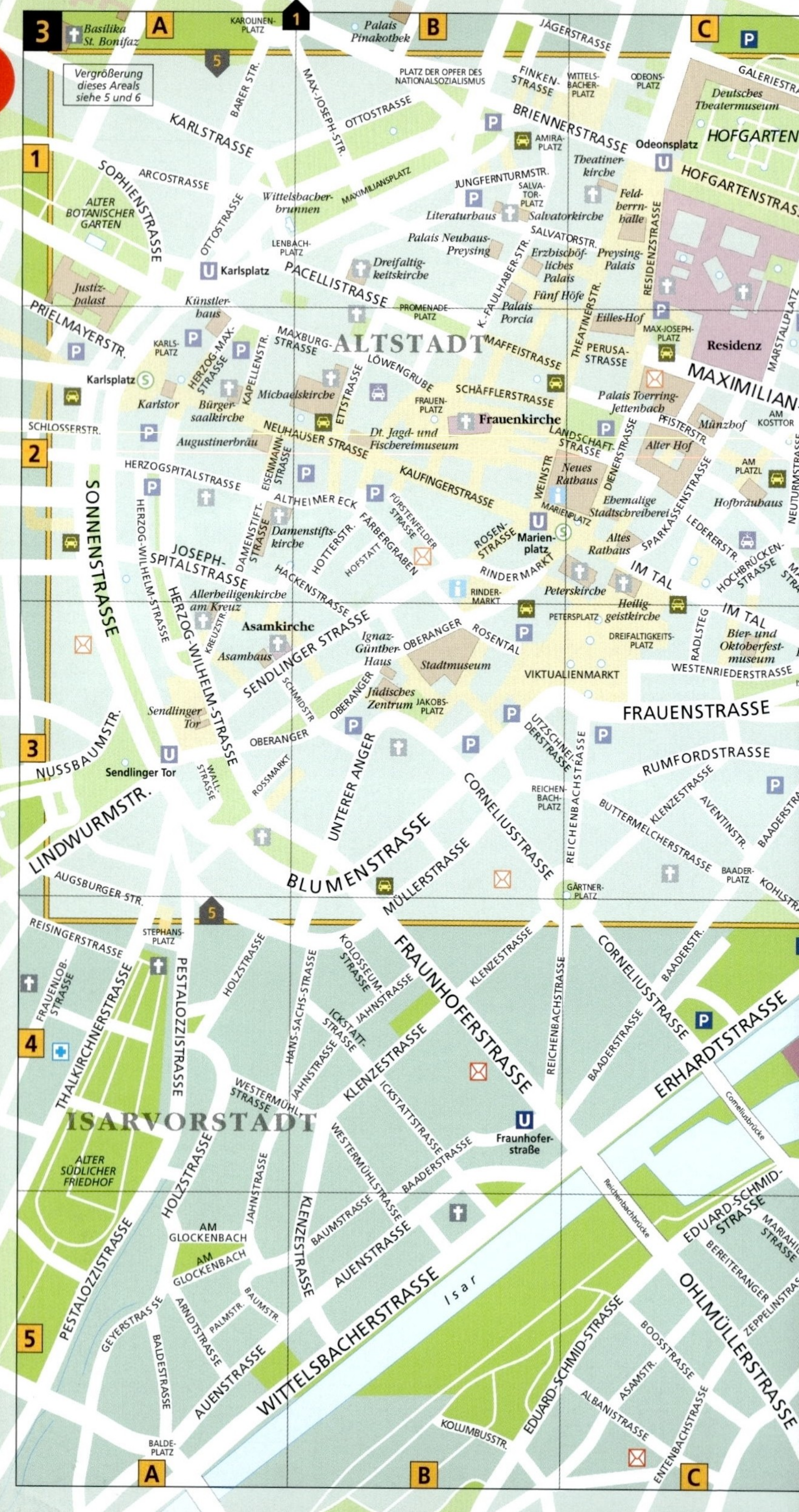

3
A
B
C
1
2
3
4
5
Basilika St. Bonifaz
Palais Pinakothek
Vergrößerung dieses Areals siehe 5 und 6
ALTSTADT
ISARVORSTADT
Residenz
HOFGARTEN
Deutsches Theatermuseum
Frauenkirche
Michaelskirche
Asamkirche
Stadtmuseum
Neues Rathaus
Altes Rathaus
Peterskirche
Heiliggeistkirche
Theatinerkirche
Feldherrnhalle
Hofbräuhaus
Karlsplatz
Karlstor
Sendlinger Tor
Marienplatz
Odeonsplatz
Fraunhoferstraße
VIKTUALIENMARKT
ALTER BOTANISCHER GARTEN
ALTER SÜDLICHER FRIEDHOF
Isar
SONNENSTRASSE
MAXIMILIANSTRASSE
FRAUENSTRASSE
BLUMENSTRASSE
FRAUNHOFERSTRASSE
WITTELSBACHERSTRASSE
ERHARDTSTRASSE
OHLMÜLLERSTRASSE
LINDWURMSTR.
SENDLINGER STRASSE
NEUHAUSER STRASSE
KAUFINGERSTRASSE
BRIENNERSTRASSE
KARLSTRASSE
PACELLISTRASSE

D
E
F
2
4
1
2
3
4
5
Haus der Kunst
Rumford-Denkmal
Archäologische Staatssammlung
Bayerisches Nationalmuseum
Sammlung Schack
PRINZREGENTENSTRASSE
LERCHENFELDSTR.
SEEAUSTR.
REITMORSTRASSE
AM GRIES
OETTINGENSTRASSE
SIEBERTSTR.
MARIA-THERESIA-STRASSE
MÖHLSTRASSE
STRAUSS-RING
SCHARNAGL-RING
PILOTY-STRASSE
SEITZSTRASSE
BRUDERSTR.
UNSÖLDSTRASSE
WAGMÜLLERSTR.
ALEXANDRA-STRASSE
REITMORSTR.
Luitpoldbrücke
Friedensengel
EUROPA-PLATZ
LIEBIGSTRASSE
LEHEL
LIEBIGSTR.
ST.-ANNA-PLATZ
ST.-ANNA-STR.
Annakirche
Klosterkirche St. Anna
Lehel
TRIFTSTRASSE
TATTENBACH-STRASSE
R.-KOCH-STR.
GEWÜRZMÜHL-STRASSE
Villa Stuck
HERZOG-RUDOLF-STR.
BÜRKLEIN-STRASSE
PFARRSTRASSE
THIERSCH-STRASSE
STERNSTRASSE
WIDENMAYERSTRASSE
Isar
MARIA-THERESIA-STRASSE
ISMANINGER STRASSE
Regierung von Oberbayern
Kammerspiele Schauspielhaus
Maxmonument
Staatl. Museum für Völkerkunde
DEGARD-TRASSE
WIMMER-RING
Maximiliansbrücke
Maximilianeum
KNÖBELSTRASSE
ADELGUNDENSTR.
THIERSCHSTRASSE
STEINSDORFSTRASSE
Praterwehrbrücke
M.-PLANCK-STRASSE
Max-Weber-Platz
MAX-WEBER-PLATZ
MARIANNEN-PLATZ
PRATERINSEL
Alpines Museum
Mariannenbrücke
MANNHARDT-STRASSE
GRÜTZNER-STRASSE
SCHELLSTR.
WIENER PLATZ
Isartor
Kabelsteg
Wehrsteg
KIRCHENSTRASSE
THIERSCHSTRASSE
LIEBHERRSTRASSE
LANDSTR.
INNERE WIENER STRASSE
METZGERSTRASSE
JOHANNIS-PLATZ
JUGENDSTR.
ZELLSTRASSE
St. Nikolai
ZWEIBRÜCKEN-STRASSE
KARL-MÜLLER-WEG
Müller'sches Volksbad
AM GASTEIG
PREYSING-PLATZ
PREYSINGSTRASSE
STEINSTRASSE
PREYSINGSTRASSE
Vergrößerung dieses Areals siehe 5 und 6
Ludwigsbrücke
Gasteig
KELLERSTRASSE
HOLZHOF-STRASSE
PÜTRICHSTRASSE
MILCHSTRASSE
MILCHSTRASSE
WÖRTHSTRASSE
Boschbrücke
MUSEUMSINSEL
ZEPPELINSTRASSE
LILIENSTRASSE
RIGGAUERWEG
ROSENHEIMER STRASSE
SEDANSTRASSE
BORDEAUX-PLATZ
STEINSTRASSE
KELLERSTR.
METZSTRASSE
SEDANSTRASSE
Deutsches Museum
Zenneckbrücke
HAIDHAUSEN
ROSENHEIMER PLATZ
WEISSENBURGER PLATZ
WEISSENBURGER STR.
PARISER PLATZ
Rosenheimer Platz
ZEPPELINSTRASSE
LILIENSTRASSE
QUELLENSTRASSE
HOCHSTRASSE
RABLSTRASSE
FRANZISKANERSTR.
LOTHRINGER STRASSE
PARISER STRASSE
AU
RABLSTRASSE
PARISER STRASSE
SCHWEIGERSTRASSE
SIMON-KNOLL-PLATZ
BALANSTRASSE
BAZEILLESSTRASSE
Mariahilfkirche
MARIAHILF-PLATZ
GEBSATTELSTRASSE
FRANZISKANERSTRSSE
WOLFGANGS-PLATZ
SCHORN-STRASSE
SIEBOLDSTRASSE
ACKERSTRASSE
ORLEANSSTRASSE
HOCHSTRASSE
PÖPPEL-STRASSE
REGERSTRASSE
DRÄCHSLSTRASSE
AUERFELDSTRASSE
TASSILO-PLATZ

5
A
1
B
C
Basilika St. Bonifaz
KATHARINA-VON-BORA-STR.
BARER STRASSE
MAX-JOSEPH-STRASSE
FINKENSTRASSE
PLATZ DER OPFER DES NATIONALSOZIALISMUS
KARLSTRASSE
OTTOSTRASSE
ARCOSTRASSE
ALTER BOTANISCHER GARTEN
SOPHIENSTRASSE
MAXIMILIANSPLATZ
JUNGFERNTURMSTRASSE
Wittelsbacherbrunnen
Literaturhaus
ROCHUSBERG
Salvatorkirche
Palais Neuhaus-Preysing
ROCHUSSTRASSE
PRANNERSTRASSE
ELISENSTRASSE
LENBACHPLATZ
Dreifaltigkeitskirche
Karlsplatz
PACELLISTRASSE
KARD.-FAULHABER-STR.
Justizpalast
Künstlerhaus
KARMELITERSTRASSE
PROMENADEPLATZ
Palais Porcia
PRIELMAYERSTRASSE
HERZOG-MAX-STRASSE
MAXBURGSTRASSE
MAFFEISTRASSE
KAPELLENSTRASSE
LÖWENGRUBE
Karlsplatz
KARLSPLATZ (STACHUS)
Karlstor
Bürgersaalkirche
Michaelskirche
ETTSTRASSE
SCHÄFFLERSTRASSE
FRAUENPLATZ
Frauenkirche
NEUHAUSER STRASSE
Dt. Jagd -und Fischereimuseum
Augustinerbräu
ADOLF-KOLPING-STRASSE
EISENMANNSTRASSE
KAUFINGERSTRASSE
HERZOGSPITALSTRASSE
HERZOG-WILHELM-STRASSE
ALTHEIMER ECK
Damenstiftskirche
DAMENSTIFTSTRASSE
SONNENSTRASSE
HOTTERSTRASSE
HOFSTATT
FÄRBERGRABEN
FÜRSTENFELDER STRASSE
ROSENSTRASSE
JOSEPHSPITALSTRASSE
HACKENSTRASSE
ROSENTAL
RINDERMARKT
Allerheiligenkirche am Kreuz
KREUZSTRASSE
SENDLINGER STRASSE
DULTSTRASSE
OBERANGER
Asamkirche
Asamhaus
Stadtmuseum
Ignaz-Günther-Haus
Jüdisches Zentrum
Synagoge Ohel Jakob
ST.-JACOBS-PLATZ
SCHMIDSTRASSE
Sendlinger Tor
NUSSBAUMSTRASSE
Matthäuskirche
OBERANGER
Sendlinger Tor
WALLSTRASSE
ROSSMARKT
UNTERER ANGER
CORNELIUSSTRASSE
LINDWURMSTRASSE
FLIEGENSTRASSE
THALKIRCHNER STRASSE
MÜLLERSTRASSE
BLUMENSTRASSE
MÜLLERSTRASSE
AUGSBURGER STRASSE
2
3
4
5
A
3
B
C

E
F
2
6
Haus der Kunst
GALERIESTRASSE
Deutsches Theatermuseum
ODEONSPLATZ
LUDWIGSTRASSE
HOFGARTEN
Staatskanzlei
FRANZ-JOSEF-STRAUSS-RING
1
Odeonsplatz
HOFGARTENSTRASSE
kirche
Feldherrnhalle
PILOTYSTRASSE
SEITZSTRASSE
SIGMUNDSTR.
4
CHRISTOPHSTR.
VATORSTRASSE
Preysing-Palais
Klosterkirche St. Anna
KARL-SCHARNAGL-RING
RESIDENZSTRASSE
Marstall
SEITZSTRASSE
2
Eilles-Hof
MAX-JOSEPH-PLATZ
MARSTALLPLATZ
THEATINERSTRASSE
PERUSASTRASSE
Residenz
MARSTALLSTRASSE
WURZERSTRASSE
HERZOG-RUDOLF-STRASSE
BÜRKLEINSTRASSE
WEINSTRASSE
Palais Toerring-Jettenbach
HOFGRABEN
MAXIMILIANSTRASSE
Maximilianhöfe
HOFGRABEN
AM KOSTTOR
Regierung von Oberbayern
Münzhof
FALKENTURMSTRASSE
Alter Hof
PFISTERSTRASSE
LANDSCHAFTSTRASSE
AM PLATZL
NEUTURMSTRASSE
FALCKENBERGSTRASSE
STOLLBERGSTRASSE
Kammerspiele Schauspielhaus
Neues Rathaus
DIENERSTRASSE
BURGSTRASSE
MÜNZSTR.
Hofbräuhaus
3
SPARKASSENSTRASSE
BRÄUHAUSSTRASSE
HILDEGARDSTRASSE
Staatliches Museum für Völkerkunde
MARIENPLATZ
Ehem. Stadtschreiberei
Altes Rathaus
LEDERERSTRASSE
MADERBRÄUSTR.
HOCHBRÜCKENSTRASSE
STOLLBERGSTRASSE
HERRNSTRASSE
KNÖBELSTRASSE
IM TAL
MARIENSTRASSE
Peterskirche
Heiliggeistkirche
THOMAS-WIMMER-RING
IM TAL
RADLSTEG
Bier- und Oktoberfestmuseum
DREIFALTIGKEITSPLATZ
VIKTUALIENMARKT
Isartor
MANNHARDTSTR.
Valetin-Karlstadt-Musäum
4
WESTENRIEDERSTRASSE
ISARTORPLATZ
KANALSTRASSE
Isartor
FRAUENSTRASSE
ZWINGERSTRASSE
ZWEIBRÜCKENSTRASSE
THIERSCHSTRASSE
LÄNDSTRASSE
LIEBHERRSTRASSE
RUMFORDSTRASSE
RUMFORDSTRASSE
REICHENBACHPLATZ
KLENZESTRASSE
AVENTINSTRASSE
BAADERSTRASSE
REICHENBACHSTRASSE
BUTTERMELCHERSTRASSE
MORASSISTRASSE
5
Ludwigsbrücke
BAADERPLATZ
KOHLSTRASSE
GÄRTNERPLATZ
Gärtnerplatz
Deutsches Museum
D
E
4
F

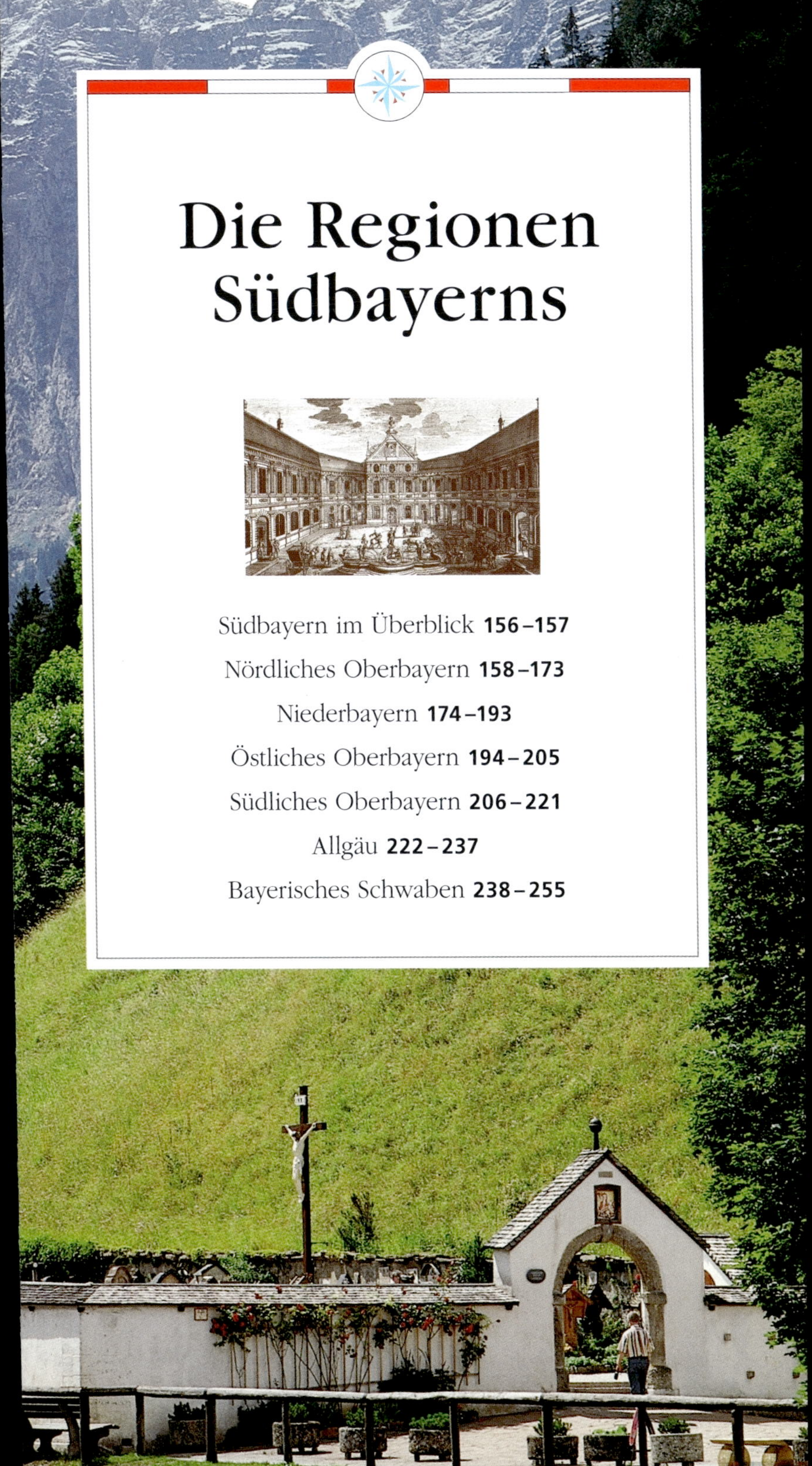

Die Regionen Südbayerns

Südbayern im Überblick

Südbayern hat viel zu bieten: Die Alpen sind ein Dorado für Bergsteiger, Snowboarder und Skifahrer. Das Alpenvorland mit seinen vielen Seen ist wie geschaffen für jede Art von Wassersport. Wer in ursprünglicher Umgebung wandern will, für den ist der Bayerische Wald ideal – ein Gebiet, in dem man recht preiswert Urlaub machen kann. Die hübschen bayerischen Orte, die Schlösser, Kirchen und Klöster sind immer einen Besuch wert.

Augsburg
In der Fuggerstadt fühlt man sich wegen der vielen Kanäle und Brücken oft an Venedig erinnert (siehe S. 248–253).

Neuschwanstein
Ludwigs II. »Ritterburg« mit den verspielten Türmen war Vorbild für die Märchenschlösser Walt Disneys. Kein Wunder, denn Neuschwanstein ist der Inbegriff dessen, was sich der König unter einem romantischen Schloss vorstellte (siehe S. 230f).

Ottobeuren
Das prächtige Rokokogestühl in der berühmten Benediktinerkirche ist mit vergoldeten Reliefs verziert (siehe S. 228).

Oberammergau
Dieses 1775 erbaute Haus ist, wie viele andere in der Gegend, mit Lüftlmalerei verziert. Oberammergau ist das Zentrum der Fassadenmalkunst (siehe S. 216).

◁ **St. Sebastian im Ramsautal** *(siehe S. 201)*

Hallertau
Die Region ist ein bekanntes Hopfenanbaugebiet. Die großen Brauereien brauchen ständig Nachschub, um den Bierdurst der Bayern zu stillen (siehe S. 159).

Altmühl
Schloss Prunn liegt hoch über dem Altmühltal. Die Brücke über den Fluss ist die älteste und längste Holzbrücke Europas (siehe S. 183).

RDLICHES
RBAYERN
n 158-173

NIEDERBAYERN
Seiten 174-193

ÜNCHEN
ten 50-153

ÖSTLICHES
OBERBAYERN
Seiten 194-205

Herrenchiemsee
Ludwig II. ließ Bayerns größte Schlossanlage nach dem Vorbild von Versailles errichten (siehe S. 202).

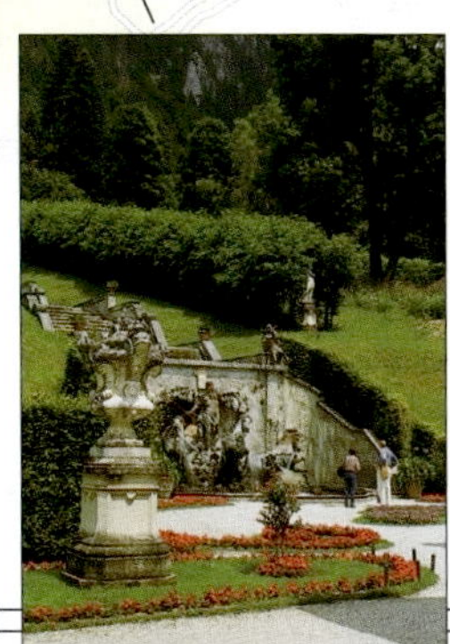

Linderhof
Brunnen und Wasserkaskaden schaffen im Garten von Schloss Linderhof, dem Lieblingsschloss Ludwigs II., eine geradezu magische Atmosphäre (siehe S. 216f).

Schwarzeck
Schwarzeck ist eines der vielen idyllischen Wander- und Skigebiete in der Umgebung von Berchtesgaden (siehe S. 200).

Nördliches Oberbayern

Die Region nördlich von München ist relativ eben, besitzt aber einige idyllische Flusstäler, etwa die Altmühl, und hat damit ihren eigenen landschaftlichen Reiz. Hier gibt es besonders viele historische Spuren, etwa in den alten Bischofsstädten Eichstätt und Freising. Eine barocke Perle ist das Neue Schloss Schleißheim.

Vor rund 150 Millionen Jahren, gegen Ende des Jura, überzog ein flaches Meer die Gegend nördlich der Donau. Ein Relikt davon ist der kleine Fluss Altmühl, der sich mit wenig Gefälle, aber noch weitgehend »natürlich« langsam durch das größte Naturschutzgebiet Deutschlands windet und in die Donau mündet. Vor allem in der Gegend um Eichstätt wurden viele Fossilien aus der Jurazeit gefunden.

Mit Dachau, einem hübschen Städtchen rund 25 Kilometer nordwestlich von München, ist ein dunkles Kapitel deutscher Geschichte verbunden. »Dachau« ist Synonym für das erste dauerhafte Konzentrationslager, das 1933 auf deutschem Boden errichtet wurde. Das Lager, noch heute original mit Stacheldraht umzäunt und von Wachtürmen umgeben, ist eine Gedenkstätte an die Gräueltaten des Nationalsozialismus – Mahnmal und Warnung für die Lebenden und für kommende Generationen. 1988 wurde hier eine Internationale Jugendbegegnungsstätte eingerichtet.

Das nördliche Oberbayern ist in erster Linie Ackerland. Um Schrobenhausen herum werden vor allem Spargel und Bohnen angebaut. In der Hallertau, die sich zwischen Amper und Donau erstreckt, prägen Hopfenanlagen das Landschaftsbild. Von hier stammt der Rohstoff, den die Brauereien zum bayerischen Nationalgetränk verarbeiten. An der Deutschen Hopfenstraße liegt auch Ingolstadt, das man heute hauptsächlich mit den dort ansässigen Audi-Werken verbindet.

In der Region gibt es zahlreiche historische Bauwerke. Allen voran glänzt Schloss Schleißheim, eine der bedeutendsten Barockanlagen Deutschlands. Aber auch nördlich davon bestimmen immer wieder imposante Burgen und Schlösser das Stadtbild, z. B. in Beilngries, Eichstätt, Ingolstadt und Neuburg. Und wie überall in Bayern gibt es auch hier viele sakrale Bauwerke. Am bekanntesten sind die Kirchen und Klöster von Scheyern, Indersdorf und Fürstenfeldbruck.

Die schöne Barockfassade und Gartenanlage des Neuen Schlosses Schleißheim ***(siehe S. 172f)***

◁ **Der Bischofssitz Eichstätt** ***(siehe S. 162–164)*** **im Naturpark Altmühltal**

Überblick: Nördliches Oberbayern

Wer den nördlichen Teil von Oberbayern besucht, sollte den Komplex von Schloss Schleißheim mit seinem wundervollen Schlosspark auf keinen Fall versäumen. Vor allem das Neue Schloss Schleißheim ist das prächtigste Bauwerk der ganzen Region. Genauso sehenswert ist Freising mit seiner Kathedrale. Das dortige Diözesanmuseum beherbergt eine der deutschlandweit bedeutendsten Sammlungen religiöser Kunst. Wer Natur erleben möchte, findet sie im Altmühltal entlang dem idyllischen Flüsschen oder – in bewirtschafteter Form – auch in den Hopfengegenden der Hallertau.

Im nördlichen Oberbayern unterwegs

Mehrere Autobahnen führen durchs nördliche Oberbayern. Die A9 und die A93 verlaufen nach Norden in Richtung Nürnberg und Regensburg, die A8 nach Westen in Richtung Augsburg und Ulm. Die A92 führt nach Niederbayern. Im Großraum München fahren die S-Bahnen, weiter ins Umland kommt man mit der Deutschen Bahn. Der Münchner Flughafen (Franz-Josef-Strauß-Flughafen) bei Erding sorgt für eine gute deutschlandweite und internationale Anbindung.

SIEHE AUCH

- ***Hotels*** S. 265f
- ***Restaurants*** S. 279f

Der barocke Treppenaufgang im Neuen Schloss Schleißheim

Neuburg an der Donau, Altstadt mit Residenzschloss

Sehenswürdigkeiten auf einen Blick

LEGENDE

- Autobahn
- Bundesstraße
- Nebenstraße
- Panoramastraße
- Eisenbahn (Hauptstrecke)
- Eisenbahn (Nebenstrecke)

Eichstätt ❶

Bild an einem Wohnhaus

Eichstätt, seit 741 Bischofssitz, ist eine hübsche bayerische Stadt. Allein die Lage im idyllischen Altmühltal ist malerisch. Das Stadtbild wurde weitgehend durch die Architekten Maurizio Pedetti und Gabriel de Gabrieli geprägt. Letzterer arbeitete hier zu Beginn des 18. Jahrhunderts 30 Jahre lang, nachdem er auch in Wien gewirkt hatte. Die besondere Atmosphäre der Stadt wird zudem durch die katholische Universität und ihre Studenten bestimmt.

Barocke Stadthäuser säumen den Marktplatz

Marktplatz

Der Marktplatz nördlich des Doms ist das Zentrum der schon im Mittelalter wohlhabenden Stadt. Um den Platz stehen die prächtigen Barockhäuser bekannter Kaufleute und die etwas bescheideneren Stadthäuser der Handwerker. An der Westseite findet man das Rathaus. Der Turm wurde 1444 errichtet. Fassade und Turmaufbau stammen von 1823/24.

Eichstätt ist reich an schönen Plätzen. Besonders erwähnenswert sind Residenzplatz, Domplatz und Leonrodplatz. Der Residenzplatz südlich des Doms zählt mit Kavaliershöfen, Mariensäule und Rokoko-Brunnenanlage zu den schönsten Barockplätzen Bayerns. Das Kapitelhaus ist von Gabriel de Gabrieli. Am Platz neben dem Dom, dem heutigen Domplatz, befand sich früher der Friedhof.

Am Leonrodplatz eröffneten die Jesuiten im 17. Jahrhundert bereits ein Gymnasium. Heute findet man hier das Priesterseminar, das in der Nachfolge des 1564 gegründeten Collegium Willibaldinum steht.

Das prächtige Grabmal des heiligen Willibald im Dom

Dom St. Salvator, Unsere Liebe Frau und St. Willibald

Domplatz.

Schon im 8. Jahrhundert ließ Willibald hier eine Kirche errichten. Im 11. Jahrhundert entstand ein frühromanischer Dom. Im 14. Jahrhundert begann man mit dem Neubau des spätgotischen Doms mit seinen zwei romanischen Türmen. 1716–18 schuf Gabriel de Gabrieli die prächtige barocke Westfassade.

An den gotischen Chor schließen sich Kreuzgänge an, vom westlichen kommt man ins Mortuarium, die einstige Grablege des Domkapitels.

Unter den vielen Kunstschätzen sticht die spätgotische Statue (1514) des heiligen Willibald, des ersten Bischofs von Eichstätt, hervor. 1745 errichtete Matthias Seybold einen zweiflügeligen Altar, dessen Baldachin Statue und Grab des Heiligen schützen soll. Der Pappenheimer Altar (1489–97), eine Steinmetzarbeit eines Nürnberger Meisters, gehört zu den berühmten Arbeiten jener Zeit.

Fürstbischöfliche Residenz

Residenzplatz 1. *Mo–Mi 7.30–12, 14–16 Uhr (Do bis 17.30 Uhr, Fr nur bis 12 Uhr).*

Die ehemalige Bischofsresidenz grenzt an die Südseite des Doms. Sie wurde 1700–27 mit einem rechteckigen Grundriss erbaut und besitzt einen schönen Innenhof. Im Inneren ist sie mit Stuckarbeiten und Fresken ausgestaltet. Sehenswert sind der prächtige Rokoko-Treppenaufgang und der Spiegelsaal, die beide aus dem späten 18. Jahrhundert stammen.

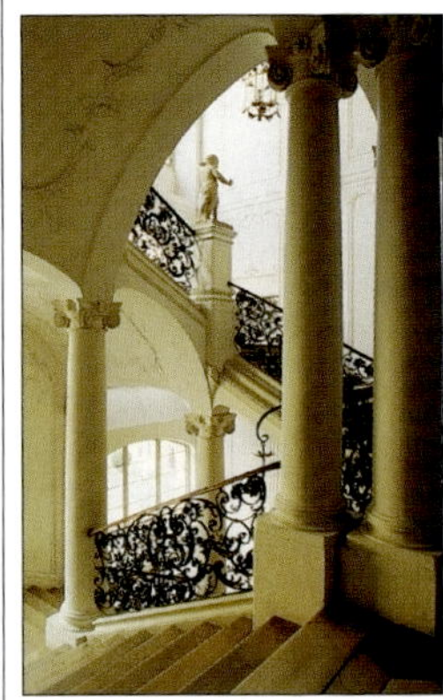

Treppenhaus in der ehemaligen Fürstbischöflichen Residenz

Schutzengelkirche

Ostenstr.

Die ehemalige Jesuitenkirche wurde 1617–20 im Auftrag von Bischof Johann Christoph von Wetterstetten errichtet. Im Dreißigjährigen Krieg wurde sie fast völlig zerstört, 1660 wiederaufgebaut. An der verschwenderischen Innenausstattung im frühen 18. Jahrhundert waren Franz Gabriel und Johann Rosner beteiligt. Im Süden schließen die ehe-

Hotels und Restaurants im nördlichen Oberbayern *siehe Seiten 265f und 279f*

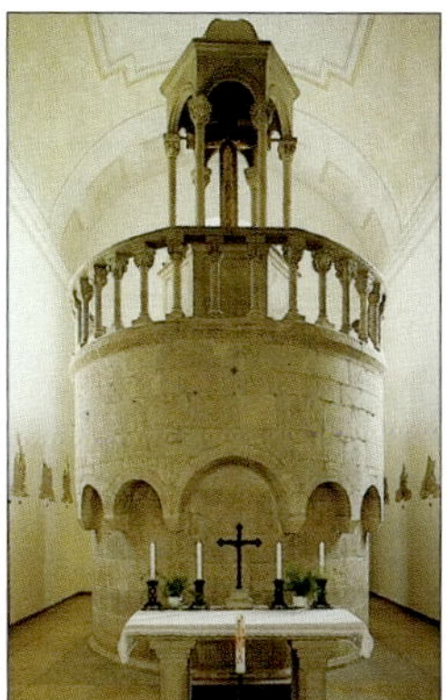
Nachbau des Heiligen Grabes Christi in der Kapuzinerkirche

maligen Gebäude des Jesuitenkollegs (17./18. Jh.) an die Kirche an. Sie besitzen zwei schöne Arkadenhöfe und werden heute als Seminargebäude genutzt.

Kloster Notre Dame du Sacré Cœur

Notre Dame 1. **Informationszentrum Naturpark Altmühltal** *(08421) 98 760. Mo–Fr 9–17 oder 18, Sa, So 10–17 oder 18 Uhr.*
1711 wollte hier eine Stiftung eine Mädchenschule errichten. 1712 begann man mit dem Bau eines Frauenklosters 1719 mit dem der Kirche, beide nach Entwürfen von Gabriel de Gabrieli. Die Fassade der Kirche wird durch große Säulen gegliedert. Über dem Portal steht eine Skulptur der Maria Immaculata. Heute ist in den Gebäuden von Konvent und Kirche die Zentrale des Informationszentrums Naturpark Altmühltal untergebracht.

Kapuzinerkirche zum Heiligen Kreuz und zum Heiligen Grab Christi

Kapuzinergasse 2.
Kapuzinermönche ließen 1623–25 die einfache barocke Längskirche erbauen. 1905 wurde sie vergrößert. Vom Seitenschiff geht ein ovaler Steinbau mit einer Rotunde ab. Es ist ein originalgetreuer Nachbau des Heiligen Grabes Christi in Jerusalem, angeblich die weltweit am besten erhaltene Nachbildung. An den Wänden befinden sich 13 Kreuzwegstationen.

INFOBOX

Straßenkarte C2.
13 800.
Bahnhofplatz 17.
Domplatz 8, (08421) 600 1400.
Fliegerfest (Mai/Juni), Burgfest auf der Willibaldsburg (Juli/Aug), Brauereifest (Aug), Volksfest (Aug/Sep).
www.eichstaett.info

Fürstbischöfliche Sommerresidenz

Ostenstr. 24.
Die ehemalige bischöfliche Sommerresidenz, ein weiteres Werk Gabriel de Gabrielis, wurde 1735–37 errichtet. Hier ist heute die Verwaltung der Katholischen Universität untergebracht. Die Residenz liegt in einem streng geometrisch gestalteten Park. Daran schließt sich ein Landschaftspark an, der in Terrassen zur Altmühl abfällt.

Die barocke Fassade der einstigen fürstbischöflichen Sommerresidenz

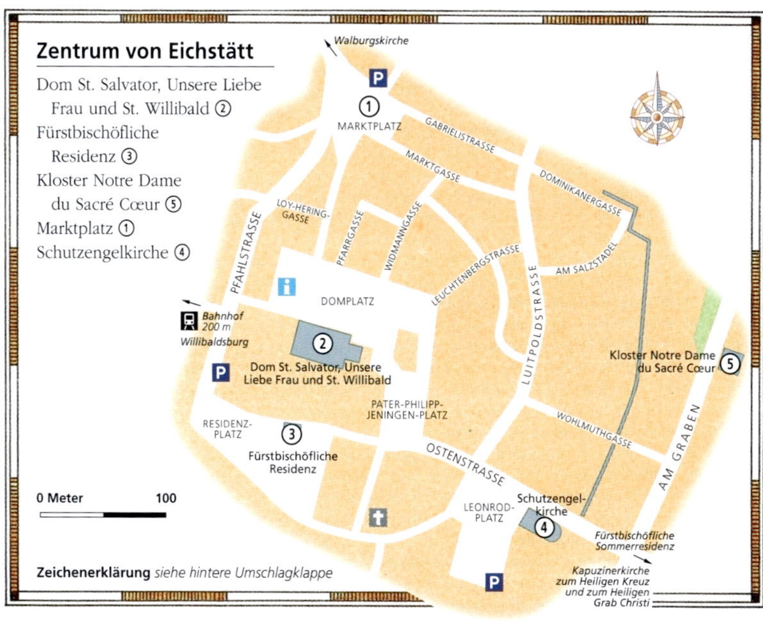

Walburgskirche

Westenstr.

Die Kirche steht an der Stelle, an der die Gebeine der Äbtissin Walburga 875 beigesetzt wurden. Kirche und Kloster wurden 1629–31 errichtet. In der Kapelle hinter dem Hochaltar befindet sich das Grab der heiligen Walburga, das viele Pilger anzieht – dem Walburgisöl wird Heilkraft nachgesagt. In der Kapelle mit dem kunstvollen schmiedeeisernen Gitter findet man Votivbilder mit Bitten, Gelübden und Danksagungen. Der gotische Altar zeigt die heilige Walburga, ihre Eltern und ihren Bruder, den heiligen Willibald.

Willibaldsburg

Burgstr. 19. **Jura-Museum**
(08421) 29 56, (08421) 47 30.
Apr–Sep: Di–So 9–18 Uhr; Okt–März: Di–So 10–16 Uhr.
Museum für Ur- und Frühgeschichte *(08421) 894 50.*
Apr–Sep: Di–So 9–18 Uhr; Okt–März: Di–So 10–16 Uhr. *So.*

Die Burg liegt südwestlich der Stadt auf einem Höhenzug über der Altmühl. Um mit dem Auto hinzufahren, muss man einen 63 Meter langen Tunnel passieren. Der lang gestreckte Bau ist umgeben von einer mit Basteien versehenen Befestigungsanlage aus dem 17. Jahrhundert. Von 1355 bis 1725 war das Bauwerk Bischofssitz. Im frühen 19. Jahrhundert wurde es dann als Steinbruch missbraucht. Im 14. Jahrhundert befestigte man den Burgberg. Unter Bischof Martin Schaumberg wurde die Anlage 1560–90 stark vergrößert.

Die heutige Burg besteht aus einem dreiflügeligen Bau mit Kreuzgängen und einem Hauptbau mit zwei Türmen. Bischof Konrad von Gemmingen ließ ihn nach Plänen von Elias Holl ausführen, den er 1609 nach Eichstätt gebeten hatte.

Im Nordflügel ist heute das **Jura-Museum** mit einer Fossiliensammlung untergebracht, im Südflügel das **Museum für Ur- und Frühgeschichte**. Hier findet man einen Raum mit Tierskeletten vom Mammut bis zur Höhlenhyäne, eine Abteilung mit Römerfunden und eine spätmerowingische Grabanlage.

Romanischer Turm, Rest einer Festungsanlage bei Beilngries

Beilngries ❷

Straßenkarte D2. *9000.*
Hauptstr. 14, (08461) 84 35.
www.beilngries.de

Der schönste Weg nach Beilngries ist der von Kelheim durchs Altmühltal, per Schiff, mit dem Auto oder mit dem Fahrrad. Die alte Stadt ist heute noch mit Mauern, neun Wehrtürmen und einem Stadtgraben befestigt. Bei den historischen Gebäuden an der Hauptstraße fällt ein Haus (Nr. 25) aus dem späten 16. Jahrhundert auf, das sogenannte **Kaiserbeckhaus** mit vorspringendem Obergeschoss. Die imposante neobarocke **Stadtpfarrkirche** wurde von Wilhelm Spannagl 1912/13 erbaut. Sie beeindruckt mit der Spannweite des Gewölbes und den originellen Rundfenstern.

Auf einem Hügel außerhalb der Stadt stand einst eine mittelalterliche Feste. Davon zeugen noch die zwei romanischen **Türme** am Zugang zur Anlage, die 1760–64 in ein bischöfliches Rokoko-Jagdschloss umgebaut wurde. Von den Hirschen, die hier ein bestimmendes dekoratives Motiv sind, rührt der Name **Schloss Hirschberg**. Im Kaiser- und Rittersaal findet man Malereien von Michael Franz sowie Rokoko-Stuckarbeiten. 1967–69 entstand nach den Plänen Alexander von Brancas, der sich dabei an der Burgarchitektur orientierte, die Marienkapelle. Heute ist Schloss Hirschberg ein Exerzitien- und Bildungszentrum.

Fossilienfunde aus dem Jura

Vor 150 Millionen Jahren war das Gebiet des Altmühltals im heutigen nördlichen Oberbayern und südlichen Franken eine Flachwasserlagune, die von der offenen jurassischen See durch ein Korallenriff getrennt war. Heute suchen viele Sammler in den Steinbrüchen nach versteinerten Ammoniten, Krebsen, Insekten und Pflanzen. Für wenig Geld kann man hier schöne Stücke erstehen. Eine große Sammlung von Fossilien kann im Jura-Museum in der Eichstätter Willibaldsburg besichtigt werden.

Fossil des *Archaeopteryx lithographica* im Jura-Museum in Eichstätt

Ingolstadt ❸

Siehe S. 166f.

Neuburg an der Donau ❹

Siehe S. 168f.

Pfaffenhofen ❺

Straßenkarte D3. *23 800.* *Hauptplatz 47, (08441) 49 15 11.* **www**.pfaffenhofen.de

Die Stadt liegt an der Ilm, am westlichen Rand des großen Hopfenanbaugebiets. Die alte Stadtmauer Pfaffenhofens besaß 17 Türme und vier Stadttore. An dem hübschen, großzügig angelegten Platz stehen die gotische **Johann-Baptist-Kirche** und das neogotische **Rathaus**. Der große, viereckige Kirchturm mit dem spitzen Dach erhebt sich neben der Sakristei. Im **Mesnerhaus**, einem Wohnhaus von 1786, ist heute ein **Museum** untergebracht. Die Kunstsammlung aus dem Zeitraum vom 16. bis 19. Jahrhundert ist beachtlich.

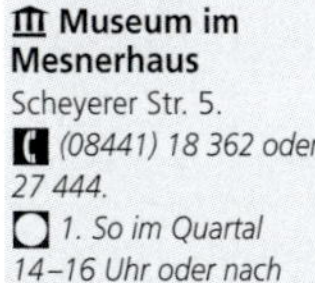

Museum im Mesnerhaus
Scheyerer Str. 5.
(08441) 18 362 oder 27 444.
1. So im Quartal 14–16 Uhr oder nach Vereinbarung.

Der gotische Turm der Johann-Baptist-Kirche in Pfaffenhofen

Scheyern ❻

Straßenkarte D3. *4600.* *in Pfaffenhofen.* *Ludwigstr. 2, (08441) 80 640.* **www**.scheyern.de

Scheyern liegt südwestlich von Pfaffenhofen. Als im Jahr 1119 der Familiensitz derer von Scheyern in ein Kloster umgewandelt wurde, ließen sich hier Benediktinermönche nieder. Im Zug der Säkularisierung verließen sie das Kloster, kehrten jedoch 1837 auf Bitten König Ludwigs I. wieder zurück.

Die **Basilika Mariä Himmelfahrt** wurde 1768/69 im Stil des Spätrokoko umgebaut. Die Stuckarbeiten stammen von einem Stuckateur der Wessobrunner Schule. In der Kreuzkapelle findet man einen Barockaltar mit einem Kruzifix aus der Spätrenaissance (1600). Das Tabernakel enthält eine 1738 von Johann Georg gefertigte Monstranz, in der eine byzantinische Reliquie des Heiligen Kreuzes aufbewahrt wird.

Das Benediktinerkloster in Scheyern

Freising ❼

Straßenkarte D3. *45 000.* *Marienplatz 7, (08161) 54 44 111.* **www**.freising.de

Seit dem Jahr 739 ist Freising Bischofsstadt. Mehr als 1000 Jahre lang war es Sitz der Bischöfe von Freising und München. Der Domberg wird auch Mons Doctus (Berg der Gelehrsamkeit) genannt. Der **Dom** wurde Mitte des 13. Jahrhunderts errichtet, die Kreuzgänge kamen im 15. Jahrhundert dazu. 1723/24 gestaltete man den Dom unter Mithilfe der Asam-Brüder um. Besonders sehenswert sind die Pietà (1492) von Erasmus Grasser und das gotische Chorgestühl (1485–88). In der romanischen Krypta steht die sogenannte Bestiensäule. Die Steinmetzarbeiten der Säule zeigen den Kampf gegen das Böse. Neben der Krypta befindet sich die Maximiliankapelle mit Stuckarbeiten und Gemälden von Georg Asam.

Im spätgotischen **Kreuzgang** stößt man auf Gemälde von Johann Baptist Zimmermann sowie auf Grabsteine aus dem 15. bis 18. Jahrhundert. Der Kreuzgang führt zur gotischen **Benediktuskapelle** (1346) und zur barocken **Dombibliothek**, die von François Cuvilliés entworfen wurde.

Die gotische **Johanniskirche** ist durch einen Gang mit dem Dom und der bischöflichen Residenz verbunden. Beeindruckend ist der Renaissance-Kreuzgang in der Residenz. Auf dem Domberg befindet sich das **Diözesanmuseum**, Deutschlands größtes Museum für religiöse Kunst.

Am Fuß des Dombergs stehen die Kirche **St. Peter und Paul**, im frühen 18. Jahrhundert von Antonio Viscardi neu erbaut und mit Malereien von Johann Baptist Zimmermann ausgeschmückt, die spätgotische **Georgskirche** mit ihrem Barockturm und das **Rathaus** (1904/05) im Stil der Neorenaissance.

Auf dem Nährberg findet man das Kloster Weihenstephan mit der ältesten **Brauerei** der Welt. Sie besteht seit 1040 und ist heute, wie das Benediktinerkloster daneben, der Technischen Universität München angegliedert.

Erker am Freisinger Rathaus

Diözesanmuseum
Domberg 21. *(08161) 48 79 15 (Führungen).*
Di–So 10–17 Uhr.

Ingolstadt ❸

Brunnenstatue

Ludwig der Reiche gründete 1472 in Ingolstadt Bayerns erste Universität. Anfangs war sie ein Zentrum des Humanismus, später eine Hochburg der Gegenreformation. Im 16. Jahrhundert war Ingolstadt die größte befestigte Stadt Süddeutschlands und konnte sich im Dreißigjährigen Krieg der Schweden erwehren. Im Zweiten Weltkrieg wurde Ingolstadt stark bombardiert, danach schnell wiederaufgebaut. Heute ist es vor allem als Standort der Audi-Werke und einer Ölraffinerie bekannt – doch es gibt auch einige architektonische Highlights.

Der barocke Innenraum der Asamkirche Maria de Victoria

Asamkirche Maria de Victoria

Neubaugasse. *März–Okt: Di–So 9–12, 13–17 Uhr (Mai–Sep: tägl.); Nov–Feb: Di–So 13–16 Uhr.* Feiertage. **Orgelkonzerte** *Apr–Okt: So 12 Uhr.*

Die Kirche ohne Türme wurde 1732–36 als Treffpunkt der jesuitischen Marianenkongregation erbaut. Der Stuck stammt von Egid Quirin Asam, doch bekannter sind die Malereien seines Bruders Cosmas Damian. Das riesige perspektivische Deckenfresko erschließt sich dem Betrachter erst beim Umhergehen. Auch die Monstranz (1708) des Augsburger Goldschmieds Johannes Zeckl, die den Sieg über die Türken darstellt, ist berühmt.

Kreuztor und Stadtmauern

Die Stadtmauer mit ihren halbrunden Türmen wurde zwischen 1362 und 1440 erbaut. Von den vier Stadttoren ist nur noch das westliche Kreuztor erhalten, eines der schönsten süddeutschen Tore aus dieser Zeit. Ein großer Turm mit Stufengiebeln, der Taschenturm, ist gleichfalls ein mittelalterliches Relikt. Die anderen Türme wurden 1800 geschleift. Heute sieht man nur noch die Ruinen der Kasematten und Bastionen.

Von der Rolle Ingolstadts als Festungs- und Garnisonsstadt zeugen Bauten im Grüngürtel der Stadt. Ludwig I. begann 1823 mit der Befestigung, die Entwürfe stammten von Leo von Klenze, die strategische Planung übernahmen Michael von Streiter und Karl Peter Becker. Am besten erhalten ist das Reduit Tilly, eine Schanze zur Donau hin.

Alte Anatomie, Sitz des Deutschen Medizinhistorischen Museums

Liebfrauenmünster

Bergbräustr./Ecke Kreuzstr.

Das große Backsteinmünster aus dem 15. Jahrhundert wird von zwei Türmen flankiert. Es gehört zu den größten spätgotischen Hallenkirchen Bayerns.

Der neun Meter hohe Hochaltar wurde 1572 anlässlich des 100-jährigen Bestehens der Universität fertiggestellt. Er ist mit 91 Gemälden von Hans Mielich versehen. Sehenswert im Innenraum sind Chorgestühl und Kanzel im Renaissancestil, die Fenstermalereien aus Gotik und Renaissance sowie das Denkmal für Johannes Eck, den größten Widersacher Luthers.

Alte Anatomie

Anatomiestr. 18–20. **Deutsches Medizinhistorisches Museum** *(0841) 30 52 860. Di–So 10–17 Uhr.*

Der schöne, 1723 fertiggestellte Barockbau beherbergte früher die medizinische Fakultät der Universität und ist heute ein Museum. Im Innenhof befindet sich ein Kräutergarten, in dem die verschiedensten Heilkräuter angepflanzt werden.

Das gotische Kreuztor im Westen der Altstadt

Hotels und Restaurants im nördlichen Oberbayern *siehe Seiten 265f und 279f*

Das Alte Rathaus mit seinem schön gestalteten Giebel

Neues Schloss

Paradeplatz 4. **Bayerisches Armeemuseum** *(0841) 93 770.* *Di–Fr 9–17.30, Sa, So 10–17.30 Uhr.*

Das Herzogsschloss wurde in der ersten Hälfte des 15. Jahrhunderts errichtet. Mit seinen Ecktürmen wirkt es wie eine Festung. Heute ist hier das **Bayerische Armeemuseum** mit Exponaten aus den Türkenkriegen zu Hause.

Herzogskasten

Hallstr. 4.

Die alte Festung ist ein zweigeschossiger Bau mit hohem Dach und gotischem Stufengiebel (1255). Bis zum Bau des Neuen Schlosses war sie Herzogssitz. Dann wurde der älteste Profanbau Ingolstadts als Kornkammer genutzt. Heute ist hier eine Bibliothek.

Altes Rathaus

Rathausplatz 4.

1882/83 wurde das Alte Rathaus von Gabriel von Seidl im Stil der Neorenaissance umgebaut und mit einem üppig verzierten Giebel versehen. Der Skulpturenschmuck stammt von Lorenz Gedon.

Das imposante Neue Schloss

INFOBOX

Straßenkarte D2. *125 000.*

(0841) 93 41 825.

Altes Rathaus, Rathausplatz 2, (0841) 30 53 030.

Ingolstädter Bürgerfest (1. Wochenende im Juli).

www.ingolstadt-tourismus.de

Moritzkirche

Hieronymusstr. 3.

Die Moritzkirche, eine dreischiffige gotische Basilika, ist die älteste Kirche Ingolstadts (14. Jh.). Der Pfeifturm, ein schlanker städtischer Wachturm an der Südseite, wurde etwas später errichtet. Das nahe gelegene, 1434 fertiggestellte Hospital war von 1472 bis 1800 das Hauptgebäude der Universität.

Audi Forum mit Museum

Ettinger Str./Waldeysenstr. **museum mobile** *0800 283 44 44.* *tägl. 9–18 Uhr.* **www**.audi.de

Das erlebnisorientierte Kundencenter bietet auch Kino, Konzerte und Gastronomie. Das museum mobile zeigt die Entwicklung des Automobils und der Marke Audi.

Neuburg an der Donau ❹

Mit seiner idyllischen Lage an der Donau südlich des Naturschutzgebiets Finkenstein gilt Neuburg als eine der schönsten Städte Bayerns. In den Straßen und Gassen der Oberen Stadt spürt man noch das Flair der alten fürstlichen Residenzstadt. Geschichtsträchtig ist auch die Obere Vorstadt. Hier war ein frühes Zentrum der Gegenreformation. Neben dem Ursulinenkloster sieht man auch Patrizierhäuser und Palais der höfischen Elite. Entlang der Donau erstreckt sich der Englische Garten, ein Landschaftspark, durch den man zum Schloss Grünau, einem Schloss der Wittelsbacher aus dem 16. Jahrhundert, spazieren kann.

Oberes Tor, Eingang zur Oberen Stadt

Oberes Tor und Stadtmauern

Im 14. Jahrhundert war die Obere Stadt mit Mauern, Türmen und Galerien befestigt. Aus dieser Zeit sind noch viele Zeugnisse erhalten, etwa das Obere Tor. Das Haupttor wurde 1530 wiederaufgebaut. Seine Rundtürme und der Renaissance-Giebel stammen auch aus dieser Zeit.

Peterskirche

Amalienstr. 40.

Die Kirche steht an der Stelle einer älteren Kirche, die 1214 erstmals erwähnt wurde. Die jetzige dreischiffige Kirche wurde 1641–46 nach Entwürfen des Graubündners Johann Serro errichtet. Der Innenraum weist Barockfresken und Stuck auf.

Amalienstraße

Von den Giebelhäusern in der Straße verdienen zwei besondere Erwähnung: das Eybhaus, ein 1720 errichtetes ehemaliges Postgebäude gleich neben dem Weveldhaus, und die alte Hofapotheke, die 1713 erstmals erwähnt wurde. Beide Häuser haben besonders prächtige Giebel. Sehenswert sind auch die Häuser aus dem 17. und 18. Jahrhundert in der Herrenstraße.

Stadtmuseum im Weveldhaus

Amalienstr. A 47. ☎ *(08431) 53 90 53.* ◯ *Di–So 10–18 Uhr.* ● *Jan, Feb.*

Das zweigeschossige, spätgotische Weveldhaus (16. Jh.) wurde 1715 von Gabriel de Gabrieli umgebaut. Aus dieser Zeit stammt das schöne Barockportal. Im Weveldhaus befindet sich heute das Stadtmuseum.

Karlsplatz

In ganz Bayern gibt es nur wenige Plätze, die so charmant sind wie der Karlsplatz. Dazu tragen nicht zuletzt die ausgewogenen Proportionen des Platzes und die schönen Gebäude bei. In der Mitte stehen eine Mariensäule und ein Brunnen, der von Bäumen umgeben ist. An der Ostseite wird der Platz durch die Fassade der Hofkirche bestimmt.

Im Norden sieht man das 1603–09 erbaute Renaissance-Rathaus. Zwei Außentreppen führen zum prächtigen Eingang im ersten Geschoss.

Barockportal des Weveldhauses in der Amalienstraße

Daneben steht das Taxishaus, benannt nach der Familie von Thurn und Taxis. Es wurde 1747 fertiggestellt und beeindruckt mit seiner mehrfarbigen Stuckfassade. Das benachbarte Zieglerhaus fällt wegen der schmiedeeisernen Gitter und der schönen Pforte auf.

An der Westseite findet man das wohlproportionierte, stattliche Lorihaus und die Bibliothek, die mit ihrer Rokokofassade auf die Amalienstraße ausgerichtet ist. Das 1731/32 erbaute Gebäude wurde 1802 mit der Einrichtung der Kaisheimer Klosterbibliothek ausgestattet.

Mariensäule am Karlsplatz

Hofkirche

Karlsplatz 10.

Die Hofkirche wurde von den protestantischen Herrschern Neuburgs als Antwort auf die jesuitische Michaelskirche in München errichtet. Die Bauarbeiten begannen 1608, wurden aber durch den Tod Philipp Ludwigs unterbrochen. Sein katholischer Nachfolger holte 1617 die Jesuiten nach Neuburg und übereignete ihnen die Kirche. 1627 wurde sie im Stil der Spätrenaissance fertiggestellt. Die flache Fassade und ein zentraler, achteckiger Kuppelturm wurden 1616–18 von den Brüdern Castella mit Stuck verziert.

Die Gemälde von Peter Paul Rubens, die einst den Altar schmückten, befinden sich heute in der Alten Pinakothek in München. Sehenswert ist insbesondere das Presbyterium mit der Herzogsloge und dem Treppenabgang zur Krypta, der letzten Ruhestätte der Herzöge. Ein Gang verbindet die Hofkirche mit dem Schloss.

Hotels und Restaurants im nördlichen Oberbayern *siehe Seiten 265f und 279f*

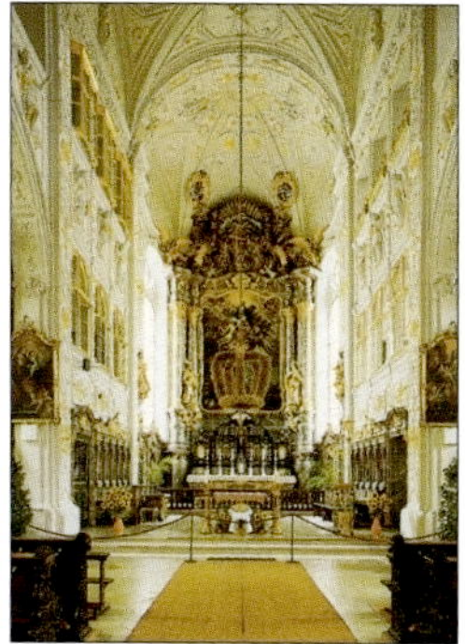
Innenraum der Hofkirche

Schloss

Residenzstr. 2. (08431) 64 30. Di–So 10–17 Uhr. **Schlossmuseum** Apr–Sep: Di–So 9–18 Uhr; Okt–März: Di–So 10–16 Uhr.

Die Geschichte des Schlosses lässt sich bis in die römische Zeit zurückverfolgen. Damals stand hier die Festung Venaxamodorum, ab dem 13. Jahrhundert war sie im Besitz der Wittelsbacher. Das heutige Schloss ließ der Renaissance-Herzog Ottheinrich 1530–45 errichten, 1667–70 wurde es um den barocken Ostbau erweitert. Die fünfeckige Anlage besitzt an der Donauseite zwei runde Türme. Der Renaissance-Innenhof ist mit zweigeschossigen Arkadengängen umgeben. Im westlichen Innenhof entdeckt man Sgraffito und zwei große steinerne Figuren (spätes 17. Jh.). Im Westflügel befindet sich eine Renaissancekapelle mit Galerien und Deckenfresken, die 1543 von Hans Bockberger geschaffen wurden. Die Fresken wurden erst in den Jahren zwischen 1934 und 1951 freigelegt, nachdem die von ihrem Triumph über die Katholiken verblendeten Protestanten sie 1616 übertüncht hatten. Vom Neuen Bau, dem Nordflügel des Schlosses, führt ein unterirdischer Gang vom Donauufer zur Oberen Stadt. Die barocken Grotten sind für Besucher zugänglich.

INFOBOX

Straßenkarte C2. 28 000. Ottheinrichplatz A 118, (08431) 55 240. Neuburger Donauschwimmen (letzter Sa im Jan), Schlossfest (in Jahren mit ungerader Zahl: letztes Juni- und 1. Juliwochenende), Volksfest (Juli). **www**.neuburg-donau.de

Ehemaliges Jesuitenkolleg

Am Unteren Tor.

Das Kolleg aus dem 17. Jahrhundert hat eine schlichte, interessant bemalte Fassade. Der ehemalige Versammlungsraum im dritten Stock des Baus ist für seine phänomenale Akustik berühmt.

Steinfiguren im Arkadenhof des Schlosses

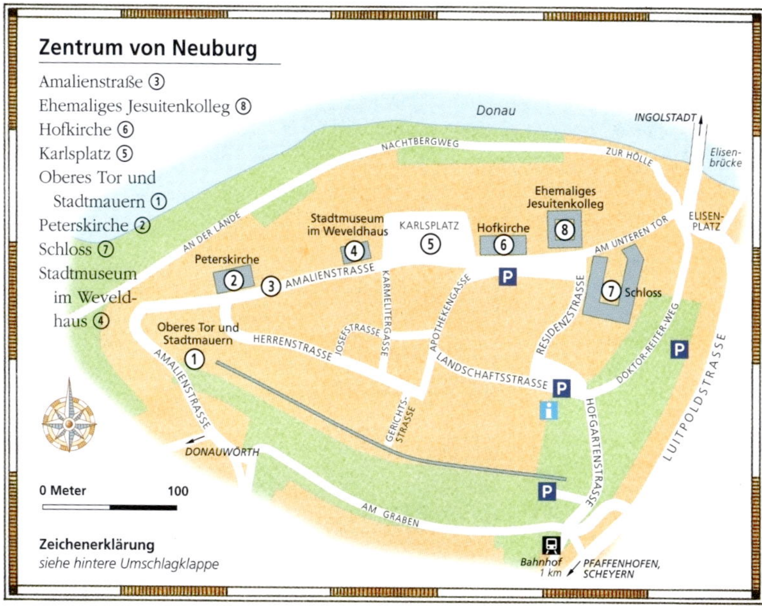

Das Landshuter Tor in Erding, ein wirklich »Schöner Turm«

Erding 8

Straßenkarte D3. *34 000.* *Landshuter Str. 1, (08122) 40 80.* **www**.erding.de

Die Kreisstadt liegt zwischen Fehlbach und Sempt, die hier zusammenfließen, nahe dem Münchner Flughafen. Das historische Zentrum entwickelte sich entlang zweier Achsen, der Landshuter Straße, die in den Schrannenplatz mündet, und der Langen Zeile.

Am Schrannenplatz steht die gotische **Johanneskirche** (um 1400). Ihr Presbyterium ist – ungewöhnlich für Kirchenbauten – dem Platz zugewandt. Neben dem Presbyterium steht ein großer, zehngeschossiger **Glockenturm** mit Friesen und Blindfenstern. Im Innenraum verdient eine überlebensgroße Christusfigur am Kreuz Beachtung. Sie wurde um 1525 von Hans Leinberger gefertigt.

Auf der gegenüberliegenden Seite der Landshuter Straße steht das gotische **Landshuter Tor**, auch »Schöner Turm« genannt. Es wird von Türmen flankiert. Die Fassade ist mit bogenförmigen Blindfenstern gegliedert, das Dach ist eine geschindelte Barockkuppel. Das Haus Landshuter Straße 1, das heutige Rathaus, ist die ehemalige **Residenz** der Grafen von Preysing (1648), auch Grafenstock genannt.

Gegenüber steht die **Heilig-Geist-Kirche**. Am Schrannenplatz Nr. 3 lohnt sich ein Blick auf den Innenraum der **Frauenkirche** (14. Jh).

Die Therme Erding *(siehe S. 293)* ist ein abwechslungsreiches Thermalbad-Paradies.

Sankt Wolfgang 9

Straßenkarte E4. *4400.* *St. Wolfgang.* *Hauptstr. 9, (08085) 18 80.* **www**.st-wolfgang-ob.de

Der Ort ist nach dem Regensburger Bischof Wolfgang benannt, der im Jahr 1052 heiliggesprochen wurde. Die Legende besagt, dass der Bischof auf dem Weg zum Kloster Mondsee hier eine Quelle mit heilkräftigem Wasser entdeckte.

Im frühen 15. Jahrhundert errichtete man über der Quelle eine **Kapelle**. Südlich davon wurde 1430–77 die **Wolfgangskirche** erbaut. Mit ihren zwei Schiffen und dem Netzgewölbe ist die Kirche ein gutes Beispiel für einen bayerischen spätgotischen Backsteinbau. In die Grundmauern eingelassen ist ein Stück roter Marmor, von dem erzählt wird, dass es sich um den Fußabdruck des heiligen Wolfgang handle.

Statue des heiligen Wolfgang

Der gotische Altar von 1485 ist teilweise noch erhalten. Die Schnitzereien von Heinrich Helmschrot zeigen die Heiligen Wolfgang, Georg und Sigismund sowie Szenen aus dem Marienleben.

Im erhöht liegenden, verlängerten Nordschiff findet man die ursprüngliche Kapelle mit der wundersamen Quelle, ein Anziehungspunkt für viele Pilger. Der Stuck mit Akanthusmotiven stammt aus dem frühen 18. Jahrhundert. Der 1470 gefertigten kleinen Figur des heiligen Wolfgang, die auf dem Altar steht, werden wundersame Kräfte nachgesagt. Vor dem Altar befindet sich ein Brunnen. Besucher haben hier die Gelegenheit, von dem heilenden Wasser zu trinken.

Interessant ist auch das Rathaus. Das Gebäude war ursprünglich ein von Johann Baptist Gunetzrhainer erbautes Presbyterium.

Oberschleißheim 10

Straßenkarte D3. *11 300.* *Wilhelmshof 4, (089) 37 55 89 58.* **www**.oberschleissheim.de

Eigentlich kennt man Schleißheim wegen des **Schlosses** *(siehe S. 172f)*. Doch auch die **Flugwerft Schleißheim**, ein Zweigmuseum des Deutschen Museums *(siehe S. 94–97)* auf dem ältesten Flugplatz Deutschlands, lohnt einen Besuch. In den restaurierten Gebäuden von 1912–19, einer neuen Halle und auf dem Rollfeld sind rund 50 Flugzeuge, Hubschrauber und Hängegleiter ausgestellt. Sonderausstellungen befassen sich mit der Geschichte des Fliegens.

Flugwerft Schleißheim
Effnerstr. 18. *(089) 31 57 140.*
tägl. 9–17 Uhr.

Ein Fluggerät von Otto Lilienthal (1894) in der Flugwerft Schleißheim

Hotels und Restaurants im nördlichen Oberbayern *siehe Seiten 265f und 279f*

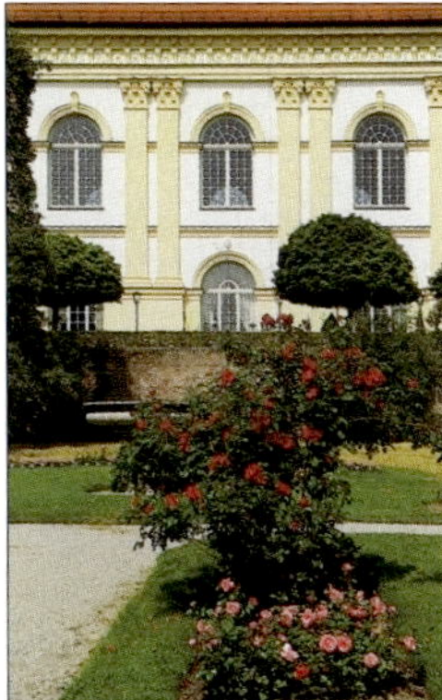

Das Renaissanceschloss in Dachau mit hübschem Garten

Dachau ⓫

Straßenkarte D4. *42 000.* Ⓢ *Konrad-Adenauer-Str. 1, (08131) 75 286 oder 75 287.* *Dachauer Volksfest (Aug).* **www**.dachau.de

Die malerische Kleinstadt liegt auf einem steilen Hügel an der Amper. Von hier kann man an klaren Tagen bis nach München sehen. Tragischerweise steht der Name »Dachau« auch für das dunkelste Kapitel in der deutschen Geschichte.

1933 errichteten die Nationalsozialisten in Dachau das erste dauerhafte Konzentrationslager und betrieben es bis 1945. In dieser Zeit fanden hier 30 000 registrierte Gefangene den Tod.

Das Lager wurde 1965 als **KZ-Gedenkstätte** und Mahnmal der Öffentlichkeit zugänglich gemacht. In einem der Gebäude befindet sich ein Museum, das den Besuchern die Geschichte der Konzentrationslager und die Verbrechen gegen die Menschlichkeit vor und während des Zweiten Weltkriegs nahebringt.

Auf einem Hügel am Stadtrand wurde 1558–77 an der Stelle einer Burg aus dem 15. Jahrhundert ein **Schloss** als Sommerresidenz der Wittelsbacher erbaut. Von den ursprünglich vier Flügeln ist nur noch der Südwestflügel erhalten. Der verbliebene Zeremoniensaal im ersten Geschoss wurde 1564/65 von Hans Wissreuter gestaltet.

Im Stadtzentrum liegen Rathausplatz und **Jakobskirche**. Hans Krumppers Spätrenaissancebau wurde 1624/25 errichtet. Der Architekt integrierte dabei ein Presbyterium (1425) und gab ihm einen Kuppelturm (1676–78).

KZ-Gedenkstätte Dachau
Alte Römerstr. 75. *(08131) 66 99 70.* *tägl. 9–17 Uhr.* *24. Dez.*
www.kz-gedenkstaette-dachau.de

Kloster Indersdorf ⓬

Straßenkarte C3. Ⓢ *Markt Indersdorf.* *Markt Indersdorf, Marktplatz 1, (08136) 93 40.* **www**.markt-indersdorf.de

Südlich des Flusses Glonn wurde im 11. Jahrhundert ein Augustiner-Chorherrenstift gegründet. Die romanische Basilika (12. Jh.) mit ihren zwei Türmen wurde in gotischer Zeit umgebaut und ging in der späteren **Klosterkirche Mariä Himmelfahrt** auf, ist allerdings noch immer erkennbar. Die neue Kirche ließ man im 18. Jahrhundert verschwenderisch ausstatten. Franz Xaver Feichtmayr d. Ä. versah sie 1754–56 mit Stuck. Die Gemälde, Szenen aus dem Leben des heiligen Augustinus stammen von Matthäus Günther und Johann Georg Tiefenbrunner.

Die ausgedehnte **Klosteranlage** entstand 1694–1704 unter der Bauaufsicht von Antonio Riva um zwei Innenhöfe, die sich im Süden und Osten der Kirche befinden. Der Komplex beherbergt heute eine Schule.

Tor und Wachtürme des KZ Dachau, heute Gedenkstätte

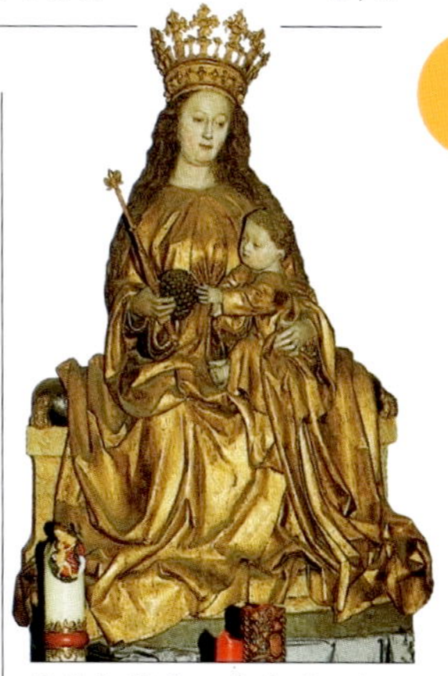

Gotische Madonna in der Barockkirche von Fürstenfeldbruck

Fürstenfeldbruck ⓭

Straßenkarte C4. *34 000.* Ⓢ *Hauptstr. 31, (08141) 281-3334.* *Volk- und Heimatfest (Juni/Juli), Brucker Altstadtfest (Juli), Leonhardifahrt (Okt/Nov), Christkindlmarkt (Dez), Lucien-Häuschen-Schwimmen (13. Dez).* **www**.fuerstenfeldbruck.de

Das schönste Gebäude des Orts ist das ehemalige **Zisterzienserkloster** an der Straße nach Augsburg, das 1263–90 erbaut wurde. Die Einrichtung wurde von Ludwig II. dem Strengen gestiftet, nachdem seine Gemahlin Maria von Brabant fälschlich der Untreue bezichtigt und hingerichtet worden war. 1691–1754 wurde der Bau von Giovanni Antonio Viscardi zu einem der größten Barockklöster Bayerns umgestaltet.

Die monumentale Fassade der **Klosterkirche Mariä Himmelfahrt** birgt einen exquisiten Innenraum. Die Stuckarbeiten stammen von Pietro Francesco Appiani, die Fresken in Chor und Langhaus von Cosmas Damian Asam und der Hochaltar (1760–62) von Egid Quirin Asam.

Das Kloster, das 1924 Stuck und Fresken erhielt, ist heute Polizeiakademie. Zu den historischen Häusern an der Hauptstraße gehört das alte Rathaus mit Malereien von 1900.

Am Abend der heiligen Lucia (13. Dez) lassen Kinder in Erinnerung an die Überschwemmung von 1785 Nachbildungen von Gebäuden der Stadt mit Kerzen darin auf der Amper schwimmen.

Schloss Schleißheim ⑩

Maske am Neuen Schloss

Der spätere Kurfürst Herzog Maximilan I. erwarb 1616 Gut Schleißheim und ließ in »italienischer Bauweise« das Alte Schloss ausbauen. Etwa 90 Jahre später wollte Kurfürst Max Emanuel mit Schloss Schleißheim sein eigenes Versailles verwirklichen. 1701 begann man mit den Bauarbeiten nach den Plänen von Enrico Zuccalli. Als Max Emanuel ins Exil musste, wurde die Arbeit unterbrochen, jedoch 1717 unter der Leitung Joseph Effners, der Zuccallis Entwürfe abänderte, wieder aufgenommen. Das 330 Meter lange Neue Schloss wurde von Cosmas Damian Asam und Johann Baptist Zimmermann verschwenderisch ausgestaltet. Für Besucher ist nicht nur die exquisite Innenausstattung, sondern auch die Galerie mit Barockgemälden interessant.

Türen
Die Eingangstüren zur Halle wurden 1736 von Ignaz Günther gefertigt und zählen zu seinen Meisterwerken.

Altes Schloss
Im späten 16. Jahrhundert errichtete Wilhelm V. einen bescheidenen Landsitz. 1616–23 ließ ihn sein Sohn Maximilian I. von Heinrich Schön d.Ä. umbauen. Peter Candid sorgte für Stuck und Fresken. Das Schloss wurde im Zweiten Weltkrieg zerstört und ab 1970 wiederaufgebaut. Nordflügel und Untergeschoss beherbergen ein Museum für religiöse Volkskunst.

Ein Tor mit Glockenturm (um 1600) führt in den Hof.

★ Neues Schloss
Von der mit Stuck und Fresken verzierten Halle gelangt man in den Rokoko-Speiseraum und in das große barocke Treppenhaus.

INFOBOX

Straßenkarte D3.
Altes und Neues Schloss, Schloss Lustheim
(089) 31 58 720.
Apr–Sep: Di–So 9–18 Uhr; Okt–März: Di–So 10–16 Uhr.
teilweise.
www.schloesser-schleissheim.de

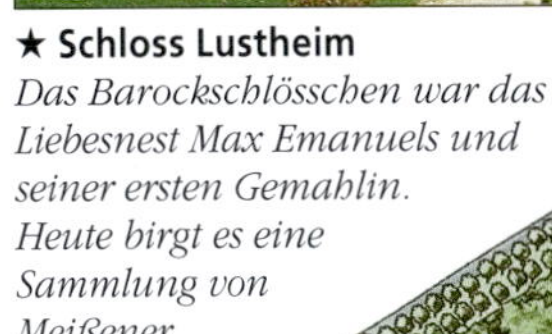

★ Schloss Lustheim
Das Barockschlösschen war das Liebesnest Max Emanuels und seiner ersten Gemahlin. Heute birgt es eine Sammlung von Meißener Porzellan.

Kanäle
Die Hauptachse der Parkanlage ist ein Kanal, dessen Wasser sich vor dem Neuen Schloss sammelt und in Brunnen emporsprudelt.

★ Park
Der einzigartige Barockpark blieb in seiner ursprünglichen Form erhalten. Die Bepflanzung zwischen den symmetrisch angelegten Kanälen und Wegen bildet geometrische Muster.

Max Emanuel

1701 gab Kurfürst Max Emanuel den Bau des Neuen Schlosses in Schleißheim und den Ausbau von Nymphenburg in Auftrag. Da er während des Spanischen Erbfolgekriegs ins Exil gehen musste, wurden die Bauarbeiten unterbrochen – er erlebte die Fertigstellung nicht mehr. Doch er verhalf dem Hochbarock in Bayern zum Durchbruch und verlieh dem Hause Wittelsbach Glanz.

NICHT VERSÄUMEN

- ★ Neues Schloss
- ★ Park
- ★ Schloss Lustheim

Niederbayern

Niederbayern grenzt an Österreich und an die Tschechische Republik. Es ist der östlichste Regierungsbezirk des Freistaats Bayern. Die Landschaft ist wie geschaffen für Erholungsuchende, die vielen schönen Barockbauten in Kleinstädten und Abteien sind einzigartig. Fern aller Hektik haben sich etwa Landshut und Passau noch eine gewisse Beschaulichkeit erhalten.

Zu Niederbayern gehört der größte Teil des Bayerischen Walds mit seinem Nationalpark – eine unverdorbene Naturlandschaft, die immer mehr Urlauber schätzen. Bis in die 1960er Jahre konnte man in einigen abgelegenen Dörfern auf baufällige, strohgedeckte Hütten stoßen. Heute sieht man solche Hütten nur noch im Museumsdorf Bayerischer Wald und im Freilichtmuseum Finsterau.

Die Einheimischen sind gastfreundlich und verdienen ihr Geld meist in der Forstwirtschaft, Glasindustrie und Tourismusbranche. Die Niederbayern gelten als ruhig und zurückhaltend, aber auch als sehr selbstbewusst. So überholte der niederbayerische Lohnkutscher Franz Xaver Krenkl, stolz auf seine schnellen Pferde, einst mit seiner Kutsche diejenige des Königs – ein ungeheuerlicher Verstoß gegen die guten Sitten. Sein respektloser Kommentar beim Überholvorgang: »Majestät, wer ko, der ko.« (»Wer kann, der kann.«)

Zwischen dem Benediktinerkloster Weltenburg und Kelheim fließt die Donau umrahmt von bis zu 100 Meter hohen Sandsteinfelsen, die einzigartige Formationen bilden und entsprechende Namen wie Räuberfelsen oder Bischofsmütze erhielten. Eine Fahrt mit dem Schiff durch den Donaudurchbruch ist ein ebenso eindrucksvolles Erlebnis wie der Blick auf den Fluss von der klassizistischen Befreiungshalle bei Kelheim.

1992 wurde der Rhein-Main-Donau-Kanal fertiggestellt. Leider begradigte man dabei auch 35 Kilometer der Altmühl vor ihrer Mündung in die Donau. Davor jedoch windet sich das Flüsschen nach wie vor idyllisch durch ein enges Tal mit Burgen und Schlössern. In der »Dreiflüssestadt« Passau schließlich fließen Donau, Inn und Ilz zusammen, schön anzusehen von einem der Hügel um die Stadt.

Passaus schöne Altstadt am Ufer der Donau ***(siehe S. 188–191)***

◁ **Die barocke Bibliothek der Benediktinerabtei St. Michael in Markt Metten** ***(siehe S. 182)***

Überblick: Niederbayern

Landshut ist die Hauptstadt des Regierungsbezirks Niederbayern. Alle vier Jahre strömen besonders viele Besucher hierher, um die Landshuter Hochzeit zu sehen, ein großes historisches Spektakel am Fuß der Burg Trausnitz. Malerisch präsentiert sich die in einer Donauschleife gelegene »Dreiflüssestadt« Passau. Von hier aus kann man Abstecher zu Kirchen unternehmen, die von den Asam-Brüdern gestaltet wurden: Aldersbach, Osterhofen, Straubing, Markt Rohr und Weltenburg. Berühmte Wallfahrtskirchen, die von der Volksfrömmigkeit zeugen, findet man auf dem Bogenberg und auf dem Geiersberg bei Deggendorf.

Bayerisches Wappen am Stadttor von Vilshofen

Schleusenanlage in der Altmühl bei Haidhof

In Niederbayern unterwegs

Niederbayern grenzt an Österreich und Tschechien. Drei Autobahnen führen durch die Region. Die A92 verbindet Landshut mit Deggendorf, die A3 folgt dem Lauf der Donau und verbindet Regensburg mit Passau. Regensburg kann auch über die A93 erreicht werden. Die Bahnverbindungen sind nicht besonders gut, die Busverbindungen umso besser.

Sehenswürdigkeiten auf einen Blick

Aldersbach 15
Bogenberg 6
Fürstenzell 12
Landshut S. 178–181 1
Markt Metten 7
Markt Rohr 2
Museumsdorf Bayerischer Wald 10
Ortenburg 13
Osterhofen 17
Passau S. 188–191 11
Sammarei 14
Sankt Hermann 8
Straubing S. 184f 5
Vilshofen 16
Weltenburg 3

Touren

Nationalpark Bayerischer Wald 9
Naturpark Altmühltal 4

LEGENDE

- Autobahn
- Bundesstraße
- Nebenstraße
- Panoramastraße
- Eisenbahn (Hauptstrecke)
- Eisenbahn (Nebenstrecke)
- Staatsgrenze
- Gipfel

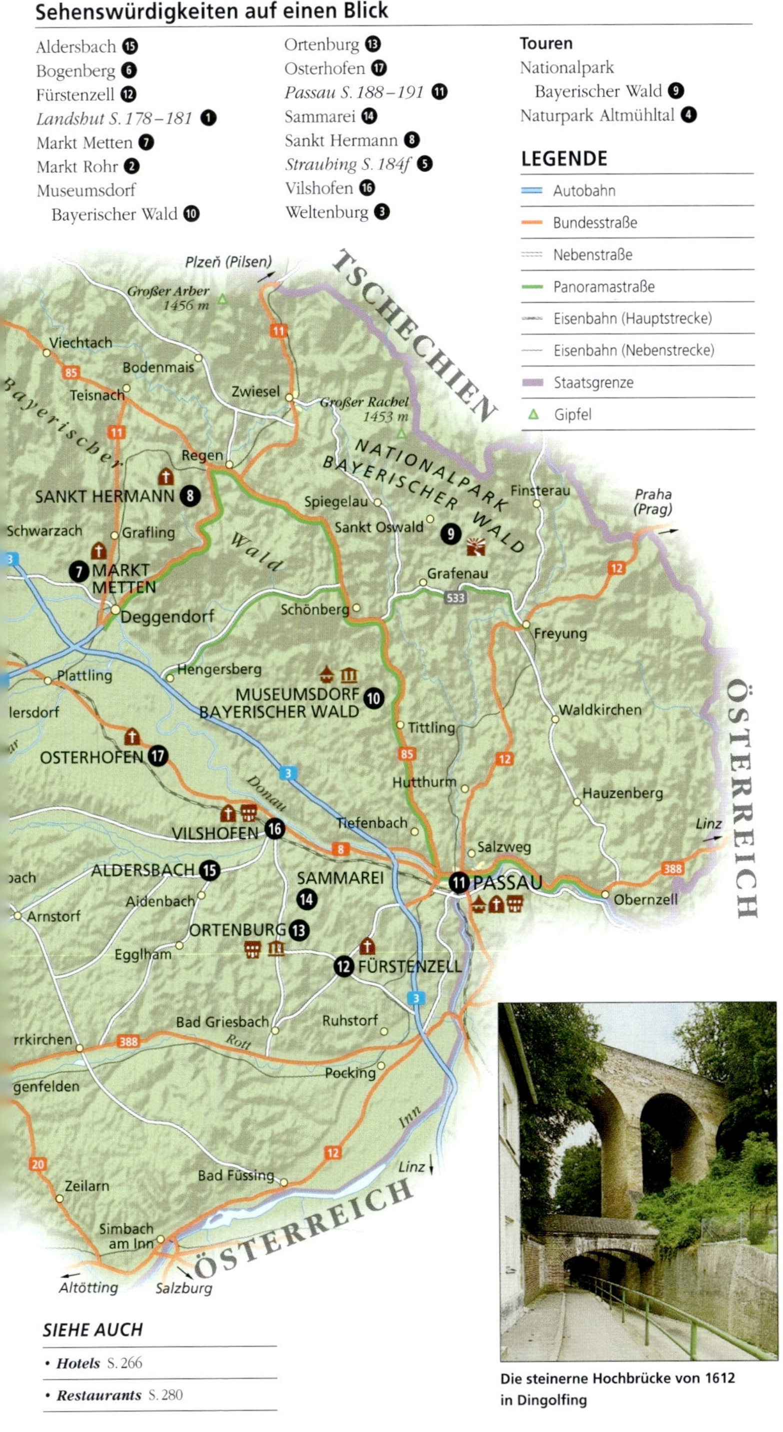

Die steinerne Hochbrücke von 1612 in Dingolfing

SIEHE AUCH

- ***Hotels*** S. 266
- ***Restaurants*** S. 280

Im Detail: Landshut ❶

Greif an einem Haus in der Schirmgasse

Landshut, die Hauptstadt Niederbayerns, entwickelte sich um die Burg Trausnitz herum und erlebte im 14. und 15. Jahrhundert eine Blütezeit. 1475 fand hier die legendäre Fürstenhochzeit statt. Der Wittelsbacher Herzog Georg heiratete die polnische Prinzessin Jadwiga, Tochter des Casimir Jagiellon. Zu Gast waren Kaiser Friedrich III. und sein Sohn Maximilian. Nach wie vor wird die Landshuter Hochzeit im Gedenken daran alle vier Jahre gefeiert.

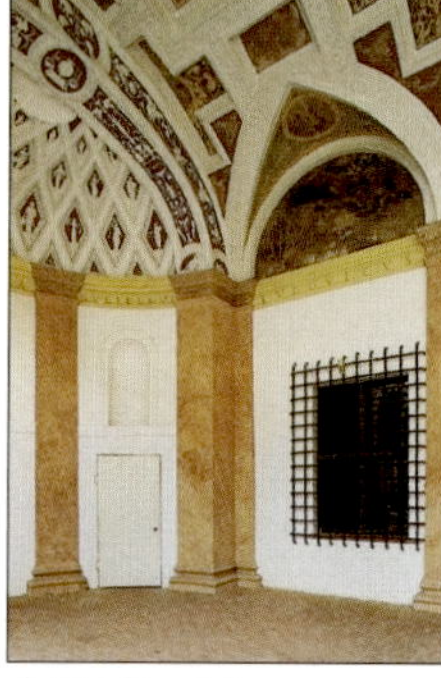

★ Stadtresidenz
Das 1536–43 für Herzog Ludwig X. erbaute Palais war das erste Renaissancepalais Deutschlands.

Ländtor
Durch das gotische Tor betritt man von der Isarseite her die Stadt. Es ist ein Überbleibsel der alten Stadtbefestigung.

Landschaftshaus
Die Renaissancemalerei (1599) an der Fassade des Hauses in der Altstadt ist ein typisches Beispiel, wie in Landshut die Häuser gestaltet wurden.

NICHT VERSÄUMEN

- ★ Martinskirche
- ★ Rathaus
- ★ Stadtresidenz

★ Rathaus

Das gotische Rathaus besitzt noch ein Renaissance-Erkerfenster. Ansonsten stammen die Malereien und die Bleiglasfenster, die Szenen der Landshuter Fürstenhochzeit zeigen, von 1860.

INFOBOX

Straßenkarte E3. 63 000.
Bahnhofplatz.
Altstadt 315, (0871) 92 20 50.
Landshuter Hochzeit (Juli, alle 4 Jahre; nächste Termine: 2013, 2017), Landshuter Hofmusiktage (Juli, alle 2 Jahre; nächste Termine: 2014, 2016), Frühjahrsdult (Apr/Mai), Altstadtfest (Juli), Bartlmädult (Aug), Haferlmarkt (Sep).
www.landshut.de

Grasbergerhaus

In dem spätgotischen Haus mit Stufengiebel und Arkadengang hielt sich 1475 die polnische Prinzessin Jadwiga (Hedwig) auf.

★ Martinskirche

Der große Innenraum der dreischiffigen Kirche (1389–1500) beeindruckt durch die Höhe, die vielen Säulen und das schöne Gewölbe.

LEGENDE

Routenempfehlung

Überblick: Landshut
Landshut liegt in einer Isargabelung und erstreckt sich zwischen Burg Trausnitz, die auf einem Hügel thront, und dem Zisterzienserkloster Seligenthal. Die mittelalterliche, in Nord-Süd-Richtung verlaufende Achse der Stadt heißt Landshuter Altstadt.

Nahezu parallel verläuft die Landshuter Neustadt. Beide Straßenzüge sind so breit wie Plätze. Landshut ist die wahrscheinlich »deutscheste« der niederbayerischen Städte. Ihre historischen Gebäude wurden im Zweiten Weltkrieg glücklicherweise nicht zerstört. So hat sich die Stadt bis heute den Glanz vergangener großer Zeiten bewahrt.

Jesuitenkirche
Spiegelgasse.
Die Kirche St. Ignatius, die in einer Gasse am südlichen Ende der Neustadt liegt, gehörte vormals zu einem Jesuitenkloster. Erbaut wurde sie 1613–41 nach Plänen des jesuitischen Baumeisters Johannes Holl. Der schöne barocke Hochaltar wurde 1663 gefertigt.

Seiteneingang zur gotischen Jodokkirche in Landshut

Jodokkirche
Jodokgasse.
Die gotische dreischiffige Basilika wurde 1338–1450 erbaut und dem heiligen Jodok geweiht, dem Sohn eines bretonischen Herzogs, der hier im 7. Jahrhundert als Einsiedlermönch lebte. Im 19. Jahrhundert wurde der ursprüngliche gotische Charakter der Kirche wiederhergestellt. Ausgeschmückt ist sie barock.

Steinmetzarbeiten des gotischen Altars der Martinskirche

Martinskirche
Altstadt 68. *(0871) 92 21 780.* *tägl. 7.30–18.30 Uhr (Okt–März: bis 17 Uhr).* *Mo, Fr 10.30–15 Uhr.*
Drei Architekten arbeiteten am Erscheinungsbild der gotischen Kirche. Einer von ihnen war der 1432 verstorbene Hans von Burghausen. Sein Grabstein ist in die Südwand eingelassen. Mit 131 Meter Höhe ist der Backsteinturm weltweit der größte seiner Art. Der spitze Turmaufsatz kam 1500 dazu. Der Innenraum der Kirche ist ein großartiges Zeugnis deutscher Gotik.

Dominikanerkirche
Regierungsplatz.
Die Kirche St. Blasius gehörte zum ehemaligen Dominikanerkloster. Die dreischiffige gotische Basilika wurde 1271–1384 errichtet. Johann Baptist Zimmermann gestaltete im 18. Jahrhundert den Innenraum im Stil des Rokoko um. Auch die Stuckaturen stammen aus dieser Zeit. Die klassizistische Westfassade entstand 1805.

Spitalkirche
Heilig-Geist-Gasse.
Die spätgotische Kirche und das gegenüberliegende ehemalige Spital liegen im Norden der Altstadt. Die dreischiffige Kirche wurde 1407–61 von Hans von Burghausen erbaut.

Sehenswert sind das Fächergewölbe und der Wandelgang um das Presbyterium. An dessen Nordseite steht ein großer Turm. Den Haupteingang an der Westseite bildet ein großes, überdachtes Portal, dessen Zugang von zwei kleinen Türmchen flankiert wird.

Stadtresidenz
Altstadt 79. *(0871) 92 41 10.* *Apr–Sep: Di–So 9–18 Uhr; Okt–März: Di–So 10–16 Uhr.*
Die Stadtresidenz war das erste Renaissancepalais nördlich der Alpen. Sie besteht aus zwei zusammenhängenden Gebäuden.

Der sogenannte Deutsche Bau (1536/37) mit seiner klassizistischen Fassade (1780) ist in Richtung Altstadt ausgerichtet, der Italienische Bau (1537–43) mit dem schönen Arkadenhof auf die Ländgasse. An der Fassade findet man eine große Kartusche mit dem Wappen von Herzog Ludwig X. von Bayern, der sich die Residenz nach einem Besuch in Mantua errichten ließ. Besucher können hier zahlreiche Prunkräume bestaunen – der prächtigste ist der Italienische Saal. Auf den einzigartigen Renaissancefresken sind mythologische Szenen dargestellt. Die ursprüngliche Ausstattung von 1542 ist noch fast vollständig erhalten.

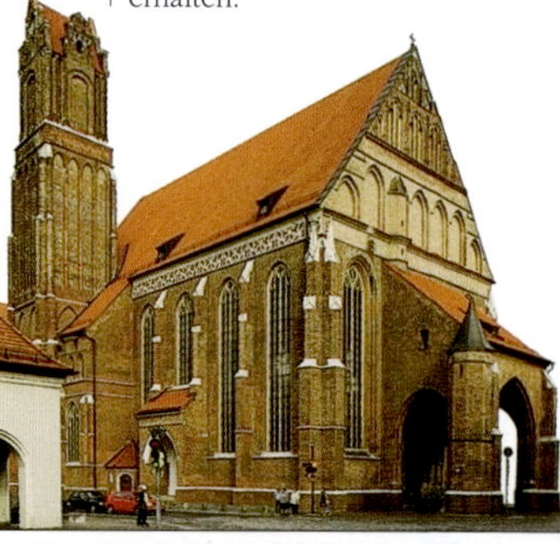
Die spätgotische Spitalkirche in Landshut

Hotels und Restaurants in Niederbayern *siehe Seiten 266 und 280*

Burg Trausnitz

Burg Trausnitz ist die älteste der erhaltenen Burgen der Wittelsbacher. Ihre Geschichte beginnt 1204. Von der ersten Bauphase zeugen noch der Bergfried, die »Alte Dürnitz« und die Georgskapelle mit ihren originalen Figuren. Im 15. Jahrhundert kamen die Befestigungsbauten der Tore und die Wehrgänge hinzu. Mit dem »Italienischen Anbau« von 1575 verwandelte sich die Burganlage in ein Renaissanceschloss.

INFOBOX

Burg Trausnitz 168. 7 bis Kalcherstraße. (0871) 92 41 10. *Apr–Sep: tägl. 9–18 Uhr; Okt–März: tägl. 10–16 Uhr.*
Kunst- und Wunderkammer
wie Burg.
www.burgtrausnitz.de

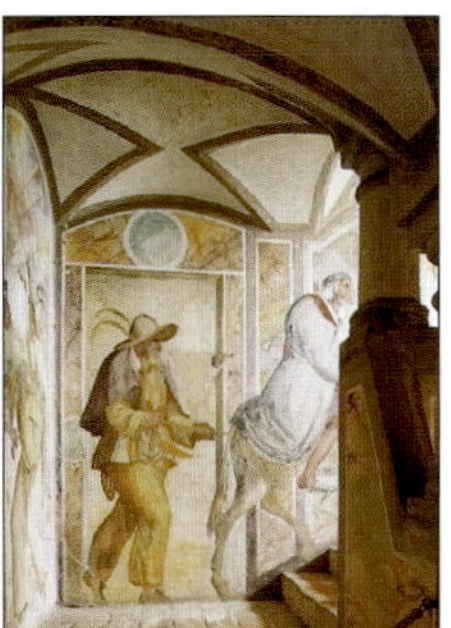

★ Narrentreppe
Die lebensgroßen Commedia-dell'Arte-Figuren wurden 1578 nach der letzten großen Umgestaltung der Burg von Padovano geschaffen. Sie erinnern daran, dass eine italienische Wandertruppe hier vor Herzog Wilhelm V. spielte.

St.-Georgs-Rittersaal
Die Wände des Saals zieren Wandteppiche, die 1618 nach Entwürfen von Peter Candid in Paris hergestellt wurden.

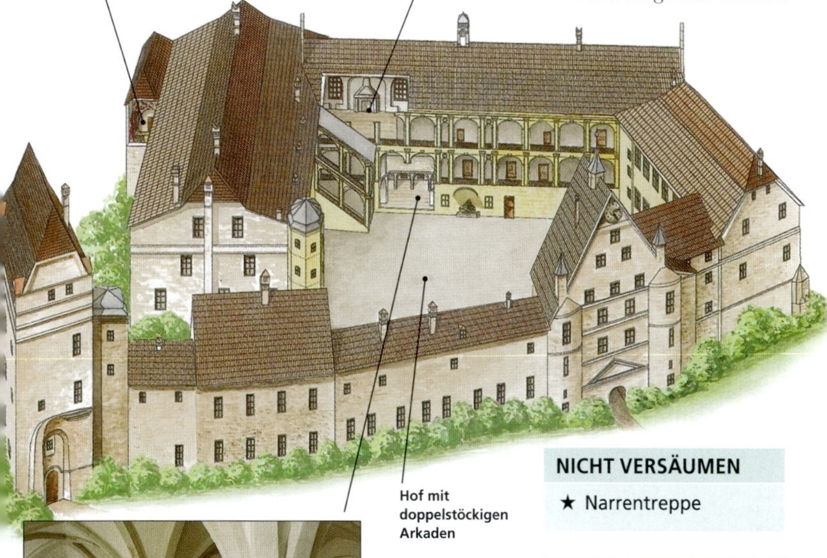

Hof mit doppelstöckigen Arkaden

NICHT VERSÄUMEN

★ Narrentreppe

Alte Dürnitz
Die zweischiffige Halle mit den schönen Bogen und Pfeilern wurde schon in der ersten Bauphase (1204–34) errichtet.

Burganlage
Der Weg zur Burg führt steil nach oben, doch für die Mühe des Aufstiegs wird man mit einem grandiosen Blick über Landshut und das Isartal belohnt.

Markt Rohr ❷

Straßenkarte D2. Abensberg. Marienplatz 1, (08783) 96 080. **Kloster** (08783) 96 000. **Asamkirche** tägl. 6–19 Uhr. **www**.kloster-rohr.de

Das Benediktinerkloster wurde im 12. Jahrhundert gegründet. Nach vielen Umbauten und schweren Zerstörungen im Dreißigjährigen Krieg wurde die Anlage im 18. Jahrhundert im barocken Stil umgestaltet.

Die barocke **Asamkirche** (1717–23) von Egid Quirin Asam ist berühmt für ihren Stuck und den Hochaltar, einen Bühnenaltar mit zwei Flügeln. Die Skulpturengruppe zeigt Mariä Himmelfahrt. Das *Theatrum Sacrum*, eine dramatische Szene voller Ausdruckskraft, zählt zu den Meisterwerken von Asam, der damals erst 25 Jahre alt war.

Hochaltar der Asamkirche in Markt Rohr

Am Donaudurchbruch zwischen Weltenburg und Kelheim

Weltenburg ❸

Straßenkarte D2. Kelheim. **Kloster** (09441) 20 40 oder 20 41 36. Mitte März–Mitte Nov: 8–19 Uhr (Touren bitte vorab buchen). **www**.klosterschenke-weltenburg.de

Das Kloster der Benediktiner (7. Jh.) liegt landschaftlich großartig direkt an der Donau. Die **Klosterkirche St. Georg und St. Martin**, ein Werk der Asam-Brüder, wurde 1716 fertiggestellt. Cosmas Damian zeichnet für Architektur und Malerei verantwortlich, von Egid Quirin stammen der Hochaltar und die Statue des heiligen Georg, der mit dem Drachen kämpft.

Im Biergarten und in der Schenke können Besucher das Klosterbier probieren. Die nahe Schiffsanlegestelle ist Ausgangspunkt für Bootsfahrten durch den Donaudurchbruch nach Kelheim.

Naturpark Altmühltal ❹

Siehe S. 183.

Straubing ❺

Siehe S. 184f.

Bogenberg ❻

Straßenkarte F2. 10 200. Bogen. Bogen, Stadtplatz 56, (09422) 50 50. **www**.bogen.de

In keltischer Zeit war der weithin sichtbare »Berg Athos« Niederbayerns ein heiliger Ort. Seit dem Mittelalter ist er Pilgerstätte. Von der gotischen Kirche **Heilig Kreuz und Mariä Heimsuchung** aus hat man einen wundervollen Blick über die Donau.

Die Pilger kommen weniger wegen der Aussicht, sondern wegen einer Marienstatue, die guter Hoffnung ist. Die Figur wurde um 1400 geschaffen, Bekleidung und bestickter Mantel stammen aus dem 17. Jahrhundert. In der Kirche flackern zahllose Votivkerzen. An Pfingsten trägt nach altem Brauch der stärkste Mann aus dem Ort Holzkirchen eine über 100 Kilogramm schwere, 13 Meter lange Kerze, die »lange Stang«, auf den Berg.

Engel und Votivkerzen in der Wallfahrtskirche von Bogenberg

Markt Metten ❼

Straßenkarte F2. 4200. Krankenhausstr. 22, (0991) 99 80 50. **www**.markt-metten.de

Um das Jahr 766 wurde die **Benediktinerabtei St. Michael** gegründet. Im 10. Jahrhundert löste sich das Kloster auf, doch nach Jahrhunderten anderweitiger Nutzung und Zerstörung ließ König Ludwig I. 1830 wieder eine Benediktinerabtei errichten.

Die Klosterkirche St. Michael wurde seit dem 8. Jahrhundert häufig umgebaut, zuletzt 1712–29. Die Fassade mit den zwei Türmen birgt zwei runde Kapellen. Hochaltar und Fresken stammen von Cosmas Damian Asam. Berühmt ist die wunderschöne barocke Bibliothek, die 1722–29 von Franz Joseph Holzinger gestaltet wurde. Sie besitzt unschätzbar wertvolle Bestände. Statt von »normalen« Säulen wird das Gewölbe von Atlanten gestützt.

Tour: Naturpark Altmühltal ❹

Malerisch windet sich die Altmühl von Mittelfranken durchs nördliche Oberbayern und durch Niederbayern, bis sie in die Donau mündet. Der Naturpark Altmühltal ist einer der größten und schönsten in Deutschland, eine Bootsfahrt auf der Altmühl ein Erlebnis. Man beginnt sie am besten in Kelheim. Dort weiß man, wie weit man – je nach Wasserstand des Flusses – kommt. Zurück kann man auch mit dem Rad fahren.

ROUTENINFOS FÜR WANDERER/FAHRER

Länge: *20 km.*
Rasten: *Cafés und Gasthöfe finden Sie an der gesamten Strecke. Oft haben die Lokale auch einen Biergarten. Wanderer können einen Teil der Strecke mit dem Schiff oder Auto fahren.*

Schloss Prunn ⑤
Das Schloss, heute ein Museum, scheint aus dem Fels zu wachsen. Von der Terrasse sieht man auf die Altmühlbrücke, die längste Holzbrücke Europas.

Rosenburg ⑦
Auf der Burg werden Raubvögel gezüchtet, u.a. auch Adler. Das Museum informiert über die Falknerei: Täglich finden Flugvorführungen statt.

Riedenburg ⑥
Das örtliche Kristallmuseum besitzt die größte Bergkristallformation der Welt. Der Stein wiegt 7,8 Tonnen und stammt aus Arkansas (USA).

Riedenburg ⑥
Rosenburg ⑦
EICHSTÄTT
Schloss Prunn ⑤
Altmühl
Randeck ③
Essing ④
Tropfsteinhöhle ②
Kelheim ①
Kelheimwinzer
Donau
Saal
16
REGENSBURG
INGOLSTADT

Essing ④
Eine schmale Straße führt zu dem kleinen Marktplatz mit seiner ganz besonderen Atmosphäre. Durch ein mittelalterliches Tor gelangt man auf die Holzbrücke, die über den früheren Lauf der Altmühl führt.

Randeck ③
Der vorgeschobene Burghügel war schwer zugänglich und bot einen guten Überblick. Wahrscheinlich stammt die Schutzburg aus dem 10. Jahrhundert.

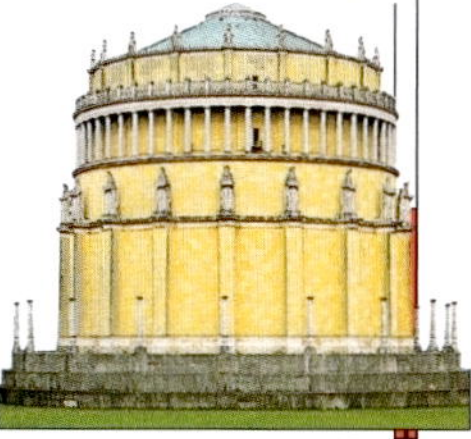

Kelheim ①
Die Befreiungshalle wurde 1842–63 von Friedrich von Gärtner und Leo von Klenze erbaut. Sie erinnert an die Freiheitskriege (1813–15).

Tropfsteinhöhle ②
Die Höhle an der Straße nach Essing war in der Steinzeit bewohnt. Die Innentemperatur beträgt unabhängig von der Außentemperatur konstant 9 °C.

LEGENDE

- Routenempfehlung
- Andere Straße

0 Kilometer 10

Straubing 5

Goldmaske im Gäubodenmuseum

Straubing liegt dort, wo der Gäuboden, der auch als »Kornkammer Bayerns« bezeichnet wird, und die Ausläufer des Bayerischen Walds an die Donau grenzen. Das mittelalterliche Erscheinungsbild der Innenstadt ist nahezu unverändert erhalten. Sie ähnelt noch verblüffend dem Stadtmodell, das Jakob Sandtner 1568 anfertigte (heute im Bayerischen Nationalmuseum in München, eine Kopie befindet sich im Gäubodenmuseum). Jedes Jahr im August feiert die ganze Stadt das Gäubodenfest.

Der Marktplatz von Straubing, im Hintergrund der Stadtturm

Ludwigsplatz und Theresienplatz

Der Marktplatz, heute Fußgängerzone, wirkt wie eine breite Straße, die mitten durch die Altstadt führt. Es ist ein Vergnügen, über den Markt zu schlendern. Zwischen den historischen Gebäuden stehen die bunten Marktstände und bieten Blumen, Obst und Gemüse in Hülle und Fülle an. Der spätgotische **Stadtturm**, das Wahrzeichen von Straubing, bietet einen großartigen Rundblick über die Stadt, den Gäuboden und den Bayerischen Wald. Er teilt den Marktplatz in **Ludwigsplatz** und **Theresienplatz**.

Die beiden Brunnen auf den beiden Plätzen sind den Stadtheiligen St. Jakob (1644) und St. Tiburtius (1685) geweiht. Auf dem Theresienplatz wurde 1709 die Dreifaltigkeitssäule errichtet. Die Figuren auf der Spitze sind vergoldet. Gegenüber den Stadttoren, auf der Südseite des Platzes, steht das zweigeschossige **Rathaus**. Seine beiden Torflügel öffnen sich zu einem Laubenhof. Der gotische Bau mit Seitenflügeln und Innenhof entstand um 1382 durch die Zusammenlegung zweier Häuser. Die Stufengiebel stammen aus dem 19. Jahrhundert.

Karmelitenkirche

Albrechtsgasse 28.

Die große, dreischiffige gotische Kirche wurde zu Beginn des 18. Jahrhunderts von Wolfgang Dientzenhofer barockisiert. Die Ausstattung aus dem 17. und 18. Jahrhundert harmoniert mit den späteren barocken Gestaltungselementen. Es ist sogar gelungen, den gotischen Geist der Kirche zu erhalten.

Im Inneren befindet sich das Grab von Herzog Ernst. Dessen Sohn Albrecht III. heiratete heimlich Agnes Bernauer, eine schöne Augsburger Baderstochter, doch sein Vater ließ sie 1435 in der Donau ertränken. Alle vier Jahre im Juni/Juli wird diese Tragödie im Rahmen der Agnes-Bernauer-Festspiele von Laienschauspielern nachgestellt.

Ursulinenkirche

Burggasse 40.

Die 1736–41 erbaute Kirche, die zum Ursulinenkonvent gehört, ist ein Gemeinschaftswerk der Asam-Brüder. Egid Quirin Asam fungierte als Baumeister, sein Bruder Cosmas Damian war für die Fresken, den Altar und die Stuckarbeiten verantwortlich.

Herzogsschloss

Schlossplatz 2b. *bei Veranstaltungen.* **http://**agnes-bernauer-festspiele.de

Der älteste Teil des trutzigen Schlosses stammt aus dem 14. Jahrhundert. Heute ist hier u.a. das Finanzamt untergebracht. Sehenswert ist der Schlosshof. Im Bernauerturm soll Agnes Bernauer gefangen gehalten und von dort auch in die Donau gestürzt worden sein. Der **Rittersaal** dient für Musikveranstaltungen. Im Innenhof finden die Agnes-Bernauer-Festspiele statt.

Barocker Innenraum der Ursulinenkirche

Gäubodenmuseum

Fraunhoferstr. 23.

(09421) 97 41 10.

Di–So 10–16 Uhr.

Das lokalgeschichtliche Museum existiert seit 1845. Berühmt ist es vor allem wegen des Römerschatzes, der hier ausgestellt ist. Der Schatz wurde 1950 gefunden und war für die Wissenschaftler eine Sensation. Es handelte sich um die größte Ansammlung römischen Rüstzeugs, die je im Gebiet des Römischen Reichs gefunden wurde.

Hotels und Restaurants in Niederbayern *siehe Seiten 266 und 280*

Das Herzogsschloss von der Donauseite

Unter den Exponaten sind kunstvoll gearbeitete Helme mit Visieren, Beinschienen und sogar Helme und Rüstungsteile für Pferde.

Basilika St. Jakob

Pfarrplatz 13. *wg. Renovierung bis 2014.*

Mit dem Bau der gotischen Stadtpfarrkirche, die den Heiligen Jakob und Tiburtius geweiht ist, wurde um 1400 begonnen. Es dauerte über 100 Jahre, bis Langhaus und Turm fertig waren. Im großen Innenraum stützen elegante gotische Rundpfeiler ein Tonnengewölbe aus dem 18. Jahrhundert.

Die Kirche beherbergt originale gotische Skulpturen und Gemälde, alte Grabsteine, eine Madonna, die Hans Holbein d. Ä. zugeschrieben wird, sowie Skulpturen der Asam-Brüder. Die Bleiglasfenster (15. Jh.) filtern das Licht auf unvergleichliche Weise.

Gotisches Bleiglasfenster in der Basilika St. Jakob

INFOBOX

Straßenkarte E2. *45 000.*
Bahnhofplatz.
Theresienplatz/Ecke Simon-Höller-Str., (09421) 94 43 07.
Straubinger Frühling (Apr), Agnes-Bernauer-Festspiele (alle 4 Jahre im Juni/Juli, nächste Termine: 2015, 2019), Gäubodenfest (Aug).
www.straubing.de

St. Peter

Pointstr. 27.

Die um 1200 erbaute romanische Basilika St. Peter ist eine der schönsten Kirchen ihrer Art in Niederbayern. Im 19. Jahrhundert wurden die Turmspitzen vergrößert. Zu den Sehenswürdigkeiten im Inneren gehören ein romanisches Kruzifix und eine gotische Pietà (um 1340).

Der interessante alte Friedhof ist einer der ältesten in Deutschland. Hier stehen drei Kapellen. Eine davon, die Bernauerkapelle, ließ Herzog Ernst 1435 als Buße für den Mord an Agnes bauen. Der symbolische Grabstein ist heute noch in der Kapelle zu sehen. An den Innenwänden der Totentanzkapelle (1486) ist der originelle Totentanzzyklus (1763) von Felix Hölzl eine besondere Attraktion.

Hermannskirche, Brunnenkapelle und Einsiedeleikapelle

Sankt Hermann ❽

Straßenkarte F2. Regen. *Bischofsmais, Hauptstr. 34. (09920) 94 04 44.* **www**.bischofsmais.de

In der Nähe von Bischofsmais stehen dort, wo einmal die älteste Mönchsklause Bayerns war, zwei Kapellen und eine Barockkirche. Um 1320 führte hier der Benediktinermönch Hermann, der aus dem Kloster Niederalteich kam, ein Einsiedlerleben. Im 17. Jahrhundert wurde die vormalige Klause zur bekannten Wallfahrtsstätte.

Die **Brunnenkapelle**, eine kleine barocke Rotunde, stammt von 1611. Hier entspringt die Quelle, deren Wasser bei Augenleiden helfen soll. Die barocke **Hermannskirche** entstand 1653/54 – 1690 wurde die **Einsiedeleikapelle** dazugebaut, die an die frühere Mönchsklause erinnern soll. In der Hermannszelle sieht man Krücken und hölzerne Gliedmaßen, die Pilger aus Dank für die gewährte Heilung abgelegt haben.

Nationalpark Bayerischer Wald ❾

Siehe S. 187.

Museumsdorf Bayerischer Wald ❿

Herrenstr. 11, 94104 Tittling. **Straßenkarte** G2. *Tittling. (08504) 84 82. Apr–4. Nov: tägl. 9–17 Uhr (Nov–März: nur Gelände 9–16 Uhr). (08504) 40 461.* **www**.museumsdorf.com

Das Open-Air-Museum bei Tittling (an der Straße zwischen Grafenau und Passau) zeigt auf 20 Hektar Fläche 140 wiederaufgebaute Häuser aus dem 18. und 19. Jahrhundert. Neben den komplett eingerichteten Bauernhäusern stehen hier Mühlen, Schmieden, Sägewerke und das älteste Schulgebäude Deutschlands.

Nahebei, in einem Gasthof von 1829, gibt es bayerische Spezialitäten. Berühmte Gäste wie Ex-Bundeskanzler Helmut Kohl und Friedrich Dürrenmatt waren schon hier.

Das Museumsdorf liegt im »Dreiburgenland«: **Saldenburg**, **Englburg**, **Fürstenstein**. In der Mitte befindet sich der Dreiburgensee. Die Schlösser sind gut erhalten, allerdings nicht öffentlich zugänglich.

Passau ⓫

Siehe S. 188–191.

Fürstenzell ⓬

Straßenkarte G3. *7500. Passau. Marienplatz 7, (0852) 80 228.* **www**.fuerstenzell.de

Die Zisterzienserabtei in Fürstenzell wurde 1274 gegründet, erlebte aber erst im 18. Jahrhundert ihre Blütezeit. Davon legt die 1738 von Johann Michael Fischer erbaute Klosterkirche, die **Marienkirche**, Zeugnis ab. Ihre Fresken stammen von Johann Jakob Zeiller, die Stuckarbeiten von Johann Baptist Modler und Johann Georg Funk. Der Hochaltar ist ein Werk des Münchner Hofbildhauers Johann Baptist Straub. Interessant sind die gotischen Grabmäler der Zisterzienseräbte und der Klostergründer, die noch aus der alten Kirche stammen.

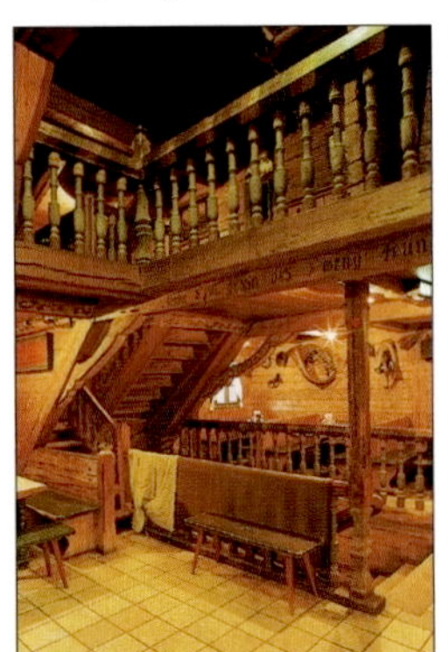

Ein Gasthof von 1829 im Museumsdorf Bayerischer Wald

Marienkirche in Fürstenzell

Das **Kloster** wurde 1674–87 umgebaut und nach 1770 erweitert. Beeindruckend ist der Festsaal, der mit Fresken (1773) im klassizistischen Wiener Stil geschmückt ist.

Die **Klosterbibliothek** wurde um 1760 gestaltet. Zusammen mit der Klosterbibliothek im nahen Markt Metten zeugt sie von den erfolgreichen Bemühungen der Zisterziensermönche um Künste und Wissenschaften. Vor allem im Bereich Philosophie und Theologie finden sich hier Schätze.

Der zweigeschossige Raum wird von einer umlaufenden Empore unterteilt, die von toskanischen Säulen und Atlanten getragen wird. Das kostbare Schnitz- und Schrankwerk im Stil des Rokoko stammt von dem Passauer Joseph Deutschmann.

Marienkirche
(08502) 91 100. tägl. 8–18 Uhr. **Kloster** *Festsaal und Bibliothek derzeit geschlossen.*

Hotels und Restaurants in Niederbayern *siehe Seiten 266 und 280*

Tour: Nationalpark Bayerischer Wald ❾

Der Nationalpark besteht seit 1970 und war der erste Deutschlands. Die angegebene Tour führt durch ein ausgedehntes hügeliges Waldgebiet mit Mooren, Sümpfen, malerischen kleinen Seen und einzigartigen Felsformationen. Entsprechend groß ist die Artenvielfalt der hier lebenden Vögel und Wildtiere. Informations- und Besucherzentrum für den Nationalpark ist das Hans-Eisenmann-Haus.

Finsterau ③
Das Freilichtmuseum Finsterau liegt in der Nähe des Dorfs Finsterau. Hier kann man dem Schmied bei der Arbeit zusehen und Semmeln frisch aus dem Backofen kaufen.

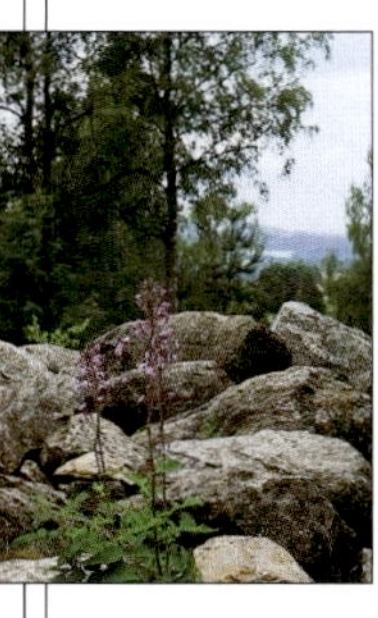

Hans-Eisenmann-Haus ④
Mitten durch den Wald verläuft die Straße, auf der man zum Hans-Eisenmann-Haus kommt. Hier kann man das Pflanzenfreigelände mit über 500 Pflanzenarten und das Tierfreigelände besuchen.

St. Oswald ⑤
Das Waldgeschichtliche Museum befasst sich mit Leben und Kultur der sogenannten »Waldmenschen«. Kloster und Kirche St. Oswald wurden 1876 barockisiert. Die Brünnlkapelle steht neben einer Quelle mit heilkräftigem Wasser.

Mauth ②
Im Glasbläserhof Mauth sind Glasbläser bei der Arbeit zu beobachten, Besucher können sich auch selbst in diesem schwierigen Handwerk versuchen.

Freyung ①
Schloss Wolfenstein beherbergt ein Jagd- und Fischereimuseum. Einen Besuch lohnt auch das Schramlhaus, heute Heimatmuseum.

ROUTENINFOS

Länge: *50 km.*
Rasten: *Gasthöfe finden Sie in Freyung und Finsterau. Zudem kann man im Freilichtmuseum Finsterau und im Hans-Eisenmann-Haus einkehren.*

0 Kilometer 15

LEGENDE

Routenempfehlung

Andere Straße

Passau ⓫

Kopie eines Bilds von Lucas Cranach

Passau, Dreiflüssestadt und Bischofssitz, ist eine der ältesten und schönsten Städte Bayerns. Sie liegt zwischen Hügeln am Zusammenfluss von Donau, Inn und Ilz. Entsprechend gliedert sich die Stadt in Altstadt (zwischen Donau und Inn), Innstadt und Ilzstadt. Die drei Stadtteile sind durch 15 Brücken miteinander verbunden. Passau besitzt aufgrund seiner Architektur, der vielen Kunstwerke, aber auch wegen des Klimas ein fast italienisches Flair.

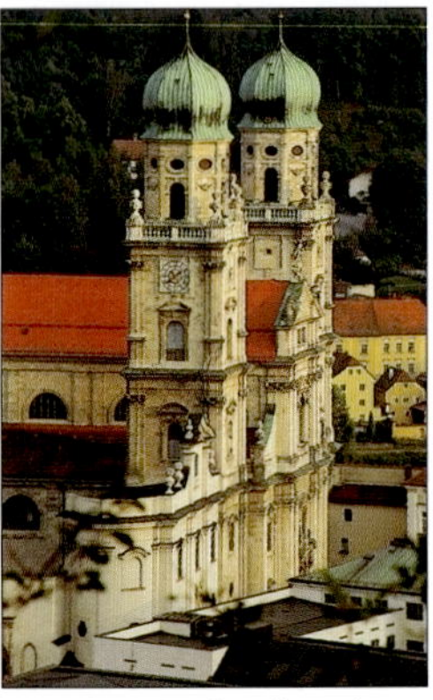

Der Passauer Stephansdom mit seinen beiden Zwiebeltürmen

Domplatz

1155 erwarb das Domkapitel der Bischofsstadt ein Grundstück zwischen Dom und westlicher Stadtmauer. Rings um das große Areal sollten Stiftsgebäude entstehen. Die ursprünglich schlichten Bauten wurden später prunkvoll im Stil des Barock herausgeputzt.

Besonders auffällig ist das Lamberg-Kapitelhaus (Domplatz 6) auf der westlichen Seite des Platzes. Wegen seiner prunkvollen Fassade (1724) und seinem Außenstuck wird es auch als Lamberg-Palast bezeichnet. In den alten Kapitelhäusern (Nr. 4 und Nr. 5), dem Barbarahof und dem Kanonikatshof Starzhausen, sind heute das Pfarrhaus und das Seminar untergebracht.

Auf dem Platz steht eine Skulptur des Bayernkönigs Maximilian I. Joseph von Christian Jorhan d. J. Am Freitag findet zwischen 7 und 11.30 Uhr auf dem Domplatz ein Markt statt.

Dom St. Stephan

Domplatz 1.

Der Stephansdom steht auf dem höchsten Punkt der Stadt. Bereits um 400 ist hier eine Kirche bezeugt. Doch nahezu alles wurde bei dem großen Stadtbrand von 1662 zerstört. Der barocke Wiederaufbau (1668–77), bei dem der noch erhaltene Ostteil miteinbezogen wurde, war ein Werk Carlo Luragos. Er schuf damit den größten barocken Kircheninnenraum nördlich der Alpen. Die eleganten Kirchtürme sind weithin sichtbar. Der prächtig stuckierte Innenraum (1677–85) stammt von Giovanni Battista Carlone. Die Fresken malte Carpoforo Tencalla.

Zu den Grabkapellen an der Nordseite des Doms gehört die gotische Herrenkapelle, um 1300 für die Mitglieder des Domkapitels erbaut. Das riesige romanische Kruzifix in der Kapelle stammt von 1190.

Der Passauer Stephansdom ist für seine Orgel, die größte der Welt, berühmt. 1924–28 wurde sie auf der barocken Empore installiert, 1979–81 generalüberholt. Von Mai bis Oktober kann man täglich um 12 Uhr mittags Orgelklänge hören.

Neue Residenz

Residenzplatz 8.

Domschatz- und Diözesanmuseum

(0851) 39 30. Mai–Okt: Mo–Sa 10–16 Uhr.

Die bischöfliche Residenz am Residenzplatz wurde 1713–30 nach Plänen von Domenico d'Angeli und Antonio Beduzzi erbaut. 1764–71 erfolgte ein Umbau durch den Wiener Baumeister Melchior Hefele. Die Residenz erhielt eine klassizistische Fassade und wurde spätbarock ausgestaltet. Die Stuckarbeiten stammen von Künstlern aus der Passauer Familie Modler. Ein Glanzstück ist der Eingangsbereich mit Rokoko-Treppenhaus. Im Domschatz- und Diözesanmuseum, in dem wertvolle religiöse Kunstwerke ausgestellt werden, kann man sich über die Geschichte des Bistums informieren.

Barock vom Feinsten: Innenraum des Stephansdoms

Hotels und Restaurants in Niederbayern *siehe Seiten 266 und 280*

Ziergiebel an der Neuen Residenz in Passau

Alte Residenz
Theresienstr. 18.
Die Alte Residenz, deren Gebäude sich auf einem schmalen Gelände zwischen Hügel und Dom drängen, ist ein Wahrzeichen der Stadt. Die Anlage steht an der Stelle eines alten Bischofssitzes, der bereits 1188 erwähnt wird. Die mittelalterlichen Gebäude wurden häufig umgebaut. Das heutige barocke, einheitliche Erscheinungsbild besteht erst seit 1680.

Die offiziellen Räume wurden im 18. Jahrhundert neu gestaltet, doch bald darauf siedelte der Bischof in die Neue Residenz über. Heute ist in der Anlage das Landgericht untergebracht.

Residenzplatz
Der große, vornehme Platz erhielt sein Gepräge in der Zeit des Barock. Später wurde an den Häusern ringsum noch Außenstuck angebracht. Besonders auffällig sind die Häuser Nr. 1 und Nr. 13, das eine 1725–30, das andere um 1700 erbaut. Der klassizistische Brunnen (1906) auf dem Platz stammt von Jakob Bradl.

Michaelskirche
Michaeligasse 25.
Nach architektonischen Gesichtspunkten rangiert die ehemalige Jesuitenkirche, auch Studienkirche genannt, unter Passaus Kirchen hinter dem Dom. Doch ihre Fassade mit den zwei Türmen möchte man im Stadtbild nicht missen. Nach dem großen Stadtbrand von 1662 wurde sie 1665–77 von Vater und Sohn Carlone neu aufgebaut. Im prachtvollen Innenraum prunken der Hochaltar (1712) des Breslauer Meisters Christoph Tausch, Seitenaltäre von 1677 sowie eine Kanzel und eine Orgelempore (1717–20).

Das ehemalige Jesuitenkolleg (1613–25) wird heute als Hochschule genutzt. Der Hof, der an drei Seiten von den Flügeln des Gebäudes umgeben ist, wird jetzt an der vierten Seite durch eine Glaspassage begrenzt.

Der Schaiblingsturm, Teil der mittelalterlichen Stadtbefestigung

INFOBOX
Straßenkarte G3.
50 000.
Rathausplatz 3, (0851) 95 59 80. Fr. Maidult (Mai), Europäische Wochen mit Musik, Theater, Ausstellungen (Juni/Juli), Ilzer Haferlfest (Juli), Herbstdult (Sep), Passauer Kabarett-Tage (Okt–Dez).
www.passau.de

Schaiblingsturm
Der Schaiblingsturm (14. Jh.) am Innufer ist ein Relikt der alten Befestigungsanlagen. Früher hatte er eine wichtige Schutzfunktion für den Hafen, der an der berühmten Salzstraße lag.

Weithin sichtbar: die Veste Oberhaus, darunter die Veste Niederhaus

Waisenhaus

Innkai.

Das ehemalige Waisenhaus, ein zweistöckiger Bau mit Innenhof, wurde 1750–62 nach einem Entwurf Michael Schneitmanns errichtet. Im Nordflügel befindet sich eine Kapelle, deren Fassade und Innenraum 1753 von Giovanni Martin Luraghi mit erlesenem Stuck versehen wurde.

Klosterkirche und Kloster Niedernburg

Jesuitengasse.

Um 740 wurde hier an der Stelle des römischen Kastells Boiodurum ein Frauenkloster gegründet. An der Stelle der heutigen Klosterkirche befand sich schon Anfang des 11. Jahrhunderts die erste Kirche.

Die frühromanische Basilika besitzt zwei Türme und ein Querschiff. Das Presbyterium wurde im 15. Jahrhundert im gotischen Stil umgebaut, der Innenraum nach den Bränden von 1662 und 1680 barockisiert. Im rechten Seitenschiff der Kirche befindet sich das Hochgrab der Äbtissin Gisela, Schwester des Kaisers Heinrich II. und Witwe des heiligen Stephan, des Königs von Ungarn. 1420 wurde ein Sarkophag mit durchbrochenen Seitenwänden über dem Grab aufgestellt.

Salvatorkirche

Ferdinand-Wagner-Str.

Die einstige Pilgerkirche wurde an der Stelle einer Synagoge errichtet. 1477 fand hier ein Pogrom statt – den Juden wurde Hostienschändung vorgeworfen. Mit der Westseite ist die Kirche an den Felsen angebaut, auf dem die Veste Oberhaus steht. Bevor 1762 ein Tunnel zwischen oberer und unterer Veste entstand, war die Kirche nur per Boot erreichbar. Heute wird sie als Konzertsaal genutzt.

Veste Oberhaus und Veste Niederhaus

Oberhaus 125. **OberhausMuseum Passau** *(0851) 39 68 00 oder 49 33 50.* *Mitte März–Mitte Nov: Mo–Fr 9–17, Sa, So, Feiertage 10–18 Uhr; 25. Dez–6. Jan: tägl. 10–16 Uhr.* *31. Dez.*

Der Grundstein für die imposante Veste Oberhaus wurde 1219 unter Bischof Ulrich II. gelegt. Am Ufer der Donau steht die Festung strategisch günstig auf dem St. Georgsberg gegenüber der Altstadt. Das Hauptschloss umfasst gotische Bauten und eine Kapelle.

Die Veste Niederhaus weiter unten ist mit dem Oberhaus durch eine Galerie verbunden. Mit ihrem Bau auf der schmalen Landzunge zwischen Donau und Ilz wurde 1250 begonnen. Beide Festungen wurden im Lauf der Jahre vergrößert und stärker befestigt. Sie wurden nie bezwungen und zeugen von der Macht der Fürstbischöfe.

Das Oberhaus, einst auch als Gefängnis genutzt, beherbergt heute das Stadtmuseum. Geht man Richtung Observatorium, kommt man am Passauer Tölpel vorbei. Es handelt sich hier um einen großen Kopf mit spöttischem Ausdruck – die Reste einer Statue des heiligen Stephan, die während des großen Brands 1662 vom Dom gestürzt war.

Das Niederhaus sieht seit 1444 so aus wie heute und wurde 1890–1907 von dem Maler Ferdinand von Wagner bewohnt. Das Gebäude ist in Privatbesitz und für Besucher nicht zugänglich.

Altes Rathaus mit Turm in Passau

Altes Rathaus

Rathausplatz. *(0851) 95 59 80.* *Apr–Okt, 27. Nov–6. Jan: tägl. 10–16 Uhr.*

Wo heute das Rathaus an der Donau steht, war früher der Fischmarkt. Nach und nach wurden die Häuser zwischen Schrottgasse und Marktgasse dem Rathaus zugeschlagen, das so bis ins 19. Jahrhundert ständig wuchs. Der ursprüngliche Turm, der 1811 zerstört wurde, wurde 1890/91 von Heinrich von Schmidt durch einen Turm mit

Hotels und Restaurants in Niederbayern *siehe Seiten 266 und 280*

steilem Dach ersetzt. Um ihn führt eine Galerie. Hochwassermarken an der Außenmauer zeigen den Wasserstand der Donau bei verschiedenen Überflutungen an. Von der Schrottgasse her betritt man das Rathaus durch ein spätgotisches Portal von 1510.

Die Gestaltung der Räume und die drei Innenhöfe werden auf das 16. und 17. Jahrhundert datiert. Die Säle, die öffentlich zugänglich sind, wurden von Ferdinand von Wagner mit Historienbildern versehen.

Glasmuseum Passau

Rathausplatz. *(0851) 35 071.* *tägl. 10–19 Uhr.*

Das Museum besitzt über 30 000 Exponate, Zier- und Haushaltsglaswaren aus dem 18., 19. und 20. Jahrhundert. Sehr reichhaltig sind vor allem die Sammlungen tschechischer Glaswaren und solcher aus dem Bayerischen Wald. Spezielle Aufmerksamkeit verdient auch die Jugendstilsammlung.

Der Schriftsteller Friedrich Dürrenmatt war bei seinem Besuch des Museums begeistert und bezeichnete es überschwänglich als »das schönste Glasmuseum der ganzen Welt«.

Jugendstilvase im Glasmuseum

Paulskirche

Rindermarkt.

Die Pfarrkirche St. Paul wurde 1663–1678 erbaut. Sie ersetzte die mittelalterliche Kirche, die beim Stadtbrand von 1662 in Schutt und Asche fiel. Die Stuckarbeiten im Innenraum wurden erst 1909 angebracht. Der malerische große Turm, der das Bild des Rindermarkts bestimmt, ist ein bekanntes Wahrzeichen der Stadt.

Museum Moderner Kunst

Bräugasse 17. *(0851) 38 38 790.* *Di–So 10–18 Uhr.* *Karfreitag, 24., 25., 31. Dezember.*

www.mmk-passau.de

Das Museum liegt in einem der schönsten Häuser der Altstadt und zeigt Kunst des 20. und 21. Jahrhunderts. Es ist für seine Sonderausstellungen europaweit bekannt.

Universität

Innpromenade, Innstraße, Augustinergasse. **www**.uni-passau.de

1978 wurden die Gebäude des ehemaligen **Augustinerklosters**, das 1070 gegründet und ab 1803 als Kaserne genutzt wurde, zum Sitz der neu gegründeten Passauer Universität. Neue Gebäude kamen nach und nach an der Flussseite hinzu. Auffällig ist der Gebäudekomplex **Geisteswissenschaften I**, der 1976–81 nach einem Entwurf von Werner Fauser errichtet wurde. Die Konstruktion aus Stahlbeton ist rot verputzt. Elemente der örtlichen Architektur wurden mit modernen Raumkonzepten verknüpft.

Auch im **Nikolakloster** befinden sich heute Seminarräume. Obwohl hier in Zeiten der Gotik (1348) und des Barock (1716/17) kräftig umgebaut wurde, kann man noch die romanische Krypta der Kirche sehen. Die Innenausstattung wurde 1803 nach Vilshofen gebracht.

Wallfahrtskirche Mariahilf

Mariahilfstiege.

Die Pilgerkirche auf dem Mariahilfsberg thront über dem Inn und prägt das Erscheinungsbild der Stadt. Von hier hat man einen besonders schönen Blick auf Passau und das Dreiflüsseeck, den Zusammenfluss von Donau, Inn und Ilz.

Wer zur Kapuzinerkirche und zum Kloster (um 1630) will, muss 321 überdachte Stufen überwinden. Das Ziel der Pilger ist die Kopie eines Marienbilds von Lucas Cranach d. Ä., das seit 1622 verehrt wird. Der Passauer Bischof Leopold erhielt 1611 das Originalgemälde in Dresden zum Geschenk, der damalige Domdekan ließ es kopieren. Das Original befindet sich seit 1650 in der Jakobskirche in Innsbruck.

In dem eher streng wirkenden Innenraum der Wallfahrtskirche Mariahilf brennt das von Lucas Lang gefertigte silberne ewige Licht. Es ist ein Geschenk Kaiser Leopolds I. anlässlich seiner Hochzeit 1676 in Passau.

Überschwemmungsgefährdet: alte Häuser direkt an der Donau

Römermuseum Kastell Boiotro

Lederergasse 43. *(0851) 34 769.* *wg. Umbau bis Frühjahr 2013.*

www.stadtarchaeologie.de/museum/

Die Römerfestung wurde 280 n. Chr. errichtet und 100 Jahre später bereits wieder aufgegeben. 460 baute der heilige Severin seine Mönchszelle und ein kleines Kloster in die Ruinen des Kastells. 1974 wurden die Fundamente des alten Kastells freigelegt. Die Funde können im **Römermuseum** (mit Freigelände) besichtigt werden.

Hoch über Donau, Inn und Ilz: Wallfahrtskirche Mariahilf

Ortenburg ⓭

Straßenkarte F3. *7000.* *Vilshofen oder Passau.* *Rathaus, Marktplatz, (08542) 16 421.* **www**.ortenburg.de

Der Renaissancebau von **Schloss Ortenburg** auf dem Hügelkamm in der Nähe von Passau wurde 1567 an der Stelle einer mittelalterlichen Burg errichtet, die der bayerischen Familie von Krailburg-Ortenburg gehörte. Graf Joachim von Ortenburg wurde 1563 hier zum Verfechter der Reformation. Seitdem war der Ort die einzige protestantische Enklave im Niederbayern der Gegenreformation.

Das Schloss ist heute in Privatbesitz, doch **Museum** und Wildpark sind für Besucher offen. In den 900 Jahre alten Gewölben des Schlosskellers befindet sich derzeit ein Restaurant.

Sehenswert ist vor allem die Renaissance-Holzdecke (um 1600) in der Schlosskapelle. Im Rittersaal findet man Reste von Fresken, auch die Folterkammer existiert noch. Die Schlossquelle, aus der das Wasser aus 55 Meter Tiefe sprudelt, versorgte die Ortschaft bis 1927 mit Wasser.

In der spätgotischen **Kirche**, die seit 1563 protestantisch ist, befinden sich die prächtigen Grabmäler für die Grafen Joachim und Anton von Ortenburg aus dem 16. und 17. Jahrhundert.

Schlossmuseum Ortenburg
(08542) 12 00. *Apr–Okt: Di–So 10–17 Uhr.*

Votivbilder in der Kapelle des Wallfahrtsorts Sammarei

Sammarei ⓮

Straßenkarte F3. *200.* *Vilshofen oder Passau.* *Ortenburg, Rathaus, (08542) 16 421.* **www**.sammarei.de

Eine der bemerkenswertesten Wallfahrtskirchen Süddeutschlands befindet sich in Sammarei. Der für einen niederbayerischen Ort ungewöhnlich klingende Name leitet sich vom lateinischen *Sancta Maria* ab, das im Dialekt über »Sankt Marei« zu »Sammarei« wurde.

Im 17. Jahrhundert überstand eine alte hölzerne **Kapelle** auf wundersame Weise den Brand, der die benachbarte Behausung der Zisterziensermönche von Aldersbach zerstörte. Daraufhin wurde um die Kapelle herum die Barockkirche **Mariä Himmelfahrt** errichtet. Die Arbeiten an der steinernen Kirche unterstanden Isaak Bader d. Ä., einem Münchner Hofarchitekten. Baubeginn war 1629, die Innengestaltung dauerte bis 1650.

Der Wandelgang zwischen Kapelle und Presbyterium wie auch die Wände der Kapelle selbst sind vollständig bedeckt mit barocken Votivtafeln. Kapelle und Schiff sind durch einen Hochaltar von 1645 getrennt, der wie eine Ikonostase wirkt.

Der Kapellenaltar aus dem Spätrokoko birgt das wundersame Bildnis, zu dem die Pilger beten. Es handelt sich um die Kopie einer *Madonna mit Kind*, die Hans Holbein d. Ä. zugeschrieben wird. Das Original findet man in der Kirche St. Jakob in Straubing.

Barocke Fassade der Kirche Mariä Himmelfahrt in Aldersbach

Aldersbach ⓯

Straßenkarte F3. *4100.* *Vilshofen.* *Klosterplatz 1, (08543) 96 100.* **www**.aldersbach.de

Gegen Ende des 17. Jahrhunderts begann man in Aldersbach mit dem Bau eines **Zisterzienserklosters**. Im frühen 18. Jahrhundert wurde es von Domenic Madzin umgebaut. Damals entstand auch die Kirche **Mariä Himmelfahrt**.

Der Innenraum mit seinen großen Fenstern wurde 1718–20 von den Asam-Brüdern *(siehe S. 68)* mit einem wundervollen Deckengemälde und mit Stuckaturen ausgeschmückt. Es war die erste Zusammenarbeit der Brüder. Die Szenen aus der Heilsgeschichte, die sich an den Wänden und im Chor fortsetzen, zeigen *Trompe-l'œil*-Effekte und gleichen einem himmlischen Theater. Der Hochaltar (1723) ist das Meisterwerk von Matthias Götz. Kanzel (1748) und Chorgestühl (1762) stammen von Joseph Deutschmann.

Hof des Renaissanceschlosses in Ortenburg

Hotels und Restaurants in Niederbayern *siehe Seiten 266 und 280*

Vilshofen ⓰

Straßenkarte F3. *16 500.* *Stadtplatz 27, (08541) 20 81 12.* **www**.vilshofen.de

Die Stadt wurde 1206 an der Stelle gegründet, wo Vils, Wolfach und Pfudrach in die Donau münden. Zentrum ist der Stadtplatz, eine Straße mit bunten Häusern, die nach dem großen Brand von 1794, dem fast der ganze Ort zum Opfer fiel, erbaut wurden.

Die Pfarrkirche **St. Johannes der Täufer**, die ursprünglich aus dem späten 14. Jahrhundert stammt, wurde 1803/04 wiederaufgebaut. Die schöne Barockausstattung aus dem 18. Jahrhundert zierte einst die Nikolakirche in Passau und fand erst später ihren Platz in Vilshofen.

Sehenswert sind auch die spätgotische **Barbarakirche**, die gegen Ende des 15. Jahrhunderts gebaut wurde, und **Maria Hilf**, eine ehemalige Wallfahrtskirche, bei deren Errichtung 1611 Antonio Riva Baumeister war. Man entdeckt in dieser Kirche Fresken und Stuck von norditalienischen Künstlern, u. a. von Petro Camuzzi.

Der **Stadtturm**, ein Wahrzeichen Vilshofens, wurde 1643–47 nach einem Entwurf von Bartholomäus Viscardi im Stil der Renaissance erbaut. Das graue Gemäuer wird von einem Zwiebelturm gekrönt. Das berühmteste Gebäude in Vilshofen ist jedoch die **Benediktinerabtei** Schweiklberg. Sie wurde 1909–11 nach einem Entwurf von Michael Kurz errichtet. Die beiden Kirchtürme sind im Jugendstil gehalten.

Der Hochaltar in der Asam-Basilika von Osterhofen

Der Stadtturm begrenzt den Straßenmarkt in Vilshofen

Bayerischer Wald

Vom Donautal zwischen Regensburg und Passau bis zur Cham-Further-Senke im Norden und zur tschechischen Grenze erstreckt sich eines der größten Waldgebiete Europas. Früher war dies eine eher ärmliche Gegend. Heute zieht der Bayerische Wald viele Besucher an – wegen der intakten Natur und der niedrigen Preise. Im Nationalpark leben Wölfe, Bären und Luchse in Freigehegen.

Historisches Bauernhaus im Freilichtmuseum von Finsterau

Osterhofen ⓱

Straßenkarte F2. *11 600.* *Altenmarkt.* *Stadtplatz 13, (09932) 40 30.* **www**.osterhofen.de

In der kleinen Stadt, deren Geschichte bis ins 6. Jahrhundert zurückreicht, stößt man auf ein Juwel der Barockarchitektur: die Kirche St. Margaretha, besser bekannt als **Asam-Basilika**.

Die Kirche, die 1726 an der Stelle einer mittelalterlichen Prämonstratenserkirche erbaut wurde, entstand in Zusammenarbeit von Baumeister Michael Fischer und den Asam-Brüdern. Das äußere Erscheinungsbild ist recht schlicht (die Fassade geht in einen Klosterflügel über), der Innenraum ist allerdings atemberaubend.

Der ungewöhnliche Schnitt wird durch die ovalen Seitenkapellen und die geschwungenen Wände bewirkt. Architektur, Fresken und Stuck, jede Leistung für sich ein Meisterwerk, verschmelzen zu absoluter Harmonie. Die Deckenfresken von Cosmas Damian Asam vermitteln die Illusion eines großen Raums, die Stuckierungen von Egid Quirin Asam lassen die Grenze zwischen Realität und Illusion verschwimmen. Man sollte sich genügend Zeit nehmen, um dieses Kunstwerk auf sich wirken zu lassen.

Papst Johannes Paul II. besuchte 1980 während seines Deutschlandaufenthalts auch Osterhofen. Selbst er, von Kirchenarchitektur eher verwöhnt, war von der Asam-Basilika tief beeindruckt.

Östliches Oberbayern

Die Region zwischen Inn und Salzach gehört zu den schönsten und bekanntesten Urlaubsgegenden Bayerns. Hier kann man gut entspannen und Natur in vielen Facetten erleben. Die Alpengipfel, die sattgrünen Wiesen und kleinen Flüsschen, Seen wie der Chiemsee oder der Königssee und nicht zuletzt die vielen idyllischen Dörfer und Städtchen machen die Beliebtheit der Region aus.

Der Forschungsreisende Alexander von Humboldt sagte einst, Berchtesgaden zähle mit Konstantinopel, Neapel und Salzburg zu den schönsten Flecken der Welt. Diesem Urteil kann man sich nur anschließen. Nicht umsonst wurde im Jahr 1978 eine Fläche von 210 Quadratkilometern um den Königssee als Nationalpark Berchtesgaden ausgewiesen.

Doch die Region hat nicht allein Naturschönheit zu bieten. Schon die Römer entdeckten hier Heilquellen. Heute bietet u.a. der Kurort Bad Reichenhall Wellness und Heilbehandlungen an. Das Grundwasser enthält bis zu 25 Prozent Salz, das hier in Salinen gewonnen wird. In Berchtesgaden befindet sich eines der ältesten Salzbergwerke, es ist seit 1517 in Betrieb. Mit einer Grubenbahn können Besucher in die Stollen einfahren. Höhepunkt der Tour ist die Überquerung des über 100 Meter langen, rund 30 Meter breiten unterirdischen Salzsees per Floß.

In der Vergangenheit fühlten sich viele bayerische Herrscher von dieser Gegend angezogen. In der Heiligen Kapelle von Altötting werden die Herzen von 21 bayerischen Kurfürsten und Königen in silbernen Urnen aufbewahrt. Berühmt ist Altötting auch als Wallfahrtsort. Viele Pilger kommen zur Figur der Schwarzen Madonna, die wundertätige Kräfte haben soll.

Auch mit schönen historischen Bauwerken ist die Region reich bestückt. So haben die kleinen Kirchen Maria Gern und St. Bartholomä ihren eigenen Charme. In Burghausen findet man die mit über 1000 Metern längste Burganlage Europas. Die Herreninsel im Chiemsee wurde von König Ludwig II. als Standort für eines seiner Schlösser ausersehen.

Kapellplatz von Altötting *(siehe S. 198)*, winterlich verzaubert

◁ Putten vor Schloss Herrenchiemsee *(siehe S. 202)*, der Residenz Ludwigs II. auf der Herreninsel im Chiemsee

Überblick: Östliches Oberbayern

Rosenheim ist die wichtigste Stadt dieser Region. Sie hat zwar nicht besonders viel an historischer Architektur zu bieten, dennoch lohnt sich ein Besuch, vor allem im Spätsommer, wenn beim Rosenheimer Volksfest ausgelassene Stimmung herrscht. Attraktiv sind die historischen Städte am Inn, etwa Wasserburg oder Rott, wo der CSU-Politiker Franz Josef Strauß begraben liegt. Das malerische Laufen an der Salzach gilt als »Tor zum Salzburger Land«, auch Tittmoning mit seinem schon südlichen Flair ist einen Abstecher wert. Gleichwohl: Berge, Seen und Flüsse bleiben die Hauptanziehungspunkte im östlichen Oberbayern.

Burghof in Burghausen

Sehenswürdigkeiten auf einen Blick

- Altötting 1
- Amerang 18
- Anger 5
- Aschau 13
- Bad Aibling 21
- Bad Reichenhall 6
- Berchtesgaden 8
- Burghausen 2
- Herrenchiemsee 14
- Kloster Seeon 17
- Königssee 9
- Laufen 4
- Maria Gern 7
- Neubeuern 22
- Ramsau 10
- Reit im Winkl 12
- Rott am Inn 20
- Ruhpolding 11
- Stein an der Traun 16
- Tittmoning 3
- Wasserburg am Inn 19

Tour

- Um den Chiemsee 15

LEGENDE

- Autobahn
- Bundesstraße
- Nebenstraße
- Autobahn (im Bau)
- Panoramastraße
- Eisenbahn (Hauptstrecke)
- Eisenbahn (Nebenstrecke)
- Staatsgrenze
- Gipfel

0 Kilometer 10

Weitere Zeichenerklärungen *siehe hintere Umschlagklappe*

Üppige Lüftlmalerei an einem Haus in Neubeuern

Im östlichen Oberbayern unterwegs

Eine Autobahn, die A8, durchquert die Region. Von München über Rosenheim führt die A8 weiter nach Salzburg und Linz in Oberösterreich. Kurz vor Rosenheim zweigt die A93 Richtung Innsbruck ab. Die A8 ist eine berüchtigte Staustrecke, doch Staus kann man mit ein wenig Planung umgehen: Fahren Sie möglichst nicht am Wochenende, und nutzen Sie Bundesstraßen als Ausweichmöglichkeit. Zudem sind alle Städte und Urlaubsgebiete, z.B. das Berchtesgadener Land oder der Chiemsee, auch gut mit der Bahn zu erreichen.

Marterl in Bernau

SIEHE AUCH

- ***Hotels*** S. 267
- ***Restaurants*** S. 280f

Burg von Burghausen, die längste Burganlage Europas

Altötting ❶

Straßenkarte F4. *12 500.*
Kapellplatz 2a, (08671) 50 62 19.
Wallfahrt nach Altötting (Pfingsten). **www**.altoetting.de

Die Stadt wird von manchen als Herz Bayerns angesehen. Sie wurde im 8. Jahrhundert gegründet, war Sitz deutscher Herzöge und Könige und ist der älteste Wallfahrtsort Bayerns. Jährlich kommen über eine halbe Million Pilger zur Schwarzen Madonna. Die Statue (um 1330) befindet sich in der **Wallfahrtskapelle St. Maria**, die aus der inneren achteckigen Gnadenkapelle (um 700) und der äußeren Kapelle (1494) besteht. Der Wandelgang kam um 1517 hinzu. Die Pilger bewegen sich hier kniend vorwärts. Papst Johannes Paul II. besuchte das Heiligtum 1980. Die Herzen zahlreicher bayerischer Herrscher sind in der Herzurnengalerie beigesetzt, auch das Herz Ludwigs II.

Die Schatzkammer der spätgotischen **Stiftskirche St. Philippus und Jakobus** birgt wertvolle Votivgaben, darunter das *Goldene Rössl* (1404), ein Meisterwerk französischer Goldschmiedekunst. In der Gruft befindet sich das Grabmal von Johann Tilly, dem katholischen Heerführer im Dreißigjährigen Krieg.

Interessant ist auch das **Panorama**, ein monumentales »Rundblickgemälde«, das die Kreuzigung Christi mit dem Blick vom Berg Golgatha zeigt. Das Panorama in einem kirchengroßen Zwölfeckbau wurde 1902/03 von Gebhard Fugel und Joseph Krieger geschaffen.

Panorama
Gebhard-Fugel-Weg 10. *(08671) 69 34.*
März–Okt: tägl. 9–17 Uhr; Nov–Feb: Sa, So 11–15 Uhr.
www.panorama-altoetting.de

Umgebung: Zwei Kilometer nördlich von Altötting liegt Neuötting. Sehenswert sind hier die von Hans von Burghausen erbaute gotische Nikolauskirche und die spätgotische Annakirche (1515).

Engel in der Schutzengelkirche

Burghausen ❷

Straßenkarte F4. *19 000.*
Stadtplatz 112, (08677) 88 71 40.
Internationale Jazzwoche (März), Historisches Burgfest (Juli).
www.burghausen.de

Das an der Salzach, dem Grenzfluss zu Österreich, gelegene Burghausen ist berühmt für die längste **Burg** Europas. Mit sechs Höfen hat die Anlage eine Länge von 1043 Metern. Die Burg liegt auf einem Hügelkamm zwischen Salzach und Wöhrsee und wurde um 1090 angelegt. 1255 fand die erste große Erweiterung statt, im 15. Jahrhundert der zweite Umbau. 1632 verstärkte man die Befestigungen gegen die anrückenden Schweden. Die Außenanlagen der Burg sind frei zugänglich. Am Wochenende finden Führungen statt. In der Hauptburg befinden sich mehrere **Museen**.

Burghausen erlebte seine Blüte als Residenzstadt des geteilten Bayern im Mittelalter. Die Altstadt zwischen Salzach und Burg wirkt bis heute mittelalterlich. Am Marktplatz stehen die schönsten Gebäude, u. a. die gotische **St.-Jakob-Kirche** mit barockem Turm, das **Rathaus** (16. Jh.) mit Renaissancehof und die **Schutzengelkirche** (1731–46). Als Perle des Rokoko gilt die **Wallfahrtskirche in Marienberg**. Ein Barockjuwel ist die **Klosterkirche Raitenhaslach**.

Arkadengang am Marktplatz von Neuötting

Tittmoning ❸

Straßenkarte F4. *6000.* *Laufen, Burghausen.* *Stadtplatz 1, (08683) 70 07 10.* **Burg** *Mai–Sep: Fr–Mi 14 Uhr (obligatorisch).* **www**.tittmoning.de

Die von alten Stadtmauern umgebene kleine Stadt an der Salzach betritt man durch ein Tor. Der Stadtplatz ist umgeben von farbenfrohen Häusern mit Erkern und Holzschnitzereien. Turm und Fassade des hohen **Rathauses** stammen von 1711/12.

Der Hügel, auf dem die **Burg Tittmoning** (13. Jh.) steht, bietet einen großartigen Blick auf die Umgebung und die Alpen. Von der Burg aus kann man einen romantischen Spaziergang durch den Ponlachgraben zur Wallfahrtskapelle **Maria Ponlach** (1617) unternehmen.

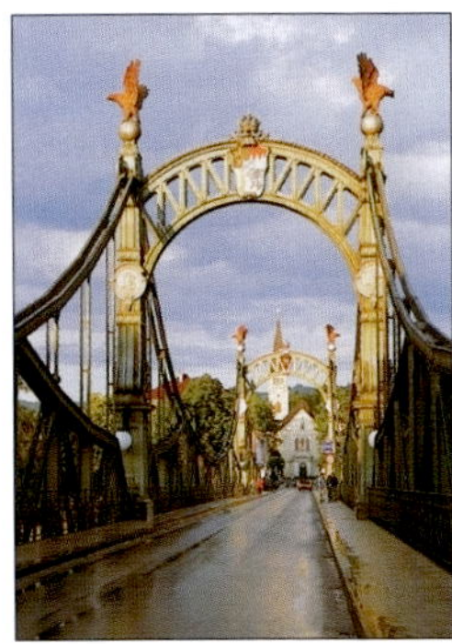

Grenze zu Österreich: Eisenbrücke (1903) über die Salzach in Laufen

Laufen ❹

Straßenkarte F4. *6000.* *Rathausplatz 1, (08682) 89 87 49.* **www**.stadtlaufen.de

Die an einer Schleife der Salzach gelegene kleine Stadt hat südliches, fast schon italienisches Flair. Bereits die Römer ließen sich hier nieder. Im Mittelalter erlebte Laufen seine Blütezeit. Zugang gewähren zwei mittelalterliche **Tore**. Die Straßen sind von Laubengängen gesäumt, die Häuser haben Erker und die typisch gewölbten Dächer. Die **Pfarrkirche** (14. Jh.) ist die älteste gotische Hallenkirche in Süddeutschland. Mit dem mächtigen Dach und dem romanischen Turm (12. Jh.) prägt sie das Ortsbild. Gedenktafeln aus der Kirche sind nördlich im **Dechantshof** zu sehen. Die vierflügelige Burg mit Innenhof wurde 1606–08 von Vincenzo Scamozzi erbaut. Sie gehörte früher zum Kloster Laufen und ist heute ein Kolping-Familienhotel. Das Treppenhaus ist mit Bischofsporträts geschmückt.

Mariensäule im Zentrum von Anger

Anger ❺

Straßenkarte F5. *4300.* *Dorfplatz 4, (08656) 98 89 22.* **www**.anger.de

Ludwig I. bezeichnete Anger als das hübscheste bayerische Dorf. Etwas von seinem Charme hat es sicherlich durch den Bau von Autobahn und Industriegebieten verloren, doch der Dorfplatz mit den hübschen Häusern und der Marienstatue sowie die spätgotische **Kirche** sind Zeugnisse früherer Zeiten.

Umgebung: Zwei Kilometer nördlich liegt das ehemalige Augustinerkloster **Höglwörth** (12. Jh.) – nicht zuletzt wegen seines Biergartens ein beliebtes Ausflugsziel.

Bad Reichenhall ❻

Straßenkarte F5. *16500.* *Wittelsbacherstr. 15, (08651) 60 60.* **www**.bad-reichenhall.de

Die Stadt war schon in keltischer und römischer Zeit für ihre Salzvorkommen bekannt. Mitte des 19. Jahrhunderts wurde sie zum bedeutenden Kurort. Sehenswert ist **St. Zeno** (12. Jh.), die größte romanische Basilika Südostbayerns. Die Kirche wurde zwar in gotischer Zeit umgebaut, doch das romanische Portal mit den zwei Löwensäulen ist noch erhalten.

Der heutige Inhalationsraum des Staatsbads war früher das **Gefängnis**. Sehr empfehlenswert sind die Führungen in der **Alten Saline** (1836–51), einem alten Salzbergwerk mit schöner Brunnenkapelle.

Ludwig I. ließ in der Alten Saline das **Salzmuseum** errichten, in dem Besucher ausführlich über die Salzgewinnung informiert werden. Die Marmoreinfriedung (1524–36) und die Skulpturen in einer unterirdischen Passage stammen von Erasmus Grasser.

Alte Saline mit Salzmuseum
Alte Saline 9. *(08651) 70 02 146.* *Mai–Okt: tägl. 10–11.30, 14–16 Uhr; Nov–Apr: Di–Fr 10–11.30, 14–16 Uhr und 1. So im Monat 14–16 Uhr.* **www**.alte-saline-bad-reichenhall.de

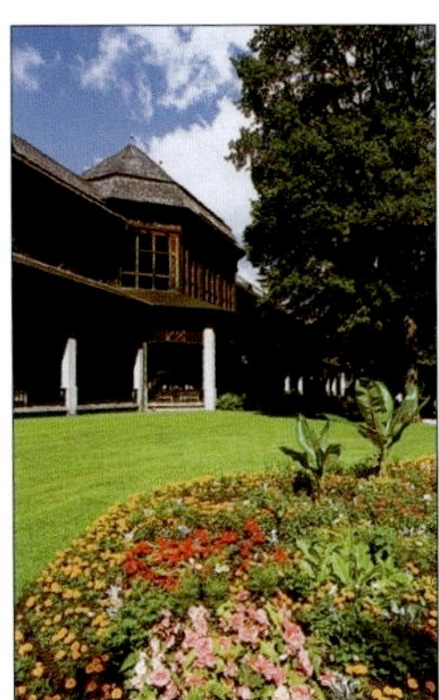

Inhalationsraum im ehemaligen Gefängnis von Bad Reichenhall

Kleinod mit Zwiebelturm: Wallfahrtskirche Maria Gern

Maria Gern ❼

Straßenkarte F5. Berchtesgaden. Berchtesgaden, Königsseer Str. 2, (08652) 96 70.

Die Wallfahrtskirche Maria Gern liegt idyllisch nördlich von Berchtesgaden. Richtung Untersberg. Erbaut wurde sie 1708–10. Mit den rosafarbenen Pilastern, den blendend weiß getünchten Mauern, dem spitzen Dach und dem Zwiebelturm ist das Kirchlein ein Kleinod.

Die Stuckverzierungen im Innenraum stammen von Joseph Schmidt. Die Wände des Chors hängen voller Votivbilder aus der Zeit vom 12. bis zum 21. Jahrhundert. Das Gnadenbild der Maria mit Kind, vor der die Pilger um Vergebung bitten, ist ein Werk Wolfgang Hubers.

Die **Ölbergkapelle** etwas unterhalb der Kirche wurde 1710 errichtet.

Berchtesgaden ❽

Straßenkarte F5. 8000. Bahnhofplatz 4, 1805-86 52 00. **www**.berchtesgadener-land.com

Das Berchtesgadener Land ist klimatisch bevorzugt. Der Markt Berchtesgaden liegt am Fuß von Watzmann (mit 2713 m einer der höchsten deutschen Berge), Hohem Göll und Hochkalter.

Die charmante Alpenstadt ist ein idealer Ausgangspunkt für Wanderungen, hat aber auch Historisches zu bieten. Typisch für die Gegend ist die Lüftlmalerei *(siehe S. 212)* an den Häusern. Am **Gasthof zum Hirschen**, der seit ca. 1600 existiert, parodieren gemalte Affen die menschlichen Laster. Interessant ist auch die gotische **Franziskanerkirche**, doch die größte Attraktion ist und bleibt das **Salzbergwerk mit Salzmuseum**. Hier fährt man, mit Bergmannsausrüstung, weit ins Innere der Bergwelt ein bis zu einem großen Salzsee.

Auf dem Kehlstein über Berchtesgaden liegt das **Kehlsteinhaus**, auch bekannt als Hitlers »Adlerhorst« *(siehe S. 201)*. Landschaftlich reizvoll ist die **Roßfeld-Panoramastraße**, die mit ihren Haarnadelkurven bis auf 1600 Meter hinaufführt.

Das **Königliche Schloss**, einst ein Augustiner-Chorherrenstift, gelangte später in den Besitz der Wittelsbacher. Es beherbergt eine interessante Sammlung an Möbeln, Gemälden und gotischen Schnitzereien. Die dazugehörige **Kirche** wurde in gotischer Zeit umgebaut, besitzt aber noch das ursprüngliche romanische Portal. Die Fassade mit den Fensterrosetten und die zwei Türme sind jüngeren Datums (1864–68). Die für Bayern ungewöhnlichen romanischen Kreuzgänge stammen aus dem 12. Jahrhundert.

Salzbergwerk mit Salzmuseum
Bergwerkstr. 83. (08652) 60 02 20. Mai–Okt: tägl. 9–17 Uhr; Nov–Apr: tägl. 11–15 Uhr. **www**.salzzeitreise.de

Königliches Schloss
Schlossplatz 2. (08652) 94 79 80. 16. Mai–15. Okt: So–Fr 10–12, 14–16 Uhr; 16. Okt–15. Mai: Mo–Fr 11–14 Uhr. 24., 31. Dez. **www**.haus-bayern.com

Bootsfahrt auf dem Königssee

Königssee ❾

Straßenkarte F5. Berchtesgaden, Franziskanerplatz 7, (08652) 64 343. **www**.nationalpark-berchtesgaden.de

Der acht Kilometer lange, kristallklare Königssee liegt im Nationalpark Berchtesgaden, umgeben von einer majestätischen Bergkulisse.

Elektroboote bringen die Besucher zur Halbinsel am Fuß des Watzmanns, auf der die Wallfahrtskirche **St. Bartholomä** steht. Im angrenzenden ehemaligen Jagdschloss befindet sich eine Gaststätte.

Die Fahrt auf dem Königssee ist ein Erlebnis. Sie bietet beeindruckende Gipfel und hoch aufragende Felswände, die das Trompetenspiel des Bootsführers zurückwerfen, Wasserfälle und verschwiegene Winkel. Die Fahrt endet am Nordzipfel des Sees. Von hier aus führt ein Weg zum **Obersee**, an dem der Rummel deutlich geringer ist.

Berchtesgaden inmitten einer alpinen Bilderbuchlandschaft

Hotels und Restaurants im östlichen Oberbayern *siehe Seiten 267 und 280f*

Hauptstraße im beliebten Luftkurort Reit im Winkl

Ramsau ⑩

Straßenkarte F5. 1800. Berchtesgaden. *Im Tal 2, (08657) 98 89 20.* **www**.ramsau.de

Der heilklimatische Kurort ist von gewaltigen Bergen umgeben. Die Pfarrkirche **St. Sebastian** (1512) ist ein beliebtes Motiv für Fotografen. Auf dem Friedhof (1658) findet man Grabsteine vom 17. bis zum 21. Jahrhundert. Unterhalb der Kirche fließt ein Bach. Im Hintergrund türmen sich majestätisch die Felsen der Reiteralpe.

In der Nähe steht die 1732/33 erbaute Wallfahrtskirche **Maria Kunterweg**, ein Juwel des Spätrokoko. Das farbenprächtige Deckengemälde erzählt von der Ausweisung der Protestanten, kommentiert von der Inschrift, der »verderbende Irrglaube« sei »hier von der Kirche ausgetrieben worden«.

Ruhpolding ⑪

Straßenkarte E5. *6400.* *Hauptstr. 60, (08663) 88 060.* **www**.ruhpolding.de

Im beliebten Luftkur- und Wintersportort Ruhpolding wird das Ortsbild durch die **Georgskirche** (1728–54) bestimmt. Altar und Kanzel stammen aus dem 18. Jahrhundert. Im rechten Seitenaltar stößt man auf eine kleine romanische Marienfigur mit mandelförmigen Augen, die berühmte Ruhpoldinger Madonna von 1200. Auf dem **Friedhof** steht eine Barockkapelle. Viele Grabsteine aus dem 18. und 19. Jahrhundert sind noch erhalten.

Das einstige **Jagdschloss**, ein Renaissancebau, beherbergt heute das **Heimatmuseum**. Das **Holzknechtmuseum** geht auf den Wald und seine Nutzung ein. Familien finden im Märchen-Erlebnispark oder im Freizeitpark Ruhpolding (**www**.maerchenpark.de) Spaß.

Ruhpoldinger Madonna

Heimatmuseum
Schlossstr. 2. *(08663) 41 230.* *Di–Fr 10–12 Uhr.* *Nov, Dez.*

Holzknechtmuseum
Laubau 12. *(08663) 639.* *Mitte Jan–Mitte März: Mi 10–17 Uhr; Mai–Okt: Di–So 10–17 Uhr (Juli–Mitte Sep: tägl.).*

Reit im Winkl ⑫

Straßenkarte E5. *3000.* *Marquartstein.* *Dorfstr. 38, (08640) 80 027.* **www**.reit-im-winkl.de

Der Luftkurort liegt auf etwa 700 Meter Höhe. Auch wenn er keine historisch interessanten Bauwerke besitzt, ist er doch einer der beliebtesten Ferienorte Südbayerns. Reit im Winkl ist von dichten, ansteigenden Wäldern umgeben. Dahinter erheben sich die Massive von Zahmem Kaiser und Wildem Kaiser. Die Häuser und engen Gässchen lassen den Ort ausgesprochen malerisch wirken.

Viele Besucher kommen im Winter hierher, da dies eines der schneesichersten Gebiete der Bayerischen Alpen ist. Die Winklmoosalm ist die Heimat der Olympiasiegerin Rosi Mittermaier.

Doch auch im Sommer ist einiges los, denn die Umgebung ist ideal zum Wandern. Die Straße nach Ruhpolding, Teil der Deutschen Alpenstraße, windet sich durch eine atemberaubende Gebirgslandschaft, vorbei an kleinen Seen. In manchen Seen, z.B. im Weitsee, kann man gut schwimmen.

Kehlsteinhaus

Das Steinhaus auf dem Gipfel des Kehlsteins, bekannt als »Adlerhorst«, schenkte Martin Bormann 1939 Hitler zum Geburtstag. Für den Zugang zum Haus wurde eine Straße in den Fels geschlagen. Von dort führt ein 124 Meter langer Tunnel zu einem Aufzug, der zum Kehlsteinhaus hochfährt. Nach dem Krieg fiel der »Adlerhorst« in die Hände der Amerikaner. Das heutige Restaurant ist wegen seiner Geschichte, aber auch wegen der Aussicht ein touristischer Anziehungspunkt. Auf dem Gelände des bekannteren »Berghofs« auf dem Obersalzberg, Hitlers »Alpenfestung«, wurde 1999 ein Dokumentationszentrum zur Geschichte des Nationalsozialismus eröffnet (**www**.obersalzberg.de).

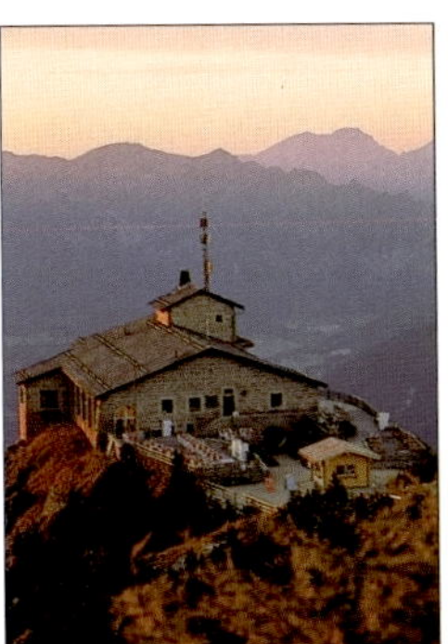

Hitlers »Adlerhorst«

Auf der Straße bei Aschau: Blick auf das majestätische Alpenpanorama

Aschau ⓭

Straßenkarte E5. *6000.* *Kampenwandstr. 38.* *(08052) 90 49 37.* **www**.aschau.de

Der Luftkurort ist eine der ältesten Ansiedlungen Oberbayerns. Im Zentrum steht die doppeltürmige, ursprünglich gotische **Pfarrkirche**. Im 18. Jahrhundert wurde der Innenraum mit Stuck und Deckengemälden ausgeschmückt. Die Gemälde zeigen Szenen aus dem Marienleben. Die kleine **Kreuzkapelle** neben der Kirche stammt aus dem 18. Jahrhundert. Gegenüber der Kapelle steht auf dem Kirchplatz (Nr. 1) das **Posthotel**, ein 1680 erbauter Gasthof.

Umgebung: Auf einem Hügel südlich von Aschau liegt weithin sichtbar **Schloss Hohenaschau**. Die Festung (12. Jh.) wurde im 17. Jahrhundert barockisiert. Die mittelalterlichen Mauern und der Bergfried sind erhalten. Die Halle im zweiten Geschoss wurde 1682–84 barockisiert. Damals entstand die Ahnengalerie mit zwölf überlebensgroßen Statuen. Im ehemaligen Benefiziatenhaus ist das Priental-Museum untergebracht.

Im Sommer veranstaltet die Falknerei Hohenaschau Flugvorführungen mit Falken, Bussarden, Milanen und Adlern.

Schloss Hohenaschau
(08052) 90 49 37.
Mai–Okt: Di, Do, So 13.30, 15 Uhr, Mi, Fr 10, 11.30 Uhr.

Herrenchiemsee ⓮

Straßenkarte E4. *bis Stock.* **www**.herren-chiemsee.de

Die Herreninsel, die größte Insel im Chiemsee, war schon in prähistorischer Zeit besiedelt. Dank Ludwig II. ist sie heute eine der größten Attraktionen der Gegend.

Vorbild für **Schloss Herrenchiemsee** war Versailles, doch sein 1878–86 erbautes Schloss sollte Versailles noch übertreffen. Leider ging Ludwig II. nach sieben Jahren das Geld aus. Als der König 1886 starb, stellte man die Bauarbeiten ganz ein. Das Schloss blieb unvollendet, nur 20 der 70 Zimmer in den drei Flügeln wurden fertig. Diese Räume sind allerdings prächtig ausgestaltet, besonders pompös wirken die Spiegelgalerie und das Paradezimmer. Im Schloss befindet sich auch das **König Ludwig II.-Museum**, das sich der Person des Märchenkönigs widmet.

Das **Augustiner-Chorherrenstift** wurde 1130 auf dem Fundament einer Benediktinerabtei (8. Jh.) errichtet. Das Stift wurde 1803 aufgehoben, Ludwig II. richtete hier Privatgemächer ein. Heute beherbergen die Gebäude die Gemäldegalerien »Maler am Chiemsee« und »Julius Exter«.

Brunnen am Schloss Herrenchiemsee

Schloss Herrenchiemsee, König Ludwig II.-Museum, Augustiner-Chorherrenstift
(08051) 68 870. *Apr–Okt: tägl. 9–18 Uhr; Okt–März: tägl. 10–16.15 bzw. 16.45 Uhr.*
www.herren-chiemsee.de

Die mittelalterliche Höhlenburg bei Stein an der Traun

Stein an der Traun ⓰

Straßenkarte E4. *Rathausplatz 3, Traunreut, (08669) 85 70.* **www**.traunreut.de

Auf einem Hügel über der Traun liegt die sagenumwobene **Höhlenburg**. Sie gehört zu einer Anlage von drei Gebäuden. Die dunklen, feuchten Keller und Gänge der Burg kann man nur mit einer Taschenlampe in der Hand begehen. Hier soll der furchterregende Ritter Heinz von Stein gelebt und sich an unschuldigen Mädchen vergangen haben. Kasematten verbinden Höhlenburg und obere Burg (Hochschloss), die im 12. Jahrhundert erbaut und später ausgebaut wurde. Das untere Neue Schloss beherbergt ein Gymnasium.

Höhlenburg
(08621) 25 01. *Apr–3. So im Okt: Di–So 14 Uhr (Mitte Juli–Mitte Sep: Di–So 14, 16 Uhr). Treff: Schlosstor hinter Gasthof zur Post. Festes Schuhwerk erforderlich.*

Hotels und Restaurants im östlichen Oberbayern *siehe Seiten 267 und 280f*

Tour: Um den Chiemsee ⓯

Der Chiemsee, das »Bayerische Meer«, erstreckt sich über 80 Quadratkilometer und ist bis zu 73 Meter tief. Der größte bayerische See ist ein Paradies für Wassersportler. Rund um den Chiemsee liegen hübsche Orte, im See gibt es drei Inseln. Fast überall hat man das herrliche Alpenpanorama im Blick.

Seebruck ⑥
Die Geschichte Seebrucks geht bis in die Römerzeit zurück. Heute ist hier ein Wassersportzentrum mit Yachthafen.

Fraueninsel ⑤
Die romanische Kirche mit schönem Zwiebelturm gehört zum Benediktinerinnenkloster (8. Jh.).

Herreninsel ④
Das unvollendete Schloss Ludwigs II. ist ein magischer Anziehungspunkt.

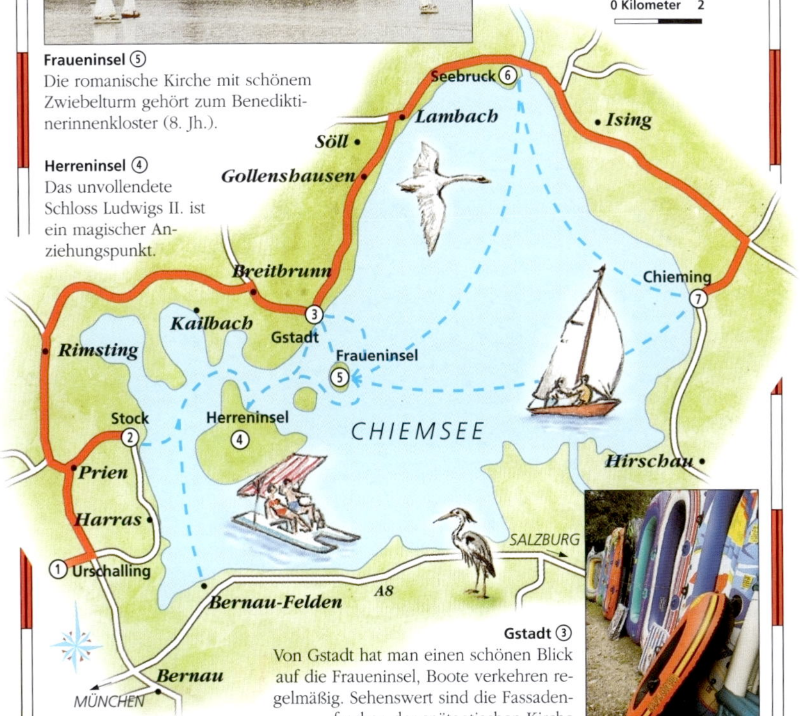

0 Kilometer 2

Gstadt ③
Von Gstadt hat man einen schönen Blick auf die Fraueninsel, Boote verkehren regelmäßig. Sehenswert sind die Fassadenfresken der spätgotischen Kirche St. Simon und Juda in Gollenshausen.

Chieming ⑦
Der Strand, die kilometerlange Promenade und die hübschen Häuser mit Lüftlmalerei machen Chieming zum beliebten Urlaubs- und Badeort.

Urschalling ①
Die Jakobskirche aus dem 12. Jahrhundert besitzt schöne Wandmalereien (um 1200 und 14. Jh.).

Stock ②
Zwischen Stock und Prien verkehrt das »Bockerl«, eine über 100 Jahre alte Bahn mit einer Dampflok. Die Chiemsee-Inseln sind von Stock aus mit dem Schiff erreichbar.

ROUTENINFOS

Länge: *etwa 65 km.*
Rasten: *In jedem Ort am Chiemsee findet man schöne Gasthöfe, die meisten haben auch einen Biergarten.*

LEGENDE

- Routenempfehlung
- Andere Straße
- Fährrouten

Das Benediktinerkloster Seeon im Klostersee

Kloster Seeon ⓱

Straßenkarte E4. *Obing.* *Obing Kultur- und Bildungszentrum, Klosterweg 1 (08624) 89 70.* **www**.kloster-seon.de

Das Benediktinerkloster im Klostersee stand früher auf einer Insel. Heute verbindet ein Damm **Kloster Seeon** mit dem Ufer. Um 994 gründete Pfalzgraf Aribo I. eine Mönchsklause, später kamen die Benediktiner. Von den regen Bauphasen im 12. und 15. Jahrhundert zeugt die gotische **Klosterkirche** mit Netzgewölbe und Renaissance-Fresken. Nach dem Brand von 1561 entstand die heutige barocke Klosteranlage. Bis zur Säkularisierung von 1803 fand hier ein künstlerisch ausgerichtetes Klosterleben statt. Heute ist im Komplex ein Kulturbildungszentrum untergebracht.

Amerang ⓲

Straßenkarte E4. *2500.* *Wasserburger Str. 11, (08075) 91 970.* **www**.amerang.de

Über dem Ort steht das **Schloss** aus der Renaissance. Mehrere italienische Baumeister waren hier am Werk, u.a. Mitglieder der berühmten Familie Scaligeri aus Verona. Der Arkadenhof ist berühmt für seine Akustik: Die Sommerkonzerte sind über Bayerns Grenzen hinaus bekannt. Das Schloss beherbergt auch ein Museum.

Am anderen Ortsende liegt das **Bauernhausmuseum**. Zu sehen sind hier alte Höfe, eine Backstube, eine Mühle und eine Schmiede. Das **EFA-Automobilmuseum** besitzt 220 Autos von 1886 bis heute.

Schloss Amerang
(08075) 91 920. Ostern–Mitte Okt: Fr–So, Feiertage 11, 12, 14, 15, 16 Uhr.

Bauernhausmuseum
Hopfgarten 2. *(08075) 91 50 90. Apr–Okt: Di–So 9–18 Uhr.*

EFA-Automobilmuseum
Wasserb. Str. 38. *(08075) 81 41. Apr–Okt: Di–So 10–18 Uhr.*

Amerangs Renaissanceschloss

Wasserburg am Inn ⓳

Straßenkarte E4. *12 000.* *Marienplatz 2, (08071) 10 522.* **www**.wasserburg.de

Wasserburg liegt malerisch in einer Innschleife und ist eine der am besten erhaltenen historischen Städte am Fluss. Den schönsten Blick auf die Stadt hat man von der Innbrücke.

Von der Brücke kommt man durch ein gotisches Tor, das **Brucktor**, in die Bruckgasse. Nr. 25 ist das **Mauthaus** (um 1400), das ehemalige fürstliche Zollhaus. Der Stufengiebel und die drei Renaissance-Erker stammen von 1539.

Am Marienplatz fällt das **Kernhaus** auf, früher der Wohnsitz der Patrizierfamilie Kern. Der Fassadenstuck ist ein Werk Johann Baptist Zimmermanns. Gegenüber stehen zwei aneinandergrenzende Gebäude mit Stufengiebeln: das gotische **Rathaus**. Die **Frauenkirche**, der älteste Kirchenbau von Wasserburg, wurde im 18. Jahrhundert barockisiert.

An der Errichtung der **Jakobskirche**, die das Stadtbild beherrscht, wirkte im 15. Jahrhundert maßgeblich Hans von Burghausen mit. Die alte **Wasserburg** wurde von Herzog Wilhelm IV. zum Renaissanceschloss umgebaut. Die Burgkapelle St. Ägidien stammt aus der zweiten Hälfte des 15. Jahrhunderts. Typisch für die Altstadt sind die Häuser mit ihren Toreinfahrten, Höfen, Erkern und Arkadengängen.

Am Inn entlang verläuft ein schöner Weg, der »Kunstweg«, auf dem man beim Spazierengehen teils sehr interessante moderne Skulpturen und Installationen besichtigen kann.

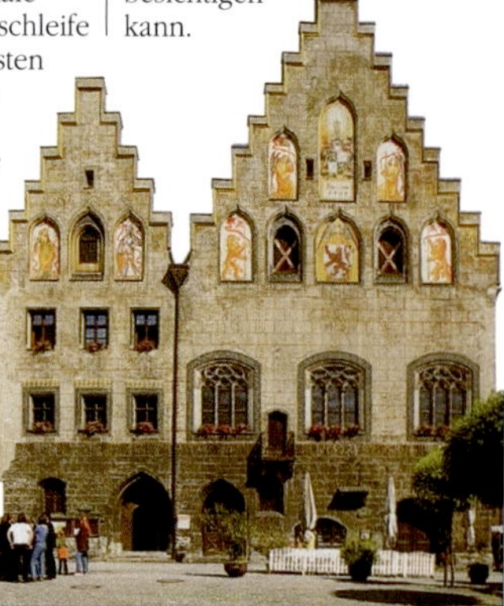

Das gotische Rathaus in Wasserburg am Inn

Rott am Inn ⓴

Straßenkarte E4. *3500.*
Kaiserhof 3, (08039) 90 680.
www.rottaminn.de

Die Pfarrkirche, eine ehemalige Benediktinerkirche, wurde 1759–63 von Johann Michael Fischer umgebaut. Erhalten blieb dabei der romanische Turm aus dem 12. Jahrhundert. Berühmt ist der Rokoko-Innenraum der Kirche, der von Jakob Rauch mit Stuck und von Ignaz Günther mit Skulpturen ausgestattet wurde. Das Kuppelfresko von Matthäus Günther, auch als »Rotter Himmel« bekannt, wurde 2003 restauriert und erstrahlt seitdem wieder im alten Glanz.

Auf dem Friedhof ist die letzte Ruhestätte des bayerischen Politikers Franz Josef Strauß. Seine Grabstätte wird von vielen seiner Anhänger regelmäßig besucht.

Zentrum von Rott am Inn

Bad Aibling ㉑

Straßenkarte D4. *17 000.*
Wilhelm-Leibl-Platz 3, (08061) 90 800. **www**.bad-aibling.de

Bad Aibling, Bayerns ältestes Moorheilbad, war schon zur Römerzeit bekannt. Mitte des 19. Jahrhunderts wurde der Ort offiziell als Kurstadt anerkannt.

Auf dem Hofberg oberhalb der Stadt stehen das einstige kurfürstliche Schloss und die Stadtpfarrkirche **Mariä Himmelfahrt**, das eigentliche Wahrzeichen Bad Aiblings. Die ursprünglich gotische Kirche wurde 1755/56 vom Münchner Hofbaumeister Johann Michael Fischer umgebaut. Als die Pest, die die Bevölkerung erheblich dezimierte, überstanden war, erbaute man 1634 als Dank die **Sebastianskirche**. Nach etlichen Stadtbränden sind in Bad Aibling nur wenige alte Häuser erhalten. Eines davon ist das heutige **Hotel Ratskeller** aus dem 17. Jahrhundert (Kirchenzeile 33) mit Fassadenmalereien und drei schönen Erkern. Einen Besuch lohnt auch das 1913 gegründete Heimatmuseum.

Heimatmuseum
Wilhelm-Leibl-Platz.
(08061) 46 14. *Fr 15–17, So 14–17 Uhr.*

Umgebung: Gut sechs Kilometer nordwestlich von Bad Aibling liegt **Berbling**, ein typisches bayerisches Dorf mit Höfen, Ställen, Scheunen, Wiesen, Maibaum und der Pfarrkirche Heilig Kreuz (1751–84). Schon der Maler Wilhelm Leibl, der 1882–89 in Bad Aibling lebte, hielt sich gern hier auf.

In der anderen Richtung, vier Kilometer südwestlich von Bad Aibling, liegt **Schloss Maxlrain** (1582–89). An seinen vier Ecken stehen Türme mit Zwiebelhauben. Neben dem Schloss mit Park befindet sich ein Golfplatz. Die Schlossbrauerei ist seit 1636 in Betrieb. Die **Schlosswirtschaft** neben dem Schloss gehört zu den ältesten Gebäuden des Orts. Der Bau wurde im 16. Jahrhundert noch vor dem Schloss selbst errichtet.

Neubeuern ㉒

Straßenkarte E5. *4000.*
Raubling oder Rohrdorf.
Marktplatz 4, (08035) 21 65.
www.neubeuern.de

Hoch über dem Inn, auf der »Sonnenterrasse« des bayerischen Inntals, liegt Neubeuern, ein Ferienort, der 1981 als schönstes Dorf Deutschlands ausgezeichnet wurde. Das heutige Erscheinungsbild des Orts ist ein Verdienst Gabriel von Seidls, der beim Wiederaufbau des Ortskerns (nach den Feuersbrünsten von 1883 und 1893) seiner Kreativität freien Lauf ließ. Es ist nicht verwunderlich, dass der Ort mit den malerischen Häuserzeilen, der Kirche und dem romantischen Marktplatz gern als Filmkulisse genutzt wird.

Erkerfenster in Neubeuern

Über dem Dorf thront **Schloss Neubeuern**. Es wurde 1904–09 von Gabriel von Seidl komplett umgebaut und lässt die Stilwende zur Moderne bereits erkennen. An schönen Tagen genießt man von den Schlossterrassen aus ein herrliches Alpenpanorama.

Umgebung: Vier Kilometer östlich von Neubeuern liegt der **Samerberg**. Von seinem Gipfel aus kann man auf Rosenheim und den Simssee blicken. Für den Aufstieg sollte man den Rundweg wählen, der durch das hübsche **Rohrdorf** führt.

Schloss Maxlrain bei Bad Aibling

Südliches Oberbayern

Das südliche Oberbayern ist eine Bilderbuchlandschaft und zieht entsprechend viele Besucher an. Hier bleiben keine Wünsche offen: Berge und zahlreiche Seen laden zu sportlichen Aktivitäten ein, die vielen schönen Bauwerke zu genussvoller Besichtigung. Die Region wird im Westen durch den Lech, im Osten durch den Inn und im Süden durch die Alpen begrenzt.

Das Werdenfelser Land, die südlichste Region der Bayerischen Alpen, erstreckt sich von Murnau bis Garmisch-Partenkirchen. Der Name geht auf Burg Werdenfels zurück, die zur Sicherung der zwischen Italien und dem Deutschen Reich verlaufenden alten Handelsstraße erbaut worden war. Die Kulisse für das »Goldene Landl« bilden Zugspitze, Alpspitze sowie Wetterstein- und Karwendelgebirge.

Die kleinen Städte und Dörfer verkörpern, was man sich unter Bayern vorstellt. Überall sieht man Häuser mit Lüftlmalerei, auf den Balkonen wetteifern die Geranien um die größten Blüten, und an schönen Tagen hört man schon einmal einen Jodler, für den Bayern berühmt ist. Die Einheimischen tragen hier teilweise Tracht, nicht nur an Festtagen.

Die Region zwischen Lech, Ammer und Loisach wird seit dem 18. Jahrhundert Pfaffenwinkel genannt. Kein Wunder bei den vielen Kirchen, Klöstern und Kapellen, die man in diesem Landstrich vorfindet. Am schönsten und berühmtesten ist die Wieskirche bei Steingaden, die jährlich eine Million Besucher verzeichnen kann.

Die größte Stadt der Region ist Landsberg am Lech. In den Gässchen und Straßen der Altstadt gibt es viel zu entdecken. Touristischer Anziehungspunkt der Region aber war und ist Garmisch-Partenkirchen mit der Zugspitze. In Garmisch fanden 1936 die Olympischen Winterspiele statt, 2011 wurde hier die Alpine Skiweltmeisterschaft ausgetragen.

Die Brauchtumspflege hat in den oberbayerischen Dörfern und Städten einen hohen Stellenwert. Fast jeder Ort feiert sein eigenes Fest. Besonders farbenprächtig geht es bei der Leonhardifahrt in Bad Tölz zu, einer der größten und traditionsreichsten Pferdewallfahrten Deutschlands.

Tradition und Fortschritt: Satellitenschüsseln neben der Kirche von Raisting

◁ **Bootshäuser am Ammersee, einem der schönen Seen im Voralpenland**

Überblick: Südliches Oberbayern

Die Region ist zum Münchner Naherholungsgebiet geworden. Eine Fahrt von München nach Garmisch-Partenkirchen, dem größten Ski- und Wandergebiet der Gegend, dauert eine knappe Stunde. Starnberger See und Ammersee sind mit der S-Bahn erreichbar. Die beiden Seen bilden mit Pilsensee, Wörthsee und Weßlinger See das sogenannte Fünfseenland, wo sich an heißen Sommerwochenenden halb München tummelt. Beliebt sind auch die Floßfahrten auf der Isar, die in Wolfratshausen starten.

SIEHE AUCH

- ***Hotels*** S. 267f
- ***Restaurants*** S. 281f

Sehenswürdigkeiten auf einen Blick

Andechs 3
Bad Tölz 22
Benediktbeuern 21
Dießen 2
Ebersberg 26
Eibsee 15
Ettal 12
Freilichtmuseum Glentleiten 20
Garmisch-Partenkirchen 14
Hohenpeißenberg 6
Kochel am See 19
Landsberg am Lech S. 210f 1
Linderhof 13
Mittenwald 16
Murnau 10
Oberammergau 11
Schliersee 25
Schongau 7
Steingaden 8
Tegernsee 23
Walchensee 18
Wallgau 17
Wessobrunn 4
Wieskirche 9

Touren

Deutsche Alpenstraße 24
Rund um den Starnberger See 5

LEGENDE

- Autobahn
- Bundesstraße
- Nebenstraße
- Panoramastraße
- Eisenbahn (Hauptstrecke)
- Eisenbahn (Nebenstrecke)
- Staatsgrenze
- Gipfel

Rokoko-Innenraum der Klosterkirche von Steingaden

Im südlichen Oberbayern unterwegs

Die Region ist verkehrsmäßig bestens erschlossen. Von München aus kann man die Autobahn A8 (Salzburg), A95 (Garmisch) oder A96 (Lindau) nehmen. Die Umgebung Münchens ist ans S-Bahn-Netz angeschlossen. Alle größeren Städte sind mit der Bahn, die kleineren Orte mit dem Bus erreichbar.

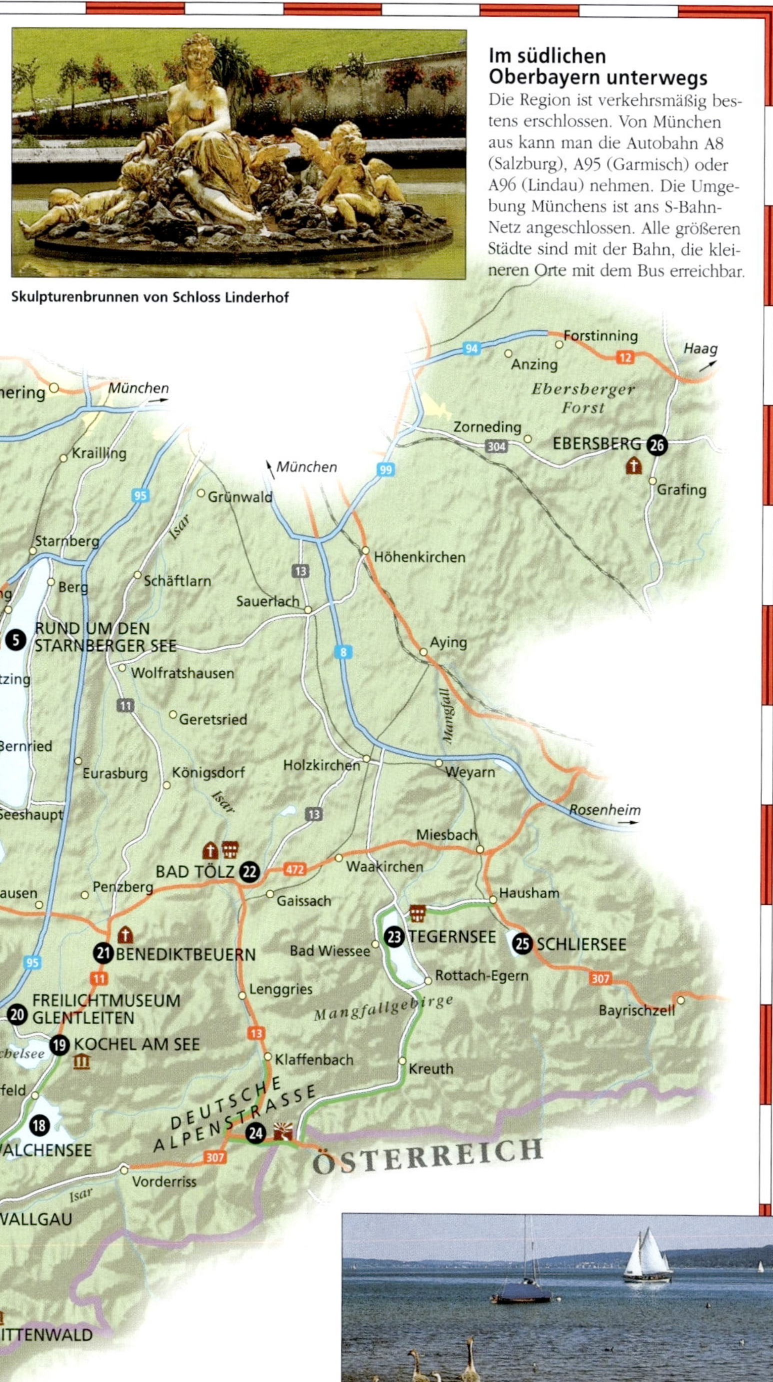

Skulpturenbrunnen von Schloss Linderhof

Strand in Dießen am Ammersee

Landsberg am Lech ❶

Wappen am Bayertor

Landsberg liegt an der Romantischen Straße. Die alte Stadt am Lech kann auf eine lange Geschichte zurückblicken. Besucher sind von der Harmonie zwischen Mittelalter und Moderne begeistert. Alte Stadtmauern, Stadttürme und -tore, enge Straßen und alte Häuser schaffen eine ganz eigene Atmosphäre. Viele gute Wirtshäuser tragen ihren Teil dazu bei. Adolf Hitler saß hier nach seinem Putsch 1924 in Festungshaft und schrieb in dieser Zeit *Mein Kampf*.

Die prächtige Fassade des Landsberger Rathauses

Überblick: Landsberg

Die Geschichte der Stadt zeigt sich in den zahlreichen historischen Bauten, die über Jahrhunderte hinweg nahezu unverändert erhalten blieben. Man kann hier so hübsche Gassen und Winkel wie Hexenviertel, Seelberg und Blattergasse erkunden. Besonders interessant ist die Hintere Salzgasse. Hier findet man einstöckige Stadthäuser aus dem 18. Jahrhundert.

Rathaus

Hauptplatz 152. *(08191) 12 82 68.* *im Rahmen von Stadttouren (Anmeldung im Erdgeschoss).*

Das Alte Rathaus, der schönste Profanbau der Stadt, steht am Hauptplatz. Die Fassade und die Räume im zweiten Geschoss wurden 1718–20 von Dominikus Zimmermann, dem berühmtesten Sohn der Stadt, gestaltet. Der Marienbrunnen mit Madonna, der vor dem Rathaus steht, stammt aus dem Jahr 1783.

Lechwehr

Das mehrstufige Holzwehr in der Nähe der Karolinenbrücke wurde Mitte des 14. Jahrhunderts dort errichtet, wo der Mühlbach vom Lech abzweigt. Mehrmals wurde das Wehr von den Fluten weggespült, doch immer wieder aufgebaut. Malerisch fällt das Wasser in Kaskaden herab.

Klosterkirche zur Heiligen Dreifaltigkeit

Peter-Dörfler-Weg.

Die ehemalige Ursulinenkirche sowie das dazugehörige Kloster wurden 1764–66 erbaut, wahrscheinlich von Dominikus Zimmermann in Zusammenarbeit mit Johann Baptist Gunetzrhainer. Die Ausgestaltung ist einheitlich im Rokokostil. In der Südostecke des Konvents wurde die spätmittelalterlich-spitzbogige Leonhardikapelle einbezogen.

Das Bayertor, eines der farbenprächtigsten Stadttore in Bayern

Gotisches Relief an der Pfarrkirche Mariä Himmelfahrt

Bayertor und Stadtmauern

Mai–Okt: tägl. 10–12, 14–17 Uhr.

Das Bayertor ist eine der schönsten und berühmtesten gotischen Toranlagen Bayerns. Es wurde 1425 als Osttor erbaut, ist von Zinnen gekrönt und hat auf 36 Meter Höhe eine Aussichtsplattform. Der heutige Farbanstrich entspricht der ursprünglichen farblichen Gestaltung. Innen findet man eine Kreuzigungsskulptur und diverse Wappen.

Erhalten sind auch das Sandauertor (1625–30 als Renaissancetor errichtet), das Bäckertor (um 1430) und das Färbertor (spätes 15. Jh.). Der große, runde Turm auf dem Sandauertor wurde im Mittelalter als Wachturm genutzt.

Bis auf die westliche Mauer ist die mittelalterliche Stadtbefestigung fast gänzlich erhalten. Teile des ältesten Mauerrings (13. Jh.) stehen noch in der Vorderen Mühlgasse und in der Hinteren Salzgasse. Der Schmalzturm, auch Schöner Turm genannt, wurde um 1280 erbaut.

Heilig-Kreuz-Kirche und Neues Stadtmuseum

Von-Helfenstein-Gasse 426.

Neues Stadtmuseum. *(08191) 12 83 60.* *Di–Fr 14–17, Sa, So 10–17 Uhr.*

An einem wunderbaren Aussichtspunkt hoch über der Stadt liegt die Heilig-Kreuz-Kirche. Die erste Jesuitenkirche in Süddeutschland wurde 1752–54 nach einem Entwurf Ignaz Meranis erbaut. Die flächige Fassade wird von barocken Glockentürmen flankiert. Die Decke wurde von Thomas Scheffler, einem Asam-Schüler, mit zwei

Hotels und Restaurants im südlichen Oberbayern *siehe Seiten 267f und 281f*

Trompe-l'œil-Fresken bemalt. Auf den Betrachter wirkt es, als ob das Kreuz auf einen herabfällt. In den Klostergebäuden daneben befindet sich ein schöner Renaissance-Kreuzgang (1576–1609), der zum ehemaligen Jesuitenkolleg gehörte.

Das heutige Jesuitenkolleg (1688–92), ein schlichterer eleganter Bau, liegt weiter unten. Seit 1989 ist hier das Neue Stadtmuseum untergebracht, in dem Exponate zur Stadtgeschichte zu sehen sind.

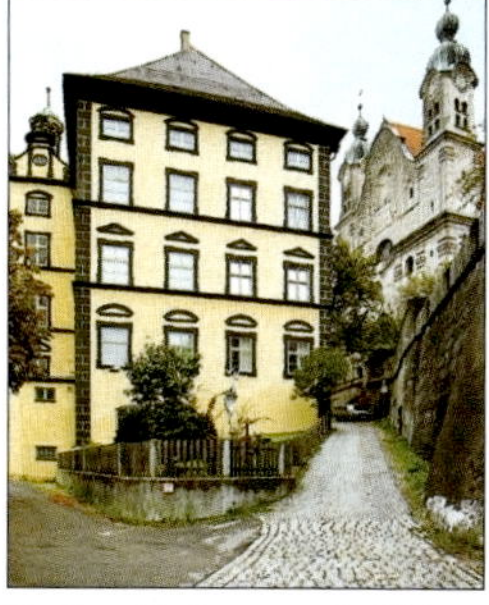

Das Neue Stadtmuseum, im Hintergrund die Heilig-Kreuz-Kirche

Pfarrkirche Mariä Himmelfahrt

Georg-Hellmar-Platz.

Die 1458–88 erbaute Kirche und ihr ursprünglich romanischer Turm wurden um 1700 barockisiert. Die spätgotischen Fenster im Chor zählen zu den schönsten deutschen Glasmalereien des 15. und 16. Jahrhunderts. Auf dem Rosenkranzaltar, den Dominikus Zimmermann 1721 schuf, steht eine gotische Madonna (um 1440) des Ulmer Bildhauers Hans Multscher. Sie gehört zu den schönsten Stücken der reichen Ausstattung.

Johanniskirche

Vorderer Anger.

Die von Dominikus Zimmermann 1750–52 erbaute Johanniskirche ist ein Juwel des bayrischen Rokoko. Sie hat einen ovalen Grundriss, ein rundes Presbyterium und ist außen durch vier halbrunde Nischen gegliedert. Mit Johannes Luidl war Zimmermann auch verantwortlich für die Innengestaltung mit dem großartigen Hochaltar.

INFOBOX

Straßenkarte C4. *28 000.* *Bahnhofplatz.* *Hauptplatz 152, (08191) 12 82 46.* *Mi, Sa.* *Ruethenfest (Juli, alle 4 Jahre; nächste Termine: 2015, 2019), Stadtfest (Juli), Belagerungsfest (Juli am Bayertor).* **www**.landsberg.de

Mutterturm

Von-Kühlmann-Str. 2. **Herkomer Museum** *(08191) 94 23 28.* *wg. Renovierung derzeit geschlossen (Infos: 08191-12 83 60).*

Der deutsch-englische Maler Sir Hubert von Herkomer (1849–1914) ließ sich 1884–87 am Lechufer gegenüber der Altstadt einen Turm erbauen – als Sommerresidenz und Atelier. Zum Andenken an seine Mutter nannte er ihn Mutterturm. Das exzentrische Bauwerk erinnert an eine normannische Burg.

In den renovierten Räumen und dem angrenzenden kleinen Wohnhaus sind Radierungen, Zeichnungen und Gemälde des Künstlers zu sehen.

Zentrum von Landsberg

Bayertor und Stadtmauern ⑤
Heilig-Kreuz-Kirche und Neues Stadtmuseum ⑥
Johanniskirche ⑧
Klosterkirche zur Heiligen Dreifaltigkeit ④
Lechwehr ②
Mutterturm ③
Pfarrkirche Mariä Himmelfahrt ⑦
Rathaus ①

0 Meter 500

Zeichenerklärung
siehe hintere Umschlagklappe

Bootssteg in Dießen am Ammersee

Dießen ❷

Straßenkarte C4. *10 000.* *Bahnhofstr. 12, (08807) 10 48.* **www**.tourist-info-diessen.de

Das ehemalige Fischerdorf am Ammersee, dem drittgrößten bayerischen Gewässer, ist ein beliebter Urlaubsort und Naherholungsgebiet der Münchner geworden. Man kann hier gut baden, Bootsausflüge machen, an der schönen Promenade entlangschlendern oder sich ganz einfach in einem der guten Restaurants mit fangfrischen Renken (heringsähnliche Fische aus der Familie der Lachse) verwöhnen lassen.

Zu den wenigen alten Häusern, die erhalten sind, gehört das älteste aus Holz gebaute **Bauernhaus** Oberbayerns von 1491. Berühmt ist die Klosterpfarrkirche **Mariä Himmelfahrt**, die zum Marienmünster erhoben wurde. 1732–35 errichtete sie der Barockbaumeister Johann Michael Fischer für das damalige Augustiner-Chorherrenstift. Die Deckengemälde (1736), die auch Mitglieder der Familie von Andechs zeigen, stammen von Johann Georg Bergmüller, der Hochaltar von François Cuvilliés, die Altargemälde von Tiepolo und Pittoni und die Kanzel von Johann Baptist Straub.

Andechs ❸

Straßenkarte C4. *1400.* *Herrsching.* *Bergstr. 2, (08152) 37 60.* **www**.andechs.de

Die Legende erzählt, dass sich der heilige Rasso nach seiner Rückkehr aus dem Heiligen Land 952 mit den mitgebrachten Reliquienschätzen auf dem 700 Meter hohen **Heiligen Berg** niederließ. Diese Reliquien waren 1420 Anlass, eine Kirche zu bauen, die um etwa 1755 im Stil des Rokoko neu gestaltet wurde. Der Hochaltar trägt zwei Marienfiguren: die *Gnadenmadonna* (um 1460) und die *Maria Immaculata* (1609). An hohen Feiertagen werden die Reliquien gezeigt.

Über 200 000 Besucher pilgern jährlich auf den Heiligen Berg – die wenigsten wegen der Kirche. Hauptattraktion ist das Benediktinerkloster mit Brauerei, wo das berühmte Andechser gebraut und in der Wirtschaft und im **Biergarten** ausgeschenkt wird. Der Blick von oben auf den Ammersee ist fantastisch.

Lüftlmalerei

Lüftlmalerei ist die volkstümliche Bezeichnung für die als Fresko ausgeführte Fassadenmalerei, die man vor allem in ländlichen Gebieten Oberbayerns sieht. Vorbild war die italienische *Trompe-l'œil*-Malerei. Oft werden religiöse Motive dargestellt. Ein berühmter Vertreter dieser Kunst war Franz Seraph Zwinck (1748–1792). Sein Wohnhaus in Oberammergau wurde »Zum Lüftl« genannt, wahrscheinlich leitete man den Begriff davon ab.

Lüftlmalerei in Berchtesgaden

Prachtvoller Rokoko-Innenraum der Klosterkirche Wessobrunn

Wessobrunn ❹

Straßenkarte C4. *1700.* *Weilheim.* *Klosterhof 4, (08809) 92 110.* **www**.kloster-wessobrunn.de

Das ehemalige **Benediktinerkloster** wurde 753 gegründet. Von den romanischen Gebäuden sind nur noch der sattelgedeckte Turm und ein spätromanisches Kruzifix erhalten, das heute in der **Klosterkirche** (1757–59) zu sehen ist. Kirche und Kloster sind pures Rokoko. Stuck und *Trompe-l'œil*-Malereien im Kreuzgang und Treppenaufgang (1680–96) stammen von Johann Schmuzer.

Berühmt ist das Kloster vor allem für das von Mönchen niedergeschriebene *Wessobrunner Gebet* (814), die nach den *Merseburger Zaubersprüchen* zweitälteste Handschrift in Althochdeutsch. Das Original befindet sich in der Bayerischen Staatsbibliothek in München.

Hotels und Restaurants im südlichen Oberbayern *siehe Seiten 267f und 281f*

Tour: Rund um den Starnberger See ❺

Der Starnberger See ist ein beliebtes Naherholungsgebiet. Wohlhabende Münchner bauten sich Villen am Ufer. Auch König Ludwig II. hatte hier seine Sommerresidenz. Ihm wurde der See zum Schicksal: Am 13. Juni 1886 ertrank er unter ungeklärten Umständen bei Berg.

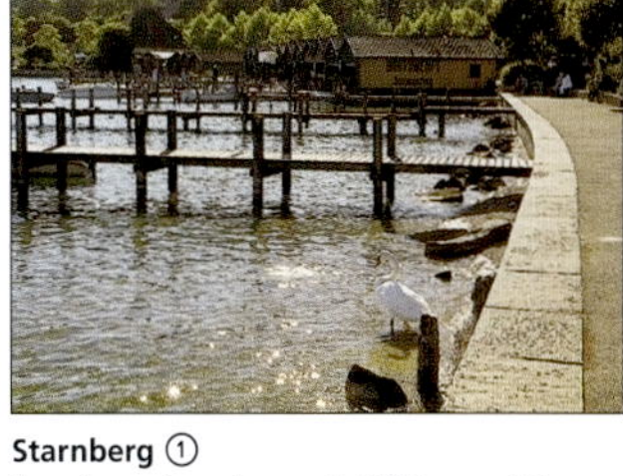

Starnberg ①
Starnberg ist schon seit 1854 von München aus mit der Bahn erreichbar. Man findet hier Luxusvillen vor, einen großen Segelhafen und eine Seepromenade.

Possenhofen ⑨
»Schloss Possi« war ein Lieblingsort von Sisi, der späteren Kaiserin Elisabeth von Österreich, und ihrer jüngsten Schwester Sophie, die 1867 die Verlobte Ludwigs II. war. Heute ist hier eine Wohnanlage.

Feldafing ⑧
Von 1855 bis 1863 trafen sich Sisi und ihr Vetter Ludwig II. häufig in der Villa auf der nahen Roseninsel.

Berg ②
An der Uferstelle, wo Ludwig II. den Tod fand, wurde 1896–1900 eine neoromanische Kapelle gebaut.

Assenhausen ③
In einem großen Park steht der Bismarckturm. Er wurde 1896–99 zu Ehren des »Eisernen Kanzlers« errichtet.

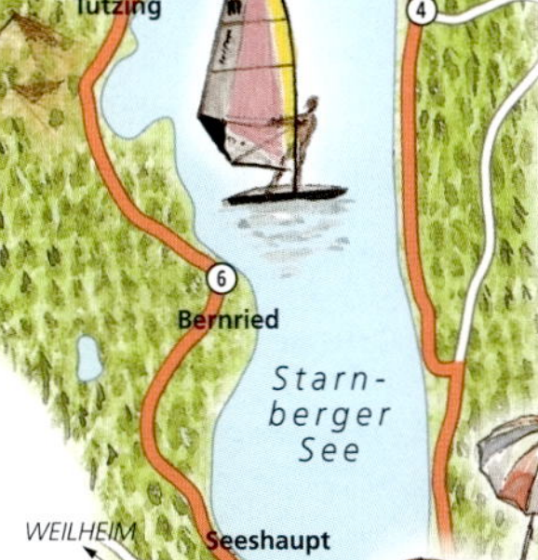

Tutzing ⑦
Das hufeisenförmig angelegte Schloss mit Park beherbergt heute die Evangelische Akademie Tutzing.

Bernried ⑥
Nördlich von Bernried liegt das Buchheim Museum (»Museum der Fantasie«). Die ungewöhnliche Sammlung von Lothar-Günther Buchheim (1918–2007) umfasst expressionistische Werke und Volkskunst aus Afrika.
Di–So 10–18 Uhr (Nov–März: bis 17 Uhr). *(08158) 99 700.*
www.buchheimmuseum.de

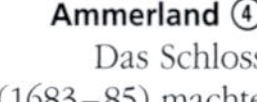

Ammerland ④
Das Schloss (1683–85) machte Ludwig I. dem Musiker, Illustrator und Autor Franz Graf von Pocci 1841 zum Geschenk.

ROUTENINFOS

Länge: *etwa 46 km.*
Rasten: *Restaurants, Cafés und Biergärten findet man überall an der Strecke, Übernachtungsmöglichkeiten aller Kategorien ebenfalls, obwohl diese im Sommer ausgebucht sein können.*

Seeshaupt ⑤
Seeshaupt ist ganz auf Wassersport eingestellt. Am See lockt eine schöne Promenade, im Yachthafen ist immer etwas los. Von hier ist es nicht weit zu den Osterseen.

LEGENDE

Routenempfehlung
Andere Straße

Hohenpeißenberg ❻

Straßenkarte C5. *4000.*
Peißenberg oder Peiting.
Blumenstr. 2, (08805) 92 10 44.
www.hohenpeissenberg.de

Der Hohe Peißenberg erhebt sich im Osten des gleichnamigen Orts. Zum 988 Meter hohen Gipfel führt eine malerische Straße. Von oben hat man einen großartigen Rundblick über Ammersee und Starnberger See bis hinein in die Alpen.

Auf dem Gipfel stehen die ursprünglich spätgotische, später barockisierte **Gnadenkapelle**, die 1616–19 erbaute Kirche **Mariä Himmelfahrt** und ein ehemaliges **Kapitelhaus** (1619). Der Madonnenfigur (um 1460–80), die 1514 von Schongau in die Kapelle gebracht wurde, werden Wunderkräfte zugeschrieben, folglich ist die Kirche auch Wallfahrtsziel.

Schongau ❼

Straßenkarte C5. *12300.*
Münzstr. 1–3, (08861) 21 41 81.
www.schongau.de

Malerisch am Lech – Schongau liegt zwischen Wiesen und Feldern eingebettet. Die alte Stadtmauer mit ihren hölzernen Wehrgängen, fünf Türmen und fünf Toren ist nahezu vollständig erhalten. Die Stadtbefestigung stammt aus dem 14. Jahrhundert und wurde im 17. Jahrhundert verstärkt. Hauptstraße ist die großzügig angelegte Münzstraße.

Eines der schönsten Bauwerke ist die Stadtpfarrkirche **Mariä Himmelfahrt**, die 1751–53 von Dominikus Zimmermann an der Stelle einer gotischen Kirche errichtet wurde. Das Schongauer **Schloss**, das den Wittelsbachern gehörte, stammt aus dem 15. Jahrhundert, wurde aber 1771/72 umgebaut. Das spätgotische **Ballenhaus** diente bis 1902 als Rathaus. Sehenswert ist der Ratssaal mit seiner reich verzierten Decke. In der **Erasmuskirche**, der früheren Hospitalkirche, findet man nun das Stadtmuseum. Die Kirche (15. Jh.) wurde im 17. Jahrhundert umgebaut.

Taufbecken der Michaelskirche

Stadtmuseum Schongau
Christophstr. 55–57.
(08861) 27 72.
Mi, Sa, So 14–17 Uhr.

Umgebung: Drei Kilometer nördlich von Schongau liegt **Altenstadt**. Auf einem Hügel, umgeben von einer Festungsmauer, steht die monumentale **Michaelskirche**, der bedeutendste romanische Kirchenbau in Oberbayern.

Ihr Innenraum ist mit gotischen Fresken ausgemalt. Sehenswert sind der romanische Taufstein und das drei Meter hohe Kruzifix, der sogenannte »Große Gott von Altenstadt«.

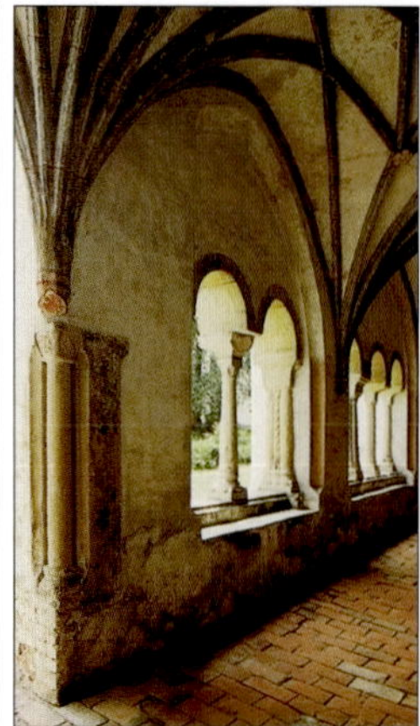

Kreuzgang im Kloster Steingaden

Steingaden ❽

Straßenkarte C5. *2750.*
Peiting. *Krankenhausstr. 1, (08862) 200.* **www**.steingaden.de

In Steingaden steht das im 12. Jahrhundert erbaute Welfenmünster, heute **Pfarrkirche St. Johannes der Täufer**. Obwohl die Kirche im 15. Jahrhundert umgebaut wurde, bestimmt bis heute die Romanik ihre äußere Erscheinung. Die Säulenbasilika besitzt zwei mächtige Westtürme. 1771–74 wurde der Innenraum mit Stuck und Fresken im Stil des Rokoko gestaltet.

Von dem Kloster, das die Prämonstratenser 1147 hier gegründet hatten, ist noch der westliche Kreuzgang (frühes 13. Jh.) erhalten. In der romanischen Kapelle wurde 1766 der Baumeister Dominikus Zimmermann beigesetzt.

Wieskirche ❾

Straßenkarte C5. *2750.*
Füssen oder Peiting. *Krankenhausstr. 1, Steingaden.* *(08862) 200.* *Festlicher Sommer in der Wies, Abendkonzerte (Mai–Sep).*

Die Wieskirche nahe Steingaden – eigentlich **Wallfahrtskirche zum Gegeißelten Heiland auf der Wies** – ist nicht nur die schönste Rokokokirche Bayerns, sondern wahrscheinlich auch die schönste der ganzen Welt. Seit 1983 ist sie UNESCO-Welterbestätte.

Grüne Weiden wie hier bei Schongau sind typisch für den Pfaffenwinkel

Hotels und Restaurants im südlichen Oberbayern *siehe Seiten 267f und 281f*

1738 soll hier das Tränenwunder geschehen sein: In der einstigen kleinen Kapelle vergoss die Figur des gemarterten Christus Tränen. Als Dies einen Zustrom von Pilgern auslöste, beauftragte der Abt der Steingadener Prämonstratenser Dominikus Zimmermann mit dem Bau einer angemessenen Kirche.

Die 1754 geweihte und 1765 fertiggestellte Wieskirche ist die Krönung des Lebenswerks des berühmten Baumeisters Dominikus Zimmermann und seines Bruders Johann Baptist. Dominikus Zimmermann wohnte bis zu seinem Tod in einem kleinen Haus in der Nähe.

Die Decke in dem ovalen Kirchenschiff wird von acht Säulenpaaren getragen. An den Mittelraum schließt sich ein lang gezogener Chor an. Das Zusammenspiel von Fresken, Schnitzarbeiten und Stuck sowie von Licht und Farbe ist unbeschreiblich schön. Im Zentrum dieses harmonisch-festlichen Rahmens befindet sich das Gnadenbild. Viele Fenster beleben das äußere Erscheinungsbild und prägen die lichte Atmosphäre im Innenraum.

Die Wieskirche, 1983 von der UNESCO zum Welterbe erklärt

Murnau ⑩

Straßenkarte C5. *12 100.* *Kohlgruber Str. 1, (08841) 61 410.* **www**.murnau.de

Der Luftkurort Murnau liegt erhöht zwischen Staffelsee und Riegsee nördlich vom Murnauer Moos, durch das früher die römische Handelsstraße Richtung Augsburg verlief. Im Zweiten Weltkrieg befand sich hier ein Gefangenenlager für Offiziere. Heute denkt man bei Murnau eher an die Brauereien.

Die von Enrico Zuccalli entworfene barocke **Pfarrkirche St. Nikolaus** wurde 1734 nach 17-jähriger Bauzeit fertiggestellt. An der Marktstraße, der Murnauer Hauptstraße, steht noch die kleine Barockkirche **Mariahilf**.

Den Charme des Städtchens machen die vielen Wirtschaften und Gasthäuser, das neogotische **Rathaus**, all die Häuser mit ihren Erkern und Schildern sowie die engen Gässchen aus.

Das **Denkmal für Ludwig II.** in der Kohlgruber Straße war 1894 das erste, das für den König errichtet wurde.

Das schönste Gebäude ist das **Münter-Haus**, ein Jugendstilbau, in dem Wassily Kandinsky zwischen 1909 und 1914 mit seiner Schülerin und Lebensgefährtin Gabriele Münter lebte. Heute beherbergt das Haus ein Museum, in dem neben Werken Kandinskys und Gabriele Münters auch Bilder anderer Mitglieder der expressionistischen Künstlergruppe *Der Blaue Reiter* ausgestellt sind.

Münter-Haus
Kottmüllerallee 6. *(08841) 62 88 80.* *Di–So 14–17 Uhr.*

Blumenstand am Untermarkt in Murnau

Der Blaue Reiter

Titelblatt der ersten Ausgabe von *Der Blaue Reiter*

1911 veranstaltete die Gruppe um Wassily Kandinsky und Franz Marc Ausstellungen mit der ersten Ausgabe des *Blauen Reiters*. Es wurde eines der bedeutendsten Kunstmanifeste des 20. Jahrhunderts, die gleichnamige Künstlergruppe eine der wichtigsten des Expressionismus. Zum *Blauen Reiter* gehörten – neben Kandinsky und Marc – Gabriele Münter, Paul Klee, Alexej von Jawlensky, August Macke und Alfred Kubin.

Die barocke Klosterkirche der Benediktinerabtei Ettal

Oberammergau ⓫

Straßenkarte C5. *5000.* *Eugen-Papst-Str. 9a, (08822) 92 27 40.* *Passionsspiele (alle 10 Jahre Mai–Okt; nächster Termin: 2020).* **www**.ammergauer-alpen.de/oberammergau

Dass Oberammergau so berühmt ist, liegt sicher an den bunt bemalten Häusern mit **Lüftlmalerei** *(siehe S. 212)* und an den Oberammergauer Schnitzereiwerkstätten. Vor allem aber liegt es an den **Passionsspielen**, die hier seit 1633 aufgeführt werden. Anlass für die ersten Spiele war das Gelübde, für alle Zeiten Passionsspiele abzuhalten, wenn man künftig von der Pest verschont bliebe. 1930 wurde eine eigene Spielstätte erbaut, die fast 5000 Besucher fasst – viele internationale Gäste sind darunter. Das Schauspiel um die Leidensgeschichte Christi dauert sechs Stunden. Es wird von Mai bis Oktober rund 100-mal aufgeführt. Bis zu 2000 Laiendarsteller wirken daran mit – alle waschechte Oberammergauer.

Ettal ⓬

Straßenkarte C5. *1000.* *Oberammergau.* *Ammergauer Str. 8, (08822) 35 34.* **Kloster** *tägl. 8–18 Uhr (Basilika).* *ab 25 Pers. nach Voranmeldung (08822-74 228).* **www**.ammergauer-alpen.de/ettal

Das wunderschön in einem Alpental gelegene **Kloster Ettal** ist einer der meistbesuchten Wallfahrtsorte Deutschlands. Die Benediktinerabtei wurde 1330 von Ludwig IV. dem Bayern gegründet. 1710, als die Klosterkirche nach Entwürfen von Enrico Zuccalli barockisiert wurde, kam eine gotische Rotunde hinzu. Die zweigeschossige Fassade, die von Zuccalli geplant war, blieb bis ins frühe 20. Jahrhundert unvollendet.

Der imposante Innenraum mit der großen Kuppel ist reinstes Rokoko. Die Malereien (1748–50) stammen von Johann Jakob Zeiler, die Stuckarbeiten von Johann Georg Üblher und Franz Xaver Schmuzer. Der Hochaltar mit einer Madonna wurde im 14. Jahrhundert in der Werkstatt Giovanni Pisanos gefertigt.

Vase im Park von Linderhof

Linderhof ⓭

Straßenkarte C5. *5000.* *Oberammergau.* **Schloss** *(08822) 92 030.* *Apr–Mitte Okt: tägl. 9–18 Uhr; Mitte Okt–März: tägl. 10–16 Uhr.* **Park** *Apr–Mitte Okt.* **www**.linderhof.de

Von allen Schlössern Ludwigs II. macht Linderhof am besten die Vernarrtheit des Königs in das bourbonische Frankreich und seine Vorliebe für den Sonnenkönig Louis XIV deutlich.

Das Schloss liegt abgeschieden in einem großen Park. Es ist das kleinste der Märchenschlösser, doch der König hielt sich hier am häufigsten auf. Erbaut wurde Linderhof 1874–78 von Georg von Dollmann. Mit der extravaganten, luxuriösen Innengestaltung orientierte man sich am französischen Barock. Obwohl das Schloss als privater Wohnsitz konzipiert war, besitzt es ein prunkvolles Audienzzimmer. Extravagant sind auch die anderen Räume, z. B. die Gobelinzimmer und der Spiegelsaal.

Der streng geometrisch angelegte französische Garten mit dem Neptunbrunnen und

Die Alte Post in Oberammergau, heute Gasthof und Hotel

Hotels und Restaurants im südlichen Oberbayern *siehe Seiten 267f und 281f*

einer Kaskade ist in wilde, ursprüngliche Landschaft eingebettet. Besonders spektakulär ist die Venusgrotte, eine künstliche Tropfsteinhöhle, die sich der König 1876/77 in Anlehnung an Wagners Oper *Tannhäuser* anlegen ließ. Auf dem künstlichen See der Grotte ließ sich Ludwig II. gern in einem vergoldeten Muschelkahn herumrudern.

Weitere Attraktionen sind der einst für die Weltausstellung 1867 in Paris geschaffene **Maurische Kiosk**, der dann hierherversetzt wurde, und das prachtvolle **Marokkanische Haus** (1878/79), in dem sich der König mit Vorliebe Datteltörtchen und Veilchenbowle servieren ließ.

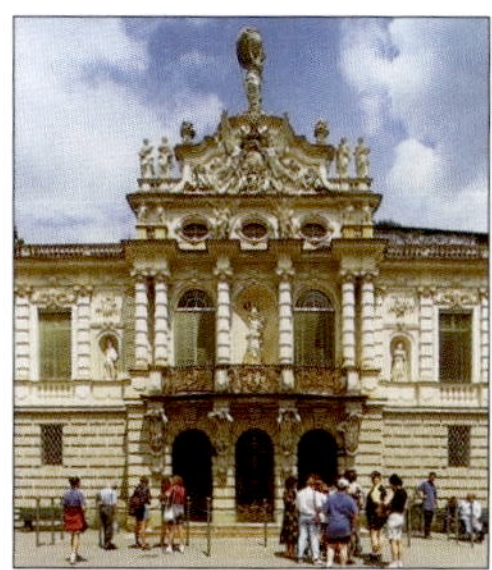

Besucher vor Schloss Linderhof, in dem sich Ludwig II. häufig aufhielt

Garmisch-Partenkirchen ⓮

Straßenkarte C5. *26 000.* *Richard-Strauss-Platz 2, Garmisch, (08821) 18 07 00.* *Hornschlittenrennen (6. Jan).* **www**.garmisch-partenkirchen.de

Zwei Orte, die durch die Flüsse Loisach und Partnach getrennt waren, wurden anlässlich der Olympischen Winterspiele 1936 zusammengelegt: So entstand Garmisch-Partenkirchen, das sich zu einem der bekanntesten Wintersportzentren Deutschlands entwickelte und via Autobahn an München angegliedert ist. 1978 und 2011 wurden hier die Alpinen Skiweltmeisterschaften ausgetragen.

Garmisch, einst ein römischer Posten, wurde erstmals im 9. Jahrhundert als Siedlung urkundlich erwähnt. Partenkirchen, das sich bis 1930 seinen ländlichen Charakter bewahrt hat, entwickelte sich erst 300 Jahre später. In beiden Ortsteilen findet man an den Häusern die charakteristisch bemalten Fassaden, teilweise alten, aber auch neueren Ursprungs.

Haus mit Lüftlmalerei in Garmisch-Partenkirchen

Bemerkenswerte Kirchen sind die Wallfahrtskirche **St. Anton** (1704–39) in Partenkirchen mit einem schönen Deckengemälde von Johann Holzer (1739) sowie die **Alte Kirche St. Martin** und die **Neue Pfarrkirche St. Martin**, beide in Garmisch. Die Wände der Alten Kirche sind mit gotischen Fresken bemalt. Die barocke Neue Pfarrkirche hat Stuckarbeiten (1730–33) von Josef Schmuzer und Gemälde (1733) von Matthäus Günther aufzuweisen.

Das **Olympiastadion** wurde 1934 im südlichen Teil von Partenkirchen erbaut. Die neue **Große Olympiaschanze** (2007) ist traditoneller Austragungsort des Neujahrsspringens der Vierschanzentournee.

Umgebung: In der Nähe liegt die **Partnachklamm**. Ein in den Felsen geschlagener Pfad macht das Naturschauspiel der 60 Meter hinabfallenden Wassermassen zugänglich. Am Schachen, südlich von Garmisch, liegt das **Königshaus am Schachen**, die Jagdhütte Ludwigs II. Äußerlich gleicht sie einem Schweizer Chalet, innen ist sie prunkvoll orientalisch gestaltet.

Eibsee ⓯

Straßenkarte C5. *Garmisch-Partenkirchen.*

Dichte Wälder reichen bis an die Ufer des Eibsees mit seinem blaugrünen Wasser. Der See liegt 974 Meter über dem Meeresspiegel. Er entstand durch einen Bergsturz. Die schönen Wege am Ufer laden zum Spaziergang ein. Jeden Sommer findet hier eine Regatta mit Yachtparade und Feuerwerk statt. Hoch über dem See erhebt sich der höchste Gipfel der deutschen Alpen, die 2962 Meter hohe **Zugspitze**. Eine Zahnradbahn führt zum Zugspitzplatt. Von dort aus geht es mit der Gletscherbahn zum Gipfel.

Der Eibsee unterhalb der Zugspitze

Mittenwald liegt an der alten Handelsstraße über die Alpen

Mittenwald ⓰

Straßenkarte C5. 8000. Dammkarstr. 3, (08823) 33 981. **www**.alpenwelt-karwendel.de/mittenwald

Das Städtchen am Fuß des Karwendelgebirges liegt an der alten Handelsstraße zwischen Verona und Augsburg. Bis zum Dreißigjährigen Krieg gründete sich der Reichtum der Stadt vor allem auf den Handel, im 17. Jahrhundert auf das Handwerk, vor allem auf den Geigenbau.

Die Anfänge der Mittenwalder Geigenbautradition lassen sich ins 17. Jahrhundert zurückverfolgen. Matthias Klotz (1653–1743) ging in Italien in die Lehre, wurde ein Schüler von Nicolo Amati und kam als Meister des Geigenbaus zurück. Seine Enkel sollen Mozarts Konzertgeige gefertigt haben. 1853 wurde eine Geigenbauschule gegründet, 1930 im Geburtshaus von Klotz das **Geigenbau- und Heimatmuseum** eingerichtet.

1738–40 erbaute Josef Schmuzer die Kirche **St. Peter und Paul**, der Turm wurde erst 1746 fertiggestellt. Das spätgotische Presbyterium ist noch erhalten. Von Matthäus Günther stammen die Lüftlmalerei an der Fassade und die Malereien in der Kirche. Das Klotz-Denkmal, das vor der Kirche steht, wurde 1890 von Ferdinand von Miller entworfen, der u. a. die Münchner Bavaria goss.

Mittenwald ist heute ein bekannter, vor allem bei Wintersportlern beliebter Ferienort.

Geigenbau- und Heimatmuseum
Ballenhausgasse 3. *(08823) 25 11.* *Di–So 10–17 Uhr (7.–31. Jan, Mitte März–Mitte Mai, Mitte Okt–Nov: 11–16 Uhr).*

Wallgau ⓱

Straßenkarte C5. *1400.* *Mittenwald.* *Mittenwalder Str. 8, (08825) 92 50 50.* **www**.alpenwelt-karwendel.de/wallgau

In dem kleinen Erholungsort im Werdenfelser Land, der aussieht wie ein bayerisches Bilderbuchdorf, findet man viele **Holzhäuser** (17./18. Jh.). Franz Kainer verzierte sie um 1770 mit Lüftlmalerei *(siehe S. 212)*. Die meisten dieser Holzhäuser wurden restauriert und dienen mittlerweile als Hotels.

Das Dorf ist bei wohlhabenden Münchnern recht beliebt. Sie kommen hierher, um auf den landschaftlich wunderschön gelegenen Golfplätzen zu spielen. Im **Gasthaus zur Post** soll Heine 1828 auf seiner Reise nach Italien übernachtet haben.

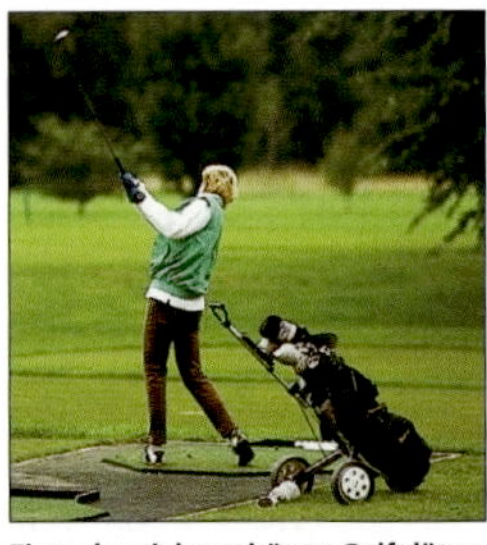

Einer der vielen schönen Golfplätze rund um Wallgau

Walchensee ⓲

Straßenkarte C5. *1000.* *Kochel am See.* *Ringstr. 1, (08858) 411.* **www**.walchensee.kochel.de

Der in ein schönes grünes Tal gebettete See ist oft starken Winden ausgesetzt und deshalb bei Windsurfern beliebt. Die kleine Kirche am See wurde 1633 erbaut und 1712–14 neu gestaltet.

Umgebung: Im nahe gelegenen **Zwergern** steht die malerische Margarethenkirche, die im 14. Jahrhundert erbaut und 1670 im barocken Stil umgestaltet wurde.

Franz Marc (1880–1916)

***Blaues Pferd*, eines der bekanntesten Bilder Marcs**

Der in München geborene Maler Franz Marc stand zu Beginn seiner künstlerischen Laufbahn noch unter dem Einfluss der Impressionisten und Wassily Kandinskys, mit dem er die Gruppe *Der Blaue Reiter (siehe S. 215)* ins Leben rief. Marc setzte sich intensiv mit Farbsymbolik auseinander und adaptierte die kristallinen Formen der italienischen Futuristen. Seine Bilder zeigen Menschen und Tiere im Einklang mit ihrer Umgebung. Marc liebte es, in der Nähe von Kochel im Freien zu malen. Er erhielt häufig Besuch von Kunstinteressierten, die diesen Sitzungen beiwohnten. 1916 fiel Marc bei Verdun.

Gleich daneben befindet sich das ehemalige Hieronymitenkloster mit weißen Mauern und einem steilen Satteldach, das sogenannte Klösterl, das 1686–89 errichtet wurde.

Nahe **Urfeld** steht mitten im Wald eine kleine Büste von Johann Wolfgang von Goethe, der 1786 hier übernachtete, bevor er zu seiner Italienreise aufbrach.

Das Wasserkraftwerk Walchensee oberhalb des Kochelsees

Kochel am See ⓳

Straßenkarte C5. 4200. Bahnhofstr. 23, (08851) 338. **www**.kochel.de

In dem beliebten Kurort am Kochelsee steht die schöne **Michaelskirche** (1688–90), wahrscheinlich ein Bau von Kaspar Feichtmayr. Fresken und Stuckarbeiten stammen von 1730.

Zwei berühmte Personen sind mit Kochel verbunden. Die eine ist der »Schmied von Kochel«, der 1705 während der Sendlinger Mordweihnacht im Bauernaufstand gegen Österreich zum Helden wurde und 1900 eine Statue bekam. Die andere ist der Maler Franz Marc. Das Haus, in dem er lebte, ist nun **Museum**, das Marcs Werke und Arbeiten anderer Künstler des *Blauen Reiters (siehe S. 215)* ausstellt.

Kloster Benediktbeuern

Franz-Marc-Museum
Franz-Marc-Park 8–10. *(08851) 92 48 80.* *Di–So 10–18 Uhr (Nov–März: bis 17 Uhr).*
www.franz-marc-museum.de

Umgebung: Oberhalb des Kochelsees befindet sich das **Wasserkraftwerk Walchensee**. Es wurde 1918–24 nach Entwürfen von Oskar von Miller erbaut, der schon damals das bayerische Eisenbahnnetz sowie das ganze Land mit Strom versorgen wollte. Das Walchensee-Kraftwerk ist immer noch eines der größten in Deutschland.

Freilichtmuseum Glentleiten ⓴

Straßenkarte C5. *Kochel am See, Murnau.* *(08851) 18 50.* *19. März–11. Nov: Di–So 9–18 Uhr (Juni–Sep: auch Mo).*
www.glentleiten.de

Das größte Freilichtmuseum Oberbayerns wurde 1976 nahe Großweil eröffnet. Besucher fühlen sich hier wie in einem alten bayerischen Dorf. Es gibt detailgetreu nachgebaute Bauernhöfe und Werkstätten, sodass man sich vorstellen kann, wie die Menschen früher lebten. Die umliegenden Felder werden traditionell bewirtschaftet. Auf den Wiesen grasen Kühe, Pferde, Schafe und Ziegen.

Holzfigur eines Fischers in Kochel am See

Benediktbeuern ㉑

Straßenkarte C5. *3500.* *Prälatenstr. 3, (08857) 248.*
www.benediktbeuern.de

Der Urlaubsort Benediktbeuern am Fuß der Benediktenwand ist berühmt für sein ehemaliges **Kloster**. Es wurde 739 als Teil des vom heiligen Bonifaz eingerichteten Bistums gegründet und war eines der ersten Missionsklöster in Bayern.

Die Arbeit an der heutigen spätbarocken **Kirche**, die an der Stelle der früheren romanischen steht, wurde 1682 unter Leitung des Wessobrunners Kaspar Feichtmayr aufgenommen. Im Inneren findet man erlesene Stuckarbeiten, die stark von italienischer Kunst beeinflusst sind. Das Gewölbe über dem Hauptschiff sowie die Seitenkapellen wurden 1683–87 von Georg Asam, dem Vater der berühmten Brüder, ausgemalt. Der monumentale Altar, der an einen Triumphbogen erinnert, ist aus drei verschiedenen Marmorarten gefertigt.

Neben dem Chor mit seinen zwei Türmen befindet sich die zweigeschossige **Anastasiakapelle**. Sie wurde 1750–53 von Johann Michael Fischer erbaut und besitzt einen ovalen Grundriss. Die Innengestaltung von Johann Michael Feichtmayr und Johann Jakob Zeiller ist ein Meisterwerk des bayerischen Rokoko.

Sehenswert sind auch die **Klostergebäude**, die heute im Besitz der Salesianer sind und theologische Institute beherbergen. Zwischen 1669 und 1732 wurden sie um zwei Höfe herumgebaut. Besonders sehenswert sind der Alte Festsaal, der Kurfürstensaal und die ehemalige Bibliothek, die heute als Speisesaal genutzt wird.

Bad Tölz ㉒

Straßenkarte D5. 18 000. *Max-Höfler-Platz 1, (08041) 78 670. Leonhardifahrt (6. Nov).*
www.bad-toelz.de

Bis vor nicht allzu langer Zeit verdienten sich die Einwohner von Bad Tölz an der Isar ihren Lebensunterhalt mit Handel, Holzwirtschaft und den bekannten bemalten Möbeln. Erst als hier 1946 jodhaltige Quellen entdeckt wurden, avancierte Tölz zum Kurort. Um das wertvolle Wasser zu nutzen, wurde das Erlebnisbad **Alpamare** samt Saunen und Solarien erbaut, eine der größten Anlagen dieser Art in Deutschland.

Im Viertel rund um die **Marktstraße**, die zur Isar hinunterführt, ist der Charakter des alten Tölz noch gut erkennbar. Viele der Häuser aus dem 17. bis 19. Jahrhundert sind mit der typischen Lüftlmalerei verziert und mit Erkern versehen.

Mit dem Bau der **Kirche** auf dem Kalvarienberg, einer der schönsten Landkirchen in Bayern, begann man 1711. Fertiggestellt wurde sie erst gegen Ende des 19. Jahrhunderts. Beeindruckend ist die **Heilige Treppe**. Am 6. November, dem Festtag des heiligen Leonhard, des Schutzpatrons der Pferde und des Viehs, zieht nach dem Segen eine Reiterprozession den Kalvarienberg hinauf. Auch in der Stadt gibt es einen Umzug mit Pferden und schön bemalten Wagen.

Bemalter Leonhardi-Wagen, Bad Tölz

Tegernsee ㉓

Straßenkarte D5. *4000. Tegernsee. Hauptstr. 2, (08022) 18 01 40.*
www.tegernsee.de

Der heilklimatische Kurort Tegernsee ist von München aus schnell erreichbar und gilt als Naherholungsgebiet. Wer es sich leisten kann, hat hier ein Wochenendhaus, die anderen genießen See und Berge im Rahmen von Tagesausflügen.

Schon im 8. Jahrhundert war das nahe gelegene **Benediktinerkloster** ein bedeutendes kulturelles Zentrum. Im 11. Jahrhundert entstand hier ein Zentrum für die Herstellung von Bleiglasfenstern. Heute noch können solche Fenster im Augsburger Dom bewundert werden. 1823/24 baute Leo von Klenze das Kloster in eine Sommerresidenz für Maximilian I. Joseph um. Zudem entwarf er eine neue barocke Fassade für die Klosterkirche.

Deutsche Alpenstraße ㉔

Schon 1927 entstanden die Pläne für eine Panoramastraße, die durch die schönsten Gebirgslandschaften der deutschen Alpen führen sollte. Die Route vom Bodensee bis zum Königssee verläuft durch Voralpenland und Alpen. Sie durchquert die schönsten Landschaften des südlichen Oberbayern. Besonders beeindruckend sind die Pässe bei Hindelang und Bayrischzell mit ihren atemberaubenden Ausblicken.

Jochstraße ②
Dieser Straßenabschnitt überwindet auf sieben Kilometern über 300 Meter Höhenunterschied. Von vielen Stellen aus bietet sich ein schöner Blick ins Ostrachtal.

LEGENDE
- Routenempfehlung
- Andere Straße
- Panoramastraße

Immenstadt ①
Die malerische kleine Stadt am Alpsee kann einige sehr schöne historische Gebäude vorweisen.

Zugspitzmassiv ③
Auf dem östlichen der beiden Gipfel steht das Gipfelkreuz.

Blick auf Schliersee vom See aus

Schliersee ㉕

Straßenkarte D5. *6500.*
Perfallstr. 4 , (08026) 60 650.
www.schliersee.de

Der östlich vom Tegernsee am Rand der Alpen gelegene Schliersee gilt als dessen »kleinerer Bruder« und bietet sich für alle an, die Ruhe und Erholung suchen. Der Luftkurort Schliersee liegt am nördlichen Ufer. An fast allen Häusern findet man hier blumengeschmückte Balkone.

Die Fresken und Stuckarbeiten in der **Kirche St. Sixtus** schuf Johann Baptist Zimmermann 1714. Die Figur des Gottvaters mit Christus wird Erasmus Grasser zugeschrieben, die Madonna ist ein Werk von Jan Polack. Das **Heimatmuseum** ist in einem Holzhaus aus dem 18. Jahrhundert untergebracht.

Heimatmuseum
Lautererstr. 6
(08026) 23 29. Mai–Okt: Di–Fr 15–17, Sa, So 10–12 Uhr.

Ebersberg ㉖

Straßenkarte D4. *11 200.*
Marienplatz 1, (08092) 82 55 92.
www.ebersberg.de

Die kleine Stadt liegt am südlichen Ausläufer des größten zusammenhängenden Waldgebiets in Deutschland. Was vom 934 gegründeten Augustinerkloster erhalten ist, findet man in der **Sebastianskirche**. Sie wurde 1217–31 erbaut und 1472–1504 im Stil der Gotik umgebaut. Von den Gräbern (14.–16. Jh.) ist das des Kirchengründer-Paars am interessantesten. Es zeigt ein spätgotisches Modell der Kirche, das 1501 von Wolfgang Leb angefertigt wurde. Auf dem von barocken und klassizistischen Häusern umsäumten Marienplatz steht die Klosterwirtschaft (1529), in der heute das Rathaus ist.

Portal der Sebastianskirche in Ebersberg

Bayrischzell ④
Im bekannten Kurort am Wendelstein wurde schon 1883 die erste Alpen-Folkloregruppe gegründet. Noch heute trägt man hier ganz selbstverständlich Tracht.

Berchtesgaden ⑥
Die architektonisch reizvolle Stadt am Fuß des Watzmanns ist das Zentrum des Urlaubsgebiets Berchtesgadener Land.

ROUTENINFOS

Länge: *rund 450 km.*
Rasten: *In diesem touristisch voll erschlossenen Teil Bayerns findet man überall reizvolle und urige Wirtschaften sowie viele Übernachtungsmöglichkeiten.*

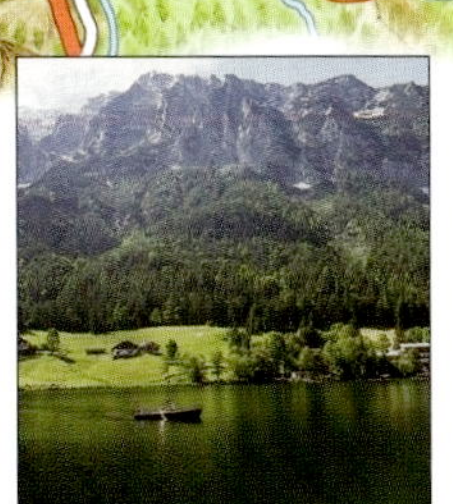

Hintersee ⑤
Der See östlich von Ramsau – einer von vielen im Berchtesgadener Land – ist bis an die Ufer von Wald umgeben, der zu Recht »Zauberwald« genannt wird.

Hotels und Restaurants im südlichen Oberbayern *siehe Seiten 267f und 281f*

Allgäu

Das Allgäu, die Alpen- und Voralpenlandschaft zwischen Bodensee und Lech, gehört seit der napoleonischen Umstrukturierung Europas zu Bayern. Nur ein kleiner Teil im Westen ragt nach Baden-Württemberg hinein. Im Allgäu gibt es wenig Industrie, die Region lebt hauptsächlich von Vieh- und Milchwirtschaft und – dank der schönen Landschaft – vom Fremdenverkehr.

Die grüne, hügelige Landschaft, die in die steilen Gipfel der Alpen übergeht, zieht das ganze Jahr über Urlauber an. Ein angenehmes Klima, die grüne, unverbaute Landschaft, Dörfer und Städte mit historischen Bauwerken sowie die nahezu unbegrenzten Sportmöglichkeiten machen das Allgäu zur idealen Urlaubsregion. Auf den Wiesen weiden die für das Allgäu typischen braunen Kühe. Die Sennereien der Gegend sind bekannt für gute Qualität. In Kimratshofen wird eine der größten deutschen Molkereien betrieben, die Allgäu Milch Käse eG.

Das Allgäu galt lange Zeit als kulturelles Niemandsland. Der Aberglaube der Einwohner ist sprichwörtlich. Sitten und Bräuche sind hier noch lebendig. Die traditionellen Trachten, die in jeder Gegend, ja fast in jedem Dorf anders sind, werden nicht nur zu besonderen Gelegenheiten getragen. Nach dem Zweiten Weltkrieg änderte der Zustrom von Flüchtlingen, die vor allem aus dem Sudetenland kamen, die Bevölkerungsstruktur. So ließen sich Vertriebene aus dem tschechischen Jablonec (Gablonz) in der Nähe von Kaufbeuren nieder, gründeten den Ort Neugablonz und betätigten sich hier – wie zuvor in ihrer Heimat – als Schmuckhersteller.

In den Allgäuer Alpen finden sportliche Wettkämpfe aller Art statt. Oberstdorf ist berühmt für seine Schanze, auf der jedes Jahr der Auftakt der Vierschanzentournee stattfindet.

Die alpinen Felsformationen eignen sich zum Klettern und sind ideale Startplätze für Paraglider. Fast überall gibt es schöne Wanderwege. Hauptattraktion mit weit über einer Million Besuchern pro Jahr ist allerdings Schloss Neuschwanstein.

Die sanften Hügel des Voralpenlands bei Immenstadt ***(siehe S. 232)***

◁ **Neuschwanstein, das weltbekannte »Märchenschloss« König Ludwigs II.** ***(siehe S. 46f, 230 und 231)***

Überblick: Allgäu

Die größte Stadt im Allgäu ist Kempten. Hier gab es schon in der Römerzeit eine Siedlung. Memmingen besitzt aus seiner Zeit als Reichsstadt noch schöne Bauwerke. Hauptanziehungspunkte sind jedoch die Königsschlösser Neuschwanstein und Hohenschwangau, die – über die Romantische Straße erreichbar – direkt am Alpenrand liegen. Ebenfalls berühmt sind die Renaissanceschlösser der Fugger in Babenhausen und Kirchheim sowie das Kloster Ottobeuren. Das südliche Allgäu bietet atemberaubende Landschaften. Besonders faszinierend sind die Schluchten und Höhlen, z. B. die Breitachklamm und die Sturmannshöhle.

SIEHE AUCH

- ***Hotels*** S. 268f
- ***Restaurants*** S. 282f

Das idyllische Wasserburg am Bodensee

Sehenswürdigkeiten auf einen Blick

Babenhausen 3
Bad Hindelang 12
Bad Wörishofen 6
Füssen 10
Immenstadt 14
Kaufbeuren 7
Kempten S. 236f 17
Kirchheim 4
Lindau S. 234f 15
Maria Steinbach 18
Memmingen S. 226f 1
Mindelheim 5
Oberstdorf 13
Ottobeuren 2
Schloss Hohenschwangau 9
Schloss Neuschwanstein 8
Wasserburg 16

Tour

Neuschwanstein 11

Weitere Zeichenerklärungen *siehe hintere Umschlagklappe*

Braunvieh vor den Allgäuer Alpen

Im Allgäu unterwegs

Alle größeren Städte der Region werden von der Deutschen Bahn, die kleineren Orte von Bussen angefahren. Auf der A96 kommt man von München ins Allgäu. Von Norden führt die A7 über Memmingen und Kempten bis Füssen. In Lindau beginnt die Deutsche Alpenstraße, eine der landschaftlich reizvollsten Straßen Deutschlands. Den kleinen Allgäu Airport bei Memmingen steuern vor allem Billigfluglinien und Charterflüge an. Verbindungen bestehen auch zu den Flughäfen München, Stuttgart, Augsburg und Friedrichshafen.

Hohenschwangau in wildromantischer Lage

Memmingen ❶

Die Stadt Memmingen, das »Tor zum Allgäu«, wurde im 12. Jahrhundert gegründet. Memmingen entstand dort, wo früher eine alemannische Siedlung an einer alten Römerstraße lag. 1438 wurde es Freie Reichsstadt und 1522 lutherisch. 1803 wurde sie nach Bayern eingegliedert. In Memmingen sieht man noch heute die Charakteristika einer großen Handelsstadt. Inner- und außerhalb der Stadtmauern haben sich verschiedene Wohn- und Geschäftsviertel entwickelt. Die breiten Straßen dienten früher als Warenumschlagsplätze. Viele alte Häuser – hauptsächlich Fachwerkbauten – haben ihren gotischen Charakter bewahrt.

Die prachtvolle Rokokofassade des Rathauses

Rathaus

Marktplatz 1.

Das Rathaus wurde 1488 im gotischen Stil erbaut und im 16. Jahrhundert umgebaut und vergrößert. Heute sieht man den Bau von 1589, an dessen Fassade 1765 Rokokostuck angebracht wurde. Das elegante Renaissancegebäude ist durch eine vorspringende Zentralachse gegliedert, die in einem vieleckigen Turm gipfelt. Auch die Seitenflügel besitzen Türme.

Steuerhaus

Marktplatz 16.

Das ehemalige Zollhaus wurde 1495 errichtet. Zum Marktplatz hin öffnet es sich mit einem Arkadengang. Das zweite Geschoss und auch das geschwungene Giebeldach wurden 1708 angebaut. Die prächtige Fassadenmalerei stammt aus den Jahren 1906–09. Heute beherbergt das Gebäude verschiedene städtische Ämter.

Hermansbau

Zangmeisterstr. 8. **Stadtmuseum und Heimatmuseum Freudenthal** *(08331) 85 01 34.* *Mai–Okt: Di–Sa 10–12, 14–16, So 10–16 Uhr.*

Das spätbarocke Patrizierhaus mit seinem Arkadenhof wurde 1766 für Benedikt Freiherr von Herman auf Wain erbaut. Die Fassade ist verschwenderisch mit Stuckierungen versehen. Den mittleren Giebel ziert eine Wappenkartusche.

Martinskirche

Zangmeisterstr. 13. *(08331) 85 69 20.* *tägl. 10–16 Uhr (Mai–Sep: bis 17 Uhr).*

Die protestantische Martinskirche wurde im 15. Jahrhundert an der Stelle der vormaligen romanischen Basilika erbaut. Die spätgotische Kirche besitzt einen viereckigen Turm, auf den erst später eine barocke Spitze gesetzt wurde.

Bemerkenswert im Innenraum sind die Wandgemälde aus dem 15. und 16. Jahrhundert. Am interessantesten ist jedoch das Chorgestühl, das 1501–07 von Memminger Handwerkern gefertigt wurde. Die Schnitzereien mit der naturgetreuen Abbildung der Kirchenstifter gehören zu den herausragenden Arbeiten der schwäbischen Spätgotik.

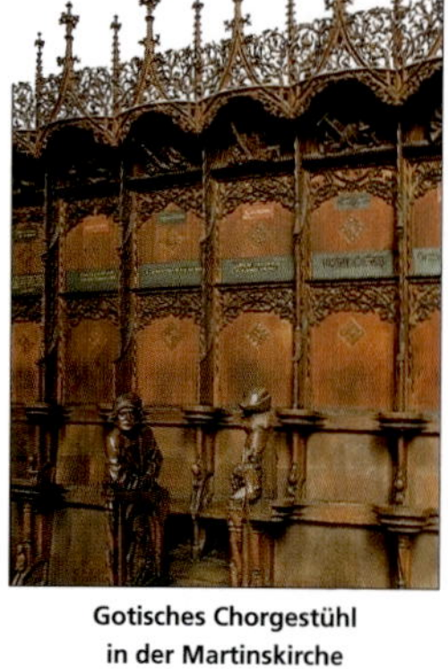

Gotisches Chorgestühl in der Martinskirche

Westertor und Stadtmauern

Die Mauern um die Altstadt wurden vor 1181 errichtet. Die äußeren Mauern kamen im 13., 14. und 15. Jahrhundert dazu. Im 19. Jahrhundert wurden sie teilweise zerstört, doch einige Teile der alten Bastionen und Rundgänge sind noch gut erhalten. Bemerkenswert sind das Westertor von 1648 und das Kemptener Tor, das 1383 erbaut und mit einem Backsteinturm versehen wurde.

Antonierhaus

Martin-Luther-Platz 1. **Antoniter- und Strigel-Museum** *(08331) 85 02 45.* *Di–Sa 10–12, 14–16 Uhr, So, Feiertage 10–16 Uhr.*

Das ehemalige Antoniterkloster und -hospital von 1383 ist das älteste dieses Ordens, der sich der Krankenpflege widmete und später mit den Maltesern vereinigt wurde. Früher stand hier eine Burg. Der vierflügelige Bau umschließt einen Kreuzgang mit außen liegenden Treppen.

Das schön restaurierte Gebäude beherbergt eine Bibliothek, ein Café und verschiedene kulturelle Einrichtungen.

Kartusche mit Wappen am Steuerhaus

Hotels und Restaurants im Allgäu *siehe Seiten 268f und 282f*

Fuggerbau

Schweizerberg 8.

Das Haus der Fuggerfamilie *(siehe S. 253)* wurde 1581–91 für Jakob Fugger erbaut. Es ist ein monumentaler vierflügeliger Bau mit zwei quadratischen Treppenhäusern, die vom Hof aus zugänglich sind.

Frauenkirche

Frauenkirchplatz 4. *(08331) 22 53.*

Die dreischiffige Basilika war ursprünglich ein romanischer Bau, der Ende des 14. Jahrhunderts vergrößert und 1456 umgebaut wurde. Zwischen 1565 und 1806 wurde die Kirche sowohl von Katholiken als auch von Protestanten genutzt. Die spätgotischen Wand- und Deckenmalereien wurden erst 1893 freigelegt. Wegen ihres guten Zustands und ihrer Kunstfertigkeit gehören sie zu den bedeutendsten Süddeutschlands.

Siebendächerhaus

Gerberplatz 7.

Das Haus mit den sieben Dächern wurde 1601 als Zunfthaus der Gerber erbaut. Das im April 1945 zerstörte, danach sorgfältig rekonstruierte Gebäude ist eines der ungewöhnlichsten der Stadt.

Theater

Theaterplatz 2. *(08331) 94 59 16.*

Das Gebäude am Theaterplatz war ursprünglich ein Klosterstall. Es wurde 1680 erbaut und später als Waffenkammer genutzt. Seit 1803 ist es Theater. Aus dieser Zeit stammt seine klassizistische Fassade.

Das auffällige Siebendächerhaus im Zentrum von Memmingen

INFOBOX

Straßenkarte B4. *41 000.* *Bahnhofstr.* *Marktplatz 3, (08331) 85 01 72 oder 85 01 73.* *Wallensteinsommer (alle 4 Jahre im Juli; nächster Termin: 2016), Fischertag und Kinderfest (Juli), Jahrmarkt (Okt), Christkindlesmarkt (Dez).*

www.memmingen.de

Kreuzherrenkirche

Hallhof 5. *Di–Fr, So 14–17, Sa 10–12.30, 14–17 Uhr.*

Die zweischiffige Kirche mit dem hohen Zwiebelturm wurde 1480–84 im gotischen Stil erbaut. 1709 stattete Matthias Stiller den Innenraum mit üppigen barocken Stuckarbeiten und Malereien im Stil von Johann Baptist Zimmermann aus.

Als die Kirche 1803 säkularisiert wurde, zog man im Inneren ein zweites Stockwerk ein. Seit 1947 dient das Gebäude als städtische Galerie und Konzerthalle. Nach der Renovierung von 2002 erstrahlt es im alten Glanz.

Zentrum von Memmingen

- Antonierhaus ⑥
- Frauenkirche ⑧
- Fuggerbau ⑦
- Hermansbau ③
- Kreuzherrenkirche ⑪
- Martinskirche ④
- Rathaus ①
- Siebendächerhaus ⑨
- Steuerhaus ②
- Theater ⑩
- Westertor und Stadtmauern ⑤

0 Meter 100

Zeichenerklärung
siehe hintere Umschlagklappe

Die prachtvolle Kirche der Benediktinerabtei in Ottobeuren

Ottobeuren ❷

Straßenkarte B4. 8000. *Marktplatz 14, (08332) 92 19 50.* **www**.ottobeuren.de

Die Benediktinerabtei in Ottobeuren, deren Anfänge bis ins 8. Jahrhundert zurückreichen, gehört zu den schönsten Barockklöstern Deutschlands. Die **Basilika St. Alexander und Theodor**, zuvor häufig umgebaut und verändert, erhielt ihr heutiges Erscheinungsbild 1748–66 durch den Baumeister Johann Michael Fischer.

Das auf einer bewaldeten Anhöhe über der Günz gelegene Monumentalbauwerk bietet einen atemberaubenden Anblick. Der verschwenderisch ausgestattete Innenraum ist in reinem Rokoko gehalten und wird von vier Kuppeln überwölbt – die größte erhebt sich 25 Meter hoch. An der künstlerischen Gestaltung waren der Stuckateur Johann Michael Feichtmayr und die Maler Johann Jakob und Franz Anton Zeiller beteiligt. Die Abtei, die auch als »Schwäbischer Escorial« bezeichnet wird, wurde 1711–31 nach Entwürfen von Christoph Vogt erbaut. Das imposante, vierseitige Gebäude besitzt vier Kreuzgänge.

Die Abtei Ottobeuren ist seit ihrer Entstehung in der Hand der Benediktiner. Für Besucher geöffnet sind die Bibliothek, die Abtskapelle, der Theatersaal und der Kaisersaal. Es gibt zudem ein **Museum**, zu dessen Exponaten Skulpturen aus der Zeit vom 12. bis zum 18. Jahrhundert zählen, außerdem Werke von Künstlern, die in Ottobeuren gearbeitet haben (z. B. die Maler der Fresken auf den Kirchenmauern) sowie weitere Kunstwerke und auch Glocken.

In einem anderen Teil des Klosters ist die **Staatsgalerie** untergebracht. Sie gehört zu den Bayerischen Staatsgemäldesammlungen und präsentiert Malerei der schwäbischen Gotik.

Klostermuseum Abtei Ottobeuren und Staatsgalerie Ottobeuren, Kaisersaal
Benediktinerabtei. *(08332) 79 80. Apr–Okt: tägl. 10–12, 14–17 Uhr; 25. Dez–6. Jan: tägl. 14–16 Uhr.*

Babenhausen ❸

Straßenkarte B4. *5200.* *Auf der Wies 12, (08333) 93 132.* **www**.touristinfo-babenhausen.de

Die beiden bekanntesten Wahrzeichen von Babenhausen sind das Schloss und die Pfarrkirche.

Das bereits 1237 erwähnte Schloss wurde nach 1387 Eigentum der Herren von Rechberg. Diese ließen wohl im 15. Jahrhundert ein zweistöckiges Gebäude mit Stufengiebel an den Schlosskomplex anbauen. 1539 ging das Schloss an die Fugger *(siehe S. 253)*, die es 1541 umbauten und den West- und Südflügel hinzufügten. Der weitläufige Schlosspark ist immer noch im Besitz der Familie Fugger. Zu besichtigen gibt es den Ahnensaal und das 1955 eröffnete **Fugger-Museum**, das Exponate aus über 500 Jahren Geschichte der Fugger zeigt.

Die ans Schloss angrenzende Kirche wurde 1715–30 im barocken Stil umgebaut. Sie beherbergt Altäre und eine Kanzel aus der Barockzeit sowie die Familiengruft der Fugger und derer von Rechberg.

Fugger-Museum
(08333) 29 31. Apr–Nov: Di–Sa 10–12, 14–17, So 10–12, 13–18 Uhr.

Schloss und Kirche in Babenhausen

Hotels und Restaurants im Allgäu *siehe Seiten 268f und 282f*

Kirchheim ❹

Straßenkarte B4. *2500.* *Mindelheim.* *Marktplatz 6, (08266) 86 080.* **www**.kirchheim-schwaben.de

Das bekannteste Bauwerk Kirchheims ist das **Schloss**, das seit Mitte des 16. Jahrhunderts im Besitz der Fugger ist. Der berühmte Zedernsaal weist eine Intarsiendecke sowie wundervolle Steinmetzarbeiten an den Tür- und Fensterfassungen und an den Kaminsimsen auf.

Der Altar der **Peter- und Paulskirche** ist mit einer Darstellung der Heiligen Familie geschmückt, die Domenichino zugeschrieben wird. Das Bild *Mariä Himmelfahrt* stammt von Rubens. Sehenswert ist das von Alexander Colin geschaffene Grab von Hans Fugger, der 1598 starb.

Statue im Schloss Kirchheim

Intarsiendecke im Zedernsaal von Schloss Kirchheim

Mindelheim ❺

Straßenkarte B4. *14200.* *Maximilianstr. 26, (08261) 99 15 20.* *Frundsbergfest (Juni/Juli alle 3 Jahre; nächster Termin: 2015).* **www**.mindelheim.de

Im 15. und 16. Jahrhundert gehörte die 1160 von Heinrich dem Löwen erbaute **Mindelburg** wie die ganze Stadt der Familie Frundsberg. Sie ließ im 15. Jahrhundert die Burg zum Schloss umbauen. Der Bau wurde im 17. Jahrhundert schwer beschädigt und im späten 19. Jahrhundert wiederaufgebaut.

Die beiden wichtigsten Straßen der Stadt, Maximilian- und Kornstraße, werden von schönen Stadthäusern gesäumt. Die 1625/26 erbaute und 1721 renovierte ehemalige Jesuitenkirche **Mariä Verkündigung** besitzt schöne Stuckarbeiten und Altäre aus dem 18. Jahrhundert. In der Pfarrkirche **St. Stephan** (frühes 18. Jh., Umbau um 1900) findet man das Grabmal (1432) für Herzog Ulrich von Teck und Ursula von Baden. Die ehemalige Kapelle St. Sylvester beherbergt das Schwäbische Turmuhrenmuseum.

Schwäbisches Turmuhrenmuseum
Hungerbachgasse 9. *(08261) 90 97 60 .* *Mi und letzter So im Monat 14–17 Uhr.*

Bad Wörishofen ❻

Straßenkarte B4. *14000.* *Luitpold-Leusser-Platz 2, (08247) 99 33 55 oder -56.* **www**.bad-woerishofen.de

Der Kneippkurort an der Schwäbischen Bäderstraße verdankt seine Existenz Pfarrer Sebastian Kneipp. Im Zentrum stehen viele Gästehäuser aus dem 19. Jahrhundert, z. B. das **Sebastianeum**. Zu besichtigen sind das **Kneippmuseum**, die **Justinakirche** und die **Klosterkirche**.

Kneippmuseum
Schulstr. *(08247) 39 56 13.* *15. Jan–15. Nov: Di–So 15–18 Uhr.* **www**.kneipp-museum.de

Kaufbeuren ❼

Straßenkarte D4. *42000.* *Kaiser-Max-Str. 1, (08341) 43 78 50.* *Tänzelfest (Juli).* **www**.kaufbeuren.de

Die steilen, schmalen, gewundenen Gassen mit den bunt getünchten Häusern bewahren noch etwas vom mittelalterlichen Charakter der Stadt Kaufbeuren. Erhalten ist die Befestigungsanlage mit Mauern und Türmen. Einer davon ist der 1420 erbaute Fünfknopfturm. Nach dem Zweiten Weltkrieg gründeten Vertriebene aus dem Sudetenland (heute Tschechische Republik) bei Kaufbeuren den Ort Neugablonz.

Der gotische Fünfknopfturm, Teil der Stadtbefestigung Kaufbeurens

Sebastian Kneipp (1821–1897)

Sebastian Kneipp, Pfarrer an der Justinakirche in Bad Wörishofen, entwickelte eine Heilmethode, die auf fünf Säulen basiert: Wassertherapie, Bewegung, Heilpflanzen, Ernährung und innere Harmonie. Seine Waschungen und Güsse sind mittlerweile allgemein bekannt. 1903 wurde in der nach ihm benannten Straße ein Kneipp-Denkmal errichtet. Porträts des »Wasserdoktors« (1936) findet man an der Decke der Justinakirche. Im ehemaligen Dominikanerkloster der Stadt ist heute ein Kneippmuseum untergebracht. Es gibt sogar eine nach ihm benannte Rosensorte, die Kneipprose.

Kneipp-Denkmal in Bad Wörishofen

Schloss Neuschwanstein – Märchenschloss in atemberaubender Lage

Schloss Neuschwanstein 8

Straßenkarte B5. *Ticket-Center Hohenschwangau, Alpseestr. 12, (08362) 93 08 30.* **Ticket-Center** *Apr–Sep: tägl. 8–17 Uhr; Okt–März: tägl. 9–15 Uhr. Nur Tickets mit Einlasszeit (Online-Reservierung möglich).* **Schloss** *tägl.* *1. Jan, 24., 25., 31. Dez.* **www**.neuschwanstein.de

Das berühmteste und meistbesuchte Schloss Ludwigs II. wurde 1868–92 mit enormen finanziellen Mitteln erbaut. Seinen Namen erhielt es erst nach Ludwigs Tod 1886. Bei den Plänen für den erträumten Rückzugsort orientierte sich der König an der thüringischen Wartburg. Entworfen wurde der Bau vom Theatermaler Christian Jank nach den Vorstellungen Ludwigs II., der sich wiederum von Wagners Opern *Lohengrin* und *Tannhäuser* inspirieren ließ.

Das Schloss thront auf einem steilen Felsen über der Pöllat. Beim Bau bediente man sich der modernsten technischen Mittel, doch die Gestaltung der »Ritterburg« und der Innenräume offenbart die königliche Sehnsucht nach der idealisierten Traumwelt des Mittelalters *(siehe auch S. 46f)*.

Schloss Hohenschwangau 9

Straßenkarte B5. *Ticket-Center Hohenschwangau, Alpseestr. 12, (08362) 93 08 30.* **Ticket-Center** *Apr–Sep: tägl. 8–17.30 Uhr; Okt–März: tägl. 9–15.30 Uhr.* **Schloss** *tägl.* *24. Dez.* **www**.hohenschwangau.de

Schwanstein hieß die Ruine, die Kronprinz Maximilian von Bayern entdeckte und 1832 kaufte. Wiederaufbau und Restaurierung lagen in den Händen von Domenico Quaglio. Der wuchtige Bau mit Türmen liegt oberhalb des Alpsees vor prächtiger Alpenkulisse. Direkt am Alpsee liegt das neue **Museum der Bayerischen Könige** (Alpseestraße 27, 08362-92 64 640).

Madonna mit Kind in der St.-Mang-Kirche in Füssen

Füssen 10

Straßenkarte B5. *14 000.* *Kaiser-Maximilian-Platz 1, (08362) 93 850.* **www**.fuessen.de

Seine Alpenrandlage, die Seen im Umland, der Lech und die Nähe zu den Schlössern Neuschwanstein und Hohenschwangau – das alles macht Füssen attraktiv.

In der Römerzeit lag die Stadt an der Handelsstraße, die Norditalien mit Augsburg verband. 1313 wurde Füssen den Bischöfen von Augsburg zugesprochen, die es zu ihrer Sommerresidenz machten. Das schnelle Wachstum der Stadt wurde durch den Dreißigjährigen Krieg und durch einen Brand (1713) gebremst. Nach der Säkularisierung (1803) kam Füssen zu Bayern.

Das mittelalterliche **Hohe Schloss** ist berühmt für seine spätgotische Fassadenmalerei, seinen Rittersaal und seine Staatsgalerie, die zu den Bayerischen Gemäldesammlungen gehört.

Im **Benediktinerkloster**, das im 9. Jahrhundert gegründet wurde, befindet sich heute das **Museum der Stadt Füssen**. Neben dem Kloster steht die 1720/21 erbaute **St.-Mang-Kirche** mit einer Krypta aus dem 10. Jahrhundert. Sehenswert ist auch die Fassade der **Heiliggeist-Spitalkirche**, die 1749 von Joseph Anton Walch bemalt wurde.

Das **Festspielhaus Füssen** am Forggensee wurde für das Musical *Ludwig II.* errichtet und 2000 eröffnet. Heute finden hier diverse Theater-, Tanz-, Musik- und Showveranstaltungen statt.

Hohes Schloss mit Staatsgalerie
Magnusplatz 10. *(08362) 90 31 45.* *Apr–Okt: Di–So 11–17 Uhr; Nov–März: Fr–So 13–16 Uhr.*

Museum der Stadt Füssen
Lechhalde 3. *(08362) 90 31 46.* *Apr–Okt: Di–So 11–17 Uhr; Nov–März: Fr–So 13–16 Uhr.*

Festspielhaus Füssen
Forggensee. *(08362) 50 77 212.* **www**.das-festspielhaus.de

Bemalte Fassade der Heiliggeist-Spitalkirche in Füssen

Hotels und Restaurants im Allgäu *siehe Seiten 268f und 282f*

Tour: Neuschwanstein ⓫

Für die Tour sollten Sie den ganzen Tag einplanen. Ausgangspunkt ist einer der Parkplätze unterhalb von Schloss Hohenschwangau. Von dort kann man entweder zu Fuß gehen oder mit Kutschen zu den Schlössern Hohenschwangau und Neuschwanstein hinauffahren. Eintrittskarten für die beiden Schlösser erhält man nur im Ticket-Center Hohenschwangau. Ein schönes Erlebnis ist auch eine Bootsfahrt auf dem Alpsee.

Kolomanskirche ①
Die kleine, 1673–82 erbaute barocke Wallfahrtskirche steht abgelegen am Fuß der Schwangauer Berge.

Tegelbergbahn ②
Die Seilbahn führt auf den Gipfel des Tegelbergs. Bei der Talstation gibt es einen Kultur- und Naturpfad sowie die Reste einer römischen Siedlung (www.tegelbergbahn.de).

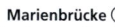

Schloss Hohenschwangau ③
Die meisten der reich möblierten Räume stehen Besuchern offen.

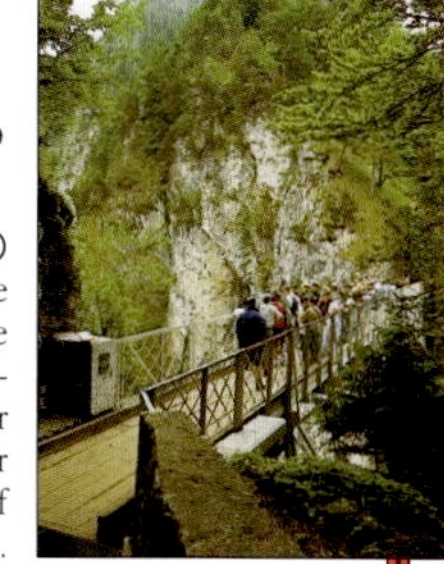

Marienbrücke ⑤
Die 1866 erbaute gusseiserne Brücke über die Pöllat ist eine Attraktion für sich. Faszinierend ist der Blick aus 90 Meter Höhe in die Schlucht, vor allem aber der Traumblick auf Schloss Neuschwanstein.

LEGENDE

- Routenempfehlung
- Fußweg/Kutschfahrt
- Andere Straße
- Seilbahn
- P Parken

Neuschwanstein ④
Fast überall auf der Welt kennt man das grandiose Märchenschloss.

Museum der Bayerischen Könige ⑥
Das 2011 eröffnete Museum vermittelt die Geschichte der Wittelsbacher.

ROUTENINFOS

Länge: *rund 15 km.*
Rasten: *Sowohl im kleinen Ort Hohenschwangau als auch direkt bei den Schlössern gibt es eine Reihe von Möglichkeiten zum Einkehren.*

Die Skiflugschanzen von Oberstdorf im Sommer

Bad Hindelang ⓬

Straßenkarte B5. 4900. *Sonthofen.* *Oberer Buigenweg 3, (08324) 89 20.* **www**.bad-hindelang-urlaub.de

Der Kurort liegt im idyllischen Waldgebiet des Ostrachtals. Schön ist ein Spaziergang durch die Stadt, der bei der neugotischen **Kirche** startet und die Marktstraße hinunterführt. Das **Bischofspalais** (17. Jh.) gegenüber der Kirche wird heute als Rathaus genutzt. An den Häusern blühen im Sommer zahllose Geranien.

Lüftlmalerei an einem Hotel, Bad Hindelang

Umgebung: Einen Kilometer südlich liegt **Bad Oberdorf**, das für sein schwefelhaltiges Wasser bekannt ist. **Hinterstein**, sechs Kilometer weiter, ist als Ausgangspunkt bei Bergsteigern beliebt. Die sechs Kilometer lange Jochstraße auf das **Oberjoch** ist der kurvenreichste Abschnitt der **Deutschen Alpenstraße**.

Oberstdorf ⓭

Straßenkarte B6. 10000. *Prinzregenten-Platz 1, (08322) 7000.* **www**.oberstdorf.de

Der bekannteste Allgäuer Kur- und Ferienort ist Oberstdorf im Illertal mit seinen **Skiflugschanzen** an den Hängen des Schattenbergs. Jährlich findet hier das Auftaktspringen der Vierschanzentournee statt. Die bekannteste Schanze Oberstdorfs, die Schattenbergschanze (das Stadion heißt seit 2004 offiziell Erdinger Arena) war die erste Flugschanze der Welt. Sportler erreichten auf der 1949/50 von dem Skispringer und Architekten Heini Klopfer gebauten Anlage schon sensationelle Sprungweiten.

Oberstdorf selbst ist mit seinen engen Gassen und alten Häusern ein ausgesprochen hübscher Ort. Sehenswert ist auch das **Heimatmuseum**, zu dessen Ausstellungsstücken der größte Schuh der Welt gehört.

Erdinger Arena mit Skimuseum
(08322) 80 90 360. *tägl. 10–18 Uhr.* *tägl. 11, 15.30 Uhr.* **www**.erdinger-arena.de

Heimatmuseum
Oststr. 13. *(08322) 22 26.* *Di–So 10–12, 14–17.30 Uhr (Ap/Mai, Nov/Dez eingeschränkt).*

Umgebung: Ein Erlebnis ist die **Breitachklamm**, sechs Kilometer westlich von Oberstdorf. Ein schwindelerregender Pfad windet sich über zwei Kilometer am Fluss entlang, der zwischen teils 100 Meter hohen Felsen dahinschießt (Regenkleidung und feste Schuhe erforderlich).

In der **Sturmannshöhle** bei Fischen führen ca. 200 Stufen zur »Unterwelt« mit ihren Stalaktiten und Stalagmiten. Am Eingang kann man die unterirdischen Flüsse rauschen hören, die die einzelnen Höhlen miteinander verbinden.

Immenstadt ⓮

Straßenkarte B5. 14400. *Marienplatz 12, (08323) 99 88 77.* *Klausentreiben (5./6. Dez).* **www**.immenstadt.de

Kommt man von Norden nach Immenstadt, fährt man am schönen Alpsee vorbei. Die Stadt hat vor allem für Sportler viel zu bieten. Sehenswert sind auch die historischen Gebäude, so die **Nikolauskirche**, die seit dem Mittelalter mehrmals umgebaut wurde, und das **Palais**, das 1602–20 auf dem Marktplatz errichtet wurde. In einem der Räume findet man eine Stuckdecke (um 1720) mit Jagdszenen und Schlossansichten. Das **Rathaus** wurde 1649 erbaut. Das **Heimatmuseum** hat seinen Sitz in einer alten Mühle von 1451.

Umgebung: Zwei Kilometer nördlich liegt **Bühl**. Die Kapelle der Stephanskirche ist dem Heiligen Grab in Jerusalem nachgebildet. Die nahe Wallfahrtskapelle Maria Loreto hat die Loretokirche in Italien zum Vorbild. Seit 1667 finden Wallfahrten zum Gnadenbild der Muttergottes statt.

Lindau ⓯

Siehe S. 234f.

Sarkophag in der Nikolauskirche in Immenstadt

Wasserburg ⓰

Straßenkarte A5. *3400.*
Lindenplatz 1, (08382) 88 74 74.
www.wasserburg-bodensee.de

Die kleine bayerische Gemeinde Wasserburg ragt auf einer Halbinsel in den Bodensee. Von hier hat man einen grandiosen Blick auf See und Alpen. Wegen seiner Lage ist der hübsche, mit Blumen herausgeputzte Luftkurort vor allem bei Seglern und Wassersportlern sehr beliebt.

Die Geschichte des Orts geht auf das 8. Jahrhundert zurück. Im 10. Jahrhundert wurde eine Burg zum Schutz gegen die Ungarn erbaut. Im 13. Jahrhundert erweiterte man sie zum **Schloss**. Nach einem schweren Brand 1358 baute man die Anlage nach und nach wieder auf. Das Schloss hat drei Flügel, der östliche stammt aus dem Mittelalter, der Hauptbau wurde 1537–55 errichtet, der westliche Flügel im 18. Jahrhundert angefügt. Heute ist im Schloss ein Hotel mit Restaurant (schöne Seeterrasse!) zu finden.

Auch die **Georgskirche** hat eine lange Geschichte. Sie wurde im 8. Jahrhundert erbaut, später zweckentfremdet und mitsamt der Friedhofsmauer in die Befestigungsanlage integriert. Überreste der Befestigung reichen bis ans Seeufer. Die heutige Kirche stammt aus der zweiten Hälfte des 15. Jahrhunderts. Der viereckige Turm (1396–1403) erhielt 1656 seine Zwiebelhaube. Das Pfarrhaus ist an die Kirche angebaut.

Das **Malhaus** (1597), einst eine der Fugger-Residenzen, beherbergt heute ein **Museum**, das viel von der Kunst und Kultur der Bodenseeregion erzählt, aber auch von der Fischerei, die früher eine der wichtigsten Einkommensquellen der Gegend war.

Museum im Malhaus
Halbinselstr. 77. *(08382) 75 04 57 oder 89 369.* *Apr–Okt: Di–So 10.30–12.30 (Mi, Sa, So auch 14.30–17).*

Die Georgskirche in Wasserburg am Bodensee

Kempten ⓱

Siehe S. 236f.

Maria Steinbach ⓲

Straßenkarte A4. *Leutkirch.*
Markt Legau, Marktplatz 1, (08330) 94 010.

Maria Steinbach ist wegen der Wallfahrtskirche **Mariä Schmerzen und St. Ulrich**, einem Meisterwerk des Rokoko, bekannt. Die Kirche liegt malerisch auf einer Erhebung in der Hügellandschaft des Illertals. 1746–54 wurde sie über römischen und gotischen Gräbern erbaut.

Wallfahrtskirche von Maria Steinbach

Vorbild für die Kirche waren die Bauten Dominikus Zimmermanns. Hinter der geschwungenen, mit perspektivischer Malerei gestalteten Fassade verbirgt sich ein ungewöhnlich schöner Innenraum. Die Fresken von Franz Georg Hermann, die Stuckarbeiten am Altar, die Kanzel, das Chorgestühl, die Beichtstühle sowie die Orgelempore ergänzen sich zu einem einzigartigen Ganzen. Die kühn geschwungene, bauchige Westfassade ist einmalig unter deutschen Rokokokirchen.

Der »Schmerzhaften Madonna« schreibt man seit 1730 wundersame Kräfte zu. Im 18. Jahrhundert wurde die Marienfigur ein viel besuchtes Wallfahrtsziel. Hauptwallfahrtstag ist Pfingstmontag.

Das **Wallfahrtsmuseum** zeigt eine große Sammlung von Votivtafeln, die von der Frömmigkeit und Madonnenverehrung der Pilger zeugen.

Wallfahrtsmuseum
Kirchhof 4. *(08394) 92 40.*
nach Vereinbarung.

Bodensee und Alpenausläufer von Wasserburg aus gesehen

Lindau ⓯

Fresko in der Peterskirche

Lindau ist die einzige bayerische Stadt am Bodensee, dem »Schwäbischen Meer«. Die Altstadt liegt auf einer Insel und ist durch eine Eisenbahn- und eine Autobrücke mit dem Festland verbunden. Aus dem Fischerdorf, das zur Römerzeit entstand, entwickelte sich die »Perle des Bodensees«, die seit dem 13. Jahrhundert Stadtstatus hat. Bis heute hat die Insel ihren mittelalterlichen Charakter bewahrt – fast ohne Autoverkehr kann man durch dieses Kleinod spazieren.

Maximilianstraße, die Hauptstraße auf der Insel im Bodensee

Maximilianstraße

Die Maximilianstraße, Hauptstraße und zugleich längste Straße der Altstadt, ist wie auch die parallel dazu verlaufenden Straßen In der Grub und Ludwigstraße von schmalen, eng aneinandergebauten Häusern gesäumt, die zwischen dem 15. und 19. Jahrhundert errichtet wurden. Die Fassaden sind mit Erkern versehen. Die Arkaden und die alten Lastenaufzüge an vielen Geschäftshäusern sind Zeugen aus der Zeit, als Lindau Handelszentrum war.

Altes Rathaus

Bismarckplatz 4.

Das Alte Rathaus, 1422–36 errichtet, erfuhr im 16., 18. und 19. Jahrhundert mehrmals bauliche Veränderungen. 1885–87 wurde es schließlich nach Plänen von Friedrich von Thiersch restauriert. Der alte Stufengiebel und die ursprüngliche Außentreppe wurden dabei wiederhergestellt. Die bunte Fassadenbemalung stammt von Joseph Widmann. Im gotischen Rathaussaal fand 1496 ein Deutscher Reichstag statt.

Neues Rathaus

Bismarckplatz 3.

Das neue, 1706–17 erbaute Rathaus, ein Barockbau, wurde 1885 von Friedrich von Thiersch umgestaltet. Das große Giebeldach des zweistöckigen Baus ist mit Vasen und Obelisken geschmückt.

Haus zum Cavazzen

Marktplatz 6. **Stadtmuseum** ☎ *(08382) 27 75 65 14.* ◯ *Apr–Okt: Di–Fr, So 11–17, Sa 14–17 Uhr.*

Das elegante Patrizierhaus, eines der schönsten Bürgerhäuser am Bodensee, ist nach der Familie de Cavazzo benannt, in deren Besitz es sich 1540–1617 befand. Das heutige Barockgebäude wurde 1729/30 für die Familie von Seutter erbaut. Auf dem Bau thront eine geschwungene Dachkonstruktion. Die Fassade ist mit Hermen, Atlanten, Sphingen und Fruchtgirlanden bemalt. Seit 1929 beherbergt das Haus zum Cavazzen das Stadtmuseum, das u.a. eine Sammlung mechanischer Musikinstrumente zeigt.

Stephanskirche

Marktplatz 8. ☎ *(08382) 33 44.*

Die katholische Kirche wurde nach der Reformation protestantisch (1528). Der ursprünglich romanische Bau aus dem 12. Jahrhundert wurde im 14., 15. und 16. Jahrhundert mehrmals restauriert und 1781–83 völlig umgebaut. Heute ist er eine dreischiffige Basilika mit Tonnengewölbe.

Münster Unserer Lieben Frau

Stiftsplatz 1. ☎ *(08382) 58 50.*

Einst gehörte die Kirche den Benediktinern, die hier um 800 siedelten. Spuren der vorromanischen Kirche (um 948) sind in der Westmauer erhalten. Um 1100 entstand eine romanische Basilika mit Querschiff und Westturm. Nach dem katastrophalen Brand, der 1728 auf der Insel wütete, wurde die Kirche entsprechend ihrem romanischen Grundriss wiederaufgebaut. Die heutige, anmutige Barockkirche ist verschwenderisch mit Stuck und Malereien ausgeschmückt, die 1748–55 unter Leitung von Johann Caspar Bagnato ausgeführt wurden.

Barocker Epitaph mit vielen Bildern im Haus zum Cavazzen

Hotels und Restaurants im Allgäu *siehe Seiten 268f und 282f*

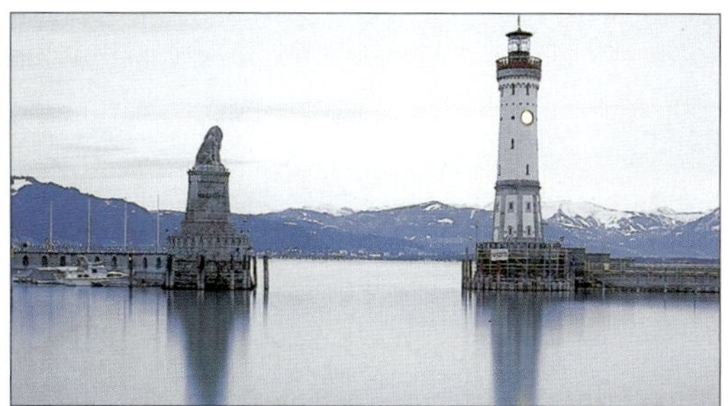

Löwe und Leuchtturm markieren die Einfahrt zum Lindauer Hafen

INFOBOX

Straßenkarte A5. 25000.
Lennart-Bernadotte-Haus, Alfred-Nobel-Platz 1, (08382) 26 00 30. Sa. Kinderfest (Juli), Jahrmarkt (Nov), Hafenweihnacht (Dez). **www**.lindau.de
www.lindau-tourismus.de
www.bodenseeschiffahrt.de

Hafen

Der Hafen auf der Südseite der Insel wurde 1811 erbaut und 1856 modernisiert. Auf der einen Hafenmole steht auf einem sechs Meter hohen Podest ein marmorner **Löwe**, das bayerische Wappentier, auf der anderen der 33 Meter hohe **Leuchtturm**. Die Hafeneinfahrt ist das Wahrzeichen Lindaus – auch wenn der Hafen derzeit paradoxerweise Konstanz gehört.

Der um 1200 erbaute alte Leuchtturm, der **Mangturm**, weist ein vorspringendes Turmzimmer und ein Spitzdach auf, das im 9. Jahrhundert mit bunten Ziegeln eingedeckt wurde. Die Hafenpromenade mit ihren vielen Lichtern strahlt im Sommer südländisches Flair aus.

Peterskirche

Oberer Schrannenplatz 5/7.

Die Peterskirche ist die älteste Kirche der Bodenseeregion. Chor und Ostflügel wurden um 1180 erbaut. Der westliche Teil kam Ende des 15. Jahrhunderts dazu. Der fünfgeschossige Turm nahe der Apsis, ursprünglich romanisch, wurde 1425 umgebaut. Der Innenraum ist mit Fresken geschmückt, die aus dem 13. bis 16. Jahrhundert stammen. Einige Arbeiten werden Hans Holbein d. Ä. zugeschrieben – leider sind die Kunstwerke in schlechtem Zustand. Seit 1928 dient die Kirche als Kriegergedächtniskapelle.

Neben der Kirche steht der **Diebsturm**, ein 1370–80 erbauter runder Wachturm, der wie Pulverturm, Maximilianschanze und Ludwigsbastion zur Stadtbefestigung gehörte. Auf Wegen kann man die Insel schön zu Fuß umrunden.

Mangturm, früher Leuchtturm und Teil der Stadtbefestigung

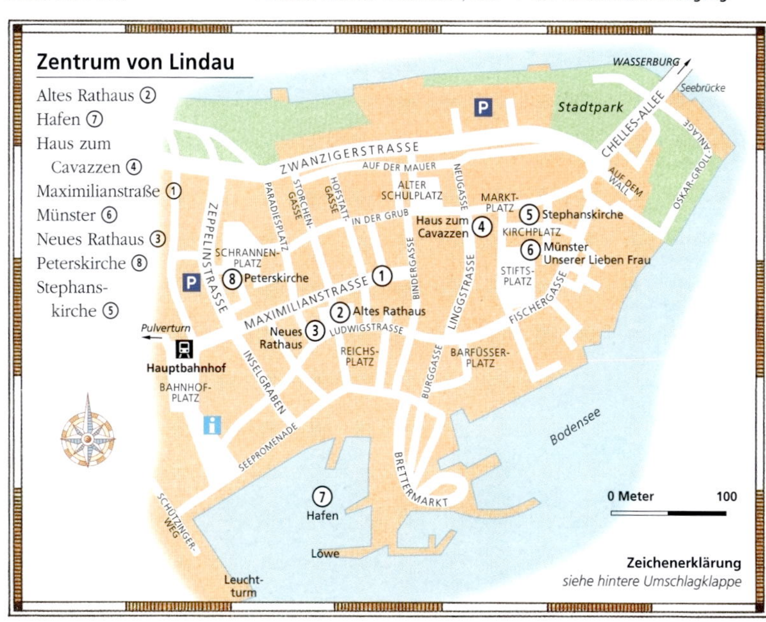

Kempten ⓱

Wappen am Rathaus

Die ursprünglich römische Siedlung Cambodunum war im Mittelalter eine rivalisierende Doppelstadt: eine vom Fürstabt regierte Stiftsstadt und eine weltliche Reichsstadt. Zentrum der Stiftsstadt war die Benediktinerabtei, 1712 wurde den Mönchen Stadtrecht gewährt. Die weltliche Stadt, die sich unter dem Hügel der Burghalde entwickelte, war seit 1289 Freie Reichsstadt und schloss sich 1529 der Reformation an. 1802 wurden beide Teile vereint und fielen an Bayern. Heute ist Kempten die Metropole des Allgäus.

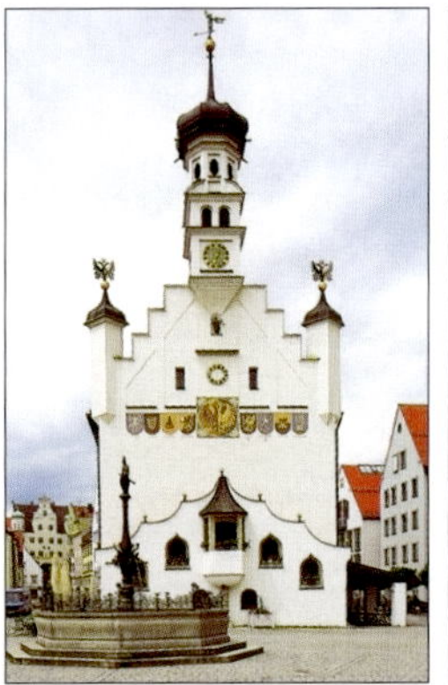
Das Kemptener Rathaus mit Turm und vielen Wappen

Rathaus

Rathausplatz.

Das spätgotische, 1474 erbaute Rathaus, die vormalige Kornschranne, hat einen charakteristischen Stufengiebel und einen Zwiebelturm. Die bemerkenswerte Holzdecke stammt von 1460 und zierte ursprünglich den Versammlungsraum der Weberzunft. Am Rathausbrunnen ist die Kopie der Brunnensäule von 1601 zu sehen.

Rathausplatz

Um das Rathaus gruppiert sich die »gute Stube« Kemptens: prächtige Patrizier- und Bürgerhäuser, die entweder aus Barock oder Klassizismus stammen oder in dieser Zeit umgebaut wurden. Der dreigeschossige Londonerhof (Nr. 2) besitzt eine imposante Rokoko-Stuckfassade und einen klassizistischen Eingang (1899). Das Hotel Fürstenhof (Nr. 8) stammt von 1600. Im Jahr 1740 wurden zwei Häuser (Nr. 10 und 12) zum Ponickauhaus zusammengebaut: Im ersten Stock entstand dabei ein prächtig ausgestatteter Festsaal.

St.-Mang-Kirche

St.-Mang-Platz 6.

Die ursprüngliche Kirche wurde 869 errichtet. Der heutige spätgotische Ziegelbau, die Pfarrkirche der freien Reichsstadt, stammt aus den Jahren 1426–28. 1525, nun eine protestantische Kirche, wurde sie zu einer dreischiffigen Basilika mit hohem Turm umgebaut. 1767/88 kamen das Gewölbe und Stuckarbeiten im Stil des Rokoko hinzu.

Residenz

Residenzplatz 4–6. **Prunkräume der Residenz** *(0831) 25 62 51. Apr–Sep: Di–So 9–16 Uhr; Okt: Di–So 10–16 Uhr; Nov, Jan–März: Sa 10–16 Uhr. teilweise Dez.*

1651–74 wurde an der Stelle des 1632 zerstörten Benediktinerstifts (8. Jh.) nach Plänen von Michael Beer und Johann Serro ein barockes Kloster errichtet, das zugleich Residenz war. Der Gebäudekomplex besitzt zwei Innenhöfe. Mit der Ausstattung der eleganten Säle (1732–42) des zweiten Stockwerks orientierte man sich an der Münchner Residenz. Die Stuckaturen führten Stuckateure aus Wessobrunn aus. Das Gewölbe entwarf Franz Georg Hermann. Der Thronsaal gehört zu den herausragenden Beispielen des bayrisch-schwäbischen Rokoko in käftiger Farbigkeit.

Die spätgotische St.-Mang-Kirche mit ihrem spitzen Turm

Orangerie

Der Garten grenzte einst an die südliche Seite der Residenz. In der damaligen Orangerie (1780) ist heute die Stadtbibliothek untergebracht.

Alpinmuseum und Alpenländische Galerie

Landwehrstr. 4. *(0831) 25 25 369. Sa 14 Uhr (Führung Alpinmuseum), Galerie auf Anfrage.*

Das Alpinmuseum im Marstall der Residenz ist den Alpen gewidmet. Bilder, Fotos und Filme zeugen von der wissenschaftlichen Erforschung der Bergwelt. Im Dachgeschoss gibt es eine Skisammlung.

Einer der prächtigen Säle in der Residenz

Hotels und Restaurants im Allgäu *siehe Seiten 268f und 282f*

St.-Lorenz-Basilika

Landwehrstr. 3.

Die Basilika ist der erste große Kirchenbau in Süddeutschland nach dem Dreißigjährigen Krieg. Auch heute beeindruckt sie mit der großartigen Doppelturmfassade sowie der mächtigen Kuppel. Die dreischiffige Basilika hat Seitenkapellen – so entstanden zwei getrennte Bereiche: einer für die Gemeinde, der andere für die Mönche. Die Stuckarbeiten (1660–70) führte Giovanni Zuccalli aus.

Kornhaus

Großer Kornhausplatz 1.

Der einstige Kornspeicher entstand um 1700. Heute dient er mit dem historischen Festsaal als zentrales Veranstaltungsgebäude, u.a. für Ausstellungen und Konzerte.

Die charakteristischen Türme und Kuppeln der St.-Lorenz-Basilika

Burghalde

Burgstr.

1488 baute man eine Burg auf einem Hügel neben der Iller, wo früher eine römische Befestigung stand. Die Bauten wurden in die Verteidigungsanlage der Stadt einbezogen und 1705 weitgehend zerstört.

INFOBOX

Straßenkarte B5. *61 700.* *Bahnhofplatz.* *Rathausplatz 24, (0831) 25 25 237.* *Jazz-Frühling (10 Tage Anfang Mai), Allgäuer Festwoche (Aug).* **www**.kempten.de

Teile der Stadtmauer, der Burgturm sowie ein hölzernes Brückenhaus von 1883 sind noch erhalten. Im Hof wurde eine Bühne mit Amphitheater aufgebaut. Im Sommer werden hier Theaterstücke und Musicals aufgeführt sowie Open-Air-Kinofilme gezeigt.

Ruinen der römischen Bäder von Cambodunum

Archäologischer Park Cambodunum

Cambodunumweg 3. *(0831) 79 731.* *Mai–Okt: Di–So 10–17 Uhr; Nov, März, Apr: Di–So 10–16.30 Uhr.* *Dez–Feb.*

Die römische Siedlung Cambodunum war der Ursprung des heutigen Kempten. Bei Ausgrabungen wurden Forum, Basilika und Thermen freigelegt. Die Fundstücke, die dabei zutage gefördert wurden, sind im klassizistischen Zumsteinhaus (1802) ausgestellt. Teile der altrömischen Tempelanlagen wurden nachgebaut. Im Sommer finden hier auch Musik- und Theateraufführungen statt.

FERDINANDO II
IMPERATORE AVG
PRETORIVM HOC
PERFECTVM
EST
DVVMVIRIS PRAEFECTIS
IO. IACOBO REMBOLDO
HIERONYMO IMHOF
QVINQVE VIRIS
HIERONYMO VVALTERO
CONRADO PEVTINGERO
BERNHARDO RECHINGERO
DAVIDE VELSERO
IOANNE FVGGERO SENIORE
ÆDILIBVS
CONSTANTINO IMHOF
IO. BARTHOLOMEO VELSERO
VVOLFGANGO PALLERO
VIRTVTIS
MELIOR
AMOR
CIVIVM

Bayerisches Schwaben

Der bayerische Teil des ehemaligen Herzogtums Schwaben, heute ein eigener Regierungsbezirk, ist bezüglich Politik und Kultur die abwechslungsreichste Region Südbayerns. Für Besucher interessant sind die historischen Städte, vor allem Augsburg. Das Nördlinger Ries und die malerischen Flusstäler repräsentieren die landschaftlich schöne Seite von Schwaben.

Jahrhundertelang war diese Region in zahlreiche Fürstentümer, klösterliche Besitzungen und Reichsstädte gegliedert. Dies führte dazu, dass sich hier rege künstlerische Aktivitäten entwickeln konnten, wovon die Schlösser, Kirchen und Klöster zeugen. 1803 wurden die Kleinstaaten zur bayerischen Provinz Schwaben zusammengefasst und gehören seitdem zu Bayern. Die Schwaben grenzen sich allerdings bis heute – was ihre Einstellung, ihre Sprache und ihre Bräuche betrifft – vom Rest Bayerns bewusst ab.

Die Kleinstaaterei hatte die Entwicklung eines starken Selbstwertgefühls und einer ausgeprägten Individualität zur Folge. Die vielen kleinen schwäbischen Städte unterschieden sich stark voneinander, doch in allen wurden die Traditionen bürgerlicher Freiheit gepflegt.

Nicht nur die Städte, auch die Landschaften in Schwaben sind abwechslungsreich. Im Norden erstreckt sich das bewaldete Hügelland der Schwäbischen Alb. Daran schließt sich das Nördlinger Ries an, das für sein Mikroklima und seine fruchtbaren Böden bekannt ist. Durch den nördlichen Teil des Bayerischen Schwaben fließt die Donau. Die ausgedehnte Moorlandschaft des Donaurieds legt Zeugnis von den häufigen Überschwemmungen des Gebiets in der Vergangenheit ab. Drei breite Flusstäler, Illertal, Günztal und Lechtal, verlaufen fast parallel von Süden nach Norden.

Augsburg, das zur Römerzeit gegründet wurde, liegt im Herzen der Region. Die Stadt war bekannt für die Kunst ihrer Goldschmiede. Sehr früh wurde Augsburg auch zum Zentrum der Reformation.

Blumenladen in Augsburg

◁ **Der Goldene Saal im Rathaus von Augsburg** ***(siehe S. 248–253)***

Überblick: Bayerisches Schwaben

Hauptstadt des Regierungsbezirks Schwaben ist Augsburg, nach München und Nürnberg die drittgrößte Stadt Bayerns. Sie hat architektonisch so viel zu bieten, dass man mehrere Tage braucht, um alles anzusehen. Schöne, von Augsburg leicht erreichbare Ausflugsziele sind das nördlich gelegene Riesbecken, ein großer Krater, der durch einen Meteoriteneinschlag entstand und in dessen Zentrum Nördlingen liegt, das eindrucksvolle Schloss Harburg sowie die Donaustädte Donauwörth, Dillingen und Günzburg. Südwestlich der schwäbischen Metropole findet man die Fugger-Schlösser. Alle Städte dieser Region sind architektonisch interessant.

Christus auf einem Esel **im ehemaligen Augustinerkloster von Wettenhausen**

Sehenswürdigkeiten auf einen Blick

Augsburg S. 248–253 ❾
Dillingen ⓰
Donauwörth ❽
Friedberg ⓫
Günzburg ⓯
Harburg ❺
Höchstädt ⓲
Kaisheim ❻
Lauingen ⓱
Leitheim ❼
Nördlingen S. 242f ❶
Oettingen ❸
Roggenburg ⓬
Sielenbach ❿
Wallerstein ❷
Weißenhorn ⓭
Wemding ❹
Wettenhausen ⓮

Im Bayerischen Schwaben unterwegs

Zwei Autobahnen durchziehen Schwaben. Die in Ost-West-Richtung verlaufende A8 verbindet München mit Stuttgart via Augsburg und Günzburg. Die A7 führt von Norden nach Süden und folgt dem Lauf der Iller. Parallel dazu verläuft die Romantische Straße, die Reisende zu Städten wie Nördlingen, Harburg, Donauwörth und Augsburg bringt. Alle größeren Städte haben eine gute Bahnanbindung. Das nur 60 Kilometer von München entfernte, leicht mit dem ICE zu erreichende Augsburg besitzt einen eigenen Flughafen.

Schloss Harburg über dem Wörnitztal

LEGENDE

- Autobahn
- Bundesstraße
- Nebenstraße
- Eisenbahn (Hauptstrecke)
- Eisenbahn (Nebenstrecke)
- Bundeslandgrenze

Die Stadtmetzg in Augsburg, ein Renaissancebau von Elias Holl

SIEHE AUCH

- ***Hotels*** S. 269
- ***Restaurants*** S. 283

Nördlingen ❶

Wappen in der Baldinger Straße

Nördlingen ist der größte Ort im Riesbecken und eines der malerischsten Städtchen Bayerns. Stundenlang kann man hier durch Straßen und Gassen schlendern, die von Gotik und Renaissance geprägt wurden. Auf der vollständig erhaltenen Stadtmauer lässt sich der Stadtkern umrunden. Die Straßen, die durch die fünf Tore in die Stadt führen, laufen sternförmig auf dem Marktplatz zusammen. Die Lage im Nördlinger Ries, das vor 15 Millionen Jahren durch den Einschlag eines riesigen Meteoriten entstand, macht Nördlingen zudem einzigartig.

Überblick: Nördlingen
Das Schönste an Nördlingen sind die alten Häuser. Es sind vor allem Fachwerkbauten, deren Blumenkästen verschwenderisch bunt bepflanzt sind. Zumeist haben die Häuser mehrere Stockwerke und Ladeluken im Giebel. Besonders gut erhalten sind die Gebäude im alten Gerberviertel. Die beiden wohl interessantesten Häuser sind das 1350 erbaute und damit älteste Fachwerkhaus in der Paradiesstraße 4 und das Winter'sche Haus von 1678 in der Braugasse 2, das am besten erhaltene historische Wohnhaus Nördlingens.

Rathaus
Marktplatz 1.
Das älteste Steinhaus der Stadt aus dem 13. Jahrhundert wird schon seit 1382 als Rathaus genutzt. Sein heutiges Aussehen erhielt es zu Beginn des 17. Jahrhunderts. Auffällig ist die von Wolfgang Waldberger geschaffene Freitreppe. Neben dem Eingang an der Treppe zeigt ein Flachrelief einen Narren. Der ironische Spruch dazu: »Nun sind unser zwey« richtet sich augenzwinkernd an den Betrachter. Im großen Versammlungsraum im zweiten Geschoss zeigt ein Wandgemälde Hans Schäufeleins die Taten der alttestamentarischen Judith.

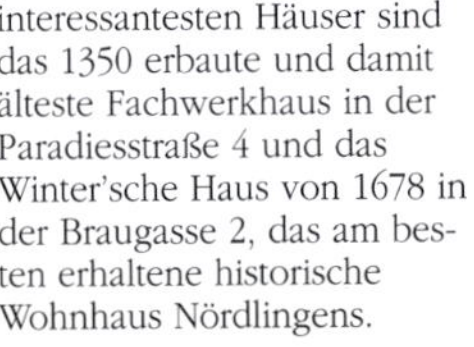

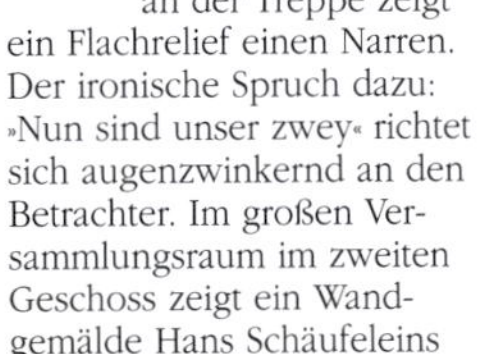

Flachrelief am Rathaus

Orgel in der gotischen Georgskirche

Georgskirche
Am Obstmarkt.
Die spätgotische Kirche (1427–1505) steht im Zentrum der kreisrunden Altstadt. Wie viele andere Gebäude wurde sie aus Suevit, dem Gestein des Rieskraters *(siehe S. 244)*, erbaut. Höhepunkte im Innenraum sind der Altar mit den gotischen Holzbildwerken, das spätgotische Chorgestühl, die Kanzel, das Sakramentshäuschen, die Westempore und die Grabdenkmäler.

Der 90 Meter hohe Turm, der »Daniel«, ist von Weitem sichtbar. Wer die 331 Stufen erklimmt, wird mit einem schönen Blick auf das Ries belohnt. Vor 300 Jahren vermeldete ein Wächter vom Turm aus stündlich die Zeit. Heute hört man ihn zwischen 22 Uhr und Mitternacht.

Tanzhaus
Marktplatz 15.
Das gotische Fachwerkhaus, ein wahres Prachtstück, wurde 1442–44 für offizielle Tanzveranstaltungen und Empfänge erbaut. Im Erdgeschoss des auch als »Brothaus« bekannten Gebäudes findet man Bäckereien. Auf einer Konsole an der Ostfassade steht die gotische Statue *Der letzte Ritter* (1513), die Maximilian I. zeigt. Der Kaiser besuchte Nördlingen häufig und hatte hier viele Bewunderer.

Eingang zum Klösterle

Klösterle
Beim Klösterle 1.
Ursprünglich war es der Kirchenbau eines Franziskanerklosters, 1584–86 wurde das Gebäude von Wolfgang Waldberger zu einem Renaissance-Getreidespeicher umgebaut. Im Süden ist ein sehr schöner Eingang (1586), geschmückt mit dem Stadtwappen und Figuren von Kaufleuten. Heute befinden sich im Klösterle der Stadtsaal und ein Hotel.

Leihhaus
Marktplatz 2.
Gegenüber der östlichen Fassade des Rathauses steht das Leihhaus (1522). Ursprünglich war es Kanzlei und Waage, später Pfandhaus. Heute befindet sich darin die Tourist-Information.

Hotels und Restaurants im Bayerischen Schwaben *siehe Seiten 269 und 283*

Spital

Vordere Gerbergasse 1.
Stadtmuseum *(09081) 27 38 230. Mitte März–Okt: Di–So 13.30–16.30 Uhr.*
Rieskrater-Museum Eugene-Shoemaker-Platz 1. *(09081) 27 38 220 oder 84 710. Mai–Okt: Di–So 10–16.30 Uhr; Nov–Apr: Di–So 10–12, 13.30–16.30 Uhr.*

Der ehemalige Hospitalkomplex ist der größte Deutschlands. Gebäude und Holzhofstadel werden als Museen genutzt. Das 1960 gegründete **Stadtmuseum** zeigt eine Sammlung von spätgotischen und Renaissance-Tafelbildern, u.a. von Friedrich Herlin, Hans Schäufelein und Sebastian Daig, sowie ein Modell der Schlacht bei Nördlingen (1634) mit 6000 Zinnsoldaten.

Im **Rieskrater-Museum** erfährt man Interessantes über Meteoriteneinschläge und kann u.a. ein Stück Mondgestein bewundern – eine Schenkung der NASA.

Hallgebäude

Weinmarkt 1.

An der Südseite des Weinmarkts steht das große Gebäude von 1543 mit einem viergeschossigen Dach. An einer Seite besitzt es polygonale Erker, von denen einer mit dem Bürgerwappen versehen ist. Das Gebäude diente einst als Wein- und Salzlager, Münzanstalt und Eichamt.

Das Löpsinger Tor, eines der fünf Stadttore Nördlingens

Alte Schranne

Schrannenplatz.

Das Lagerhaus (1602) ist fünfgeschossig, drei Stockwerke befinden sich im Dachstuhl.

INFOBOX

Straßenkarte B2 *19000.* *Marktplatz 2, (09081) 84 116. Stabenfest (2. Mo im Mai), Scharlachrennen (Juli), Historisches Stadtmauerfest (alle 3 Jahre im Sep, nächste Termine: 2013, 2016).* **www**.noerdlingen.de

An der Südwand ist eine Sonnenuhr. Auf dem Schrannenplatz davor steht ein schöner Jugendstilbrunnen.

Löpsinger Tor und Stadtmauern

Stadtmauermuseum *(09081) 91 80. Apr–Okt: Die–So 10–16.30 Uhr.*

Die Stadtmauer (Baubeginn 1327) bildet einen geschlossenen Kreis um die Altstadt. In 45 Minuten kann man auf der 2,6 Kilometer langen Mauer mit den fünf Stadttoren und einer Bastion einen Rundgang um die Stadt machen.

Außer dem Baldinger Tor besitzen alle Stadttore Türme. Ältestes und größtes Tor ist das Reimlinger Tor, die Zufahrt aus Richtung Augsburg. Im Löpsinger Tor, dessen runder Kuppelturm 1593/94 von Wolfgang Waldberger erbaut wurde, ist das **Stadtmauermuseum** untergebracht.

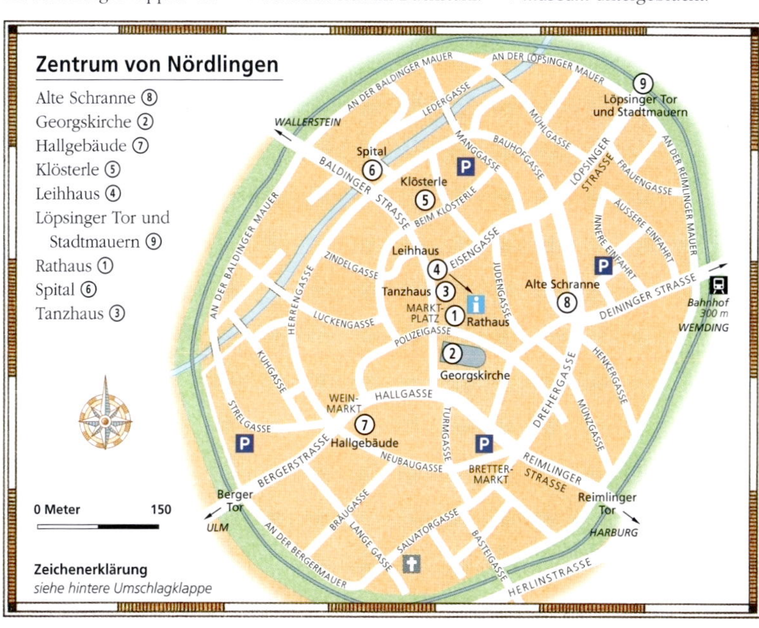

Wallerstein ❷

Straßenkarte B2. *3400.*
Weinstr. 19, (09081) 27 600.
www.markt-wallerstein.de

Wallerstein liegt am Fuß eines Hügels, von dem aus man einen großartigen Blick auf den Rieskrater hat. Auf dem Gipfel findet man die Reste einer Burg aus dem 12. Jahrhundert. In einem Park steht das barocke **Schloss Wallerstein** (17. Jh.), das sich mittlerweile in Privatbesitz befindet und daher nicht mehr öffentlich zugänglich ist. Die **Albanskirche** von 1242 weist Stilelemente von der Gotik bis zur Renaissance auf. In der Nähe erinnert die **Pestsäule** an die Marseiller Pest 1722–25. Sie wird von einer Maria und der Heiligen Dreifaltigkeit gekrönt.

Pestsäule in Wallerstein

Oettingen ❸

Straßenkarte B2. *5200.*
Schlossstr. 36, (09082) 70 952.
www.oettingen.de

Die oval angelegte Stadt wurde im 13. Jahrhundert mit einer Befestigungsmauer umgeben. Davon übrig geblieben sind die beiden südlichen, aus dem 16. Jahrhundert stammenden Stadttore: das **Untere Tor** und der **Königsturm**. Die Schlossstraße, Hauptstraße der Stadt, ist gesäumt von Fachwerkhäusern aus dem 15. bis 18. Jahrhundert. Im gotischen **Rathaus** (15. Jh.) ist das Stadtmuseum untergebracht.

Prunkstück ist das **Residenzschloss**, eine üppige Barockresidenz der Fürsten von Oettingen-Spielberg, die 1679–83 erbaut wurde. Der innen mit Stuck verzierte und bemalte Bau beherbergt heute eine **Zweigstelle des Staatlichen Museums für Völkerkunde**. Besucher können die Gemächer und Festräume sowie die Sammlung von Zinn, Porzellan und Fayencen (18. Jh.) besichtigen. In der Mitte des Hofs befindet sich ein Brunnen (1720–28).

Westlich der Residenz erstrecken sich Parkanlagen, die von Zwergenstatuen und einer Herkules-Statue (1678) bevölkert sind. Letztere ist der Figur des Augsburger Brunnens von Adriaen de Vries nachempfunden.

Die evangelische Pfarrkirche **St. Jakob** begrenzt den Schlossplatz im Osten. Die spitzbogigen Fenster der Westfassade erwecken den Eindruck einer gotischen Kirche, wurden aber erst im 19. Jahrhundert eingefügt. Der 1681 in barockem Stil umgestaltete Innenraum ist mit Stuckarbeiten von Matthias Schmuzer d. J. verziert. Kanzel und Taufbecken stammen aus dem späten 17. Jahrhundert. Interessant sind auch die Grabmäler und die Gedenktafeln aus dem 15. bis 18. Jahrhundert.

Zweigstelle des Staatlichen Museums für Völkerkunde
Schlossstr. 1. *(09082) 39 10.*
Di–So 11–17 Uhr.

Wemding ❹

Straßenkarte B2. *5700.*
Mangoldstr. 5, (09092) 96 90 35. **www**.wemding.de

Die hübsche mittelalterliche Kleinstadt liegt am Rand des Rieskraters. Die typischen bayerischen Häuser mit ihren verzierten Giebeln stammen aus der Renaissance oder dem Barock und verleihen dem Stadtplatz sein malerisches Gepräge. Er wurde deshalb schon oft als Filmkulisse genutzt.

Berühmtestes Haus ist das **Rathaus** von 1551/52 im Stil der Renaissance. An der Wallfahrtsstraße findet man nahe dem Brückenturm ein typisches Haus aus dem 16. Jahrhundert, heute das **Gasthaus zum Weißen Hahn**. Über den Dächern ragt der Turm der **Emmeramskirche** empor. Die Kirche wurde im 11. Jahrhun-

Renaissance-Grabmal in der Kirche St. Jakob in Oettingen

Rieskrater

Vor 15 Millionen Jahren stürzte ein Meteorit mit 70 000 Stundenkilometern auf die Erde. Bei Nördlingen riss er ein Loch von 1000 Meter Tiefe in die Erdkruste. Ausgleichsbewegungen schufen einen Krater von 25 Kilometer Durchmesser. Dabei entstand Suevit, eine Gesteinsart, die man als Baumaterial verwendete. Da der Krater den Mondkratern ähnelt, nutzte ihn die NASA als Trainingsgelände für Astronauten und schenkte Nördlingen im Gegenzug ein Stück Mondgestein.

Suevit-Gestein am Rand des Kraters

dert errichtet und im 17. Jahrhundert barockisiert. Schön ist ein Spaziergang entlang der **Stadtmauer** aus dem 14. Jahrhundert, die im nördlichen Bereich teilweise noch sehr gut erhalten ist.

Nahe der Ausfallstraße nach Oettingen sieht man die Wallfahrtskirche **Maria Brünnlein**. Der Rokokostuck und die Fresken im Innenraum stammen von Johann Baptist Zimmermann. Auch der Hochaltar und der Gnadenaltar sind sehenswert. Am zwölften Tag jedes Monats führt eine Wallfahrt vom Marktplatz in Wemding aus zur Kirche.

Einer der vielen Höfe von Schloss Harburg

Harburg ❺

Straßenkarte B2. *5600.*
Schlossstr. 1, (09080) 96 99 24. **www**.stadt-harburg-schwaben.de

Die große **Burg** wurde im 11. Jahrhundert von den Hohenstaufen erbaut und fiel später an die Familie von Oettingen. Sie ist eine der ältesten, größten und am besten erhaltenen süddeutschen Burganlagen und gehört seit 1731 der Familie Oettingen-Wallerstein. Im 16. Jahrhundert entstand das **Schloss**.

Die Anlage liegt erhöht auf einem felsigen Hügel über dem Wörnitztal. Die Mauer und die beiden Wachtürme stammen aus dem 14. und 15. Jahrhundert. Im Nordwesten befinden sich zwei Eingangstore mit einem malerischen Pförtnerhaus (1703). Innerhalb der Mauern steht auch die **Michaelskirche**.

Barockschloss Leitheim mit Kapelle

Am Fuß des Schlossbergs liegt die kleine Stadt Harburg. Man sollte nicht versäumen, über den Marktplatz und durch die gewundenen Gassen mit ihren Fachwerkhäusern zu schlendern.

Burg Harburg
Burgstr. 1. *(09080) 96 860.*
Mitte März–Okt: Di–So 10–17 Uhr. **www**.burg-harburg.de

Kaisheim ❻

Straßenkarte C2. *4300.* *Münsterplatz 5, (09099) 96 600.* **www**.kaisheim.de

Der große Komplex des Zisterzienserklosters besteht aus der gotischen Kirche **Mariä Himmelfahrt** (14. Jh.) und der Klosteranlage. Die beiden Kreuzgänge wurden 1716–21 erbaut. Sehenswert ist der Kaisersaal mit seinem erlesenen Stuck. Im frühen 19. Jahrhundert wandelte man das Kloster in ein heute noch genutztes Gefängnis um.

Zu den Sehenswürdigkeiten in der Kirche zählt die barocke Orgelempore von 1677, die Andreas Thamasch zugeschrieben wird. Im Hauptschiff steht ein Sarkophag von 1434 mit der Statue des 1142 verstorbenen Gründers der ursprünglichen romanischen Kirche, Graf Heinrich III. von Lechsgemünd. Die Figur hält ein Modell der Kirche in Händen.

Wappen im Kaisersaal, Kaisheim

Leitheim ❼

Straßenkarte C2. *Donauwörth.* *Rathausgasse 1, Donauwörth, (0906) 78 91 51.*

Hoch über dem Ufer der Donau thront **Schloss Leitheim**. Palast und **Kapelle** wurden 1685 nach einem Entwurf von Wölfl als Sommerresidenz für die Zisterziensermönche aus Kaisheim erbaut. An den sonnigen Hängen der Residenz bauten die Mönche jahrhundertelang Wein an. So wurde Leitheim zu einem der führenden Weinbaugebiete der Donauregion.

Mitte des 18. Jahrhunderts wurde das Schloss um eine Etage aufgestockt und erhielt ein neues Mansardendach. Stuck und Malerei in den Prunkgemächern des zweiten Stockwerks suchen im bayerisch-schwäbischen Rokoko ihresgleichen. 1835 kam das Anwesen in den Besitz der Familie Tucher von Simmeldorf. Die Eigentümer machten es nach der Renovierung 1970 der Öffentlichkeit zugänglich. Schloss und Kapelle, die Ende des 17. Jahrhunderts von Wessobrunner Künstlern ausgestaltet wurde, sind nach Vereinbarung zu besichtigen. Im Rokokosaal finden regelmäßig Kammerkonzerte statt.

Schloss Leitheim
Schlossstr. 1. *(09097) 10 16.*
Mai–Sep: nach Vereinbarung.

Donauwörth ❽

Straßenkarte C2. *18 000.*
Rathausgasse 1, (0906) 78 91 51.
Schwäbischwerder Kindertag (1. So im Juli), Reichsstraßenfest (alle 2 Jahre im Juli; nächste Termine: 2013, 2015), Donauwörther Kulturtage (Okt).
www.stadt-donauwoerth.de

Donauwörth ist eine der größten Städte im Bayerischen Schwaben. Die Lage am Zusammenfluss von Wörnitz und Donau bestimmte ihre Entwicklung – hier querten die früheren Handelswege die Donau. Die von farbenfrohen Giebelhäusern gesäumte Reichsstraße zwischen Kirche und Rathaus zählt zu den malerischsten Süddeutschlands. Das Münster **Zu Unserer Lieben Frau** (1444–67) ist mit Fresken (15./16. Jh.) verziert. Der Kirchturm trägt die »Pummerin«, die größte Glocke Schwabens.

Das **Rathaus** (1236) der Stadt wurde 1854 im neogotischen Stil umgebaut. Täglich um 11 und 16 Uhr erklingt

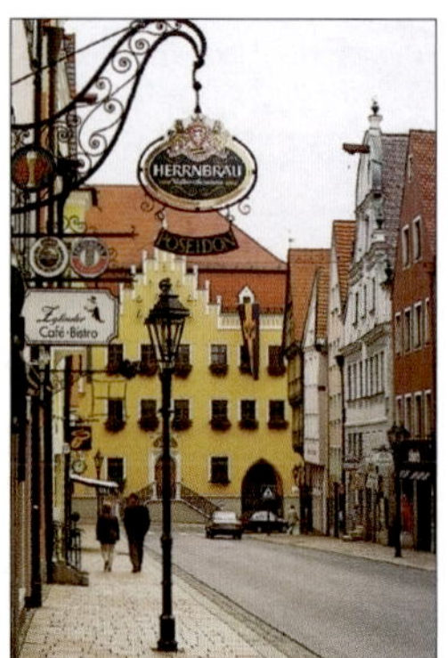

Reichsstraße in Donauwörth

hier das Donauwörther Glockenspiel.

Das Bild des westlichen Teils der Stadt wird bestimmt durch das ehemalige Benediktinerkloster mit der **Heilig-Kreuz-Kirche**, das 1717–20 von Josef Schmuzer erbaut wurde. Empfehlenswert ist ein Gang entlang der Stadtmauer, die parallel zu einem Arm der Wörnitz verläuft. Das **Rieder Tor**, eines der beiden Stadttore, beherbergt das **Haus der Stadtgeschichte**. Sehenswert sind auch das **Käthe-Kruse-Puppen-Museum** und das **Heimatmuseum**.

Käthe-Kruse-Puppen-Museum
Pflegstr. 21a. *(0906) 78 91 70.*
Jan–März, Nov, Dez: Mi, Sa, So 14–17 Uhr Apr: Di–So 14–17 Uhr; Mai–Aug: Di–So 10–17 Uhr; Sep: Di–So 11–17 Uhr.

Heimatmuseum
Insel Ried, Museumsplatz 2.
(0906) 78 91 70. *Mai–Okt: Di–So 14–17 Uhr; Nov–Apr: Mi, Sa, So 14–17 Uhr.*

Romantische Straße

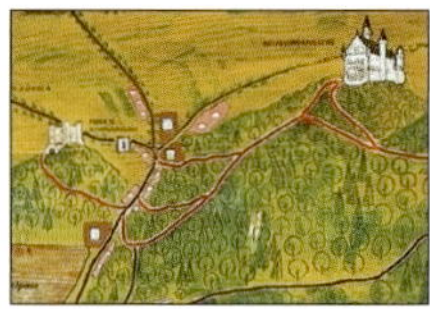
Infotafel bei Neuschwanstein

Die Romantische Straße folgt dem Verlauf der römischen Via Claudia. Sie beginnt im fränkischen Würzburg, führt durch Nördlingen, Donauwörth, Augsburg, Landsberg, Schongau und Steingaden nach Füssen, wo sie endet. Die Strecke ist die bekannteste und beliebteste Panoramaroute Deutschlands. Ihr Ruf ist bis nach Japan vorgedrungen – zu Recht, denn die Romantische Straße bietet Architektur und Kultur in den Städten und Dörfern am Weg, aber auch landschaftliche Schönheit und bayerische Gastlichkeit.

Augsburg ❾

Siehe S. 248–253.

Sielenbach ❿

Straßenkarte C3. *1500.*
Weißenhorn. *Schwaigstr. 16, (08258) 91 40.* **www**.sielenbach.de

Die Wallfahrtskirche **Unserer Lieben Frau im Birnbaum**, auch Maria Birnbaum genannt, prägt die kleine Gemeinde Sielenbach. Die Kirche am südlichen Ende des Orts wurde 1661–68 von Konstantin Bader erbaut. Der Entwurf stammte von Jakob von Kaltenthal, einem führenden Deutschordensritter. Im Jahr 2000 wurde die Kirche wieder vom Deutschen Orden übernommen. Dabei entstanden eine neue Gaststätte und ein schöner Biergarten.

Der Bau besteht aus fünf runden, halbrunden und ovalen Räumen. Unverwechselbar sind vor allem die Türme mit den vielen unterschiedlichen Zwiebelkuppeln, die der Kirche ein östliches Gepräge geben. Einzigartig ist auch der Innenraum, der von hohen, ovalen Fenstern erhellt wird. Die Stuckarbeiten stammen von Matthias Schmuzer d. J.

Pilgerziel ist die gotische Pietà (frühes 16. Jh.), der wundersame Kräfte zugeschrieben werden. Sie steht auf dem Hochaltar in einem Birnbaum und erinnert daran, dass die Figur 1632 im Dreißigjährigen Krieg vor den einfallenden Schweden geschützt wurde, indem man sie in einem hohlen Birnbaum versteckte.

Unserer Lieben Frau im Birnbaum, Sielenbach

Friedberg ⓫

Straßenkarte C3. *29 000.*
Marienplatz 5, (0821) 60 02 611. *Friedberger Zeit (alle 3 Jahre im Juli; nächste Termine: 2013, 2016).*
www.friedberg.de

Im Mittelalter war die Stadt eine Festung – sie sollte die Bewohner vor den Angriffen der Augsburger schützen. Um 1490 wurden Verteidigungsmauern und halbrunde Türme dazugebaut. Das mittelalterliche **Schloss** im Norden, das

Das barocke Rathaus im Stadtzentrum von Friedberg

heute das **Museum im Wittelsbacher Schloss** beherbergt, wurde durch einen Brand zerstört und 1559 im Renaissancestil wiederaufgebaut.

Die Häuser stammen aus dem 17. und 18. Jahrhundert. Im Stadtzentrum steht das **Rathaus**, das 1673 in Anlehnung an die Bauten von Elias Holl erbaut wurde.

Die ungewöhnliche **Jakobskirche** ist ein Nachbau der romanischen Kirche St. Zenon in Verona und wurde 1871–73 errichtet. Sie ist ein Beispiel für den historisierenden Kirchenbau des späten 19. Jahrhunderts.

Das schönste Gebäude in Friedberg ist die Pilgerkirche **Herrgottsruh** im Osten der Stadt. Im Mittelalter war sie als Rotunde errichtet worden und sollte an das Heilige Grab in Jerusalem erinnern. Überreste des Baus wurden neben dem Presbyterium der gegenwärtigen Kirche entdeckt. Der heutige, 1731–51 von Johann Benedikt Ettl errichtete Rundbau mit beeindruckender Kuppel besitzt einen hohen Turm. Die Malereien im Presbyterium und in der Kuppel stammen von Cosmas Damian Asam, diejenigen im Schiff von Matthäus Günther. Der Rokokostuck wurde von Franz Xaver und Michael Feichtmayr geschaffen. Die silberne Frontale des Hochaltars ist ein Werk des Augsburger Künstlers Johann Georg Herkomer. Der Altar im Südschiff zeigt eine Klagegruppe aus dem 15. Jahrhundert, der wundersame Kräfte zugeschrieben werden. In der Kirche sieht man deshalb auch eine Fülle von Votivbildern.

Museum im Wittelsbacher Schloss
Schlossstr. 21. *(0821) 60 02 148. Di–Fr 14–18, Sa, So, Feiertage 11–17 Uhr.*
www.museum-friedberg.de

Roggenburg ⓬

Straßenkarte B3. *2500.*
Vohringen, Prälatenhof 2, (07300) 96 960. **www**.roggenburg.de

Schon aus der Ferne machen die Türme des ehemaligen Prämonstratenserklosters auf ein gewaltiges Bauwerk in Roggenburg aufmerksam. Doch ganz im Gegensatz zu dem wuchtigen Bau vermittelt das Innere der Rokokokirche **Mariä Himmelfahrt**, das im 18. Jahrhundert gestaltet wurde, einen Eindruck von Leichtigkeit. Hier wirkt alles hell, obwohl die Fenster hinter den Säulen verborgen sind.

Die Orgelempore der Kirche zählt zu den schönsten Deutschlands. Aus einer älteren Kirche stammen noch das Chorgestühl, die Figuren des Kreuzaltars und diejenigen der zwei Seitenaltäre. Letztere schnitzte Christoph Rodt aus Neuburg 1628. Sehenswert ist auch das Renaissance-Grabmal des Abts Georg Mahler (1502) mit einer schönen Platte aus rotem Marmor.

Mariä Himmelfahrt in Roggenburg

Fresko am Oberen Tor in Weißenhorn

Weißenhorn ⓭

Straßenkarte A3. *13 100.*
Memmingerstr. 59, (07309) 840. **www**.weissenhorn.de

Hübsch und propper präsentiert sich Weißenhorn, das landschaftlich reizvoll im Rothtal liegt und wie ein Paradebeispiel für eine schwäbische Kleinstadt wirkt. Das historische Stadtbild ist fast vollständig erhalten geblieben. Die Hauptstraße führt von dem großen Platz, an dem Kirche und ein Palais stehen, zum **Unteren Tor**. Das **Obere Tor** (15. Jh.), das von zwei Rundtürmen flankiert wird, öffnet sich auf den Platz hin. In der Nähe befinden sich die ehemalige **Stadtwaage** aus dem 16. Jahrhundert und das im 18. Jahrhundert erbaute **Neue Rathaus** – ein hübsches Ensemble.

Das **Alte Schloss** (1460–70) und das **Neue Schloss**, das im 16. Jahrhundert von den Fuggern *(siehe S. 253)* erbaut wurde, sind miteinander verbunden.

Dominiert wird das Stadtbild von der Kirche **Mariä Himmelfahrt** (1864–71), ein schönes Beispiel schwäbischer sakraler Baukunst.

Im Detail: Augsburg ❾

Bayerns drittgrößte Stadt, am Zusammenfluss von Lech und Wertach gelegen, ist seit 1970 die größte Universitätsstadt des Regierungsbezirks Schwaben. Kaiser Augustus gründete Augusta Vindelicorum 15 v. Chr. als Nachschubdepot am Ende der Alpenroute Via Claudia, kurz danach wurde daraus die Hauptstadt der römischen Provinz Raetia. Im späten Mittelalter erlebte Augsburg dank der Fugger eine wirtschaftliche Blüte und entwickelte sich zu einem der führenden Geldmärkte Europas. Die Stadt war Zentrum des Protestantismus und berühmt für ihre Goldschmiedewerkstätten. Augsburg ist die Geburtsstadt von Bertolt Brecht, Rudolf Diesel und den Vorfahren Mozarts.

Goldschmied als Brunnenfigur

Die Steingasse war eine der ersten gepflasterten mittelalterlichen Straßen der Stadt.

★ St.-Anna-Kirche
Die Grabkapelle (1509–12) der Fugger, ein architektonisches Juwel, gilt als frühester Renaissance-Bau Deutschlands.

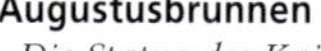

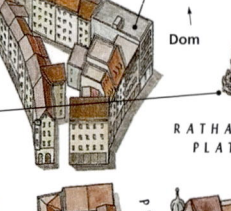

Augustusbrunnen
Die Statue des Kaisers Augustus auf dem Brunnen am Rathausplatz ist eine Kopie. Das Original in Bronze von 1588 steht im Rathaus.

★ Maximilianmuseum
Das Museum ist in einem der schönsten Patrizierhäuser (1543–46) untergebracht. Zu den Exponaten gehören u. a. exquisite Goldschmiedearbeiten.

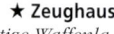

★ Zeughaus
Das einstige Waffenlager, mit dessen Bau Elias Holl 1602 begann, besitzt eine prächtige Fassade von Joseph Heintz im Stil des Manierismus.

LEGENDE

– – – Routenempfehlung

Der Perlachturm an der Westfront der Peterskirche wurde immer höher gebaut. Elias Holl ließ 1616 schließlich die Turmhaube daraufsetzen, womit der Turm eine Höhe von 70 Metern erreichte.

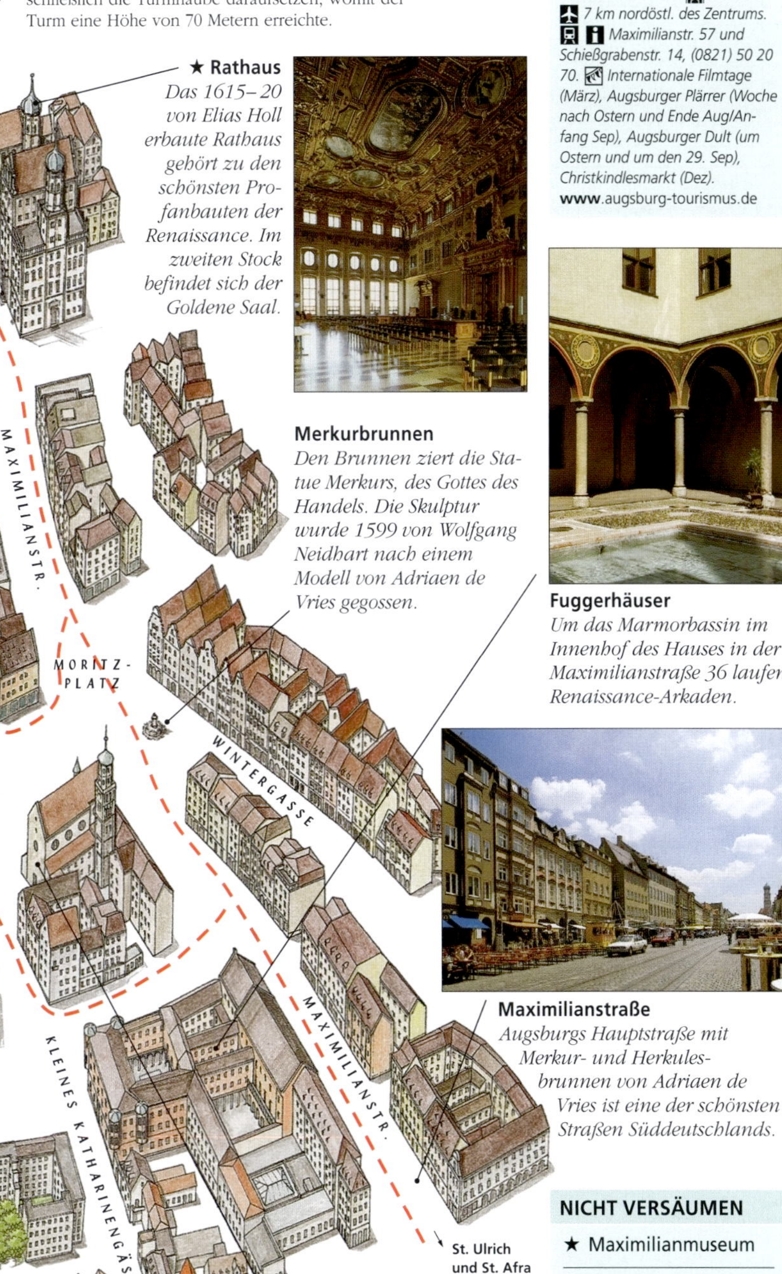

★ Rathaus
Das 1615–20 von Elias Holl erbaute Rathaus gehört zu den schönsten Profanbauten der Renaissance. Im zweiten Stock befindet sich der Goldene Saal.

Merkurbrunnen
Den Brunnen ziert die Statue Merkurs, des Gottes des Handels. Die Skulptur wurde 1599 von Wolfgang Neidhart nach einem Modell von Adriaen de Vries gegossen.

Fuggerhäuser
Um das Marmorbassin im Innenhof des Hauses in der Maximilianstraße 36 laufen Renaissance-Arkaden.

Maximilianstraße
Augsburgs Hauptstraße mit Merkur- und Herkulesbrunnen von Adriaen de Vries ist eine der schönsten Straßen Süddeutschlands.

Die Moritzkirche, ein gotisch-barocker Bau, wurde im Lauf der Jahrhunderte immer wieder erweitert und umgestaltet. Nach 1945 baute man die Kirche neu auf.

INFOBOX

Straßenkarte C3. *265 000.* *7 km nordöstl. des Zentrums.* *Maximilianstr. 57 und Schießgrabenstr. 14, (0821) 50 20 70.* *Internationale Filmtage (März), Augsburger Plärrer (Woche nach Ostern und Ende Aug/Anfang Sep), Augsburger Dult (um Ostern und um den 29. Sep), Christkindlesmarkt (Dez).*
www.augsburg-tourismus.de

NICHT VERSÄUMEN

★ Maximilianmuseum

★ Rathaus

★ St.-Anna-Kirche

★ Zeughaus

Überblick: Augsburg

Wappen am Rathaus

Augsburg ist für seine schönen kommunalen Bauten bekannt. Viele wurden 1944 durch Luftangriffe zerstört, aber nach dem Zweiten Weltkrieg wiederaufgebaut. Das Stadtbild wurde im frühen 17. Jahrhundert weitgehend durch den Architekten Elias Holl geprägt. Sein berühmtester Bau ist das Rathaus im Stil der Renaissance. Die Umgebung Augsburgs mit ihren Wäldern und dem nahe gelegenen Kuhsee ist ideal für Wochenendausflüge.

Der gotische Dom Unserer Lieben Frau

Dom Unserer Lieben Frau

Frauentorstr. 1. *Di–Sa 10–18 Uhr, So je nach Gottesdiensten.*

Der Dom, dessen Grundstein schon im 9. Jahrhundert gelegt wurde, besitzt an der Westfront zwei Türme von 1150 und zwei romanische Krypten. Im 14. und 15. Jahrhundert wurde er im gotischen Stil umgebaut.

Zu den vielen Sehenswürdigkeiten im Dom gehören die ältesten romanischen Bleiglasfenster der Welt mit figürlichen Darstellungen: die fünf Prophetenfenster (1065). Die Bronzetüren (11. Jh.) mit Szenen aus dem Alten Testament sind im Diözesanmuseum zu besichtigen.

Residenz am Fronhof

Fronhof 10.

Die ehemalige Bischofsresidenz erhielt ihr heutiges Erscheinungsbild 1743–52. Seit 1817 sind hier die Regierungsbüros des bayerischen Regierungsbezirks Schwaben untergebracht. Im Festsaal des Westflügels wurde im Beisein Kaiser Karls V. 1530 das Augsburger Bekenntnis *(siehe S. 39)* abgelegt. Im Hofgarten der Residenz findet man einen Brunnen und Zwergenfiguren (18. Jh.).

Stadtmetzg

Metzgplatz 1.

Elias Holl errichtete das Renaissancebauwerk 1606–09 für die Metzgerzunft. Zur damaligen Zeit war es eine revolutionäre technische Neuerung, dass man den städtischen Kanal am Keller der Stadtmetzg vorbeiführte. So konnten verderbliche Lebensmittel kühl gelagert werden.

Brunnen

Augsburg besitzt über 30 schöne Brunnen. Am bekanntesten sind Augustus-, Merkur- und Herkulesbrunnen (Ende 16. Jh.) im Stil der Renaissance errichtet wurden, um das 1600-jährige Bestehen der Stadt zu feiern. Merkur- und Herkulesbrunnen stammen von Adriaen de Vries. In der Stadt stehen heute allerdings nur Kopien, die meisten Originale sind im Maximilianmuseum. Sehenswert sind auch der Neptunbrunnen (1536), der Georgsbrunnen (1565) und der Goldschmiedebrunnen (1913).

Eingang zur barocken Residenz am Fronhof

Schaezler-Palais

Maximilianstr. 46. *(0821) 32 44 102. Di 10–20, Mi–So 10–17 Uhr.* **Kunstsammlungen** *Di–So 10–17 Uhr.*

Das Palais, der schönste Rokokobau Augsburgs, wurde 1765–70 errichtet. Der Festsaal prunkt mit üppigen Stuckarbeiten, Gemälden, Schnitzereien und Kronleuchtern. Hier befinden sich mehrere Sammlungen, darunter die Staatsgalerie und die Deutsche Barockgalerie mit Werken von Dürer, Hans Holbein d. Ä., van Dyck und Tiepolo.

Rathaus

Das Rathaus ist der größte und schönste Renaissance-Profanbau nördlich der Alpen. Es wurde 1615–20 von Elias Holl errichtet. Prunkstück des Gebäudes ist der Goldene Saal. Ursprünglich war die Prachtdecke des Saals mit 27 Ketten am Dachstuhl aufgehängt.

Das Rathaus wurde 1944 zerstört, später detailgenau rekonstruiert und wiederaufgebaut. 1985 erfolgte anlässlich der 2000-Jahr-Feier der Stadt auch die Rekonstruktion der Decke.

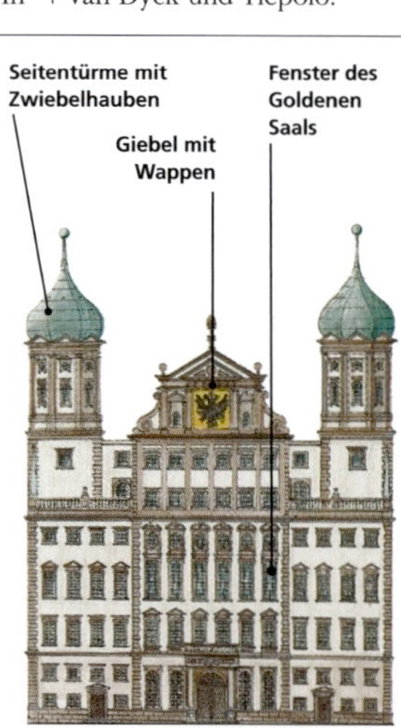

Fuggerhäuser

Maximilianstr. 36/38.

Die beiden benachbarten Renaissancepalais der Familie Fugger stammen aus dem frühen 16. Jahrhundert und wurden nach 1945 wiederaufgebaut. Vom Prunk der Originalbauten mit den schönen Innenhöfen zeugt noch der Damenhof mit den Arkaden. Das Palais wurde von der Familie von Jakob II. Fugger dem Reichen bewohnt.

Zeughaus

Zeugplatz 6.

Das Zeughaus, der erste und vielleicht schönste Bau von Elias Holl, wurde 1607 errichtet. Die Fassade des Gebäudes schmückte eine Bronzefigur von Hans Reichle, die den Engelssturz zeigt.

St.-Anna-Kirche

Im Annahof 2.

Die ehemalige Karmeliterkirche St. Anna (heute protestantisch) und das Kloster wurden im 14. Jahrhundert erbaut. Im 15. Jahrhundert erfolgte ein Umbau. Der Turm wurde 1607 von Elias Holl hinzugefügt. Mitte des 18. Jahrhunderts wurde der Innenraum im Stil des Rokoko gestaltet.

Die Grabkapelle der Fugger (1509–12) mit den Epitaphen von Albrecht Dürer und der Klagegruppe von Hans Daucher ist ein Kleinod der Renaissance.

Putto in der Grabkapelle der St.-Anna-Kirche

Römisches Museum

Dominikanergasse 15, *(0821) 32 44 131.* *Di–So 10–17 Uhr.*

Das Römische Museum befindet sich in einem ehemaligen Dominikanerkloster von 1513–15. Der zweischiffige Raum wird durch eine Säulenreihe geteilt. 1716–24 wurde er nach barockem Geschmack umgestaltet. Die Decke aus dieser Zeit ist mit Stuckarbeiten und religiösen Gemälden verziert.

Das Museum präsentiert Exponate aus der Römerzeit und aus dem frühen Mittelalter. Besonders interessant ist ein vergoldeter Pferdekopf, der einst zu einer römischen Reiterstatue gehörte.

Augsburger Puppenkiste

Die Augsburger Puppenkiste wurde 1948 von Walter und Rose Oehmichen gegründet. Seither hat sie zahllose Bühnenstücke für Kinder gespielt – meist vor ausverkauftem Haus. Berühmt wurde sie durch das Fernsehen. Der Hessische Rundfunk strahlte etwa 200 Produktionen aus. Geschichten wie *Urmel aus dem Eis* oder *Jim Knopf und Lukas der Lokomotivführer* haben sicher die Kindheit vieler Besucher begleitet.

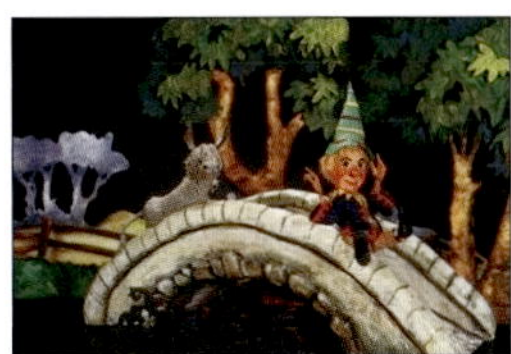

Szene aus dem Puppentheater

St. Ulrich und St. Afra

Ulrichplatz 23.

Die spätgotische, dreischiffige Basilika ist die jüngste der Klosterkirchen, die für das Benediktinerkloster erbaut wurden. Das Kloster wurde um 1000 gegründet und Anfang des 19. Jahrhunderts aufgelöst. 1474 begannen die Bauarbeiten für die Basilika. Eigentlich waren zwei Türme geplant, doch nur der nördliche wurde 1594 fertig. Mit 94 Metern Höhe ist er weithin sichtbar.

Die manieristisch-barocke Ausstattung stammt von 1604–08. Sie harmonisiert mit der spätgotischen Ausgestaltung des Innenraums. Hauptschiff und Seitenschiffe sind durch ein kunstvoll gestaltetes Gitter (1712) getrennt.

Barockes Gittertor in St. Ulrich und St. Afra

tim

Provinostr. 46, *(0821) 81 00 150.* *Di–So 9–18 Uhr.*

Das Staatliche Textil- und Industriemuseum (tim) mit Weberei, Spinnereimaschinen und einem Laufsteg für Mode zeigt Industriegeschichte.

Rotes Tor und Stadtbefestigung

Als Ersatz für das mittelalterliche Tor wurde 1622 von Elias Holl das Rote Tor erbaut. Das Haupttor zur Stadt war durch den Verlauf der römischen Via Claudia vorgegeben. Das Rote Tor bildet zusammen mit den berühmten Wassertürmen, der Wallanlage und dem Heilig-Geist-Spital das schönste von Elias Holl geschaffene Ensemble.

Im Norden und Osten existieren noch große Teile der Befestigungsanlage. Eine Mauer mit zwei Bastionen (1540) und dem gotischen Jakobertor umgibt die Jakobervorstadt.

Synagoge

Halderstr. 6–8. **Jüdisches Kulturmuseum** *(0821) 51 36 58.* *Di–Do 9–18, Fr 9–16, So 10–17 Uhr.* **www**.jkmas.de

Ab 1803 durften sich Juden wieder in Augsburg niederlassen. Die 1913–17 erbaute Synagoge zählt zu den schönsten noch erhaltenen in Europa. Über dem Innenraum wölbt sich eine byzantinische Kuppel. Interessant ist ein Rundgang durch das Jüdische Kulturmuseum in einem der Seitenflügel.

Augsburger Fuggerei

Klingelzug

Zu den größten Attraktionen Augsburgs zählt die Fuggerei, die älteste bestehende Sozialsiedlung Europas. Jakob Fugger der Reiche und seine Brüder ließen die Wohnanlage für schuldlos verarmte Augsburger Bürger errichten. Als Hommage an die Stifter wurde die von Thomas Krebs 1514–23 erbaute Siedlung Fuggerei genannt. In der mit einer Mauer eingefriedeten Siedlung, die in der Jakobervorstadt östlich des Rathauses liegt, kann man die mittelalterliche Atmosphäre fast noch fühlen. Die Tore der Fuggerei sind allesamt mit der ursprünglichen Widmung, der Jahreszahl 1519 und dem Wappen der Fugger versehen.

INFOBOX

Fuggerei 56, Haupteingang: Jakoberstr. *(0821) 31 98 81 14.* *Apr–Sep: tägl. 8–20 Uhr; Okt–März: tägl. 9–18 Uhr. Keine Fahrzeuge.* **Fuggereimuseum** Mittlere Gasse 14. *wie oben.* **www**.fugger.de

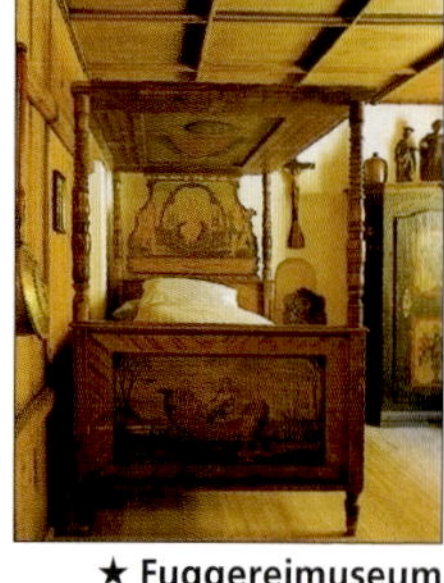

★ Fuggereimuseum
Der alte Teil des Museums zeigt eine Wohnung mit Mobiliar (17./18. Jh).

★ Markuskirche
Die Kirche wurde 1581 von Johannes Holl, dem Vater des berühmteren Elias Holl, errichtet und nach 1945 wieder aufgebaut.

0 Meter 20

Brunnen
Wo Herrengasse und Mittlere Gasse zusammentreffen, liegt ein kleiner Platz. Der Brunnen ist ein beliebter Treffpunkt – sowohl für die Bewohner als auch für Besucher.

NICHT VERSÄUMEN

★ Fuggereimuseum

★ Markuskirche

LEGENDE

Routenempfehlung

Idyllisch sind die begrünten Innenhofgärten in der Fuggerei

Überblick: Fuggerei
Die ursprüngliche Anlage bestand aus 53 Häusern, in denen 106 Familien wohnten. Die in Teilen symmetrische Anlage ist von einer Mauer umgeben. Vier Tore gewähren Zutritt zur Fuggerei.

Die schlichten Häuser haben steile Dächer mit Stufengiebeln. Jede Haustür besitzt einen Klingelzug und eine eiserne Türklinke. An der Außenmauer sind überall noch die Sandsteinplaketten mit den alten Hausnummern angebracht.

Die Fuggerei wurde während der Luftangriffe von 1944 schwer beschädigt. Im Zug des sorgfältigen Wiederaufbaus (1947–55), der von der Fuggerstiftung finanziert wurde, erbaute man 14 zusätzliche Häuser.

Heute leben etwa 150 Menschen in der Fuggerei. Die Häuser wurden modernisiert und mit Strom, Heizung und sanitären Einrichtungen ausgestattet. Ein Rat der Fuggerfamilie entscheidet, wer in der Fuggerei Wohnrecht erhält. Ursprünglich wurden nur Familien mit Kindern aufgenommen, heute sind es bedürftige Personen. Sie müssen katholisch sein und seit mindestens zwei Jahren in Augsburg leben. Die Bewohner zahlen auch heute noch eine symbolische jährliche Abgabe von einem Rheinischen Gulden (88 Cent). Dafür müssen sie täglich drei Gebete für den Stifter und seine Familie sprechen. Zuzüglich fallen noch monatliche Nebenkosten an.

IN DIESEM HAUSE WOHNTE VON 1681 BIS 1693 DER MAURER FRANZ MOZART DIESER BÜRGER DER FUGGEREI SCHENKTE MIT SEINEM URENKEL W.A. MOZART DER MENSCHHEIT DEN GROSSTEN TONSCHOPFER AUS SCHWÄBISCHEM STAMM

Tafel für Mozarts Urgroßvater, einst Bewohner der Fuggerei

Herrengasse, die Hauptstraße der Fuggerei

Ein hübsches Detail ist der spätgotische Prunkerker (1504–07) am **Senioratsgebäude** beim Tor an der Jakoberstraße. Er stammt vom Haus der Familie Höchstätter, das im Krieg zerstört wurde. Die Familie stand lange Zeit in Konkurrenz zu den Fuggern. Zudem beherbergt das 1954 wiederaufgebaute Senioratsgebäude im Erdgeschoss eine gotische Kapelle, die aus dem zerstörten Welserhaus stammt und 1962 eingebaut wurde.

Die **Markuskirche** in der Herrengasse hat einen hohen Giebel und eine Angelusglocke. Ihre Innenausstattung stammt von mehreren anderen Kirchen. Auf dem manieristischen Hochaltar findet man eine Kreuzigung (um 1600) von Jacopo Palma d. J. Die Grabtafel für Jakob Fugger, die den Verstorbenen in sein Leichentuch gehüllt zeigt, wurde von Dürer entworfen und 1512–15 von Adolf Daucher umgesetzt.

Vor gut 300 Jahren wohnte Franz Mozart, der Urgroßvater des Komponisten Wolfgang Amadeus Mozart, im Haus Mittlere Gasse 14. Der Augsburger Maurer war wegen einer »unehrenhaften« Tat in Not geraten. Er hatte die Leiche eines Scharfrichters begraben, bekam daraufhin keine Arbeit mehr, verarmte und wurde schließlich in der Fuggerei aufgenommen.

Die Fugger

Die Geschichte der Familie Fugger begann mit Hans Fugger, der 1367 von Graben nach Augsburg kam. Jakob I. (gest. 1459) gilt als Begründer des Kaufmanns- und Bankiergeschlechts. Seine Söhne Ulrich, Georg und Jakob II. der Reiche erlangten unermesslichen Reichtum, sodass die ganze Familie in Wohlstand leben konnte. Jakob II. war Bankier von Kaisern, Königen und Päpsten – und mitverantwortlich für die Wahl Karls V. zum deutschen Kaiser. Er erwarb sich auch einen Namen als Kunstmäzen, öffnete der Renaissance die Tore und stiftete soziale Einrichtungen. Einst besaßen die Fugger über 100 Dörfer, heute gehören ihnen mehrere Schlösser.

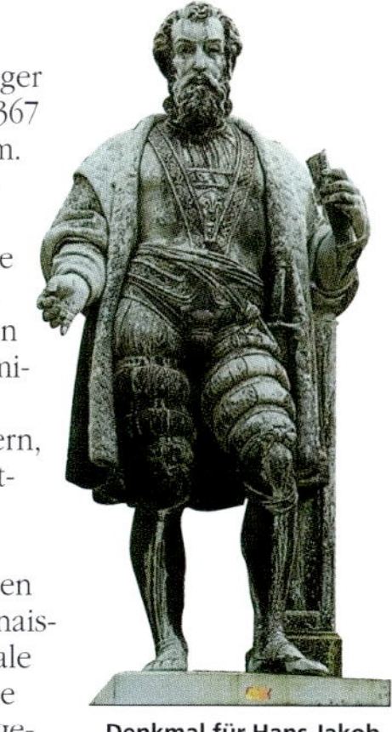

Denkmal für Hans Jakob Fugger in Augsburg

Kaisersaal im ehemaligen Kloster Wettenhausen

Wettenhausen ⓮

Straßenkarte B3. *Günzburg.* **Kloster** *Kammeltal, Dossenbergerstr. 46. (08223) 40 040.*

Der Landstrich wird durch das Kloster der Augustiner-Chorherren geprägt, das wie eine Festung wirkt. 1865 wurde es von Dominikanerinnen übernommen Die ursprünglich romanische Kirche **Mariä Himmelfahrt** wurde Anfang des 16. Jahrhunderts in gotischem und 1670 in barockem Stil umgebaut. Fresken, Hochaltar und Kanzel, alles um 1685 geschaffen, ergänzen sich zu einem einzigartigen Ensemble. Auf dem Altar der Südkapelle findet man eine geschnitzte spätgotische Marienkrönung (1524).

Teile des **Klosters** mit dem Kaisersaal sowie dem Innenhof mit Kreuzgang sind für Besucher zugänglich. Durch ein schmiedeeisernes Gitter hat man Einblick in die Klosterräume. In einem steht eine Christusfigur auf einem Esel. Wahrscheinlich wurde sie 1456 in der Ulmer Werkstatt von Hans Multscher gefertigt.

Günzburg ⓯

Straßenkarte B3. *20 000.* *Schlossplatz 1, (08221) 20 04 44.* **www**.guenzburg.de

Schon in römischer Zeit entstand die ansehnliche Stadt am Zusammenfluss von Günz und Donau. Die Fußgängerzone und die Gässchen laden zum gemütlichen Schlendern durch die Altstadt ein.

Besonders malerisch ist die Münzgasse mit ihren Häusern aus dem 17. und 18. Jahrhundert, bei denen die oberen Stockwerke vorgesetzt sind. Der große Platz mit dem **Unteren Tor** (14. Jh.) ist eingefasst von Barockhäusern mit typisch schwäbischen Giebeln. Sie geben Zeugnis von der einstigen Blütezeit der Stadt. Bemerkenswert ist das Haus Nr. 8, das **Brentanohaus**. Es besitzt ein ungewöhnlich gedecktes Mansardendach und eine elegante Rokokofassade.

Neben dem alten Franziskanerkloster steht die 1736–41 von Dominikus Zimmermann erbaute **Frauenkirche**. Einige Teile der Stadtbefestigung (15. Jh.) sind noch erhalten.

In der Nähe von Günzburg liegt der 2002 eröffnete Freizeitpark Legoland®.

Die Münzgasse, eine der vielen schönen Gassen Günzburgs

Dillingen ⓰

Straßenkarte B3. *18 000.* *Königstr. 3738, (09071) 54 208 oder -209.* **www**.dillingen-donau.de

Über Jahrhunderte war Dillingen, die geistige Hauptstadt Schwabens, das sogenannte »Schwäbische Rom«, Sitz der Augsburger Bischöfe und große Universitätsstadt. Die von Patrizierhäusern gesäumte Königstraße verdeutlicht noch diesen Aspekt der Stadt. Die Königstraße mündet in die Kardinal-von-Waldburg-Straße mit der lang gestreckten Fassade der einstigen **Universität**. Sie wurde 1688/89 von Michael Thumb erbaut. Besucher können den Goldenen Saal im Stil des Rokoko besichtigen. Das ehemalige **Jesuitenkolleg** neben der Universität besitzt eine schöne zweigeschossige Barockbibliothek, deren Einrichtung von Georg Bschorer geschaffen wurde.

Löwe vor Schloss Dillingen

Das Prunkstück Dillingens ist die im 17. Jahrhundert von Johann Alberthal erbaute ehemalige Jesuitenkirche **Basilika St. Peter**. Die frühbarocke Architektur vereint sich mit der reichen Innenausstattung (Stuck, Fresken, Hochaltar) im Stil des Rokoko zum harmonischen Ganzen. Der Hochaltar mit seinen überlebensgroßen Figuren ist einer der wenigen erhaltenen Bühnenaltäre in Deutschland. Vor einiger Zeit wurde die Tradition österlicher Passionsspiele wieder aufgenommen.

Das **Franziskanerinnenkloster** mit Kirche wurde von Johann Georg Fischer im Stil des frühen Rokoko entworfen. Das stattliche **Schloss** (älteste Teile 13. Jh.), das vor der Säkularisierung Sitz der Augsburger Bischöfe war, konnte seinen wehrhaften Charakter trotz häufiger Umbaumaßnahmen bewahren. Reste der Stadtmauern, die Wehrtürme und das am besten erhaltene **Mitteltor** können heute noch besichtigt werden.

Hotels und Restaurants im Bayerischen Schwaben *siehe Seiten 269 und 283*

Römische Ruinen in Faimingen, einem Vorort von Lauingen

Lauingen ⑰

Straßenkarte B3. *11 000.* *Herzog-Georg-Str. 17, (09072) 99 80.* **www**.lauingen.de

Die hoch über der Donau gelegene Stadt hat ihren mittelalterlichen Charakter weitgehend bewahrt. Der ovale Grundriss war einst von Mauern umgeben. Erhalten sind heute noch ein Tor und zwei Bastionen.

Zwei schlanke, hohe Türme bestimmen das Stadtbild und sind weithin sichtbar. Der charakteristischere der beiden, der ehemalige Wachturm, steht auf dem Stadtplatz. Der ausnehmend hohe und schmale Turm wurde 1457–78 zusammen mit den angrenzenden Arkaden, die als Marktunterstände dienten, erbaut und 1571 nochmals erhöht. Der Name **Schimmelturm** rührt von dem Pferdebild am Turm her, das schon oft kopiert wurde.

Das **Rathaus** entstand 1782–91 nach einem Entwurf von Lorenz J. Quaglio auf Anweisung des Kurfürsten Karl Theodor gegen den Willen der Stadtbewohner.

Die **Martinskirche**, Pfarrkirche der Stadt, wurde 1515 als eine der letzten Hallenkirchen Süddeutschlands erbaut. Der dreischiffige Innenraum mit Netzgewölbe ist mit bemerkenswerten Decken- und Wandfresken aus dem Jahr 1521 geschmückt. Unter den vielen Grab- und Gedenksteinen befindet sich auch das symbolische Ehrengrabmal für Elisabeth, die Gattin des Kurfürsten Karl Theodor, die 1563 verstarb. Das Grabmal ist von einem schmiedeeisernen Gitter umgeben. Die weiße, marmorne Frauenfigur wird von vier Löwen bewacht. Der große frei stehende **Glockenturm** gehört zusammen mit dem Schimmelturm zu den Wahrzeichen der Stadt.

An der Straße von Lauingen Richtung Günzburg, im Vorort Faimingen, findet man die Überreste einer römischen Siedlung. Der teilweise rekonstruierte **Tempel des Apollo Grannus**, eines römischen Gottes, der auch von den Kelten verehrt wurde, gibt Zeugnis von der langen Geschichte Lauingens, das schon vor Christi Geburt als Brückenkopf und Nachschublager der Römer von Bedeutung war.

Der Schimmelturm in Lauingen

Höchstädt ⑱

Straßenkarte B3. *6700.* *Herzog-Philipp-Ludwig-Str. 10, (09074) 44 12.* **www**.hoechstaedt.de

Der Kern dieser anmutigen Stadt an der Donau erstreckt sich zwischen Kirche und Schloss und hat sich seit dem Mittelalter kaum verändert. Politische und kriegerische Wirren hatten zur Folge, dass die Stadt trotz bewegter Geschichte um 1900 immer noch Platz innerhalb der ehemaligen Mauern fand.

Die spätgotische Kirche **Mariä Himmelfahrt** wurde um 1520 erbaut. Im Innenraum findet man Fresken aus dieser Zeit, aber auch aus der Zeit des Manierismus (um 1600). Das schönste historische Gebäude der Stadt ist die turmartige Sandsteinsakristei (1480–90). Ihr Barockaltar stammt von 1695.

Die polygonale **Kapelle** neben der Kirche wurde 1664 erbaut. In einer Nische findet man eine Pietà aus der ersten Hälfte des 18. Jahrhunderts. Sie steht in einer theatralisch arrangierten Szenerie, die Christus mit den Jüngern auf dem Ölberg zeigt. Die Figuren vor dem gemalten Hintergrund schuf Johann Michael Fischer 1760.

Das **Heimatmuseum** im Alten Rathaus besitzt viele lokalgeschichtliche Exponate. Dazu gehören auch die rund 9000 Zinnsoldaten, mit denen die Schlacht von Höchstädt (1760) nachgestellt ist.

Auf einem Hügel über der Stadt thront das schön restaurierte **Schloss**, ein Renaissancebau, der 1589 an der Stelle des mittelalterlichen Wohnsitzes von Herzog Philipp Ludwig, Pfalzgraf von Neuburg, errichtet wurde. Das Schloss dient heute als Hauptsitz des Höchstädter Museums.

Die quadratische Schlossanlage hat einen zentralen Innenhof, vier Ecktürme und eine Kapelle im Westflügel. Das Haupteingangstor wird von zwei Säulenpaaren flankiert. Im Tympanon findet man alte Wappen. Der Tordurchgang besitzt ein Tonnengewölbe.

Heimatmuseum
Marktplatz 7. *(09074) 52 62.*
Apr–Okt: So 14–17 Uhr; Nov–März: 1. So im Monat 14–16 Uhr und nach Vereinbarung.

Portal am Schloss Höchstädt

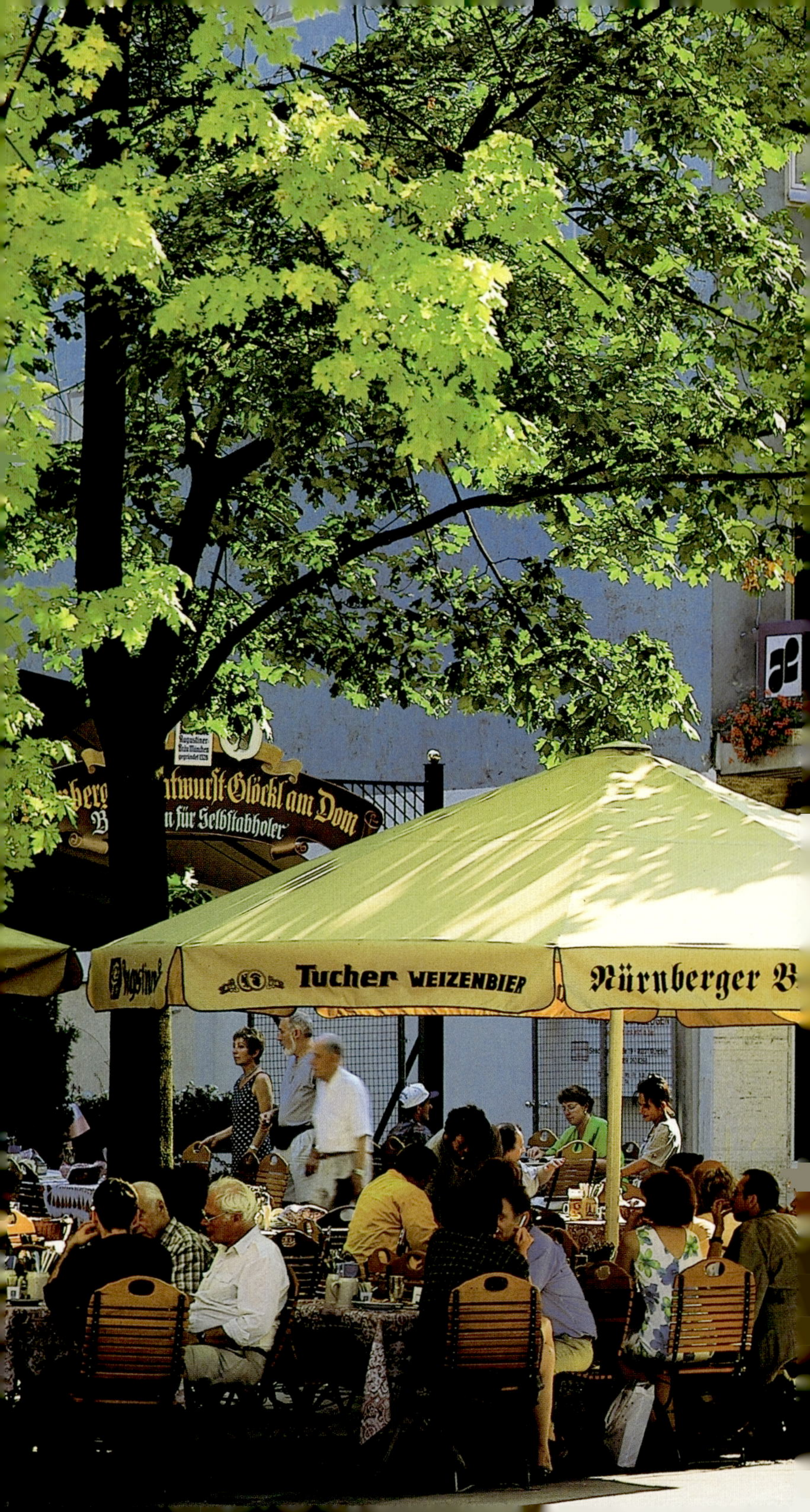

Glöckl am Dom
für Selbstabholer
Tucher WEIZENBIER
Nürnberger

Zu Gast in Bayern

Hotels

München und das bayerische Alpenvorland gehören zu den beliebtesten Urlaubsregionen Deutschlands. Es gibt daher überall zahlreiche Hotels und Unterkunftsmöglichkeiten. Die Preise hängen jeweils von Ausstattung und Lage des Hotels ab. In der oberen Preiskategorie rangieren Luxushotels, die häufig in schön renovierten Schlössern oder Burgen untergebracht sind. Dann gibt es die bekannten Hotelketten wie Hilton, Sheraton oder Marriott. Vor allem in ländlichen Gebieten findet man viele kleinere Hotels, Pensionen und auch Bed-and-Breakfast-Angebote. In München kann es zu bestimmten Zeiten schwierig werden, ein freies Zimmer zu finden, vor allem während des Oktoberfests, während großer Messen und im Sommer zur Ferienzeit, wenn die Stadt voller Besucher ist.

Logo des Münchner Eden Hotel Wolff

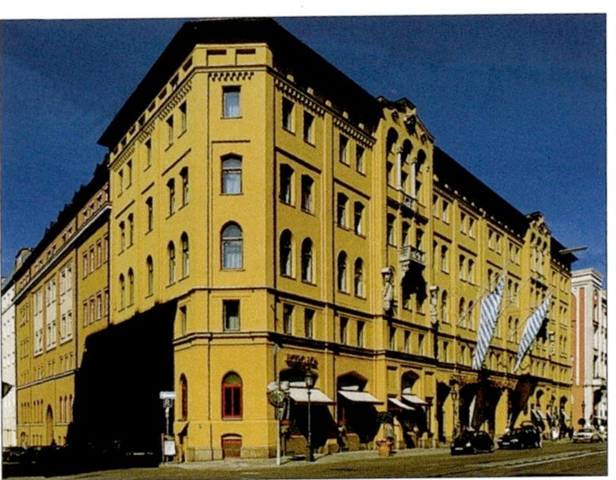

Das Kempinski Hotel Vier Jahreszeiten in München *(siehe S. 263)*

Hotelwahl

Die Hotels in den Städten liegen vorzugsweise im Zentrum oder in der Nähe von Sehenswürdigkeiten. Deshalb empfiehlt es sich, bei der Wahl auf den genauen Standort zu achten: Liegt das Haus an einer lauten Straße oder mitten im Vergnügungsviertel? Oder wird man morgens vom Läuten der Kirchenglocken aus dem Schlaf gerissen?

Bei einem Hotel im Zentrum Münchens oder einer anderen größeren Stadt sollte man sich vorher auch nach Parkmöglichkeiten erkundigen. Organisationen wie das Tourismusamt oder Tourismusverbände *(siehe S. 297)* können hierbei behilflich sein. Wenn Sie lieber außerhalb wohnen wollen, sollten Sie darauf achten, dass Sie von dort mit öffentlichen Verkehrsmitteln in die Stadt kommen. Die meisten Münchner Innenstadt-Hotels sind in der Altstadt, um den Hauptbahnhof oder in Schwabing zu finden. Hotels der Mittelklasse liegen oft in Autobahnnähe.

Hotelkategorien

Viele Hotels sind mit Sternen ausgezeichnet. Sterne sind ein Qualitäts-, aber in der Regel auch ein Kostenmerkmal. First-Class-Hotels haben normalerweise ein hauseigenes Gourmet-Restaurant und bieten zudem Konferenzräume, Swimmingpool, Sauna sowie Fitness- und Wellness-Center an. Liegen sie außerhalb der Stadt, verfügen sie oft auch über eigene Tennis- und Golfplätze.

In Bayern gibt es zahlreiche Hotel Garni und Pensionen, in denen man nur übernachten und frühstücken kann. In Zimmergröße, Service und Komfort sind sie mit den großen Häusern nicht vergleichbar, dafür aber viel preisgünstiger. Oft wiegt die familiäre Atmosphäre die geringeren Annehmlichkeiten auf. In Ferienorten wird meist auch Halb- oder Vollpension angeboten, sodass der Gast rundum versorgt ist.

Hotels und Pensionen sind durchwegs sauber und empfehlenswert, vor allem was Bad und Toilette betrifft. In familiengeführten kleineren Hotels erhält man manche Extra-Leistungen ohne Aufpreis. Zudem bekommt man hier oft hilfreiche Tipps.

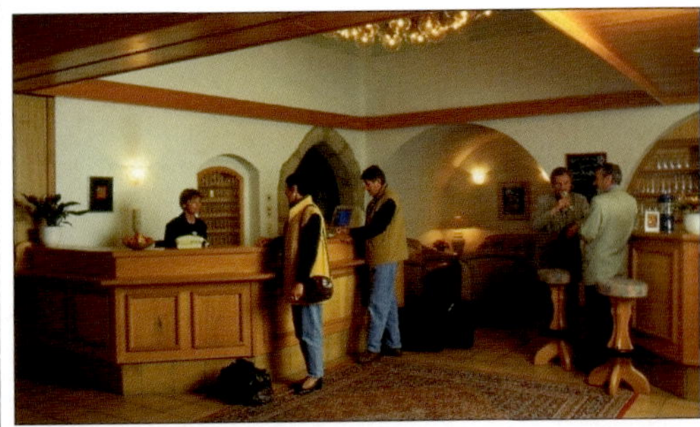

Rezeption in einem kleineren Hotel

◁ **Nürnberger Bratwurst Glöckl am Dom, München *(siehe S. 276)***

Bar im Hotel Königshof in München *(siehe S. 264)*

Hotelpreise

Bei den Übernachtungspreisen gibt es gravierende Unterschiede. So kostet das Einzelzimmer in einem Hotel der Touristenklasse 40 bis 75 Euro, in besseren Hotels werden um die 150 Euro fällig, in einem Luxushotel kann der Preis durchaus 350 Euro und mehr betragen. In München liegen die Preise natürlich allgemein höher als in ländlichen Regionen, am teuersten ist es hier während des Oktoberfests. In Ferien- und Kurorten wird oft nach Vor-, Haupt- und Nachsaison unterschieden. Die Preise in der Hauptsaison können dabei doppelt so hoch sein wie in der Nebensaison.

Viele Hotels bieten günstige Wochenendarrangements. Oft kann man eine Ermäßigung aushandeln, vor allem bei längeren Aufenthalten.

Hotelreservierung

Hotelzimmer kann man telefonisch, schriftlich oder per Fax, aber auch via E-Mail bzw. online buchen. Wer bereits vor Ort ist, dem sind die Fremdenverkehrsämter und Kurverwaltungen gern bei der Zimmersuche behilflich.

Wenn Sie reservieren, sollten Sie mit dem Hotel die Zahlungsmodalitäten klären. Manchmal ist eine Anzahlung erwünscht. Die meisten Hotels fragen bei der Reservierung nach der Kreditkartennummer. Wenn Sie früh genug reservieren, erhalten Sie vom Hotel meist eine schriftliche Buchungsbestätigung samt Quittung für die geleistete Anzahlung. Manche bieten Ihnen eine Versicherung an für den Fall, dass Sie kurzfristig absagen müssen.

Bei der Ankunft müssen Sie eine Anmeldung ausfüllen und Ihren Ausweis vorlegen. Bezahlt wird normalerweise bei der Abreise. Bei kleineren Hotels ist es sinnvoll, sich vorab zu erkundigen, ob Karten oder Reiseschecks akzeptiert werden. In Kurorten ist zusätzlich zum Übernachtungspreis eine Kurtaxe fällig.

Alle Leistungen – auch die oft recht teuren Telefongebühren und die Kosten für Getränke aus der Minibar – stehen auf der Rechnung. Es wird gern gesehen, wenn Sie für zusätzliche Leistungen Trinkgeld geben.

Der schöne Innenhof des Hotel Opéra in München *(siehe S. 263)*

Behinderte Reisende

Immer mehr Hotels und Jugendherbergen sind auf behinderte Gäste eingestellt. Dort gibt es barrierefreie Eingänge, in den Zimmern sind Bad und Toilette behindertengerecht. Meist tun sich Behinderte allerdings in besseren Hotels leichter. Im Führer *Handicapped-Reisen Deutschland* (FMG Verlag, www.behinderten-hotels.de) sind Hotels aufgelistet, die auf Behinderte eingerichtet sind. Weitere Auskünfte erhält man von der BAGH und vom CBF *(siehe S. 261)*.

Tische auf der Terrasse des Parkhotels in Donauwörth

Mit Kindern reisen

Mit Kindern unterwegs zu sein ist in Bayern kein Problem. In den meisten Hotels stehen Kinderbetten zur Verfügung. Oft wird für die Übernachtung eines Kindes nichts berechnet. In vielen Hotels sind Spielecken für Kinder eingerichtet. In größeren Häusern wird manchmal auch ein Babysitter-Service angeboten. Im Krankheitsfall können Sie über die Rezeption schnell einen Kinderarzt erreichen.

In fast jedem Restaurant stehen Kinderstühle zur Verfügung. In den meisten Fällen gibt es spezielle Kinderteller oder Kinderportionen. Zudem bieten sowohl München als auch viele Ferienorte eine Vielzahl von Programmen speziell für Kinder an.

Pension Alpenrose am Alpsee *(siehe S. 231)*

Privatunterkünfte

Privatzimmer mit Frühstück findet man häufiger in ländlichen Regionen und in Kleinstädten. Überall sieht man hier das Schild »Zimmer frei« an den Häusern hängen. Viele B&B-Vermittlungen erfolgen über das Internet.

Privatunterkünfte sind meist preiswert. Auf dem Land kann man bisweilen schon für zehn Euro pro Person übernachten. Die Zimmer sind oft gemütlich, das Frühstück ist hervorragend. Dusche und Toilette muss man sich manchmal mit anderen teilen, doch die meisten Zimmer haben Waschbecken und Telefon.

Ferienwohnungen

Will man längere Zeit an einem Ort bleiben, kann man in Ferienwohnungen am preisgünstigsten Urlaub machen. Sie finden solche Wohnungen in allen Urlaubsgebieten. Nähere Informationen bekommen Sie vom örtlichen Fremdenverkehrsamt.

Ferienwohnungen gibt es in allen Größen und Preisklassen. Zur Standardausstattung gehören eine Küche mit Geschirrspüler, Geschirr und Gläser, Staubsauger, Bügeleisen und Fernseher.

Ferienwohnungen liegen in Privat- oder Apartmenthäusern. Man findet Ferienapartments übrigens auch in München. Normalerweise beträgt der Mindestaufenthalt eine Woche. Zusätzlich muss man noch mit Kosten für die Endreinigung rechnen.

Urlaub auf dem Bauernhof

Auf einem Bauernhof Urlaub zu machen wird immer beliebter, vor allem bei Familien mit Kindern. Nach wie vor ist der Aufenthalt günstig. Die Unterbringung ist oft einfach, manche Höfe stellen aber auch komfortable Ferienwohnungen zur Verfügung.

Insbesondere für Stadtkinder ist es spannend, den Tagesablauf auf einem Bauernhof mitzuerleben, bei der Arbeit zu helfen und mit den Tieren in Kontakt zu kommen. Zudem werden die Gäste hier mit tagesfrischen, schmackhaften Gerichten verwöhnt.

Eine weitere Möglichkeit ist es, auf einem Reiter- oder Ponyhof Urlaub zu machen. Nicht nur für Kinder stellen das Reiten und der Umgang mit Pferden etwas ganz Besonderes dar.

Jugendherbergen

In fast jeder größeren bayerischen Stadt, aber auch in Urlaubsorten gibt es eine Jugendherberge. Man unterscheidet vier Kategorien, abhängig von Standort und Ausstattung. Die meisten Jugendherbergen sind komfortabel, obwohl es immer passieren kann, dass keine Zimmer mehr frei sind und man nur in einem großen Schlafsaal unterkommt. In der Hochsaison sollte man reservieren.

Logo des Verbands Deutscher Jugendherbergen

Meist gibt es in den Herbergen einen Speisesaal, wo man frühstücken und essen kann. Oft findet man auch Sport- und Freizeiträume vor. Manche Herbergen sind tagsüber geschlossen und machen erst nachmittags wieder auf. Übernachtungen in München kosten ab 21 Euro. Nähere Auskünfte gibt der **Landesverband Bayern des DJH**.

Voraussetzung für die Übernachtung in Jugendherbergen ist die Mitgliedschaft im Deutschen Jugendherbergswerk. In bayerischen Jugendherbergen werden Einzelgäste ab dem 27. Lebensjahr nachrangig aufgenommen. Diese Beschränkung gilt nicht für Gruppenleiter und für Familien mit mindestens einem minderjährigen Kind.

Berghütten

Wanderer und Skifahrer können in Berghütten essen und manchmal auch übernachten. Allein der **Deutsche Alpenverein** besitzt in den Bayerischen Alpen über 100 Hütten. Alpenvereinsmitglieder erhalten eine Ermäßigung und haben auch Vorrang, falls die Hütte voll sein sollte. Zur Verfügung stehen Einzelzimmer und Gemeinschaftsschlafsäle. Die Hütten sind von Mai/Juni bis September/Oktober geöffnet. Hütten, die an Skipisten oder stark frequentierten Wanderwegen liegen, sind meist ganzjährig offen.

Berghütte in der Nähe der Zugspitze

Camping

Die Zeltplätze Südbayerns liegen fast alle landschaftlich sehr schön und eignen sich ideal für einen Erholungsurlaub. Ob klein oder groß, meist ist die sanitäre Ausstattung sehr gut. Man findet dort auch in der Regel einen Laden und ein Café. Viele Zeltplätze bieten sogar ein eigenes Kulturprogramm an. Die meisten Campingplätze sind von April bis Oktober geöffnet, mittlerweile haben einige auch im Winter offen.

Gasthöfe

Einfache Gasthöfe gibt es überall in Bayern. Sie sind unprätentiös und preisgünstig. Die Nacht im Doppelzimmer kostet etwa zwischen 20 und 40 Euro. Meist kann man in der Gaststätte gut und bodenständig essen. Die Bezeichnung »Gasthof« ist allerdings nicht eindeutig – dahinter kann sich auch ein aufwendig restauriertes, luxuriöses Landhotel verstecken.

Der »Alte Wirt« in Bernau – ein traditioneller oberbayerischer Gasthof

Kurorte

Die gesunde Bergluft, die vielen Mineralquellen und die Vorkommen von Heilerde und Heilschlamm erklären, warum es in Bayern so viele Kurorte gibt. Meist weist ein mit »Bad« zusammengesetzter Ortsname auf einen Kurort hin. Die Bezeichnung »Kurort« wird nach sorgfältiger Prüfung der jeweiligen »heilenden« Möglichkeiten als Auszeichnung verliehen. In Kurorten muss man zusätzlich zum Übernachtungspreis eine Kurtaxe zahlen. Allerdings erhält man dadurch auch Ermäßigungen bei Kultur- und Sportveranstaltungen und bei verschiedenen Anwendungen.

Die meisten bayerischen Kurorte sind auf Krankheiten der Atemwege, auf Kreislauf- und Rheumatherapie spezialisiert. Unterbringung, Ausstattung und medizinische Versorgung sind in der Regel hervorragend.

Mittlerweile haben viele Orte auf den Wellness-Trend reagiert und bieten entsprechende Verwöhnprogramme.

AUF EINEN BLICK

Unterkunft und Reservierung

Bayern Tourismus Marketing GmbH
Arabellastr. 17,
8192 München.
(089) 21 23 970.
www.bayern.by

Tourismusamt München und Tourist Infos
Sendlinger Str. 1.
(089) 23 39 65 00.
FAX *(089) 23 33 02 33.*
www.muenchen.de
@ tourismus@muenchen.de

Neues Rathaus
Marienplatz.
Mo–Fr 10–19, Sa 10–16, So 10–14 Uhr.

Hauptbahnhof
Bahnhofplatz 2.
Apr–Okt: Mo–Sa 9–20, So 10–18 Uhr.

Privatunterkünfte

www.bedandbreakfast.de
www.bed-and-breakfast.de

Urlaub auf dem Bauernhof

Urlaub auf dem Bauernhof
Max-Joseph-Str. 7a,
80336 München.
(089) 55 87 36 70.
www.bauernhof-urlaub.com

Jugendherbergen

www.jugendherberge.de

DJH München-City
Wendl-Dietrich-Str. 20,
80634 München.
(089) 20 24 44 90.
FAX *(089) 20 24 44 913.*

DJH München-Park
Miesingstr. 4,
81379 München.
(089) 78 57 67 70.
FAX *(089) 78 57 67 766.*

Haus International
Elisabethstr. 87, 80797 München. **Stadtplan** 1 A1.
(089) 12 00 60.
www.haus-international.de

Landesverband Bayern des DJH
Mauerkircherstr. 5,
81679 München.
(089) 92 20 980.
www.jugendherberge.de

Berghütten

Deutscher Alpenverein (DAV)
Von-Kahr-Str. 2–4,
80997 München.
(089) 14 00 30.
www.alpenverein.de

Camping

Deutscher Camping Club
Mandlstr. 28, 80802 München. **Stadtplan** 2 F2.
(089) 38 01 420.
www.camping-club.de

Langwieder See
Eschenrieder Str. 119,
81249 München.
(089) 86 41 566.

München-Obermenzing
Lochhausener Str. 59,
81247 München.
(089) 81 12 235.

München-Thalkirchen
Zentralländstraße 49,
81379 München.
(089) 72 31 707.

Behinderte Reisende

Bundesarbeitsgemeinschaft Selbsthilfe (BAGH)
Kirchfeldstr. 149,
40215 Düsseldorf.
(0211) 31 00 60.

Club Behinderter und ihrer Freunde (CBF)
Johann-Fichte-Str. 12,
80805 München.
(089) 35 68 808.

Hotelauswahl

Die Hotels wurden nach Qualität, Lage und Annehmlichkeiten ausgewählt. Die Einträge sind nach Regionen geordnet, innerhalb der Städte nach Preiskategorien. Verweise für München beziehen sich auf den Stadtplan *(siehe S. 144–153)* und die Extrakarte. Die Straßenkarte finden Sie auf den hinteren Umschlaginnenseiten.

PREISKATEGORIEN

Die Preise gelten für ein Doppelzimmer mit Bad oder Dusche sowie mit Frühstück, inkl. Service und Steuern:

€ unter 80 Euro
€€ 80–130 Euro
€€€ 130–180 Euro
€€€€ 180–250 Euro
€€€€€ über 250 Euro

München

SÜDLICHE ALTSTADT Deutsche Eiche €€

Reichenbachstraße 13, 80469 089 23 11 660 FAX 089 23 11 66 98 **Zimmer** 26 **Stadtplan** 3 C3 **Karte** Q5

Das Haus liegt gleich beim Viktualienmarkt. Die Zimmer sind komfortabel. Die Deutsche Eiche hat auch ein traditionelles Lokal gleichen Namens. Im Basement gibt es eine Sauna. Hier steigen gern trendbewusste Besucher und schwule Pärchen ab. Nahe zu Münchens Schwulenviertel um den Gärtnerplatz. **www.deutsche-eiche.com**

SÜDLICHE ALTSTADT Daniel €€€

Sonnenstraße 5, 80331 089 54 82 40 FAX 089 55 34 20 **Zimmer** 81 **Stadtplan** 3 A2 **Karte** P3

Das moderne Stadthotel bietet Zimmer im Einheitslook und freundliches Personal. Einige Zimmer haben Klimaanlage. Das Hotel liegt beim Kino Eldorado und nahe der Fußgängerzone. Während Messen und während des Oktoberfests steigen die Preise drastisch. WLAN. **www.hotel-daniel.de**

SÜDLICHE ALTSTADT Hotel am Viktualienmarkt €€€

Utzschneiderstraße 14, 80469 089 23 11 090 FAX 089 23 11 09 55 **Zimmer** 27 **Stadtplan** 3 B3 **Karte** Q5

Das unprätentiöse, gleichwohl komfortable Hotel liegt in der Nähe des Viktualienmarkts. Die modernen Zimmer sind mit zeitgenössischen Fotos, floralen Mustern und viel Grün dekoriert. Das Hotel betreibt auch ein Café gleich nebenan. **www.hotel-am-viktualienmarkt.de**

SÜDLICHE ALTSTADT Schlicker €€€

Im Tal 8, 80331 089 24 28 870 FAX 089 29 60 59 **Zimmer** 69 **Stadtplan** 3 C **Karte** R4

Das traditionelle Hotel wird seit fünf Generationen von derselben Familie geführt. Die Zimmer sind geschmackvoll im klassischen Stil eingerichtet. Es gibt weder Parkplatz noch Restaurant, doch das Haus liegt gleich beim Marienplatz und damit in der Nähe vieler Läden und Restaurants. WLAN. **www.hotel-schlicker.de**

SÜDLICHE ALTSTADT Asam €€€€

Josephspitalstraße 3, 80331 089 23 09 700 FAX 089 23 09 70 97 **Zimmer** 24 **Stadtplan** 3 A2 **Karte** P4

Das Nichtraucher-Hotel ist bei Medien- und Modeleuten beliebt und bietet stilsicheren Service. Die Zimmer haben Marmorbäder und WLAN. Das Hotelrestaurant Speisekammer tischt internationale und lokale Gerichte auf. Cocktails gibt es an der Bar. Gute Lage, um das Nachtleben des Areals zu erkunden. **www.hotel-asam.de**

SÜDLICHE ALTSTADT Cortiina €€€€

Ledererstraße 8, 80331 089 24 22 490 FAX 089 24 22 49 100 **Zimmer** 35 **Stadtplan** 3 C2 **Karte** R4

Hangout der Schönen und Reichen – das Hotel im Herzen der Innenstadt bietet eine coole Bar und auf den Zimmern Parkettboden und Eichentäfelung. Serviceleistungen u. a.: Babysitting, kabelloser Internet-Zugang und tägliche Zeitungsauswahl. Die Hotellobby vermittelt den Eindruck einer Kunstgalerie. **www.cortiina.com**

SÜDLICHE ALTSTADT Torbräu €€€€

Im Tal 41, 80331 089 24 23 40 FAX 089 24 23 42 35 **Zimmer** 92 **Stadtplan** 3 C3 **Karte** R4

Das Hotel in einem historischen Gebäude von 1490 gehört zu den ältesten der Stadt. Das Vier-Sterne-Haus bietet traditionellen Komfort, ein hübsches italienisches Restaurant, ein Café (Brunch), Nichtraucherzimmer und WLAN. Während des Oktoberfests liegen die Preise deutlich höher. **www.torbraeu.de**

NÖRDLICHE ALTSTADT Concorde €€€

Herrnstraße 38–40, 80539 089 22 45 15 FAX 089 22 83 282 **Zimmer** 71 **Stadtplan** 4 D2 **Karte** R4

Das Hotel gehört zur Tulip-Inn-Kette; die Zimmer haben also Einheitslook. Gleichwohl: Hier empfängt einen eine herzliche Atmosphäre. Parkplätze gibt es gegen einen geringen Aufpreis. Zeitungen sind kostenlos, die Rezeption ist durchgehend geöffnet. Ruhige Lage in der Nähe zu Oper und Theatern. **www.concorde-muenchen.de**

NÖRDLICHE ALTSTADT Platzl €€€€

Sparkassenstraße 10, 80331 089 23 70 30 FAX 089 23 70 38 00 **Zimmer** 167 **Stadtplan** 3 C2 **Karte** R4

Das Hotel liegt nur ein paar Minuten vom Marienplatz entfernt mitten in der Münchner Altstadt. Seine Stammgäste lieben sein bayerisches Flair mit alten Holzmöbeln, bemalter Fassade und exzellentem Service. Im Haus gibt es ein Restaurant und eine traditionelle Wirtschaft. Sofort erkennbar an der großen weiß-blauen Fahne. **www.platzl.de**

Zeichenerklärung *siehe hintere Umschlagklappe*

NÖRDLICHE ALTSTADT Bayerischer Hof €€€€€

Promenadeplatz 2–6, 80333 089 21 200 FAX 089 21 20 906 **Zimmer** 395 **Stadtplan** 3 B2 **Karte** Q3

Das Luxushotel mit einer langen Liste an prominenten Gästen bietet elegante Zimmer mit allem Komfort. Zudem im Angebot: das beste Spa Münchens, drei Restaurants *(siehe S. 277)*, eine coole Bar und der Musikclub Night Club. Zentrale und schöne Lage am Promenadeplatz. **www.bayerischerhof.de**

NÖRDLICHE ALTSTADT Kempinski Hotel Vier Jahreszeiten €€€€€

Maximilianstraße 17, 80539 089 21 250 FAX 089 21 25 20 00 **Zimmer** 308 **Stadtplan** 3 C2 **Karte** R3

Das Hotel wurde 1858 im Maximilianstil errichtet und wird von den Flagship-Stores der Maximilianstraße flankiert. Die repräsentative Lobby ist in Rot und Gold gehalten. Exzellenter Service – Gleiches gilt für Bars und Gastronomie. Pool und Wellness-Bereich wurden luxuriös neu gestaltet. **www.kempinski-vierjahreszeiten.de**

NÖRDLICHE ALTSTADT Mandarin Oriental €€€€€

Neuturmstraße 1, 80331 0 89 29 09 80 FAX 089 22 25 39 **Zimmer** 73 **Stadtplan** 3 C2 **Karte** R4

Das Luxushotel bietet geräumige Zimmer und Suiten, Marmorbäder und vom beheizten Dachpool aus einen atemberaubenden Blick über die Dächer der Innenstadt. Im Gourmet-Restaurant Mark's (Michelin-Stern) kann man auch auf der Terrasse speisen *(siehe S. 277)*. Zentrale Lage nahe den Shopping-Meilen. **www.mandarinoriental.com**

ENTLANG DER ISAR Adria €€

Liebigstraße 8a, 80538 089 24 21 170 FAX 089 24 21 17 999 **Zimmer** 45 **Stadtplan** 4 D1 **Karte** K7

Das Adria liegt in einer hübschen Wohngegend (Lehel), von hier aus ist es nur ein kurzer Spaziergang zu den Museen der Prinzregentenstraße oder zum Chinesischen Turm im Englischen Garten. Die Einrichtung ist modern-minimalistisch mit geräumigen Badezimmern. Großes Frühstücksbüfett. **www.adria-muenchen.de**

ENTLANG DER ISAR Advokat €€€

Baaderstraße 1, 80469 089 21 63 10 FAX 089 21 63 190 **Zimmer** 50 **Stadtplan** 3 B/C4 **Karte** R5

Das Advokat ist das Designer-Schwesterhotel des Admiral. Die elegante Einrichtung wird von Bildern, Skulpturen und Blumen abgerundet. Es gibt eine kleine Dachterrasse und Lobby im Stil der 1960er Jahre. Ganz in der Nähe: die trendigen Boutiquen und Cafés um den Gärtnerplatz. **www.hotel-advokat.de**

ENTLANG DER ISAR Domus €€€

St.-Anna-Straße 31, 80538 089 21 77 730 FAX 089 22 85 359 **Zimmer** 67 **Stadtplan** 4 D1 **Karte** J7

Das Hotel liegt ruhig bei der hübschen St.-Anna-Kirche. Die Zimmer bieten klassische Eleganz und Internet-Zugang, einige haben kleine Balkone. Zum Englischen Garten und zu den Edelboutiquen der Maximilianstraße ist es nur ein Katzensprung. Italienisches Restaurant im Haus. Wochenend-Spezialangebote. **www.domus-hotel.de**

ENTLANG DER ISAR Splendid-Dollmann €€€

Thierschstraße 49, 80538 089 23 80 80 FAX 089 23 80 83 65 **Zimmer** 36 **Stadtplan** 4 D3 **Karte** J7

Dies ist ein traditionelles, charmantes Haus im Altbauviertel Lehel. Das Splendid vermittelt ein quasi-englisches Flair mit eleganten Zimmern, die mit Antikmöbeln ausgestattet sind. Es gibt ein Restaurant, Bar, Bibliothek und Babysitter-Service. In der Nähe von Maximilianstraße, Museen und Maximilianeum. **www.hotel-splendid-dollmann.de**

ENTLANG DER ISAR Admiral €€€€

Kohlstraße 9, 80469 089 216 350 FAX 089 29 36 74 **Zimmer** 33 **Stadtplan** 3 C3/4 **Karte** R5

Das kleine Vier-Sterne-Hotel liegt gleich um die Ecke beim Deutschen Museum an der Isar. Es ist ein eher traditionelles Haus mit Garten und einer Bar für den Absacker am Abend. Einige Zimmer haben Balkone zum Garten hin. Gutes Frühstücksbüfett mit hausgemachter Marmelade. Familienfreundlich. **www.hotel-admiral.de**

ENTLANG DER ISAR Hotel Opéra €€€€

St.-Anna-Straße 10, 80538 089 21 04 940 FAX 089 21 04 94 77 **Zimmer** 25 **Stadtplan** 4 D1 **Karte** J7

Das Haus, das etwas zurückgesetzt zur Maximilianstraße liegt, besitzt eine sehr schöne Fassade und einen Innenhof im Stil der italienischen Renaissance. Hier kann man zur Ruhe kommen. Im Restaurant Gandl *(siehe S. 277)* isst man mittags italienisch und am Abend französisch. **www.hotel-opera.de**

ENTLANG DER ISAR Hotel Ritzi €€€€

Maria-Theresia-Str. 2a, 81675 089 41 42 40 890 FAX 089 41 42 40 89 50 **Zimmer** 25 **Stadtplan** 4 F1/2 **Karte** K8

Die individuell gestalteten Zimmer besitzen leuchtende Farben. Die Themen umfassen »Afrika«, »Zen« oder üppiges »Barock« bis hin zu marokkanischem Stil in warmen Tönen. Das empfehlenswerte Restaurant serviert mediterran beeinflusste Gerichte. Lounge und Bar präsentieren sich im Art-déco-Stil. **www.hotel-ritzi.de**

ENTLANG DER ISAR Hilton Munich City €€€€€

Rosenheimer Straße 15, 81667 089 48 040 FAX 089 48 04 480 4 **Zimmer** 480 **Stadtplan** 4 E4 **Karte** K9

Das moderne Hotel bietet exzellenten Service und viele Annehmlichkeiten. Während Messen und des Oktoberfests liegen die Preise höher. Achten Sie auf Angebote. Das Hotel ist für Geschäftsreisende und Familien gleichermaßen geeignet. Es liegt gleich beim Gasteig, mit der S-Bahn sind es fünf Minuten zum Marienplatz. **www.hilton.com**

UNIVERSITÄTSVIERTEL Carolin €

Kaulbachstraße 42, 80538 089 34 57 57 FAX 089 33 44 51 **Zimmer** 6 **Stadtplan** 2 E4 **Karte** J5

Frau Mohr führt ihre Pension im ersten Stock eines Apartmenthauses. Sie hat nur sechs Zimmer, doch diese sind ruhig, komfortabel und heimelig. In ein paar Minuten ist man im Englischen Garten bzw. an der U-Bahn-Station. In der Nähe sind gute Restaurants und hübsche Läden. Keine Kreditkarten. **www.pension-carolin.com**

UNIVERSITÄTSVIERTEL Am Siegestor €€

Akademiestraße 5, 80799 089 39 95 50 FAX 089 34 30 50 **Zimmer** 20 **Stadtplan** 2 D/E4 **Karte** J5

Der Lift des Hauses gehört zu den ältesten Exemplaren in München (Ende der 1890er Jahre). Das Haus mit einfachen, gleichwohl angenehmen Zimmern liegt am »Eingang« zu Schwabing mit seinen Läden, Bars und Lokalen. Von hier aus ist man gleich bei den Kunstgalerien der Gegend und im Englischen Garten. **www.siegestor.com**

UNIVERSITÄTSVIERTEL Hauser €€

Schellingstraße 11, 80799 089 28 66 750 FAX 089 28 66 75 99 **Zimmer** 34 **Stadtplan** 2 D4 **Karte** H5

Das mittelpreisige, familiengeführte Haus gehört zur Minotel-Gruppe und liegt mitten im Universitätsviertel mit guter Nahverkehrsanbindung zur Innenstadt. Das Hotel liegt über einer Café-Bar und bietet Mietfahrräder, Sauna und Dampfbad. Kleiner Innenhof. **www.hotel-hauser.de**

UNIVERSITÄTSVIERTEL Cosmopolitan Hotel €€€

Hohenzollernstraße 5, 80801 089 38 38 10 FAX 089 38 38 11 11 **Zimmer** 71 **Stadtplan** 1 B2 **Karte** J4

Das moderne Hotel mitten in Schwabing ist mit Möbeln von Ligne Roset ausgestattet. Das Haus hat eine hübsche Terrasse, auf der bei warmem Wetter das Frühstück serviert wird, und liegt nahe beim Englischen Garten und der U-Bahn. **www.geisel-privathotels.de**

MUSEUMSVIERTEL Theresia-Regina €

Luisenstraße 51, 80333 089 52 12 50 FAX 089 54 20 633 **Zimmer** 28 **Stadtplan** 1 B4 **Karte** G5

Von dem einfach ausgestatteten Hotel aus ist man gleich bei den Pinakotheken. In der Gegend gibt es jede Menge Cafés, Bars und Restaurants. Das Haus is ausgesprochen preisgünstig – allerdings steigen die Preise bei Messen und während des Oktoberfests. Die Rezeption ist nur bis 21 Uhr besetzt. Parkplätze. **www.hoteltheresia.de**

MUSEUMSVIERTEL Das Hotel in München €€

Türkenstraße 35, 80779 089 28 81 400 FAX 089 28 81 40 49 **Zimmer** 31 **Stadtplan** 2 D4 **Karte** H6

Das frühere Stefanie in einem Haus aus den 1920er Jahren wurde unter anderer Leitung 2009 wiedereröffnet. Die Zimmer sind individuell eingerichtet. Die Lage des Hauses in Schwabing in der Nähe der Universität ist nach wie vor hervorragend. Schallschutzfenster und gutes Frühstück. **www.das-hotel-in-muenchen.de**

MUSEUMSVIERTEL Dorint Novotel €€

Hochstraße 11, 81669 089 66 10 70 FAX 089 66 10 79 99 **Zimmer** 305 **Stadtplan** 4 E4 **Karte** K9

Das moderne Hotel hat minimalistisches Dekor. Der charmante Frühstücksraum ist mit Fotografien floraler Motive ausgestattet. Es gibt einen großen Pool, einen Ruheraum und ein Fitness-Center. Das Haus befindet sich in zentraler Lage gleich beim Gasteig. Zum Marienplatz kann man auch zu Fuß gehen. **www.novotel.com**

MUSEUMSVIERTEL Leonardo Boutique Savoy Hotel €€

Amalienstraße 25, 80333 089 28 78 70 FAX 089 28 01 61 **Zimmer** 74 **Stadtplan** 2 D5 **Karte** Q1

Das kleine traditionelle Stadthotel mit den hohen Räumen wurde 2010 aufpoliert und als Design-Hotel wiedereröffnet. Es liegt sowohl im trendigen Schwabing mit Läden, Restaurants und Bars als auch in unmittelbarer Nähe zu den Pinakotheken. In ein paar Minuten erreicht man U-Bahn oder Tram. **www.leonardo-hotels.com**

MUSEUMSVIERTEL Hotel Königshof €€€€€

Karlsplatz 25, 80335 089 55 13 60 FAX 089 55 13 61 13 **Zimmer** 87 **Stadtplan** 3 A2 **Karte** N3

Das renommierte Haus mit Fünf-Sterne-Luxus liegt direkt am Stachus. Es bietet elegant eingerichtete Zimmer, herausragenden Service und sternengekrönte Küche im Restaurant *(siehe S. 278)*. Zu den Annehmlichkeiten zählen Fitness-Center, Sauna und Wellness-Bereich. Kinderfreundlich. **www.koenigshof-hotel.de**

STADTGEBIET MÜNCHEN Gästehaus Englischer Garten €€

Liebergesellstraße 8, 80802 089 38 39 410 FAX 089 38 39 41 33 **Zimmer** 25 **Karte** K3

Das angenehme, familiengeführte Gästehaus am Englischen Garten liegt ruhig. Die Zimmer sind nicht gerade groß, doch es gibt auch geräumigere Apartments mit Balkonen für einen längeren Aufenthalt. Die einstige Wassermühle steht unter Denkmalschutz. Im hübschen Garten wird Frühstück serviert. **www.hotelenglischergarten.de**

STADTGEBIET MÜNCHEN Golden Leaf Altmünchen €€

Mariahilfplatz 4, 81541 089 45 84 40 FAX 089 45 84 44 00 **Zimmer** 31 **Stadtplan** 4 D5 **Karte** J9

Das Hotel mit traditioneller Wirtschaft und Biergarten verströmt rustikalen Charme. Es bietet guten Service und kabellosen Internet-Zugang in ruhiger Lage. Extras: Nichtraucherzimmer und antiallergische Bettwäsche. Sehr üppiges Frühstücksbüfett. **www.golden-leaf-hotel.de**

STADTGEBIET MÜNCHEN Hotel am Nockherberg €€

Nockherstraße 38a, 81541 089 62 30 010 FAX 089 62 30 01 29 **Zimmer** 38 **Karte** J10

Was diesem Hotel an Trendiness und berühmten Gästen abgeht, macht es durch seine Lage nahe der Isar, dem Deutschen Museum und dem Gasteig wieder wett. Die kleinen Zimmer sind modern ausgestattet – einfach, aber komfortabel und angemessen. **www.nockherberg.de**

STADTGEBIET MÜNCHEN Jedermann €€

Bayerstraße 95, 80335 089 54 32 40 FAX 089 54 32 41 11 **Zimmer** 55 **Stadtplan** 5 A2 **Karte** F7

Das komfortable, familiengeführte Hotel bietet kostenlosen Internet-Zugang. An der Rezeption kann man auch Tickets (für MVV, Theater etc.) erwerben. Trotz der Lage in der Bayerstraße sind die Zimmer sehr ruhig. Auf Anfrage gibt es auch Familienzimmer und Nichtraucherzimmer. Sehr gutes Frühstück. **www.hotel-jedermann.de**

Preiskategorien *siehe Seite 262* **Zeichenerklärung** *siehe hintere Umschlagklappe*

STADTGEBIET MÜNCHEN Kriemhild €€

Guntherstraße 16, 80639 089 17 11 170 FAX 089 17 11 17 55 **Zimmer** 18 **Karte** B5

Das familiengeführte Hotel in der Nähe von Schloss Nymphenburg ist eine Oase der Ruhe. Trams fahren alle zehn Minuten in die Innenstadt. Die Zimmer haben WLAN. Im Sommer kann man das Frühstück auf der Terrasse einnehmen. Das Haus ist familienfreundlich. Parkplätze sind vorhanden. **www.kriemhild.de**

STADTGEBIET MÜNCHEN Eden Hotel Wolff €€€

Arnulfstraße 4, 80335 089 55 11 50 FAX 089 55 11 55 55 **Zimmer** 210 **Karte** F7

Das elegante Hotel liegt gegenüber dem Hauptbahnhof. Die modern ausgestatteten Zimmer haben kabellosem Internet-Zugang. Es gibt eine anheimelnde Bar, einen Wellness-Bereich und eine Dachterrasse. Bayerisches Restaurant im Haus. Fragen Sie nach Sonderangeboten. **www.ehw.de**

STADTGEBIET MÜNCHEN Insel Mühle €€€

Von-Kahr-Straße 87, 80999 089 81 010 FAX 089 81 20 571 **Zimmer** 38

Das Romantikhotel liegt im Stadtteil Untermenzing in einer alten Mühle und ist von schönen Gärten umgeben, die sich bis zum Mühlenbach (Würm) erstrecken. Die Zimmer sind im Country-Look eingerichtet. Das Haus besitzt auch ein exzellentes Restaurant, einen Biergarten, Weinkeller und eine Bar. **www.insel-muehle.com**

STADTGEBIET MÜNCHEN Olympic €€€

Hans-Sachs-Straße 4, 80469 089 23 18 90 FAX 089 23 18 91 99 **Zimmer** 38 **Stadtplan** 3 B4 **Karte** H9

In dem kleinen stilvollen Hotel steigen gern Künstler, Fotografen und Modemacher ab. Das Haus hat einen modernen italienischen Look mit einer Lobby, die als Kunstgalerie fungiert. Die meisten Zimmer gehen auf den Innenhof. Ruhige und freundliche Atmosphäre. In der Nähe liegen Läden, Cafés und Galerien. **www.hotel-olympic.de**

STADTGEBIET MÜNCHEN Anna €€€€

Schützenstraße 1, 80335 089 59 99 40 FAX 089 59 99 43 33 **Zimmer** 56 **Stadtplan** 3 A2 **Karte** N3

Das Designer-Hotel im Herzen Münchens wird von der Münchner Hotelier-Familie Geisel (Königshof) betrieben. Im Haus befindet sich das angesagte Restaurant mit Bar Anna. Es serviert innovative Gerichte mit europäisch-asiatischem Touch. Hübsch ist die Lounge mit Säulen, Lüstern und Sofas. **www.geisel-privathotels.de**

STADTGEBIET MÜNCHEN Hotel Excelsior €€€€

Schützenstraße 11, 80335 089 55 13 70 FAX 089 55 13 71 21 **Zimmer** 114 **Stadtplan** 3 A2 **Karte** N3

Das elegante, traditionelle Vier-Sterne-Hotel befindet sich in zentraler Lage. Die Ausstattung erinnert an einen idyllischen Landsitz. Das Hotelrestaurant Geisel's Vinothek ist ein Muss für Weinliebhaber. Gäste des Excelsior können die Einrichtungen des Partnerhotels Königshof mitbenutzen. **www.geisel-privathotels.de**

STADTGEBIET MÜNCHEN Hotel München Palace €€€€

Trogerstraße 21, 81675 089 41 97 10 FAX 089 41 971 8 19 **Zimmer** 74 **Karte** L7

In dem kleinen First-Class-Hotel steigen gern Künstler und Kulturliebhaber ab. Das Haus hat einen hübschen Garten, eine Dachterrasse und ein gutes Restaurant. Die Zimmer besitzen französisches Flair und sind mit nichtallergischem Bettzeug ausgestattet. Bar, Sauna sowie Fitness- und Massagebereich. Kinderfreundlich. **www.muenchenpalace.de**

STADTGEBIET MÜNCHEN The Charles Hotel €€€€€

Sophienstraße 28, 80333 089 54 45 550 FAX 089 54 45 55 20 00 **Zimmer** 160 **Karte** N2

Das Charles ist ein neues, elegantes Fünf-Sterne-Domizil im Herzen Münchens am Alten Botanischen Garten. Das Haus gehört zu Rocco-Forte-Gruppe und bietet in Zimmern und Suiten allen erdenklichen Luxus. Hinzu kommen: Gourmet-Restaurant Davvero, Spa, Fitness-Center und Konferenzräume. **www.charleshotel.de**

Nördliches Oberbayern

DACHAU Fischer €€

Bahnhofstraße 4, 85221 08131 61 220 FAX 08131 78 508 **Zimmer** 26 **Straßenkarte** D4

Das moderne, proppere Hotel mit luftigen Zimmern liegt gegenüber dem Bahnhof und in der Nähe der Altstadt relativ ruhig in einem Wohnviertel. Im Haus befindet sich ein Restaurant. Die Zimmer bieten kabellosen Internet-Zugang. **www.hotel-fischer-dachau.de**

DACHAU Zieglerbräu €€

Konrad-Adenauer-Straße 8, 85221 08131 45 43 96 FAX 08131 45 43 98 98 **Zimmer** 12 **Straßenkarte** D4

Mitten in Dachaus Altstadt liegt das Zieglerbräu, das nach umfangreicher Renovierung nun den neuesten Standard mit modernen, komfortablen und hellen Zimmern bietet. Für den Biergenuss sorgt die hoteleigene Brauerei, dazu gibt es typische bayerische und internationale Gerichte. Romantik-Suite. **www.zieglerbraeu.com**

EICHSTÄTT Adler €€

Marktplatz 22–24, 85072 08421 67 67 FAX 08421 82 83 **Zimmer** 28 **Straßenkarte** C2

Das Adler ist ein denkmalgeschütztes Barockhotel in der verkehrsberuhigten Altstadt, das behutsam renoviert wurde. Die Zimmer sind komfortabel möbliert – die Studios gehen nach vorn auf den Marktplatz oder nach hinten auf die Stadtmauer. Großzügiges Frühstücksbüfett mit Bio-Produkten. **www.adler-eichstaett.de**

Stadtplan München *siehe Seiten 144–153* **Straßenkarte Südbayern** *siehe hintere Umschlaginnenseiten*

FREISING Bayerischer Hof €

Untere Hauptstraße 3, 85354 08161 53 83 00 FAX 08161 53 83 39 **Zimmer** 70 **Straßenkarte** D3

Das Hotel liegt in einer ehemaligen Brauerei im Stadtzentrum. Das typisch bayerische Restaurant des Hauses serviert traditionelle Kost. Die komfortablen Zimmer sind nicht allzu groß. Das Hotel liegt in der Nähe von Läden und Restaurants – und auch relativ nahe zum Münchner Flughafen. **www.bayerischer-hof-freising.de**

FREISING Isar Hotel €€

Isarstraße 4, 85356 08161 8650 FAX 08161 86 55 55 **Zimmer** 56 **Straßenkarte** D3

Das familiengeführte Hotel an der Isar liegt nicht weit von Freisings Altstadt entfernt. Das Dekor ist eher rustikal. Es gibt eine nette Bar und ein Restaurant, das sich auf asiatisches Essen spezialisiert hat. Man kann sich Räder ausleihen. WLAN in der Lobby. Extras: Sauna, Massage und Schönheitssalon. **www.isarhotel.de**

INGOLSTADT Ara Hotel €€

Schollstraße 10a, 85055 0841 95 430 FAX 0841 95 43 444 **Zimmer** 95 **Straßenkarte** D2

Das familiengeführte Drei-Sterne-Hotel liegt in der Nähe der Ingolstädter Innenstadt. Das große violettfarbene Haus in einem Neubau besitzt eine Sonnenterrasse. Die Zimmer, darunter Nichtraucherzimmer und behindertengerechte Zimmer, sind komfortabel. Das italienische Restaurant La Tosca ist ein angenehmer Ort. **www.hotel-ara.de**

NEUBURG Neuwirt €

Färberstraße 88, 86633 08431 20 78 FAX 08431 38 643 **Zimmer** 40 **Straßenkarte** C2

Der Neuwirt ist ein traditionelles Hotel mit bayerischem Wohlfühlcharakter. Es gibt eine Wirtsstube und einen großen Biergarten, der teilweise überdacht ist. Die unprätentiösen Zimmer verstrahlen rustikalen Charme. Genießen Sie das seit 1828 selbst gebraute Bier des Hauses, das Juliusbräu. **www.neuwirt-neuburg.de**

Niederbayern

DEGGENDORF NH Parkhotel €€

Edlmaierstraße 4, 94469 0991 34 460 FAX 0991 34 46 423 **Zimmer** 125 **Straßenkarte** F2

Das große moderne Hotel in der Nähe der Donaupromenade und der Altstadt bietet Fitness-Center, Sauna, Solarium und Jacuzzi sowie ein gutes Restaurant, zudem 24-Stunden-Service und kabellosen Internet-Zugang. Es gibt auch eine Gartenterrasse. Fahrräder kann man sich ausleihen. **www.nh-hotels.com**

LANDSHUT Romantik Hotel Fürstenhof €€

Stethaimer Straße 3, 84034 0871 92 550 FAX 0871 92 55 44 **Zimmer** 24 **Straßenkarte** E3

Das elegante Hotel in einer Jugendstilvilla in der Nähe des gotischen Teils von Landshut besitzt ein preisgekröntes Restaurant (Michelin-Stern), das aus regionalen Produkten Köstliches kreiert *(siehe S. 280)*. Sauna, WLAN und hübscher Garten. In der Gegend kann man wandern, golfen und reiten. **www.romantikhotels.com/landshut**

PASSAU Passauer Wolf €€

Rindermarkt 6–8, 94032 0851 93 15 10 FAX 0851 93 15 150 **Zimmer** 41 **Straßenkarte** G3

Das Hotel in der Altstadt Passaus liegt in der Nähe der Fußgängerzone, der Sehenswürdigkeiten und der Donau. Es gibt Zimmer mit Blick auf den Fluss, die Altstadt oder den Innenhof, darunter auch Nichtraucherzimmer. Auch vorhanden: Bar und Dachterrasse. **www.hotel-passauer-wolf.de**

PASSAU Residenz €€

Fritz-Schäffer-Promenade, 94032 0851 98 90 20 FAX 0851 98 90 22 00 **Zimmer** 51 **Straßenkarte** G3

Das Hotel in einem Gebäude aus dem 15. Jahrhundert liegt schön an der Donau und bietet grandiose Ausblicke auf die Altstadt. Die Zimmer mit WLAN gehen auf die Donau oder die Altstadt. Man ist in ein paar Minuten am Residenzplatz oder bei den Bootsanlegestellen. Hübsche Terrasse. **www.residenz-passau.de**

PASSAU Hotel Weißer Hase €€€

Heiliggeistgasse 1, 94032 0851 92 110 FAX 0851 92 11 100 **Zimmer** 108 **Straßenkarte** G3

Das Hotel im Herzen der Altstadt kombiniert den Charme eines Hauses aus dem 16. Jahrhundert mit Eleganz und modernem Komfort. Die Ludwigsstube ist ein bayerisches Restaurant, das entsprechende Gerichte, aber auch internationale Küche serviert. Es gibt zudem Nichtraucherzimmer. **www.weisser-hase.de**

STRAUBING Römerhof €

Ittlinger Straße 136, 94315 09421 99 820 FAX 09421 99 82 29 **Zimmer** 26 **Straßenkarte** E2

Das Hotel liegt in angenehmer Nähe zur Altstadt. Es ist ein guter Ausgangspunkt für Touren in die Region oder zu einem Besuch des Bayerischen Walds. Die meisten der komfortablen hübschen Zimmer, darunter auch Nichtraucherzimmer, bieten Internet-Zugang. **www.roemerhof-straubing.de**

STRAUBING Asam €€

Wittelsbacher Höhe 1, 94315 09421 78 86 80 FAX 09421 78 86 88 **Zimmer** 37 **Straßenkarte** E2

Das Hotel liegt in einem denkmalgeschützten Haus, birgt im Inneren aber jeden erdenklichen modernen Luxus. Die Zimmer sind elegant-harmonisch. Genießen Sie den Wellness-Bereich mit Dampfbädern und einer finnischen Sauna. Zudem gibt es Massage- und Beauty-Behandlungen. **www.hotelasam.de**

Östliches Oberbayern

ALTÖTTING Hotel zur Post €€

Kapellplatz 2, 84503 08671 50 40 FAX 08671 62 14 **Zimmer** 93 **Straßenkarte** F4

In dem traditionsreichen Hotel, früher Taverne, übernachteten schon Erzherzöge, Bischöfe und Könige. Es liegt im ältesten Teil von Altötting. Die Zimmer sind klassisch-elegant mit hübschen Holzmöbeln eingerichtet. Es gibt mehrere Restaurants sowie ein Schwimmbad mit Sauna und Dampfbad. **www.zurpostaltoetting.de**

ASCHAU Residenz Heinz Winkler €€€

Kirchplatz 1, 83229 08052 17 990 FAX 08052 17 99 66 **Zimmer** 33 **Straßenkarte** E5

Das Restaurant ist ein Muss für Feinschmecker *(siehe S. 281)*. Heinz Winkler übernahm das alte Hotel 1989. Das mittelalterliche Gebäude beherbergt nun Luxuszimmer sowie einen Wellness-Bereich, von dem aus man auf die Alpen sieht. Schöne Terrasse und Garten. **www.residenz-heinz-winkler.de**

BAD REICHENHALL Axelmannstein €€€€

Salzburger Straße 2–6, 83435 08651 77 70 FAX 08651 59 32 **Zimmer** 151 **Straßenkarte** F5

In dem Grandhotel mit Blick auf die Bayerischen Alpen kann man bestens relaxen. Der Wellness- und Beauty-Bereich des Hauses lässt keine Wünsche offen. Erstklassiger Service, Tennisplatz, Golfplatz und ein exzellentes Restaurant. Das Haus liegt in einem sehr schönen Park. **www.axelmannsteinresort.de**

BERCHTESGADEN Alpenhotel Fischer €€

Königsseer Straße 51, 83471 08652 95 50 FAX 08652 95 52 55 **Zimmer** 54 **Straßenkarte** F5

Das hübsche Hotel im Chaletstil mit Balkonen bietet einen fantastischen Blick auf das Alpenpanorama. Die Zimmer haben WLAN und sind im Country-Look eingerichtet. Anheimelnde Bar und Lounge, Sauna mit Massage- und Beauty-Behandlungen sowie ein gutes Restaurant. Zentrale, aber ruhige Lage. **www.alpenhotel-fischer.de**

BURGHAUSEN Landhotel Reisingers Bayerische Alm €€

Robert-Koch-Str. 211, 84489 08677 98 20 FAX 08677 98 22 00 **Zimmer** 23 **Straßenkarte** F4

Das angenehme, familiengeführte Hotel in Burghausen blickt auf Burg und Altstadt. Es bietet WLAN auf den Zimmern, antiallergische Bettwäsche und kostenlose Parkplätze. Im hoteleigenen Biergarten isst man unter den Kastanien ausgezeichnet, es gibt eine makrobiotische Speisekarte *(siehe S. 281)*. **www.bayerischealm.de**

REIT IM WINKL Unterwirt €€€

Kirchplatz 2, 83242 08640 80 10 FAX 08640 80 11 50 **Zimmer** 71 **Straßenkarte** E5

Das elegant-rustikale Chalet mit Fassadenmalerei liegt im Zentrum der Stadt. Es ist im Alpinstil möbliert und besitzt einen Kamin. Im Winter ist es ideal, da es in einem schneesicheren Skigebiet liegt. Im Sommer kann man Bergwanderungen unternehmen. Angenehm: Schwimmbad und Swimmingpool. **www.unterwirt.de**

ROSENHEIM Best Western Grand City Hotel Rosenheim €€

Brixstraße 3, 83022 08031 30 60 FAX 08031 30 64 15 **Zimmer** 89 **Straßenkarte** E4

Das Hotel im Zentrum von Rosenheim bietet unterschiedliche Zimmer sowie zwei größere Apartments. Die Zimmer sind sind im Stil der Best-Western-Kette eingerichtet. Frühstück gibt es im Wintergarten, doch man kann auch im Hotelrestaurant speisen. **www.bestwestern.de**

WASSERBURG AM INN Paulanerstuben €

Marienplatz 9, 83512 08071 39 03 FAX 08071 50 474 **Zimmer** 17 **Straßenkarte** E4

Der älteste Teil des Gebäudes ist gotisch, die Fassade frühes Rokoko. In den frühen 1970er Jahren wurde aus der einen Hälfte ein Hotel. Die einfach eingerichteten Zimmer bieten schöne Ausblicke. Im Erdgeschoss gibt es ein Restaurant mit Terrasse, das bayerische Küche serviert. **www.paulanerstuben-wasserburg.de**

Südliches Oberbayern

BAD TÖLZ Jodquellenhof Alpamare €€€€

Ludwigstraße 13–15, 83646 08041 50 90 FAX 08041 50 95 55 **Zimmer** 90 **Straßenkarte** D5

Das Ferienhotel für Familien und Abenteuerlustige liegt auf dem Gelände des Alpamare. Die meisten Zimmer haben Balkon und sind auf zwei Villen verteilt. Hotelgäste haben freien Zugang zum Badebereich. Auch Beauty-Behandlungen sind erhältlich. In fünf Minuten spaziert man ins Zentrum von Bad Tölz. **www.jodquellenhof.com**

BERG Seehotel Leoni €€€€

Assenbucher Straße 44, 82335 08151 50 60 FAX 08151 50 61 40 **Zimmer** 67 **Straßenkarte** C4

Das elegant-moderne Hotel strahlt südländisches Flair aus. Die Zimmer sind cremefarben eingerichtet, an den Wänden hängt zeitgenössische Kunst. Der Garten des Hauses liegt direkt am Starnberger See. Nach München sind es 25 Kilometer. Gutes Restaurant, Terrasse und Sonnendecks, Wellness-Bereich und Pool. **www.seehotel-leoni.com**

Straßenkarte Südbayern *siehe hintere Umschlaginnenseiten*

DIESSEN Strandhotel €€

Jahnstraße 10, 86911 08807 92 220 FAX 08807 89 58 **Zimmer** 17 **Straßenkarte** C4

Das Hotel in schöner Lage am Ammersee ist ein Tipp für Familien. Die Zimmer sind funktional eingerichtet und gliedern sich in mehrere Preiskategorien. Alle haben Balkon oder Terrasse. Das Café bietet gute selbst gemachte Kuchen. In der Nähe liegen Tennis- und Golfplätze. Alle Angebote an Wassersport. **www.diessen.net/strandhotel**

GARMISCH-PARTENKIRCHEN Hotel Bavaria €€

Partnachstraße 51, 82467 08821 34 66 FAX 08821 76 466 **Zimmer** 32 **Straßenkarte** C5

Das kleine, familiengeführte Hotel in Zentrumsnähe vermittelt altmodische Gastfreundschaft. Die Zimmer sind geschmackvoll eingerichtet. Es gibt einen herrlichen Garten – die Gäste dürfen im Fluss angeln. Schwimmbäder und Fitness-Angebote finden sich ganz in der Nähe. **www.hotel-bavaria-garmisch.com**

GARMISCH-PARTENKIRCHEN Atlas Grand Hotel €€€

Ludwigstraße 49, 82467 08821 93 630 FAX 08821 93 63 22 22 **Zimmer** 59 **Straßenkarte** C5

Das Hotel mit traditionellem bayerischem Ambiente liegt im ältesten Haus der Stadt, einst war es das Quartier der Generäle von Ludwig II. Die Zimmer sind anheimelnd. DIe hübsche Terrasse gewährt einen Blick auf die Alpen. Das elegante Restaurant bietet gute Küche. Wellness-Bereich und Naturpool. **www.atlas-grandhotel.com**

KOCHEL AM SEE Grauer Bär €€

Mittenwalder Straße 82, 82431 08851 92 500 FAX 08851 92 50 15 **Zimmer** 26 **Straßenkarte** C5

Das Hotel liegt am See – zwischen Garmisch und Bad Tölz. Das traditionell eingerichtete Haus hat komfortable Zimmer. Zur Naturschönheit der Gegend kommen Whirlpools und Sonnenterrassen hinzu. Auch Beauty-Behandlungen werden angeboten. Ideal, um zu entspannen oder die Umgebung zu erkunden. **www.grauer-baer.de**

LANDSBERG AM LECH Goggl Garni €

Hubert-von-Herkomer-Straße 19–20, 86899 08191 32 40 FAX 08191 32 41 00 **Zimmer** 60 **Straßenkarte** C4

Das Goggl ist ein hübsches, traditionelles Haus mit handbemalten Möbeln und Himmelbetten in den Suiten. Das Gebäude stammt von 1667 und liegt im Herzen der Altstadt. Alle Zimmer haben komfortable Betten und Internet-Zugang. Schöner Wellness-Bereich. **www.hotelgoggl.de**

MURNAU Alpenhof Murnau €€€€€

Ramsachstraße 8, 82418 08841 49 10 FAX 08841 49 11 00 **Zimmer** 71 **Straßenkarte** C5

Der Alpenhof ist ein Fünf-Sterne-Luxushotel im Chaletstil mit Spa. Es liegt am Rand des Naturschutzgebiets Murnauer Moos mit Blick auf Alpen und Staffelsee. Diese idyllische Umgebung hat früher die Maler Kandinsky und Marc inspiriert. Genießen Sie die Top-Küche im Restaurant Reiterzimmer (ein Michelin-Stern). **www.alpenhof-murnau.com**

OBERAMMERGAU Turmwirt €€

Ettaler Straße 2, 82487 08822 92 600 FAX 08822 14 37 **Zimmer** 22 **Straßenkarte** C5

Das kleine Hotel ist seit drei Generationen im Besitz derselben Familie. Es liegt im Zentrum von Oberammergau, ganz in der Nähe der Kirche. Die Einrichtung ist bayerisch-rustikal. Bayerische Schmankerln gibt es in den verschiedenen Stuben. Sonnenterrasse und kleiner Biergarten mit Kastanien. **www.turmwirt.de**

Allgäu

FÜSSEN – HOPFEN AM SEE Hotel am Hopfensee €€

Uferstraße 10, 87629 08362 50 570 FAX 08362 50 57 73 **Zimmer** 61 **Straßenkarte** B5

Die Gäste kommen wegen des Sees und des unvergleichlichen Blicks auf die Alpen. Hier kann man gut entspannen. Das Hotel ist ideal für Wanderer, Angler und Radfahrer – Sauna, Dampfbad und Solarium sind im Haus. Das Restaurant ist auf Gerichte mit Fischen aus dem See spezialisiert *(siehe S. 282)*. **www.hotel-am-hopfensee.de**

FÜSSEN Treff Hotel Luitpoldpark €€€

Luitpoldstraße, 87629 08362 90 40 FAX 08362 90 46 78 **Zimmer** 131 **Straßenkarte** B5

Das Hotel mit klassisch-modernem Dekor liegt im Zentrum von Füssen am Stadtpark. Seine Restaurants *(siehe S. 282)* servieren bayerische Schmankerln, internationale und mexikanische Küche. Zudem gibt es ein Fitness-Center sowie eine Wellness-Landschaft. Traumhafte Lage, umgeben von Alpen und Seen. **www.luitpoldpark-hotel.de**

KEMPTEN Bayerischer Hof €€

Füssener Straße 96, 87437 0831 57 180 FAX 0831 57 18 100 **Zimmer** 50 **Straßenkarte** B5

Das Vier-Sterne-Hotel bietet einen Dekormix von mediterran bis Louis XIV. Die Zimmer blicken auf den Park oder den Fluss und haben alle Internet-Zugang. Es gibt verschiedene Gastronomiebereiche sowie einen Biergarten. Kleines Fitness- und Wellness-Center. Spielbereich für Kinder. **www.bayerischerhof-kempten.de**

LINDAU Bayerischer Hof €€€

Seepromenade, 88131 08382 91 50 FAX 08382 91 55 91 **Zimmer** 97 **Straßenkarte** A5

Das Hotel in einem neoklassizistischen Gebäude von 1854 liegt am Hafen von Lindau. Zimmer und Suiten sind geräumig und lichtdurchflutet. Das Haus bietet exzellente Fitness- und Wellness-Bereiche. Im Restaurant *(siehe S. 283)* wird internationale Küche serviert. Traumhafter Ausblick von der Bar. **www.bayerischerhof-lindau.de**

LINDAU Reutemann – Seegarten €€€

Seepromenade, 88131 Tel. *08382 91 50* FAX *08382 91 55 91* ***Zimmer*** *64* ***Straßenkarte*** *A5*

Das Hotel liegt direkt an der Seepromenade. Die Zimmer haben Balkone, man blickt über den Bodensee bis zu den Österreichischen Alpen. Auch Terrasse und Bar bieten einen Panoramablick. Gäste können die Fitness- und Wellness-Bereiche des Bayerischen Hofs nutzen, mit dem das Hotel verbunden ist. **www.reutemann-lindau.de**

LINDAU Villino €€€€

Hoyerberg 34, 88131 Tel. *08382 93 450* FAX *08382 93 45 12* ***Zimmer*** *16* ***Straßenkarte*** *A5*

Das Hotel liegt im Lindauer Stadtteil Hoyren am Hoyerberg. Die idyllische Landresidenz mit schönem Garten bietet ein stilvolles Ambiente. Das Restaurant mit asiatisch-italienischer Fusionsküche *(siehe S. 283)* erhielt einen Michelin-Stern. Die Zimmer sind elegant ausgestattet. Terrasse und Wellness-Bereich. **www.villino.de**

OBERSTDORF Kappeler-Haus €€

Am Seeler 2, 87561 Tel. *08322 96 860* FAX *08322 96 86 13* ***Zimmer*** *45* ***Straßenkarte*** *B6*

Das Drei-Sterne-Hotel im Chaletstil im Herzen von Oberstdorf in den Allgäuer Alpen liegt vor einer fantastischen Gipfelszenerie. Die unlängst renovierten Zimmer – alle mit Balkon – sind mit viel Holz eingerichtet. Swimmingpool und Terrasse. Beauty-Behandlungen im Angebot. **www.kappeler-haus.de**

Bayerisches Schwaben

AUGSBURG Dom Hotel €€

Frauentorstraße 8, 86152 Tel. *0821 34 39 30* FAX *0821 34 39 32 00* ***Zimmer*** *52* ***Straßenkarte*** *C3*

Das in vierter Generation familiengeführte historische Hotel (ehemalige Domprobstei) liegt in einer ruhigen Nebenstraße an der Stadtmauer. Nahebei sind Dom und andere Sehenswürdigkeiten. Annehmlichkeiten: Swimmingpool, Sauna und Fitness-Center. Parkmöglichkeiten in der Hotelgarage. **www.domhotel-augsburg.de**

AUGSBURG Romantikhotel Augsburger Hof €€

Auf dem Kreuz 2, 86152 Tel. *0821 34 30 50* FAX *0821 34 30 555* ***Zimmer*** *36* ***Straßenkarte*** *C3*

Das kürzlich renovierte Hotel liegt gegenüber dem Mozart-Haus im Zentrum von Augsburg und in der Nähe der Fußgängerzone. Die modernen Zimmer sind im Landhausstil eingerichtet. Im Restaurant kommen schwäbische Spezialitäten und internationale Gerichte auf den Tisch. Stilvolle Café-Bar. **www.augsburger-hof.de**

AUGSBURG Steigenberger Drei Mohren €€€

Maximilianstraße 40, 86150 Tel. *0821 50 360* FAX *0821 15 78 64* ***Zimmer*** *105* ***Straßenkarte*** *C3*

Das Fünf-Sterne-Hotel in Augsburgs Maximilianstraße liegt ideal für Sehenswürdigkeiten, Museen und Theater. Die Zimmer sind mit Antikmöbeln und Gemälden ausgestattet. Das Hotelrestaurant Maximilian's gehört zu den besten der Stadt. Exzellenter Service. **www.steigenberger.com/augsburg**

DILLINGEN Dillinger Hof €

Rudolf-Diesel-Straße 8, 89407 Tel. *09071 58 740* FAX *09071 83 23* ***Zimmer*** *47* ***Straßenkarte*** *B3*

Das moderne Hotel bietet hübsche Zimmer und ein paar Design-Highlights, etwa einen gläsernen Fahrstuhl und einen Baum im Frühstückszimmer. Das traditionelle Restaurant mit Gewölbedecke serviert regionale Schmankerln. Im Basement gibt es ein großes Fitness-Center. In der Nähe von Legoland. **www.dillingerhof.de**

DONAUWÖRTH Posthotel Traube €

Kapellstraße 14, 86609 Tel. *0906 70 64 40* FAX *0906 23 390* ***Zimmer*** *40* ***Straßenkarte*** *C2*

Modernes Hotel im Zentrum mit Vergangenheit – einst war hier eine Poststation. Das Posthotel Traube bietet Café, Bar und Restaurant mit einer großen Bandbreite an regionalen und internationalen Gerichten. Im Sommer gibt es einen Biergarten. Sauna und Massage-Angebote. Freundliches Personal. **www.posthoteltraube.de**

HARBURG Zum Straußen €

Marktplatz 2, 86655 Tel. *09080 13 98* FAX *09080 43 24* ***Zimmer*** *15* ***Straßenkarte*** *B2*

Das kleine, familiengeführte Haus liegt am Marktplatz und besitzt ein traditionelles Restaurant. Hier genießen Sie schwäbische Gastfreundschaft und können die herzhaften regionalen Gerichte testen. Die preiswerten Zimmer sind ein guter Ausgangspunkt zur Erkundung der Region. Nichtraucherzimmer und Parkplätze. **hotel-straussen@web.de**

NEU-ULM Römer-Villa €€

Parkstraße 1, 89231 Tel. *0731 80 00 40* FAX *0731 80 00 450* ***Zimmer*** *23* ***Straßenkarte*** *B3*

Das Hotel liegt in einem schlossartigen Gebäude im Glacis-Park von Neu-Ulm. Die Rezeption besitzt eine Gewölbedecke, die Lounge einen Kamin. Die klassisch möblierten Zimmer haben Balkon oder Terrasse. Weinbar, Gourmet-Restaurant und Wintergarten. **www.roemer-villa.de**

NÖRDLINGEN Klösterle €€

Beim Klösterle 1, 86720 Tel. *09081 87 080* FAX *09081 87 08 100* ***Zimmer*** *98* ***Straßenkarte*** *B2*

Das frühere Franziskanerkloster hat ein modernes, stilvolles Inneres. Die Zimmer mit angenehmer Beleuchtung und kabellosem Internet-Zugang sind hübsch eingerichtet. Das Restaurant serviert regionale und internationale Gerichte. Extras: Fitness-Center, Sauna und Sonnenterrasse. Tagungsräume. **www.nh-hotels.com**

Straßenkarte Südbayern *siehe hintere Umschlaginnenseiten*

Restaurants

Bayrische Küche ist herzhaft, bodenständig und unprätentiös. Genauso geht es auch in bayrischen Wirtschaften zu: fröhlich und leger, bisweilen etwas laut. Zu den typisch bayrischen Schmankerln gehören u.a. gegrillte Schweinshaxe, Schweinsbraten mit Knödel, Leberkäse und Münchner Weißwürste – nicht zu vergessen die Halbe Bier, die es braucht, um das Ganze ordnungsgemäß hinunterzuspülen. Diese Art von Küche findet man nicht nur auf dem Land, sondern auch noch in traditionellen Wirtschaften in München. Am allerbesten schmecken Bier und (selbst mitgebrachte) Brotzeit natürlich im Biergarten. Wer anders speisen will, kann zwischen italienischen, griechischen, französischen und asiatischen Restaurants wählen. In München findet man Restaurants fast aller Küchen sowie einige Gourmet- und Sternelokale.

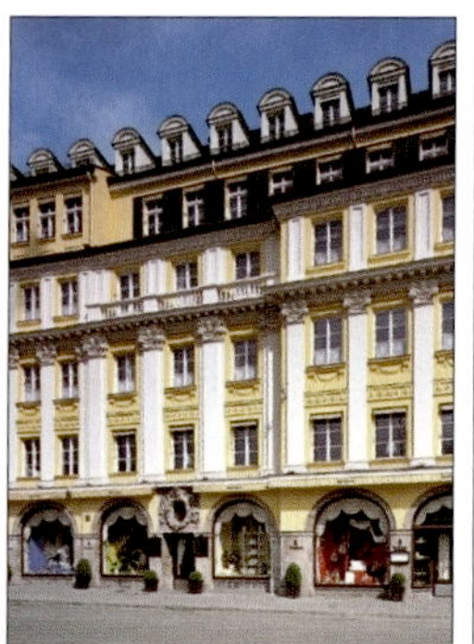

Dallmayr – berühmtes Feinkostgeschäft mit Restaurant *(siehe S. 277)*

Restauranttypen

Die große Vielfalt von Restaurants in Bayern zeugt nicht nur von der touristischen Ausrichtung der Region, sondern auch von der Weltoffenheit der Bayern – soweit es um das leibliche Wohl geht. Typisch bayrisches Essen erhält man vor allem in Gasthäusern und einfachen Wirtschaften. In München und in den Ferienzentren findet man inzwischen zwar eine Reihe von Restaurants, die »auf Bayrisch gemacht« sind, doch dieses pseudorustikale Ambiente ist in vielen Fällen hauptsächlich kitschig und hat mit Tradition weniger zu tun.

Empfehlenswert ist es, ein Lokal zu wählen, das auch die Einheimischen besuchen. Die Preise sind günstiger, und es schmeckt in der Regel besser, auch wenn es ein bisschen »rustikaler« zugeht.

In vielen Städten gibt es im Untergeschoss des Rathauses einen Ratskeller. Meist handelt es sich dabei um ein bodenständiges Restaurant, in dem Spezialitäten aus der Region serviert werden. Gut, aber nicht gerade billig sind auch die Weinstuben. Meist werden hier zum Wein delikate Gerichte serviert.

Typisch bayrisch isst man auch im Bierkeller oder der Bierstube einer Brauerei. Hier sitzt man an Biertischen und kommt schnell mit anderen Gästen ins Gespräch. Dasselbe gilt für das Bierzelt – allerdings einige Dezibel lauter. Da spielt die Blasmusik, das Bier fließt in Strömen, und das Blut gerät in Wallung. Ruhiger geht es in den Biergärten zu. Hier darf man laut einer Verordnung aus dem 19. Jahrhundert seine Brotzeit selbst mitbringen, nicht jedoch Getränke.

Ansonsten gibt es überall Pizzerias, griechische Lokale, Steakhäuser, asiatische und türkische Restaurants, Imbissbuden und für den schnellen Hunger Metzgereien und Bäckereien, in denen man sich eine Leberkässemmel oder ein Paar Würstl kaufen kann.

Natürlich gibt es in Bayern nicht nur Deftiges, sondern auch *Haute Cuisine*. In München und in größeren Städten findet man Restaurants der Spitzenklasse – allerdings zu entsprechenden Preisen.

Das alte Hunsinger's Pacific – jetzt Hunsinger in der Neuen Pinakothek

Was isst man wann?

In Bayern wird meist ausgiebig gefrühstückt. Zum Frühstück gehören Semmeln und Brezen, Butter, Käse und Schinken, vielleicht auch noch Eier mit Speck, Honig

Biergarten des Bratwurstherzl, nicht weit vom Viktualienmarkt

Edles Ambiente: Restaurant Königshof *(siehe S. 278)*

und Marmelade. In ländlichen Gebieten wird die Hauptmahlzeit mittags eingenommen (viele Restaurants bieten mittags ein Menü zu Preisen an, die deutlich niedriger sind als am Abend). Vor allem in größeren Städten essen viele jedoch erst abends warm. Eine Besonderheit in Bayern ist die Brotzeit mit Brot, Wurst, Käse, Speck und Rettich – und natürlich mit Bier.

Öffnungszeiten

Cafés und Imbissstände haben normalerweise ab 9 Uhr geöffnet. Restaurants öffnen meist erst mittags, manche erst gegen 18 Uhr. Viele Lokale haben bis Mitternacht oder länger geöffnet. Die meisten haben unter der Woche einen Ruhetag. Die innerstädtischen Biergärten müssen aus Lärmschutzgründen um 23 Uhr schließen.

Speisekarte

Die meisten Restaurants sind dazu übergegangen, ihre Speisekarte gut sichtbar auszuhängen. Oft gibt es noch eine Tageskarte, auf der saisonale Gerichte angeboten werden. Es ist inzwischen aber auch wieder chic geworden, die Tagesgerichte wie früher einfach auf einer Tafel anzuschreiben. Viele Gaststätten bieten wochentags ein günstiges Gericht als Tagesgericht an. Auch in China-Restaurants ist eine ermäßigte Mittagskarte üblich. In ländlichen Gegenden kann man außerhalb der Hauptessenszeiten oft nur einen Imbiss oder eine Suppe von der »Kleinen Karte« bestellen.

Reservierung

In beliebten oder gerade angesagten Restaurants ist es vor allem am Wochenende empfehlenswert zu reservieren, erst recht, wenn man mit mehreren Leuten essen gehen möchte. Viele bayrische Wirtschaften haben einen Stammtisch, der ausschließlich für Stammgäste reserviert ist.

Preise und Trinkgeld

Die Preise in bayrischen Restaurants variieren erheblich, zwischen Stadt und Land gibt es gravierende Unterschiede. So kostet ein einfacher Schweinsbraten mit Knödel und Salat in einer Wirtschaft auf dem Land nur etwa halb so viel wie in einer Gaststätte in einem Kurort.

Im günstigen Fall kann man für etwa acht Euro ein Hauptgericht bekommen, in etwas teureren Lokalen muss man über 15 Euro berappen. In Gourmet-Lokalen sind den Preisen keine Grenzen gesetzt. Im Preis sind Service und Mehrwertsteuer inbegriffen. Fünf bis zehn Prozent Trinkgeld sind üblich.

Vegetarische Gerichte

Die Anzahl vegetarischer Restaurants wächst, auch »normale« Lokale haben meist einige vegetarische Gerichte auf der Karte. Außerdem finden Vegetarier sowohl beim Italiener wie auch in asiatischen Restaurants eine große Auswahl.

Rauchen

In Bayern trat 2007/2009 ein Nichtraucherschutzgesetz in Kraft: Rauchen ist in fast allen Lokalen verboten, nur einige wenige haben speziell ausgewiesene Raucherräume. Auch die Zelte des Oktoberfests sind inzwischen rauchfrei.

Das Bratwurst Glöckl am Dom *(siehe S. 276)*

Behinderte Reisende

Rollstuhlfahrer sollten vor einem Restaurantbesuch unbedingt abklären, ob es einen geeigneten Rollstuhlzugang gibt. Viele Gaststätten haben zu schmale Eingänge, oft stehen die Tische zu eng beieinander, auch an geeigneten Toiletten fehlt es häufig – vor allem in alten Gebäuden, wo die Toiletten im Keller sind.

Saal im Münchner Ratskeller

Bayrische Küche

Die bayrische Küche ist für ihre Riesenportionen deftiger Gerichte bekannt, zu denen traditionell Bier getrunken wird – viele Lokale bieten mittlerweile allerdings auch bekömmlichere Versionen an. Würste, Schweinefleisch- und Rindfleischgerichte, regionaler Fisch sowie zahlreiche Brot- und Kuchensorten sind in Bayern Standard. München galt eine Zeit lang als Speerspitze der Nouvelle Cuisine. Mittlerweile haben Hamburg, Düsseldorf und Berlin nachgelegt, doch das Niveau in der Landeshauptstadt ist nach wie vor sehr hoch.

Harzer Roller und Emmentaler

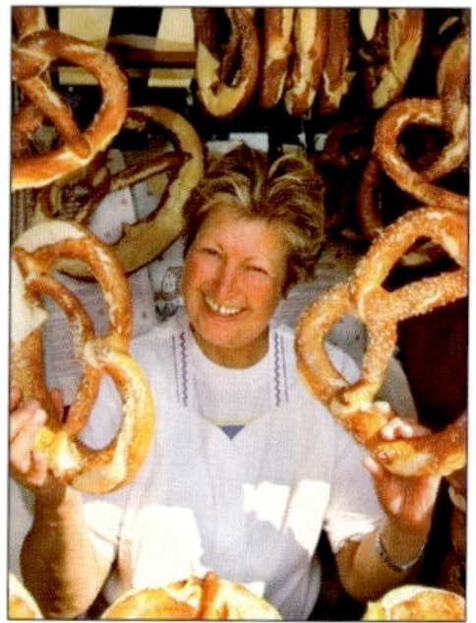

Brezen – beim Oktoberfest und im Biergarten im XXL-Format

Herzhafte bayrische Gerichte

Die bayrische Küche ist eine Landküche, die hart arbeitenden Bauern bevorzugten kohlenhydratreiche Gerichte. Verwendet wurde, was gedieh. Zum selbst gemachten Brot, den Nudeln und Knödeln gab es Wurst und Fleisch aus eigener Schlachtung, selbst gemachten Käse und ab und zu Karpfen. In München wurde diese Küche in den Jahrhunderten der Wittelsbacher Regentschaft nach und nach verfeinert. Deshalb wird die bürgerliche bayrische Küche heute noch oft als eigentlich deutsche Küche angesehen. Ein traditionelles Mittag- oder Abendessen beginnt mit einer Suppe mit Einlage. Dann folgt beispielsweise Schweinsbraten mit Sauerkraut und Kartoffeln (oder Knödel(n) bzw. Nudeln). Die Gerichte wurden und werden meist aus regionalen Zutaten bereitet – das war schon vor der Bio-Welle so. Delikatessen gibt es in den Münchner Feinkostgeschäften das ganze Jahr über. Auch der Viktualienmarkt *(siehe S. 64)* bietet jahraus, jahrein beste (allerdings nicht ganz billige) heimische und exotische Produkte an.

Mehrkornsemmel

Laugensemmel

Helles Roggenbrot

Grau- bzw. Mischbrot

Klassische Semmel

Auswahl an deutschem Brot und Brötchen

Typische Gerichte

Die bayrische Küche kennt als Zwischenmahlzeit die Brotzeit. Sie besteht aus Wurst, Schinken, kaltem Braten, Presssack, Rettich (Radi), Käse, oft Obatzda (gewürzte Camembert-Frischkäse-Mischung) mit Semmeln (Brötchen) und/oder Brezen. An der Spitze der Hauptgerichte steht Schweinefleisch, etwa in Form der Schweinshaxe oder als Schweinsbraten (oft in Biersauce). Schweinshaxe sollten Sie in München unbedingt probieren. Beide Gerichte werden meist mit Knödel (Semmel- oder Kartoffelknödel) serviert – zum Auftunken von reichlich Sauce. Dazu schmeckt ein frisch gezapftes Bier am besten. Typische schwäbische Gerichte sind Maultaschen und Spätzle.

Wurst gehört zur Brotzeit

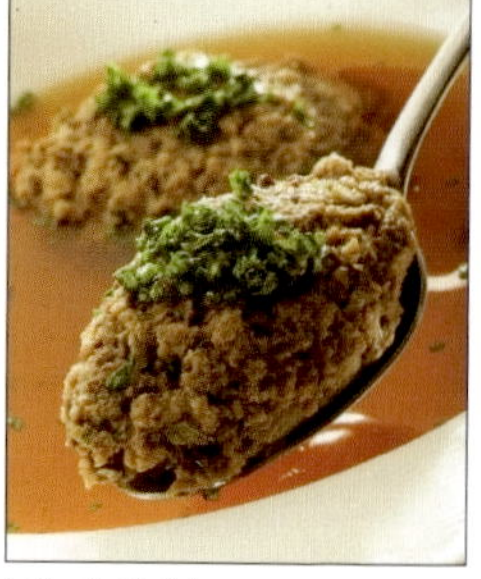

Leberknödelsuppe
Leberknödel sollen leicht und locker sein. Sie ziehen nur in der Brühe.

Frisches Gemüse auf dem Münchner Viktualienmarkt

Münchner Gourmet-Revolution

Schwer vorstellbar, dass eine Stadt, in der deftiges Essen Tradition hat, den deutschlandweiten Trend zur leichten Gourmet-Küche auslöste. An vorderster Front stand Eckart Witzigmann (immer noch einer der berühmtesten Köche), der, inspiriert von der Nouvelle Cuisine, die bayrische und deutsche Küche neu erfand. Witzigmanns legendäres Münchner Restaurant Aubergine war das erste deutsche Lokal, das drei Michelin-Sterne erhielt. Die Sterne-Köche wirken immer noch in der Stadt. Einer der neueren Trends, der die Münchner Bussi-Gesellschaft magisch anzog, war die Fusionsküche, die oft Mediterranes mit Asiatischem mischt.

Bayrisches Bier

Von den über 1250 deutschen Braustätten sind viele der größten und berühmtesten in München angesiedelt, darunter Augustiner, Hofbräu, Löwenbräu und Paulaner. Bayerisches Bier wird nach dem Reinheitsgebot gebraut, einer bayerischen Verordnung von 1516, die vorschreibt, dass nur Malz (gekeimtes Getreide, meist Gerste), Hopfen, Hefe und Wasser zur Bierherstellung verwendet werden dürfen. Heute gibt es viele Biersorten – vom dunklen Starkbier bis zu leichteren Sorten, etwa Weißbier (Weizenbier). Bier wird in Biergärten und beim Oktoberfest als Maß (ein Liter) im Maßkrug ausgeschenkt, in Lokalen bestellt man in der Regel eine »Halbe« (halber Liter). Highlight der Münchner Biertradition ist das Oktoberfest *(siehe S. 29)*.

So schmeckt es – eine Maß Bier mit Breze im Biergarten

Weißwürste

Keine andere bayerische Delikatesse ist so bekannt. Die Würste aus Kalbfleisch werden in siedendem Wasser erhitzt und mit süßem Senf und Brezen serviert. Die Tradition besagt, dass sie »das Zwölf-Uhr-Läuten nicht hören sollen«. Der Grund: Früher konnten die leicht verderblichen, da nicht gepökelten (und früher auch nicht gebrühten) Würste kaum gekühlt werden. Das trifft heute nicht mehr zu, doch immer noch werden Weißwürste gern als zweites Frühstück gegessen. Man kann sie unterschiedlich (doch immer ohne Haut!) verzehren: mit Messer und Gabel oder mit den Fingern, indem man sie mit den Zähnen aus der Haut »zuzelt«. Auf jeden Fall gehört ein (Weiß-)Bier dazu.

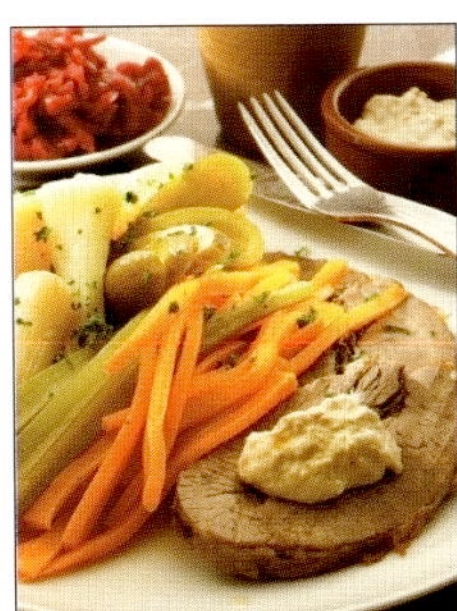

Tafelspitz
Beilage zum gedünsteten Rindfleisch: Kartoffeln, Gemüse, Meerrettich-Sahne.

Schweinshaxe
Der bayerische Klassiker wird oft mit Kartoffeln und Sauerkraut serviert.

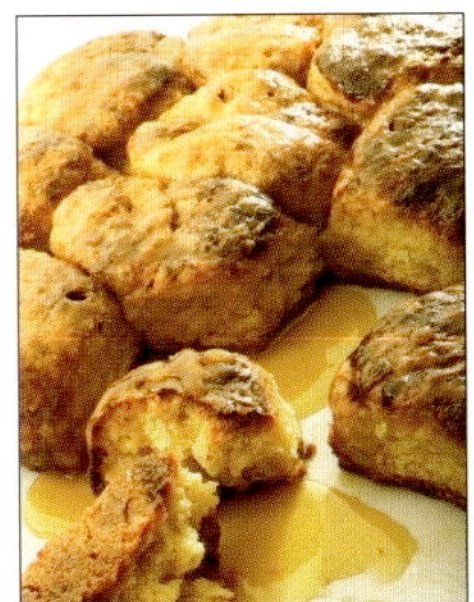

Dampfnudeln
Das warme Hefegericht wird traditionell mit Vanillesauce kombiniert.

Bayrisches Bier

Hopfendolde

Bayern und Bier ist in den Köpfen der Menschen fast ein Synonym – und tatsächlich wird bayrisches Bier in über 140 Länder exportiert. Ein Grund dafür ist das Reinheitsgebot von 1516. Es beinhaltet, dass zum Brauen ausschließlich Malz (gekeimtes Getreide aus Gerste, Weizen, Roggen oder Dinkel), Hopfen, Hefe und Wasser verwendet werden dürfen. 1919 machten die Bayern die Einhaltung des Gebots für die Zustimmung zur Weimarer Verfassung zur Bedingung.

Bier, Dirndl und gute Laune gehören zum Oktoberfest einfach dazu

Logo der Paulaner-Brauerei

Löwenbräu Helles

Bierfilz

Bayrische Brauereien

Eine Urkunde belegt, dass den Mönchen vom Kloster Weihenstephan im Jahr 1040 vom Freisinger Bischof das Recht verliehen wurde, Bier zu brauen. Weihenstephan ist somit »offiziell« die älteste Brauerei der Welt, allerdings soll es schon im Jahr 800 in Bayern 300 Bier brauende Klöster gegeben haben. Heute hat München sechs Großbrauereien: Augustiner, Hacker-Pschorr, Hofbräu, Löwenbräu, Paulaner und Spaten. Zusammen produzieren Münchner Brauer mehrere Millionen Hektoliter Bier pro Jahr und exportieren es in über 140 Länder.

Auf dem Land findet man viele kleinere Brauereien, zu denen meist eine Wirtschaft gehört. Manche haben sogar Kultstatus erreicht. So pilgern Einheimische und Besucher in schöner Eintracht und Regelmäßigkeit zu den Biergärten der Klosterbrauereien Andechs, Weltenburg und Irsee.

Wissen Sie eigentlich, warum in einem richtigen Biergarten Kastanien stehen? Nicht etwa, weil sie so schön blühen. Kastanien wurden gepflanzt, weil die großen Blätter den darunter liegenden Bierkellern am meisten Schatten und Kühlung verschafften.

Helles und Dunkles

Bis ins 19. Jahrhundert braute man in Bayern ein süßliches, dunkles Bier. Einige Brauereien haben diese Tradition bewahrt, so die Klosterbrauerei Weltenburg (Barock Dunkel) und die Schlossbrauerei Kaltenberg (König Ludwig Dunkel). Im 20. Jahrhundert wurde dunkles durch helles Bier verdrängt. Das Helle (Export) ist klar und ein bisschen stärker. Daneben gibt es naturtrübes, ungefiltertes Bier.

Bier sollte kalt, aber nicht eiskalt serviert werden, die ideale Trinktemperatur liegt zwischen 7 und 9 °C (Perfektionisten haben sogar Bierthermometer dabei). Ist Bier frisch gezapft, muss es eine Schaumkrone haben, die nicht so schnell in sich zusammensacken darf. Am besten schmeckt natürlich frisch gezapftes Fassbier, das heute meist aus Metallcontainern kommt. Serviert wird es im Literkrug (Maß) und im Halbliterglas (Halbe). Wem das zu viel ist, der kann versuchen, sich ein Kleines zu bestellen. Wenn es im Sommer heiß und der Durst groß ist, greifen manche sicherheitshalber zum Radler, einer Mischung aus Hellem und Zitronenlimonade.

Berchtesgadener Hell

König Ludwig Dunkel

Paulaner Premium Lager

Märzenbier

Als es noch keine Kühlschränke gab, musste das Bier im Winter gebraut werden. Im Sommer konnte es wegen der Hitze zu Fehlgärungen kommen. Außerdem bestand in der heißen Jahreszeit beim Biersieden erhöhte Brandgefahr. Das letzte Bier wurde deshalb im März gebraut. Dieses »Märzen« musste dementsprechend stärker sein, um über die Sommermonate zu halten. Bevor im Herbst wieder neues Bier gebraut werden konnte, wurden die Bierkeller geöffnet und der Rest ausgeschenkt – Anlass für ein Bierfest. Märzenbier wird auch heute noch gebraut, bei den Festen im Herbst rinnen in ganz Bayern viele Millionen Liter des meist etwas stärkeren Spezialgebräus durch die Kehlen. In München wird speziell zum Oktoberfest das stärkere Oktoberfest-Bier oder Wiesn-Bier ausgeschenkt.

Oktoberfest-Bier von Paulaner

Frisch gezapft schmeckt Bier am besten

Bock und Doppelbock

Der Begriff »Bockbier« leitet sich von der niedersächsischen Stadt Einbeck her. Der Name Einbeck wurde im Bayerischen zu »Oanbock« und dann nochmals zu »Bock« abgekürzt. Bockbier wurde erstmals 1589 von Hofbräu, der höfischen Brauerei, gebraut. Die Paulanermönche wurden später für ihr Bockbier berühmt. Der noch alkoholhaltigere Doppelbock trägt den Namen Salvator. Dieses Bier, das mit seinem »Gehalt« angeblich den Mönchen über die Fastenzeit hinweghalf, wurde gebraut, um den 19. März, das Fest des Ordenspatrons Josef, angemessen zu begehen. Bis heute beginnt in München im Paulanerbräu am Nockherberg am Josefitag die Starkbierzeit. Inzwischen gibt es außer Salvator noch verschiedene andere Doppelbock-Biere. Doppelbock ist dunkel, schmeckt leicht bitter und hat einen Alkoholgehalt von sieben Prozent – eine gewisse Vorsicht beim Genuss ist also anzuraten.

Salvator Doppelbock

Brezen sind die ideale Ergänzung zum Bier

Weißbier (Weizen)

Ob es »Weizenbier« oder »Weißbier« genannt wird, ist regional unterschiedlich – beliebt ist es in ganz Bayern. Das obergärige Bier wird aus Gerste und Weizen gebraut, schmeckt leicht säuerlich und ist einer der besten alkoholischen Durstlöscher (rund fünf Prozent Alkohol). Es gibt Kristall-Weizen, bei dem die Hefe herausgefiltert wird, trübes Hefeweizen und hellen bzw. dunklen Weizen-Bock. Weißbier schäumt vermehrt und muss langsam in ein schräg gehaltenes Glas gegossen werden. Es aus der Flasche zu trinken ist fast unmöglich. Serviert wird es manchmal noch mit einer Zitronenscheibe – ein historisches Relikt: Früher diente die Zitrone dazu, den sauren Geschmack von nicht mehr ganz frischem Bier zu verbergen.

Franziskaner Hefe-Weißbier

Paulaner Weißbier

Biergarten am Chinesischen Turm

Biergärten und Feste

Bier wird in Bayern auch als »flüssige Nahrung« bezeichnet. Man trinkt es immer und überall – in edlen Restaurants und in den einfachen Kneipen. Im Biergarten oder in einer alten Brauereigaststätte schmeckt es jedoch am besten. München hat in seinen Biergärten weit über 100 000 Plätze anzubieten. Neben dem Oktoberfest mit seinen Bierzelten findet in fast jeder bayerischen Stadt einmal im Jahr ein Bierfest statt. Denn: »Im Himmel gibt's kein Bier, drum trinken wir es hier.«

Restaurantauswahl

Die folgenden Restaurants wurden wegen ihrer Qualität, dem guten Preis-Leistungs-Verhältnis oder ihrer besonderen Lage ausgewählt. Die Verweise bei den Münchner Restaurants beziehen sich auf den Stadtplan *(siehe S. 144–153)* und auf die Extrakarte, die für das übrige Südbayern auf die hinteren Umschlaginnenseiten.

PREISKATEGORIEN

Die Preise gelten für ein Drei-Gänge-Menü pro Person plus eine halbe Flasche Wein, inkl. Service und Steuern:

€ unter 30 Euro
€€ 30–45 Euro
€€€ 45–60 Euro
€€€€ 60–90 Euro
€€€€€ über 90 Euro

München

SÜDLICHE ALTSTADT Bratwurstherzl — €

Dreifaltigkeitsplatz 1, 80331 ☎ *089 29 51 13* — **Stadtplan** *3 C3* **Karte** *Q4*

Die traditionelle Wirtschaft nahe dem Viktualienmarkt serviert eine Vielfalt an Nürnberger Wurstwaren. Bratwürste gibt es mit Sauerkraut (klassisch), Kartoffelsalat oder Meerrettichsahne. Zudem stehen jede Menge bayrische Fleischgerichte auf der Karte – und für Fleischverächter einige Salate.

SÜDLICHE ALTSTADT Milagros — €

Frauenstraße 9, 80469 ☎ *089 23 23 87 29 29* — **Stadtplan** *3 C3* **Karte** *Q5*

In den Räumen des ehemaligen Buxs, eines vegetarischen Pioniers der Stadt, residiert nun das mexikanische »Wunder«. Zur Auswahl stehen frisch zubereitete Klassiker der mexikanischen Küche sowie eine große Auswahl an Cocktails und Drinks.

SÜDLICHE ALTSTADT Prinz Myshkin — €

Hackenstraße 2, 80331 ☎ *089 26 55 96* — **Stadtplan** *3 B2* **Karte** *P2*

In dem exzellenten vegetarischen Restaurant mit Qualitätsküche sind viele Gerichte asiatisch beeinflusst. Das Prinz Myshkin liegt in einem alten Gewölbe in der Hackenstraße (einer Nebenstraße zur Sendlinger Straße) und verströmt eine einladende Atmosphäre – sowohl mittags als auch abends.

SÜDLICHE ALTSTADT Yum — €

Utzschneiderstraße 6, 80469 ☎ *089 23 23 06 60* — **Stadtplan** *3 B3* **Karte** *Q5*

Trendiges Thai-Lokal mit Bar – das dunkle Interieur zieht offenbar Medienleute an. Schwarze Wände, Orchideen und extra beleuchtete Buddhas bilden den Hintergrund für sehr schön präsentiertes Essen. Empfehlenswert: die Thai-Currys mit Kokosnusssauce und die exotischen Fischsuppen. Ansprechende Atmosphäre.

SÜDLICHE ALTSTADT Glockenspiel — €€

Marienplatz 28, 5. Stock, 80331 ☎ *089 26 42 56* — **Stadtplan** *3 B2* **Karte** *Q4*

Der Zugang zum Glockspiel liegt um die Ecke vom Marienplatz (durch eine Passage). Das Café-Restaurant bietet eine hübsche Terrasse mit Blick über die Dächer der Stadt. Das Ambiente vermittelt Bistro-Stil. Lecker: Seafood auf Glasnudeln oder Lachs auf Safranspinat. Zudem serviert das Café natürlich leckere Kuchen und Torten.

SÜDLICHE ALTSTADT Riva — €€

Im Tal 44, 80331 ☎ *089 22 02 40* — **Stadtplan** *3 C3* **Karte** *R4*

Das Riva ist eine beliebte italienische Pizzeria mit Espresso-Bar, die den ganzen Tag über gutes Essen serviert. Das Etablissement zieht die schicken, betuchten Münchner an, die hier zum Lunch oder zu einem After-Work-Drink auftauchen. Das Riva liegt nur ein paar Minuten vom Marienplatz entfernt.

SÜDLICHE ALTSTADT Weißes Bräuhaus — €€

Im Tal 10, 80331 ☎ *089 29 01 380* — **Stadtplan** *3 C2* **Karte** *R4*

Das Weiße Bräuhaus bietet Münchner Küche, wie sie sein sollte. Ob Pfannkuchensuppe, Innereien, »Blaue Zipfl« (Würste) oder Schweinsbraten – alle Gerichte sind bodenständig und hervorragend. Die Bedienungen meistern den Ansturm meist mit Bravour. Ausgeschenkt wird Schneider Weiße, eine Spezialität ist der »Aff«, ein Weißbockbier.

NÖRDLICHE ALTSTADT Nürnberger Bratwurst Glöckl am Dom — €

Frauenplatz 9, 80331 ☎ *089 29 19 450* — **Stadtplan** *3 B2* **Karte** *Q4*

In der Traditionsgaststätte gibt es Nürnberger Bratwürste (Schweinswürstl mit Kraut), wie sie sein sollen, herzhafte Nudelsuppen und traditionell Bayrisches wie etwa Ochsenfleisch. Das Restaurant mit Geranien auf den Fensterbänken lädt im Sommer zum Essen im Freien ein. Dann sitzt man an den Tischen direkt im Schatten der Frauenkirche.

NÖRDLICHE ALTSTADT Zum Franziskaner — €

Residenzstraße 9, Perusastraße 5, 80331 ☎ *089 23 18 120* — **Stadtplan** *3 C1* **Karte** *Q3*

Wer traditionell bayrisches Essen sucht, ist hier richtig. Die hausgemachten Weißwürste und der Leberkäse gehören zu den besten Münchens. Die großen, alten, aufwendig renovierten Räumlichkeiten – von der Schwemme im Erdgeschoss bis zur edleren Gaststätte im ersten Stock – befriedigen jedes Bedürfnis. Ausgeschenkt wird Franziskaner.

Zeichenerklärung *siehe hintere Umschlagklappe*

NÖRDLICHE ALTSTADT Brenner €€

Maximilianstraße 15, 80539 089 45 22 880 **Stadtplan** 4 D2 **Karte** R3

Das Restaurant mit Bar liegt in den Maximilianhöfen und gibt sich modern-rustikal. Hier schlägt man kulinarisch eine Brücke nach Italien. Die Pasta ist hausgemacht, die Fische werden über Buchenholzkohle im Ganzen gegrillt, das Fleisch kommt aus artgerechter Haltung. Auch hochwertige Weine werden glasweise serviert.

NÖRDLICHE ALTSTADT Dallmayr €€€€€

Dienerstraße 14–15, 80331 089 21 35 100 **Stadtplan** 3 C2 **Karte** Q4

Dallmayr ist eine Münchner Institution – es ist für seinen Kaffee, als Feinkostgeschäft und für sein Restaurant (zwei Michelin-Sterne) bekannt. Das elegante Lokal wird höchsten Ansprüchen gerecht, hinzu kommt eine exzellente Weinauswahl. Münchner und Besucher schätzen Patisserie und Küche gleichermaßen. *So, Mo geschl.*

NÖRDLICHE ALTSTADT Kulisse €€

Maximilianstraße 26, 80539 089 29 47 28 **Stadtplan** 4 D2 **Karte** R4

Restaurant, Café und Bar – das Theaterlokal in den Kammerspielen ist nicht nur ein beliebter Treffpunkt für Künstler und Theaterbesucher, sondern wartet auch mit gepflegter Küche auf. Das Augenmerk liegt vor allem auf frischen Zutaten und leichter Zubereitung. Aufmerksamer Service und einladendes Ambiente.

NÖRDLICHE ALTSTADT Spatenhaus an der Oper €€

Residenzstraße 12, 80333 089 29 07 060 **Stadtplan** 3 C1 **Karte** R3

Das Haus steht für bayrische Gastlichkeit. Im Erdgeschoss geht es bei bodenständigen Gerichten lockerer zu, im ersten Stock (mit Blick auf die Oper) eher edler. Lecker: gefüllte Kalbsbrust, Fleischpflanzerl mit selbst gemachtem Kartoffelsalat oder Krautwickerl (Kohlrouladen).

NÖRDLICHE ALTSTADT Austernkeller €€€

Stollbergstraße 11, 80539 089 29 87 87 **Stadtplan** 4 D2 **Karte** R4

Seit Jahrzehnten besticht der Austernkeller durch Qualität. Die französische Küche verwendet frische Marktprodukte. Neben den Austern, die den Ruf des Lokals begründeten, sind etwa auch die Muscheln oder die Zwiebelsuppe empfehlenswert. Romantische, anheimelnde Atmosphäre.

NÖRDLICHE ALTSTADT Ederer €€€

Kardinal-Faulhaber-Straße 10, 80333 089 24 23 13 10 **Stadtplan** 3 B1 **Karte** Q3

Das Restaurant in den Fünf Höfen serviert leichte, ökologische Gourmet-Küche und exzellentes Seafood, etwa Sardinen-Terrine mit Paprika oder Erbsensuppe mit Gambas – alles mit frischesten Zutaten. Der Weinkeller bietet über 500 edle Tropfen. Im Sommer kann man auf der Terrasse im Innenhof speisen.

NÖRDLICHE ALTSTADT Garden Restaurant €€€€

Promenadeplatz 2–6, 80333 089 21 20 993 **Stadtplan** 3 B2 **Karte** Q3

Das elegante Restaurant in Münchens Luxushotel Bayerischer Hof ist eine edle Option. Dekor und Speisekarte vermitteln südliches Flair. Kleine Auswahl von der Karte: gebratener Seeteufel mit dicken Bohnen, Bärlauch und Farfalle, Stubenküken mit gebratener Gänsestopfleber auf Erbsenrisotto. Sommerterrasse und Wintergarten.

NÖRDLICHE ALTSTADT Mark's Restaurant Mandarin Oriental €€€€€

Neuturmstraße 1, 80331 089 29 09 88 75 **Stadtplan** 3 C2 **Karte** R4

Im Mark's diniert man im edlen Ambiente des Mandarin Oriental. Man kann zwischen 400 Weinen wählen. Küchenchef Mario Cortis Speisekarte (Michelin-Stern) ist mediterran inspiriert. Highlights sind etwa Komposition vom Lamm mit Artischocken-Polenta und Thymian-Kartoffelnudeln oder getrüffelte Muscheln an Mandelschaum.

NÖRDLICHE ALTSTADT OskarMaria €€€

Salvatorplatz 1, 80331 089 29 19 6029 **Stadtplan** 3 B1 **Karte** Q3

Das OskarMaria im Münchner Literaturhaus (Restaurantbereich und Café) ist Nachfolger des populären Dukatz und bietet leichtere Gerichte im Brasseriestil. Die Besonderheit beim Dekor: Das Tischporzellan ist mit Aphorismen von Oskar Maria Graf verziert.

ENTLANG DER ISAR Bella Italia €

Weißenburger Straße 2/Rosenheimer Platz, 81667 089 48 61 79 **Stadtplan** 4 E4 **Karte** K9

Der rustikale Stil einer Trattoria prägt das Bella Italia, das schon seit 1975 aus Haidhausen nicht mehr wegzudenken ist. Viele Stammgäste lieben die leckeren Pizzas (18 Varianten), die Pastagerichte und die bodenständige italienische Küche, die zu überaus günstigen Preisen serviert wird. Durchgehend warme Küche von 11.30 bis 1 Uhr.

ENTLANG DER ISAR Gandl €€€

St.-Anna-Platz 1, 80538 089 29 16 25 25 **Stadtplan** 4 D1 **Karte** S3

Das Hotelrestaurant des attraktiven Opéra *(siehe S. 263)* serviert mittags leichte italienische Kost und abends edle französische Küche. Je nach Jahreszeit kann man bei Kaminfeuer dinieren oder auf der hübschen Terrasse. Herausragende Horsd'œuvres, Steak, Lamm-, Enten- und Fischgerichte, gefolgt von französischem Käse. Gute Weinkarte.

ENTLANG DER ISAR Königsquelle €€

Baaderplatz 2, 80469 089 22 00 71 **Stadtplan** 3 C3 **Karte** R5

Eine Oase für Whisky-Liebhaber, die sich hier treffen. Kein Top-Restaurant, sondern einfach, aber gut. Das Wiener Schnitzel ist immer hervorragend. Warmherzige Atmosphäre, gemischtes Publikum und freundlicher Service. Neben Whisky gibt es auch Bier und gute Weine. Da das Lokal kein Geheimtipp mehr ist, sollte man reservieren.

ENTLANG DER ISAR Goa €

Thierschstraße 8, 80538 089 21 11 17 89 **Stadtplan** *4 D2* **Karte** *S5*

Das indische Restaurant liegt in der Nähe des Deutschen Museums bei der S-Bahn-Station Isartor. Die Speisekarte bietet eine große Auswahl an indischen Gerichten: Hühner-Currys, Lammspezialitäten, *Kormas*, *Koftas*, *Marsalas* und vegetarische Gerichte. Hübsch, klein und freundlich. Mittag- und Abendessen. *Sa mittags geschl.*

ENTLANG DER ISAR Nektar €€€

Stubenvollstraße 1, 81667 089 45 911 311 **Stadtplan** *4 E3* **Karte** *K8*

Im Nektar kann man auf zeitgenössische Art dekadent sein. In Clubatmosphäre werden verschiedene Gänge serviert – dazwischen gibt es Performances. Die Farbe Weiß herrscht vor, passend zum futuristischen Light-Design, der Musik und den Videos. Täglich wechselnde Menüs, gute Weine. Reservierung unabdingbar. *Nur Abendessen.*

UNIVERSITÄTSVIERTEL Cohen's €€

Theresienstraße 31, 80333 089 28 09 545 **Stadtplan** *1 B4* **Karte** *Q1*

Das hippe, von jungen Leuten bevölkerte Lokal hat urbanen Chic (alte hölzerne Wirtshausstühle, rotes Dekor, cremefarbene Vorhänge). Die Speisen der Karte sind entweder jüdisch oder osteuropäisch, wobei Eintöpfe dominieren. Preiswert und daher bei Studenten und Künstlern beliebt.

UNIVERSITÄTSVIERTEL Eisbach €€

Marstallplatz 3, 80539 089 22 80 16 80 **Stadtplan** *3 C2* **Karte** *R3*

Stilvolles, zweistöckiges Bar-Restaurant mit großen Glasfronten in einem Bürogebäude direkt hinter dem Hofgarten. Die Speisekarte bietet ambitionierte Suppen, Vorspeisen und mediterran angehauchte Gerichte. Bei warmem Wetter kann man im Freien sitzen. Gute Cocktails.

UNIVERSITÄTSVIERTEL Café Reitschule €

Königinstraße 34, 80802 089 38 88 760 **Stadtplan** *2 F4* **Karte** *J5*

Das Café-Restaurant ist bei der Münchner Schickeria angesagt, man trifft also auf modebewusste Gäste. In dem hübschen Lokal mit elegantem Bistro-Interieur blickt man auf die Reitschule. Es gibt mediterrane und internationale Gerichte sowie ein preiswertes Mittagsmenü, das täglich wechselt.

UNIVERSITÄTSVIERTEL Kytaro €

Franz-Josef-Strauß-Ring 4, 80539 089 21 26 82 30 **Stadtplan** *3 D1* **Karte** *S2*

Das beliebte griechische Restaurant liegt gegenüber dem Haus der Kunst beim Englischen Garten. (Schon früher, als das Kytaro noch in Haidhausen war, war es ein Kult-Grieche.) Auf der Karte: griechische Klassiker. Sehr gut sind der Lammbraten und die kalten *Mezes*. Im Sommer kann man auf der Terrasse sitzen.

UNIVERSITÄTSVIERTEL Bistro Terrine €€€

Amalienstraße 89 (Amalienpassage), 80799 089 28 17 80 **Stadtplan** *2 D4* **Karte** *H5–6*

Das Bistro Terrine in der Amalienpassage ist das Schwesterlokal des Sterne-Restaurants Tantris und auf delikate, leichte Gerichte mit französischem Touch spezialisiert. Herausragend sind die Lamm- und Fischgerichte. Das luftig-leichte Interieur des Lokals erinnert an ein französisches Bistro. Hübsche Gartenterrasse.

MUSEUMSVIERTEL Sangeet €€

Brienner Straße 10, 80333 089 28 67 45 57 **Stadtplan** *3 C1* **Karte** *Q2*

Der Inder in der Nähe des Odeonsplatzes bietet rund 200 Gästen Platz. Die Gerichte zeichnen sich durch ihre harmonische Gewürzmischung aus. Sie werden entweder auf offenem Feuer zubereitet oder im Tandoor, dem indischen Holzkohleofen. Hübsches Ambiente und guter Service. *Nur Abendessen.*

MUSEUMSVIERTEL Davvero €€€€

Sophienstr. 2, 80333 089 544 555 1200 **Stadtplan** *3 A1* **Karte** *N2*

Das elegante Restaurant im Hotel The Charles ist aufgrund der hohen Fenster lichtdurchflutet, es besitzt eine schöne Terrasse zum Alten Botanischen Garten hin. Küchenchef Giovanni Russo setzt auf puristische, mediterran geprägte Speisen aus frischesten Zutaten.

MUSEUMSVIERTEL Königshof €€€€

Karlsplatz 25, 80335 089 55 13 60 **Stadtplan** *3 A2* **Karte** *N3*

Das Restaurant im ersten Stock des Luxushotels *(siehe S. 264)* wurde mit einem Michelin-Stern prämiert. Küchenchef Martin Fauster kreiert fantastische Menüs, etwa eingelegten Spargel mit Flusskrebsen, lauwarmen Saibling auf Brennnesselspinat, Medaillon vom Seeteufel im Sud mit Räucheraalbrandade, gefüllte Mandelhippen mit Mispel-Sauerrahmeis.

STADTGEBIET MÜNCHEN Il Cigno €

Wörthstraße 39, 81667 089 44 85 589 **Karte** *L9*

Das Il Cigno is ein solides, preiswertes italienisches Restaurant in einem mit Stuck verzierten Speisesaal mit hervorragender Pizza und Pasta. Auf der Tageskarte finden sich immer einige fantasievolle Speisen mit Zutaten der Saison. Im Sommer kann man auch an den Tischen im Freien essen.

STADTGEBIET MÜNCHEN Ruffini €€

Orffstraße 22–24, 80637 089 16 11 60 **Karte** *D4*

Ein Urgestein: Das Ruffini war das erste alternative Öko-Café in München. Lecker ist das Vollwertfrühstück sowie Brot und Kuchen aus der hauseigenen Bäckerei. Doch hier kann man auch gut abends essen, etwa toskanischen Bio-Schweinebraten mit Rosmarinkartoffeln. Gute Weine. Bei den Gästen begehrt: die Dachterrasse. *Mo geschl.*

Preiskategorien *siehe Seite 276* **Zeichenerklärung** *siehe hintere Umschlagklappe*

STADTGEBIET MÜNCHEN Acetaia €€€
Nymphenburger Straße 215, 80639 089 13 92 90 77 **Karte** *D4*

Bei diesem Edel-Italiener im Jugendstildekor dreht sich alles um Aceto balsamico – sogar die Desserts bekommen ein paar Tropfen ab. Es gibt italienische Klassiker mit dem gewissen Etwas: z. B. hausgemachte Ravioli mit Ricotta und Pilzen oder Pecorino, verfeinert mit 25 Jahre altem Balsamico aus Modena. Im Sommer gibt es Tische im Freien.

STADTGEBIET MÜNCHEN Broeding €€€
Schulstraße 9, 80634 089 16 42 38 **Karte** *D5*

Hohe Kochkunst in minimalistischem Ambiente – das Broeding ist ein Edelrestaurant und zugleich ein Weinhandel für österreichische Weine. Jeden Tag wechselt das Fünf-Gänge-Menü (Fisch jeden ersten Mi im Monat), das von Spitzenweinen begleitet wird. Reservierung unabdingbar. *Nur Abendessen, So u. Mo geschl.*

STADTGEBIET MÜNCHEN Acquarello €€€€
Mühlbaurstraße 36, 81677 089 47 04 848 **Karte** *M7*

Hier wird fantastische, mit einem Michelin-Stern gekrönte italienische Küche, eine der besten in Deutschland, serviert. Küchenchef Mario Gamba empfiehlt auch die passenden Weine. Lecker: Panzerotti mit Taleggio auf Rucolaschaum, Ossobuco auf Safranrisotto und Cassata auf Nola-Pistazienpesto.

STADTGEBIET MÜNCHEN Käfer-Schänke €€€€
Prinzregentenstraße 73, 81675 089 41 68 247 **Stadtplan** *4 F1* **Karte** *L7*

Michael Käfers bekanntes Gourmet-Restaurant im Haupthaus in Bogenhausen zieht eine Gästemischung aus Politik, Kultur und Wirtschaft an. Es gibt Hauptrestaurant und Lounge, hinzu kommen kleine thematisch eingerichtete Speiseräume (zwölf »Stuben«: Jägerstube, Opernstube etc.). Exzellentes Essen. *So u. Feiertage geschl.*

STADTGEBIET MÜNCHEN Tantris €€€€€
Johann-Fichte-Straße 7, 80805 089 36 19 590 **Karte** *K2*

Das Sterne-Restaurant gehört nicht nur zu den Münchner, sondern zu den europäischen Top-Adressen. Im Dekor der 1970er Jahre bietet das Tantris luxuriöse Gourmet-Menüs von Chefkoch Hans Haas (zwei Michelin-Sterne). Lange Zeit wirkte hier die Sommelière-Ikone Paula Bosch. Reservierung unabdingbar. *So u. Mo geschl.*

Nördliches Oberbayern

DACHAU Aurora €€€
Rosswachstraße 1, 85221 08131 51 530 **Straßenkarte** *D4*

Das kleine Gourmet-Restaurant des Hotels Aurora bietet eine Vielzahl an regionalen Gerichten. Sehr gut sind die Fleischgerichte (vom Steak über Lammfleisch bis zu Wild) und die Würste. Die Karte verzeichnet ein Gourmet-Menü zum Festpreis. Im Sommer speist man auf der Gartenterrasse. Zudem gibt es einen Wintergarten.

EICHSTÄTT Gasthof Krone €€
Domplatz 3, 85072 08421 44 06 **Straßenkarte** *C2*

Mitten in Eichstätt gegenüber dem Dom findet man diesen Familienbetrieb in einem Haus von 1670. Chefkoch und Wirt Dieter Schaller legt Wert auf frische, regionale Zutaten und hat dafür gesorgt, dass das »Schmankerlwirtshaus« im Wettbewerb Bayerische Küche ausgezeichnet wurde.

FREISING Zur Alten Schießstätte €€
Dr.-von-Daller-Straße 1–3, 85356 08161 53 20 **Straßenkarte** *D3*

Das Hotelrestaurant im Dorint in Freising genießt einen guten Ruf für seine bayrische Qualitätsküche. Das Lokal liegt nahe dem historischen Zentrum und etwa 30 Minuten von der Münchner Innenstadt entfernt. Es besitzt einen fast 500 Jahre alten Bierkeller mit Gewölbedecke und einen Biergarten mit Kastanien.

HAINDLFING (BEI FREISING) Gasthaus Landbrecht €€
Freisinger Straße 1, 85354 08167 89 26 **Straßenkarte** *D3*

Das kleine familiäre Restaurant liegt fünf Kilometer nördlich von Freising. Die Speisekarte bietet eine gute Auswahl an regionalen Gerichten, die saisonal wechseln. Die Gaststube mit ländlichem Touch besitzt Holzvertäfelung und einen Kachelofen. Parkplätze vorhanden. *Mo u. Di geschl.*

INGOLSTADT Hummel €€
Feldkirchener Straße 69, 85055 0841 95 45 30 **Straßenkarte** *D2*

Das Hummel ist ein charmantes, familiengeführtes Hotelrestaurant nahe der Altstadt. Das zeitgenössische Dekor trägt zur entspannten Atmosphäre bei. Das auch für Nichthotelgäste offene Lokal trägt den Namen des Besitzers und serviert italienische und internationale Gerichte. Gute Kartoffelsuppe. Ebenfalls lecker: geräucherte Forelle.

INGOLSTADT Restaurant im Stadttheater €€
Schlosslände 1, 85049 0841 93 51 50 **Straßenkarte** *D2*

Das Restaurant liegt im modernen Glasbau des Stadttheaters und gewährt einen schönen Blick auf die Altstadt. Der Speiseraum ist angenehm lichtdurchflutet, es gibt zwei Terrassen am Fluss. Auf der Karte: regionale und internationale Gerichte sowie täglich wechselnde Menüs. Gute Weinauswahl. *So abends u. Mo geschl.*

NEUBURG AN DER DONAU Zum Klosterbräu €€

Kirchplatz 1, 86633 08431 67 750 **Straßenkarte** *C2*

Das gut eingeführte Lokal wird nun von einer jungen Familie betrieben. Der kreative Koch serviert bayrische Qualitätsküche. Empfehlenswert: die Sonntagsbraten. Wer es romantischer mag, sollte in der Jakobsstube dinieren, obwohl die Gaststube ebenfalls charmant ist. Bei schönem Wetter kann man im Garten sitzen.

Niederbayern

DEGGENDORF Grauer Hase €€€

Untere Vorstadt 12, 94469 0991 37 12 70 **Straßenkarte** *F2*

Hier gibt es exzellente Fisch- und Fleischgerichte. Das traditionelle Lokal wird von einem jungen innovativen Chefkoch geführt. Die Speisekarte vermittelt ein bisschen Exotik mit klassischen Gerichten, die einen luxuriösen Touch erhalten. Probieren Sie unbedingt die Desserts, etwa *mille-feuilles* mit Äpfeln und Portwein.

GRAFENAU Säumerhof €€

Steinberg 32, 94481 08552 40 89 90 **Straßenkarte** *G2*

Der Säumerhof ist ein freundliches Lokal in einem kleinen Drei-Sterne-Landhotel. Das familiengeführte Etablissement macht sich um die regionale Küche verdient. Die herzhaften Spezialitäten bestehen aus frischesten Zutaten von nahen Bauernhöfen, aus den umliegenden Flüssen und Wäldern. *Mo–Do mittags, Fr–So geschl.*

LANDSHUT Fürstenhof €€€€

Stethaimer Straße 3, 84034 0871 92 550 **Straßenkarte** *E3*

Der Fürstenhof ist ein elegantes Restaurant mit Jugendstilambiente – der ideale Ort für ein romantisches Candle-Light-Dinner. Chefkoch André Greul (Michelin-Stern) bietet eine hervorragende Auswahl an Gourmet-Gerichten an – allesamt aus ökologischen Zutaten. Greul betreibt auch eine renommierte Kochschule.

LANDSHUT Schloss Schönbrunn €€

Schönbrunn 1, 84036 0871 95 220 **Straßenkarte** *E3*

Das Lokal liegt gleich außerhalb von Landshut in einem blassrosa Schlösschen (17. Jh.). Das Hotelrestaurant mit Gewölbedecke ist der richtige Ort, um gute bayrische Küche zu genießen. Die herzhaften regionalen Gerichte bilden die Grundlage der Speisekarte, auf der auch ein paar internationale Speisen stehen. Schöner Biergarten.

PASSAU Christophorus Stüberl €€

Pfaffengasse 7, 94032 0851 75 68 090 **Straßenkarte** *G3*

Das Stüberl in einer engen Gasse im Herzen der Passauer Altstadt liegt zwischen Dom und Donau. In dem gepflegten Gewölbelokal geht es lebhaft zu. Empfehlenswerte Fleisch- und Fischgerichte: Kingclip Fish und Bisonsteaks. Das Restaurant betreibt auch einen Internet-Feinkostshop.

PASSAU Heilig-Geist-Stift – Stiftsschenke €€

Heilig-Geist-Gasse 4, 94032 0851 26 07 **Straßenkarte** *G3*

Das rustikale Restaurant mit Weinbar bietet bayrisches Essen. Die Holztäfelung und die Kachelöfen machen das Lokal gemütlich. Das Abendessen wird in der Jäger- oder Bischofsstube serviert, wo Wappen, Jagdtrophäen und alte Drucke die Wände zieren. Lecker: Fisch aus der Donau sowie Schweins- und Rinderbraten.

STRAUBING Seethaler €

Theresienplatz 25, 94315 09421 93 950 **Straßenkarte** *E2*

Das Hotelrestaurant mit Wirtshausflair liegt in der Fußgängerzone. Hier gibt es ein gutes Essensangebot und gute Weine – neben dem Bier. Die Küche verwendet frische Produkte (keine Zusätze oder Genprodukte) für regionale Speisen. Das Gebäude wurde urkundlich 1462 erwähnt und war damals eine Brauerei mit Ausschank. *So geschl.*

STRAUBING Bella Vista €€

Krankenhausgasse 19, 94315 09421 89 154 **Straßenkarte** *E2*

Das 1996 eröffnete Bella Vista versorgt die Italien-Fans von Straubing. Auf der Karte stehen gute italienische Klassiker, die Weinauswahl ist hervorragend. Empfehlenswert: sizilianischer Schwertfisch, die Spezialität des Hauses. In den Sommermonaten kann man auch an Tischen im Freien essen.

Östliches Oberbayern

ALTÖTTING Graminger Weißbräu €

Graming 79, 84503 08671 96 140 **Straßenkarte** *F4*

Der alte Brauereigasthof besitzt einen schönen Biergarten mit Kastanien. Hier werden die Biere der Brauerei Graminger ausgeschenkt. Sie entstand um 1900, als ein Schmiedemeister vor seiner Schmiede Tische aufstellte, um den wartenden Bauern Brotzeit und Bier zu verkaufen. Gute bayrische Schmankerln aus Produkten der Region.

Preiskategorien *siehe Seite 276* **Zeichenerklärung** *siehe hintere Umschlagklappe*

ASCHAU IM CHIEMGAU Residenz Heinz Winkler €€€€€

Kirchplatz 1, 83229 08052 17 990 **Straßenkarte** *E5*

Sterne-Koch Heinz Winkler übernahm 1989 hier ein altes Hotel und schuf daraus ein Paradies für Feinschmecker *(siehe S. 267)*. Speisen Sie im üppigen Ambiente des venezianischen Restaurants, im Gartensalon, im Wintergarten oder auf der Terrasse. Allerbestes Essen (drei Michelin-Sterne), glücklich machende Weine – mit Blick auf die Alpen.

BAD REICHENHALL St. Aegidi-Keller €

Poststraße 20, 83435 08651 65 333 **Straßenkarte** *F5*

Das Kellerrestaurant liegt in einem alten Gebäude (12. Jh.) und weist gotische Holzarchitektur auf. Serviert werden leichte Gerichte mit italienischem Einschlag und regionale Spezialitäten. Hier speist man einfaches, traditionelles Essen und hat eine hervorragende Weinauswahl. Täglich wechselnde Speisekarte.

BURGHAUSEN Bayerische Alm €€

Robert-Koch-Straße 211, 84489 08677 98 20 **Straßenkarte** *F4*

Die Gäste kommen wegen der österreichischen und mediterranen Gerichte, aber auch wegen der grandiosen Aussicht auf die längste Burganlage Europas *(siehe S. 267)*. Bei warmem Wetter kann man im Biergarten oder auf der Terrasse sitzen. Regionale Gerichte wie Ente, Lamm, Wild und Bachforelle findet man ebenfalls auf der Karte.

SEEON Klostergaststätte €€

Klosterweg 2, 83370 08624 89 70 **Straßenkarte** *E4*

Das Restaurant liegt in einem ehemaligen Benediktinerkloster auf einer Halbinsel im Klostersee. Auf der Tageskarte finden sich Fischgerichte (mit Fisch vom Chiemsee) und internationale Speisen. Empfehlenswert: fangfrisches Zanderfilet. Das malerische Lokal hat eine hohe Gewölbedecke mit Steinsäulen.

TITTMONING Florianistube €

Stadtplatz 44, 84529 08683 10 32 **Straßenkarte** *F4*

Das Hotelrestaurant liegt zentral am Stadtplatz von Tittmoning. Es serviert typisch bayrische Schmankerln und internationale Gerichte. Das familiengeführte Etablissement bietet in den Sommermonaten auch Tische im Freien auf einer Terrasse. *Do geschl.*

TRAUNSTEIN Schnitzlbaumer €

Taubenmarkt 11a–13, 83278 0861 98 66 50 **Straßenkarte** *E4*

Beim Schnitzlbaumer erwartet die Gäste regionale Küche mit typischen Gerichten, darunter vieles mit Knödeln. Das Restaurant gehört zu einer Brauerei gleichen Namens und ist recht modern ausgestattet – mit Ziegelwänden und Ledersofas. Junges, lebhaftes Publikum.

WAGING AM SEE Strandkurhaus €

Am See 1, 83329 08681 47 900 **Straßenkarte** *F4*

Das Restaurant am See ist ein Tipp für den Sommer. Erwartungsgemäß gibt es hier viele Gerichte mit fangfrischem Fisch auf der Karte, aber auch traditionell Bavarisches. Die Zutaten stammen aus der Region und sind alle ökologisch. Der Speiseraum ist traditionell-rustikal. Im Sommer sitzt man im Biergarten oder auf der Terrasse.

WASSERBURG AM INN Herrenhaus €

Herrengasse 17, 83512 08071 59 71 170 **Straßenkarte** *E4*

Die täglich wechselnde Speisekarte im Herrenhaus konzentriert sich auf bayrische Schmankerln und saisonale Gerichte, es gibt aber auch ein paar französische Klassiker. Lecker sind Lachs in Riesling, Schweinsbraten mit Bratkartoffeln, Zander oder Hecht mit mediterranem Gemüse. Hübscher Speiseraum mit Holzdecke und Steinwänden.

Südliches Oberbayern

ANDECHS Klosterhof Andechs €

Bergstraße 9, 82346 08152 93 090 **Straßenkarte** *C4*

Das Kloster auf dem Heiligen Berg versorgt die Gaststätte mit Zutaten und natürlich mit dem selbst gebrauten Bier. Es gibt Riesenportionen herzhafter Gerichte wie Schweinshaxe. Sie können Sie im Biergarten genießen. Im Restaurant speist man etwas edler, etwa bei einem Drei-Gänge-Menü. Grandioser Ausblick.

BAD TÖLZ Altes Fährhaus €€

An der Isarlust 1, 83646 08041 60 30 **Straßenkarte** *D5*

Das Alte Fährhaus liegt direkt an der Isar unweit des Ortskerns. Die Küche konzentriert sich auf regionale Speisen mit saisonalen Produkten, bietet aber auch gern Fisch und Meeresfrüchte auf den Tisch. Empfehlenswert: Hirschbraten in Schlehensauce und Seezunge mit Gemüse. Sommerterrasse am Fluss.

BAYRISCHZELL Der Alpenhof €€€

Osterhofen 1, 83735 08023 90 650 **Straßenkarte** *D5*

Der Alpenhof in Bayrischzell bietet einen herrlichen Blick auf die Alpen. Auf der Karte stehen bayrische und internationale Spezialitäten. Es gibt mehrere Hotelrestaurants. Feinschmecker kommen mit dem Sechs-Gänge-Menü in der Alpenstube (ein Michelin-Stern) auf ihre Kosten. Elegantes, gleichwohl gemütliches Ambiente.

Straßenkarte Südbayern *siehe hintere Umschlaginnenseiten*

FELDAFING Kaiserin Elisabeth €€

Tutzinger Straße 2, 82340 08157 93 090 **Straßenkarte** *C4*

Das Vier-Sterne-Golfhotel Kaiserin Elisabeth liegt oberhalb des Starnberger Sees in einem hübschen kleinen Park mit altem Baumbestand und bietet ein elegantes Restaurant mit großer Terrasse. Im informelleren Stüberl sitzt man im Winter am Kaminfeuer. Gutes Essen und gute Weinauswahl. Leicht angestaubter, aber charmanter Touch.

GARMISCH-PARTENKIRCHEN Reindl's €€

Bahnhofstraße 15, 82467 08821 94 38 70 **Straßenkarte** *C5*

Das Top-Restaurant im Hotel Partenkirchner Hof blickt auf eine lange Tradition der feinen Küche zurück. Der Küchenchef bietet eine Karte mit edel-zeitgenössischen bayrischen Speisen und französischen Klassikern, etwa Wildlachs, Kalbsnierchen, Lamm- und Wildgerichte. Hohe Qualität, wunderbare Weine und exzellenter Service.

GARMISCH-PARTENKIRCHEN Best Western Hotel Obermühle €€

Mühlstraße 22, 82467 08821 70 40 **Straßenkarte** *C5*

Die Mühlenstube, das Restaurant des Hotels Obermühle, liegt nur fünf Gehminuten vom Zentrum Garmisch-Partenkirchens entfernt. Von hier aus hat man einen schönen Blick auf das Zugspitzmassiv und andere Alpengipfel. Das Restaurant bietet internationale Gerichte. Im Mühlradl kann man bayrische Schmankerln essen.

GARMISCH-PARTENKIRCHEN Grand Hotel Sonnenbichl €€€

Burgstraße 97, 82467 08821 70 20 **Straßenkarte** *C5*

Das Jugendstilgebäude des Grand Hotel Sonnenbichl ist in eine grandiose Alpenszenerie eingebettet. Das Gourmet-Restaurant Blauer Salon serviert internationale Küche in elegantem Setting. Bei schönem Wetter können die Gäste auf der Terrasse dinieren.

MITTENWALD Arnspitze €€

Innsbrucker Straße 68, 82481 08823 24 25 **Straßenkarte** *C5*

Dem Küchenchef der Arnspitze gelingt der Mix aus bayrischen Spezialitäten und klassischer Küche mit kreativem Touch. Die oft wechselnde Speisekarte basiert auf frischen saisonalen Produkten. Lecker: Entenleber-Pâté mit Apfelgelee oder die köstliche Karamell-Schokoladentorte mit flambierten Aprikosen. Gute Weinauswahl.

OBERAMMERGAU Böld €€

König-Ludwig-Straße 10, 82427 08822 91 20 **Straßenkarte** *C5*

Das Restaurant liegt in einem Hotel im Chaletstil und bietet bayrische Gastfreundschaft. Im rustikalen, aber charmanten Dekor wird qualitatives Essen serviert, das auf regionale Produkte zurückgreift. Man kann zwischen Restaurant, Bar und Sonnenterrasse wählen und den Blick auf die spektakuläre Bergszenerie genießen.

TEGERNSEE Lieberhof €

Neureuthstraße 52, 83684 08022 41 63 **Straßenkarte** *D5*

Der Lieberhof ist ein Berggasthof im alpinen Stil oberhalb des Tegernsees. Man hat die Auswahl zwischen drei Stuben (Zirbelstube, Bauernstube und Kachelstube). Serviert werden herzhaft-bodenständige Gerichte der bayrischen Küche. Der Ausblick von der Sommerterrasse ist fantastisch. Familienfreundlich. *Mo u. Di geschl.*

Allgäu

FÜSSEN – HOPFEN AM SEE Hotel am Hopfensee €

Uferstraße 10, 87629 08362 50 570 **Straßenkarte** *B5*

Das Restaurant des Hotels *(siehe S. 268)* hat sich auf Gerichte mit fangfrischen Fischen aus dem See spezialisiert. Von hier genießt man einen herrlichen Blick auf die Alpen. Man kann innen sitzen, im Wintergarten oder auf der großen Terrasse. Außer Fisch gibt es natürlich auch Gerichte wie Schnitzel oder Bratwürste.

FÜSSEN Treff Hotel Luitpoldpark €€€

Luitpoldstraße 1, 87629 08362 90 40 **Straßenkarte** *B5*

Das herrlich gelegene Hotel *(siehe S. 268)* bietet mehrere Lokale: das elegante Restaurant Kurfürst von Bayern mit bayrischen Schmankerln und internationaler Gourmet-Küche, die traditionelle Lautenmacher-Stube, ein Wiener Café und sogar ein mexikanisches Restaurant. Schöne Umgebung.

KEMPTEN Peterhof €€

Salzstraße 1, 87435 0831 52 440 **Straßenkarte** *B5*

Das Hotel Peterhof liegt im Zentrum von Kempten unweit der Fußgängerzone. Es beherbergt ein hübsches Restaurant, das eine Auswahl an italienischen Gerichten anbietet – auch für Nichthotelgäste. Dazu gibt es gute italienische Weine – und zum Schluss einen sehr guten Espresso.

LINDAU Alte Post €

Fischergasse 3, 88131 08382 93 460 **Straßenkarte** *A5*

Attraktives, familiengeführtes Restaurant in einem Gebäude von 1700 mit Terrasse und Tischen in einem Innenhof. Das hübsche Lokal bietet Gerichte aus frischen regionalen Produkten – von einfachen Speisen bis zu edleren Kreationen mit traditionellem Touch. Familienfreundlich.

LINDAU Bayerischer Hof €€€

Seepromenade, 88131 08382 91 50 **Straßenkarte** *A5*

Wenn Sie elegant an einem edel gedeckten Tisch dinieren wollen, sollten Sie das Restaurant des Hotels Bayerischer Hof *(siehe S. 268)* aufsuchen. Hier gibt es exzellente klassische Küche und herausragenden Service. Das Restaurant liegt an der Seepromenade und bietet von der Sommerterrasse einen schönen Blick auf den Bodensee.

LINDAU Villino €€€€

Hoyerberg 34, 88131 08382 93 450 **Straßenkarte** *A5*

Das von der Familie Fischer geführte Restaurant liegt in einem idyllischen Garten. Die inspirierten Gerichte des Villino verbinden asiatische und italienische Kochkunst. Die Gäste können in den Sommermonaten auf der von Bäumen beschatteten Terrasse mit wunderbarem Blick speisen.

OBERSTDORF Exquisit €€

Prinzenstraße 17, 87561 08322 96 330 **Straßenkarte** *B6*

Das charmante Restaurant im Landhausstil liegt in einem Alpenparadies. Von den Terrassen aus sehen die Gäste im Sommer auf sattgrüne Alpenwiesen. Das Küchenteam bietet eine erstaunliche Bandbreite an Gerichten an – von edel bis kalorienarm. Sehr freundlicher Service.

Bayerisches Schwaben

AUGSBURG Ratskeller €

Rathausplatz 2, 86150 0821 31 98 82 38 **Straßenkarte** *C3*

Das gemütliche Flair des traditionsreichen Gewölbekellers wirkt einladend. Hier bekommt man deftige Wirtshausklassiker ebenso wie leichte Fischgerichte oder knackige Salate. Unter der Woche werden mittags sehr preiswerte Gerichte von der ständig wechselnden Wochenkarte angeboten.

AUGSBURG Magnolia Restaurant im Glaspalast €€

Beim Glaspalast 1, 86153 0821 31 99 999 **Straßenkarte** *C3*

Das Magnolia in modernem Design liegt in einem denkmalgeschützten Industriebau. Angeboten werden Gaumengenüsse der heimischen Küche mit internationalem Touch. Empfehlenswert: Thunfischtatar mit Kaviarcreme oder provenzalisches Rinderfilet mit *foie gras*. Wöchentlich wechselnde Speisekarte. Weltweite Auswahl an Weinen.

AUGSBURG August €€€

Frauentorstraße 27, 86152 0821 35 279 **Straßenkarte** *C3*

Im August erwartet einen edle Kochkunst mit bemerkenswerten Zubereitungsarten und Kombinationen von saisonalem Gemüse, Seafood und Wild. Die Gerichte sind herrlich leicht – alle Ingredienzen schmecken für sich und harmonieren miteinander. Für Bayern eher untypisch köstlich.

AUGSBURG Die Ecke €€€

Elias-Holl-Platz 2, 86150 0821 51 06 00 **Straßenkarte** *C3*

Das feine schwäbisch-bayrische Restaurant ist für seine Welsgerichte bekannt. Probieren Sie gebackenen Wels mit Meerrettich auf Gemüse und Reis mit Rieslingsauce. Eine weitere Spezialität des Hauses ist der Lammbraten in Pommery-Senf-Kruste mit Schalottensauce, Bohnen und Kartoffelgratin. Gute Weinauswahl.

DILLINGEN Storchennest €€

Demleitnerstraße 6, Fristingen, 89407 09071 45 69 **Straßenkarte** *B3*

Im Herzen des kleinen Dorfs bei Dillingen blickt das Storchennest auf eine über 400-jährige Geschichte zurück. Der Kachelofen in der Gaststube wärmt an Wintertagen, während die große schattige Gartenterrasse im Sommer für Kühlung sorgt. Wählen Sie zwischen den Tagesgerichten oder einem Sechs-Gänge-Menü. Große Weinauswahl.

FRIEDBERG Conte Luigi €

Bauernbräustraße 15, 86316 0821 60 71 27 **Straßenkarte** *C3*

Der junge Kuchenchef der Trattoria bietet italienische Klassiker sowie einige traditionelle italienische Gerichte zu moderaten Preisen. Vor allem die Antipasti-Auswahl ist beeindruckend. Im Innenhof sitzt man in den Sommermonaten sehr schön. Aufmerksamer und freundlicher Service.

NEU-ULM Landhof Meinl €€

Marbacher Straße 4, 89233 0731 70 52 222 **Straßenkarte** *A3*

Das hübsche Hotelrestaurant in ruhiger Umgebung (Mitglied der Silence-Hotelgruppe) bietet rustikal-elegantes Ambiente. Die Gerichte sind teilweise von der Küche der nahen Schwäbischen Alb beeinflusst. Gut sind die frischen Salate mit Fischfilet oder Hähnchenbrust sowie die Putenbrust in Paprikasauce mit Rösti.

NÖRDLINGEN Meyers Keller €€

Marienhöhe 8, 86720 09081 44 93 **Straßenkarte** *B2*

Hier achtet man auf qualitativ hochwertige Zutaten, die kreativ-sorgfältig verarbeitet werden. Auf der Karte stehen saisonal wechselnde Lamm-, Wild- oder Fischgerichte, aber auch importiertes Seafood. Das elegant-klassische Restaurant hat einen hübschen Garten, in dem im Sommer Tische stehen. Zudem werden Gourmet-Kochkurse angeboten.

Wirtschaften, Biergärten, Cafés und Bars

München besitzt jede Menge Cafés, Biergärten, Wirtschaften und Bars. Jeder wird also etwas nach seinem ganz persönlichen Geschmack finden. Die *Gelben Seiten* bieten 45 Seiten voller Lokale – von Amerikanisch bis Zypriotisch, von Ausflugslokalen über Bayrisch-Münchnerisches und Biergärten bis zu Clubs, Nachtcafés und Selbstbedienungsrestaurants. Die aufgeführten Lokale stellen nur eine sehr kleine, wenn auch repräsentative Auswahl dar.

Wirtschaften und Biergärten

Wer im Sommer durch die Münchner Altstadt schlendert, sieht zunächst überall Tische vor den bayerischen Gaststätten. Sie sind bei schönem Wetter fast immer voll, sollten aber nicht darüber hinwegtäuschen, dass viele »Wirtschaften«, wie man hier sagt, zusätzlich einen schönen Biergarten im Innenhof besitzen. Die Gasträume sind meist groß und typisch bayrisch. Die Kellnerinnen tragen oft Dirndl – wegen der Besucher, aber auch, weil es so Brauch ist.

Im **Hofbräuhaus** sitzen in Urlaubszeiten mehr Amerikaner und Japaner als Münchner. Der Biergarten im Hof macht allerdings eine Ausnahme. Dennoch muss man als Besucher Münchens *»most famous pub«* einmal gesehen haben – schon weil die Blasmusik so schön spielt.

Ähnlich bekannt und authentischer ist die Gaststätte **Augustinerbräu** in der Fußgängerzone. Hier isst man hervorragend. Viele Räume haben noch die Originaleinrichtung (19. Jh.), der Biergarten im Arkadenhof ist eine Oase mitten in der Stadt. Zu trinken gibt es Münchens bestes Bier: Augustiner Edelstoff. Andere bekannte Wirtschaften sind der **Löwenbräukeller** und der **Donisl**, in dem man sein Bier ebenfalls in bayerischem Ambiente und zur Blasmusik trinkt.

Mit 7000 Sitzplätzen ist der Biergarten am **Chinesischen Turm** im Englischen Garten einer der größten und bekanntesten. Hier trifft und mischt sich alles: Münchner Originale, schicke Schwabinger und Besucher aus aller Welt. An Selbstbedienungstheken bekommt man gute bayrische Kost. Wissenswert: In bayerischen Biergärten darf man sein Essen selbst mitbringen – nach einer Verordnung aus dem 19. Jahrhundert.

Cafés und Bars

Die Bezeichnung »Café« deckt eine große Bandbreite von Lokalitäten ab. Ein Café kann ein Etablissement sein, in dem man wirklich hauptsächlich Kaffee und Kuchen konsumiert – wie das **Café Kreutzkamm**, das für seine hervorragenden Dresdner Stollen und Baumkuchen bekannt ist, das **Café Rischart** direkt am Marienplatz oder das **Café Luitpold**, in denen man unter vielerlei Arten der allerfeinsten Torten und Kuchen wählen kann.

Andere Etablissements wie das **Café am Beethovenplatz** sind vielfältiger. Je nach Tageszeit schlemmt man sich hier durch das Frühstücksangebot, nimmt einen Kaffee oder Tee zu sich oder isst zu Abend – oft zu den Klängen von (klassischer) Musik, die hier live gespielt wird. Im **Café Altschwabing** fühlt man sich in die Zeit um 1900 zurückversetzt, als Thomas Mann und andere Autoren hier Stammgäste waren.

Die meisten Cafés sind alles in einem: Man kann frühstücken, genussvoll essen (oft mit warmer Küche rund um die Uhr), einen Cappuccino oder ein Glas Wein trinken – oder einen fantasievollen Cocktail. Je nach Lage sind diese Cafés schlichte Nachbarschaftstreffs oder angesagte Hangouts der Münchner Bussi-Gesellschaft – jeder Besucher wird schnell herausfinden, wo er sich wohlfühlt.

Im Glockenbachviertel (westlich des Gärtnerplatzes) findet man Schwulenlokale wie das **Café Glück** oder den **Bau**. Bis spätnachts geöffnet haben Lokale in Schwabing, z.B. das **Roxy**. Auch im Westend, in Neuhausen und in Haidhausen gibt es jede Menge Kneipen mit Nightlife. »Hinter« dem Ostbahnhof sorgen die **Kultfabrik** (Grafinger Straße 6) und die **Optimolwerke** (Friedenstraße 10) mit zahlreichen Bars, Clubs und Discos dafür, dass sich junge Nachtschwärmer in München austoben. Allerdings hat sich die Clubszene in die Innenstadt zurückverlagert, etwa in die Sonnenstraße.

Essen zum Mitnehmen

Über Imbisse stolpert man in München überall. Bis vor einiger Zeit waren es die Metzger, die mit Leberkässemmeln und allerlei Deftigem lockten. Seither haben lokale Bäckereiketten (etwa Müller-Brot) eine Alternative eröffnet: Von der Mini-Pizza bis zur Käsebreze bekommt man hier alles für den kleinen Hunger. Der »Coffee to go« hat sich auch in München durchgesetzt.

Natürlich sind internationale Fast-Food-Ketten in München mit zahlreichen Filialen vertreten. Auch **Nordsee** (ausgezeichnet für alles mit Fisch) sowie zahlreiche Take-away-Pizzerias, Döner-Stände oder asiatische Schnellrestaurants wie **Der Kleine Chinese** oder **Thai Magie** sind an vielen Stellen zu finden.

Spezifisch für München sind **Dallmayr** und **Käfer**, zwei Feinkostläden der oberen Klasse *(siehe S. 287)*. Hier durch den Laden zu schlendern ist ein Fest für Augen und Nase, auch wenn die meisten Leckereien nicht ganz billig sind. Nicht ganz so teuer, aber ähnlich vielfältig und gut sind die Stände am **Viktualienmarkt**. Viele Stände bieten auch einen Imbiss an, den man an einem Tisch im Biergarten verzehren kann.

AUF EINEN BLICK

Wirtschaften und Biergärten

Andechser am Dom
Weinstr. 7a.
Stadtplan 3 B2 (6 D3).
29 84 81.

Augustinerbräu
Neuhauser Str. 27.
Stadtplan 3 A2 (5 B3).
23 18 32 57.

Augustiner-Keller
Arnulfstr. 52.
59 43 93.

Bayerischer Donisl
Weinstr. 1.
Stadtplan 3 B2 (6 D3).
22 01 84/-85.

Chinesischer Turm
Englischer Garten.
Stadtplan 2 F4.
38 38 730.

Zum Flaucher
Isarauen 8. *72 32 677.*

Franziskaner-Garten
Friedenspromenade 45.
43 00 996.

Hofbräuhaus
Am Platzl 9.
Stadtplan 3 C2 (6 E3).
29 01 36 100.

Hofbräukeller
Innere Wiener Straße 19.
45 99 250.

Kaisergarten
Kaiserstr. 34.
34 02 02 03.

Löwenbräukeller
Nymphenburger Str. 2.
54 72 66 90.

Paulaner Bräuhaus
Kapuzinerplatz 5.
54 46 110.

Seehaus im Englischen Garten
Kleinhesselohe 3.
38 16 130.

Spatenhaus an der Oper
Residenzstr. 12.
Stadtplan 3 C2 (6 D2).
29 07 060.

St.-Emmerams-mühle
St. Emmeram 41.
95 39 71.

Wintergarten
Elisabethplatz 4b.
Stadtplan 2 D3.
27 37 31 34.

Cafés und Bars

Atzinger
Schellingstr. 9.
Stadtplan 2 D4.
28 28 80.

Bar Centrale
Ledererstr. 23.
Stadtplan 3 C2 (6 E3).
22 37 62.

Bau
Müllerstr. 41.
Stadtplan 5 A5.
26 92 08.

Box
Gärtnerplatz 1.
Stadtplan 3 C3 (6 D5).
20 21 649.

Café Altschwabing
Schellingstr. 56.
Stadtplan 1 C4.
27 31 022.

Café Atlas
Innere Wiener Str. 2.
Stadtplan 4 E3.
48 02 997.

Café am Beethovenplatz
Goethestr. 51.
55 40 43 48.

Café Cord
Sonnenstraße 19.
Stadtplan 5 A3.
54 54 07 80.

Café Glück
Palmstr. 4.
Stadtplan 3 A5.
20 11 673.

Café Glyptothek
Königsplatz 3.
Stadtplan 1 B5.
28 80 83 80.

Café Kreutzkamm
Maffeistr. 4.
Stadtplan 3 B2.
29 32 77.

Café Luitpold
Brienner Str. 11.
Stadtplan 6 D1.
24 28 750.

Café Münchner Freiheit
Münchner Freiheit 20.
Stadtplan 2 F1.
33 00 79 910.

Café Puck
Türkenstr. 33.
Stadtplan 2 D4.
28 02 280.

Café Reitschule
Königinstr. 34.
38 88 760.

Café Rischart
Marienplatz 18.
Stadtplan 3 B2 (6 D3).
23 17 000.

Café Ruffini
Orffstr. 22–24.
16 11 60.

Café Wiener Platz
Innere Wiener Str. 48.
Stadtplan 4 E3.
44 89 494.

Charivari
Türkenstr. 92.
Stadtplan 2 D4.
28 28 32.

Hongkong Bar
Kapuzinerstr. 39.
20 10 205.

Jazzbar Vogler
Rumfordstr. 17
Stadtplan 3 C3 (6 D5).
29 46 62.

Julep's
Breisacher Str. 18.
44 80 044.

Kaffee Giesing
Bergstr. 5.
69 20 579.

Königsquelle
Baaderplatz 2.
Stadtplan 3 C3 (6 E5).
22 00 71.

Müller + Söhne, Speisecafé
Kazmairstr. 28.
45 23 78 67.

Niederlassung
Buttermelcherstr. 6.
Stadtplan 3 C3 (6 D5).
32 60 03 07.

Pacific Times
Baaderstr. 28.
Stadtplan 3 C3 (6 E5).
20 23 94 70.

Pusser's
Falkenturmstr. 9.
22 05 00.

Roxy
Leopoldstr. 48.
Stadtplan 2 E3.
34 92 92.

Schumann's
Odeonsplatz 6.
Stadtplan 3 C1 (6 D1).
22 90 60.

Schumann's TagesBar
Maffeistr. 6.
Stadtplan 5 C2.
24 21 77 00.

Stadtcafé im Stadtmuseum
St.-Jakobs-Platz 1.
Stadtplan 3 B3 (5 C4).
26 69 49.

Tambosi
Odeonsplatz 18.
Stadtplan 3 C1 (6 D1).
29 83 22.

Velvet Bar
Marienstr. 18.
Stadtplan 3 C2.
17 79 64 54 67.

Tresznjewski
Theresienstr. 72.
Stadtplan 1 C5.
28 23 49.

Wiener's Kaffeebar
Neuturmstr. 2
Stadtplan 6 E3.
29 25 69.

Essen zum Mitnehmen

Der Kleine Chinese
Im Tal 28.
Stadtplan 3 C2 (6 D3).

Nordsee
Schützenstr. 10.
Stadtplan westl. von 3 A2.
Viktualienmarkt 10.
Stadtplan 3 B3.

Thai Magie
Blumenstr. 1.
Stadtplan 3 B3 (5 B5).

Viktualienmarkt
Stadtplan 3 B3 und 3 C3 (6 D4).

Shopping

München ist nicht gerade billig, dafür gibt es hier alles. Auch im »restlichen Bayern« kann man gut shoppen. Überall im Voralpenland werden Sportartikel, vor allem Wander- und Bergsteigerzubehör, angeboten. Je nach der lokalen Tradition können Sie viele kunsthandwerkliche Erzeugnisse entdecken, sollten aber auf der Hut sein: Was auf den ersten Blick wie heimisches Handwerk erscheint, kann sich auch als Produkt aus Fernost entpuppen. Überhaupt müssen Sie sich auch auf volkstümlichen Kitsch gefasst machen. Schön und praktisch dagegen sind Lodenwaren. Oder wie wär's mit bayrischen Schmankerln zum Mitbringen?

Logo von Lodenfrey

Obstabteilung im traditionsreichen Feinkostladen Dallmayr

Wo man einkauft

Wie überall haben alle größeren bayerischen Städte eine Einkaufsstraße, meist die Fußgängerzone im Stadtzentrum. Ihren täglichen Bedarf decken die Leute jedoch immer mehr in großen Einkaufszentren. In ländlichen Gebieten kann man oft direkt bei Bauern kaufen – Schilder an der Straße kündigen die Waren an. Die Produkte des Biobetriebs Hermannsdorfer Landwerkstätten werden z. B. direkt im Hofladen bei Glonn verkauft und auch in einigen Filialen in München.

Shopping-Meilen

In München konzentrieren sich die europaweit bekannten Ketten und Kaufhäuser in der Fußgängerzone (Neuhauser Straße und Kaufingerstraße). Zwischen Stachus und Marienplatz wird der deutschlandweit größte Umsatz gemacht. Eines der besten Kaufhäuser ist Ludwig Beck am Rathauseck, das einstige Karstadt Oberpollinger ist nun Oberpollinger München.

In der Gegend um Theatiner-, Maximilian- und Brienner Straße liegen u. a. die Stores von Versace, Gucci, Boss, Escada und Donna Karan. Neue Einkaufspassagen sind die Fünf Höfe und die Maximilianhöfe.

In Schwabing, in der Gegend um Schelling-, Amalien- und Türkenstraße sowie in der Hohenzollernstraße und den Nebenstraßen zur Münchner Freiheit reihen sich flippige Boutiquen und Secondhand-Shops, Buchläden und Antiquariate, Antiquitätengeschäfte und Trödler.

Öffnungszeiten

Laut Ladenschlussgesetz dürfen Geschäfte montags bis samstags von 6 bis 20 Uhr geöffnet haben. Tatsächlich öffnen viele Läden später. In kleinen Bäckereien bekommt man ab 7 Uhr seine Semmeln, Supermärkte öffnen um 8 oder 9 Uhr, Kaufhäuser um 9 Uhr, Boutiquen oft erst um 10 Uhr. In den Städten haben die meisten Geschäfte durchgehend bis 20 Uhr offen. Auf dem Land wird häufig von 12.30 bis 14.30 Uhr Mittagspause gemacht, die Läden schließen um 18 Uhr.

Nach Ladenschluss findet man Tankstellen, wo man sich mit dem Nötigsten versorgen kann. Immer mehr Bäckereien haben am Sonntagvormittag geöffnet.

Bezahlung

In großen Geschäften und in vielen Supermärkten können Sie mit Kredit- oder Debitkarte bezahlen. In kleineren Läden, vor allem auf dem Land, ist eher Barzahlung erwünscht.

Verkaufsraum für Nymphenburger Porzellan

Werbung für Trachtenmode in Ruhpolding

Delikatessen

Auch in Bayern kauft man vieles in Supermärkten ein, doch es gibt auch Metzgereien, Bäckereien, Gemüseläden u. a., die durch Qualität überzeugen. Am besten schmeckt's natürlich frisch vom Markt. Münchens berühmtester ist der Viktualienmarkt *(siehe S. 64)*. Exquisite Feinkost bieten in München **Dallmayr** und **Käfer** an.

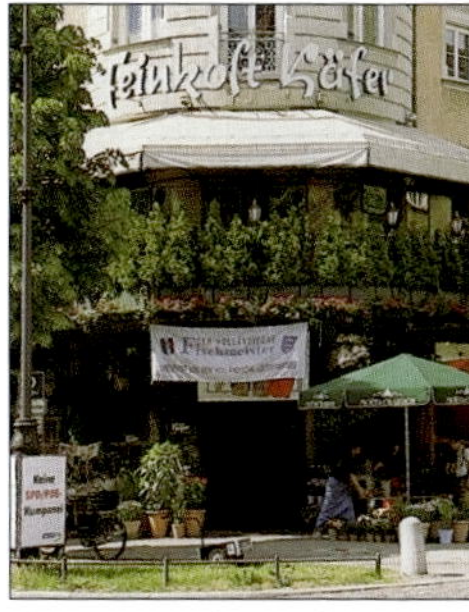

Eingang zu Feinkost Käfer

Geschenke und Souvenirs

In den Urlaubsorten gibt es zahllose Souvenirläden. Viel von dem, was dort angeboten wird (z. B. das große Sortiment mit Artikeln zu König Ludwig II.), kann man getrost als Kitsch bezeichnen – und dennoch mögen. Daneben gibt es auch gelungene kunsthandwerkliche Erzeugnisse, z. B. geschnitzte Figuren, Töpferwaren, Hinterglasmalerei und Porzellan. Beliebt sind Trachten und Trachtenaccessoires – für Frauen vor allem die oft nicht ganz originalen, dafür aber reizvollen Dirndl und für Männer Lederhosen und Janker. Auch einen Lodenmantel kann man immer und überall tragen, ohne dass es volkstümelnd wirkt. In München hat man die beste Auswahl qualitativ hochwertiger Trachtenkleidung bei **Lodenfrey**.

Fachgeschäfte

In München gibt es sehr viele Fachgeschäfte. Alles im Sportbereich bieten **Sport Scheck** und Sport Schuster. Ein Riesensortiment an Büchern gibt es bei **Hugendubel**. **Geobuch** ist spezialisiert auf Karten und Reiseliteratur, **L. Werner** auf Bücher zu Architektur und Design. **Hieber Lindberg** ist *das* Fachgeschäft für Noten und Musikliteratur. **Ludwig Beck** (oberster Stock) und **Saturn** bieten eine große CD/DVD-Auswahl an. Antiquitäten-Fans sollten sich einen Besuch bei **Bernheimer Fine Old Masters** gönnen.

Laden mit Töpferwaren und Körben in Augsburg

AUF EINEN BLICK

Delikatessen

Dallmayr
Dienerstr. 14–15, München.
Stadtplan 3 C2 (6 D3).
☎ *(089) 21 350.*

Käfer
Prinzregentenstr. 73, München.
Stadtplan 3 F4.
☎ *(089) 41 68 300.*

Geschenke und Souvenirs

Lodenfrey
Maffeistr. 7, München. **Stadtplan** 3 B2 (5 C2). ☎ *(089) 21 03 90.*

Porzellan Manufaktur Nymphenburg
Odeonsplatz 1, München.
Stadtplan 3 C1 (6 D1).
☎ *(089) 28 24 28.*

Radspieler
Hackenstr. 7, München.
Stadtplan 3 B2 (5 B4).
☎ *(089) 23 50 980.*

Fachgeschäfte

Bernheimer Fine Old Masters
Brienner Str. 7, München. **Stadtplan** 5 D1. ☎ *(089) 22 66 72.*

Geobuch
Rosental 6, München.
Stadtplan 3 B2 (5 C4).
☎ *(089) 26 50 30.*

Hieber Lindberg
Sonnenstraße 15, München.
Stadtplan 5 A3.
☎ *(089) 55 14 60.*

Hugendubel
Marienplatz 22, München.
Stadtplan 3 B2.
☎ *(01801) 48 44 84.*

L. Werner
Residenzstr. 18 u. Türkenstr. 30, München. **Stadtplan** 3 C1 u. 2 D5.
☎ *(089) 22 69 79 u. 28 05 448.*

Ludwig Beck
Marienplatz 11, München.
Stadtplan 3 C2 (6 D3).
☎ *(089) 23 69 10.*

Sport Scheck
Sendlinger Str. 6, München.
Stadtplan 3 A3.
☎ *0180-55 77 67 841.*

Saturn
Neuhauser Str. 39 , München.
Stadtplan 3 A2 (5 B3).
☎ *(089) 23 68 70.*

Stadtplan München *siehe Seiten 144–153*

Souvenirs

Bayerischer Filzhut mit Verzierung

Kunsthandwerk aus Bayern eignet sich gut als Mitbringsel oder Souvenir, als Sammlerstück oder auch als Gebrauchsgegenstand. Das bayerische Kunsthandwerk ist der Tradition verpflichtet. Es kann äußerst geschmackvoll sein, allerdings auch recht kitschig ausfallen. Zwar ist Bayern nicht mehr das Land der schuhplattelnden Jodler und der drallen »Deandln«, zu dem es immer noch gern gemacht wird – doch Qualität muss man schon suchen. Ansonsten gilt: Ein bisschen Kitsch schadet auch nicht.

Porzellan
Trachtenpuppen sind beliebte Sammlerstücke. Der feine Porzellankopf ist kunstvoll bemalt.

Christophorus-Statue (»gotisch«)

Volkskunst

Viele Werkstätten und Läden bieten an, was in Handarbeit hergestellt wurde. Berühmt sind Schnitzereien aus Oberammergau, beliebt vor allem die Krippenfiguren. Auch Bauernmalerei kann schön sein. Wer Glück hat, findet alte Stücke.

S HUBERTUS

Hinterglasmalerei
Die Kunst der Hinterglasmalerei ist weit verbreitet. Die meisten Glasmaler findet man in der Gegend von Murnau. Gemalt werden oft Heiligenfiguren oder naive religiöse Szenen.

Votivbild im Stil des 19. Jahrhunderts

Flache Zinnfigur mit Emaille

Glaswaren und Keramik

Der Bayerische Wald ist für seine Glasbläser-Werkstätten (Waldglas) bekannt. Hergestellt wird klassisches Gebrauchsglas, aber auch Modernes in ungewöhnlichen Formen und Farben. Töpferwaren sind entweder bunt bemalt, oder es handelt sich um das charakteristische grau-blaue Steingut. Das berühmteste Zentrum für Tonwaren ist Dießen.

Schnupftabakflasche aus Steingut

Nymphenburger Porzellan
Die kunstvollen Figuren, die in der Porzellan Manufaktur Nymphenburg gefertigt werden, haben historische Vorlagen, sind künstlerisch wertvoll und ziemlich teuer.

Zierteller mit bayerischem Wappen

Glasflasche, Bayerischer Wald

Trachtenmode

Moderate Trachtenmode ist immer und überall tragbar. Sie ist praktisch und qualitativ hochwertig. Materialien dafür sind Leder, Leinen und Wolle. Beliebt ist vor allem die Lederhose für Kinder. Sie geht nicht so schnell kaputt und wird durch häufiges Tragen noch schöner. Modische Dirndl sind fast ein Muss für einen Besuch des Oktoberfests.

Walkjanker

Die berühmte »Krachlederne«

Gürtel mit Edelweißmotiven

Lederwaren

Bayrische Lederwaren sind für ihre Qualität bekannt. Das Leder ist dick und dennoch weich. Die Teile sind äußerst strapazierfähig.

Handgestrickte Socken

Tasche mit Edelweiß

Haferlschuhe gehören zur Tracht

Halskette mit typischen Anhängern

Besticktes Fransentuch

Rund ums Bier

Bierkrüge gehören zu den beliebtesten bayrischen Souvenirs. Es gibt sie überall und in vielen Variationen: einfache Krüge aus Steingut, bunt bemalte oder mit Reliefs verzierte Krüge, solche mit Zinndeckel oder ohne. Manche behaupten, Bier aus dem Krug schmecke besonders gut.

Bunt bemalte Bierflasche

Bierkrug mit Rautenflagge und Löwe

Sammlerstücke

An schönen alten Bierkrügen, Bierdeckeln und Flaschen sind auch internationale Sammler interessiert. Solche Stücke können recht teuer sein.

Zinndeckel eines Bierkrugs

Themenferien und Aktivurlaub

München und Bayern bieten nahezu alle Möglichkeiten an Sport und Freizeitaktivitäten. Das ganze Jahr über strömen Outdoor-Fans in die Berge und Wälder sowie zu den Seen und Flüssen. Es gibt für jede Sportart diverse Vereine. Radfahren, Joggen und Nordic Walking sind quasi Volkssport. Beim Wintersport in den leicht erreichbaren Alpen kann man nicht nur Ski fahren oder snowboarden, auch Skilanglauf ist beliebt. Die Sommerzeit verbringen viele Bayern an Seen und Flüssen – mit Segeln, Schwimmen, Windsurfen oder Wildwasser-Raften.

Blick auf die Szenerie im Nationalpark Berchtesgaden

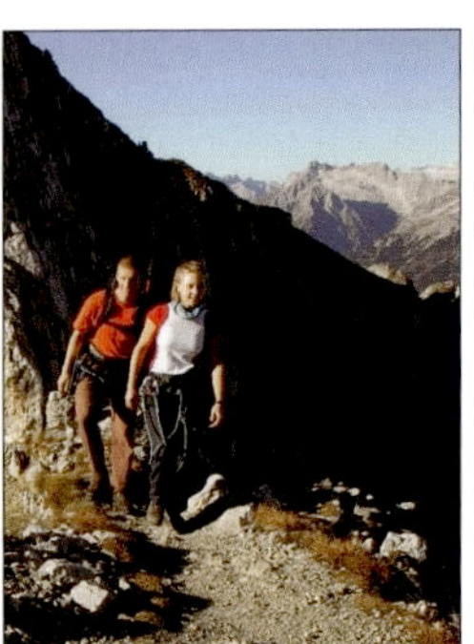

Wanderer in den Bayerischen Alpen bei Mittenwald

Wandern und Klettern

Wandern ist in Bayern bei Jung und Alt beliebt. Zahlreiche gepflegte Routen führen entlang von Flüssen, durch Wälder und auf Berggipfel. In den Ausläufern der Alpen findet man leichtere Wanderwege, je höher man kommt, desto anspruchsvoller werden die Routen. In vielen Gebirgsregionen kann man natürlich zunächst eine Seilbahn nehmen, um dann in höheren Regionen zu wandern.

Informationen über Wanderwege, Führungen und Veranstaltungen bekommt man in den Fremdenverkehrsämtern vor Ort, beim **Deutschen Alpenverein (DAV)**, beim **Deutschen Wanderverband** und beim **Deutschen Volkssportverband e.V.**

Der **Kneipp-Verein München** und der **DAV Summit Club** organisieren Bergwanderungen, Trekking- und Mountainbike-Touren.

Kletterer finden in Bayern Wände in allen Schwierigkeitsgraden – von leicht bis hin zu senkrechten Felsen für Freeclimbing. Eine beliebte Kletterregion ist das Allgäu. Kletterwände in Hallen sind ideal, um Spaß zu haben und gefahrlos für die Praxis am Berg zu trainieren. Diese Möglichkeit bieten etwa die **DAV Kletterzentren** in München, Bad Tölz, Gilching und Freimann.

Falls Sie für Touren im Hochgebirge einen Bergführer suchen, sollten Sie den **Verband Deutscher Berg- und Skiführer** kontaktieren.

Radfahren

Radfahren ist bei allen Bevölkerungsschichten populär – vom gemütlichen Touren bis hin zum Mountainbiken. Die Radwege in Bayern sind teils hervorragend ausgebaut, Räder kann man fast überall in der Region mieten. München gehört deutschlandweit zu den radfahrerfreundlichsten Städten mit nahezu 700 Kilometern Radwegen. Mit dem Rad kann man die wunderschöne Landschaft zwischen Bodensee und Bad Tölz erkunden oder sich in Dachau, Passau, Wasserburg und Bayrischzell bewegen.

Infos und Tipps erhält man beim **Allgemeinen Deutschen Fahrrad-Club (ADFC)** in München. Hier gibt es Tourenkarten und Routenvorschläge für Radtouren in ganz Bayern. Zudem erfährt man, zu welchen Bedingungen man Fahrräder in Zügen und öffentlichen Nahverkehrsmitteln mitnehmen kann.

Wassersport

In den Sommermonaten vergnügt man sich in Bayern am besten an einem der Seen. Das Wasser ist fast überall sehr sauber und wird kontrolliert. An allen Seen gibt es Strandbäder, in denen

Radler vor bayerischer Bilderbuchlandschaft

man Zugang zum Wasser hat (manche Seen sind leider an vielen Stellen privat).

Ausgezeichnete Segelbedingungen herrschen am Starnberger See, Ammersee, Chiemsee und Bodensee. Die Gegend bei Lindau ist für den Bootsbau und ihre Segelclubs bekannt. Informationen erteilt der **Deutsche Segler-Verband**. Um ein Segelboot zu chartern, brauchen Sie einen entsprechenden Segelschein.

Kanufahren wird immer beliebter, vor allem auf der Altmühl zwischen Gunzenhausen und Kelheim oder auf der Loisach bei Garmisch-

Skifahrer im Winter in den Bayerischen Alpen

Partenkirchen, wo Kanuslalom- und Wildwasser-Wettbewerbe ausgetragen werden. Infos gibt es beim **Deutschen Kanu-Verband e.V.** oder beim **Bayerischen Kanu-Verband**.

Wer einfach nur schwimmen oder sich am Wasser sonnen will, kann dies in Südbayern auf Schritt und Tritt tun. Um die großen Seen liegen viele kleinere, idyllische Gewässer. Jeder Münchner schwört auf »seinen« idealen See. Durch Renaturierungsmaßnahmen ist selbst das Isarufer mitten in München zu einem echten Erholungsgebiet geworden.

Wintersport

Garmisch-Partenkirchen *(siehe S. 217)* gilt als eine der besten deutschen Wintersportregionen, da es ziemlich schneesicher ist. Andere bekannte Skigebiete sind etwa Reit im Winkl *(siehe S. 201)* oder die Region um den Spitzingsee. Gut Wintersport treiben kann man auch in Lenggries oder bei Berchtesgaden.

Kanuten auf der Altmühl

Im ganzen Alpenraum gibt es jede Menge Bergbahnen, Lifte und Verleihe für Skier oder Snowboards. Die jeweiligen Fremdenverkehrsämter informieren bzw. offerieren Sonderangebote in Zusammenarbeit mit Hotels. Für Skilanglauf-Fans gibt es vielerorts gepflegte Loipen.

Infos über Skigebiete erteilt der **Deutsche Skiverband e.V.** Die beiden großen Münchner Sportgeschäfte **Sport Schuster** und **Sport Scheck** bieten neben Sportausrüstung auch Wintersportreisen an.

Rodelbahnen gibt es in vielen Wintersportregionen. Eislaufen ist in München im Olympiapark oder am Karlsplatz (Stachus) möglich, Eisstockschießen auf dem Nymphenburger Kanal.

Golf und Tennis

Golf und Tennis kann man vielerorts ausüben, zahlreiche Orte haben ausgezeichnete Clubs mit gepflegten Anlagen und landschaftlich reizvoll gelegenen Plätzen. Als Gastspieler auf einem Golfplatz müssen Sie meist nur Ihren Heimatclub und Ihr Handicap angeben. Infos über Bedingungen und Plätze erteilt der **Deutsche Golf Verband e.V.** In Wallgau *(siehe S. 218)*, am Tegernsee, am Starnberger See und im Bayerischen Wald gibt es spezielle Golf-Hotels.

Der **Deutsche Tennis Bund** informiert über Tennisclubs. Einige Hotels sind für ihre Tennisplätze bekannt, etwa der Tannenhof im Allgäu oder das Hotel Ödhof im Bayerischen Wald. Aber auch sonst findet man überall Anlagen.

Nationalparks

Der **Nationalpark Bayerischer Wald** war 1970 der erste deutsche Nationalpark *(siehe S. 187)*, 1997 wurde er erweitert. Die Wald- und Mittelgebirgslandschaft liegt an der Grenze zur Tschechischen Republik und ist Schutzraum für viele Wildtiere. Es gibt geführte Touren durch den Park. Im umliegenden Areal (dem Ferienland am Nationalpark) findet man Campingplätze und Übernachtungsangebote sowie Wanderwege, auf denen man auf viele Mountainbiker oder Nordic Walker trifft.

1978 wurde der **Nationalpark Berchtesgaden** an der Grenze zu Österreich gegründet. Die Hochgebirgslandschaft des Parks mit ihren schroffen Steilwänden und einladenden Almen bietet vielfältige Lebensräume für Flora und Fauna. Hier werden auch kostenlose geführte Wanderungen angeboten.

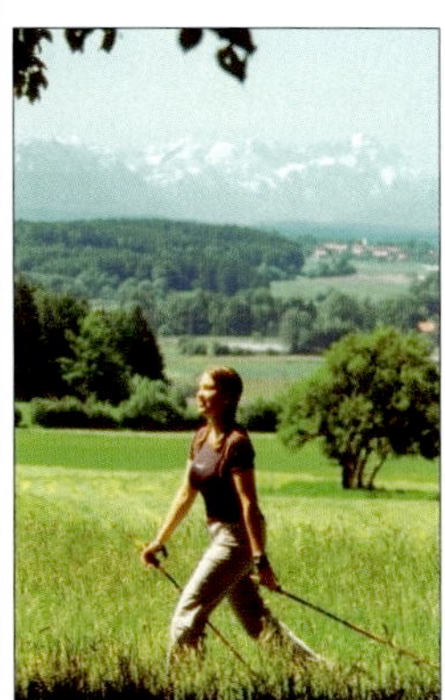

Nordic Walking im Bayerischen Wald, Niederbayern

Camping

Die große Urlauberwelle schwappt in Bayern zwischen Juni und August ins Land – dann zieht es die Menschen zu Seen, Wäldern und Bergen. Da viele Einheimische und Besucher Outdoor-Fans sind, gibt es in Bayern entsprechend viele gepflegte Camping- und Caravanplätze. Wildes Zelten ist nicht erlaubt.

Die Mehrzahl der Campingplätze wird privat betrieben. Sie bieten oft viele Extras, etwa Läden, Cafés und Restaurants oder auch Veranstaltungen und Gruppenaktivitäten (speziell für Kinder). Auf ausgewiesenen Plätzen kann man Lagerfeuer machen. Informationen erhalten Sie beim **Deutschen Camping-Club e.V.**

Panoramastraßen

Bei einer Fahrt auf der Deutschen Alpenstraße *(siehe S. 220f)* kann man die Alpenszenerie am besten genießen. Die 450 Kilometer lange kurvenreiche Straße, die den Bodensee mit Berchtesgaden verbindet, gehört zu den schönsten Panoramastraßen. Fahren Sie von Lindau über Füssen, Oberammergau, Garmisch-Partenkirchen, Kochel, Tegernsee, Bayrischzell, Bad Reichenhall bis nach Berchtesgaden. Auf der Route machen Sie Abstecher nach Schloss Linderhof und Neuschwanstein, zur Zugspitze in Garmisch-Partenkirchen und zu den Salzbergwerken von Berchtesgaden (nähere Infos: **www**.deutsche-alpenstrasse.de).

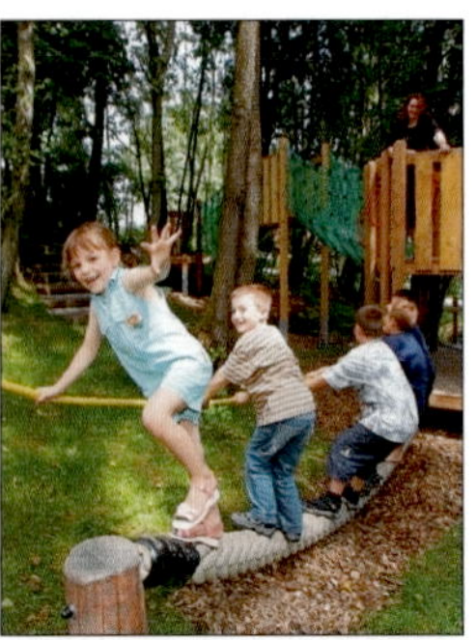

Die bayerischen Campingplätze sind ideal für Familien mit Kindern

Schloss Linderhof, eines der Schlösser von Ludwig II.

Die Romantische Straße verläuft zwischen Würzburg und Füssen auf einer Länge von 366 Kilometern. An der Route liegen mittelalterliche Städte, schöne Kirchen und die Flüsse Lech und Donau. Man sieht die Ausläufer der Alpen, Moorgebiete und das Allgäu. Am Weg liegen auch Kurbäder, Naturschutzgebiete und Wanderwege (nähere Infos: **www**.romantischestrasse.de).

In Steingaden treffen sich beide Straßen. Der Ort ist ein staatlich anerkannter Erholungsort, aber auch wegen der Wieskirche und dem Welfenmünster ein Wallfahrtsziel.

Themenferien

Kochen ist in – jeder möchte gern ein privater »Sterne-Koch« sein. In München und Bayern gibt es einige Angebote für »Koch-Ferien«, teilweise von renommierten Küchenchefs in deren Restaurants.

Zwei herausragende Orte, um die Grundlagen der Gourmet-Küche zu erlernen, sind Heinz Winklers Residenz in Aschau in der Nähe des Chiemsees *(siehe S. 267)* und André Greuls Fürstenhof in Landshut *(siehe S. 280)*. Auch **Hans Haas**, der sterneprämierte Küchenchef des Tantris, hält in München Kochkurse der edleren Art ab. Gleiches gilt für **Alfons Schuhbeck**, der einen in seinem Laden am Platzl auch in die Welt der Gewürze einführt.

Obwohl Bayern eher für Bier bekannt ist als für Wein, lernt man in den Kochkursen auch einiges über große deutsche Weine. In Bayern wird Wein vor allem in Franken produziert. Die Bocksbeutel-Flasche hat Weltruhm erlangt. Aber auch am Bodensee wird Wein angebaut. Im Herbst locken in Weinbauregionen Winzerfeste. Informationen zu deutschen Weinen und zu Veranstaltungen finden Sie auf der Website des **Deutschen Weininstituts**.

Wer seine Ferien auf dem Pferderücken verbringen will, ist auf einem Reiterhof richtig. Informationen über Gestüte, Reitzentren etc. erteilen die örtlichen Fremdenverkehrsämter oder die **Deutsche Reiterliche Vereinigung e.V.**

Wein wird auch in Bayern getrunken

Für künstlerisch Veranlagte können Kurse für kreatives Schreiben oder Malen entspannende Ferienbeschäftigungen sein. Die Hohenaschauer Sommerakademie im Chiemgau bietet Kunstkurse vom klassischen Zeichnen bis zur skulpturalen Gestaltung an (nähere Informationen finden Sie unter **www**.sommerakademie-hohenaschau.de).

Wellness und Spas

Die Begriffe Wellness und Spa sind in aller Munde. Gemeint ist eine breite Palette von Anwendungen, die der Gesundheit oder einfach nur dem Wohlgefühl dienen.

Orte, die das Wort »Bad« führen dürfen, blicken oft auf eine lange Heiltradition zurück. Hier ist bei den Behandlungen und Thermalbädern eine gesundheitliche Wirkung garantiert. Bad Wörishofen etwa ist weltweit wegen des »Wasserdoktors« Sebastian Kneipp bekannt. Daneben gibt es in Bayern Mineral-, Moor- und Soleheilbäder. Informationen für einen »seriösen« Kuraufenthalt erhalten Sie vom **Deutschen Heilbäderverband e. V.**

Mittlerweile bieten auch viele Hotels außerhalb von Kurorten Tages-Spas oder einen Wellness-Bereich an. Auch traditionelle Heilbäder haben umgestellt und locken mit Wassertherapien aller Art, Dampfbädern, Wohlfühlmassagen und exotischen Behandlungen. Weniger um medizinische Anwendungen als um Spaß geht es in der **Therme Erding**, einem Thermalbäder-Paradies in der Nähe von München. Für vergnügliche Familienunternehmungen und viel Action steht das Erlebnisbad **Alpamare** *(siehe S. 220)* in Bad Tölz mit Bäderlandschaft innen und außen, aufregenden Rutschen und anderen Attraktionen.

AUF EINEN BLICK

Allgemeine Information

Deutscher Olympischer Sportbund
Otto-Fleck-Schneise 12, 60528 Frankfurt am Main.
(069) 67 000.
www.dosb.de

Wandern und Klettern

DAV Kletterzentren
www.verbundklettern.de

München
Thalkirchner Str. 207.
(089) 18 94 16 30.

Bad Tölz
Am Sportpark 5.
(08041) 79 52 030.

Gilching
Frühlingstr. 18.
(089) 55 17 00 680.

DAV Summit Club
Am Perlacher Forst 186, 81545 München.
(089) 64 24 00.
www.dav-summit-club.de

Deutscher Alpenverein (DAV)
Sektion München, Von-Kahr-Straße 2–4, 80997 München.
(089) 14 00 30.
www.alpenverein.de

Deutscher Volkssportverband e.V.
Fabrikstraße 8, 84503 Altötting.
(08671) 96 310.
www.dvv-wandern.de

Deutscher Wanderverband
Wilhelmshöher Allee 157–159, 34121 Kassel.
(0561) 93 87 30.
www.wanderverband.de

Kneipp-Verein München
Prinz-Ludwig-Straße 6, 80333 München.
(089) 28 37 80.
www.kneippverein-muenchen.de

Verband Deutscher Berg- und Skiführer
Am Sportpark 4, 83646 Bad Tölz.
(08041) 79 38 606.
www.bergfuehrer-verband.de

Radfahren

Allgemeiner Deutscher Fahrrad-Club (ADFC)
Platenstraße 4, 80336 München.
(089) 77 34 29.
www.adfc.de

Wassersport

Bayerischer Kanu-Verband
Georg-Brauchle-Ring 93, 80992 München.
(089) 15 70 24 18.
www.kanu-bayern.org

Deutscher Kanu-Verband e.V.
www.kanu.de

Deutscher Segler-Verband
Gründgensstr. 18, 22309 Hamburg.
(040) 63 20 090.
www.dsv.org

Wintersport

Deutscher Skiverband e.V.
Am Erwin-Himmelseher-Platz, Hubertusstraße 1, 82152 Planegg.
(089) 85 79 00.
www.ski-online.de

Sport Scheck
www.sportscheck.com

Sport Schuster
www.sportschuster.de

Golf und Tennis

Deutscher Golf Verband e.V.
Kreuzberger Ring 64, 65205 Wiesbaden.
(0611) 99 02 00.
www.golf.de/dgv

Deutscher Tennis Bund
Hallerstraße 89, 20149 Hamburg.
(040) 41 17 80.
www.dtb-tennis.de

Nationalparks

Nationalpark Bayerischer Wald
Wolfkerstraße 3, 94078 Freyung.
(08551) 57 114.
www.bayerischer-wald.de

Nationalpark Berchtesgaden
Hanielstraße 7–11, 83471 Berchtesgaden.
(08652) 64 343.
www.nationalpark-berchtesgaden.bayern.de

Camping

ADAC – Referat Camping
Am Westpark 8, 81373 München.
(089) 76 760.
www.adac.de

Deutscher Camping-Club e.V.
Mandlstr. 28, 80802 München.
Stadtplan 2 F2.
(089) 38 01 420.
www.camping-club.de

Themenferien

Deutsche Reiterliche Vereinigung e.V.
Freiherr-von-Langen-Str. 13, 48231 Warendorf.
(02581) 63 620.
www.pferd-aktuell.de

Deutsches Weininstitut
Gutenbergplatz 3–5, 55116 Mainz.
(06131) 28290.
www.deutscheweine.de

Kochschule Hans Haas
Amalienstraße 89, 80799 München.
Stadtplan 1 D4.
(089) 28 67 44 70.
www.hans-haas.de

Schuhbecks am Platzl
Am Platzl 2, 80331 München.
Stadtplan 3 C2.
(089) 21 66 900.
www.schuhbeck.de

Wellness und Spas

Alpamare
Ludwigstr. 14, 83646 Bad Tölz.
(8041) 50 99 99.
www.alpamare.de

Deutscher Heilbäderverband e.V.
Reinhardtstraße 46, 10117 Berlin.
(030) 24 63 69 20.
www.deutscher-heilbaederverband.de

Therme Erding
Thermenallee 1, 85435 Erding. *(08122) 22 70 100 oder -200.*
www.therme-erding.de

S
U

Grundinformationen

Praktische Hinweise

Hier gibt es Infos

Schöne Landschaften und vielfältige Kulturdenkmäler – beides findet man in Bayern, Deutschlands Ferienziel Nummer eins. Es gibt zahllose Freizeitangebote sowie viele gute Hotels und Restaurants. Das dichte Verkehrsnetz ist in bestem Zustand, für Unterhaltung ist immer gesorgt. Die Schattenseiten: An Wochenenden kommt es meist zu Staus auf Bayerns Straßen, vor einigen Attraktionen steht man Schlange. Bewegen Sie sich einfach gegen den Strom: Seen und Berge sind unter der Woche nicht so überfüllt, München ist am Wochenende leerer.

Reisezeit

München ist in jeder Jahreszeit schön – noch schöner allerdings bei Sonnenschein und weiß-blauem Himmel. Der Januar kann strahlend schöne Tage mit sich bringen, im Mai kann es sommerlich heiß oder bitterkalt sein, im Juli oder August kann es länger regnen. Für Stadtbesuche ist das kein Problem, doch wer sich lieber im Freien aufhält, sollte wissen: Im Frühjahr sprießen die Knospen in der milden Bodenseeregion früher als im übrigen Voralpenland. Die Schifffahrt auf den Seen beginnt meist ab Ostern. Ab Mai ist Biergartensaison, ebenso Saison für Floßfahrten auf der Isar. Am wärmsten sind Seen und Flüsse im August. Der Herbst ist die beste Zeit für Bergwanderungen. Die Skilifte machen meist Anfang Dezember auf. Zu den schneesicheren Wintersportgebieten gehören das Zugspitzplatt, Reit im Winkl, die Region um den Spitzingsee, das Sudelfeld bei Bayrischzell und die Chiemgauer Alpen. In München und Bayern gibt es das ganze Jahr über Feste und Festivals *(siehe S. 30–33)*.

Einreise und Zoll

Die Staatsgrenze zwischen Bayern und Österreich ist beim Grenzübertritt seit über zehn Jahren gar nicht mehr wahrnehmbar. Nur noch Schilder weisen darauf hin. Seit Dezember 2007 sind auch die Personenkontrollen für Reisende aus der Tschechischen Republik weggefallen, seit Ende März 2009 für Reisende aus der Schweiz. Dennoch müssen Sie einen Personalausweis oder Pass mit sich führen, denn in Bayern gilt – wie in ganz Deutschland – Ausweispflicht: Auf Verlangen muss jeder (nun auch Kinder) ein gültiges Dokument vorweisen können.

Für Bürger der EU gibt es keine Zollgrenzen mehr. Alle zum Privatkonsum erworbenen Waren dürfen ein- und ausgeführt werden.

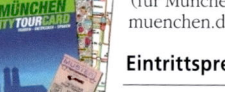

CityTourCard

Information

Tourismusbüros sind meist mitten in der Stadt zu finden, oft am zentralen Platz oder beim Bahnhof (in München im Neuen Rathaus am Marienplatz und im Hauptbahnhof). Falls kleinere Orte kein Tourismusbüro unterhalten, bekommt man meist im Rathaus nützliche Auskünfte. In Kurorten gibt es Infos bei der Kurverwaltung.

Diese Institutionen sind oft sehr hilfreich: Sie vermitteln Zimmer und halten (oft kostenlose) Stadtpläne und Infomaterial über Sehenswürdigkeiten, Veranstaltungen, Freizeitmöglichkeiten und Ausflüge in die Umgebung bereit. Interessant und aktuell sind die Websites von vielen Orten und Regionen (für München: **www.** muenchen.de)

Eintrittspreise

Viele Museen und Attraktionen bieten reduzierte Eintrittspreise für verschiedene Personengruppen an. In den staatlichen Museen kostet der Eintritt sonntags nur einen Euro.

Eine gute Investition ist die Münchner **CityTourCard**, die es als Single- oder als Partnerkarte für bis zu fünf Personen gibt. Sie gewährt kostenlose Fahrten mit den öffentlichen Verkehrsmitteln für einen oder für drei Tage (MVV-Innenraum bzw. für drei Tage inklusive Gesamtnetz). Zudem gibt es bis zu 50 Prozent Rabatt für 30 Attraktionen (Singlekarte: 9,90, 19,90 und 31,50 €; Partnerkarte: 16,90, 29,90 und 51,50 €). Zwei Kinder zwischen sechs und 14 Jahren gelten als eine Person. Die Karten sind an allen S-Bahn- und U-Bahn-Stationen sowie an Tram- und Bushaltestellen, aber auch in einigen Hotels erhältlich.

Besucher im Park von Schloss Nymphenburg, München

Öffnungszeiten

Die meisten Museen haben zwischen 10 und 17 oder 18 Uhr geöffnet, oft bleiben sie montags geschlossen. Die genauen Öffnungszeiten sind in diesem Reiseführer bei jeder Sehenswürdigkeit angegeben.

Kirchen sind meist von 8 Uhr bis zur Abendandacht geöffnet, Besucher sollten die Gottesdienste nicht stören.

Große Kaufhäuser, Läden und Supermärkte haben montags bis samstags von 9 oder 10 bis 20 Uhr geöffnet. Kleinere Geschäfte und Läden auf dem Land sind eventuell früher, dafür aber meist kürzer geöffnet. Auf dem Land gibt es auch noch oft eine Mittagspause. Viele Bäckereien machen am Sonntagvormittag für ein paar Stunden auf.

Etikette und Rauchen

Bayern tragen auf dem Land teilweise noch im Alltag Tracht. Auch zu bestimmten Anlässen (Oktoberfest oder Volksfest) ist Tracht quasi Pflicht. Ansonsten kleiden sich Bayern im Alltag durchaus leger. Für bestimmte Events, etwa Oper, Theater, Besuch von Edelrestaurants oder einigen Clubs, ist allerdings ein entsprechend edleres Outfit angesagt.

In Bayern trat 2007/2009 ein Nichtraucherschutzgesetz in Kraft: Nun ist Rauchen nicht nur in öffentlichen Räumen und öffentlichen Verkehrsmitteln verboten, sondern auch in allen Lokalen und in den Zelten des Oktoberfests. Um Zigaretten zu erwerben, muss man mindestens 18 Jahre alt sein. Bier und Wein kann man ab 16 Jahren kaufen, für »härtere« Spirituosen gilt jedoch ein Mindestalter von 18 Jahren.

Nur für Besucher aus Nicht-EU-Ländern

Steuern und Trinkgeld

Die meisten deutschen Waren enthalten 19 Prozent Mehrwertsteuer. Bücher, bestimmte Lebensmittel etc. unterliegen dem ermäßigten Satz von sieben Prozent. Zollfreies Einkaufen ist nur noch für Besucher aus Nicht-EU-Ländern möglich.

Bei Restaurantrechnungen ist die Mehrwertsteuer und auch der Service bereits inklusive. Gleichwohl ist es üblich, ein Trinkgeld von fünf bis zehn Prozent der Endsumme zu geben. Trinkgeld erwarten auch Taxifahrer, Hotelpersonal und Friseure.

Stadttouren und Tagesausflüge

Die Tourismusinformationen von Städten und Orten bieten oft Führungen an. In München sind besonders viele thematische Führungen im Angebot, etwa Jugendstil in München, jüdisches München, Viktualienmarkt-Probiertouren, Bierprobiertouren, Nachttouren oder aber Stadtvierteltouren. Hinzu kommen Museums- und Schlossführungen, Busrundfahrten, Kutschenfahrten, Tramtouren oder Touren per Fahrrad. Es gibt auch diverse Angebote für behinderte Reisende sowie für Kinder.

Wichtige Anbieter sind – neben dem Tourismusamt – **Weis(s)er Stadtvogel München**, **Stattreisen München** und **Spurwechsel**.

Ein Fahrerlebnis der anderen Art bieten Rikschas, die ebenfalls für Sightseeing-Touren zur Verfügung stehen. Man findet sie am Marienplatz (**www**.muenchen-rikscha.de).

Es gibt zudem Tagesausflüge per Bus zu bayrischen Sehenswürdigkeiten und Attraktionen, etwa nach Neuschwanstein, Oberammergau, Kloster Ettal, zur Zugspitze oder an den Chiemsee. Die Touren werden in mehreren Sprachen angeboten. Die meisten dieser Ausflüge starten am Hauptbahnhof. Einer der größten Anbieter ist Gray Line (Tel. 55 02 89 95, **www**.stadtrundfahrten-muenchen.de). Auch das Tourismusamt bietet organisierte Ausflüge, etwa zu den Schlössern Ludwigs II., an.

Studenten

Der Schüler- oder Studentenausweis – am besten der Internationale Studentenausweis (ISIC) – ist nützlich. In fast allen Museen und Theatern, aber auch z. B. in Schwimmbädern bekommt man damit teilweise erhebliche Preisnachlässe.

Das Studentenwerk bietet zusammen mit der Studentischen Selbstverwaltung in der Studentenstadt Freimann eine Vermittlungsbörse für Ferienzimmer in Wohnheimen an (Tel. 32 43 288, **www**.studentenwerk-muenchen.de).

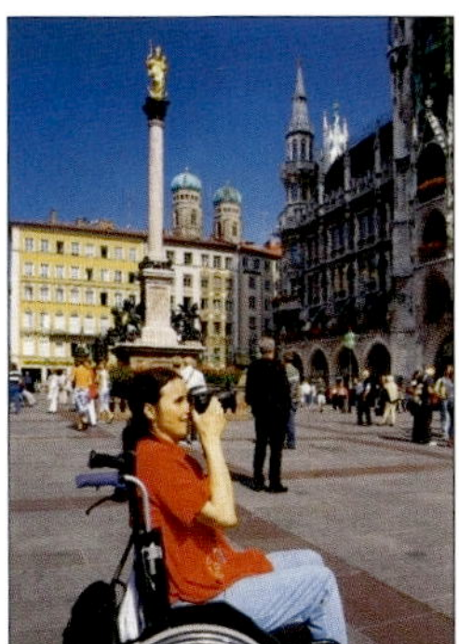

Touristenattraktion Marienplatz

Behinderte Reisende

Barrierefrei sind in München viele öffentliche Gebäude, Museen, Theater- und Konzerträume. Auch die U-Bahn und die innerstädtischen S-Bahn-Stationen sowie alle Trams und viele Busse sind für Rollstuhlfahrer bequem zugänglich.

Schwieriger ist die Situation bei Restaurants und Hotels, da einige in historischen Gebäuden liegen. Hier sollte man vorher besser anrufen. Ein weiteres Problem ist das Kopfsteinpflaster in Teilen der Altstadt, aber auch in einigen Stadtvierteln.

Das Tourismusamt gibt die Broschüre *München für Touristen mit Handicap* heraus (bei den Tourismusinformationsstellen erhältlich), in der behindertengerechte Museen, Hotels, Restaurants etc. aufgelistet sind. Hilfreich ist auch die Website bzw. das Infomaterial des **VdK Bayern**.

Mit Kindern reisen

München ist für junge Reisende attraktiv – mit dem Tierpark Hellabrunn, dem Sea Life *(siehe S. 143)*, den vielen Parkanlagen und Spielplätzen, den Angeboten im Olympiapark, kinderfreundlichen Museen, einem Marionettentheater (**www.**muenchner-marionettentheater.de) und sogar einem Zirkus (**www.**zirkus-krone.de). Die Bavaria Filmstadt ist ein Themenpark für Groß und Klein *(siehe S. 138)*. Für den Nachwuchs gibt es bei Attraktionen meist Ermäßigungen. In der Ferienzeit werden spezielle Programme für Kinder und Jugendliche angeboten. Zudem gibt es kindgerechte Stadtführungen (von **Stattreisen**, **Spurwechsel** u. a.). Radfahren auf den gut ausgebauten Radwegen der Stadt und ins Umland ist eine sichere Sache *(siehe S. 312f)*.

Die meisten Hotels bieten einen Babysitter-Service. Viele Lokale haben Hochstühle und servieren Kindergerichte, bisweilen haben sie Spielecken oder sogar Kinderbetreuung, etwa im Hofbräukeller (Haidhausen). In den Biergärten gibt es oft Kinderspielplätze.

Spaß für Kinder im Olympiapark

Senioren

Ältere Reisende (meist ab 65 Jahren) erhalten beim Nahverkehr, in Museen und bei Attraktionen Ermäßigungen – gegen Vorlage des Passes oder Personalausweises.

Der MVV (Münchner Verkehrs- und Tarifverbund) bietet Monatskarten für alle über 60 Jahre (*IsarCard 60*, derzeit 40,80 € für den Innenraum). Ein weiterer günstiger Jahrespass für den Nah- und Fernverkehr ist die *BahnCard 50* der **Deutschen Bahn** (derzeit 240 € für die zweite Klasse), mit der man alle Fahrkarten 50 Prozent billiger erhält.

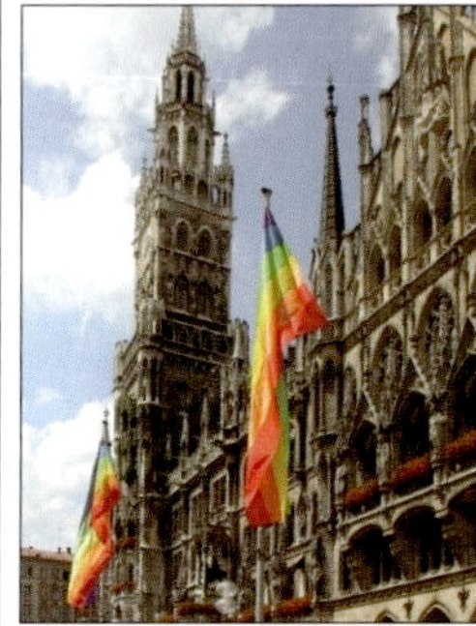

Das Rathaus – schwul beflaggt

Schwule und Lesben

In München existiert eine vibrierende, auch politisch aktive schwule Szene. Ein Vertreter der rosa Liste gehört dem Stadtrat an. Der Christopher Street Day im Juli steht den bunten Events in Berlin und Köln in nichts nach. In den Städten und größeren Orten Bayerns sind Schwule und Lesben überwiegend akzeptiert. In einigen ländlichen Regionen ist es noch etwas anders – doch 2011 wurde im niederbayrischen Regen ein schwuler Politiker zum jüngsten Landrat gewählt.

München für wenig Geld

Bayern ist nicht unbedingt billig, und München ist ein teueres Pflaster, dennoch kann man auch hier die Reisekasse schonen. Es gibt diverse Mitwohnzentralen (Internet oder *Gelbe Seiten München*), über die man relativ leicht ein günstiges Zimmer oder eine möblierte Wohnung bekommt. Mitfahrzentralen (z. B. **Citynetz Mitfahrzentrale**) bieten die Möglichkeit, für wenig Geld überall in Bayern hinzukommen. Eine steigende Anzahl an Hostels bietet erstaunlichen Komfort zu günstigen Preisen *(siehe S. 260)*. Mit InterRail *(siehe S. 308)* reist man preisgünstig durch Bayern.

In den staatlichen Museen Bayerns zahlt man sonntags nur einen Euro Eintritt. Achten Sie auf Tage der offenen Tür: Dann können Sie Sehenswürdigkeiten, Baudenkmäler und Institutionen sogar kostenlos besichtigen.

Zeit

Auch in Bayern schlagen die Uhren normal: Es gilt die Mitteleuropäische Zeit (MEZ). Am letzten Sonntag im März beginnt die Sommerzeit, am letzten Sonntag im Oktober endet sie.

Strom und Wasser

Der Strom kommt mit 230 V, 50 Hz aus der Steckdose. Mit normalen 2-Pin-Euro-Steckern wird man nirgends Probleme haben.

Die Qualität des Leitungswassers ist in Bayern überall hoch, man kann es unbesorgt trinken. Das Münchner Leitungswasser kommt zu etwa 80 Prozent aus dem Mangfalltal und kann für sich in Anspruch nehmen, den strengsten Qualitätsanforderungen gerecht zu werden. Viele Münchner versetzen Leitungswasser selbst mit Kohlensäure und trinken es dann als Tafelwasser.

Umweltbewusst reisen

In Bayern ist der Umweltschutz im öffentlichen Bewusstsein verankert. Mülltrennung wird hier seit Jahren praktiziert.

In fast allen größeren Orten gibt es Bio-Supermärkte, auch Bauernmärkte sind beliebt. In

Container für Mülltrennung

immer mehr Restaurants werden überwiegend Öko-Produkte verwendet.

In Bayern kann man gut nachhaltigen Urlaub machen. Führende Anbieter sind **Viabono** und **Forum Anders Reisen**, die umwelt- und klimafreundlichen Reisegenuss organisieren. Pauschalangebote umfassen Outdoor-Aktivitäten, Öko-Mahlzeiten und Wellnessangebote, die das Prinzip der Nachhaltigkeit berücksichtigen. Die Unterbringung erfolgt in entsprechenden Hotels, Gästehäusern, B&Bs oder Ferienhäusern.

Wandertouren und -urlaube können beim **Deutschen Alpenverein** gebucht werden. Übernachtungen gibt es in spartanischen bis hin zu komfortablen Hütten.

Seit 2003 werden Öko-Hotels von der EU zertifiziert. Die Häuser müssen für das EU Ecolabel 36 Kriterien erfüllen, u.a. in den Bereichen Energie, Wasserverbrauch, Abfallkreisläufe und Umweltbildung. Hinzu kommen 66 Kann-Kriterien. Die bayrischen Tourismusinformationen *(siehe S. 296)* bieten aktuelle Listen solcher Hotels.

AUF EINEN BLICK

Information

Bayern Tourismus Marketing Gmbh
Arabellastraße 17, 81925 München. *(089) 21 23 970.* **www**.bayern.byl

Tourismusamt München
Sendlinger Str. 1, 80331 München. **Stadtplan** 3 B2 (6 D3). *(089) 23 39 65 00 (Info und telefonische Hotelreservierung: Mo–Fr 9–18 Uhr).* **www**.muenchen.de

Tourist Informationen
Hauptbahnhof: Bahnhofplatz 2, 80335 München. *Mo–Sa 9–20, So 10–18 Uhr.*
Neues Rathaus: Marienplatz. **Stadtplan** 3 B2 (6 D3). *Mo–Fr 9–19, Sa 10–16, So 10–14 Uhr.*

Tourismusverband Allgäu/Bayerisch-Schwaben
Schießgrabenstr. 14, 86150 Augsburg. *(0821) 45 04 010.* **www**.bayerisch-schwaben.de

Tourismusverband München-Oberbayern e.V.
Radolfzeller Str. 15, 81243 München. *(089) 82 92 180.* **www**.oberbayern.de/tourismus

Tourismusverband Ostbayern
Luitpoldstr. 20, 93047 Regensburg. *(0941) 58 53 90.* **www**.ostbayern-tourismus.de

Behinderte Reisende

Club Behinderter und ihrer Freunde
Johann-Fichte-Str. 12, 80805 München. *(089) 35 68 808.* **www**.cbf-muenchen.de

VdK Bayern
Schellingstr. 31, 80799 München. **Stadtplan** 2 D4. *(089) 21 170.* **www**.vdk.de

Studenten

ISIC
www.isic.de

Mit Kindern reisen

museumsportal münchen – Museen für Kinder
Infopoint Museen & Schlösser in Bayern, Alter Hof 1, 80331 München. *(089) 21 01 4050.* **www**.museen-in-muenchen.de

Führungen für Kinder
www.muenchen.de

Senioren

Deutsche Bahn
(01805) 99 66 33. **www**.bahn.de

Senioren-Büro e.V.
Ehrenbreitsteiner Str. 20, 80993 München. *(089) 14 38 56 41.* **www**.seniorenbuero.de

Skan-Club 60 plus
Gehrenkamp 1, 38550 Isenbüttel. *(05374) 91 91 11 11.* **www**.seniorenreisen.de

Schwule und Lesben

Sub e.V. – Schwules Kommunikations- und Kulturzentrum
Müllerstr. 14, 80469 München. **Stadtplan** 3 B3 (5 C5). *(089) 26 03 056.* **www**.subonline.org

LeTra Lesbentelefon
(089) 72 54 272.

München für wenig Geld

Bahnpässe
www.bahn.de/bahncard
www.interrail.net

MVV – Münchner Verkehrs- und Tarifverbund
(089) 41 42 43 44.
01805-66 10 10 (S-Bahn).
0800-344 22 66 00 (U-Bahn, Bus, Tram).
www.mvv-muenchen.de

Citynetz Mitfahrzentrale
Adalbertstr. 6, 80799 München. **Stadtplan** 2 D4–E4. *(089) 19 444.* **www**.citynetz-mitfahrzentrale.de

Stadttouren

Stadttouren des Tourismusamts München
(089) 23 33 02 34.

Spurwechsel
(089) 69 24 699 **www**.spurwechsel-muenchen.de

Stattreisen München
(089) 54 40 42 30. **www**.stattreisen-muenchen.de

Weis(s)er Stadtvogel München
(089) 20 32 45 360. **www**.weisser-stadtvogel.de

Umweltbewusst reisen

Deutscher Alpenverein
www.alpenverein.de

Forum Anders Reisen
Wippertstr. 2, 79100 Freiburg. *(0761) 40 12 69 90.* **http://**forumanders reisen.de

Viabono
Hauptstr. 230, 51503 Rösrath-Hoffnungsthal. *(02205) 91 98 353.* **www**.viabono.de

Konsulate

Österreichisches Generalkonsulat
Ismaninger Str. 136, 81675 München. *(089) 99 81 50.* **www**.bmeia.gv.at/muenchen

Schweizer Generalkonsulat
Brienner Str. 14, 80333 München. **Stadtplan** 1 A5. *(089) 28 66 200.* **www**.eda.admin.ch/muenchen

Sicherheit und Gesundheit

Polizeischild

Bayern ist ein sicheres Reiseland. München hat die niedrigste Kriminalitätsrate aller europäischen Metropolen, der Freistaat weist die wenigsten Verbrechen aller deutschen Bundesländer auf – dafür mit Abstand die höchste Aufklärungsrate. Natürlich müssen Sie bei Menschenansammlungen, z. B. auf dem Oktoberfest, in einer vollen U-Bahn oder im Gedrängel der Fußgängerzone am Samstag, auch mit Taschendieben rechnen, doch ansonsten können Sie entspannt Urlaub machen.

Polizei

Nicht stahlblau wie die Uniformen im übrigen Deutschland, sondern beige und moosgrün sind die Uniformen der bayerischen Landespolizei. Die Verkehrspolizei trägt weiße Mützen, Streifenpolizisten grüne. Das Bundeskriminalamt (BKA) und der Bundesgrenzschutz (BGS) operieren länderübergreifend. Beamte der Kriminalpolizei treten in Zivilkleidung auf und müssen sich bei Amtshandlungen ausweisen. Die Polizei erreichen Sie in Notfällen unter der europaweiten Nummer 112 oder unter 110.

Falls Ihr Auto wegen Falschparkens abgeschleppt wurde, rufen Sie in München die Kfz-Verwahrstelle der Polizei (Tel. 42 77 90) an.

Berufsfeuerwehren und – in ländlichen Regionen – die Freiwillige Feuerwehr kümmern sich um den Brandschutz, stehen aber auch im Bereich technischer Hilfeleistungen (z. B. bei Unfällen) zur Verfügung. Die Feuerwehr erreichen Sie unter der Notfallnummer 112.

Persönliche Sicherheit

Taschendiebe sind besonders gern dort aktiv, wo viele Menschen zusammenkommen, also z. B. in öffentlichen Verkehrsmitteln während der Stoßzeiten. Achten Sie auf Ihre Wertsachen. Der Münchner Hauptbahnhof ist nicht unbedingt der Platz, wo man sein Gepäck unbeaufsichtigt stehen lassen sollte.

Edlere Autos nachts auf verlassenen Park & Ride-Parkplätzen oder an der Straße stehen zu lassen kann riskant sein. Vor allem sollten dann keine Wertgegenstände im Innenraum liegen. Die Gebühr für einen Hotelparkplatz ist meist gut angelegt. Sie ersparen sich damit viel Ärger in Ihrem Urlaub.

Gegen Diebstahl und Verlust kann man eine Reiseversicherung abschließen. Einen Diebstahl müssen Sie sofort der Polizei melden, damit Sie ein offizielles Dokument für die Versicherung haben.

Medizinische Versorgung

Für den Notfall stehen in ganz Bayern Rettungsfahrzeuge zur Verfügung, die Sie ins nächste Krankenhaus bringen. Wählen Sie im Notfall die Nummer **112**. Falls Ihr Gesundheitsproblem kein ganz akuter Notfall ist, hilft der **Ärztliche Bereitschaftsdienst** weiter. Zudem finden Sie Adressen von Ärzten in den Gelben Seiten, auch Hotels haben Adressen.

Warnung: Wundern Sie sich nicht über ungewohnte Kopfschmerzen. Der bayerische Föhn (ein warmer, trockener Fallwind) ist berüchtigt. Zum Ausgleich gibt es an Föhntagen schönes Wetter und eine fantastische Fernsicht.

Wenn Sie sich im Urlaub überwiegend in freier Natur aufhalten wollen, sollten Sie eventuell eine FSME-Impfung in Erwägung ziehen. Fast ganz Bayern gilt als Risikogebiet für die von Zecken übertragene Krankheit.

Fundbüros

Falls Sie etwas verloren haben, wenden Sie sich auf dem Land an die nächste Polizeidienststelle oder an das Gemeindeamt. Die meisten bayerischen Städte haben ein Fundbüro. In München ist das **Fundbüro** auch für Gegenstände zuständig, die Sie in den städtischen Verkehrsmitteln liegen gelassen haben (in dringenden Fällen ist auch die **MVG Fundstelle** ansprechbar).

Die **Deutsche Bahn** unterhält ein eigenes Fundbüro für alles, was im Zug (in München auch in der S-Bahn) vergessen wurde. Beim Büro des **Regionalverkehrs Oberbayern** landen Dinge, die in Bussen liegen geblieben sind.

Krankenwagen

Feuerwehrwagen

Polizeiauto

In Apotheken gibt es rezeptpflichtige und rezeptfreie Medikamente

Krankenhäuser und Apotheken

Die medizinische Versorgung ist in Bayern auch auf dem Land gut, die Krankenhausdichte mit öffentlich-rechtlich und privat geführten Kliniken hoch. Hinzu kommen Schwerpunktzentren. Die fünf Unikliniken des Freistaats – München (TU, LMU), Regensburg, Würzburg und Erlangen-Nürnberg – leisten neben der Krankenversorgung auch medizinische Grundlagenforschung.

Bei kleineren gesundheitlichen Problemen können Sie eine Apotheke aufsuchen – Bayern hat die zweithöchste Apothekendichte Deutschlands. An jeder Apotheke gibt es einen Aushang mit den nächsten Notdienst habenden Apotheken.

Versicherungen

Wenn Sie als Deutscher in Bayern Urlaub machen, brauchen Sie sich um Ihre Krankenversicherung nicht weiter zu kümmern. Sie sind natürlich bundesweit versichert. Gesetzlich versicherte Bürger der EU und der Schweiz sind seit 2006 über die »European Health Insurance Card« (EHIC) auch in Deutschland versichert und erhalten medizinisch notwendige Behandlungen. Falls Sie eine Zusatzversicherung abschließen wollen, sollten auch Sportunfälle und der Rücktransport nach Hause eingeschlossen sein

Auch Reisegepäck- und Reiserücktrittsversicherungen sind im Urlaub immer eine Überlegung wert.

Apothekenzeichen

Sicherheit in den Bergen

Eine der Attraktionen Südbayerns sind natürlich die Alpen. Doch unterschätzen Sie sie nicht! Wer die Berge erleben möchte, sollte auf jeden Fall festes Schuhwerk tragen, wer dort wandern will, braucht Bergschuhe.

Das Wetter in den Bergen kann extrem schnell umschlagen. Deshalb sollten Sie warme und wetterfeste Kleidung sowie etwas zu trinken und zu essen dabeihaben. Verbandzeug, eine elastische Binde sowie Schmerzmittel können hilfreich sein, falls Sie mit dem Fuß umknicken.

Für Bergtouren müssen Sie sich vorher genauestens über Wetter und Routenbeschaffenheit informieren. Der **Deutsche Alpenverein** *(siehe S. 293)* hält nicht nur ausgezeichnete Karten, sondern auch eine Reihe von Broschüren bereit (die man auch von der Website herunterladen kann).

Im Notfall gilt auch in den Alpen europaweit der Notruf **112** – auch vom Handy aus. Seit einiger Zeit versorgt das D-Netz selbst die Gebirgsregionen fast flächendeckend.

Im Winter sollten Sie Lawinenwarnungen sehr ernst nehmen und als Ski- oder Snowboardfahrer die ausgewiesenen Pisten und Routen nicht verlassen.

AUF EINEN BLICK

Notfallnummern

Polizei
112 oder 110.

Feuerwehr, Notarzt
112.

Ärztlicher Notdienst
112 oder 19 222 (Rettungsleitstellen des BRK).

Ärztlicher Bereitschaftsdienst
116 117.

Zahnärztlicher Notdienst
0177 20 12 184.

Frauen-Notruf
(089) 76 37 37.

Giftnotruf
(089) 19 240.

Krankenhäuser und Apotheken

Klinikum rechts der Isar (TU München)
Ismaninger Str. 22, 81675 München.
Stadtplan 3 F4.
(089) 4140-0.
www.mri.tum.de

Rosen Apotheke
Rosenstr. 6, 80331 München (beim Marienplatz).
Stadtplan 5 D3.
(089) 23 00 27 00.

Fundbüros

Deutsche Bahn AG Fundbüro
Hauptbahnhof München.
(089) 13 08 66 64.
Mo–Fr 7–20, Sa, So 8–18 Uhr.
0180-599 05 99 (bundesweit).

Fundbüro München
Oetztaler Str. 19, 81373 München. *(089) 23 39 60 45.* *Mo, Mi, Fr 7.30–12, Di 8.30–12, 14–18, Do 8.30–15 Uhr.*

MVG Fundstelle
Hauptbahnhof München.
(089) 21 91 32 40 (in dringenden Fällen).

Fundbüro am Flughafen München
Zentralbereich, Ebene 03.
(089) 97 52 13 70.

Regionalverkehr Oberbayern (RVO)
Hirtenstr. 24, 80335 München. *(089) 55 16 40.*
www.rvo-bus.de
Mo–Fr 7.30–15.30 Uhr.

Sicherheit in den Bergen

Bergrettung
112.

Deutscher Alpenverein (DAV)
www.alpenverein.de

Banken und Währung

Logo der ReiseBank

Debitkarten mit PIN (z. B. die Maestro-/EC-Karte oder girocard), aber auch Kreditkarten haben sich als Zahlungsmittel fast überall durchgesetzt. Das macht das Reisen einfacher. Größere Ausgaben können Sie bei einem Urlaub in Bayern problemlos mit der Karte begleichen. Für kleinere Summen braucht man zwar Bargeld, auch kleinere Läden akzeptieren noch nicht immer Karten, doch Geldautomaten findet man in allen Städten, überall in den Feriengebieten und selbst in Dörfern. Es ist also nicht mehr sinnvoll, größere Geldbeträge mit sich herumzutragen.

Banken

Die Zeiten des mühsamen Geldwechselns sind vorbei, zumindest für Bürger der Euro-Länder. Für Bayern-Besucher aus Nicht-Euro-Ländern gilt nach wie vor, dass sie sich an eine Bank oder Wechselstube wenden müssen, um Geld zu tauschen. Bei beiden Institutionen ist der Wechselkurs ähnlich, unterschiedlich sind allerdings die Gebühren. Günstigste Konditionen bietet z. B. die Stadtsparkasse München, das älteste und größte Geldinstitut Münchens mit zahlreichen Geschäftsstellen.

Die Öffnungszeiten von Banken sind nicht immer besucherfreundlich: Meist schließen sie um 15.30 oder 16 Uhr (haben allerdings einen Tag pro Woche länger offen). Die ReiseBank am Münchner Bahnhof und am Flughafen hat länger geöffnet. Auch größere Hotels wechseln Geld, oft zu ungünstigeren Kursen.

Geldautomat

Geldautomaten

Geldautomaten, an denen man mit Kredit- oder Debitkarten Geld abheben kann, findet man auch in ländlichen Regionen, in München fast an jeder Ecke, oft im Vorraum einer Bank oder Sparkasse. Hier kann man rund um die Uhr und ohne Wartezeit Geld abheben und oft auch Bargeld wechseln. Als Bankkunde bekommt man hier Kontoauszüge und kann Überweisungen tätigen.

Einst Bayerische Staatsbank, dann HypoVereinsbank, jetzt HVB Forum

Kreditkarten und Reiseschecks

Praktisch alle Hotels, Kaufhäuser, größeren Geschäfte und Restaurants akzeptieren Debit- oder Kreditkarten, Erstere nehmen auch die Supermärkte. Schon an der Eingangstür sieht man die Logos von **MasterCard**, **Visa**, **American Express**, **Diners Club** u. a. Vor allem in Biergärten und in ländlichen Gasthöfen ist es noch unüblich bis unmöglich, mit Karte zu bezahlen. Bei Verlust sollten Sie die Karte sofort sperren lassen.

Reiseschecks können mittlerweile fast nur noch in großen Hotels oder Banken eingelöst werden.

AUF EINEN BLICK

Banken

Deutsche Bank
Promenadeplatz 15,
80333 München.
Stadtplan 5 C2.
(089) 23 900.

Stadtsparkasse München
Sparkassenstraße 2,
80331 München.
Stadtplan 5 C2.
(089) 21 670.

Bank mit langen Öffnungszeiten

ReiseBank AG
Hauptbahnhof,
Bahnhofplatz 2.
(089) 55 10 80.

Franz-Josef-Strauß-Flughafen,
Zentralgebäude B.
(089) 97 30 67 30.

Kartenverlust

Allgem. Notrufnummer
116 116.
www.116116.eu

American Express
(069) 97 97 20 00.

Diners Club
(07531) 3633 111.

MasterCard
0800 819 10 40.

Visa
0800 811 84 40.

girocard
(069) 740 987.

Stadtplan München *siehe Seiten 144–153*

Währung

Die europäische Gemeinschaftswährung Euro (€) gilt in 17 EU-Staaten: Belgien, Deutschland, Estland, Finnland, Frankreich, Griechenland, Irland, Italien, Luxemburg, Malta, Niederlande, Österreich, Portugal, Slowakei, Slowenien, Spanien und in der Republik Zypern. D-Mark-Scheine und -Münzen sind ungültig, können jedoch bei der Deutschen Bundesbank unbefristet umgetauscht werden (www.bundesbank.de). Alle Euroscheine sind einheitlich gestaltet. Bei den Münzen prägt jedes Land unterschiedliche Rückseiten. Seit 2004 kann jeder Eurostaat einmal jährlich eine Zwei-Euro-Gedenkmünze bedeutender Ereignisse herausgeben. Alle diese Münzen gelten in jedem Staat der Eurozone.

Euro-Banknoten

Euro-Banknoten gibt es in sieben Werten (5, 10, 20, 50, 100, 200 und 500 €). Die unterschiedlich großen Scheine wurden vom Österreicher Robert Kalina entworfen und zeigen Architekturelemente und Baustile verschiedener Epochen, eine Europakarte und die EU-Flagge mit den zwölf Sternen.

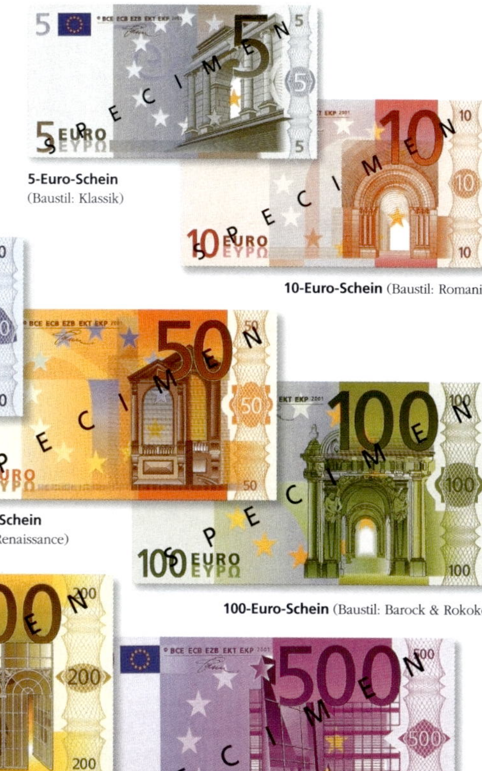

5-Euro-Schein (Baustil: Klassik)

10-Euro-Schein (Baustil: Romanik)

20-Euro-Schein (Baustil: Gotik)

50-Euro-Schein (Baustil: Renaissance)

100-Euro-Schein (Baustil: Barock & Rokoko)

200-Euro-Schein (Eisen- und Glasarchitektur)

500-Euro-Schein (Moderne Architektur des 20. Jh.)

2-Euro-Münze

1-Euro-Münze

50-Cent-Münze

20-Cent-Münze

10-Cent-Münze

Euromünzen

Euromünzen gibt es in acht Werten (2 €, 1 € sowie 50, 20, 10, 5, 2 und 1 Cent). Die einheitlichen Vorderseiten entwarf der Belgier Luc Luycx. Die Rückseiten sind in jedem Land anders gestaltet. Auch San Marino, der Vatikanstaat und Monaco prägen eigene Münzen.

5-Cent-Münze

2-Cent-Münze

1-Cent-Münze

Kommunikation

Logo der Deutschen Telekom

Deutsche Post- und Telekommunikationsdienste gelten im Ausland als vorbildlich. Briefsendungen und Postkarten aus Bayern erreichen ihr Ziel innerhalb Deutschlands in der Regel binnen 24 Stunden. Briefkästen gibt es viele (in München rund 1000), auch in jedem noch so abgelegenen Winkel Bayerns kann man Briefe einwerfen. In München ist das Angebot an Postfilialen noch ganz gut, auf dem Land werden immer mehr Postämter geschlossen und durch »Verkaufspunkte« ersetzt.

Telefonzelle

Öffentliche Telefone

Für öffentliche Telefone ist in Bayern die Deutsche Telekom zuständig. Kartentelefone findet man in München viele, Münzfernsprecher waren schon so gut wie ausgestorben. Doch da mittlerweile die meisten Leute Mobiltelefone haben und sich keine Telefonkarten mehr kaufen, wurde in letzter Zeit der Bestand an Münztelefonen wieder aufgestockt – vor allem für diejenigen, deren Akku oder Prepaid-Karte leer sein sollte. Die alten Telefonzellen sind so gut wie verschwunden, stattdessen findet man fast nur nichtüberdachte Säulen. Manche öffentlichen Telefone akzeptieren auch Kreditkarten mit PIN.

Nummern mit der Vorwahl 0800 sind kostenlos, die mit der Vorwahl 0900 (früher 0190) wesentlich teurer als normale. Viele Service-Nummern beginnen mit 0180, die danach folgende Ziffer (1–5) macht den Tarif deutlich.

Gespräche vom Telefon des Hotelzimmers aus sind sehr teuer.

Mobiltelefone

Wie überall in Europa hat sich auch in Bayern der Telefonmarkt mit Einführung der Mobiltelefone enorm verändert. Im Wesentlichen decken die Netze von T-Mobile, Vodafone, O_2 etc. ganz Bayern ab. Nur in abgeschiedenen Alpenregionen kann der Empfang schwierig sein. Wichtig für München-Besucher: In allen Verkehrsmitteln des MVV dürfen Sie Ihr Handy benutzen. In U-Bahn-Tunnels ist der Empfang größtenteils möglich, im S-Bahn-Tunnel durchgehend.

Die Roaming-Verordnung der EU legt verbindliche Obergrenzen für Gespräche innerhalb der EU fest: Der Roaming-Minutenpreis für ein abgehendes Telefonat beträgt ab Juli 2013 0,24 Euro (2014: 0,19 €), für ein ankommendes 0,07 Euro (2014: 0,05 €). Eine SMS kostet 0,08 Euro (2014: 0,06 €), Daten-Roaming pro MB 0,45 Euro (2014: 0,20 €) – alle Angaben zuzüglich Mehrwertsteuer.

Nützliche Nummern

- Auskunft der Deutschen Telekom – national: 11 833.
- Auskunft der Deutschen Telekom – international: 11 834.
- Internationale Gespräche: Vorwahl 00, Ländervorwahl, Ortsvorwahl ohne 0, dann Teilnehmernummer.
- Ländervorwahl: Deutschland 49, Österreich 43, Schweiz 41, Italien 39, Frankreich 33.
- Ortsvorwahl München: 089 bzw. 89.
- Deutschland Direkt: 0800 33 00 490.

Internet

Fast alle Orte und Urlaubsregionen haben empfehlenswerte Websites. So gut wie alle Hotels stellen sich im Internet vor, fast immer kann man online buchen. Größere Hotels bieten ihren Gästen Internet-Anschluss (oft WLAN) im Zimmer an oder zumindest in der Lobby an.

Internet-Cafés findet man in München vor allem rund um den Bahnhof und im Universitätsviertel. Ein schwules Internet-Café ist das **Kr@ftAkt** beim Sendlinger Tor. Auch in vielen kleineren Städten gibt es Internet-Cafés.

Deutsche Post

Die Dienste der Deutschen Post beschränken sich nicht nur auf den Versand von Briefen, Päckchen, Paketen und Einschreiben, in vielen Postämtern kann man auch faxen oder fotokopieren. Neben Briefmarken gibt es Telefonkarten, Umschläge, Briefpapier etc. Nach wie vor kann man *poste restante*, also postlagernd, schicken. In München können Sie diese Sendungen im Postamt gegenüber dem Hauptbahnhof und am Flughafen abholen (Ausweis nicht vergessen).

In der Regel haben Postämter montags bis freitags von 8 oder 9 bis 18 Uhr, samstags bis 12.30 Uhr geöffnet. In ländlichen Regionen sind sie oft mittags zwei Stunden geschlossen.

Briefmarken bekommt man im Postamt, an Automaten und in vielen Papierwarenläden. Ein Standardbrief (bis 20 g) kostet 55 Cent (europaweit 70 Cent), eine Postkarte 45 Cent (europaweit 65 Cent). Briefmarken lassen sich auch per Handy erwerben (Tel. 22 122). Briefkästen haben oft zwei Einwurfschlitze – für lokale Sendungen und für andere Orte. Die Leerungszeiten sind vermerkt.

DHL ist der Kurierdienst der Deutschen Post.

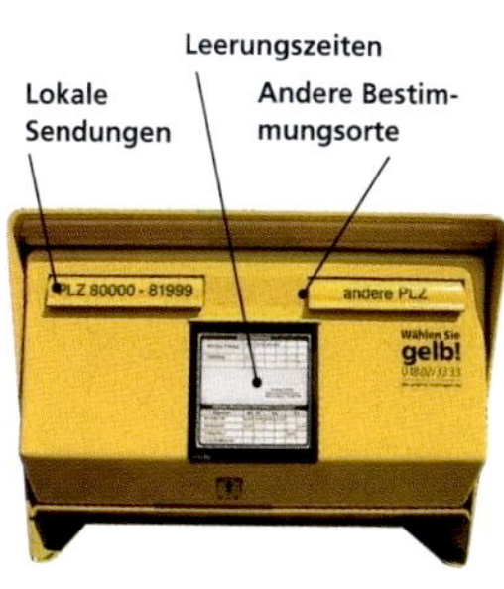

In Städten haben Briefkästen zwei verschiedene Schlitze

Zeitungen und Zeitschriften

Die beiden großen Münchner Tageszeitungen sind die *Süddeutsche Zeitung (SZ)* und der *Münchner Merkur*. Beide haben einen Münchner Lokalteil und verschiedene Lokalteile für das Münchner Umland. Die *SZ* hat die höhere Auflage und wird bundesweit gelesen. Im Umland wird teilweise der *Merkur* bevorzugt, wobei das einerseits an der konservativeren politischen Grundtendenz des *Merkur* liegen mag, andererseits an der detaillierteren Berichterstattung über lokale Ereignisse.

»Leichtere« Informationen gibt es in der *Abendzeitung (AZ)* oder der *tz*. Beide tendieren in unterschiedlichem Maß zum Boulevardblatt, doch beide berichten auch ausführlich über Münchner Events.

SZ, *AZ* und *tz* kann man in München an Zeitungskästen an vielen Ecken kaufen. Verkäufer sind am Abend ab ca. 18 Uhr mit der »Zeitung von morgen« in vielen Lokalen unterwegs oder stehen in den S- und U-Bahn-Stationen.

Die Stadtmagazine *Prinz* oder *In München* sprechen eher jüngere Leser an und bieten viele Tipps, was wann wo los ist. Zudem gibt es diverse Online-Magazine, etwa *munichx*.

Auf dem Land findet man überall ähnliche Magazine, die dann etwa *Allgäu Live In* heißen.

Zeitungskiosk in München

Fernsehen und Radio

Empfangen kann man alle öffentlich-rechtlichen Fernsehprogramme (ARD und ZDF) und private Sender wie RTL, SAT.1, ProSieben, RTL2, VOX, Kabel 1 u.a. Der Bayerische Rundfunk (BR) ist »Drittes Programm« in der ARD. Der Sitz der Sender SAT.1, ProSieben und Kabel 1 befindet sich in Unterföhring. In den 1990er Jahren entwickelte sich München zu einem wichtigen Medienstandort.

Im Radio strahlt der BR fünf Programme aus: Bayern 1 (91,3), Bayern 2 (88,4), Bayern 3 (97,3) mit Musik und Verkehrsinfos, Bayern 4 Klassik (103,2) und Bayern 5 aktuell (90,0). Aktuelle Verkehrsmeldungen gibt es auch auf Antenne Bayern (101,3).

AUF EINEN BLICK

Telefonieren

Deutsche Telekom
0800 33 03 000 (Hotline). **www**.telekom.de

Internet-Cafés

Coffee Fellows
Im Tal 33, 80331 München. **Stadtplan** 3 A3.
(089) 24 26 99 86.
Banhofplatz 2, 1. Obergeschoss, 80335 München.
(089) 53 86 86 97
www.coffee-fellows.de

Internetcafé München
Hauptbahnhof, im S-Bahn-Zwischengeschoss, 80335 München.
(089) 51 61 79 95.
www.internetcafe muenchen.de

Kr@aftAkt
Thalkirchner Str. 4, 80337 München.
Stadtplan 3 A3.
(089) 21 58 88 81.
www.kraftakt.com

Deutsche Post

Deutsche Post
0180-2 33 33 (Information, Mo–Fr 7–20, Sa 8–14 Uhr).
www.deutschepost.de

DHL
0180-5 34 52 255.
www.dhl.com

Postämter

Alter Hof
Alter Hof 6–7. **Stadtplan** 3 C2 (6 D3). *Mo–Fr 9–18, Sa 9–12.30 Uhr.*

Hauptbahnhof
Bahnhofplatz 1, 80335 München.
Mo–Fr 8–20, Sa 9–16 Uhr.
Hier können postlagernde Sendungen abgeholt werden.

Flughafen
85333 München-Flughafen, Zentralbereich, Ebene 3.
(089) 97 05 19 97.
tägl. 7.30–21 Uhr.
Hier können postlagernde Sendungen abgeholt werden.

Sattlerstraße
Sattlerstr. 1.
Stadtplan 3 B2 (5 C3).
Mo–Fr 9–18.30, Sa 9–12.30 Uhr.

Zeitungen und Zeitschriften

Abendzeitung
www.abendzeitung-muenchen.de

Allgäu Live In
www.live-in.net

In München
www.in-meunchen.de

Munichx
www.munichx.de

Prinz
www.prinz.de

Süddeutsche Zeitung
www.sueddeutsche.de

tz
www.tz-online.de

Reiseinformationen

Der Verkehr war in Bayern immer ein wichtiges Thema. An den großen Handelsstraßen nach Süden blühten die Städte im Mittelalter auf. Auf bayerischem Boden nahm die erste deutsche Eisenbahn 1835 ihren Betrieb auf. Heute ist das Netz von Autobahnen und Bundesstraßen sehr gut. München ist ein wichtiges Eisenbahndrehkreuz, der Flughafen verzeichnet eine der höchsten Zuwachsraten Europas, der Münchner Verkehrs- und Tarifverbund (MVV) war musterbildend.

Flugzeug der Lufthansa

Umweltbewusst reisen

Umweltschutz und Nachhaltigkeit sind wichtig Themen in Bayern. Die Wasserqualität im gesamten Freistaat ist gut. Der bayrische Autobauer BMW hat einen Wasserstoffverbrennungsmotor für PKWs zur Serienreife gebracht. Die Münchner Stadtwerke bieten über 20 Ladestationen für Elektroautos im Stadtgebiet an.

Durch das exzellente Bahn- und Bussystem in Bayern kann man leicht auf ein Auto verzichten. Ein Auto braucht man noch in einigen abgelegenen Alpenregionen, wo die Abdeckung durch das Busnetz noch lückenhaft ist.

Zugfahrten sind eine saubere Alternative zum Straßen- und Luftverkehr. Die Deutsche Bahn (DB) ist modern und effizient, das Streckennetz ist überwiegend elektrifiziert. Die DB bietet spezielle CO_2-neutrale Bahnfahrten an (die Reise wird dann mit Öko-Strom verrechnet).

Innerhalb des Mittleren Rings in München gilt ein Fahrverbot für nicht schadstoffarme Autos. Nur noch Autos mit grüner Umweltplakette sind in der Innenstadt zugelassen (Plaketten sind u.a. beim TÜV oder auch online erhältlich). In bestimmten Arealen der Stadt darf nur eingeschränkt geparkt werden. Parken ohne Lizenz ist hier nur noch tagsüber in besonders gekennzeichneten Straßen gegen Gebühr möglich. In den Vorstädten gibt es Park-and-Ride-Angebote.

Man kann München auch mit dem Rad entdecken *(siehe S. 312f)*. In den U- und S-Bahnen kann man Räder zu bestimmten Zeiten in bestimmten Wagen transportieren.

Mit dem Flugzeug

Nach Frankfurt am Main ist der 1992 eröffnete internationale Flughafen München Franz Josef Strauß (Munich Airport, MUC) mit seinen zwei Terminals Deutschlands zweitgrößter (und Europas siebtgrößter) Flughafen. Allerdings ist der Flughafen auch ein Politikum. Die Münchner haben sich in einem Referendum im Juni 2012 gegen den Bau einer dritten Starbahn entschieden.

2011 wurden 38 Millionen Passagiere abgefertigt. Gut 100 Fluggesellschaften fliegen München im regelmäßigen Passagierverkehr an. Direktflüge nach MUC gibt es von fast jedem deutschen Flughafen, aber auch von fast allen größeren europäischen und von sehr vielen außereuropäischen Flughäfen.

Tower am Flughafen München

Den Flughafen Augsburg (City Airport Augsburg) und den Regionalflughafen Memmingen (Allgäu Airport) steuern vor allem Charter- und Billigfluglinien sowie der Geschäftsreiseverkehr an.

Terminal 1 des Münchner Flughafens

Flugpreise

Flugpreise können erheblich variieren. Wer nicht so viel Geld für Linienflüge ausgeben will und zeitlich etwas flexibel ist, wird deutlich billigere Flüge innerhalb Deutschlands finden. Zu manchen Zeiten werden extrem günstige Sonderangebote für Flüge zwischen München und anderen deutschen Großstädten (meist Berlin, Frankfurt, Hamburg und Düsseldorf) angeboten. Auch Städtereisen, die etwa Flug und Hotel kombinieren, sind oft günstige Offerten.

Bus oder S-Bahn – Sie haben die Wahl für die Fahrt vom/zum Flughafen

Ermäßigungen gibt es für Kinder bis zwölf Jahre sowie für Studenten und junge Leute unter 26 Jahren. Websites wie **Expedia** oder **Opodo** führen zu Billigangeboten. Es lohnt sich auch immer ein Blick auf die Websites der Fluggesellschaften.

Flughafensteuern sind oft im Ticket enthalten. Achtung: Aufgrund der steigenden Treibstoffkosten ändern die Fluggesellschaften ständig die Kerosinaufschläge.

Flughafen München

Terminal 1 des Münchner Flughafens ist L-förmig gebaut. Das bringt etwas längere Wege mit sich. Zum Ausgleich erwartet Sie eine Vielzahl von Läden, die auch außerhalb der normalen Ladenöffnungszeiten für Sie bereitstehen. Diverse Snackbars stehen ebenso zur Verfügung wie Restaurants. Für den Fall gesundheitlicher Probleme bieten Arztpraxen und das medizinische Zentrum MediCare ihre Dienste an.

Der 2003 eröffnete Terminal 2 wird von der Lufthansa und den Partner-Airlines in der Star Alliance genutzt.

Das Gepäck kann für die meisten Abflüge schon am Vorabend eingecheckt werden. Natürlich finden Sie im Flughafen auch die Filialen aller großen Autovermieter. Parkplätze gibt es ausreichend.

Im Besucherpark (erreichbar vom Parkplatz P51 oder mit der S-Bahn, eine Station vom Flughafen entfernt) können Sie nachvollziehen, wie Luftfahrt funktioniert. Hier gibt es auch einen Bereich speziell für Kinder.

Es gibt einige Hotels am Flughafen, u.a. das Kempinski Hotel Airport München.

Verbindungen ins Zentrum

Der Flughafen München Franz-Josef Strauß liegt 28 Kilometer vom Zentrum entfernt. Man braucht allerdings rund 45 Minuten in die Stadt – egal ob auf der Straße oder auf Schienen.

Das schnellste und zuverlässigste Transportmittel in die Stadt ist die S-Bahn. Die S-Bahn-Station liegt direkt im Flughafen. Die S1 fährt über den Norden und den Westen in die Innenstadt, die S8 über den Osten. Beide Linien brauchen bis zum Hauptbahnhof etwa gleich lang und verkehren alle 20 Minuten. Wer die S1 in Richtung Flughafen nimmt, muss beachten, dass er in die hinteren Wagen einsteigt (der Zug wird in Neufahrn geteilt, die vorderen Wagen fahren nach Freising).

Die Fahrt mit der S-Bahn kostet zehn Euro, mit einer Streifenkarte für zwölf Euro nur 9,60 Euro (= acht Streifen). Gruppen bis zu fünf Personen können mit einer Partner-Tageskarte (20 €) fahren *(siehe S. 311)*.

Der Lufthansa Airport Bus pendelt täglich zwischen 5.10 und 19.50 Uhr im 25-Minuten-Takt zwischen Hauptbahnhof und Flughafen. Die einfache Fahrt kostet 10,50 Euro (Kinder zwischen 6–14 Jahren: 5,50 E), 17 Euro kostet es hin und zurück.

Ein Taxi ist nicht wesentlich schneller, dafür teurer: Der behördliche Festpreis liegt derzeit bei 56 Euro.

AUF EINEN BLICK

Fluglinien

Austrian Airlines
0180 300 05 20 (Reservierung und Information in Deutschland).
www.aua.com

Lufthansa
0180 58 38 426.
www.lufthansa.com

Swiss
0180 511 00 35 (Reservierung und Information in Deutschland).
www.swiss.com

Transport in die Stadt

Lufthansa Airport Bus
(089) 32 30 40.
www.airportbus-muenchen.de

MVV
(089) 41 42 43 44.
www.mvv-muenchen.de

Taxizentrale München
(089) 21 610.
www.taxi-muenchen.com

Flughäfen

Flughafen München Franz Josef Strauß (Munich Airport)
Vermittlung, Flugauskunft: (089) 975 00.
Fundbüro: (089) 975 21 370.
Service-Center, Terminal 1 und Terminal 2: (089) 975 -21 375.
www.munich-airport.de

Flughafen Augsburg
(0821) 27 08 10.
www.augsburg-airport.de

Flughafen Memmingen
(08331) 984 20 00.
www.allgaeu-airport.de

Nützliche Websites

www.expedia.com
www.opodo.de

Halle im Hauptbahnhof München

Mit dem Zug

Im Hauptbahnhof München, einem Kopfbahnhof, kommen Züge aus allen Richtungen an. Die Westtrasse über Ulm, Stuttgart und Mannheim hat Anschluss an die Rheinschiene (Köln, Belgien, Niederlande). Die Nordtrasse gabelt sich in zwei wichtige Strecken: Nürnberg–Leipzig–Berlin bzw. Würzburg–Hamburg. Der gesamte Verkehr nach Süd- und Südosteuropa ist an den Münchner Bahnhof angebunden, darunter der nach Österreich, Ungarn, Slowenien, Kroatien, Griechenland und Italien. Zu allen wichtigen Metropolen (z. B. Prag, Warschau, Wien, Rom, Zürich, Paris, Brüssel, Amsterdam) gibt es mehrmals täglich Direktverbindungen.

Der südbayerische Raum bietet ein dichtes Netz von Strecken: Salzburg und Kempten, Garmisch-Partenkirchen und Regensburg, Augsburg und Ingolstadt werden mindestens im Stundentakt bedient. Im Großraum München bietet die S-Bahn Verbindungen ins Umland im 20-Minuten-Takt.

Deutsche Bahn

Fast alle Züge werden von der **Deutschen Bahn AG** betrieben. Fernstrecken werden mit ICE (InterCity-Express), IC (InterCity) und EC (EuroCity) bedient. Im Regionalbereich verkehren IR (InterRegio), RE (Regional-Express) und RB (Regional-Bahn). Im Nahverkehr (rund 35 km um München) fährt die S-Bahn.

Ins Bayerische Oberland unterhält die BOB (Bayerische Oberlandbahn) Verbindungen, z. B. nach Lenggries oder an den Tegernsee.

Für Fans gibt es einige Strecken, auf denen historische Bahnen verkehren, etwa die Chiemgauer Lokalbahn oder die Museumsbahn »Romantische Schiene« von Nördlingen über Wilburgstetten nach Dinkelsbühl.

Fahrpreise

Der Fahrpreis hängt von der Länge der Fahrt und der Art des Zuges (IR/RE/RB, IC/EC oder ICE) ab. Zusätzlich gilt: Je früher man bucht, desto preiswerter wird das Ticket. Der Normalpreis ist fällig, wenn man die Fahrkarte erst am Tag der Reise kauft. Die BahnCard 25 (59 € pro Jahr für die 2. bzw. 119 € für die 1. Klasse; für Studenten und Senioren 39 bzw. 78 €) bringt 25 Prozent Rabatt auf alle Tickets.

Mit dem Bayern-Ticket für 22 Euro (Single) plus vier Euro pro weiterem Mitfahrer (insgesamt fünf Personen, jeder darf eigene Kinder bis zu 15 Jahren kostenlos mitnehmen) kann man innerhalb von Bayern einen Tag lang reisen (nur IRE, RE und RB). Zudem gibt es zahlreiche Sonderangebote für bestimmte Destinationen.

Tickets bekommt man an größeren Bahnhöfen weiterhin am Schalter. Am Münchner Hauptbahnhof gibt es ein zentrales Ticket-Center.mit ca. 20 Schaltern. Fahrkartenautomaten sind rund um die Uhr betriebsbereit (Zahlung mit Debit- oder Kreditkarte). Auch telefonisch kann man Tickets buchen. Am günstigsten ist es, wenn Sie das Ticket online buchen (**www.**bahn.de), mit Kreditkarte bezahlen und selbst ausdrucken. Als BahnCard-Kunde können Sie dies bis zehn Minuten vor Abfahrt des Zugs tun.

Fernbusse und lokale Busse

Als besonders preiswerte Alternative des Reisens bieten sich Fernbusse an. Zahlreiche Buslinien starten bzw. enden in München am Zentralen Omnibusbahnhof (ZOB; **www.**muenchen-zob.de), der seit 2009 ein neues Gebäude an der Hackerbrücke (nicht weit vom Hauptbahnhof) einnimmt.

Die wichtigsten Fernlinien findet man bei **Eurolines** (**www.**eurolines.com) bzw. bei der **Deutschen Touring GmbH** (**www.**deutsche-touring.de).

In der oberbayrischen Region bietet zudem ein dichtes Netz von Regionalbuslinien Verbindungen bis in den letzten Winkel. Informationen über Netz und Preise erhalten Sie beim **Regionalverkehr Oberbayern (RVO)**.

Auch der MVV betreibt in den umliegenden Landkreisen eine Reihe von Buslinien. Infos zu den »MVV-Verkehrslinienplänen Region« erhalten Sie auf der MVV-Website (**www.**mvv-muenchen.de).

Mit dem Doppeldecker – mit Fernbussen kann man preiswert reisen

Auf Seen und Flüssen

Auf den großen Seen und Flüssen des Freistaats verkehren regelmäßig zahlreiche Linien- und Ausflugsschiffe und sogar historische Raddampfer aus der Prinzregentenzeit. Vom romantischen Candle-Light-Dinner bis zur zünftigen Floßfahrt, von der Donaukreuzfahrt bis zur kombinierten Wander-Fahrrad-Schiffstour gibt es alles. Vor allem auf den großen Seen – auf Bodensee und Chiemsee, aber auch auf Starnberger See, Ammersee, Tegernsee und Königssee – werden attraktive Touren angeboten.

Auf Isar und Lech kann man Kanu fahren. Auf der Isar gibt es auch Rafting-Angebote, etwas von Lenggries nach Bad Tölz. Auf der wilden Salzach bei Burghausen ist Wildwasser-Rafting angesagt. Auf Loisach, Amper, Isar und Inn gibt es auch viele Kanuten.

Wer nicht wasserscheu ist, für den ist eine Isarfloßfahrt von Wolfratshausen bis München ein Muss – Essen, Bier und Blasmusik inbegriffen (Dauer: je nach Wasserstand viereinhalb bis sechs Stunden).

In Kelheim starten die spektakulären Ausflugsfahrten durch den Donaudurchbruch und die Fahrten durch das idyllische Altmühltal.

In Passau gehen Sie an Bord, wenn Sie auf einer mehrtägigen Donaukreuzfahrt bis hinunter nach Wien oder Budapest fahren wollen.

Die »weiß-blaue Flotte« befährt die oberbayerischen Seen

AUF EINEN BLICK

Bahnreisen

Deutsche Bahn AG
0180 5 99 66 33 (Information, Fahrkartenbuchung).
0800 150 70 90 (kostenlose Fahrplanauskunft per Sprachdialogsystem).
0180 5 34 00 35 (Mobilitätsservice-Zentrale).
www.bahn.de

Fern- und lokale Busse

Eurolines/Deutsche Touring – Ticket-Center
ZOB, Hackerbrücke 4, 0335 München.
(089) 88 98 95 13.
www.eurolines.com

Münchner Verkehrs- und Tarifverbund (MVV)
www.mvv-muenchen.de

Regionalverkehr Oberbayern (RVO)
Hirtenstraße 24, 80335 München.
(089) 55 16 40.
www.rvo-bus.de

Auf Seen und Flüssen

www.bayerische-seenschifffahrt.de
www.bodenseeschifffahrt.de
www.chiemsee-schifffahrt.de
www.isarflossfahrten.de
www.donau-flusskreuzfahrten.com
www.donauschifffahrt.de

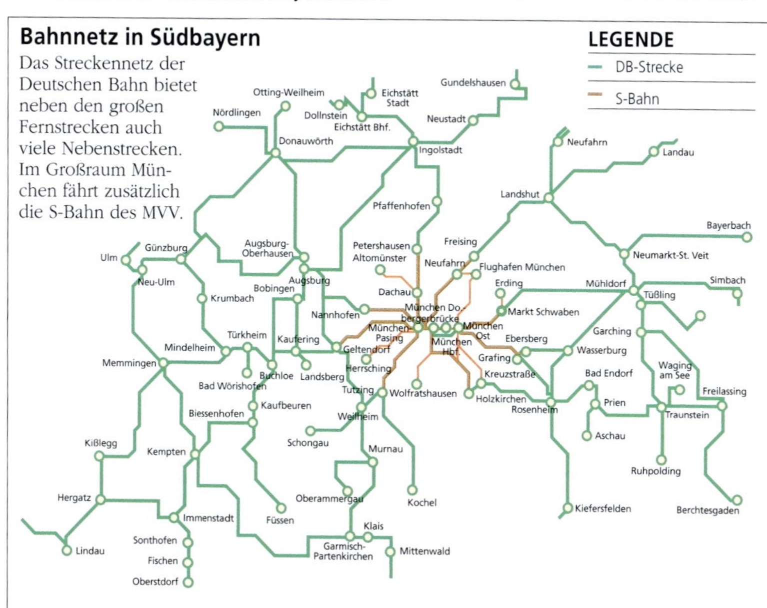

Münchens Trams, Busse, U-Bahnen und S-Bahnen

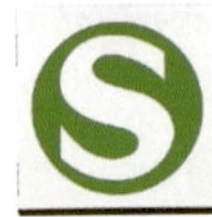

S-Bahn-Zeichen

Sieben U-Bahn-Linien, die (in der Innenstadt unterirdisch verlaufende) S-Bahn-Stammstrecke sowie ein dichtes Netz von Trams und Bussen machen Münchner und Besucher in der Stadt mobil. Für das Weiterkommen von den Stationen der acht Haupt-S-Bahn-Linien, die kreisförmig ins Umland verlaufen, sorgen zahlreiche Buslinien. MVV (Münchner Verkehrs- und Tarifverbund) und MVG (Münchner Verkehrsgesellschaft) machen die Benutzung der öffentlichen Verkehrsmittel einfach: Für alle Verkehrsmittel gelten die gleichen Fahrscheine.

Busse

München hat gut 70 innerstädtische Buslinien (Nummern 50 bis 199, wobei die Nummern 50 bis 59 priorisierte MetroBusse sind), die die Stadt durchfahren. Für Besucher sind Busse sowie Trams *(siehe unten)* eine attraktive, wenn auch langsamere Alternative zu U- und S-Bahn. Man sieht viel von der Stadt, manche Linien eignen sich perfekt zum preiswerten Sightseeing.

Am Tag verkehren die meisten Linien im Zehn-Minuten-Takt. Neun Nachtlinien fahren zwischen 0.30 und 4.30 Uhr, wenn U- und S-Bahn den Betrieb einstellen. An vielen Haltestellen zeigt ein elektronisches Display die nächsten Busse an. Achtung: Busse fahren an Haltestellen durch, wenn niemand zu- oder aussteigen will. Auf den Fahrplan (er hängt in der Regel an jeder Haltestelle aus) kann man sich weitgehend verlassen.

Bushaltestelle mit Fahrplan

Während der Fahrt werden die Haltestellen angesagt und auf Displays angezeigt. Wer aussteigen will, muss einen der roten Knöpfe drücken. Die Fahrer sind angewiesen, während der Fahrt nicht mit Fahrgästen zu sprechen. Tickets können Sie nur am Automaten im Bus kaufen.

Bei Bussen haben alle neueren Modelle Einstiegshilfen für Rollstuhlfahrer an der mittleren Tür.

Trams

Elf Tramlinien fahren tagsüber, hinzu kommen vier Nachtlinien. Sie haben alle eine gute Anbindung an U- und S-Bahn-Stationen sowie an größere Bushaltestellen. Trams verkehren tagsüber meist alle zehn Minuten, später am Abend alle 20 Minuten. Tickets kann man im Inneren an den Automaten kaufen, die Fahrer verkaufen keine. Der Zugang mit Kinderwagen und Rollstuhl ist in Trams kein Problem – der vordere Einstieg kann abgesenkt werden. Die einzige Linie, die das Stadtgebiet verlässt, ist die Linie 25 nach Grünwald.

U- und S-Bahn

Das U- und S-Bahn-Netz in München ist relativ neu: Erst 1971 wurden die ersten Streckenabschnitte eröffnet. Heute wird München noch von derselben S-Bahn-Stammstrecke wie vor über 40 Jahren durchkreuzt. Bei den U-Bahnen hat sich allerdings viel getan: Sieben Linien bedienen den Stadtbereich. Die Züge gehören zu den modernsten Deutschlands.

Die Münchner nörgeln gern über die S-Bahn. Fest steht, dass das Umland in einem Radius von knapp 35 Kilometern im 20-Minuten-Takt regelmäßig und fast immer zuverlässig per S-Bahn zu erreichen ist. In der Innenstadt (zwischen Hackerbrücke und Ostbahnhof) verläuft die S-Bahn-Stammstrecke unterirdisch. Der Bau eines zweiten Tunnels ist geplant.

U-Bahnen verkehren zuverlässig und am häufigsten, in Hauptverkehrszeiten im Zwei-Minuten-Takt. Fast alle U-Bahn-Stationen sind individuell gestaltet, bei vielen wurde das Design auf den Stadtbezirk abgestimmt. So gibt man sich im Lehel und am Königsplatz eher klassisch, die Station Theresienwiese (Oktoberfest!) präsentiert sich gelb-schwarz in den Farben Münchens.

Beim Ein- und Umsteigen wird die Orientierung leicht gemacht: Die Linien sind mit Nummern und Farben gekennzeichnet. Merken sollte man sich die Endhaltestelle, damit man nicht in eine Bahn

StadtBus auf einer der rund 70 Buslinien in München

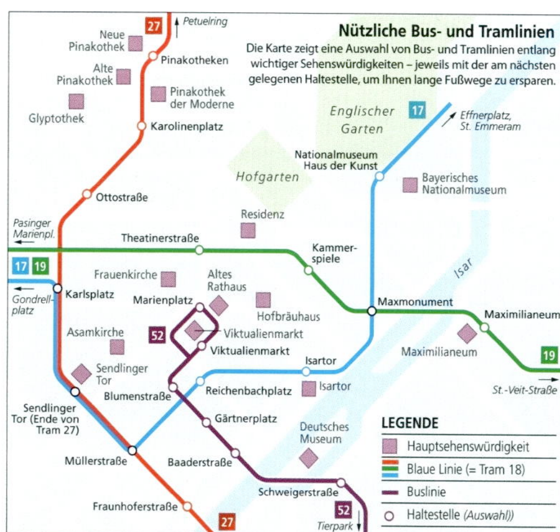

in falscher Richtung steigt. Fast alle U- und S-Bahnhöfe sind behindertengerecht mit Aufzügen versehen.

Tickets erhält man an Automaten oder in den Kiosken der Bahnhöfe. Sie werden an den Entwertern am Eingang zu den Plattformen abgestempelt.

Viele Tickets für Konzerte oder Fußballspiele enthalten übrigens oft auch den Preis für die Benutzung der öffentlichen Verkehrsmittel für Hin- und Rückfahrt.

Die U-Bahn – seit 1971 Münchens praktischstes Verkehrsmittel

Tickets

Für alle öffentlichen Verkehrsmittel des MVV gelten die gleichen Fahrkarten. Man kann beliebig oft umsteigen, allerdings gilt das Ticket nur eine begrenzte Zeit und nach dem Umsteigen nur zur Weiterfahrt in Zielrichtung.

Tickets gibt es an Fahrkartenautomaten. Auch Kioske in U- und S-Bahn-Stationen verkaufen sie. Die Bedienung der Automaten ist einfach: Sie nehmen Münzen und Scheine und geben Wechselgeld zurück. Bei fast allen kann man auch mit PayCard bezahlen.

Bei Tickets gibt es drei Möglichkeiten: Einzelfahrschein, Mehrfahrtenkarte (Streifenkarte) oder Zeitticket (Tages- bzw. 3-Tage-Karte).

Einzelfahrscheine (2,50 € für eine Zone, 5 € für zwei Zonen, 7,50 € für drei Zonen, 10 € für vier Zonen) sind am teuersten. Bei Bezahlung mit PayCard sind sie zwischen 0,10 und 0,40 € billiger, ebenso bei Streifenkarten (12 € für zehn Streifen = fünf Fahrten im Innenraum/eine Zone).

Das ganze Innenstadtgebiet (»Innenraum«), in dem fast alle Münchner Sehenswürdigkeiten liegen, gilt als eine Zone. Wie viele Zonen für längere Strecken durchfahren werden, können Sie dem Zonen-Tarifplan (an jeder U- und S-Bahn-Station) entnehmen. Als »Kurzstrecke« gelten vier Stationen mit Tram oder Bus bzw. zwei Stationen mit U- oder S-Bahn. Im Innenstadtbereich müssen Sie für eine Kurzstrecke 1,20 € bezahlen oder einen Streifen entwerten.

Auch mit einer Tageskarte (Single 5,60 € Innenraum, 11 € Gesamtnetz) oder einer 3-Tage-Karte (Single 13,80 € Innenraum) sind Sie gut beraten. Für bis zu fünf Personen gilt die Partner-Karte (Tageskarte 10,80 € Innenraum, 20 € Gesamtnetz, Partner-3-Tage-Karte 23,70 € Innenraum).

Jedes Ticket muss vor Fahrtantritt abgestempelt werden: bei U- und S-Bahnen im Stadtbereich am Entwerter vor den Rolltreppen, im Außenbereich auf den Bahnsteigen, bei Bus und Tram im Fahrzeug selbst.

Wer sich länger in München aufhält, ist mit einer IsarCard gut beraten. Man kann sie wochen- oder monatsweise und eine beliebige Anzahl von »Ringen« (nicht identisch mit den den »Zonen«!) erwerben (Infos an allen Fahrkartenverkaufsstellen und unter **www**.mvv-muenchen.de).

Kinder unter sechs Jahren fahren kostenlos. Für Kinder zwischen sechs und 14 Jahren gibt es eigene Einzel- und Streifenkarten (Kinder-Tageskarte Gesamtnetz 2,70 €).

Für Besucher empfehlenswert ist die **CityTourCard** für einen Tag (9,90 € Innenraum) drei Tage (19,90 € Innenraum, 31,50 € Gesamtnetz). Sie umfasst die Benutzung aller Verkehrsmittel sowie Rabatte bei über 30 Sehenswürdigkeiten (Infos: **www**.citytourcard).

Entwerter

1 Solche Entwerter finden sich im Eingangsbereich von U-Bahn-Stationen.

2 Das Ticket wird zum Stempeln in den Schlitz eingeführt.

AUF EINEN BLICK

Münchner Verkehrs- und Tarifverbund (MVV)

(089) 41 42 43 44.

www.mvv-muenchen.de

Münchner Verkehrsgesellschaft (MVG)

(089) 21 910.

www.mvg-mobil.de

Mobile Dienste des MVV

www.efa.mobi

München zu Fuß, mit dem Rad, dem Auto oder dem Taxi

Mit dem Auto durch München zu fahren macht wenig Spaß: Oft steht man im Stau, Parkplätze sind nicht nur rar, sondern auch teuer. Viele Sehenswürdigkeiten liegen recht eng zusammen und sind daher leicht zu Fuß abzuklappern. Eine ideale Lösung für die entspannte Fortbewegung in München ist das Fahrrad. Es gibt viele Radwege, die Isarauen und der Englische Garten sind Fahrradparadiese – zahlreichen Zwischenstopps steht nichts im Weg.

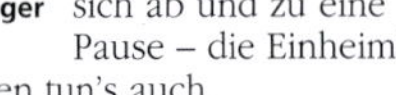

Straßenschild in Münchens Fußgängerzone

München für Spaziergänger

Wer München zu Fuß erkunden mag, ist in der Altstadt besonders gut dran. Hier sind ganze Areale Fußgängerzonen. Auch in anderen Stadtteilen kann man die schönen Plätze und Cafés nur würdigen, wenn man nicht in einer Blechkiste eingeschlossen daran vorbeirollen muss. Die Leopoldstraße, Münchens »Boulevard«, an dem sich Café an Café reiht, oder die Maximilianstraße sind klassische Flaniermeilen. Aber auch in den Wohngegenden Schwabings, Neuhausens oder Haidhausens und im Westend ist ein Bummel interessant. In den meisten Straßen stehen Bäume, begrünte Plätze mit Bänken laden zum Ausruhen ein.

Nur für Fußgänger

Für ausgedehnte Spaziergänge bietet sich der Englische Garten an. Hübsch sind auch Leopoldpark und Westpark. Entlang der Isar verläuft ein Fußweg. Die Maximiliananlagen (das Isarhochufer auf der rechten Isarseite zwischen Deutschem Museum und Tivolibrücke) sind reizvoll. Im Nymphenburger Schlosspark kann man den ganzen Tag in »gestalteter« Natur verbringen und sich die hübschen Parkschlösschen ansehen. Der Botanische Garten mit seinen Gewächshäusern und seinen Pflanzungen ist traumhaft.

Wenn Sie zu Fuß in der Stadt unterwegs sind, sollten Sie auf Gehwegen die oft nur optisch markierten Radwege ernst nehmen. Nicht nur Fahrradkuriere rasen häufig mit ziemlichem Tempo daher, ein Zusammenstoß mit einem »Radler« kann schlimme Folgen haben.

Wer zu Fuß unterwegs ist, kommt im Sommer an unzähligen Straßencafés sowie kleineren und größeren Biergärten vorbei. Gönnen Sie sich ab und zu eine Pause – die Einheimischen tun's auch.

Touren

In München gibt es zahllose Angebote für Touren, Stadtführungen und Tagesausflüge *(siehe S. 297)*. Das Gleiche gilt für Radtouren. Manchmal muss man sich gar nicht anmelden, sondern einfach nur auftauchen. Mit die besten Touren für Besucher auf Leihrädern bietet **Radius Tours**, die seit über 20 Jahren im Münchner Hauptbahnhof angesiedelt sind. Sie verleihen Fahrräder und bieten Touren, auch thematische Touren wie Biertouren, in München, aber auch Radtouren nach Neuschwanstein *(siehe S. 230)* und zum Konzentrationslager Dachau *(siehe S. 171)* an.

Ein weiterer alteingesessener Fahrradverleih und Tourenanbieter ist **Mike's Bike Tours**, der u. a. eine Wirtshaus- und Biergartentour anbietet.

Touren im offenen Doppeldeckerbus gibt es bei **Münchner Stadtrundfahrten**.

Eine eher individuelle Erfahrung bietet **Taxi Guide München**, die Sie im Taxi zu verschiedenen Sehenswürdigkeiten in München, aber auch außerhalb fahren, etwa nach Dachau oder sogar Salzburg. Die Preise bewegen sich zwischen 80 Euro für eine Stunde bis zu 440 Euro mit bis zu acht Teilnehmern für einen ganzen Tag

Mit dem Fahrrad

München ist eine fahrradfreundliche Stadt. Auf dem Weg durch die Stadt kann man oft die Radwege der großen Grünflächen (Englischer Garten und Isaranlagen) nutzen, in den letzten Jahren wurden immer mehr Radwege ausgewiesen. An zentralen Stellen in der City sowie an vielen U- und S-Bahn-Stationen gibt es große Fahrradständer.

In U- und S-Bahnen kann man Fahrräder mitnehmen. Für 2,50 Euro bekommt man eine Fahrrad-Tageskarte, die für das Gesamtnetz gilt. Die

Räder an der Universität – München ist eine fahrradfreundliche Stadt

Hauptverkehrszeiten Montag bis Freitag von 6 bis 9 Uhr sowie 16 bis 18 Uhr sind für Räder tabu. In Bussen und Trams darf man keine Fahrräder mitnehmen.

In der Stadt gibt es mehrere Fahrradverleihe. Über **Call-a-Bike** können Sie per Telefonanruf oder online rund um die Uhr und für beliebige Zeit ein abgestelltes Rad mieten und wieder zurückgeben, d. h. an beliebiger Stelle stehen lassen. Die Abrechnung erfolgt bargeldlos über Ihr Konto oder eine Kreditkarte. Günstig ist es, wenn Sie sich schon von zu Hause aus (kostenlos und ohne Verpflichtung) als Kunde anmelden. Leihräder gibt es auch bei **Aktiv-Rad**.

Beim Tourismusamt München *(siehe S. 299)* bekommen Sie eine Karte mit den schönsten Radwegen. Der MVV hat die Broschüren *Radeln mit dem MVV* und *Wandern mit dem MVV* herausgegeben, die man auch im Buchhandel erhält. Beide Bücher enthalten Routenempfehlungen in und um München.

Taxis

Taxis kann man in München telefonisch bestellen, auf der Straße herbeiwinken oder am Taxistand besteigen. Falls der Stand nicht besetzt sein sollte, kann man von dort kostenlos einen Wagen rufen. Die Telefonnummern des nächstgelegenen Stands finden Sie im Telefonbuch und in den *Gelben Seiten*. Innerhalb der Stadt kostet der Kilometer 1,70 Euro für Strecken unter fünf Kilometer, darüber etwas weniger. Der Grundpreis beträgt 3,30 Euro. Für die Anfahrt eines bestellten Taxis kommt noch ein Euro dazu, pro großem Gepäckstück 0,60 Euro.

Eine Alternative sind Rikschas. **Riksha Mobil** startet am Marienplatz ab drei Euro. Die 20-Minuten-Fahrt für zwei bis zum ChinesischenTurm kostet etwa 17 Euro.

Eine kurze Taxifahrt ist preiswerter als hohe Parkgebühren

Mit dem Auto

München lässt sich in drei »Ringe« einteilen. Der Altstadtring verläuft um das Zentrum, der Mittlere Ring in etwa um die Innenstadt, der Äußere oder Autobahnring (großteils A99) führt Durchreisende an München vorbei. Der Bereich innerhalb des Mittleren Rings ist Umweltzone: Autos brauchen eine Plakette, die man u. a. beim TÜV oder online erwerben kann.

Sieben große Autobahnen laufen sternförmig auf München zu (A8 Stuttgart und A8 Salzburg, A95 Garmisch-Partenkirchen, A96 Lindau, A9 Nürnberg/Berlin, A92 Deggendorf und A94 Simbach). Wer schnell an München vorbeifahren möchte, ist mit dem (im Südwesten noch nicht ganz geschlossenen) Autobahnring (A99) am besten beraten – auch wenn es ein paar Kilometer mehr sind.

In der Innenstadt ist es fast unmöglich, einen Parkplatz zu finden. Wenn Plätze im Parkhaus frei sind, sind sie teuer. Wenn man das Glück hat, einen Parkplatz auf der Straße zu finden, wird überall ein Parkschein erforderlich. Pro Stunde muss man – je nach Bezirk – zwischen einem und fünf Euro bezahlen. Politessen sind allgegenwärtig. Falls Ihr Auto abgeschleppt worden ist, wenden Sie sich bitte an die Kfz-Verwahrstelle der Polizei (089-42 77 90).

Parken – nur mit Parkschein

Deutlich erholsamer ist es, wenn Sie Ihr Auto in der Hotelgarage oder auf einem Park & Ride-Platz abstellen und das Netz der öffentlichen Verkehrsmittel nutzen.

AUF EINEN BLICK

Touren

Mike's Bike Tours
Bräuhausstr. 10. **Stadtplan** 3 C2.
(089) 25 54 39 87.
www.mikesbiketours.com

Münchner Stadtrundfahrten
(089) 55 02 89 95.
www.stadtrundfahrten-muenchen.de

Radius Tours
Hauptbahnhof, Arnulfstr. 3, 80335 München.
(089) 54 34 87 77 30.
www.radiustours.com

Rikscha Mobil
Müllerstraße 6. **Stadtplan** 5 C5.
(089) 24 21 68 80.
www.pedalhelden.de

Taxi Guide München
(0175) 48 12 848.
www.taxi-guide-muenchen.de

Fahrradverleih

Aktiv-Rad
Hans-Sachs-Str. 7. **Stadtplan** 3 B4. *(089) 26 65 06.*
www.aktiv-rad.de

Call-a-Bike
(07000) 52 25 522.
www.callabike-interaktiv.de

Taxis

Taxi München
(089) 21 610 oder 19 410.

Umweltplakette

www.umwelt-plakette.de

Stadtplan München *siehe Seiten 144–153*

Mit dem Auto unterwegs

Der Großraum München und die südbayerische Region bieten ein exzellentes Netz von gut ausgebauten Autobahnen und Bundesstraßen. Der hohe Freizeitwert der Region besteht auch darin, schnell und problemlos zu den Alpen und nach Italien zu kommen. In maximal einer Stunde erreicht man vom Münchner Raum das Alpenland. An Wochenenden, Feiertagen und in den Ferien kommt es allerdings zu Staus von teilweise legendärer Länge. Die aktuellen Straßenverkehrsberichte (z. B. auf Bayern 3) sind dann sehr hilfreich.

An vielen Stellen haben Autofahrer das Alpenpanorama im Blick

Anreise nach Südbayern

München und das Alpenvorland sind schnell mit dem Auto erreichbar. Von Norden nimmt man die sechsspurige A9 (von Nürnberg, Ingolstadt). Von Nordosten und Osten bieten sich die A93 (von Regensburg), die A92 (von Deggendorf) oder die A94 bzw. B12 (von Mühldorf) an, von Südosten kommend die A8 (von Salzburg). Von Westen führt die A8 (von Stuttgart) heran. Der Verkehr aus Süden kommt über die Inntalautobahn (aus Innsbruck über Kufstein) bzw. über Mittenwald oder den Achenpass. Vom Münchner Flughafen erreicht man die Stadt auf der A92 und A9. Die wichtigsten Freizeitstrecken in die Alpen sind die A95 (München–Garmisch-Partenkirchen) und die A96 (München–Lindau). Die A7 führt von Ulm ins Allgäu.

Papiere und Ausrüstung

Autofahrer müssen einen Führerschein dabeihaben, zudem den Kfz-Schein. Bei Bürgern aus der EU und aus westlichen Staaten reicht die nationale Fahrerlaubnis. Bürger anderer Staaten benötigen den internationalen Führerschein. Warndreieck, Warnweste und Erste-Hilfe-Set müssen mitgeführt werden.

Straßentypen

Das Straßennetz umfasst grob drei Straßentypen: Autobahnen, Bundesstraßen und Landstraßen. Autobahnen werden mit blauen Schildern und der Nummer angezeigt. Bundesstraßen haben kleine schwarz umrandete gelbe Schilder mit der Nummer der Straße. Die wichtigsten Autobahnen führen in Nord-Süd-Richtung ins Alpenvorland.

Mit aktuellem Kartenmaterial oder einem Navigationssystem findet man problemlos zu seinem Ziel.

Auf manchen Alpenstraßen sind im Winter Schneeketten Pflicht. Man erhält sie an Tankstellen, in Kfz-Shops oder Baumärkten. Fahren Sie vorsichtig, wenn Sie mit den Besonderheiten der Alpenregion nicht vertraut sind. Informieren Sie sich über den Straßenzustand. Fahren Sie im Winter keinesfalls mit Sommerreifen los.

Autovermietung

Neben den großen internationalen Autoverleihern wie **Avis** und **Hertz** sind in München einige nationale Firmen, etwa **Sixt** oder **Buchbinder**, ansässig. Filialen der meisten Firmen finden Sie in den Flughäfen in München und Augsburg und in den großen Bahnhöfen der Städte. Informationen über Preise und Tarife erhält man aktuell im Internet, telefonisch oder in den *Gelben Seiten*.

Neben Pkws kann man Wohnmobile mieten. Wer über steile Pässe fahren will, ist mit einem größeren Auto und ein paar Pferdestärken mehr besser gerüstet.

Parken

In vielen Innenstädten gibt es kaum mehr Parkplätze. Nutzen Sie daher die Parkhäuser und Park & Ride-Plätze. Steigen Sie auf öffentliche Verkehrsmittel um. Wer dennoch mit dem Auto in die City fährt, sollte unbedingt die Parkverbote beachten.

Pannenhilfe

Wenn Sie unterwegs eine Panne haben, stellen Sie Ihr Auto auf dem rechten Pannenstreifen ab. Dann rufen Sie die Pannenhilfe. Auf allen Autobahnen finden Sie Notrufsäulen im Abstand von einem Kilometer (die Pfeile auf den Pfosten weisen in Richtung der nächsten Notrufsäule). Auch an großen Bundesstraßen gibt es manchmal Notrufsäulen. Ein »Gelber Engel« vom **ADAC** wird kommen und Ihnen helfen oder das Abschleppen Ihres Auto organisieren. Bei Unfällen empfiehlt es sich, die Polizei zu rufen, damit ein Protokoll des Unfallhergangs erstellt wird. Unterschreiben Sie kein Schuldanerkenntnis.

Autobahn-Notrufsäule

Raststätte Köschinger Forst an der A9

Trankstellen

Tankstellen haben sich in den letzten Jahren zu Einkaufsparadiesen entwickelt: Rund um die Uhr erhält man hier alles Mögliche – neben Benzin auch Lebensmittel, Getränke, Kosmetika u. a. Folgende bleifreie Treibstoffarten sind überall erhältlich: Normal, Super, Super Plus sowie Diesel. Tankstellen befinden sich an allen Autobahnraststätten (**www**.tank.rast.de), an den großen Einfahrtsstraßen der Städte und meist auch im kleinsten Dorf. Eine Liste von Autogastankstellen in Bayern finden Sie ebenfalls online (**www**.autogastanken.de).

Verkehrsregeln

Die Höchstgeschwindigkeit innerhalb von Ortschaften beträgt 50 km/h, auf Land- und Bundesstraßen 100 km/h. Auf Autobahnen gilt eine Richtgeschwindigkeit von 130 km/h. Aktuell ausgeschilderte Geschwindigkeitsbegrenzungen haben immer Vorrang. Radarfallen sind häufig, oft gibt es Blitzlichtanlagen, vor allem an großen Kreuzungen. Die Höchstgrenze für Alkohol im Blut beträgt 0,5 Promille. Sicherheitsgurte (auch hinten) sind Pflicht. Mobiles Telefonieren während der Fahrt ist nur mit einer Freisprechanlage erlaubt. Die Geldbußen für Übertretungen (vor allem für Schnellfahren und Drängeln) wurden drastisch erhöht (Infos unter: **www**.adac.de).

Autobahnschilder in München

Panoramastraßen

Etwa eine Stunde Autofahrt (A8) südöstlich von München taucht vor Autofahrern ein imposantes Alpenpanorama auf. Fahren Sie von der A8 nahe Bernau ab, um zur Deutschen Alpenstraße zu gelangen, die sich auf einer Länge von über 450 Kilometern zwischen Bodensee und Königssee erstreckt. Schöne Zwischenstopps sind Burg Marquartstein (11. Jh.), die nur von außen besichtigt werden kann, Reit im Winkl, das Mekka der Skifahrer und Heimatort von »Gold-Rosi«, und Ruhpolding, wo eine hochromanische Madonna (um 1200) zu bewundern ist. Die Route führt durch Wald- und Weideland zum Nationalpark Berchtesgaden *(siehe S. 200)*. Hier hebt sich die Pfarrkirche St. Sebastian in Ramsau gegen die schneebedeckten Alpengipfel ab – ein beliebtes Motiv zahlreicher Maler im 19. Jahrhundert (Gesamtlänge des Streckenabschnitts: 90 km).

Die kristallklaren Seen Bayerns sind an schönen Tage ein Traum. Etwa 30 Kilometer südwestlich von München liegt der Starnberger See *(siehe S. 213)*, gesäumt von Villen und Restaurants, die Saibling servieren. Nehmen Sie die A95 zum Starnberger See, und fahren Sie am Westufer entlang. Auf der Staatsstraße 2063 kommen Sie wieder zur Autobahn. 15 Kilometer südlich nehmen Sie die Ausfahrt Zell, wo dann die Staatsstraße 2062 durch hübsche Landschaft zum Kochelsee führt. In Kochel am See *(siehe S. 219)* fahren Sie rechts auf die B11. Hier ist die Strecke landschaftlich besonders reizvoll. Sie steigt an und führt durch einen dichten Wald mit Fichten, Buchen und Tannen. Langsam kommt man dann wieder nach unten, zum Walchensee *(siehe S 218)*, einem der tiefsten und größten Alpenseen. 1924 ging das Kraftwerk Walchensee in Betrieb. Heute ist der See auch ein Dorado für Windsurfer (Gesamtlänge der Strecke: 70 Kilometer).

AUF EINEN BLICK

Notrufnummern

Polizei
112 oder 110.

Feuerwehr
112.

Notarzt
112.

Pannenhilfe

ADAC
0180 2 22 22 22 (aus dem deutschen Festnetz).
22 22 22 (vom Handy).

Verkehrsmeldungen Bayerischer Rundfunk
www.br-online.de/aktuell/verkehr

Autovermietung

Avis
(089) 55 02 251/-52 (Hauptbahnhof München).
www.avis.com

Buchbinder
0180 28 24 42 46 (Service-Hotline).
www.buchbinder.de

Europcar
(089) 54 90 240 (Hauptbahnhof München).
www.europcar.de

Hertz
(089) 97 88 612 (Flughafen München).
www.hertz.de

Sixt
1805 26 25 25 (Flughafen München).
www.sixt.com

Textregister

Seitenangaben in **fetter** Schrift beziehen sich auf Haupteinträge.

A

I

J

L

M

T

Danksagung und Bildnachweis

Dorling Kindersley bedankt sich bei allen Personen, durch deren Arbeit dieses Buch möglich wurde:

Publisher
Douglas Amrine.

Publishing Managers
Helen Townsend, Kate Poole.

DTP-Design
Jason Little, Conrad Van Dyk.

Produktion
Sarah Dodd.

Director of Publishing
Gillian Allan.

Zusätzliche Fotografien
Horst Höfler, Claire Jones, Katarzyna und Sergiusz Michalscy, Tomasz Myśluk, Werner Nikolai, Ian O'Leary, Gregor M. Schmid, Oda Sternberg und Paweł Wójcik.

Inhaltliche Beratung
Gerhard Bruschke.

Überprüfung der Daten und Fakten
Barbara Sobeck.

Korrektur
Stewart Wild.

Register
Hilary Bird.

Redaktionelle und gestalterische Mitarbeit
Emma Anacootee, Sonal Bhatt, Arwen Burnett, Jo Cowen, Marcus Hardy, Juliet Kenny, Delphine Lawrance, Carly Madden, Sam Merrell, Kate Molan, Casper Morris, Marianne Petrou, Dave Pugh, Sands Publishing Solutions, Sadie Smith, Rachel Symons, Roseen Teare und Karen Villabona.

Assistenz Bildredaktion
Rachel Barber.

Besondere Unterstützung
Dorling Kindersley bedankt sich bei folgenden Personen und Institutionen für ihre Unterstützung und Hilfe:

Anette Alwast, Ingrid Baudrexl-Czuraj, Prof. Dr. Adrianowi von Buttlarowi, Tamarze und Jackowi Draberom, Daniel Fink (Pinakothek der Moderne), Erica Gingerich vom Münchner Flughafen, Iris und Wolfgangowi Hermannom, Barbarze Januszkiewicz, Irenie Hiemeyer, Aleksandrze Markiewicz vom German Book Information Centre, Goethe-Institut in Warschau, Ulliemu Nerdingerowi, Wilhelminie und Wernerowi Nikolai, Dr. Elisabeth Pfaud, Margarete Roeck, Dr. Thomasowi Weidnerowi und Kartografie Huber (Gerhild Kemper-Wildtraut), Käthe-Kruse-Puppen-Museum in Donauwörth, Kultur- und Fremdenverkehrsamt der Stadt Landsberg am Lech (Ulla Kurz), Kur- und Ferienland Garmisch-Partenkirchen, Kurverwaltung Schwangau, Meteorologisches Institut der Universität München (Heinz Lösslein), Presse- und Öffentlichkeitsarbeit der Stadt Pfaffenhofen an der Ilm (Elisabeth Benen), Rieskratermuseum in Nördlingen (Dr. Michael Schieber, Monika Spörl), Stadt Donauwörth (Bernhard Kunz, Gudrun Reißer), Steigenberger Drei Mohren (Robert Strohe), Theresienthaler Krystallglasmanufaktur GmbH (Ralph A. W. Wenzel), Tourismus Straubing (Bettina Schauer), Tourist Info Kochel am See (Sabine Rauscher), Tourist Information Stadt Freising (Barbara Sibinger), Verkehrsverband Laufen, Verkehrsverein Lindau (Hans Stübner), Wittelsbacher Ausgleichsfonds, Inventarverwaltung (Andreas von Majewski, Sibille Herz).

Bildrechte
Dorling Kindersley bedankt sich bei allen Personen und Institutionen, die uns die Wiedergabe von Fotografien aus ihrem Besitz und ihren Archiven gestattet haben. Unser Dank geht an:

AB PhotoDesign in Kellberg (Dionys Asenkerschbaumer), Alois Dallmayr in München (Patricia Massmann), Alpines Museum in München (Ulrike Gehrig), Amt für Tourismus Straubing (Frau Baumhof), Archäologische Staatssammlung in München (Dr. Dorothea van Endert), Artothek (Jürgen Hinrichs), Augsburger Puppenkiste, Bavaria Filmstadt in München, Bayerische Staatsgemäldesammlungen (Prof. Dr. Christian Lenz, Christina Schwill, Dr. Cornelia Syre), Bayerische Verwaltung der Staatlichen Schlösser, Gärten und Seen (Eva Gerum, Michael Teichmann), Bayerisches Nationalmuseum in München (Dr. Nina Gockerell, Dr. Sgoff), Benediktinerabtei Ottobeuren, Bildvorlagen Römerschatz – Gäubodenmuseum in Straubing (Dr. Prammer), Bischöfliches Ordinariat Augsburg (Monsignore Josef Heigl), Bischöfliches Ordinariat Passau (Franz Sr. Gabriel), BMW Group Mobile Tradition (Nikola von Ondarza), Britstock-Ifa in London, Café Luitpold in München (Carmen Brenner), Deutsche Bahn (Hans-Joachim Kirsche), Deutsche Presse-Agentur GmbH (Tanja Teichmann), Deutsches Museum in München (Marlene Schwarz), Devotionalienhandlung C. Huber in Augsburg, Diözesanbauamt Eichstätt (Dr. Claudia Grund), Erzbischöfliches Ordinariat München (Dr. Norbert Jocher, Dr. Hans Ramisch, Hans Rohrmann, Gabriele Skornia), Flash Press Media (Sylwia Wilgocka), Flughafen München GmbH (Wilhelm Hennies, Fr. Kiener), Foto-Production in Gilching (Gregor M. Schmid), Fremdenverkehrsamt in Altötting, Fremdenverkehrsamt in Mühldorf (Peter-Alexander Berger), Städtische Galerie im Lenbachhaus in München (Daniela Müller), Haus der Bayerischen Geschichte, Bildarchiv in Augsburg (Dr. Rudolf Wildmoser), Haus der Kunst in München (Claus Vogel), Heimatmuseum der Stadt Bad Tölz, Hilton Munich Park (Katharina Rösel), Hotel Königshof in München (Frieder Lempp), Hotel Residenz Passau (Dieter Austen), Hunsingers Pacific in München (M. Hunsinger), Institut für Kunstgeschichte TU in Brunswick 36u, 37m, 37ur, 37ul, 39m, 44m, 45m, 49ml, Jura-Museum in Eichstätt (Jutta Streit), Alter Simpl in München, Kristallmuseum Riedenburg, Kurdirektion des Berchtesgadener Lands (Vroni Aigner, Birgit Tica), Landeshauptstadt München, Referat für Arbeit und Wirtschaft, Tourismusamt (Stefan Böttcher), Restaurant Leopold in München, Marionettenbühne in München, Mineralogische Staatssammlung in München (Dr. G. Simon), Münchner Stadtmuseum (Dr. Götz), Museum Reich der Kristalle in München, Museum Villa Stuck in München, Neue Messe München GmbH (Julia Spiegelhalder), Nürnberger Bratwurst Glöckl am Dom in München (Nadja Beck), Paläontologisches Museum in München (Dr. H. Mayr), Parkhotel in Donauwörth (Eugen Schuler), Passauer Glasmuseum (Birgitte Holles), Ratskeller München (Renate Werner), SiemensForum in München (Dr. Marie Schlund), Staatliche Antikensammlungen und Glyptothek (Dr. Martin Schulz, Vincent Brickmann), Staatliche Sammlung Ägyptischer Kunst in München, Stadt Kempten (Elli Cascio, Marlene Köhler), Stadtarchiv München (Dr. Graf), Stadtbildstelle Augsburg, Stadtmuseum in München, Ursulinenkloster Straubing (Sr. Judith Reis, Oberin), Verkehrsamt der Stadt Nördlingen (Katja Jaumann), ZEFA (Ewa Kozłowska).

Bildnachweis

o = oben, m = Mitte, u = unten, l = links, r = rechts, d = Detail.

Die folgenden Kunstwerke wurden mit Einverständnis der Copyright-Inhaber reproduziert:
Cover von *Der Blaue Reiter* (1912) © ADAGP, Paris und Dacs, London, 2011: 215mr.
Die Vorstädte Münchens (1908) © ADAGP, Paris und Dacs, London, 2011: 105ml.
Stillleben mit Geranien (1910) Pinakothek der Moderne, © Erben H. Matisse/DACS, 2011: 116mo.

A1 Pix: Stefan Herbke 291ur.
Alamy Images: Albaimages/Ronald Weir 11or; Arco Images 273ol, 290om; avatra images 301ol; BL Images Ltd 141mr; David Sanger Photography 272mlo; FAN travelstock/Jürgen Wackenhut 291or; Peter Forsverg 304 ml; Fotosonline/Klaus-Peter Wolf 291ml; imagebroker/Manfred Bail 141ol; imagebroker/Martin Siepmann 10ur; imagebroker/Stephan Goerlich 142 om; Andre Jenny 140mr; Yadid Levy 140ul; LOOK Die Bildagentur der Fotografen GmbH/Jan Greune 290; nagelestock.com 292or; Richard Wareham Fotografie 11ur; Maximilian Weinzierl 10ml; Christoph Weiser 273m; Westend61/Franz Faltermaier 290ml.
Allianz Arena München Stadion GmbH: 143ol.
Alois Dallmayr, München; 286ml.
Alpines Museum, München: 89u, 91m.
Amt für Kultur und Tourismus, Neuburg: Leander Hopf 168u.
Amt für Tourismus Straubing: 31o.
Archäologische Staatssammlung, München: 36u, 107m.
Artothek: 27or, 52or, 119o, 125o; W. Bahnmüller 43m, 43ul; Bayer & Mitko 119u, 124u; Joachim Blauel 42or, 43om, 43om, 43or, 43ml, 43ul, 113m, 118mo, 118mu, 119om, 119m, 120u, 121m, 121u, 122or, 122mo, 1222or, 123mru, 123ol, 124or, 124ml, 125ml, 125ur; Blauel & Gnamm 43ul, 115mro, 116mu, 118o, 118ul, 119ur, 120o, 120m, 121o, 122mu, 123mro, 123mr; Sophie-R. Gnamm 92o; Toni Ott 42ul, 42ur.
Augsburger Puppenkiste: 251or.
Bayerische Staatsgemäldesammlungen, München: 115o; Neue Pinakothek München 122mu.
Bayerische Staatsoper: Wilfried Hosl 142ul.
Bayerische Verwaltung der Staatlichen Schlösser, Gärten und Seen: 8–9, 38o, 40o, 46ml, 47ol, 47or, 75ol, 132ur, 133mru.
Bayerisches Nationalmuseum, München: 53mo, 108ol, 108or, 108olo, 108olu, 108u, 109o, 109mo, 109mu, 109u.
Bier- und Oktoberfestmuseum, München: 64m.
Bildvorlagen Römerschatz – Gäubodenmuseum (Straubing): 35u, 184ol.
Bischöfliches Ordinariat Passau: 23o, 26or, 41ml, 188ol, 188om, 188ur, 193ol.
BMW Group Mobile Tradition, München: 19o, 134or.
Branddirektion München: 300mru.
Britstock-Ifa Rolf Zscharnack 70.
CityTourCard: 296m.
Corbis: Zefa/Guenter Rossenbach 11mlu; Zefa/Herbert Spichtinger 142mr; Zefa/Wilfried Krecichwost 10om
CSD München: Michaela Handrek-Rehle 298mo.
Dallmayr, München: 270ml.
DCC Europa-Preisträger: 292ul.
Deutsche Bah: Mann 308ol.
Deutsche Presse-Agentur (DPA): 19u, 21ol, 28o, 28u, 29o, 29u, 33o, 33u, 49uro, 274or.
Deutsches Historisches Museum, Berlin: 39u, 48m, 49ul
Deutsches Museum, München: 12, 94o, 94mo, 94mu, 94u, 95o, 95mo, 95mu, 95u, 96o, 96m, 96u, 97o, 97m, 97u, 170ur.
Erzbischöfliches Ordinariat München: 60u, 61o, 61m, 61ul, 61um, 61ur, 63o.
Flash Press Media: 48ul.
Flughafen München GmbH: 306mr, 306ul, 307or.
Fremdenverkehrsamt, Altötting: 20ol, 30or, 195u.
Fremdenverkehrsamt, Mühldorf: 28m.
Geisel Privathotels: 271ol.
Getty Images: AFP/John MacDougall 300mr.
Haus der Bayerischen Geschichte, Bildarchiv: 45o, 48o.
Haus der Kunst, München: 107o.
Horst Höfler: 260ul.
Hotel Königshof, München: 259ol.
Hotel Residenz Passau: 258ul.
Hunsingers Pacific, München: 270mru.
International Design Museum Munich: Georg Meister 117 mru.
Jura-Museum, Eichstätt: 164u.
Kristall Museum Riedenburg: 183oru.
Kurdirektion des Berchtesgadener Lands: 48ur, 201um.
Landeshauptstadt München, Referat für Arbeit und Wirtschaft, Tourismusamt: Bjarne Geiges 275ul, W. Hausmann 50–51, Robert Hetz 49ol, Rudolf Sterlinger 2–3.
Marionettenbühne, München: 136ol.
Katarzyna und Sergiusz Michalscy: 17o, 221mlu 244ul.
Münchner Polizei: 300ur.
Münchner Stadtmuseum: 4o, 5ml, 26ml, 26ul, 65u; Dorothee Jordens-Meintker 34, 44u.
Münchner Tourismusamt: Bernd Roemmelt 297mr.
Museum Brandhorst: Haydar Koyupinar 126ol.
Museum Villa Stuck, München: 15u.
Neue Messe München GmbH: Loske 139or.
Werner Nikolai: 30u.
Nürnberger Bratwurst Glöckl am Dom, München: 271mr.
Paläontologisches Museum, München: 112or.
Parkhotel, Donauwörth: 259ml.
Passauer Glasmuseum: 191m.
Photo Scala, Firence: 122or.
Pinakothek der Moderne: Poltrona di Proust, 1978, Alessandro Mendini 116mu; 117mro.
Ratskeller München: 271ur.
Sea Life München: 143mr.
Gregor M. Schmid: Schmutztitel, 86, 158.
SiemensForum, München: Bernd Müller 81o.
Slips Fashion: 140om.
Staatliche Antikensammlungen und Glyptothek, München: 52mo, 114m.
Staatliche Sammlung Ägyptischer Kunst, München: 77ml.
Stadt Kempten: 237om, 237ul.
Stadtarchiv München: 102u.
Städtische Galerie im Lenbachhaus, München: 105mlo, 105mru, 112mlo, 215mr, 218mr.
Oda Sternberg: 84u.
Tomasz Myśluk: 226or, 226ml, 227um.
Verkehrsamt der Stadt Nördlingen: 13.
Paweł Wójcik: 20ol, 23u, 23ul, 29m, 31m, 45ul, 49ur, 57mlu, 62m, 65o, 68ol, 68or, 72ur, 73ol, 78u, 80m, 80u, 82o, 83m, 84o, 85m, 100o, 101o, 103m, 104o, 112mu, 114o, 138ol, 165ul, 182o, 205or, 205ur, 226ur, 233or, 233m, 236ol, 236or, 236ml, 236ur, 258om, 260m, 286om, 288or, 288mlo, 288mlu, 288mro, 288mru, 288mu, 288ul, 288mu, 289ol, 289om, 289or, 289ml, 289m, 289mro, 289mru, 289mr, 289ul, 289um, 289umo, 289um,297u, 300ol, 310mlu, 310u, 310 mlu, 315u, 315ol, 315mu.
ZEFA: 62o, 224; Damm 222; Rossenbach 157ol.

Umschlag
Vorderseite: **Felix Krammer, München:** Hauptbild (und Bild der Extrakarte).
Rückseite: **Alamy Images:** imagebroker/Martin Siepmann mlu; **DK Images:** Dorota und Mariusz Jarymowicz ul; Stefanie Franz mlo, ol.
Buchrücken: **Felix Krammer, München:** o; **DK Images:** Dorota und Mariusz Jarymowicz u.

Bayerisch für Anfänger

Von Barbara Rusch

Das **krachlederne Gaudi**-Image Oberbayerns mit **fensterlnden** Burschen und feschen **Deandln** im Dirndl sowie weiß-blauer **Gmiatlichkeit** bedient ein Klischee, an dem nicht zuletzt auch die Bayern selbst, die allmächtige Fremdenverkehrsindustrie, **grachate** »Bauernschwänke« und volkstümelnde Shows mit »berufsbayrischen« Moderatoren kräftig feilen. Doch sinnieren Einheimische wie **Zuagroaste** und **Breißn** immer wieder gern über die Frage nach dem »typisch Bayerischen (Bayrischen/Bairischen)«. Das Thema ist nicht neu, ließ sich doch schon im 16. Jahrhundert der Geschichtsschreiber Aventinus, der eigentlich Johannes Turmaier hieß, über die Eigenarten seiner altbairischen Landsleute aus. Unter anderem seien sie ein eher starrsinniges Volk, das auf seine Geistlichkeit höre, dem Reisen abgeneigt sei, stark sei und eigentlich immer (Bier) trinke, viele Kinder habe, gerne raufe und prasserische Hochzeiten und Begräbnisse feiere. Tatsächlich gilt eine **schöne Leich'**, ein üppiges Begräbnis mit entsprechendem Leichenmahl, noch immer als der beste, ehrenvollste Abgang eines Menschen aus dem Diesseits. Als **g'scherter** Kommentar zum angeblich derben und den Sinnesfreuden zugewandten Nationalcharakter der Bayern eignet sich bestens ein berühmter Ausspruch des genialen Münchner Komikers Karl Valentin: »Mögen hätt' ich schon wollen, aber dürfen hab' ich mich nicht getraut.« Damit ist alles gesagt.

Von Eichhörnchen, Füßen und anderen Widrigkeiten

Allen Beteuerungen zum Trotz gehen im tiefen Süden die Uhren im Großen und Ganzen auch nicht anders als im Rest der Republik. Besonders ist jedoch in Bayern die Sprache, deren verschiedene Dialekte sich erheblich vom sogenannten Standarddeutsch unterscheiden. Ganz allgemein herrscht ein gewisser Stolz auf die einheimischen Mundarten, über deren drohenden Niedergang, vor allem **z'Minga**, Traditionswächter in regelmäßigen Abständen laut **wuiseln**.

Über die Aussprache braucht man sich als Nichtbayer weiter keine Sorgen machen – man kriegt sie eh nicht hin. Ein beliebter Sport der Einheimischen ist, Fremde mit **vareckten** Lautkombinationen zu **tratzen**. Als berüchtigte Geißeln nichtbayrischer Zungen gelten der **Oachkatzlschwoaf** und der eher **depperte** Ausruf »**Vui zvui Gfui!**«. Merken sollte man sich nur: Der Karl Valentin heißt bei Einheimischen Karl **Falentin**, in München geht man auf den **Fiktualien**markt (Viktualienmarkt), und der schöne Vorname Viktoria hört sich – im Dialekt ausgesprochen – ein bisserl zwiespältig an.

Eigenartig klingt zudem für manche Ohren, dass im Bayrischen **oiwei** mit **de Fiaß** gegangen wird (Beine heißen Füße!) und Namen nicht **naggat**, sondern in Verbindung mit dem bestimmten Artikel genannt werden. Außerdem wird der Nachname vor dem Vornamen angegeben und – um die Sache noch zu komplizieren – auch nach dem Geschlecht des Namensträgers verändert. Wäre also der Turmaier Johannes eine Dame gewesen, hätte **die Turmaierin** ihre Mitbayern so despektierlich beschrieben.

Wichtige Wörter sind zudem das unübersetzbare, bekräftigende **vei** und **gell** (»Pass' vei auf, gell!«). Letzteres kann als drohendes »**Du, gell ...!**« eine eindeutige Warnung sein, dass jetzt möglicherweise gleich der **Watschnbaum** umfällt.

Philosophie und Religion

Wichtige und weniger wichtige Lebensfragen und -umstände entlocken häufig ein unübersetzbares »**Ja mei**«. Dieser höchst philosophische Ausdruck beinhaltet eine stoische Gelassenheit gegenüber Dingen, die als unveränderbar erscheinen und hingenommen werden müssen. (»Ja mei, dann musst' halt arbeiten ...«)

Verschmitzt oder sogar **hinterfotzig** ist ein selbstbewusstes oder provokatives »**Wer ko, der ko**«. Es beinhaltet, dass die einen schon, die anderen eben nicht können und dass erlaubt ist, was machbar ist und – in verbotenen Fällen – wobei man mit etwas **Massl** oder **Dusl** nicht erwischt wird (*siehe auch* **Amigo**). Wird man doch erwischt – ja mei ... Eher die **Bierdimpfln** und populistische Polit-Platzhirsche mandeln sich auch schon mal mit einem rotzigen »**Mia san mia**« (impliziert: und damit besser) auf.

Am besten kommentiert man diese und andere Unsinnigkeiten mit einem »**A so?**«, das grundlegenden Zweifel an allem und jedem ausdrückt, oder gleich mit einem grantigen »So ein **Schmarrn!**«. Damit fällt man noch lange nicht in die Kategorie der **Grantler**, die im besten Fall misstrauisch und mürrisch ihre Skepsis gegenüber dem schönen Schein der Welt kundtun, aber auch einfach mies gelaunte Nörgler sein können. Im Übrigen hat jeder ein Recht auf seinen persönlichen **Grant**.

Die Religion spielt nicht nur bei diversen Festlichkeiten eine wichtige Rolle, sondern hat auch in der Sprache ihren Niederschlag gefunden. Das etwa mit »Um Gottes willen!« gleichzusetzende »**Jessas!**« kann über »**Jessasmaria!**« zu einem inbrünstig ausgestoßenen »**Jessasmariaundjosef!**« gesteigert werden. Die wichtigsten Flüche sind **Kruzifix** und dessen fantasievolle Kombinationen, z. B. **Kreizkruzifix**.

Zwischenmenschliches und Politik

Gängige Begrüßungsformel ist »**Grüß Gott**«, das intimere »**Servus**« kann man auch zum Abschied sagen. Bisweilen hört man auch ein »**Hawedere**«. Nahestehende Personen, beispielsweise das **Gspusi**, begrüßt man mit einem **Bussi** oder **Bussl**. Höchste Verfeinerung als links und rechts an den Wangen vorbeigehauchtes Küsschen erfährt dieser Brauch in der vor allem in München anzutreffenden **Bussi-Gesellschaft**. Dort tummeln sich die echten und Möchtegern-**Großkopferte** mit dem entsprechenden **Gerschtl** oder **Diridari** sowie die besondere Spezies der **Adabeis**. Letztere sehen ihren Lebenssinn vor allem darin, halt »auch dabei« zu sein, beim Dabeisein gesehen zu werden und sich möglichst viele Spezis zu schaffen.

Spezis sind im guten Sinne männliche Freunde, zu einflussreichen Seilschaften vereint betreiben sie nicht selten eine nachhaltige **Spezlwirtschaft**. Hochkarätige Vertreter der Spezlwirtschaft an den Schnittstellen von Politik und Wirtschaft heißen **Amigos**. Je nach Tageslaune, politischer Einstellung und möglichem persönlichem Vorteil werden sie als **Bagasch**, **Gschwerl**, **Bazis** oder **Hundling** bezeichnet. Durchtriebene Frauen, die in vielerlei Hinsicht nicht unbedingt auf dem Pfad der Tugend wandern, sind **Matzn**. Pikanterweise ist in manchen Gegenden eine **Matz** aber auch ein empfängnisbereites weibliches Schwein.

Kulinarisches

Selbstverständlich wird in bayrischen Wirtschaften helles oder dunkles Bier getrunken, und zwar unmäßig als **Maß** (im 1-Liter-Krug) oder als **Halbe** in Halblitergläsern, die jedoch allzu häufig nur 0,4 Liter enthalten. **Weißbier** wird in speziellen Halblitergläsern getrunken und ist sehr schwer einzuschenken.

Um das richtige Verzehren der Weißwürste tobt ein wahrer Glaubenskrieg zwischen den Fraktionen der **Zuzler**, die die Wurst in die Hand nehmen und aus der Haut **zuzeln**, und den Besteck-Essern, die mit wahrhaft chirurgischer Präzision die Wurst schälen. Einig ist man sich jedoch, dass die Haut nie mitgegessen wird, dass Weißwürste stück- und nicht paarweise bestellt werden und unbedingt süßen Senf erfordern.

Das äußerst beliebte Mixgetränk aus Cola und Orangenlimonade heißt in Bayern **Spezi**, woran man wieder einmal sieht, dass hier im Süden Wirtschaft und Politik sehr eng zusammenarbeiten.

Glossar

A so Ach ja, ach so
Adabeis »Auch-Dabeis«, Menschen, die ohne ersichtlichen Grund bei wichtigen gesellschaftlichen Ereignissen immer anzutreffen sind
Amigo lat. Freund, Elite der Vetternwirtschaft
aufmandeln sich wichtig machen
Bagasch unsympathische, mit Misstrauen beaugte, nicht ganz astreine Leute
Bazi Schelm, Gauner
Bierdimpfl Saufbruder
bisserl bisschen
Blaukraut Rotkohl
Breißn Preußen, Norddeutsche oder schlicht Nichtbayern, erwiesenermaßen können auch Japaner als Breißn tituliert werden
Breze, Brezn Brezel
Brotzeit Vesper
Bussl, Bussi leichter Kuss, Küsschen
Dampfnudl Mehlspeise aus Hefeteig
Deandl Mädchen
deppert von Depp: blöd
Diridari Geld
Dirndl Frauentracht
Dusl Glück
fensterln mit eindeutigen Absichten durch das Fenster in das Zimmer einer Dame einsteigen
Fetznrausch Granatenrausch
Fiaß Füße oder Beine
Fleischpflanzl Frikadelle
Gaudi von lat. *gaudium*, Freude, Spaß haben
Gerschtl Geld
Gmiatlichkeit Gemütlichkeit
Goaßnmass Mixgetränk aus dunklem Bier, Cola und Kirschlikör oder Cognac
grachat grell, schrill
Grant Zustand des Grantigseins
grantig verärgert, übel gelaunt
Grantler notorisch grantiger Mensch
Großkopferter »Großkopf«, herablassend für Bonze, Aufschneider
gschert »geschoren«, gemein, ungehobelt, taktlos
Gschwerl wie Bagasch
Gspusi Freundin, Lebensabschnittspartnerin
Halbe ein halber Liter Bier, als Radlerhalbe ein halber Liter Radler
Hawedere »Ich habe die Ehre!«, Guten Tag, Begrüßungs- und Abschiedsformel
Hendl Brathähnchen
hinterfotzig ausgekocht, hinterhältig, gemein
Hundling toller, gewiefter Kerl
Jagatee »Jägertee«, Rum mit Tee
Jessas Jesus, als Ausruf etwa »Um Gottes willen!«
Jessasmaria Steigerung von Jessas
Jessasmariaundjosef Steigerung von Jessasmaria
Kartoffelknödl Kartoffelkloß
krachledern von der Lederhose, wie grachat
Kreizkruzifix Kreuzkruzifix, Variation von Kruzifix, Fluch
Kruzifix Kruzifix, Fluch
lack abgestanden, fade
Leberkäs' Metzgereierzeugnis, das weder aus Leber noch aus Käse besteht
Maß ein Liter Bier, als Radlermaß 1 Liter Radler
Massl jiddisch: Glück
Matz durchtriebene Frau, Dirne, aber auch empfängnisbereite Sau
Metzger Fleischer
Mia san mia »Wir sind wir« – und damit besser und über jede Kritik erhaben
Minga München
naggat nackt
Noagerl Neige, Getränkerest, schaler Bierrest
Oachkatzlschwoaf Eichhörnchenschwanz
Obatzda Käsespezialität aus Camembert, Zwiebel, Paprika, Kümmel und Butter
oiwei alleweil, immer
Radi Rettich
Radler helles Bier mit Zitronenlimonade
resch knusprig
Russ' Weißbier mit Zitronenlimonade
Schmankerl Delikatesse
Schmarrn Quatsch, Unsinn, aber auch Mehlspeise (Kaiserschmarrn)
Schweinshaxn bayerisches Nationalgericht
Semmel Brötchen
Semmelknödel Kloß aus Knödelbrot mit Salz, Ei und Petersilie
Servus lat. Diener, »Stets zu Diensten«, Hallo, Tschüss
Spezi männlicher guter Freund, Kumpel, aber auch Mischgetränk aus Cola und Orangenlimonade
Spezlwirtschaft Vetternwirtschaft
Stamperl Schnapsglas bzw. dessen Inhalt (2 cl)
Strudl Mehlspeise, meist als Apfelstrudel
Suri Schwips
Tellerfleisch gekochtes Rindfleisch
tratzen foppen, triezen, ärgern
vareckt schwierig, bei Personen: »hinterlistig«, aber auch verstorben
Vui zvui Gfui Viel zu viel Gefühl
Watschn Ohrfeige
Watschnbaum wenn der umfällt, setzt's was
Weißbier Weizenbier
weiß-blau bayerische Nationalfarben, als Adjektiv gleichbedeutend für Bayern
Wer ko, der ko Wer kann, der kann
wuiseln winseln, klagen
z'Minga in München
Zuagroaste Zugereiste, eingewanderte Nichtbayern
zuzeln saugen, aussaugen
Zuzler Mensch, der zuzelt

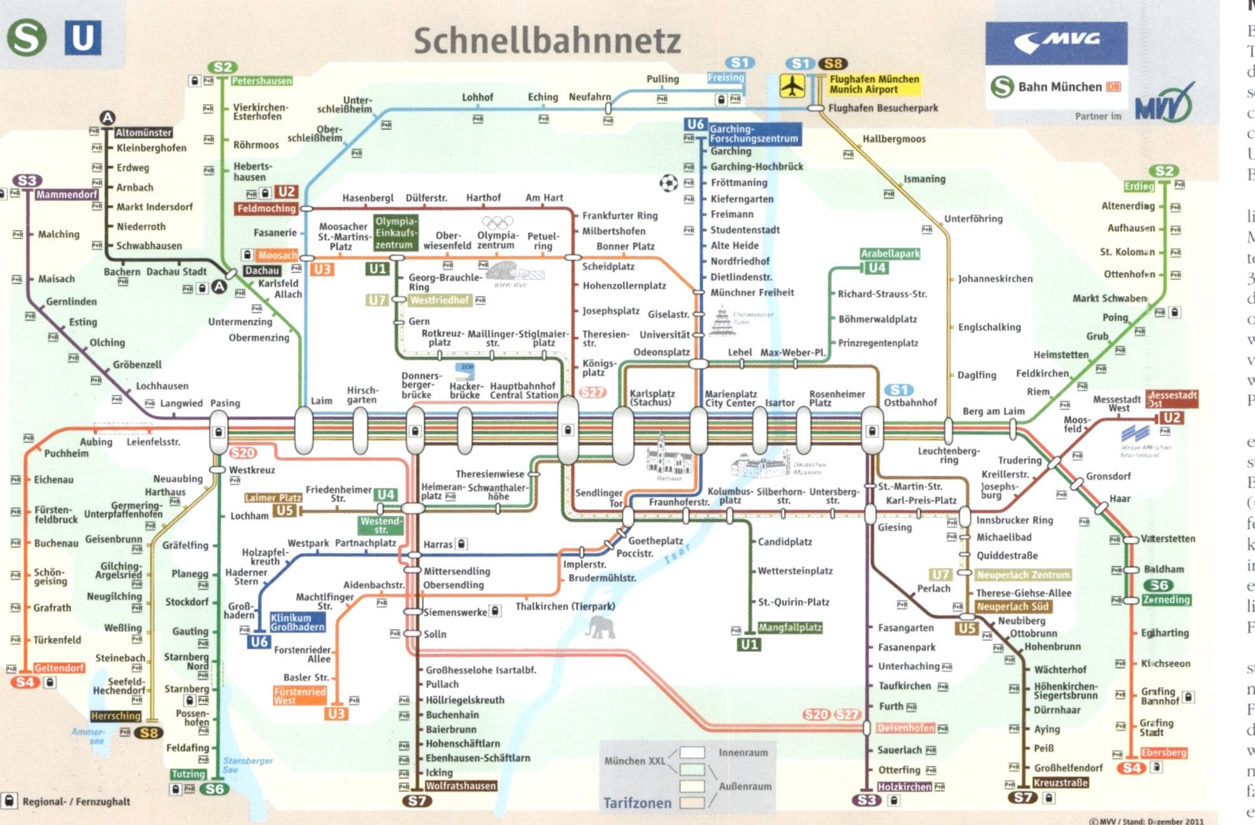

MVV-Plan München

Beim Münchner Verkehrs- und Tarifverbund (MVV) und bei der Münchner Verkehrsgesellschaft (MVG) gelten die gleichen Tickets für alle öffentlichen Verkehrsmittel, egal ob U-Bahn, S-Bahn, Tram oder Bus.

Bei Tickets gibt es drei Möglichkeiten: Einzelfahrschein, Mehrfahrtenkarte (Streifenkarte) oder Zeitticket (Tages- bzw. 3-Tage-Karte). Für Besucher ist die CityTourCard für einen Tag oder drei Tage empfehlenswert. Jedes Ticket müssen Sie vor der (ersten) Fahrt am Entwerter abstempeln (Details und Preise *siehe S. 310f*).

Der Netzbereich ist in Zonen eingeteilt, die gesamte Innenstadt (auf dem Plan der weiße Bereich) gilt als eine Zone (= zwei Streifen auf der Streifenkarte). Mit einem Ticket können Sie in Zielrichtung innerhalb eines Zeitlimits (für eine Zone drei Stunden) beliebig oft umsteigen oder die Fahrt unterbrechen.

Vom Flughafen in die Innenstadt durchfahren Sie vier Zonen (Einzelfahrschein: 10 €). Für die Fahrt vom Flughafen in die Innenstadt können Sie sowohl die S1 als auch die S8 nehmen. Beide S-Bahn-Linien fahren bis zum Hauptbahnhof etwa 40 Minuten, beide verkehren im 20-Minuten-Takt.

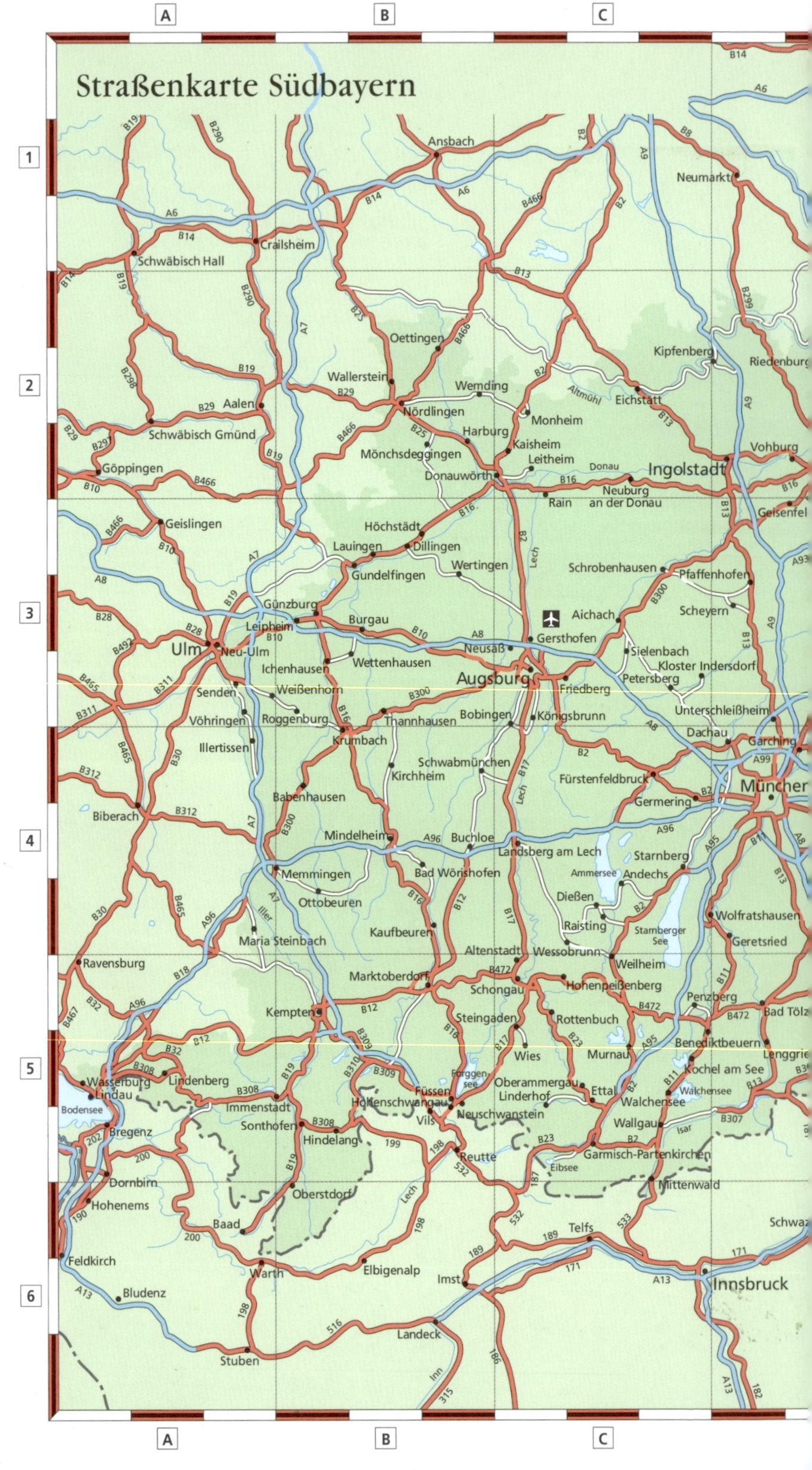
Straßenkarte Südbayern
A
B
C
1
2
3
4
5
6
Ansbach
Neumarkt
Crailsheim
Schwäbisch Hall
Oettingen
Kipfenberg
Riedenburg
Wallerstein
Wemding
Eichstätt
Aalen
Nördlingen
Monheim
Schwäbisch Gmünd
Harburg
Kaisheim
Vohburg
Göppingen
Mönchsdeggingen
Leitheim
Ingolstadt
Donauwörth
Rain
Neuburg
an der Donau
Geislingen
Höchstädt
Lauingen
Dillingen
Wertingen
Gundelfingen
Schrobenhausen
Pfaffenhofen
Günzburg
Aichach
Scheyern
Leipheim
Burgau
Gersthofen
Ulm
Neu-Ulm
Neusäß
Sielenbach
Ichenhausen
Wettenhausen
Kloster Indersdorf
Augsburg
Friedberg
Petersberg
Senden
Weißenhorn
Unterschleißheim
Vöhringen
Roggenburg
Thannhausen
Bobingen
Königsbrunn
Dachau
Krumbach
Garching
Illertissen
Schwabmünchen
Kirchheim
Fürstenfeldbruck
Biberach
Babenhausen
Germering
Mindelheim
Buchloe
Landsberg am Lech
Starnberg
Memmingen
Bad Wörishofen
Ammersee
Andechs
Ottobeuren
Dießen
Wolfratshausen
Raisting
Starnberger See
Geretsried
Maria Steinbach
Kaufbeuren
Altenstadt
Wessobrunn
Weilheim
Ravensburg
Marktoberdorf
Schongau
Hohenpeißenberg
Penzberg
Kempten
Steingaden
Rottenbuch
Bad Tölz
Wies
Murnau
Benediktbeuern
Lenggries
Kochel am See
Wasserburg
Lindenberg
Forggensee
Füssen
Oberammergau
Ettal
Lindau
Immenstadt
Hohenschwangau
Linderhof
Walchensee
Bodensee
Vils
Neuschwanstein
Wallgau
Bregenz
Sonthofen
Hindelang
Reutte
Isar
Garmisch-Partenkirchen
Eibsee
Dornbirn
Mittenwald
Hohenems
Oberstdorf
Baad
Telfs
Feldkirch
Warth
Elbigenalp
Imst
Innsbruck
Bludenz
Landeck
Stuben
Inn
Lech
Donau
Altmühl
Iller
A6
A7
A8
A9
A13
A95
A96
A99
B2
B8
B10
B12
B13
B14
B16
B17
B18
B19
B23
B25
B28
B29
B30
B32
B290
B297
B298
B299
B300
B308
B309
B310
B311
B312
B465
B466
B467
B472
B497
171
182
186
187
189
190
198
199
200
202
315
516
532
533